BERCHTESGADENER ALPEN

Alpenvereinsführer

Ein Taschenbuch in Einzelbänden
für Wanderer, Bergsteiger und Kletterer
zu den Gebirgsgruppen der

Ostalpen

Herausgegeben vom
Deutschen Alpenverein,
vom Österreichischen Alpenverein
und vom Alpenverein Südtirol

Band

Berchtesgadener Alpen

Reihe: Nördliche Kalkalpen

MAX ZELLER/HELLMUT SCHÖNER

Berchtesgadener Alpen

Untersberg, Lattengebirge, Reiteralpe, Hochkaltergebirge, Watzmannstock, Göllstock, Gotzenberge und Hagengebirge, Röth und Steinernes Meer, Hochkönigstock

Ein Führer für Täler, Hütten und Berge
mit 81 Fotos, 11 Routenskizzen, 8 sonstigen Skizzen,
2 Karikaturen sowie einer mehrfarbigen Karte 1:50000
(aus den Freytag & Berndt-Kartenblättern 101, 102, 103)
mit einem Farb- und zwei Schwarzweißpanoramen
auf der Rückseite

BERGVERLAG RUDOLF ROTHER GMBH · MÜNCHEN

Umschlagbild:

Die Falzalm mit dem Kleinen Watzmann und den Watzmannkindern.
Foto: L. Ammon

Bildnachweis (Seitenzahlen): S. Babl 347; E. Baumann 96/97, 98/99, 100/101, 121, 217, 239, 245, 283, 289, 299, 307, 343; O. Beer 345; S. Brandl 369, 405, 447, 513; W. End 271, 285, 414/415, 431, 491, 493, 499, 545, 556/557, 573, 579, 591; H. L. Gehrmann 461; R. Goedeke 279; G. Haider 161; R. Henneberger 231; A. Hirschbichler 179, 357; H. Höfler 95, 311; R. Köfferlein 275; H. Krafft 127; H. Leitheim 39; S. Pfeffer 437, 443; G. Popp 219; A. Precht 185, 474/475, 477, 481, 483, 507, 511, 521, 523, 535, 537, 541, 551, 567, 583; R. Schermer 43; W. Schertle (†) 69, 105, 119, 123, 135, 155, 165, 173, 194/195, 197, 203, 211, 213, 333, 495, 509; H. Schöner 365; H. Steinbichler 375; F. Thorbecke 317, 403. Von unbekannt 13.
S. Schrank (Karikaturen) 37, 41.

Die Ausarbeitung aller in diesem Führer beschriebenen Touren erfolgte nach bestem Wissen und Gewissen des Autors. Autor und Verlag können jedoch keine Gewähr für die Richtigkeit der Angaben übernehmen.

Bergverlag Rudolf Rother GmbH, München

15. Auflage 1982/1986
ISBN 3 7633 1108 4
Redaktion: Herbert Konnerth
Hergestellt in den Werkstätten Rudolf Rother GmbH, München
(2049/5207)

Geleitwort zum Alpenvereinsführer Berchtesgadener Alpen

Seit 1911 steht den Bergsteigern der Führer von Max Zeller zur Verfügung. Es handelt sich dabei um einen Spezialführer, der nach seiner Vollständigkeit den Anforderungen entspricht, die an einen Alpenvereinsführer gestellt werden, sich jedoch dadurch von den meisten Alpenvereinsführern unterscheidet, daß die Dreiteilung Hütte — Übergänge — Gipfel nicht für den Gesamtbereich des Führers, sondern jeweils für die einzelnen Gruppen der Berchtesgadener Alpen durchgeführt worden ist. Da diese Abweichung von den für das Alpenvereinsführerwerk aufgestellten Richtlinien für den an die übrigen Führer gewöhnten Benützer keine Erschwerung mit sich bringt und im übrigen der Führer von Zeller seit Generationen bei den Bergsteigern eingeführt ist, halten alle drei Alpenvereine die Aufnahme dieses Führers in die Reihe der Alpenvereinsführer für vertretbar und wünschenswert.

In dieser Reihe sind bisher 44 Bände erschienen, die den Bereich der Ostalpen bis auf wenige Teilgebiete inzwischen lückenlos abdecken.

Auch die Neuauflage dieses Führers trägt somit dem steigenden Bedürfnis und der großen Nachfrage nach abgeschlossenen Werken für jede einzelne Gebirgsgruppe der Ostalpen Rechnung.

Im Frühjahr 1982

Für den Verwaltungsausschuß
des Österreichischen Alpenvereins
Gedeon Kofler
Vorsitzender des Verwaltungs-
ausschusses des OeAV, Innsbruck

Für den Verwaltungsausschuß
des Deutschen Alpenvereins
Raimund Zehetmeier
Vorsitzender des Verwaltungs-
ausschusses des DAV, München

Für den Alpenverein Südtirol
Dr. Gert Mayer
Erster Vorsitzender

Inhaltsverzeichnis

III. Die Gebirgsgruppen

Verzeichnis der Fotos

Hochkaltergebirge:

Watzmannstock:

Göllstock:

Gotzenberge und Hagengebirge:

Röth und Steinernes Meer:

Hochkönigstock:

Manndlwand:

Verzeichnis der Skizzen

Routenskizzen

Lieber Höhlenfreund

Höhlen sind einzigartige Naturdenkmäler
und empfindliche ökologische Systeme
die leicht unwiederbringlich zerstört
werden können.

Deshalb beachte bitte folgende Punkte:

— In Höhlen keine Fackeln benützen —
Sie verrußen diese und erhöhen
die Unfallgefahr

— Keine Tropfsteine abschlagen —
Ihr Wachstum dauerte Jahrtausende

— Keine Farbmarkierungen anbringen —
Sie verschandeln die Höhlen und
verwirren nachfolgende Besucher

— Fledermäuse nicht stören —
Sie benötigen den ungestörten
Winterschlaf zum Überleben

— Abfälle wieder mitnehmen —
Besonders Karbid (-rückstände) und
Batterien vergiften das Wasser
(z.T. Trinkwasser)

Verein für Höhlenkunde in München e.V.

Vorwort zur 1. Auflage
(gekürzt)

Berchtesgaden ist ein Wunderland ohnegleichen, das an landschaftlicher Schönheit alle anderen nördl. Alpengebiete übertrifft. Malerisch ist die Gegend, voll mannigfacher Reize an Farben, Formen und Stimmungen. Herrliche Seen, schäumende Gießbäche, ernster, dunkler Fichtenwald und lichtfrohe Ahorngruppen, üppige Alpenmatten und riesige Grießströme, sanftes Gehügel und schroffes Gewände ergeben einen Wechsel von Gegensätzen, die sich zu einem wunderschönen Bilde auflösen. Der geschichtsreiche Marktflecken Berchtesgaden mit seinen alten Häusern und hübschen Villen, der herrlichste See der Alpen, der Königssee, liegen mitten im Land, Salzburg und Bad Reichenhall sind seine berühmten und großartigen Einfallstore. Daß dieses „Ländchen im Lande" schon frühzeitig von Naturfreunden aufgesucht und später von Tausenden von Menschen aus allen Gegenden der Welt bereist wurde, ist wohl begreiflich.

Bei der Vielartigkeit und der gewaltigen Raumausdehnung der neun zu durchforschenden Gebirgsgruppen war es mir natürlicherweise trotz mehrjährigen systematischen Begehens keineswegs möglich, alle Aufstiege aus eigener Anschauung zu beschreiben. Die sich hieraus ergebenden Mängel dürften durch eingehendes Studium der umfangreichen Literatur und durch Heranziehung der besten Kenner für einzelne mir selbst weniger bekannte Gebiete größtenteils ausgeglichen sein.

Würzburg, im Mai 1911 — Dipl.-Ing. Max Zeller

Vorwort zur 15. Auflage

Es gibt nicht viele Führer, die auf ein Alter von 70 Jahren zurückblicken können. 1911 begründete ihn Max Zeller, der 1921 im Alter von nur 41 Jahren starb und eine 2. Auflage nicht mehr erlebte. Die Auflagen zwischen den beiden Weltkriegen wurden 1923, 1925 und 1938 von Ernst Zettler bearbeitet, der 1945 aus dem Leben schied. Erika Schwarz und Dr. Franz Grassler schufen 1949 die erste gründlich überarbeitete Nachkriegsauflage. Bis zur 9. Auflage 1957 überarbeitete dann Dr. Franz Grassler den Führer. 50 Jahre nach dem Entstehen übernahm ich mit der 10. Auflage 1962 die Betreuung dieses Werkes, das seit Jahrzehnten im Berchtesgadener Land als „Zeller-Führer" ein feststehender Begriff ist. Zum 70. Geburtstag dieses Werkes, das rüstig

Max Zeller (dritter von links, mit Hut, Schnurrbart und Skistock in der Hand) mit einer Berchtesgadener Skifahrergruppe vor dem Ersten Weltkrieg.
*6. 9. 1880 in Ruhpolding, †6. 2. 1921 in München.
Max Zeller gab 1911 den ersten Führer durch die Berchtesgadener Alpen heraus („Zellerführer"), der nun völlig neu bearbeitet und auf den neuesten Stand gebracht in der 15. Auflage als Alpenvereinsführer vorliegt.

weiterlebt, während die Bearbeiter kommen und gehen, wurde nun mit einem großzügig erweiterten Bildteil die 15. Auflage vorbereitet.

Der Führer wurde von Autor und Verlag vollständig überarbeitet und ist nun gemäß den Grundsätzen und Richtlinien für Alpenvereinsführer aufgebaut.

Allerdings taucht ein Problem erneut auf, über das ich im Vorwort zur 13. Auflage 1973 schrieb: „Durch die stets hinzukommenden Texte neuer Erstbegehungen wurde der Führerumfang von Auflage zu

Auflage bis zur Zerreißgrenze aufgeblasen wie ein Luftballon. Wenn ein Führer so dick wird, daß man ihn in Anorak- und Rucksacktaschen als lästigen Ballast empfindet, dann beginnt er, seinen Zweck zu verlieren. Auch ohne solche Erweiterungen waren die ständig steigenden Herstellungskosten eine große Belastung. Es mußte daher nach sorgfältiger Beratung mit den besten Kennern verschiedener Teilgebiete operativ eingegriffen werden, um Platz für Neues zu schaffen." Unter diesem Zwang wurde die erschreckend dick gewordene Ausgabe von 1969 auf einen erträglichen Umfang reduziert. Das war vor acht Jahren. Inzwischen ist wieder viel hinzugekommen — vor allem durch Neutouren, über deren bergsteigerischen Wert und künftige Begehungshäufigkeit man geteilter Meinung sein kann. Wenig begangene Führen werden nur noch kurz erwähnt und mit dem Hinweis versehen, in welcher früheren Auflage eine ausführliche Routenbeschreibung steht. Es wird sich wohl künftig nicht umgehen lassen, die sehr zahlreichen Kletterrouten am Hochkönig und der Manndlwand gesondert in einem kleinen, handlichen Führer zusammenzufassen.

Ein Führer, der ein so großes Gebiet wie die neun Gebirgsstöcke der Berchtesgadener Alpen behandelt, braucht einen großen Mitarbeiterstab, um immer wieder auf den neuesten Stand gebracht zu werden. Dazu gehören auch die kritischen Benützer, die Korrekturen und Ergänzungen dem Verlag schicken. Sie haben genau so Dank verdient wie die ständigen Mitarbeiter, ohne die eine solide und möglichst zuverlässige Weiterarbeit am Führer gar nicht möglich wäre.

In Berchtesgaden und Ramsau waren es Hans Krafft, Heini Brandner, Karl Komposch, Franz Rasp, Uli Stöckl und Ursula Schroetter, in Bad Reichenhall Fritz Eberlein, Albert Hirschbichler, Sepp Jostl und Wolfgang Riedl, in Salzburg Kurt Lapuch, Walter Hock, in Saalfelden und Hinterthal Sepp Pfeffer, Sepp Dankl, Wastl Wörgötter, Reinhard Naissar, Hans Schernthaner, in Bischofshofen Albert Precht und in Werfen der Leiter der Blühnbach-Forstverwaltung, Dipl.-Ing. Hoffmann, die mithalfen, in dem 70jährigen Führerwerk Alterserscheinungen gar nicht aufkommen zu lassen. In den Dank an alle Mitarbeiter möchte ich auch die Nationalpark-Verwaltung in Ramsau für ihren Beitrag über das neue Nummernsystem der Wege einschließen.

Ein Werk, das von 1911—1981 zwei Weltkriege und viele andere Erschütterungen überstanden hat, soll auch im letzten Fünftel unseres Jahrhunderts ein Wegweiser zu Erlebnissen sein, die unverlierbar in der Erinnerung haften. Das war und ist der gemeinsame Wunsch aller, die daran mitwirkten.

Berchtesgaden, im Dezember 1981 — Hellmut Schöner

I. Einführender Teil

„Pax intrantibus et inhabitantibus“ — Friede den Eintretenden und den Einwohnern! — steht an der Grenze des Berchtesgadener Landes vor Schellenberg als Willkommensgruß seit Jahrhunderten.

Auch die Bergsteiger wissen diesen Alpenteil zu schätzen ob seiner Vielfältigkeit und erhabenen Schönheit. Die Ersteigungsgeschichte dieser Berge weist eine ganze Reihe namhafter alpiner Erschließer auf. Die großen Felsfahrten der Gebirgsgruppe, wie Watzmann-O-Wand, Göll-W-Wand und die Randabstürze der Hochflächen von Reiteralpe, Steinernem Meer und Untersberg, bieten verlockende Ziele aller Schwierigkeitsgrade.

1. Geographischer Überblick

1.1 Lage und Begrenzung

Unter „Berchtesgadener Alpen“ sind zu verstehen: 1. Untersberg, 2. Lattengebirge, 3. Reiteralpe, 4. Hochkaltergebirge, 5. Watzmannstock, 6. Göllstock, 7. Hagengebirge mit Gotzenbergen, 8. Steinernes Meer und Röth.9. Hochkönigstock, also jene Berge, die zwischen Saalach und Salzach, Zeller See, dem nördlichen Alpenvorland und dem Reichenhaller Talkessel liegen. Der Dientener Sattel trennt das Schiefergebirge des Mitterpinzgaus vom Hochkönigstock und damit von den Berchtesgadener Alpen. Der höchste Punkt ist der Hochkönig mit 2941 m, das Lattengebirge erreicht nur mehr 1700 m. Der südliche Teil hat seinen Knotenpunkt im Steinernen Meer, das nordostwärts das Hochplateau des Hagengebirges und den Hohen Göll, nordwestlich die zwei großen Gratäste des Watzmanns und des Hochkalters entsendet. Diese letzteren sind schroffe, kettenförmige Gratzüge mit schmalem Scheitel, die von N als jähe Spitzen erscheinen.

Die westl. und nördl. Umrahmung des Berchtesgadener Landes sind Reiteralpe, Lattengebirge und Untersberg. Ihre Gliederung verdanken die Gebirge im wesentlichen nur den Verzweigungen und Verästelungen eines einzigen Tals, des Berchtesgadener Haupttals:

Nach N entsendet es das Tal von Bischofswiesen, welches sich in dem Paß von Hallthurm (693 m) gegen das breite Talbecken von Reichenhall öffnet. Dieser Paß trennt Untersberg (östl.) und Lattengebirge (westl.). Nach W zieht das Ramsauer Tal, das sich vor dem Hintersee gabelt: nach NW schiebt sich ein Zweigtal zum Paß von Schwarzbachwacht (880 m) empor, welches jenseits durch das Schwarzbachtal mit dem Saalachtal zusammenhängt. Der südwestl. Zweigast verläuft als Klausbachtal auf dem Paß Hirschbichl (1148 m), von dem jenseits das

Weißbachtal mit der Seisenbergklamm zur Saalach hinunterzieht. Die nach S ausstrahlenden zwei großen Täler hingegen durchbrechen das Gebirge nicht völlig, sondern enden in allseitig hohen Felswänden: Es sind das grieserfüllte Wimbachtal, welches Hochkaltergebirge und Watzmanngruppe scheidet, und das Königsseetal, welches den Watzmann vom Göllstock und den Gotzenbergen trennt. Von außen schneiden noch zwei große Täler in diese Alpenkette ein, und zwar beide von O (vom Salzachtal) her: das Bluntautal, welches die Göllgruppe vom Hagengebirge scheidet und am Torrenerjoch ausläuft, und das breite, zirkusförmig abgeschlossene Blühnbachtal.

Mit Ausnahme des Watzmannstockes und des Lattengebirges sind alle Gebirgsgruppen der Berchtesgadener Alpen Grenzgebirge und gelten als Zollgrenzbezirk. Die jeweiligen Grenzbestimmungen sind daher genau zu beachten. Ein großer Teil der Berchtesgadener Alpen gehört zu den „Touristenzonen", in denen der Übergang zu den Gipfeln und Hütten gestattet ist.

1.2 Anfahrt

Für die Berge rund um den Berchtesgadener und Reichenhaller Talkessel auf der **Autobahn München — Salzburg** bis zur Ausfahrt Bad Reichenhall kurz vor der Landesgrenze. Von Bad Reichenhall über Bayerisch Gmain zum Hallthurmpaß hinauf und jenseits durch das Bischofswieser Tal nach Berchtesgaden.

Von der **Deutschen Alpenstraße** über den Thumsee oder — später abzweigend — entlang dem Saalachsee nach Bad Reichenhall. Wer keine dieser beiden Abzweigungen benützt, erreicht auf der Deutschen Alpenstraße über den Paß Schwarzbachwacht den Hintersee oder das nach Berchtesgaden hinausführende Ramsauer Tal.

Von der **Tauernautobahn** bzw. von Wien her bis zur gemeinsamen Ausfahrt Salzburg-Süd / Berchtesgaden, in wenigen Minuten über Grödig — St. Leonhard zum Grenzübergang Hangendenstein und durch das Schellenberger Tal nach Berchtesgaden.

Für die Anstiege auf der österreichischen Seite des Steinernen Meeres und für den Hochkönig von der Autobahn München — Salzburg bei der Ausfahrt Siegsdorf nach Inzell zur Deutschen Alpenstraße, die bei Jettenberg wieder verlassen wird, um über den Paß Melleck (Grenze) Lofer, Saalfelden, Maria Alm und Hinterthal zu erreichen.
Rund um den Hochkönig führt die Straße von Hinterthal über Dienten nach Mühlbach und Bischofshofen. Von Salzburg bzw. Berchtesgaden her erreicht man Bischofshofen und den Beginn der **Hochkönigstraße** auf der Tauernautobahn, die bis zur Abzweigung der Straße ins Gastei-

Die neun Gebirgsgruppen der Berchtesgadener Alpen

ner Tal benützt wird. Für Hochkönigbesteigungen kann man von Mühlbach bis zum Arthurhaus am Mitterberg, von Werfen (Autobahnausfahrt) bis zum Alpengasthof Dielalm am Weg zur Ostpreußenhütte hinauffahren. Ab Sommer 1982 besteht die Möglichkeit, von der Ausfahrt Hallein der Tauernautobahn die **Roßfeld-Höhenringstraße** und den Berchtesgadener Talkessel direkt über den Dürrnberg zu erreichen.

1.3 Verkehrsmäßige Erschließung

Über die dem Berchtesgadener Talkessel zugewandten Ausläufer des Hohen Göll zieht sich das dichteste Netz von Hochgebirgsstraßen auf deutschem Boden. Es verdankt seine Entstehung in den dreißiger Jahren der Planung der **Deutschen Alpenstraße** vom Bodensee zum Königssee und der Tatsache, daß Adolf Hitler seit 1925 am Obersalzberg ein Haus hatte, das später eine Art zweiter Regierungssitz wurde.

Die **Roßfeld-Höhenringstraße** von Oberau über den bayerisch-österreichischen Grenzkamm in 1600 m Höhe zum Obersalzberg hinunter war als grandiose Endschleife der Deutschen Alpenstraße über dem Berchtesgadener Talkessel gedacht. Sie sollte vom Obersalzberg über Scharitzkehl — Vorderbrand nach Königssee hinunterführen. Leider blieb sie infolge des 2. Weltkrieges unvollendet und endet als Sackstraße in Hinterbrand, von wo der Skiaufstieg zum Hohen Göll durch das Alpeltal beginnt. Durch diese Straße sind die Göll- und Kehlsteinanstiege bequem erschlossen. Für die beliebte Überschreitung Kehlstein — Klettersteig Mandlgrat — Hoher Göll — Purtschellerhaus parkt man am besten am Ofnerboden und kommt so von beiden Seiten der Rundtour wieder rasch zum Auto.

Die **Kehlsteinstraße,** die mit einer einzigen Kehre einen Höhenunterschied von 700 m überwindet, lag im hermetisch abgeschlossenen „Führer-Sperrgebiet" und wurde erst 1952 für die Befahrung mit Postautobussen freigegeben.

Zur Verkürzung der Untersberganstiege kann man von Berchtesgaden bis in die Hintergern und von Schellenberg bis Ettenberg hinauffahren. Das Ramsauer Tal wurde über Hochschwarzeck — Loipl mit dem Bischofswieser Tal verbunden. Durch die Sesselbahn von Hochschwarzeck zum Hirscheck ist der wegen seiner Aussicht berühmte Inselberg Toter Mann in einem kurzen Spaziergang zu erreichen.

Die Straße vom Hintersee über den Hirschbichl nach Oberweißbach im Pinzgau (an der Straße Lofer — Saalfelden) ist wie die Kehlsteinstraße für den öffentlichen Verkehr gesperrt. In den Sommermonaten verkehren von der Ramsau aus Busse bis zur Engert-Holzstube.

Von Bayerisch Gmain kann man über Großgmain (Grenzübergang) —

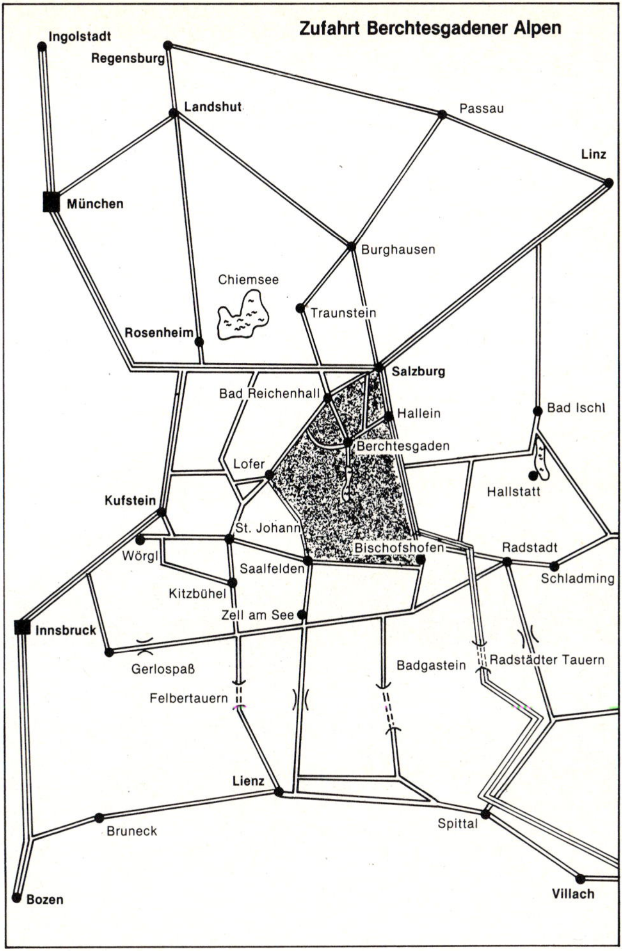
Zufahrt Berchtesgadener Alpen
Ingolstadt
Regensburg
Landshut
Passau
Linz
München
Burghausen
Chiemsee
Traunstein
Rosenheim
Salzburg
Bad Reichenhall
Hallein
Bad Ischl
Berchtesgaden
Lofer
Hallstatt
Kufstein
St. Johann
Bischofshofen
Radstadt
Wörgl
Saalfelden
Schladming
Kitzbühel
Zell am See
Innsbruck
Gerlospaß
Badgastein
Radstädter Tauern
Felbertauern
Lienz
Spittal
Bruneck
Villach
Bozen

Fürstenbrunn — Grödig — St. Leonhard — Schellenberg — Berchtesgaden rund um den Untersberg fahren.

Die Straße ins Blühnbachtal (zwischen Hagengebirge und Hochkönig) ist für den öffentlichen Verkehr gesperrt, dagegen kann man ins Bluntautal (zwischen Hagengebirge und Göllgruppe) bis zum Bärenwirt fahren.

Bergbahnen führen von Kirchberg bei Bad Reichenhall auf den Predigtstuhl im Lattengebirge, von Königssee auf den Jenner und von St. Leonhard auf das Geiereck am Untersberg. Die Tage der Bergbahn von Hallein auf den Dürrnberg sind durch die 1982 vollendete Straße vermutlich gezählt. Die Fortsetzung von Dürrnberg durch einen Sessellift auf den Zinken bleibt aber sicher erhalten.

Die Motorboote auf dem Königssee verkehren ganzjährig, sofern nicht Eisbildung vorübergehende Einstellung der Schiffahrt erzwingt.

2. Zur Geologie der Berchtesgadener Alpen

Von Prof. Dr. Ernst Ott

2.1 Allgemeines zur Geologie der Nördlichen Kalkalpen

Das Gebirge der Nördlichen Kalkalpen ist ein Stapel sogenannter „Decken". Decken im geologischen Sinne sind von ihrer ehemaligen Unterlage weitflächig abgehobelte Teile der oberen Erdkruste, die durch horizontale Untergrundströmungen übereinandergeschoben wurden. Würde man die alpinen Decken wieder auseinanderziehen und in ihrer ursprünglichen Lage zueinander ausbreiten können, so käme man auf einen einstigen Ablagerungsraum von weit über tausend Kilometer Breite. Diesen Ablagerungsraum dürfen wir uns nicht als gleichförmiges Meer vorstellen. Er umfaßte flache Schelfmeergebiete mit Riffplateaus, Festlandsschwellen und Tiefseetröge, die etwa in Ost-West-Richtung verlaufen sind.

Der spätere Zusammenschub und die Auffaltung war keineswegs ein kurzzeitiges Ereignis, sondern ein mehrphasiger Vorgang, der sich über einen Zeitraum von gut hundert Millionen Jahren mit einer Geschwindigkeit von einigen Millimetern bis Zentimetern pro Jahr abgespielt hat. Die alpidische Gebirgsbildung begann in der Unterkreidezeit vor etwa 140 Millionen Jahren, hatte Höhepunkte der Aktivität in der Oberkreide und im Tertiär, und ist heute noch nicht ganz abgeklungen. Gebirgsbildung und Ablagerung von Gesteinen gingen nebeneinander

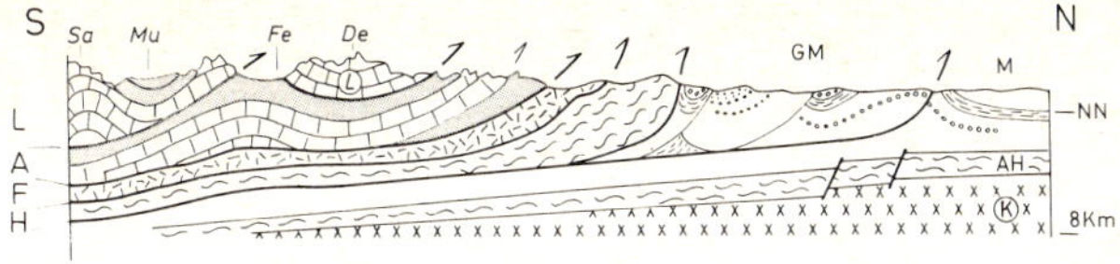

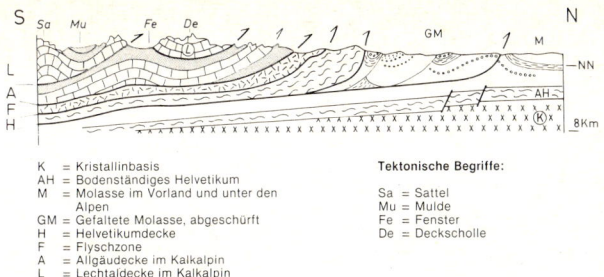

K = Kristallinbasis
AH = Bodenständiges Helvetikum
M = Molasse im Vorland und unter den Alpen
GM = Gefaltete Molasse, abgeschürft
H = Helvetikumdecke
F = Flyschzone
A = Allgäudecke im Kalkalpin
L = Lechtaldecke im Kalkalpin

Tektonische Begriffe:

Sa = Sattel
Mu = Mulde
Fe = Fenster
De = Deckscholle

Abb. 1 Geologischer Schnitt durch den Nordrand der Alpen

Nach Scholz 1981, geändert.

Literatur:

Bögel, H. & Schmidt, K.: Kleine Geologie der Ostalpen. (Ott) Thun 1976.

Scholz, H. & Scholz, U.: Das Werden der Allgäuer Landschaft. (Verl. f. Heimatpflege) Kempten 1981.

vor sich, es gab im Süden schon Überschiebungen, als im Norden erst der Ozeanboden für die Flyschsedimente bereitet wurde.

Was heute zuoberst im alpinen Deckenstapel liegt, war einst am weitesten im Süden beheimatet; das sind die Kalkalpen im engeren Sinne mit ihren schroffen Kalk- und Dolomitgipfeln. Die darunter liegenden Decken queren wir in rascher Folge, wenn wir von München aus in die Alpen fahren, weil sie nur in schmalen Zonen von wenigen Kilometern Breite am Alpennordrand zum Vorschein kommen (siehe Abb. 1). Im Untergrund von München liegen die Schichten der Vorlandmolasse noch flach und ungestört. Tektonisch beginnen die Alpen am Hohen Peißenberg, wo diese Molasseschichten schon von der Gebirgsbildung erfaßt und steil aufgerichtet worden sind. Nach Süden folgen einige zu Mulden zusammengepreßte Molassezüge, die in der Ammerschlucht zwischen Saulgrub und Rottenbuch eindrucksvoll aufgeschlossen sind. Diese Faltenmolasse mit hauptsächlich Konglomeraten und Sandsteinen bildet weiter im Westen schon ansehnliche Berge, nämlich die Nagelfluhkette der Immenstädter Berge (Rindalphorn, Hochgrat). Auch die Gesteine der nächstfolgenden Zone, des Helvetikums (Kreide und Tertiär), treten im Meridian von München kaum in Erscheinung, hierzu gehören die Kögel im Murnauer Moos oder der Härtling des Schloßberges von Neubeuern im Inntal — im Allgäu hingegen sind sie landschaftsbestimmend (Grünten, Hoher Ifen). Die anschließende Flyschzone ist durch sanfte und meist bewaldete Berge aus kreidezeitlichen Sandsteinen und Mergeln gekennzeichnet (z.B. Blomberg, Hörnle bei Bad Kohlgrub). Erst dahinter folgt das eigentliche Kalkalpin. Es ist wiederum von unten nach oben in drei Deckensysteme unterteilt: Bajuvarikum, Tirolikum und Juvavikum. In Abb. 1 ist das im Westabschnitt der Kalkalpen wichtige Bajuvarikum mit seinen beiden Teildecken Allgäudecke und Lechtaldecke dargestellt.

Der in Abb. 1 dargestellte Deckenbau, über dessen Ausmaß man früher nur Vermutungen hegen konnte, ist in jüngster Zeit durch einige Tiefbohrungen bestätigt worden (z.B. 1979 in Vorderriß, Endteufe 6468 m).

Natürlich liegen alle diese Decken nicht als ungestörter Stapel vor, sondern sie sind in Falten gelegt, zerbrochen, in sich verschuppt, teilweise ausgequetscht oder zu einem Schollenteppich zerrissen. Einige immer wiederkehrende Begriffe der Tektonik sind in Abb. 1 mit aufgenommen: Von einem geologischen Sattel spricht man, wenn die Schichten zu einem Gewölbe nach oben verbogen sind; von einer Mulde, wenn sie schüsselförmig nach unten zusammengestaucht sind. Im inneren Kern eines Sattels liegen immer ältere Schichten als auf seinen Flanken, bei einer Mulde sind im Kern die jüngeren Schichten. Das ist wichtig für das Erkennen solcher Strukturen im Gelände, weil man einen Muldenschluß in der Tiefe ja meist nicht direkt beobachten kann, es sei denn von der Seite her aus einem tiefen Taleinschnitt. Bei einem Sattel wiederum ist sehr oft der Gewölbeschluß schon abgetragen. Überhaupt schafft die Abtragung oft die gegensätzlichen Geländeformen aus diesen Strukturanlagen: Wenn bei einem geologischen Sattel die Schichten im Kern weicher sind als auf den Flanken, so werden sie leichter von der Verwitterung ausgeräumt; was strukturmäßig als Gewölbe angelegt ist, wird oberflächlich zu einer Senke. Umgekehrt kann bei einer geologischen Mulde der Kern ein hartes Gestein sein, das heute als erhabener Gipfelkamm herausmodelliert ist. Die geologischen Begriffe Sattel und Mulde dürfen also nicht mit Oberflächenbegriffen verwechselt werden. Ein durch Verwitterung entstandenes Loch in einer Decke, durch das man auf die darunter liegende Decke schauen kann, bezeichnet man als tektonisches „Fenster".

In den eigentlichen Kalkalpen bestimmen vorwiegend die Gesteine der Triaszeit (vor 225—195 Millionen Jahren) das Gepräge. In den geologisch jüngeren Vorzonen fehlen sie. Ein Schema der regionalen Verteilung der in Perm- und Triaszeit entstandenen Gesteine zeigt die Abb. 2. Als Unterlage sehen wir kristalline Schiefer, die schon in einer früheren Gebirgsbildung vor etwa 300 Millionen Jahren gefaltet und überprägt

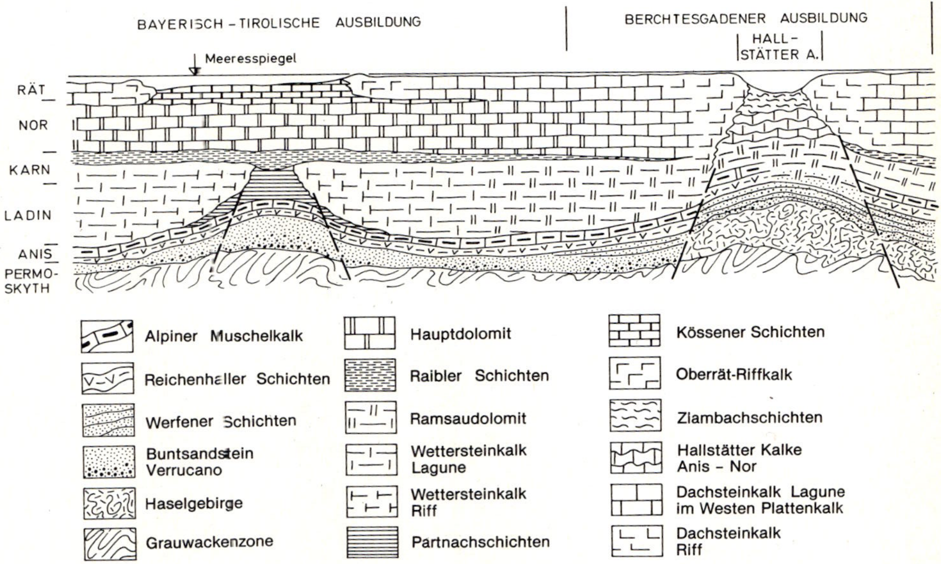

Abb. 2 Ablagerungsschema der Perm- und Triasschichten der Nördlichen Kalkalpen

Nach Bögel 1976, etwas geändert.

worden sind und die heute am Südrand der Kalkalpen als Grauwackenzone zutage treten (z. B. Kitzbühler Horn). Auch auf dieser Grauwackenzone lagen einst Gesteine der Nördlichen Kalkalpen, die längst der Abtragung zum Opfer gefallen sind. Ein Zeugenberg davon ist in der Triasinsel des Gaisbergs bei Kirchberg erhalten.
Vor etwa 285 Millionen Jahren begann die Ablagerung der kalkalpinen Gesteine, indem von Osten her zögernd ein Meer in das weitgehend abgetragene alte Schiefergebirge vordrang. Im Berchtesgadener Raum entstanden damals mächtige Salz- und Gipslager (Haselgebirge); weiter im Westen war das Meer noch nicht angekommen, dort wurde zur selben Zeit der rote Alpine Buntsandstein abgelagert. Erst in der Untertriaszeit war das ganze Gebiet von einem flachen Schelfmeer überflutet, das die verschiedenen Schichtglieder des Alpinen Muschelkalkes hinterließ. In der mittleren Trias entstanden Riff- und Lagunensedimente auf ausgedehnten Karbonatplattformen in extrem flachen, tropisch warmen Meeren (Wettersteinkalk im Westen, Ramsaudolomit im Osten), in schmalen Kanälen zwischen den Riffkomplexen entstanden die mergeligen Partnachschichten. Der Meeresboden senkte sich langsam, so daß die lichtbedürftigen Kalkbildner (Kalkalgen in den Lagunen, Korallen und Kalkschwämme in den Riffen) in ihrem Wachstum mit der Absenkung Schritt halten konnten und bis zu 2000 m dicke Karbonatgesteinspakete entstehen ließen. Eine vorübergehende Unterbrechung erfolgte durch die Einschüttung der sandig-mergeligen Raibler-Schichten, doch in der Obertrias ging die Karbonatsedimentation wieder weiter, wobei nun im heutigen Berchtesgadener Bereich die ausgedehnten Dachsteinkalk-Riffkomplexe wuchsen. Zwischen diese Riffe zwängten sich von Osten her Zungen mit Rotkalkbildung (Hallstätter Kalke), die aber nicht über den Berchtesgadener Bereich nach Westen hin vorgedrungen sind. Im westlichen bayerisch-tiroler Bereich entstand zur selben Zeit das riesige öde Wattenschlick-Areal des späteren Hauptdolomits. Eine leichte Eintiefung der extrem flachen Hauptdolomitlagune führte zur Bildung des Plattenkalks und schließlich zu einer Ausgestaltung in flache Becken (Kössener Schichten) und Riffzonen mit Oberrätkalk-Riffen.
Mit Beginn der Jurazeit setzen kräftigere Bodenunruhen ein (siehe Abb. 3). Längs von Verwerfungen sinken Gebiete ziemlich schnell ab, dazwischen bleiben Schwellenzonen mit nur geringer Absenkung stehen. Teilweise kommt es sogar zu Hebungen über den Meeresspiegel und zu vorübergehender Verkarstung auf der obertriadischen Karbonatplattform. In den Trögen mit kräftiger Absenkung entstehen tonige und kieselige, dunkelgraue Kalke und Mergel in dünnplattiger Absonderung (Allgäuschichten, im Allgäu bis 1000 m dick). Auf den Schwel-

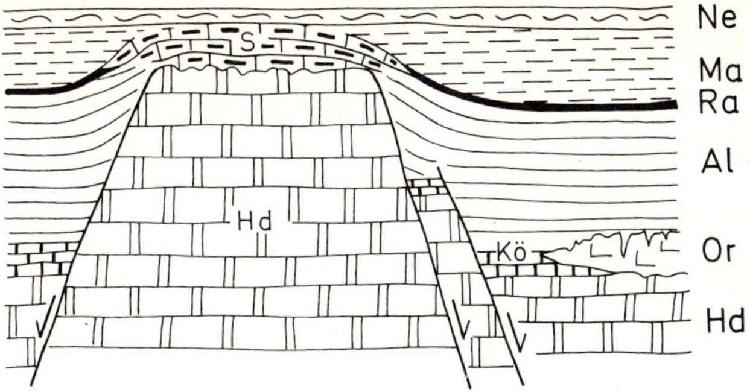

Hd = Hauptdolomit
Kö = Kössener Schichten
Or = Oberrätkalk
Al = Allgäuschichten
Ra = Radiolarit
Ma = Malm-Aptychenschichten
Ne = Neokom-Aptychenschichten, Unterkreide
S = Bunte Schwellenkalke des Jura

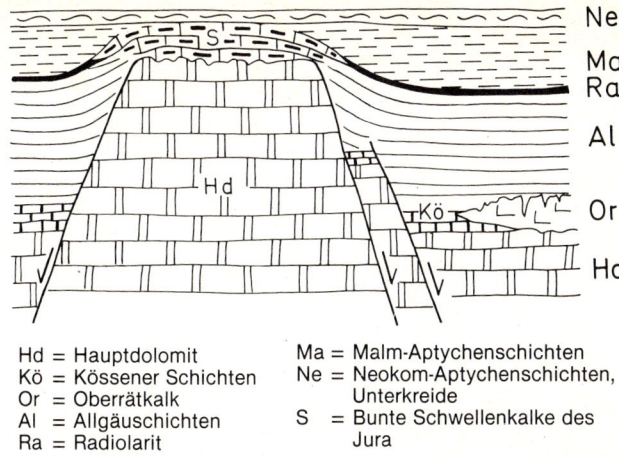

Abb. 3 Sedimentation in der Jurazeit. Gliederung in Becken und Schwellen nach dem Zerbrechen der Hauptdolomitplattform aus der Obertrias.

Stark überhöhter Ausschnitt ohne Maßstab. Nach Scholz 1981, etwas verändert.

len bilden sich zur selben Zeit nur einige Zehnermeter von bunten Jurakalken, die oft voll von Seelilienstielgliedern sind (Hierlatzkalk im Lias, Vilser Kalk im Dogger). Im höheren Jura, an der Wende von Dogger zu Malm, ist das Meer in den Trögen 1000 bis 2000 m tief, es kommt zur Bildung des kieseligen Radiolarits, der zu einem erheblichen Teil aus den Kieselskeletten mikroskopisch kleiner Einzeller (Radiolarien) besteht. Nach oben hin geht der Radiolarit in die Aptychenschichten über, die aus dem Malm noch in die Unterkreidezeit hineinreichen und nun auch zunehmend die noch bestehenden Schwellenzonen überdecken. Ihren Namen haben die Schichten nach kleinen muschelartigen Fossilien (Aptychen), Verschlußdeckeln von Ammoniten.

In die Unterkreidezeit fällt die erste größere Gebirgsbildungsphase mit beginnender Deckenbildung im Kalkalpin. In der späteren Flyschzone fängt hingegen die Eintiefung und Sedimentation jetzt erst richtig an. Weitere hundert Millionen Jahre wird es dauern, bis die nördlichen Zonen dem Deckengebäude angeschweißt sind und im Jungtertiär endgültig das Meer aus dem Molassetrog weicht. Im Laufe dieser langen Zeit dringt das Meer auch immer wieder in das Kalkalpin selbst vor und lagert Konglomerate, Sandsteine und Mergel auf die verstellten älteren Schichten ab, so zu Beginn der Oberkreide (Cenoman-Transgression), zu Ende der Oberkreide (Gosau-Transgression) und im Alttertiär. Doch sind die Schichten aus diesen jüngeren Meeresvorstößen bei weitem nicht so flächenhaft verbreitet wie die alten Triasablagerungen, sondern beschränkt auf lokale Vorkommen.

Nach dem Deckenbau erfolgte schrittweise die Heraushebung im Jungtertiär. Ganz wesentlich zur Oberflächenformung hat schließlich der jüngste Abschnitt der Erdgeschichte beigetragen, das Quartär, das erst vor 2 Millionen Jahren begann. Und zwar mit einer Klimaverschlechterung, die in sechs Kaltzeiten (Donau-, Biber-, Günz-, Mindel-, Riß- und Würm-Eiszeit), unterbrochen von wärmeren Zwischeneiszeiten, das heutige Landschaftsbild schuf.

2.2 Einzelheiten zur Geologie der Berchtesgadener Alpen

Allgäu- und Lechtaldecke sind im Berchtesgadener Land von höheren Decken zugedeckt. Ausgehend vom Nordrand des Kaisergebirges dringt das sogenannte Tirolikum immer weiter nach Norden vor und grenzt mit dem Hochstaufen bei Reichenhall schon direkt an die Flyschzone (Abb. 4). Die Tirolikumdecke hat die Form einer weitgespannten Schüssel. Westlich der Saalach, längs einer Linie Hochstaufen-Fieberbrunn, nimmt einzig und allein diese tirolische Muldenschüssel die gesamte Breite des Kalkalpins ein. Die beiden Muldenflügel bestehen aus älteren Triasschichten. Im Muldenkern liegen jüngere Schichten des Jura (Winkelmoosalm) und der Kreide (Roßfeldschichten bei Unken), die leichter verwittern und nicht als Wandbildner in Erscheinung treten. Im nicht sichtbaren Muldenschluß in der Tiefe vollzieht sich ein Übergang in der Ausbildung der Triasschichten, so daß an sich Gleichaltes im Norden und Süden unterschiedlich ausschaut. Was am Staufen und Zwiesel als Wettersteinkalk gegen Süden eintaucht, kommt als Ramsaudolomit am Südrand der Kalkalpen wieder heraus; der Hauptdolomit des Ristfeichthorns im Nordflügel erscheint im Gegenflügel wieder als Dachsteinkalk (Abb. 5). Zum Südflügel des Tirolikum gehören Loferer Steinberge, Hochkalter, Watzmann,

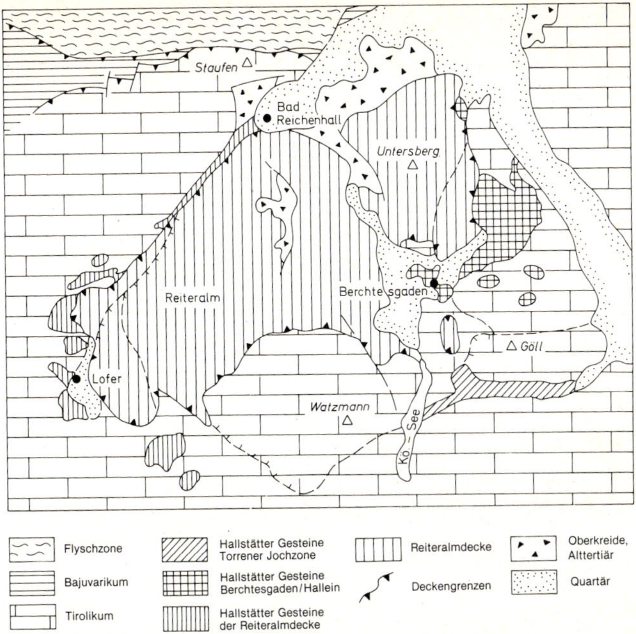

Abb. 4 Geologische Übersichtskarte der Berchtesgadener Alpen

Hoher Göll und im Süden anschließend Hagengebirge, Steinernes Meer und Hochkönig.

Östlich der Saalach nun kompliziert sich die im Westen geologisch so einfache Situation schlagartig. Mitten in der Muldenschüssel ragt unvermittelt ein Gebirgsstock aus Triaskalk und -dolomit empor, die Reiteralm. Die jungen Schichten der Unkener Mulde queren das Bett der Saalach und streichen **unter** die Reiteralm hinein; weiter im Osten, am Roßfeld bei Berchtesgaden, kommen sie wieder zutage. Auf dem Muldenkern des Tirolikum ruht demnach eine fremde Deckscholle. Sie gehört zur Berchtesgadener Schubmasse, die außer der Reiteralm noch die geologisch gleichartigen Massive des Lattengebirges und des Untersbergs umfaßt. Es sind jeweils Dachsteinkalk-Plateaus auf einem Sockel aus Ramsaudolomit und Werfener Schichten.

Außer diesen drei Dachsteinkalkmassiven enthält die Berchtesgadener Schubmasse aber auch noch Schollen sogenannter Hallstätter Gesteine. Es handelt sich dabei um meist bunte Kalke und Dolomite vom gleichen Alter wie der Dachsteinkalk, aber nur einige Zehnermeter dick; zu den Hallstätter Gesteinen zählt auch der ältere Lercheck-Kalk und das salzführende Haselgebirge (Abb. 5). Die Verbreitung der Hallstätter Schollen ist aus Abb. 4 ersichtlich. Sie liegen **auf** dem Tirolikum und teils **neben,** teils auch deutlich **unter** den Dachsteinkalkmassiven der Berchtesgadener Schubmasse.

Bis vor kurzem hat man alle Hallstätter Schollen im Berchtesgadener Raum zu einer eigenen Decke zusammengefaßt und eine einfache Dreiteilung des Deckenstapels vorgenommen: Die Tirolikum-Mulde als Liegendes, eine Hallstätter Decke als mittlere Etage, zuoberst die eigentliche Reiteralmdecke aus Reiteralm, Lattengebirge und Untersberg.

Wie schon im einführenden Kapitel und anhand der Abb. 2 erläutert, stellt man sich die Entstehung der Hallstätter Kalke in Kanälen zwischen den Dachsteinkalkriffen vor. Bei der Abwicklung der Berchtesgadener Decken nimmt man an, daß zur Zeit der Obertrias südlich des Hochkönigs so ein Hallstätter Kanal existierte und wiederum südlich an diesen ein weiteres Riffareal anschloß, zu dem Untersberg, Lattengebirge und Reiteralm gehörten. Ausgelöst durch eine Hebung des Südraumes soll im ausgehenden Jura und in der Unterkreide die einst im Süden beheimatete Berchtesgadener Schubmasse auf dem Schmiermittel des Haselgebirges langsam in die tirolische Schüssel eingeglitten sein, vorneweg die Hallstätter Kanalfüllung und nachdrängend und überholend die südliche Riffgürtelzone. Auf dem Weg über das Steinerne Meer, das damals natürlich noch nicht als Gebirge herausgeschaut hat, hat die Schubmasse Fetzen aus ihrer Basis hinterlassen, wovon heute noch 17 kleine Spurschollen Zeugnis ablegen. Die ersten Anzeichen dieser Hebung markieren Brekzieneinschüttungen und Scholleneingleitungen von Hallstätter Kalken in die Oberalmer Schichten (Oberjura) der tirolischen Mulde im Raum von Hallein.

Neuere Untersuchungen der verschiedenen Hallstätter Vorkommen haben an dem Prinzip der geschilderten Abläufe nichts geändert, doch hat sich herausgestellt, daß nicht alle Hallstätter Schollen zur selben Decke gehören. Die Hallstätter Gesteine in der Torrener-Joch-Zone entstammen einem eigenen Kanal im Tirolikum selbst, sie waren seit jeher zwischen Göll und Hagengebirge gelegen. Der mit deutlichen Hallstätter

Anklängen gekennzeichnete Dachsteinkalk des Jenner vermittelt zur Torrener-Joch-Zone ebenso wie eine dünne Stirnschuppe des Hagengebirges (Zug Scheffelspitz-Bärenwand-Wasserpalfen), die südlich der Königsbachalpe senkrecht im Gelände steckt. Der Schollenkranz westlich der Reiteralm zwischen Lofer und Schneizlreuth zeigt Verzahnungen zur Saalach-Stirnschuppe der Reiteralm und war wohl immer mit dieser eng verbunden. Lediglich die Schollen bei Berchtesgaden und Hallein, wo auch ältere Hallstätter Kalke vorkommen (Zillkalk, Lercheck-Kalk), genügen noch den Ansprüchen einer eigenen, isolierten Hallstätter Decke.

Nicht alle roten Kalke gehören zu den Hallstätter Kalken. Besonders im Steinernen Meer fallen in der Gipfelregion immer wieder Rotkalkeinlagerungen auf, deren merkwürdige Lagebeziehung zum umgebenden Dachsteinkalk lange rätselhaft war. Dies sind rote Jurakalke, vorwiegend aus dem Lias (Adneter Kalk, Hierlatzkalk). Beim Zerbrechen der Obertrias-Karbonatplattform sind sie in Spalten und Karsttaschen des Dachsteinkalkes zur Ablagerung gekommen. Auffällig sind sie am Funtenseetauern, Viehkogel, Schottmalhorn und Breithorn. Manche Gipfel und Almen haben nach den roten Jurakalken ihren Namen erhalten, z. B. Röth, Rotwandl im Steinernen Meer, Rotspielscheibe und Feuerpalfen in den Gotzenalm-Bergen, Rotpalfen am Hochkalter. Zu den in Abb. 5 eingezeichneten Liasschichten am Nordfuß der Hochkaltergruppe gehören die roten Kalke am Ausgang der Wimbachklamm.

Die wichtigsten Gesteine der Hochregion im Berchtesgadener Land sind Ramsaudolomit und Dachsteinkalk. Das Raibler Band zwischen ihnen ist nur geringmächtig und fehlt oft ganz. Somit ergibt sich eine ziemlich starre, bis 2000 m dicke Platte aus diesen beiden Karbonatgesteinen, die nicht in engwellige Falten gelegt werden konnte, sondern an Brüchen blockartig zerbrach und somit den Plateaugebirgscharakter im Berchtesgadener Bergland bedingt hat.

Der Ramsaudolomit bildet weithin den Sockel der Gebirgsmassive. Er verwittert kleinsplittrig unter Bildung grusiger Schuttreißen, schaurige Gräben und Steilrunsen durchfurchen seine mit Wald und Latschen überwucherten Flanken. Wandbildend wirkt er kaum, lediglich kleinere, bizarre Felszacken wittern aus ihm heraus, z. B. die Steinerne Agnes im Lattengebirge oder die Zinnenburg des Kleinen Palfenhorns im hinteren Wimbachgries.

Gipfel- und Wandbildner ist der Dachsteinkalk. Er ist allerdings nicht überall gleich ausgebildet, wie ein Vergleich von Göll und Watzmann zeigt. Im Göll und auch am Hochkönig sehen wir massige bis dickbankige Riff- und Riffschuttkalke, die aus Trümmern von Korallen, Kalkschwämmen und höheren Kalkalgen bestehen. Die besser geschichteten Kalke am Watzmann sind in einer geschützten Lagune hinter den Riffen entstanden, es sind eintönige Kalkschlickbänke und millimeterfein gebänderte Kalke, sogenannte Stromatolithe, die durch blaugrüne Algen in einem extrem seichten und immer wieder trockenfallenden Milieu gebildet wurden. Unter der Tierwelt vermochten nur wenige Spezialisten in diesen Lebensraum einzudringen, vor allem dickschalige Muscheln, die in herzförmigen Anschnitten aus den Schlickbänken herauswittern und wie die Trittsiegel von Hirschen oder Kühen aussehen. Infolge der flachen Schichtlagerung sind die Plateaustöcke weithin verkarstet und mit Karrenfeldern und Dolinentrichtern übersät (Steinernes Meer, Hagengebirge).

Die Klettertouren im Berchtesgadener Land sind fast alle an den Dachsteinkalk gebunden. Eine Ausnahme machen die Barmsteine bei Hallein: Das sind Rutschmassen aus Riffschutt, der von randlichen Oberjura-Riffen in die tieferen Becken der altersgleichen Oberalmer Schichten eingeglitten ist und sich dort zu teils dicken Bänken angesammelt hat. Bei nachträglicher Faltung wurden die Barmsteinkalk-Bänke steil aufgerichtet. Sie sind aus den umhüllenden weicheren Schichten als Härtlinge herausgewittert und treten deshalb als Wandbildner in Erscheinung.

Zeugen jüngerer Meeresvorstöße sind im Nordteil der Berchtesgadener Alpen erhalten geblieben. Auf dem Lattengebirge und besonders am Nordfuß des Untersberges liegen rote Mergel der Oberkreide und des Alttertiärs (Nierentaler Schichten der Gosauformation). Das Liegende der Gosaumergel am Untersberg ist ein heller Riffschuttkalk der Oberkreide, der den berühmten Untersberger Marmor geliefert hat, der in vielen Prachtbauten in Salzburg und München Verwendung fand (Brüche bei Fürstenbrunn am Nordfuß des Untersberges). Am Eisenrichter Stein bei Hallthurm ist noch ein kleines Riff aus dem Alttertiär erwähnenswert.

Im Jungtertiär wurde das Gebirge herausgehoben. Das heutige Landschaftsbild verdanken wir der Überprägung durch die Eiszeiten im Quartär. Das Eisstromnetz erfüllte die Täler bis 1300 m Höhe. Ein Ast des Salzachgletschers zweigte bei Zell am See nach Norden ab und quoll durch das Saalachtal; ein Seitenast davon überwand den Hirschbichlpaß. Zusammen mit lokalen Seitengletschern aus dem Wimbachtal und der Königsseefurche floß das Eis von Berchtesgaden in 2 Armen über den Hallthurmpaß ins Reichenhaller Becken und durch das Achental zurück zum Salzachgletscher.

Die durch alte Bruchstörungen vorgegebenen Täler von Königssee und

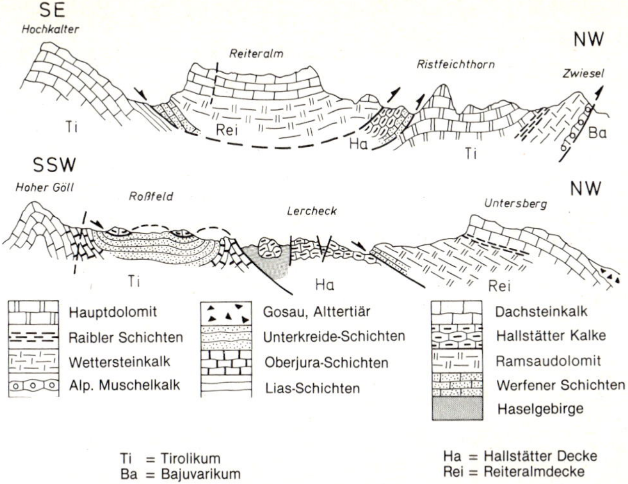

Abb. 5 Zwei geologische Schnitte durch die Berchtesgadener Alpen

Wimbachgries wurden gewaltig übertieft, der splittrige Ramsaudolomit wurde vom Eis ausgeschürft. Obwohl die Ortschaft Königssee auf einem soliden Dachsteinkalkriegel steht, den das Eis lediglich glattgeschliffen aber nicht beseitigt hat, hat es dahinter ein tiefes Loch ausgeräumt, in dem heute der 190 m tiefe Königssee liegt. Seine Tiefe ist aber noch nicht der wahre Betrag der Ausschürfung, denn nach der Eiszeit wurde ja noch Schutt und Schlamm eingebracht; wieviel, ist bis jetzt nicht gemessen. Im benachbarten Wimbachtal war es genauso. Dort haben seismische Messungen ergeben, daß die anstehende Felssohle erst unter mehr als 300 m Lockermaterial zu erwarten ist. Das Wimbachtal ist heute bereits wieder aufgeschottert, weil in seinem Einzugsgebiet viel brüchiger Ramsaudolomit ansteht, der leichter verwittert und den darüber aufragenden Dachsteinkalk zum Nachstürzen bringt. Der Königssee ist noch vorhanden, weil er fast ganz vom widerstandsfähigen Dachsteinkalk eingerahmt ist. Nur aus dem Eisbachtal bezieht er Ramsaudolomitschutt und dort hat sich auch der Schwemmfächer von Bartholomä vorgebaut, der in geologisch kurzer Zeit das Gegenufer erreichen wird. — Auch im Reichenhaller Becken bestand nach dem Rückzug des Eises ein See. Als Kuriosum sei erwähnt, daß er einen erheblichen Salzgehalt hatte, wie man durch geochemische Untersuchungen seiner Seetonablagerungen weiß. Das Eis hatte das salzführende Haselgebirge im Untergrund freigeschürft; heute ist es wieder durch junge Lockersedimente abgedeckt. (Zum Haselgebirge mehr im Abschnitt 4.1, Geschichte und Bergbau.)

3. Die Höhlen der Berchtesgadener Alpen

Von Gustave Abel, Salzburg

Die großen Kalkhochflächen waren z.Zt. des Tertiärs die eigentlichen Landoberflächen, welche, ähnlich wie heute im Karste bei Adelsberg, von Flüssen teils ober-, teils unterirdisch durchzogen sind. In dieser Epoche entstanden die vielen, bis 200 heute erforschten Höhlen. Ende des Tertiärs fand die Gebirgshebung statt und das Flutniveau sank tiefer. So sind nur noch dem Tale nahegelegenere Höhlen wasserführend. Die Höhlen der Berchtesgadener Alpen wurden großenteils vom Landesverein für Höhlenkunde in Salzburg erforscht. Ein in den zwanziger Jahren entstandener Berchtesgadener Höhlenverein war nur von kurzem Bestand. In den letzten Jahrzehnten waren regelmäßig Forschergruppen des Münchener Höhlenvereins in den Berchtesgadener Alpen, vor allem im Gebiet des Steinernen Meeres und Hohen Gölls. Höhlen bieten touristisch wie auch naturwissenschaftlich sehr viel Sehenswertes. Der Besucher braucht aber bergsteigerische Erfahrung und gutes Licht (am besten Karbidgrubenlampen), bei Eishöhlen auch Steigeisen und Pickel, wenn er ohne erfahrene Begleiter sich der Unterwelt anvertraut. Deshalb werden in Österreich vom Staate Höhlenführer ausgebildet und geprüft. Höhlen bieten Schutz bei Unwetter und Schneesturm; sie sind häufig geeignete Biwakplätze. Dolinen und Naturschächte sind im Winter, oft nur schwach verschneit, eine versteckte Gefahr für Skiläufer, gleich den Gletscherspalten. In eine inzwischen abgedeckte Doline unterhalb des 3. Watzmannkindes war erstmals 1926 ein 16jähriger Salzburger Skiläufer eingebrochen. Der Sturz in 70 m Tiefe endete mit leichten Verletzungen, weil der Grund mit Schnee gepolstert war. Die nächtliche Bergung des „spurlos Verschwundenen" war nur möglich, weil zufällig Josef Aschauer kurz vorher diese Doline entdeckt hatte.

Schrifttum: W. Czoernig, „Die Höhlen Salzburgs und seiner Grenzgebiete", Wien 1926; W. Czoernig, „Die Höhlen der Salzburger Kalkalpen" (ZAV 1937, S. 102); Erwin Angermayer-Rebenberg, „Zur Geschichte der Höhlenkunde und Höhlenforschung in Salzburg" (Mitt. d.

Ges. f. Salzburger Landeskunde, Bd. 101, 1961); Gustave Abel, „Die Salzburger Eishöhlen" (Zeitschrift „Salzburg", 1961, Folge 2—3, Verlag Etzendorfer & Co., Salzburg). Gustave Abel, „Salzburger Höhlen", 1963 (Ergänzung zu Czoernig: „Die Höhlen Salzburgs"), Verlag Naturwissenschaftliche Arge, Salzburg. Gustave Abel, „Nachweise von Braunbären im Lande Salzburg", Verlag Haus der Natur, Salzburg 1971. Salzburger Höhlenbuch, Band 1, 1975: Untersberg, Lattengebirge, Reiteralpe; Band 2, 1977: Steinernes Meer, Watzmann, Hochkalter; Band 3, 1979: Göllstock, Hagengebirge, Hochkönig.
Auskünfte erteilt der Landesverein für Höhlenkunde in Salzburg, Getreidegasse 56. Interessantes Studienmaterial mit über 2000 Objekten wie Mineralien, Kristalle, Höhlenbärenskelett, Modelle, Pläne u.a.m., ist in der Abteilung für Höhlenkunde (die größte Europas) im „Haus der Natur", in Salzburg zu sehen, wo auch Auskünfte erteilt werden.

1. Untersberg

Kolowratshöhle: Größte Eishöhle des Untersbergs, im oberen Rositten-tal. Vom Dopplersteig (bez. und gesicherter Zugang. Vom Eingang über Stufen (z.T. vereist) hinunter in die 110 m lange, 35 m breite und 36 m hohe Halle. Seit 1878 Rückgang der Bodeneisdicke um 3 m. Rechts in der Randkluft Abstieg in die 60 m tiefe Eduard-Richter-Galerie. Nur für Höhlengeübte oder mit Führer. Steht unter Denkmalschutz.

Gamslöcher: Vom Dopplersteig links, Wegtafel. Eine Galerie mit mehreren Tagfenstern. Am Ende Kaminaufstieg (Höhlengeübte) zum **Bärenhorst** (Knochenreste vom Höhlenbär). Weiter anschließend **Zwerg- und Riesenlabyrinth.** Die neuen Forschungen von 1981 erbrachten einen Zusammenhang beider Höhlen mit einer Gesamtlänge von 4.2 km.

Großer Eiskeller: Ein breiter und hoher Gang führt zum Eissee hinab, welcher zeitweise überschreitbar ist. Von der anschließenden vereisten Nebenkammer zu der Fortsetzung (jedoch nur mit Führer und Steigeisen) durch sehr interessante Kammern und Hallen bis zum Prunkgemach mit schönen Tropfsteinen. Gesamtlänge der Höhle 1 km. Steht unter Denkmalschutz. Nach 60 m periodischer Eisverschluß.

Hochthronleitenhöhle: 300 m westl. vom großen Eiskeller durch niederen Eingang in die 250 m lange Höhle mit mehreren großen Kammern.

Sulzenkarhöhle: Im obersten Teil des großen Wasserfalltals. Der 26 m hohe, kluftförmige Eingang setzt sich steil ansteigend bergwärts fort zu den rechts und links 580 m langen Labyrinthen.

Windlöcher: Die 14 Eingänge liegen 1300 m hoch und führen in die Tiefe (Strickleitern nötig) zu einer Reihe von großen Hallen. Gesamtlänge 2,9 km mit 200 m Höhenunterschied (Höhlenführer notwendig). Teilweise Eis. Beim Eingang streicht merkliche Kaltluft heraus.

Auf der Wildalpe, zwischen Klingeralm und Mitterberg, befindet sich knapp unter der Hochfläche die **Eishöhle der Saligen.** Durch einen niederen Felsbogen gelangt man in die obere Halle und durch eine kleine Umgehung in die untere Eishalle. (Im Frühjahr schöne Eissäulen). Gesamtlänge 358 m; unschwierig zu begehen. Beim „Negerdörfl“ am Salzburger Hochthron ist der tiefste Naturschacht des Untersbergs, der 606 m tiefe **Salzburger Schacht,** welcher in einem wasserführenden Horizont von 5.8 km Länge mündet.

Schellenberger Eishöhle: Am Blausand, knapp unter der S-Wand der Mittagscharte, ist die zweitgrößte Eishöhle des Berges, sie kann jedem zum Besuch empfohlen werden. Sie ist mit Steiganlagen versehen und mit Führer zugänglich (Eintrittskarten in der **Toni-Lenz-Hütte**). Über eine Schneehalde gelangt man in die Angermayerhalle mit eisbedeckter Sohle und Eisfiguren, dann links Abstieg in die Mörckgalerie (schönes Schichteneis) und weiter hinunter in die ebenso eiserfüllte Eberhard-Fugger-Halle.

Mittagsloch. Eine Durchgangshöhle durch die Südwand zum Stöhrhaus von 96 m Länge. Der Eingang war jahrzehntelang zur Behinderung des Wilderns von den Jagdbehörden verrammelt und wurde erst nach dem 2. Weltkrieg wieder freigelegt. Der Durchstieg ist derzeit mit Drahtseilen und Eisenstiften gesichert.

Naturfreunde-Eishöhle: Am O-Wandfuß des Berchtesgadener Hochthrons in mäßiger Kletterei erreichbar, noch nicht völlig erforscht.

An den Südwänden entlang führt der verf. Höhenweg, in dessen Bereich die 1036 m lange und bis zu 450 m tiefe **Kargrabenhöhle** liegt (schwierig). Diese Höhle entwässert bis hinüber zur **Fürstenbrunner Quellhöhle,** deren wasserführende Gänge bis zu 2.5 km erforscht sind und die mit der **Oberen Fürstenbrunner Höhle** in Verbindung steht. Diese Fürstenbrunner Höhlen dienen bis zu 70% zur Wasserversorgung der Stadt Salzburg. Die Karsthochfläche des Untersberges ist das Einzugsgebiet und somit **Quellschutzgebiet.**

Auch der Bereich der Klingeralm, Wildalm, der Vierkaser und Zehnkaser ist sehr reich an Höhlen. Hervorzuheben ist die **Eishöhle der Saligen** (leicht) und viele bis zu 100 m tiefe Schächte (Skifahrer Achtung!). Bis 1982 sind im Untersberg über 150 Höhlen kartiert.

2. Lattengebirge

Das Lattengebirge weist 16 Höhlen von geringem Ausmaß auf. Zu nennen ist das **Eisloch in der Moosen** (30 m tief), die **Schachthöhle im Karkopf** (15 m tief), die **Totengraben-Höhle** bei Jettenberg, eine ebenso wie das **Schneider-** und **Schusterloch** bei Schwarzbachwacht (30—40 m) periodisch aktive Wasserhöhle, von der bei Trockenheit bis jetzt 180 m vermessen wurden, und der 170 m tiefe **Predigtstuhlschacht,** der leider als Mülldeponie verwendet wird.

3. Reiteralpe

In der Reiteralpe sind bis jetzt 24 Höhlen bekannt.

Zellerhöhle: In der S-Wand des Wagendrischlhorns. Mächtige (100 x 60 m) Halle mit großer Öffnung (50 x 30 m) in der Wand. (Sohle ist mit Eis bedeckt).

Schrecksattel-Eishöhle: Liegt 40 m unter dem Schrecksattel und verläuft längs einer Verwerfung von N nach S, Gangausmaß 220 m. Sie hat permanentes Sohleneis nebst einigen Eisfiguren in den mit 30 Grad abfallenden Gängen. Die geradlinig verlaufende Parallelhöhle, deren Tropfsteinschmuck am Ende zerstört ist, hat eine Gesamtlänge von 395 m (nur für Geübte).

Reitertrett-Wasserschlingen: Am O-Rand der Trett nächst der Alten Traunsteiner Hütte verschwindet der kleine Bach in einem 25 m tiefen Schacht, der sich als 80 m langer Gang fortsetzt und verstürzt endet. (Nur für Höhlengeübte!)

Eisberghöhle, 1380 m: Auf der O-Seite des Eisberges, etwa 400 m lang, 50 m leicht fallend. Vier hintereinanderliegende Hallen sind durch z.T. schwierige Engstellen verbunden.

Gr. und Kl. Windlochkopfhöhle: Von der Traunsteiner Hütte ins Roßkar; links auf schwach ausgeprägtem Steig weiter bis zu einer Schutthalde. An deren oberen Ende ist der Eingang (20 x 13 m) zur großen Höhle. Nach einer Verengung folgen wieder größere Räume. Gesamtlänge 130 m. Die kleine Höhle liegt 100 m südl. und ist nur 25 m lang.

Schwarzbachloch: Ursprung des Schwarzbachs beim Wachterl. Periodisch aktive Wasserhöhle, je nach Wasserstand 40—60 m begehbar.

Schwarzloch im Gerhardstein: Auf der N-Seite dieses Berges, eines

Ausläufers der Reiteralm gegen das Saalachtal, am Fuße der Wand ober dem Prosllehen der 2 x 3 m große Eingang. Ein in der Größe wechselnder Kluftgang macht eine 500 m lange Schleife. Gesamtlänge 800 m. Nur für geübte Höhlengeher.

4. Hochkaltergebirge

Bisher 13 Höhlen bekannt.

Steinberghöhle, 1850 m: Von der Blaueishütte auf den Plattengürtel der S-Flanke des Steinberges hinauf zum Eingang 1 x 1,5 m. Im Innern ansteigende, kluftartige Gänge, welche nach 160 m in einen 145 m tiefen Schacht übergehen.

Blaueishöhle, 2160 m: Über der westl. Randkluft des Blaueis, etwas schwierig zugänglich, Eingang 6 x 13 m, 10 x 7 m große Riesenhalle mit Eisboden.

Ofentalhöhle: Kleiner Eingang, führt 15 m zu drei übereinanderliegenden Hallen, die dann in Labyrinthe übergehen. Lage: in der NO-Wand der Ofentalschneid nächst des Ofentalanstieges.

Frauenloch: Im Hocheiskar, links in den Steilhängen das Portal mit 7 x 10 m. Der anschließende, steile Gang ist jedoch bald durch einen Versturz abgeriegelt. Dahinter noch unbekannte Fortsetzung.

Hochkranzhöhle: Auf der S-Seite des gleichnamigen Berges (1680 m). Der Eingang ist in unschwieriger Kletterei erreichbar. Mit verzweigten Gängen sind mehrere Kammern verbunden, die zu zwei weiteren Tagöffnungen führen. Knochenfunde vom Braun- und Höhlenbär sowie Steinbock; Gesamtlänge 170 m.

Ramsauer Tropfsteinhöhle. Diese nur 75 m lange Höhle mit Sinter und Tropfsteinen im Konglomerat ist bzw. war eine Rarität. Trotz Gitterabsperrung wurde der Eingang aufgebrochen und viele Tropfsteine abgeschlagen.

5. Watzmannstock

Hier ist nur eine kleine Höhle im Kl. Watzmann bekannt. Im östl. Watzmannkar liegt ein bis 70 m tiefer Schacht. Er wurde von der Bergwacht Berchtesgaden mit einem Gitter bedeckt.

6. Göllstock

Im Göllstock sind bisher 69 Höhlen bekannt.

Der geringe Plateauumfang des Massivs hat nur wenige Höhlen sich

entwickeln lassen. Die bedeutendste ist die **Gruberhornhöhle** in der S-Flanke des O-Kamms, ein schwer zugängliches und schwierig begehbares Kluftsystem, von dem bisher 6,7 km mit einem Höhenunterschied von 854 m vermessen wurden. Zur systematischen Erforschung wurde am Höhleneingang auf der „Sakristei" eine Biwakschachtel aufgestellt. An der Erforschung dieser riesigen Höhle waren jahrelang polnische Höhlenforscher sehr aktiv beteiligt.

Unter den zahlreichen Schächten ist der **Geburtstagsschacht** in den Göllsanden mit 584 m der tiefste Deutschlands.

Außerdem gibt es im Göllstock eine große Karstquelle, den **Gollinger** oder **Schwarzbachfall,** der eine unter Denkmalschutz stehende Sehenswürdigkeit darstellt. Am O-Fuß des Kuchlergölls (bez. Wege von Golling und Kuchl) tritt unmittelbar aus einer Höhle ein mächtiger Bach zutage, der unvermittelt in zwei mächtigen Kaskaden herabstürzt. Besonders in den Morgenstunden schön bei Sonnenschein, Regenbogenfarben im Wasserstaub. Teilweise wurde angenommen, daß der Wasserfall ein unterirdischer Abfluß des Königssees wäre, was wissenschaftlich widerlegt wurde. In den Wintermonaten bei großer Kälte kein Überlauf. Die Wasserhöhle kann dann 20 m weit bis zu einem Syphon betreten werden. Dies war in den Jahren 1823, 1928, 1954 und 1962 der Fall. 1973 gelang es dem bekannten Taucher J. Hasenmayer, 170 m weit vorzudringen. Bei einer Tiefe von 50 m war die

Tauchgrenze erreicht, ohne dadurch auch die Deckensenke der Wasserhöhle zu erreichen. Naturdenkmal.

Polypenhöhle, 1650 m: Im oberen Pflugtal ist eine zum Teil mit Eis erfüllte Klufthöhle, die sich in zwei südwestl. verlaufende Arme erstreckt. Gesamtlänge 420 m.

Alpeltalschacht: Fundplatz von Braunbären. Weiterhin liegen im Bereich des **Bärenstuhls** mehrere kleinere Höhlen, ebenfalls mit Bärenknochenfunden.

7. Gotzenberge und Hagengebirge

In dem höhlenreichen Bergmassiv sind bisher 191 Höhlen bekannt.

Torrenerbärenhöhle (810 m): Vom Bluntautal zur Seealm ansteigend, dort wo der bez. Steig erstmals hart an den Fels gerät, rechts unterhalb in der Rinne. Ein niederer, 4 m breiter Eingang setzt sich später als 5 m breiter und 4 m hoher Gang fort. Hier befindet sich ein größeres Knochenlager von Höhlenbären. Nach 100 m zweigt ein zweiter Höhlenteil ab, der 25 bis 40 Grad fallend bis zu dem Karstwasserspiegel in die Tiefe führt. Gesamtlänge 820 m. Diese Höhle war altsteinzeitliche Jagdstation. Naturdenkmal.

Salzachöfen: Sehenswerter, 1 km langer, klammartiger Durchbruch der Salzach unter dem Paß Lueg. Von Golling auf Kärntner Bundesstraße zur Höhe des Paß Lueg, oder auch von Stegenwald-Sulzau. Von der Paßhöhe (Ghs.) Zugang in die Öfen auf Steiganlagen. Sehr interessante Erosionsformen im Dachsteinkalk mit zahlreichen Versteinerungen.

Am Paß Lueg über den wildromantischen Salzachöfen befindet sich die **Kroatenhöhle** mit einer alten Befestigung (gesperrt).

Brunnloch bei Stegenwald: Nächst dem Steinwendgut liegt am Ameisgraben diese 900 m lange Höhle mit einer Reihe von Hallen und Kammern, die durch Engstellen verbunden sind. Zwei verschiedene Wasserläufe, wovon einer zur Wasserversorgung des Gutes dient.

Scheukofen: Von Station Sulzau über die Aschauer Brücke, dann rechts empor zur Steinwendalm (½ Std.). Vom Heustadel westl. den Hang hinauf, links in einen Graben, an dessen Ende der 20 m breite und 8 m hohe Eingang ist. Durch die Vorhalle (im Winter bei größerer Kälte oft 200 herrliche Eismanndl) rechts hinauf in den Hintergrund der Halle (Tropfwasser). Hier setzt der Hauptgang an, zuerst etwas fallend, dann hinauf über die Riesentreppe. Nach dieser rechtshaltend über einen steilen Plattenschluf hinunter zum ersten und zweiten See,

Im „Gaudischluf" der Salzgrabenhöhle (Steinernes Meer)

die links passiert werden (Stifte). An einer Brekzienbank mit größerem Profil vorbei zu einem engen Spalt, der durch einen Block beengt ist, wonach man die große Tropfsteinkluft betritt (hier Absperrgitter). Rechts hinauf geht es zur Schatzkammer (Vorsicht beim Abstieg, grifflos), links in Absätzen an größeren Tropfsteinen vorbei (manche davon zerstört) über zwei Wandstufen hinunter, dann rechts abzweigend zum Czoernigsee (hinter dem Syphon eine 400 m lange Fortsetzung mit schönen Tropfsteinen), geradeaus zum ersten Nyphargussee (viel zentralalpines Gestein). Zum zweiten Nyphargussee; durch den niederen Viertalergang kommt man selten, da diese Strecke meist unter Wasser steht. Jenseits eines Sperrblocks noch unbekannte Fortsetzung. Gesamtlänge 1400 m, Höhenunterschied 120 m, Temperatur 7—8 Grad Celsius. Zoologisches: Flohkrebse, Höhlenassel, Springschwänze, Spanner und Fledermäuse. — Diese Höhle wurde schon im Mittelalter besucht. Skelettfunde. Begehung: 3—4 Std., Trittsicherheit, evtl. Seil. Steht unter Denkmalschutz.

Höllriegellabyrinth: Bei der gleichnamigen Alm mit 430 m verzweigten Höhlengängen (Wolfsskelett).

Beergrabenlueg, 1623 m: Auf den Felsbändern der NO-Seite des Hochwandl. Die 140 m lange Höhle endet mit einem 40 m tiefen Schacht. Eingang auch Unterstand bei Wettersturz.

Hagenburg, 2040 m: Westl. vom obersten Lengtal, am Steig zum Kahlersberg, das 10 m breite, nach S offene Portal. Nach 20 m Abstieg folgt ein 16-m-Schluf im Schutt, dann größere Gänge mit 15 m weiten Hallen. Gesamtlänge 411 m. Biwakmöglichkeit.

Reinersberghöhle, 1900 m: In den W-Hängen des Reinersbergs, Eingang 2 x 3 m mit 300 m anschließenden großen Gängen mit mehreren Schächten (Lias).

Jägerbrunntrogeishöhle, 1907 m: Am Fuße des N-Abfalls vom Jägerbrunntrog gegen Raucheck in ein tiefes Canon, schwierig absteigend. Weit verzweigt: bisher ohne Ende, bei wechselhaften Eismassen in Zusammenhang mit der **Sulzenkarleishöhle,** Osteingang 1851 m. Bisher 2,5 km Gesamtlänge bei 220 m Höhenunterschied. Noch Fortsetzungen und möglicher Zusammenhang mit dem 2,2 km langen **Petrefaktencanyon.**

Gamsbockschacht: In den „Äckern" nächst der Fillingalm. Erst bis 72 m Tiefe erforscht. Riesige Eiszapfen.

Tanntalhöhle, 1710 m: Eine der bedeutendsten Höhlen der Alpen, bis jetzt 30,2 km erforscht, mit 435 m Höhenunterschied. Die Höhle zieht unter der Hochfläche 4 km in Richtung Wildkar, von wo noch 1,5 km zur Außenwelt fehlen.

Nebst zahlreichen Wandstufen und Schächten gliedern sich großartige, ehemalige Flußtunnels an (10—20 m breit, 5—12 m hoch) und führen bis 1000 m unter die Hochfläche. Die Hallen reichen bis zu 100 m Länge, 40 m Breite und 50 m Höhe. Tropfsteine und seltene Aragonitausblühungen. Eine Begehung erfordert derzeit 6 Tage mit entsprechenden Biwaks. Bei P. 283 ist die erste unterirdische Biwakschachtel. Höhle steht unter Naturschutz und darf nur mit behördlicher Genehmigung und Führern des Landesvereins für Höhlenkunde Salzburg betreten werden. Begehung teilweise sehr schwierig. (Schrifttum: BK 1950/51, S. 245; Bgst. 1950/51, S. 129.)

Roithnerkarschacht. Nach bisherigen Messungen mit 300 m zweittiefster Schacht Österreichs; die tiefste Schachthöhle des Landes Salzburg. Von einem Biwakplatz in 250 m Tiefe aus teilweise erforscht.

Im Bereich der Gotzenalm gibt es mehrere kleinere Höhlen, eine größere hingegen ist die **Lindwurmhöhle,** 1765 m. Sie liegt im Hachelgraben und hat eine 2 x 12 m große Öffnung, etwa 30 m über der Sohle. Von hier geht ein kleiner, ansteigender Gang bergwärts, wobei einige Schlüfe zu durchschreiten sind. Man erreicht dann eine Reihe von Kammern. Die letzte, eine größere Halle, hat eine 5 x 4 m große Tagöffnung zur Wand hinaus. Hier setzt sich auch der zweite Teil als

8 x 5 m großer, 90 m langer Gang fort, der „Lindwurmgang". Gesamtlänge 1110 m mit 230 m Höhenunterschied.

Bei den Gotzentalalmen liegen die **Frauen-** und die **Abwärtsgrabenhöhle,** beim Seelein die **Schlungeishöhle** und im SW-Hang des Fagsteins die **Fagsteinschachthöhle.**

8. Steinernes Meer

Im Steinernen Meer wurden von 1885—1979 im Höhlenkataster 175 Höhlen erfaßt. Als Stützpunkt wurde am Wildalmrotkopf (Ostseite, Aufstieg über eine 20 m hohe Rinne zu dem weithin sichtbaren Portal) ein provisorisches Biwak aus Plastikplanen mit Styropor-Bodenbelag eingerichtet. Schlafsäcke sind nicht vorhanden, Wasser ist bis Ende Juli in der Höhle, dann östl. unterhalb der Höhle. Die bedeutendste Neuentdeckung nach der Salzgrabenhöhle ist die bisher in 1,7 km Länge erforschte **Rotwandlhöhle,** 2170 m.

Diebsloch: 80 m oberhalb des Riemannhauses gegen das Breithorn zu gelegen. Ein großes Tor führt in die 80 m lange Höhle mit 40 qm großem Eissee. Notwasserversorgung für das Riemannhaus. Zugang etwas Kletterei.

Eggstättenhöhle: An der N-Seite des Eggstättenkopfs, mit zwei Eingängen. Der untere Eingang führt über Schnee in eine kleine Eishalle. Der obere Eingang (17 x 16 m) steigt dann als pfeilerdurchsetzter Gang steil an und endet nach 112 m.

Schindlkopfhöhle, 2100 m: Am bez. Weg am Fuße der SO-Kante liegt der Eingang (5 x 18 m). Von diesem geht es abwärts in einen 10 x 11 m großen Gang, der nach 75 m endet (Biwakmöglichkeit).
Im Achselhorn und Hennenkopf liegen weitere drei Höhlen.

Salzgrabenhöhle, 960 m, am Simetsberg: Sie ist die interessanteste Höhle des Berchtesgadener Landes. Das weit verzweigte Gangsystem umfaßt 7 km Länge und berührt den Karstwasserspiegel, der bei Schneeschmelze und Regenfällen bis zu 50 m ansteigt. Dabei sind viele auch höherliegende Gänge stark wasserführend. Begehung nur bei Trockenheit und mit höhlenkundigem Führer! Einige Höhlenteile führen bis 180 m über den Eingang. In der Mitte der Höhle wurde eine Biwakschachtel errichtet, welche 100 m über dem Eingangsniveau liegt. Temperatur ca. 5 Grad C.

Der Eingang ist 20 m breit und 8 m hoch, öffnet die geräumige Vorhalle. Dann folgt eine periodische Eiszone, die im Winter sehr schöne Eisgebilde aufweist. Von hier geht es großgängig hinunter in ein verzweigtes System, in dem die Biwakschachtel steht. Eindrucksvoll ist der Riesenkamin. Es gibt hier die mannigfaltigsten Raumformen. Tiefer liegende, oft enge Partien berühren mitunter brausende Wasserläufe und einen 40 m hohen Wasserfall. Manche schwierige Stellen sind mit Eisenleitern und Drahtseilen gesichert. Stellenweise ist auch starker Luftzug zu verspüren. Eine Reihe von „Seen" schließen die Wege in die Tiefe ab. Achtung: Salzgrabenhöhle durch Gitter verschlossen!

Fledermäuse machen ihren Winterschlaf in den vorderen Teilen. Ansonsten sind verschiedene Insekten anzutreffen. Besondere Verdienste um die jahrzehntelang immer wieder vorangetriebene und noch nicht abgeschlossene Erforschung dieses riesigen Höhlensystems hat Erhard Sommer aus Berchtesgaden.

Grünschartenhöhle: In der Wand östlich der Grünscharte. Durch den 2 x 13 m großen Eingang in einen 20 m langen Gang, dann links durch eine enge Röhre hinab, die in eine Doppelhalle mündet. Kurzes Seil notwendig. Diese 20 und 30 m langen Hallen enthalten gewaltige Felstrümmer. Gesamtlänge 500 m.

Schindlkareishöhle, 2067 m, 160 m lang, in der Westwand des Windbachkopfes, tangiert mit dem 1272 m langen **Schindlkarlabyrinth.** Ebenfalls im Schindlkopfbereich liegt die **Monsterhöhle,** 2010 m. Sie ist schwer zugänglich, teilweise großräumig, und führt bis in eine Tiefe von 96 m. Von der Wasseralm erreicht man die **Moosscheibenhöhle,** 1690 m, mit großen Räumen und 243 m Länge.
Die **Simetsbergeishöhle,** 1790 m, nächst der gleichnamigen verf. Alm

Unterirdischer Bachlauf in der Salzgrabenhöhle

ist eisführend, erst großräumig, endet aber nach 222 m in engen Gängen. Direkt neben dem Weg am Funtenseeufer befindet sich die altbekannte **Teufelsmühle,** die jedoch nur der Wasserschlinger des Sees ist.

4. Allgemeines

4.1 Bevölkerung, Besiedlung, Geschichte, Bergbau

Die Abgeschlossenheit des Berchtesgadener Landes formte einen besonderen **Menschenschlag**, der viel von seiner Eigenart bis auf den heutigen Tag bewahrt hat. Viele Bräuche haben sich erhalten — Palmbaumtragen, Viehsprengen, der festliche Almabtrieb, das Klöcklsingen, Buttenmanndllaufen, Weihnachtsschießen und Räuchern —, die Einheimischen tragen meist noch die Tracht, die Mundart unterscheidet sich von allen Nachbargebieten und weist eine Fülle von nur hier bekannten Ausdrücken auf.

Auffallend reich ist das Berchtesgadener Land an Märchen und Sagen. Besonders um den Untersberg, früher häufig „Wunderberg" geheißen, kreisen die Legenden. Berühmt ist die Watzmannsage von der Versteinerung des grausamen Königs Waze und seiner Familie.

In den verschiedensten Formen ist die berühmte, uralte Holzschnitzkunst überliefert: Spielwaren, Schachteln, allerlei Gebrauchsgerät, Schaffeln, gedrechselte Dosen, geschnitzte Figuren und dazu die besondere Art der Malerei. Nach dem Krieg hat sich diese Hausindustrie neu belebt.

Vorgeschichtliche Funde aus der Stein- und Bronzezeit wurden in Berchtesgaden am Fürstenstein und am Kalten Keller gemacht, und zwar in der Form von Lochäxten. Zahlreiche Funde stammen aus der Gegend des Dürrnbergs bei Hallein sowie Reichenhalls. Dort gab es schon während der La-Tène-Zeit Siedlungen mit Anlagen zur Salzgewinnung. In Berchtesgaden konnten Siedlungen nicht nachgewiesen werden, jedoch ist mit Bestimmtheit anzunehmen, daß die Weide- und Jagdgründe genutzt wurden.

Der Name „Berchtesgaden" stammt von Perther oder Berthold (frühere Schreibweise „Bertolsgaden"), der hier einen „Gaden" (einstöckiges Jagdhaus) bewohnte.

Die **Geschichte Berchtesgadens** beginnt mit der Klostergründung um 1100. Irmengart, Gemahlin des Grafen Gebhard I. von Sulzbach, gelobte, hier ein Stift zu gründen. Da sie nicht dazu kam, ihr Versprechen zu erfüllen, holte es später ihr Stief- und Schwiegersohn Berengar von Sulzbach nach. Er berief Mönche aus Rottenbuch, darunter den tüchtigen Eberwein, nach Berchtesgaden. Die Anfänge begegneten großen Schwierigkeiten, doch 1122 wurde die Kirche am Priesterstein (heute Stiftskirche mit Kreuzgang und Martinskapelle) und die Behausung der Mönche eingeweiht und das Stift vom Papst bestätigt.

Die Berchtesgadener Geschichte steht in enger Verbindung mit der Reichsgeschichte; die Kaiser machten das Stift Berchtesgaden so mächtig, daß es Stimme und Sitz im Reichstag hatte und sein Propst als Fürst regierte.

Die wesentlichen Geschicke bestimmte das Salz. Es verlieh dem Stift Wohlstand und Reichtum, wie es ihm aber andererseits Neid und Mißgunst, Krieg und Raub brachte: Reichenhalls Salzbürger fielen ein, um die Salinenanlagen zu zerstören, und wiederholt erschienen die Kriegsscharen des Salzburger Erzbischofs am Platze. Auch die bayerischen Herzoge mischten sich in die Streitfragen ein. Die Untertanen, zuerst Hörige des Stifts, wurden später mit den Bauerngütern „belehnt", daher noch heute die Bezeichnung „Lehen". Ein bedeutendes Ereignis war auch die Emigration als Folge der Reformation. Als die neue Lehre im Land immer mehr um sich griff, wurden von 1732 an 20000 Salzburger und 700 Berchtesgadener des Landes verwiesen.

In dem klugen, tüchtigen Fürstpropst Josef Conrad von Schroffenberg hatte Berchtesgaden seinen letzten Regenten, denn im Jahre 1803 fiel das Stift der Säkularisation zum Opfer.

Vom letzten Fürstpropst berichtete 1815 der Historiker Ritter Jos. Ernst von Koch-Sternfeld, daß er „gegen Fremde, die die Naturschönheiten seines Landes aus allen Gegenden Europen's nach Berchtesgaden lockten, gegen Gelehrte, Künstler, Naturforscher gastfreundlich und liebenswürdig im Umgang mit allen Klassen war. Seine Gegenwart verbreitete ein freundliches Leben über ganz Berchtesgaden, wohin Viele aus der Nachbarschaft giengen, um sich einen frohen Tag zu verschaffen." Um die Mitte des 18. Jahrhunderts kamen die ersten Vergnügungsreisenden ins Stiftsland. Um die Jahrhundertwende erschien Valentin Stanig, dieser unerschrockene alpine Erschließer, auf dem Plan; Maler und Dichter zogen ins Land und entdeckten seine Schönheit. Die bayerischen Könige machten nach der Vereinigung mit Bayern im Jahre 1810 Berchtesgaden zu ihrem Sommersitz. Vor allem die Romantiker verherrlichten Berchtesgaden (Rottmann, Schleich, Ludwig Richter, Ferdinand Oliver und andere), in Hintersee entstand eine eigene Malerchronik. Kobell, Grosse, Steub und Stieler besangen Berchtesgaden und später kamen Achleitner, Ganghofer und Voß, um hier Anregung und Stoff zu finden. In neuerer Zeit entstanden der Bergführerroman „Der Kederbacher" von Fritz Schmitt, „Der Hof am Sillberg" von Hugo Kubsch, „Jahrlauf in Berchtesgaden" von Erika Schwarz, die sich mit Land und Leuten auseinandersetzen, sowie „2000 Meter Fels" und „Rund um den Watzmann. Streifzüge durch die Berchtesgadener Alpen", von Hellmut Schöner. Das 1950 von der

AVS Berchtesgaden herausgegebene reichbebilderte Werk „Berchtesgadener Alpen“ enthält eine ausführliche Erschließungs- und Ersteigungsgeschichte (W. Crantz, E. Schwarz, H. Schöner, H. Räthling), Beiträge über das Skigebiet der Berchtesgadener Alpen (O. Schultheiß, Dr. Graßler) und die Hochalpenstraßen (H. Schöner) und eine umfassende Bibliographie (Dr. Graßler). Zum 100jährigen Bestehen der AVS Berchtesgaden wurde 1975 der Teil Berchtesgadener Alpen des 1874 erschienenen Werkes „Aus den Nördlichen Kalkalpen“ von Hermann v. Barth neu herausgegeben. Der Verein für Heimatkunde des Berchtesgadener Landes brachte 1966 / 67 die zwischen 1913 und 1932 erschienenen Arbeiten Sigmund Riezlers, Dr. Julius Miedels und Karl Aigners über die Orts-, Wasser- und Bergnamen des Berchtesgadener Landes neu heraus. Diese Schriften sind auch für den etymologisch interessierten Bergsteiger eine Fundgrube. 1968 wurde vom gleichen Verein die bedeutendste Schrift über das Holzkunsthandwerk in Berchtesgaden, die 1860 als Festgabe anläßlich der 50jährigen Vereinigung mit Bayern erschienen war, neu herausgebracht. Bis 1982 ist die „Berchtesgadener Schriftenreihe“ auf 16 Titel angewachsen. Der Verein für Heimatkunde brachte auch die Jahrgänge 1921—1942 der „Bergheimat“ (einer Beilage des „Berchtesgadener Anzeigers“) in 5 Bänden neu heraus. Sie sind die bedeutendste Sammlung geschichtlicher, landes- und volkskundlicher Beiträge über das Berchtesgadener Land aus der Zeit zwischen den beiden Weltkriegen.
1974 erschien der Berchtesgadener Roman „Vinzenz und Marei“ von Fridel Marie Kuhlmann, in welchem Berchtesgadener Land und Leute geschildert werden.

Die Bergwerke

Zu einem geschichtsformenden Faktor wurde das sogenannte „Haselgebirge“, welches Salz enthält. Die Gegend von Reichenhall besteht aus Unterstem Trias sowie dem Haselgebirge, aus bunten Letten und Mergeln, in die Kochsalz, Gips, Anhydrit, Glaubersalz, Sylvin und Polyhalit eingebettet sind. Wo sich die wasserundurchlässigen Letten gut erhalten haben (wie bei Berchtesgaden und am Dürrnberg), blieb das Steinsalz bestehen; wo dagegen das Wasser in die Salzlagerstätte eindringen konnte, laugt es das Salz aus, und es entstehen Solequellen. Die bis zu 24% gesättigte Reichenhaller Sole ist die stärkste Natursole des Erdteils.

Auf den der Mittelstation der Jennerbahn gegenüberliegenden Hängen des Hohen Bretts wurde in einem Stollen in etwa 1450 m Höhe Jaspis abgebaut. Die Säulen des Tabernakels am Hochaltar des Kölner Doms sollen aus diesem roten, durch Mangan gebänderten Jaspis bestehen.

Um den verfallenen Abbau sind Fundmöglichkeiten für rotbraunen, oft mit Manganerz gebänderten Jaspis. Die Kupfer- und Eisenerzlager im Hochköniggebiet am Mitterberg und im Imlautal wurden schon in vorchristlicher Zeit abgebaut.

Der Kupferbergbau wurde 1976 wegen Unrentabilität eingestellt. Auf den Abraumhalden unterhalb des Arthurhauses bestehen noch Fundmöglichkeiten für verschiedene Minerale.

Die Anfänge des Eisenwerks Konkordiahütte in Tenneck gehen auf die Hallstattzeit (800—500 v. Chr.) zurück. Die Eisenerzvorkommen am Hochkönig haben im Gebiet von Salzburg für das Umlernen von Kupfer- auf Eisenverarbeitung großen Einfluß ausgeübt. Die Konkordiahütte ist in Österreich der einzige Produzent von gußeisernen Walzen für Walzwerkseinrichtungen. Das Erzvorkommen ist seit 1960 erschöpft. Der Bergbau wurde eingestellt.

4.2 Klima, beste Tourenzeit

Das Klima des Berchtesgadener Landes ist — wie das der meisten Gebirgsorte — durch großen Kontrastreichtum gekennzeichnet. Sowohl im jahreszeitlichen wie auch im tageszeitlichen Gang der Wetterelemente können beträchtliche Schwankungen auftreten, deren Hauptursache in den vom Gebirge hervorgerufenen Stau- und Föhnerscheinungen zu suchen ist. Es bestehen aber auch auf Grund der orographischen Gliederung schon auf verhältnismäßig engem Raum und natürlich auch zwischen den einzelnen Höhenlagen starke klimatische Kontraste.

Gerade in den Monaten mit den längsten Tagen sind die Aussichten auf länger anhaltende Schönwetterperioden am schlechtesten. Die niederschlagsreichsten Monate, sowohl nach der Niederschlagsmenge wie nach der Zahl der Niederschlagstage, sind der Juni und der Juli. Mit den geringsten bergsteigerischen Urlaubsverlusten durch untätiges Abwarten in Tälern und auf Hütten ist im Durchschnitt in den Monaten Mai, September und Oktober zu rechnen.

4.3 Pflanzenwelt, Tierwelt, Almwirtschaft

Die **Pflanzenwelt** ist im Berchtesgadener Gebiet vielfältig wie in keinem Teile der Nördl. Kalkalpen; das Naturschutzgebiet zählt über 700 verschiedene Arten. Ahorn, Linde und Buche sind die beherrschenden Laubbäume des Tales; die Holzgewächse der Gehänge sind Fichte, manchmal Kiefer, viel Lärche, Tanne, vereinzelt auch Eibe, im Steinernen Meer und Reitergebirge Zirbe, im Wimbachtal Spirke (aufgerichtete Latsche); Grünerle, Eberesche, Weide und in Höhenlagen Latsche.

Unter der Schneedecke schon erblüht das lichte Wunder der Schneerose, die dann beim ersten Schein der Frühlingssonne vor allem das Untersberggebiet, die Hänge der Kneifelspitze und die Wälder um die Kühroint schmückt. Schneeheide, Soldanelle, Krokus, Stengelloser Enzian, Frühlingsenzian, Seidelbast, Zwerg- und Mehlprimel, Frauenschuh, Maiglöckchen, Primel (Gamsblümel), Zwergalpenrose sind die lieblichsten Vertreter der Frühlingsflora. Im Hochsommer blüht im Tal das Alpenveilchen, auf den Almen Enzian, Silberwurz, Brünelle, Gelber Pippau, Pyrenäen-Drachenmaul, Läusekräuter, Alpenaster, Alpenwucherblume, Trollblume, Arnika, Alpenanemone, Alpentragant, Ungarischer Enzian, Bergkreuzkraut, später Alpenprachtfedernelke, Bärtige Glockenblume, Schwalbenwurzenzian, Eisenhut, Rittersporn, Alpendost und Silberdistel.

Über der Region der Almen, zwischen Krummholz und Fels, finden wir den Alpenbaldrian, die Rostblättrige (Steinernes Meer) und die Rauhhaarige Alpenrose, Gelbes, zweiblütiges Veilchen, Alpenwindröschen, Alpengänsekresse, Alpenvergißmeinnicht und Alpenglockenblume.

Im Wald stehen Akelei, Alpendost, Natternwurz, Türkenbund, Mondviole und Waldvögelein.

Ein Heer von Blumen steigt auf die grasdurchsetzten Schrofenhänge: Narzissenblütige Anemone, Habichtskraut, Steinbrecharten, Gemswurz, Salzburger Felsenblümchen, Alpenpetersbart, Zwergschlüsselblume, Kugelblume, Fingerkraut, Leimkraut, Bittere Schafgarbe, Alpenmohn, Schweizer Mannsschild und die schönste Zierde der Berchtesgadener Berge, das Edelweiß, das vor allem im Hagengebirge heimisch ist.

Lehrreiche botanische Wanderungen sind: nach der Schneeschmelze im Untersberggebiet, im Juni Trischübel und Eiskapelle, Anfang Juli Funtensee, Hachelgraben, Hagengebirge, Juli-August Steinernes Meer, Röth.

Die **Tierwelt** ist ebenfalls reich vertreten. Luchs und Bär (G. Abel, „Nachweise von Braunbären im Lande Salzburg nebst Hinweisen auf weitere ausgestorbene Säugetiere“, Verlag Haus der Natur, Salzburg, 1971) wurden im vergangenen Jahrhundert ausgerottet. Noch in den Jahren vor dem zweiten Weltkrieg waren die Gamswildbestände der Forstämter Berchtesgaden und Ramsau wegen ihrer zahlenmäßigen Stärke berühmt. Die Gamsräude, die sich 1951 vom Hochkönig her ausbreitete, vernichtete ungefähr 70 Prozent des Gamswildes. Durch die Gamsräude, von einer Milbe hervorgerufen, gehen die Tiere infolge Entkräftung und Blutvergiftung ein. Wenn Bergsteiger an Räude verendetes Gamswild auffinden, sollten sie dies der nächsten Unterkunftshütte oder dem Forstamt melden. Verendetes Gamswild soll nicht berührt werden, da eine allerdings nur kurz andauernde Infektion des Menschen möglich ist. Die allmähliche Erholung des Gamsbestandes geht derzeit in den ruhigen Gebieten langsam vonstatten. Die Rehbestände sind in den tieferen Lagen infolge Ausbleibens wirklich strenger Winter in der letzten Zeit wieder gut. Auch die Murmeltiere haben in den letzten Jahren sehr stark zugenommen und suchen neuerdings sogar tiefer gelegene Orte auf. Im Blühnbachtal gelang es von 1924, in der Röth von 1936 an, den seit Jahrhunderten in den Ostalpen ausgestorbenen Steinbock wieder in freier Wildbahn anzusiedeln. Fuchs, Schneehase, Dachs, Schneehuhn, Alpenschneemaus, Alpenspitzmaus, Iltis und Marder sind überall vertreten. Steinadler werden zuweilen im Königssee- und Untersberggebiet gesichtet; Turmfalken, Habichte und Mäusebussarde kreisen über unseren Bergen. Auer- und Birkwild ist häufig, im Hochköniggebiet kommt das Steinhuhn vor. Als Seltenheit gilt der winzige Sperlingskauz, Waldohreulen sind zahlreich. Alpendohlen mit gelbem Schnabel und roten Füßen umkreisen die Gipfel, den Königssee bevölkern Wildenten und Taucher. Eichelhäher, Tannenhäher, Spechte, Kleiber, Alpenmeise sind heimisch; im Almgebiet singt die Ringamsel, in der Krummholzregion lebt der Wasserpiper, der Alpenleinfink ist im Steinernen Meer und im Lattengebirge vertreten, Bergstelzen und Eisvögel fischen an den klaren Bächen, in St. Bartholomä flattert der seltene Zwergfliegenfänger, der reizende aschgraue Alpenmauerläufer, „fliegender Almrausch" benannt, entzückt das Auge; am Saalachsee, Obersee und im Bluntautal nistet die Felsenschwalbe. Seltener als die Bergeidechse sind die bis in die Felsregion emporsteigende giftige Kreuzotter sowie die Schlingnatter. — Nach Regen trifft man über 1000 m häufig den schwarzen Bergsalamander, im Volksmund „Bergmanndl" genannt. Die Hautausschwitzung dieser originellen Tiere ist, auf Wunden oder in die Schleimhäute bzw. in den Magen gebracht, sehr giftig. Sie bringen lebende Junge zur Welt.

Köstlich sind die Forellen der Bergbäche und der berühmte Königssee-Saibling, der geräuchert als „Schwarzreiter" schon vor Jahrhunderten den Kaisern und Päpsten als erlesene Delikatesse von den Berchtesgadener Fürstpröpsten geschickt wurde.

Es gibt eine Reihe interessanter Schneckenarten und schöne Schmetterlinge, darunter eine ziemlich seltene Art des Apollofalters (Parnassius Apollo bartholomaeus). Über die scheinbar leblosen Karrenfelder huschen noch zahlreiche Spinnen, auf den Schneefeldern lebt der Gletscherfloh und zuweilen verfrachten Stürme Schwärme von Schmetterlingen in die Schneeregion.

Die **Almwirtschaft** im Berchtesgadener Gebiet wurde zu Zeiten des fürstpröpstlichen Hochstiftes in viel umfangreicherem Maße als heute betrieben. Jedes kleinste Weideplätzchen wurde ausgenützt. Die Zahl der befahrenen Almen ging seit 1830 von 143 auf 64 (1911) und 38 (1967) zurück. Manche Weide verunkrautete oder verkarstete, die schwierig zu befahrenden Almplätze wurden aufgegeben, die Staatsforstverwaltung löste seit 1830 55 Almrechte ab. 1911 wurden 4577 Rinder, 1951 1792 Rinder und 1967 nur noch 1142 Rinder auf die Berchtesgadener Almen aufgetrieben. In den Jahren 1971 und 1972 war dagegen wieder eine Zunahme an Almvieh zu verzeichnen, trotzdem bekommt man nur noch selten auf Almen Milch zu trinken, weil sie in zunehmendem Maße als Weide für das Jungvieh benützt werden. Der Anteil der Kühe ging von 36% im Jahre 1953 auf 18% im Jahre 1972 zurück. Im Sommer 1972 wurden im Bereich des Landwirtschaftsamtes Berchtesgaden 58 Almen mit 1277 Rindern, 115 Schafen und nur noch 4 Pferden bestoßen. Gegenüber 1953 hat die Kuhälpung um 58% ab-, dagegen die Jungviehälpung um 11% zugenommen.

Meist sind Unterleger und Oberleger vorhanden. Die Almzeit dauert ungefähr — je nach Wetterlage — von Ende Mai bis Oktober; in der Zwischenzeit weidet das Vieh auf den Hochlegern. Gezüchtet wird das weiß-braun gefleckte Pinzgauer Rind. Daneben wird ein wenig Schafzucht — der Wolle halber — betrieben. Den besten Almboden liefern die Raiblerschichten und die Kreide sowie Grundmoränen, während der Dachsteinkalk verkarstet.

Die Berchtesgadener Almwirtschaft ist mit derjenigen des Allgäus nicht zu vergleichen, da sie viel weniger ergiebig ist. Dagegen ist das Almleben hier heute noch idyllisch, ein Hauch von Poesie und Unberührtheit lebt noch darin. Die berühmteste Alm ist die Gotzenalm, die größte die Kallbrunnalm, am weltfernsten wirkt vielleicht die allerdings nicht mehr bestoßene Feldalm im Steinernen Meer.

Die Berchtesgadener Alpen zählen zum schönsten **Jagdgebiet** der Nördl. Kalkalpen. Von jeher wurde hier die Jagd von den Salzburger Erzbischöfen und den Berchtesgadener Fürstpröpsten ausgeübt. Diese erbauten sich St. Bartholomä und das Wimbachschloß als jagdliche Stützpunkte. Später wurde Berchtesgaden das bevorzugte Jagdgebiet der bayerischen Könige. Die Jagdgeschichten vom Prinzregenten Luitpold sind heute noch lebendig.

4.4 Alpenpark und Nationalpark Berchtesgaden

Der Alpenpark Berchtesgaden umfaßt in etwa das Staatsgebiet der ehemaligen Stifts- und Fürstpropstei Berchtesgaden. Er schließt jedoch zusätzlich den Westabfall des Lattengebirges mit ein und hat etwa

46 000 ha. Der Nationalpark selbst entspricht annähernd dem früheren Naturschutzgebiet Königssee. Seine Fläche ist etwa 21 000 ha groß.

Der Nationalpark Berchtesgaden kann als Nachfolger des ehemaligen Schutzgebietes Königssee angesehen werden. 1910 wurde der Königssee mit den ihn unmittelbar umgebenden Bergen zum „Pflanzenschonbezirk Königssee" erklärt (Fläche etwa 8 300 ha). Am 18. 3. 1921 wurde dieser zum „Naturschutzgebiet Königssee" erweitert (Fläche etwa 20 000 ha). Am 11. 12. 1959 erfuhr die Naturschutzverordnung von 1921 eine Neufassung.

Heinrich Noe brachte als Erster Berchtesgaden in Zusammenhang mit dem Nationalparkgedanken. Bald nach offizieller Gründung des ersten Nationalparks Yellowstone im amerikanischen Westen (1872) tat er 1898 den Ausspruch: „Das Berchtesgadener Land ist der Yellowstonepark der deutschen Alpen". Professor Krieg, seinerzeit Präsident des Deutschen Naturschutzringes, schlug 1953 vor, im Königsseegebiet einen Nationalpark zu errichten. Am 13. 7. 1972 wurde die Bayerische Staatsregierung durch Landtagsbeschluß beauftragt, im Naturschutzgebiet Königssee einen „Bayerischen Alpenpark" zu planen. In das anschließend durchgeführte Raumordnungsverfahren wurde der gesamte bayerische Raum südlich von Reichenhall einbezogen und vorgeschlagen, 3 Zonen auszubilden: **Kernzone** (= Nationalpark), **Erschließungszone** und **Erholungszone.** Am 7. 5. 1974 beschloß die Bayerische Staatsregierung, im südlichen Teil des Berchtesgadener Landes den Bayerischen Alpenpark zu errichten und die Kernzone zum Nationalpark zu erklären. Nach weiterer Vorbereitung mit abschließender Beratung im Bayerischen Landtag erließ die Bayerische Staatsregierung am 18. 7. 1978 die Verordnung über den Alpen- und den Nationalpark Berchtesgaden.

Der Nationalpark liegt im Südteil des Alpenparks und umfaßt den Südteil der Reiteralm, den Hochkalter, den Watzmann, den Hohen Göll, die bayerischen Teile des Hagengebirges und des Steinernen Meeres sowie die Täler des Klausbachs, des Wimbachs und des Königssees. Im Norden ist dem Nationalpark vorgelagert das etwa 25 000 ha große sog. Vorfeld mit den Siedlungsgebieten der Gemeinden Berchtesgaden, Marktschellenberg, Schönau am Königssee, Ramsau und Bischofswiesen; im Vorfeld liegen die Gebirgsstöcke Untersberg und Lattengebirge.

Der Nationalpark verfolgt die Ziele Naturschutz, Forschung, Bildung und Erholung sowie Pflege des historischen Erbes.

Naturschutz im Nationalpark bedeutet, die Natur im Grundsatz sich selbst zu überlassen: der Mensch soll sich auf die Rolle des Betrachters zurückziehen. Auf diesen Leitgedanken können alle Bestimmungen zurückgeführt werden, beispielsweise **sind im Nationalpark sämtliche Pflanzen geschützt.** Die bewirtschafteten Almen nehmen im Nationalpark als Nutzungsinseln einen Sonderstatus ein.

Im Vorfeld gelten die allgemeinen Naturschutzrichtlinien. Die Forschung im Nationalpark befaßt sich vor allem mit den Fachgebieten Geologie, Bodenkunde, Klimatologie, Gewässerkunde, Botanik und Zoologie. Durch Zusammenarbeit unter den einzelnen Fachgebieten sind Aufbau und Zusammenhänge innerhalb von Lebensgemeinschaften (z.B. Wald, See, Bergbach u.a.) zu erforschen.

Die aus der Forschung erworbenen Kenntnisse über die Natur sind Grundlage für die Informations- und Bildungsarbeit. Wer die Natur kennt, wird schließlich auch bereit sein, mit ihr pfleglich umzugehen. Zu einem pfleglichen Umgang mit der Natur insgesamt — auch außerhalb des Nationalparks — anzuhalten, ist der Bildungsauftrag des Nationalparks. Das persönliche Naturerlebnis im Nationalpark spielt dabei eine wichtige Rolle. Es dient gleichzeitig der Erholung.

Im Nationalpark werden nur jene Erholungsformen angeboten, die zu Fuß zu erleben sind: Wandern, Bergsteigen und Skitouren. An die Skitourenfahrer richtet sich die Bitte, die alteingeführten Tourenrouten einzuhalten. Durch einen guten Ausbau von Wanderwegen und Bergsteigen und ihre Markierung nach dem gesamtalpinen System wird der Großteil der Nationalparkbesucher dieses Wegenetz (180 km) benutzen. Nur so können größere zusammenhängende Bereiche ruhig gehalten werden und die Naturschutzaufgabe erfüllen. Es gibt zusätzlich eine Anzahl weiterer, farblich nicht markierter Steige. Sie sind jedermann zugänglich, erfordern aber Bergerfahrung und die Fähigkeit, sich mit Karte und Führer im Gelände zurechtzufinden.

In den Berchtesgadener Alpen findet sich als bauhistorische Besonderheit der „Rundumkaser". Er ist nur mehr in wenigen Restexemplaren vorhanden und soll in einzelnen Formen, die baugeschichtlich wichtige Entwicklungsstadien darstellen, in geeigneter Weise erhalten werden.

Der Schutz des Nationalparks Berchtesgaden wird durch das Verhalten seiner Besucher gefördert oder in Frage gestellt. Deshalb werden alle Bergsteiger gebeten, die hier wachsenden Pflanzen an ihrem Platz zu lassen, die Tiere nicht zu stören, nicht zu lärmen, auf den Wegen zu bleiben und die Abfälle wieder mitzunehmen.

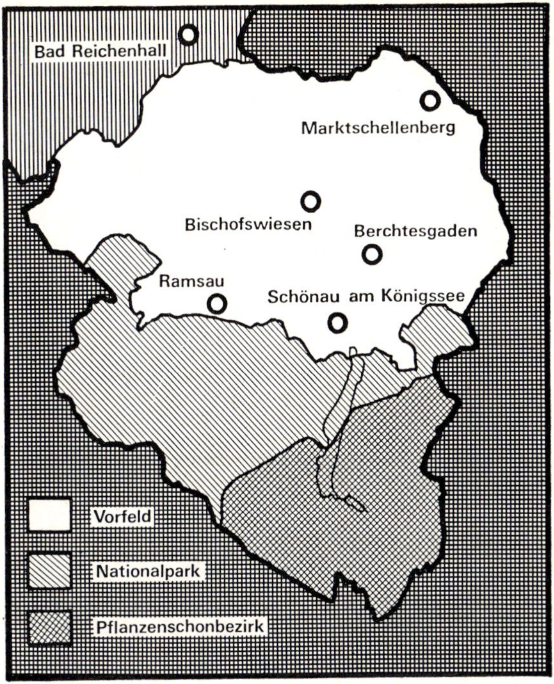

Alpenpark = Nationalpark + Vorfeld
Es besteht vielfach noch Unklarheit, was der Unterschied zwischen Alpenpark und Nationalpark ist. Der Anfang war der Pflanzenschonbezirk von 1910. Der Nationalpark entspricht mit geringfügigen Abweichungen im Bereich der Reiteralm und der seit 1953 durch eine Bergbahn erschlossenen Jenner-Nordseite dem Naturschutzgebiet von 1921. Der Alpenpark umfaßt auch das Vorfeld mit allen Gemeinden des inneren Landkreises. Der ganze Alpenpark deckt sich ziemlich genau mit dem historischen Gebiet der reichs- und papstunmittelbaren Fürstpropstei Berchtesgaden, die nach 700jähriger Eigenstaatlichkeit 1803 säkularisiert wurde und 1810 endgültig zu Bayern kam.

4.5 Touristisches

Das **Fremdenverkehrsbüro** ist im Hause der Kurdirektion gegenüber dem Bahnhof an der Schwabenwirtbrücke. Tel. 08652/5011.

Ebenso befinden sich in Königssee, Schönau, Oberau, in der Ramsau, in Schellenberg und Bischofswiesen Fremdenverkehrsbüros.

Reisebüro im Hauptbahnhof (ABR).

Die **Geschäftsstelle der Alpenvereinssektion Berchtesgaden** befindet sich über den Kurparkarkaden im Ortszentrum am Rande des Kurparks (Postfach 352). Tel. 08652/2207 — geöffnet Dienstag, Donnerstag, Freitag von 15—17.30 Uhr.

Staatlich geprüfte Berg- und Skiführer im Berchtesgadener Land: (Stand 1985)

Bannert Roland, Kastensteinweg 41, 8242 Bischofswiesen, Tel. 08652/7615.

Bauernfeind Gustav, Kastensteinweg 19, 8242 Bischofswiesen, Tel. 08652/8261.

Brandner Michael, Auerdörfl, 8240 Berchtesgaden-Oberau.

Hang Raphael jun., Blaueishütte, 8243 Ramsau, Tel. 08567/271 oder 546.

Ilsanker Franz, Wiedlerweg 1, 8242 Bischofswiesen, Tel. 08652/7733.

Kaluza Horst, Pension Bergsicht, 8240 Berchtesgaden-Stanggaß, Tel. 08652/4750.

Kellerbauer Stefan, Salzburger Straße 11½, 8240 Berchtesgaden, Tel. 08652/3196 oder 3380.

Palzer Wolfgang, Ettlerlehen, 8243 Ramsau, Tel. 08657/272.

Rasp Franz, Klammweg 13, 8240 Berchtesgaden-Maria Gern, Tel. 08652/4801.

Steinbacher Albert, Am Rehwinkel 5, 8240 Königssee, Tel. 08652/5575.

Stöckl Uli, Vorbergstraße 1, 8240 Schönau, Tel. 08652/62614.

Voss Friedl, Haglweide 2, 8242 Bischofswiesen, Tel. 08652/7339.

Weber Franz, Am Duftwald 5, 8240 Schönau, Tel. 08652/61481.

Zembsch Heinz, Am Burgergraben 11, 8244 Strub, Tel. 08652/5371.

Alpine Auskunft

Mündliche und schriftliche Auskunftserteilung in alpinen Angelegenheiten für Wanderer, Bergsteiger und Skitouristen

→ **Deutscher Alpenverein**

Montag bis Freitag von 8.30 bis 12.30 Uhr
D-8000 München 22, Praterinsel 5
Telefon (089) 29 49 40
[aus Österreich 06/089/29 49 40]
[aus Südtirol 00 49/89/29 49 40]

→ **Österreichischer Alpenverein**

Montag bis Freitag von 8.30 bis 12.00
und von 14.00 bis 18.00 Uhr
Alpenvereinshaus
A-6020 Innsbruck, Wilhelm-Greil-Str. 15
Telefon (0 52 22) 2 41 07
[aus der BR Deutschland 00 43/52 22/2 41 07]
[aus Südtirol 00 43/52 22/2 41 07]

→ **Alpenverein Südtirol**
Sektion Bozen

Montag bis Freitag von 9 bis 12
und von 15 bis 18 Uhr
im Landesverkehrsamt für Südtirol - Auskunftsbüro
I-39100 Bozen, Pfarrplatz 11
Telefon (04 71) 99 38 09
[aus der BR Deutschland 00 39/471/99 38 09]
[aus Österreich 04/471/99 38 09]

Bergschule Berchtesgadener Land:
Leitung Heinz Zembsch, staatl. gepr. Berg- und Skiführer, 8244 Strub, Am Burgergraben 11, Tel. 0 86 52 / 53 71. Die Bergschule veranstaltet in Zusammenarbeit mit der Kurdirektion Berchtesgaden während der Sommermonate regelmäßig preiswerte Führungstouren. Das Programm der Bergschule wird auf Anforderng verschickt.

Die **Motorboote** auf dem Königssee verkehren ganzjährig, sofern nicht Eisbildung vorübergehende Einstellung der Schiffahrt erzwingt. Die Strecke St. Bartholomä—Salet (Obersee) wird meist schon Mitte Oktober eingestellt. Von diesem Zeitpunkt an besteht keine Möglichkeit mehr, nach Abstiegen aus dem Hagengebirge oder Steinernen Meer zum Obersee und von dort wieder nach Königssee zu kommen. Es ist daher zweckmäßig, sich vor Antritt einer Tour zu vergewissern, wann und wie weit die Motorboote noch verkehren.

Mit Ausnahme des Watzmannstockes und des Lattengebirges sind alle Gebirgsgruppen der Berchtesgadener Alpen Grenzgebirge und gelten als **Zollgrenzbezirk.** Ein großer Teil der Berchtesgadener Alpen gehört zu den „Touristenzonen“, in denen der Übergang zu den Gipfeln und Hütten gestattet ist.

4.6 Wege und Markierungen, Schutzhütten

Durch die Verordnung der Bayerischen Staatsregierung vom 18.7.1978 über den Alpen- und Nationalpark Berchtesgaden ergaben sich für Wege und Markierungen erhebliche Veränderungen. Auch im hochalpinen Bereich übernahm die Nationalparkverwaltung die Unterhaltung von Wegen und Steigen, die bisher von Alpenvereinssektionen, Forstämtern und Naturfreunde-Ortsgruppen durchgeführt wurde. Das Nummernsystem der Wegbezeichnungen im benachbarten Österreich wird auch für die Berchtesgadener Alpen übernommen, und zwar rotweiß mit der jeweiligen Wegnummer. Da es noch einige Jahre dauern wird, bis all diese vorgesehenen Wegnummern ins Gelände übertragen sind, geben wir für diese Auflage einstweilen eine Gesamtübersicht in der Reihenfolge der Nummern.

Trischüblalm — Hundstodgatterl — Ingolstädter Haus	411
St. Bartholomä — Schrainbach — Saugasse — Kärlingerhaus (Weißbachscharte)	412
Kärlingerhaus — Baumgartl — (Riemannhaus)	413
Stuhlgraben — Totes Weib — (Buchauer Scharte)	414
Stahlhaus — Schneibstein — Seeleinsee — Wasseralm — Schwarzsee — Grünsee — Einmündung Funtenseeweg	416

Die Schutzhütten sind, sofern sie nicht für den Skilauf in Frage kommen, außerhalb der Reisezeit geschlossen, vorherige Erkundigung ist ratsam.

4.7 Karten und Schriften

Karten: Diesem Führer liegt eine auf den neuesten Stand gebrachte Karte 1:50000 bei, in der bereits die neuen Wegenummern der Nationalparkverwaltung aufgeführt sind.

1969 und 1972 erschienen als Beilagen zu den AV-Jahrbüchern die neuen Alpenvereinskarten „Steinernes Meer" und „Hochkönig, Hagengebirge". Als Übersichtskarte ist die Freytag-Berndt-Touristenkarte 1:100000, Blatt 10 brauchbar. Empfehlenswert ist der Zusammendruck (vielfarbige Reliefkarte) „Berchtesgadener Alpen" des Bayerischen Landesvermessungsamtes 1:50000 aus den Karten L 8342 Reichenhall — L 8344 Berchtesgaden — L 8542 Königssee — L 8544 Hoher Göll; ferner die Blätter 92—94 und 124—125 (Lofer, Berchtesgaden, Hallein sowie Saalfelden und Bischofshofen) der Österreichischen Karte 1:50000. Ferner sind auch vom ganzen Gebiet amtliche Karten 1:25000 zu haben, allerdings teilweise älteren Datums. Die Kurwegekarte „System Steiner", die unter der Bezeichnung „Alpenpark, Heilklimatisches Kurgebiet Berchtesgadener Land" erschien, gibt Aufschluß über sonst unverständliche Wegbezeichnungen wie AW 3, USl, KSl usw. in Tal- und Mittellagen. Anhand dieser Bezeichnungen kann der unter ärztlicher Aufsicht stehende Kurgast faststellen, welche Höhenunterschiede und Entfernungen beinhaltet sind, und überprüfen, ob damit seine zulässige Dosis nicht überschritten wird.

Schriften:

Die **Nationalparkverwaltung** gab seit ihrer Gründung 1978 bis 1982 folgende Schriften heraus:

In der **Reihe Rundschau** die Bücher

Nr. 1: Geschichte eines Schutzgebietes (Der Weg zum Nationalpark — Zeitdokumente — Rechtsgrundlagen);

Nr. 2: Der Watzmann (Natur- und Bergsteigergeschichte am Beispiel eines berühmten Berges).

Dieses Buch enthält auch den Nachdruck der 1929 erschienenen Bergsteigerbiographie Wilhelm v. Frerichs „Die Grill aus der Ramsau. Eine deutsche Führerfamilie. Zum 50-jährigen Führer-Jubiläum Johann Grills des Jüngeren." (Johann Grill-Kederbacher sen. führte 1881 die Erstbegehung der Watzmann-Ostwand).

…r **Reihe Forschungsberichte** der Nationalparkverwaltung liegen …er drei Arbeiten vor:

…r. 1, Theoretische Topoklimatologie;

Nr. 2, Humus und Humusschwund im Gebirge;

Nr. 3, Zur Situation der Greifvögel in den Alpen.

Als neueste Publikation der Nationalparkverwaltung kam 1982 die **Landschaftsanalyse Alpenpark Berchtesgaden** in Form einer Mappe mit abgehefteten Blättern (179 S.) heraus. Sie ist eine außerordentlich vielseitige Information über das ganze Gebiet.

Die AVS Berchtesgaden gab zu ihrem 50., 75. und 100. Gründungsjubiläum **Festschriften** heraus, die zeitlos eine Fundgrube für alle Freunde der Berchtesgadener Alpen sind (1925, 1950, 1975). Die noch erhältliche Festschrift von 1975 enthält z. B. auf 144 S. den gesamten Text über die Berchtesgadener Alpen aus dem 1874 erschienenen Werk Hermann v. Barths „Aus den Nördlichen Kalkalpen". Die in vielen AV-Büchereien stehende Festschrift von 1950 „Berchtesgadener Alpen, Berge / Erschließungsgeschichte / Schrifttum" brachte z. B. für den alpinen Teil eine von Dr. Franz Grassler bearbeitete Fortsetzung der Bibliographie 1522—1930, die A. Helm 1930 unter dem Titel „Die Literatur über das Berchtesgadener Land und seine Alpen" herausgebracht hatte.

Das Werk A. Helms **„Das Berchtesgadener Land im Wandel der Zeit"** (1929, Reprint 1973 / 74, 412 S. mit 276 Abb.) gilt als eine Art Konversationslexikon über das behandelte Gebiet. Der 1. Fortsetzungsband über die Zeit 1930—1980 wird 1982 erscheinen.

Über die Geologie des Gebiets informiert das Buch von Dr. Ortwin Ganss und Sepp Grünfelder **„Geologie der Berchtesgadener und Reichenhaller Alpen"** (152 S. mit 118 Abb., Verlag A. Plenk, Berchtesgaden). Im gleichen Verlag erschien 1981 die nach dem neuesten Stand bearbeitete 7. Auflage des Watzmann-Ostwand-Buches **„Zweitausend Meter Fels"** von Hellmut Schöner. Der biographische Roman von Fritz Schmitt „Grill, genannt Kederbacher" (Bergverlag Rudolf Rother) ist seit vielen Jahren vergriffen.

Umfassende und reich illustrierte **volkskundliche Darstellungen** sind die beiden Werke von Rudolf Kriss „Sitte und Brauch im Berchtesgadener Land" und „Die Weihnachtsschützen des Berchtesgadener Landes und ihr Brauchtum" (Verlag „Berchtesgadener Anzeiger"). Der Verein für Heimatkunde gab in Zusammenarbeit mit dem „Berchtesgadener Anzeiger" in 5 Bänden die **Bergheimat 1921—1942** heraus. Dieser Reprint von 22 Jahrgängen einer ehemaligen Beilage der örtlichen Zeitung ist die bedeutendste Sammlung von Beiträgen über Berchtesgadener Geschichte, Landes- und Volkskunde aus der Zeit zwischen den beiden Weltkriegen.

Auf Initiative des Vereins für Heimatkunde erscheint seit 1966 die **Berchtesgadener Schriftenreihe,** die bis 1981 auf 16 Titel angewachsen ist:

Nr. 1: **Dr. Julius Miedel**
Ortsnamen und Besiedelung des Berchtesgadener Landes, 1913.

Nr. 2: **Siegmund Riezler**
Die Orts-, Wasser- und Bergnamen des Berchtesgadener Landes, 1913, in 1 Band mit der Neuerscheinung:
Peter Sack, Die Berchtesgadener Namen im Licht neuer Erkenntnisse zur Besiedelung des Alpenraumes, 1980.

Nr. 4: Das Kunstholzhandwerk im oberbayerischen Salinen-Forstamtsbezirk, 1860.

Nr. 6: **Manfred Feulner**
Die berühmte Berchtesgadener Soleleitung, 1969.

Nr. 7: **Franz Martin**
Berchtesgaden. Die Fürstpropstei der Regulierten Chorherrn (1102—1803), 1923.

Nr. 8: **Hellmut Schöner**
Die verhinderte Alpenfestung. Berchtesgaden 1945. Berichte und Dokumente, 1971.

Nr. 9: **Hellmut Schöner**
Berchtesgadener Fremdenverkehrs-Chronik (1871—1922), 1971.

Nr. 10: **Dr. Richard Mertz**
Die Entwicklungsgeschichte des Protestantismus im Berchtesgadener Land, 1933.

Nr. 11: **Hygin Füglein**
Joseph Konrad, der letzte Fürstpropst von Berchtesgaden, 1903.

Nr. 12: **Hellmut Schöner**
Berchtesgadener Fremdenverkehrs-Chronik (1923—1945), 1974.

Nr. 13: **Hermann von Barth**
Aus den Nördlichen Kalkalpen (1874).

14: Salz und Holz. Die bayerisch-österreichische Salinenkonvention von 1829. Europas ältester Staatsvertrag, 1979.

Nr. 15: **Manfred Feulner**
Berchtesgaden und seine Könige, 1980.

Nr. 16: **A. Helm, Max Wembacher**
Tödliche Bergunfälle in den Berchtesgadener Alpen 1631—1890 mit Anhang: Die Todesopfer der Watzmann-Ostwand 1890—1980 u. Tödliche Bergunfälle von Berchtesgadener und Reichenhaller Bergsteigern außerhalb der Berchtesgadener Alpen 1922—1981, 1981.

Die Berchtesgadener Schriftenreihe hat sich die Aufgabe gestellt, neben neuen Publikationen längst vergriffene Schriften durch Reprints wieder zugänglich zu machen.

Über **Hallthurm,** die ehemalige Grenzbefestigung der Fürstpropstei Berchtesgaden und die umliegenden Berge gibt es seit 1960 eine Monographie von A. Helm. Die **Berchtesgadener Sagen** sind in einem kleinen Taschenformatbändchen von Toni Eichelmann zusammengefaßt (Verlag L. Vonderthann&Sohn, Berchtesgaden).

Von der Hanns-Seidel-Stiftung wurde 1974 als Gutachten über die künftige Behandlung des Waldes im Alpenpark Berchtesgadener Land die Schrift von Josef Nikolaus Köstler und Hannes Mayer **„Wälder im Berchtesgadener Land"** herausgegeben. Zwei Jahre vor Einrichtung der Nationalparkverwaltung erschien 1976 das Buch **„Nationalpark Berchtesgaden"** von Dr. Georg Meister mit einem Vorwort von Horst Stern.

Merianausgaben befaßten sich 1962 (Heft 2) und 1980 (Heft 10) mit dem Berchtesgadener Land.

Seit Ende des 19. Jahrhunderts trugen die Romane von Ludwig Ganghofer und Richard Voss durch Millionenauflagen und häufige Verfilmungen sehr dazu bei, das Berchtesgadener Land im gesamten deutschen Sprachraum bekannt zu machen.

5. Bergrettung

5.1 Bergrettungsdienste

Telefon-Nummer (mit Vorwahl):

Deutschland:

Rettungsleitstelle Traunstein (ständig erreichbar) oder	08 61 / 22 22 0 86 52 / 22 22
Bergwacht Berchtesgaden	0 86 52 / 15 15
Bergwacht Ramsau	0 86 57 / 202
Bergwacht Schellenberg	0 86 50 / 426

Österreich:

Bischofshofen	0 64 62 / 26 30
Golling	0 62 44 / 530
Grödig	0 62 46 / 26 52
Hallein	0 62 45 / 5 89 23
Lofer	0 62 48 / 603
Mühlbach	0 64 67 / 444
Österr. Höhlenrettung	06 62 / 4 77 19
Saalfelden	0 65 82 / 23 91
Salzburg	06 62 / 4 59 69
Salzburg, Landesleiter Bergrettungsdienst	06 62 / 2 92 00
Unken	0 62 49 / 297
Werfen	0 64 68 / 7 04 14

Rettungsaktionen werden oft sehr erschwert und verteuert, weil die Vermißten bzw. Verunglückten nicht am Ausgangspunkt ihr genaues Tourenziel hinterließen.

5.2 Das „Alpine Notsignal"

Dieses Notsignal sollte jeder Bergsteiger im Kopf haben:

- Innerhalb einer Minute wird **sechsmal** in regelmäßigen Abständen, mit jeweils einer Minute Unterbrechung, ein hörbares (akustisches) Zeichen (Rufen, Pfeifen) oder ein sichtbares (optisches) Signal (Blinken mit Taschenlampe) abgegeben.

  Dies wird solange wiederholt, bis eine Antwort erfolgt.
- Die Rettungsmannschaft antwortet mit **dreimaliger** Zeichengebung in der Minute.

Die abgebildeten Alarmsignale im Gebirge wurden international eingeführt.

Um einen schnellen Rettungseinsatz zu ermöglichen, müssen die Angaben kurz und genau sein.

Man präge sich das „5-W-Schema" ein:

- **WAS** ist geschehen? (Art des Unfalles, Anzahl der Verletzten)
- **WANN** war das Unglück?
- **WO** passierte der Unfall, wo ist der Verletzte? (Karte, Führer)
- **WER** ist verletzt, wer macht die Meldung? (Personalien)
- **WETTER** im Unfallgebiet? (Sichtweite)

5.3 Hubschrauberbergung

Der Einsatz von Rettungshubschraubern ist von den Sichtverhältnissen abhängig.

Für eine Landung ist zu beachten:

- Hindernisse im Radius von 100 m dürfen nicht vorhanden sein.
- Es ist eine horizontale Fläche von etwa 30×30 m erforderlich. Mulden sind für eine Landung ungeeignet.
- Gegenstände, die durch den Luftwirbel des anfliegenden Hubschraubers umherfliegen können, sind vom Landeplatz zu entfernen.
- Der anfliegende Hubschrauber wird mit dem Rücken zum Wind von einer Person in „Yes-Stellung" eingewiesen.
- Dem gelandeten Hubschrauber darf man sich nur von vorne und erst auf Zeichen des Piloten nähern.

INTERNATIONALE ALARMSIGNALE IM GEBIRGE
SEGNALI INTERNAZIONALI D'ALLARME IN MONTAGNA
SIGNAUX INTERNATIONAUX D'ALARME EN MONTAGNE
SENALES INTERNACIONALES DE ALARMA EN MONTANA

JA
OUI
SI

Rote Rakete oder Feuer
Razzo rosso o luce rossa
Fusée ou feu rouge
Cohete de luz roja

Rotes quadratisches Tuch
Quadrato di tessuto rosso
Carré de tissu rouge
Cuadro de tejido rojo

WIR BITTEN UM HILFE
OCCORRE SOCCORSO
NOUS DEMANDONS DE L'AIDE
PEDIMOS AYUDA

NEIN
NON
NO

WIR BRAUCHEN NICHTS
NON ABBIAMO BISOGNO DI NIENTE
NOUS N'AVONS BESOIN DE RIEN
NO NECESITAMOS NADA

Diese Zeichen dienen der Verständigung mit der Hubschrauberbesatzung. Sie ersetzen nicht das Alpine Notsignal.

6. Zum Gebrauch des Führers

6.1 Allgemeines zur Routenbeschreibung

Der Hauptteil des Buches dient der Wegbeschreibung der Bergfahrten, sowohl der Hüttenwege wie der Kletterführen. Er entspricht dem Charakter des Führers als eines Spezialführers für Bergsteiger. Sehenswürdigkeiten, Spaziergänge und Mittelgebirgsfahrten können daher nur kurz gestreift werden.

Zum raschen Auffinden bediene man sich stets des Stichtwortverzeichnisses. Alle Verweisungen beziehen sich nicht auf Seiten, sondern auf **Randzahlen** (R).

Um den Umfang und damit die Kosten dieses Führers durch die von Auflage zu Auflage anfallenden Neutouren nicht maßlos ausufern zu lassen, mußten manche Beschreibungen selten begangener Routen gestrichen werden. Die verbliebenen Angaben beschränken sich auf die wichtigsten Besteigungsdaten. Hinweise wie z.B. 12. Aufl. 1969 bedeuten, daß zuletzt in dieser Auflage eine ausführlichere Beschreibung der betreffenden Route enthalten war.

Meist wird zuerst der **Normalweg** bzw. der leichteste Aufstieg beschrieben. Ist der Normalweg auch der übliche **Abstieg,** so ist er auch im Sinne des Abstiegs beschrieben. Die Abstiegsbeschreibung folgt dem im Aufstieg beschriebenen Normalweg und trägt die gleiche Randzahl unter Hinzufügung des Buchstaben „A“ (= Abstieg).

Routen, die auch als **Skitouren** in Frage kommen, tragen vor ihrer Randzahl einen Stern, beispielsweise:

★ 70 Zeppezauerhaus — Stöhrhaus.

Jeder Routenbeschreibung ist ein **Beschreibungskopf** vorangestellt. Er enthält die Charakteristik der Führe: Name und Datum der Erstbegeher, Schwierigkeit (getrennt nach freier und technischer Kletterei), Wandhöhe bzw. Länge der Route und Zeitbedarf für eine den Schwierigkeiten gewachsene Zweierseilschaft. Die höchste Schwierigkeit — und sei es nur eine kurze Stelle — wird zuerst genannt. Ist der überwiegende Teil leichter, so ist dies vermerkt. Gegebenenfalls folgen Angaben zur Art der Kletterei (z.B. „fester, griffiger Fels“ oder „teilweise brüchig“) und zum benötigten Kletter- und Sicherungsmaterial. Die benützten **Quellen** sind nach Möglichkeit bei den einzelnen Gruppen, teilweise auch bei einzelnen Beschreibungen, vermerkt. Nach einer knappen Beschreibung des **Zugangs** folgt die **Routenbeschreibung.** Sie ist z.T. in einzelne Seillängen gegliedert, überwiegend jedoch zusammenhängend abgefaßt.

Anmerkung des Verlages:

Aufgrund mehrerer Leserzuschriften weisen wir darauf hin, daß Routenbeschreibungen und Erstbegehungen von A. Precht (für den Bereich Hochkönig/Manndlwand) vermutlich um ½ bis 1 Schwierigkeitsgrad zu leicht bewertet sind. Wir bitten, dies bei der Tourenplanung zu berücksichtigen.

6.2 Die Schwierigkeitsbewertung nach UIAA — Definition der Schwierigkeitsgrade — Routenvergleichstabellen für freie und künstliche Kletterei

Die Schwierigkeitsbewertung sei im folgenden nach der Definition der UIAA-Richtlinien aufgeführt:

Grundsätzlich unterscheidet man technische und freie Kletterei. Die Bewertung der **Freiklettererschwierigkeiten** wird in römischen Ziffern angegeben, mit den Zwischenstufen „untere" (—) und „obere" (+) Grenze, die sinnvollerweise erst ab dem III. Grad angewandt wird.

Die Bewertungen der Routen dieses Führers beruhen auf normalen Bedingungen. Es darf also nicht außer acht gelassen werden, daß **nasser** oder **vereister Fels viel größere Anforderungen** an den Begeher stellt.

Im einzelnen sind die Schwierigkeitsgrade wie folgt definiert:

I = Geringe Schwierigkeiten. Einfachste Form der Felskletterei (kein leichtes Geh-Gelände!). Die Hände sind zur Unterstützung des Gleichgewichts erforderlich. Anfänger müssen am Seil gesichert werden. Schwindelfreiheit ist bereits erforderlich.

II = Mäßige Schwierigkeiten. Hier beginnt die Kletterei, die Drei-Punkte-Haltung erforderlich macht.

III = Mittlere Schwierigkeiten. Zwischensicherungen an exponierten Stellen empfehlenswert. Senkrechte Stellen oder gutgriffige Überhänge verlangen bereits Kraftaufwand. Geübte und erfahrene Kletterer können Passagen dieser Schwierigkeit noch ohne Seilsicherung erklettern.

IV = Große Schwierigkeiten. Hier beginnt die Kletterei schärferer Richtung. Erhebliche Klettererfahrung notwendig. Längere Kletterstellen bedürfen meist mehrerer Zwischensicherungen. Auch geübte und erfahrene Kletterer bewältigen Passagen dieser Schwierigkeit gewöhnlich nicht mehr ohne Seilsicherung.

V = Sehr große Schwierigkeiten. Zunehmende Anzahl der Zwischensicherungen ist die Regel. Erhöhte Anforderung an körperlichen Voraussetzungen, Klettertechnik und Erfahrung. Lange hochalpine Routen im Schwierigkeitsgrad V zählen bereits zu den ganz großen Unternehmungen in den Alpen und außeralpinen Regionen.

VI = Überaus große Schwierigkeiten. Die Kletterei erfordert weit überdurchschnittliches Können und hervorragenden Trainingsstand. Große Ausgesetztheit, oft verbunden mit kleinen Standplätzen. Passagen dieser Schwierigkeit können in der Regel nur bei guten Bedingungen bezwungen werden. (Häufig kombiniert mit künstlicher Kletterei: A 0 bis A 4).

VII = Außergewöhnliche Schwierigkeiten. Ein durch gesteigertes Training und verbesserte Ausrüstung erreichter Schwierigkeitsgrad. Auch die besten Kletterer benötigen ein an die Gesteinsart angepaßtes Training, um Passagen dieser Schwierigkeiten nahe der Sturzgrenze zu meistern. Neben akrobatischem Klettervermögen ist das Beherrschen ausgefeilter Sicherungstechnik unerläßlich.

In der Schlüsselstelle (Rißsystem) der Geraden Südwand (R 470) am Großen Häuslhorn in der Reiteralpe

Routenvergleichstabelle für die Schwierigkeitsgrade I bis VII (freie und vorwiegend freie Kletterei)

	Nördliche Kalkalpen	
	Berchtesgadener Alpen	**Wilder Kaiser**
I	Watzmann-Überschreitung, R 922	Hintere Goinger Halt vom Ellmauer Tor
II	Rotofenturm, Berchtesgadener Rinne, R 283	Scheffauer-Nordwand, Leuchsführe
III	Großer Gamsleitenkopf, Südwestwand, R 2045	Ellmauer Halt, Kopftörlgrat
IV—	Salzburger Hochthron, Ostwandverschneidung, R 110	Ellmauer Halt, Südwandschlucht
IV	Salzburger Hochthron, Stuhlwandkamine, R 144	Predigtstuhl-Nordkante
IV+	Berchtesgadener Hochthron, Barthkamin, R 187	Predigtstuhl-Westwand, Dülferführe
V—	Watzmann-Ostwand, Salzburger Weg, R 947	Christaturm-Südostkante (A 0)
V	Hoher Göll, Kleiner Trichter, R 1147 (A 1)	Fleischbank-Ostwand, Dülferführe (A 0)
V+	Drittes Watzmannkind, Gerade Südkante, R 1003	Fleischbank-Südostwand, Wiessner / Rossi-Führe (A 0)
VI—	Großes Mühlsturzhorn, Direkte Südkante, R 559 (A2)	Bauernpredigtstuhl, Lucke-Strobl-Riß (A 0)
VI	Hoher Göll, Westwandpfeiler, R 1148 (A 1, A 2)	Fleischbankpfeiler, Rebitschrisse (A 1)
VI+	Erster Blaueisturm, Westwandverschneidung, R 737	Predigtstuhl, Nordostverschneidung
VII—	Kleiner Watzmann, Westwand, Sakrisches Eck, R 983 (A 0)	Fleischbankpfeiler, Pumprisse

	Nördliche Kalkalpen	
	Karwendel	**Wetterstein**
I	Speckkarspitze, Normalweg	Hochblassen-Normalweg
II	Risser Falk, Normalweg	Musterstein-Westgrat
III	Lamsenspitze-Südwand, Barth-Kamin	Dreitorspitze-Ostwand
IV—	Kleiner Solstein, Nordostwand	Musterstein-Südwand, Hannemannführe
IV	Nördliche Großkarspitze, Nordwestwand	Waxenstein, Zwölferkante
IV +	Lamsenspitze, Nordostkante	Oberreintalturm, Südwestkante
V—	Lamsenspitze, gerade Nordwandführe (A 0)	Scharnitzspitze-Südwand, Hannemannführe (A 0)
V	Laliderer-Nordwand, Dibonaführe (A 0)	Scharnitzspitze, Südwestkante (A 0)
V +	Grubenkarspitze-Nordpfeiler, Rebitschführe (A 0)	Schüsselkarspitze, Südwand, Herzogführe (A 0)
VI—	Lalidererspitze, Nordwand, Auckenthalerführe (A 0)	Scharnitzspitze, Dir. Südwand, Spitzenstätter / Baldauf-Führe (A 0)
VI	Lalidererspitze-Nordwand, Rebitsch / Spiegel-Führe (A 1)	Hochblassen, Nordpfeiler (A 0)
VI +		Schüsselkarspitze, Südostwand, Bayerischer Traum (A 1)
VII		Schüsselkarspitze, Südostwand, Morgenlandfahrt

Routen-Vergleichstabelle für die Schwierigkeitsgrade A 0 bis A 3 (teilweise und vorwiegend künstliche Kletterei) (in Klammern die außerdem auftretenden Schwierigkeiten der schwersten Freikletterstellen)

	Nördliche Kalkalpen	
	Berchtesgadener Alpen	**Wilder Kaiser**
A 0	ohne Beispiel	Fleischbank-SO-Wand, Wiessner / Rossi-Führe (V+)
A 1	Vorderes Feuerhörndl, Nordpfeiler, R 395 (VI+)	Predigtstuhl, Direttissima (VI—)*
A 2	Großes Mühlsturzhorn, Südverschneidung, R 560 (VI—)	Fleischbank-Ostwand, Scheffler / Siegert-Führe (VI—)*
A 3	Berchtesgadener Hochthron, Ostpfeiler, R 188 (VI—)	—

* Da nach UIAA nicht unterschieden wird zwischen dem Anbringen von Fortbewegungsmitteln (Haken, Holzkeile usw.) und dem reinen Klettern mit ihrer Hilfe, sind die Angaben hier nur bedingt richtig. Sollten in den durchwegs eingenagelten Führen Haken fehlen, so kann das Anbringen dieser bei den mit * versehenen Führen durchaus A 3 sein.

Bewertung in künstlicher Kletterei

Werden zur Überwindung der Schwerkraft beim Klettern andere als vom Fels gegebene Haltepunkte verwendet (Haken, Klemmkeile), so spricht man von **„künstlichem Klettern“.** Diese Schwierigkeiten werden nach der fünfstufigen Skala A 0 bis A 4 (A = artificiel) bewertet.

A 0 Einige wenige Haken in vorwiegend freien Routen werden als Griff oder Tritt benutzt, Trittleitern sind nicht nötig. Wer sich an einem Haken hochzieht, klettert künstlich (A 0), auch wenn er keine Trittleiter verwendet.

A 1 Haken und andere Hilfsmittel sind relativ leicht anzubringen, und die einzelnen Passagen verlangen verhältnismäßig wenig Kraft, Ausdauer oder Mut; die Verwendung einer Trittleiter ist ausreichend.

A 2—A 4 Größere Schwierigkeiten beim Hakensetzen und größere körperliche Leistungen (kompakter Fels, brüchiger oder kleinsplittriger Fels, Überhang, Dach, geschlossene Risse usw.), welche vom Kletterer immer größere Leistungen verlangen. Hierbei ist zu betonen, daß Höchstleistungen im freien und nicht im künstlichen Klettern liegen.

	Nördliche Kalkalpen	
	Karwendel	**Wetterstein**
A 0	Lalidererwand-Nordwand, Auckenthaler-Führe (VI—)	Schüsselkarspitze, Südwand, Herzog / Fiechtl-Führe (V +)
A 1	Martinswand, Spitzenstätter / Troier-Führe (VI—) *	Schüsselkarspitze, Südwand, Wersinführe (V +) *
A 2	Grubenkarspitze, Dir. NO-Wand, Baumann / Wimmer-Führe (VI—) *	Schwarze Wand, Golikowführe (VI) *
A3	—	—

6.3 Abkürzungen

AAVM.	=	Jahresbericht des Akademischen Alpenvereins München
Abb.	=	Abbildung
AH	=	Abseilhaken
Alp.	=	„Alpinismus“
Aufl.	=	Auflage
AVF	=	Alpenvereinsführer
AVS	=	Alpenvereinssektion
B.	=	Betten
Bay.	=	Jahresbericht der AVS Bayerland
Bgst.	=	„Der Bergsteiger“
BH	=	Bohrhaken
bew.	=	bewirtschaftet
bez.	=	bezeichnet
Bhf.	=	Bahnhof
BK.	=	„Der Bergkamerad“
BW	=	„Bergwelt“
DAV	=	Deutscher Alpenverein

DAZ.	= Deutsche Alpenzeitung
dir.	= direkt
E	= Einstieg
EOA	= Die Erschließung der Ostalpen, Bd. I
Gef.	= Gefährten
H	= Haken
HK	= Holzkeil
KK	= Klemmkeil
km	= Kilometer
L.	= Lager
m	= Meter
mH	= Meter Höhenunterschied
M.	= Matratzen
Min.	= Minuten
Mitt.	= Mitteilungen des D. u. Ö. Alpenvereins
N	= Norden
NKA.	= H. v. Barth: Aus den Nördl. Kalkalpen
nördl.	= nördlich
O	= Osten
östl.	= östlich
ÖAZ	= Österreichische Alpenzeitung
ÖTK	= Österreichischer Touristenklub
ÖTZ	= Österreichische Touristenzeitung
R	= Randzahl
RH	= Ringhaken
S	= Süden
S.	= Seite
SH	= Standhaken
SL	= Seillänge
🔑SL	= Schlüsselseillänge
🔑	= Schlüsselstelle
südl.	= südlich
Std.	= Stunde, Stunden
TVN	= Touristenverein „Die Naturfreunde“
Var.	= Variante
verf.	= verfallen
W	= Westen
Whs., Ghs.	= Wirtshaus, Gasthaus (ohne Rücksicht auf Rang und Güte)
westl.	= westlich
ZAV	= Zeitschrift des D. (u. Ö.) Alpenvereins
ZH	= Zwischenhaken

UIAA-Symbole für Anstiegsskizzen

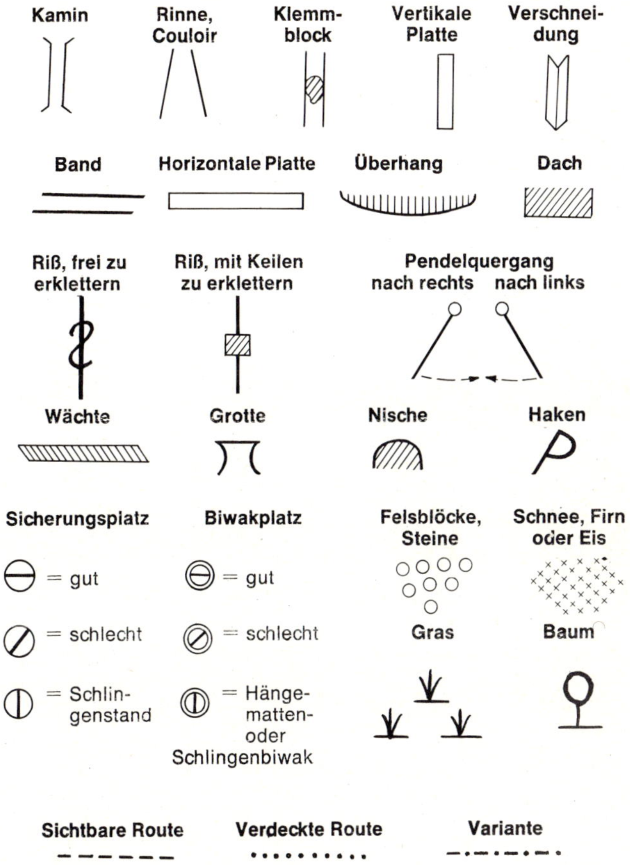
Kamin
Rinne, Couloir
Klemm-block
Vertikale Platte
Verschnei-dung
Band
Horizontale Platte
Überhang
Dach
Riß, frei zu erklettern
Riß, mit Keilen zu erklettern
Pendelquergang
nach rechts
nach links
Wächte
Grotte
Nische
Haken
Sicherungsplatz
= gut
= schlecht
= Schlin-genstand
Biwakplatz
= gut
= schlecht
= Hänge-matten-oder Schlingenbiwak
Felsblöcke, Steine
Schnee, Firn oder Eis
Gras
Baum
Sichtbare Route
Verdeckte Route
Variante

II. Täler und Talorte

1. Salzachtal

● 1 **Salzburg,** 423 m

Landeshauptstadt, erbaut an Stelle des keltischen und römischen Juvavum. Eine bezaubernde Alpenstadt, hoch überragt von der Feste Hohensalzburg, lieblich gebettet in ein weites Rund von Bergen und Hügeln, durchflossen von der Salzach. Kuppeln und Türme, Bauten aus der Renaissance und dem Barock geben der Stadt ein festliches Aussehen, die Berührung von N und S verleihen ihr ein eigenes Fluidum. Weltbekannte Mozart-Musik- und Festspiel-Stadt. AV-S.

Sehenswürdigkeiten: Dom (Orgelkonzerte), Residenz, Mozarts Geburtshaus, Erzabtei St. Peter mit Katakomben und Arkaden, Festspielhaus, Sebastiansfriedhof (Grab Paracelsus'), Dreifaltigkeitskirche, Festung Hohensalzburg, 119 m über der Stadt (Zahnradbahn. Stadtmuseum, Naturkundemuseum (Haus der Natur), Mozartmuseum, Mirabellgarten und Schloß, Plätze und Brunnen, Autobuslinien nach allen Richtungen.

Ausflüge: Mönchsberg (Aufzug), Verbindungsweg Mönchsberg — Hohensalzburg mit Richterhöhe, Mozarthäuschen im Mozarteumsgarten, Schloß Hellbrunn mit Wasserkünsten (an der Straße nach Berchtesgaden), Wallfahrtsort Maria Plain, Schlösser Leopoldskron, Kleßheim und Aigen, Gaisberg, 1286 m (moderne Autostraße bis zum Gipfel, prächtige Aussicht). An der Bahnlinie Salzburg — Innsbruck sind einige Stationen als Ausgangspunkte bzw. Endpunkte für Bergfahrten innerhalb der Berchtesgadener Alpen sehr geeignet.

● 2 **Hallein,** 448 m

Alte sehensw. Salzstadt. Salzbergwerk am Dürrnberg (Seilbahn auf den Dürrnberg, Soleschwimmbad). 1979 wurde in Hallein mit dem Bau einer Autostraße nach Dürrnberg begonnen, nach deren Vollendung kann man ab 1982 von Berchtesgaden über Oberau — Dürrnberg auf kürzestem Wege Hallein im Salzachtal und die Tauern-Autobahn erreichen. Von Dürrnberg Sessellift auf den Zinkenkopf, von dort in ½ Std. zur Roßfeldstraße. Ausgangspunkt für Fahrten auf den Hohen Göll. AV-S. Keltenmuseum; Grabstätte von Fr. X. Gruber, dem Komponisten von „Stille Nacht, Heilige Nacht".

● 3 **Kuchl,** 469 m

Aufstrebender Erholungsort, Hallenbad, Anstieg zum Eckersattel und Purtschellerhaus Weißenbachtal — Kuchler Göll.

● 4 **Golling,** 481 m

Hübscher Markt mit alter Burg. Gollinger Wasserfall, Hagengebirge, Anstieg zum Torrenerjoch — Stahlhaus durch das Bluntautal. Klettergarten am Paß Lueg.

● 5 **Tenneck,** 530 m

Ausgangspunkt für das Blühnbachtal: Hagengebirge, Teufelshörner, Steinernes Meer, Hochköniggruppe. Der frühere Name Konkordiahütte entfiel mit der Auflassung des Bergbaus. Das im Privatbesitz befindliche Eisenwerk Sulzau-Werfen — bekannt durch seine Gußwalzenerzeugung — stellte 1960 / 61 seinen unergiebigen und unwirtschaftlich gewordenen Brauneisenstein-Bergbaubetrieb in Schefferötz ein, trug die Erzseilbahn von dort nach Tenneck ab und ebenso den Hochofen, in dem noch teilweise Holzkohle-Roheisen erzeugt wurde.

● 6 **Werfen,** 548 m

Reizvoller Marktflecken. Ausgangspunkt für Hochkönig, Blühnbachtal, Imlautal, Höllental, Hagen- und Tennengebirge. Seilbahn zur Eisriesenwelt. Beachtenswert die mächtige Burg Hohenwerfen über der Salzach. AV-S.

● 7 **Bischofshofen,** 547 m

Größerer Ort, Bahnknotenpunkt. Abzweigung der Straße nach Mühlbach — Dienten — Hinterthal.

● 7 a **Lend,** 638 m

Abzweigung der Straße nach Dienten am Hochkönig und ins Gasteiner Tal zum Tauerntunnel Böckstein-Mallnitz.

2. Saalachtal und Reichenhaller Talbecken

● 8 **Bad Reichenhall,** 470 m

In weitem, windgeschütztem Talkessel, von Staufen, Zwiesel, Müllnerhorn, Lattengebirge und Untersberg umschlossen. Die tiefe und geschützte Lage bedingt ein weiches, mildes Klima. Im In- und Ausland bekannter Kurort für Krankheiten der Atmungswege, gepflegt, neuzeitlich eingerichtet, hervorragende Kurmittel, großartige Anlagen der pneumatischen Kammern, Inhalatorien und Bäder, riesiges Gradierhaus im Kurpark. Unter dem Brunnhaus sprudeln 16 Salzquellen, darunter Edelquellen mit 24% Salzgehalt. Südl. der Stadt der Saalachsee, ein Stausee für Stromversorgung der Bundesbahn. Zahlreiche Hotels, Pensionen, hübsche Villen, elegante Straßen und Anlagen. Saline, Soleleitung zum Berchtesgadener Salzbergwerk. — Soleschwimmbad, Kurverein, Amtl. Reisebüro. AV-S., TVN, Skiklub.

Sehenswürdigkeiten: Hauptbrunnhaus mit Quellfassung, Gradierhaus, Kurmittelhaus, Kurhaus, Kurgarten, Florianiplatz, vor allem St. Zeno mit seiner romanischen Kirche.

Spaziergänge und Ausflüge: Klosterhof, Kiebling am Saalachsee, Großgmain mit der Plainburg und der Aussichtsgaststätte Wolfschwang mit Wildpark, Leopoldstal, Listsee, Thumsee, Jettenberg, Hallthurm, Mauthäusl, Nonn, Plainburg, Karlstein, Poschenmühle, Sessellift zum Stadtberg unterhalb der Spechtenköpfe am N-Fuß des Predigtstuhls.

Predigtstuhlbahn, Talstation 5 Min. vom Bahnhof Kirchberg, Bergstation 1614 m, hier Predigtstuhlhotel; verschiedene Skilifte. Abwechslungsreiches Skigelände, Spaziergang zum Hochschlegel, schöne Aussicht. Von Reichenhall führt in südl. und südwestl. Richtung das Saalachtal nach Lofer — Saalfelden. Ausgezeichnete Straßenanlage, Postautoverbindung zu den Orten R 9—16 a. Eine Reihe von Talorten kommt für Bergfahrten in die Berchtesgadener Alpen in Frage. Zwischen Melleck und Unken Landesgrenze.

● 9 **Jettenberg,** 516 m

Am N-Fuß der Reiteralpe, Wirtshaus. Anstieg Lattengebirge und vor allem Reiteralpe. Ortsteile Unterjettenberg und Oberjettenberg (630 m).

● 10 **Melleck,** 615 m

Am Steinpaß, Landesgrenze, Ghs. mit schöner Aussicht auf die Loferer Steinberge.

● 11 **Unken,** 552 m

Günstiger Aufstieg über Reith und den Alpasteig zu den Traunsteiner Hütten auf der Reiteralpe. Schwarzbergklamm.

● 12 **Lofer,** 625 m

Hübscher Gebirgsort in großartiger Bergumrahmung. Mildes Klima,

Luftkurort, gern besucht. Maierbergklamm, Loferer Alm. Ausgangspunkt für Reiteralpe und Loferer Steinberge.

● 13 **St. Martin,** 638 m

Mit Jagdschloß Grubhof und Wallfahrtsort Kirchenthal. Anstieg zum Kammerlinghorn und Paß Hirschbichl über Wildenthal.

● 14 **Oberweißbach,** 659 m

Kl. Ort in romantischer Lage, Lamprechtsöfen (sehenswerte Höhle an der Autostraße), Seisenbergklamm. Klettergarten in Ortsnähe, ein weiterer an der Straße in Richtung Saalfelden; beide durch Routenlinien gekennzeichnet und daher leicht auffindbar.
Paßstraße zum Hirschbichl — Hintersee. Aufstieg zur Kallbrunnalm, zum Steinernen Meer und zum Kammerlinghorn.

● 15 **Saalfelden,** 744 m

Reizvoller, betriebsamer Marktflecken am Fuß der Riesenmauer des Steinernen Meeres. Bahnstation der Linie Salzburg — Innsbruck. AV-S. Ausgangspunkt für das Steinerne Meer (Ramseider und Weißbachlscharte).

● 16 **Alm,** 802 m

Gebirgsdorf, östl. von Saalfelden. Ausgangspunkt der seit Jahrhunderten gepflegten Wallfahrt über das Steinerne Meer zum Königssee am Bartholomätag (letztes Wochenende im August), Skigebiet. Steinernes Meer über Ramseider-, Buchauer-, Lueg- und Wasserfallscharte. Sektion des ÖTK.

● 16 a **Hinterthal,** 1016 m

Idyllisches Dorf im hintersten Winkel zwischen Steinernem Meer und Hochkönig. Ausgangspunkt für Steinernes Meer, Hochkönig, Torscharte — Blühnbachtal. Straße nach Dienten — Mühlbach.

3. Berchtesgadener Land

In einem nach allen Seiten von Bergen umschlossenen Talkessel liegen die einzelnen Siedlungen des Berchtesgadener Landes. Es sind im ganzen sechs Gemeinden: Berchtesgaden, Bischofswiesen, Ramsau, Markt Schellenberg, Schönau am Königssee. Vielfach greifen die Gemeinden ineinander; die Bauernlehen und Landhäuser liegen überall verstreut in Höhen zwischen 550—1000 m; der höchste Hof, das Pechhäusl an der Roßfeldstraße, liegt 1100 m hoch.

● 17 **Berchtesgaden,** 540—600 m

Mittelpunkt; von hier aus verzweigen sich Straßen und Verkehrslinien. Durch die Auswirkungen der Gebietsreform von 1972 kamen die Gemeinden Salzberg, Au und Maria Gern zu Berchtesgaden; aus den beiden Gemeinden Schönau und Königssee wurde Schönau am Königssee. Bischofswiesen und Ramsau, die eigene Täler ausfüllen, blieben unangetastet erhalten. Marktschellenberg ging aus der Verwaltungsgemeinschaft der früher selbständigen Gemeinden Schellenberg, Schellenberg-Land (mit Ettenberg) und Scheffau hervor.

Das alte Berchtesgaden ist noch in vielen Teilen erhalten. Ehrwürdige Zeugen aus der fürstpröpstlichen Zeit sind die gotisch-romanische Stiftskirche mit ihrem alten Kreuzgang und das Schloß (Rokoko).

Bahnlinie nach Bad Reichenhall — Freilassing (— München oder Salzburg). Omnibusverbindung (Bundesbahn) nach Schellenberg — Landesgrenze — Salzburg und Bad Reichenhall — Königssee. Postautoverbindungen bestehen mit Ramsau — Hintersee, Obersalzberg — Klaushöhe — Oberahornalm — Roßfeld — Oberau — Berchtesgaden (Rundfahrt auch in umgekehrter Richtung), Obersalzberg — Kehlstein, Obersalzberg — Scharitzkehl — Vorderbrand, Oberau — Scheffau, Hintergern, Schönau und Schwarzbachwacht — Bad Reichenhall; ein Omnibus der Gemeinde Ramsau führt einen Linienverkehr innerhalb der Ramsau zum Zipfhäusl am Ramsauer Höhenweg und zur Engertalm am Fuß des Hirschbichls durch. Abfahrt aller Autobusse vor dem Postamt oder dem Hauptbahnhof. Berchtesgaden ist Endpunkt der Deutschen Alpenstraße und der Deutschen Ferienstraße Alpen — Ostsee, über Schwarzbachwacht (868 m) verbindet diese durch die „Alpenpost“ mit Garmisch und Lindau und private Autobusse mit Ruhpolding und München. Weitere Autobuslinien: Berchtesgaden — Passau, Berchtesgaden — Stanggaß — Strub. Ausflugsrundfahrten. Seit 1950 fährt eine **Bergbahn** (Gondelbahn) zur Höhe des Obersalzberges (Bergstation an der Alpenstraße Obersalzberg — Scharitzkehl — Hinterbrand), seit 1953 eine kombinierte Gondel- und Doppelsesselbahn von Dorf Königssee über 1100 m Höhenunterschied zum Jenner.

Reisebüro (ABR) im Hauptbahnhof, am gegenüberliegenden Achenufer die Kurdirektion. AV-S., TVN, Skiklub, Alpine Rettungsstelle.

Gymnasium, Schnitzschule, Volkshochschule, neues Kur- und Kongreßhaus seit 1974, ständiges Bauerntheater. Ärzte, Hallenbad mit

Sauna im Sportzentrum Breitwiesen an der Bergwerkstraße, geheizte Schwimmbäder im Aschauer Weiher und Schornweiher. Skischule, Sprungschanze, Naturschanze für Sommerskispringer, Natur-Rodelbahnen und eine Kunsteis-Rennrodelbahn, zahlreiche Skiabfahrten, Skilifte, Eislaufplatz, Wildfütterungen.

Sehenswürdigkeiten: Stiftskirche, romanischer Kreuzgang, Pfarrkirche St. Andreas und Franziskanerkirche, Schloßmuseum, Heimatmuseum, Salzbergwerk. Die Einfahrt in das Bergwerk ist aufschlußreich, ohne Gefahr und immer stark gefragt. Besonders empfehlenswert bei schlechtem Wetter. Töpferei, Kristallglasschleiferei.

Spaziergänge in nächster Umgebung von Berchtesgaden: Lockstein, Soleleitungsweg, Dietfeldkaser, Aschauer Weiher, Kälberstein, Kalter Keller.

Ausflüge: Marxenhöhe, Kneifelspitze, Almbachklamm, Wimbachklamm, Ramsau, Hintersee, Königssee, St. Bartholomä, Obersee, Maria Gern, Kastensteinerwand; Ettenberg, Oberau, Loipl, Vorderbrand, Scharitzkehlalm, Hochlenzer, Söldenköpfl, Götschen, Barmsteine, Hammerstiel, Eiskapelle am Fuße der Watzmann-O-Wand, Rabenwand (Königssee).

Leichte Tagestouren: Toter Mann (Sessellift zum Hirscheck), Gotzenalm, Hirschbichl (Grenze!), Mordau, Ramsauer Soleleitungsweg, Schellenberger Eishöhle, Grünstein sowie Bergwanderungen zu den Schutzhütten, etwa Purtschellerhaus, Jennerhaus, Schneibsteinhaus, Stahlhaus, Watzmannhaus, Kärlingerhaus am Funtensee, Wimbachgrieshütte, Blaueishütte, Stöhrhaus.

Berchtesgadener Klettergarten. Beliebter Klettergarten an der Kahlwand in der Aschau. Trainingsmöglichkeit während des ganzen Jahres. Landschaftlich schön gelegen, fester Fels, höchste Stellen 8 bis 10 m. ¼ Std. von der Autostraße Berchtesgaden — Aschauer Weiher — Bischofswiesen. Vom Dietfeldkaser zur Weggabelung am Waldrand und auf dem rechten Weg geradeaus in wenigen Minuten zum Maximilians-Reitweg hinauf. Etwa 50 m nach rechts zu einem großen Felsblock (5—6 m hoch, erste Trainingsmöglichkeit) neben einer Bank. Von hier durch Wald und über groben Schutt in 5 Min. zur Kahlwand. Neben dem Felsblock Futterkrippe für Rehe, daher ruhiges Verhalten dringend erbeten.

Orte an der Bahnlinie Bad Reichenhall — Berchtesgaden

● 18 Bayerisch Gmain, 546 m

Kurort in lieblicher Höhenlage, Aufstiege ins Lattengebirge.

● 19 **Hallthurm,** 693 m

Alter Turm, Festungsmauern (Grenze der ehemaligen Fürstpropstei Berchtesgaden), Höhlen (Mausloch und Nixloch). Bergfahrten: Untersberg, Lattengebirge.

● 20 **Winkl,** 665 m

Streusiedlung, Anstiege ins Lattengebirge, Mordau, Loipl.

● 21 **Bischofswiesen,** 614 m

Sonnig gelegene, aussichtsreiche Gebirgssiedlung, die sich bis Berchtesgaden hineinzieht. Untersberg, Kastensteinerwand, Loipl, Toter Mann. Autostraße über Loipl-Hochschwarzeck (Skigebiet, Sessellift zum Hirscheck) ins Ramsauer Tal.

● 22 **Gmundbrücke,** 550 m

Haltestelle für Strub, Ramsauer Straße und Stanggaß.

Autobus-Haltestellen an der Straße Berchtesgaden — Salzburg

Bahnautobus bis Landesgrenze; auch durchgehende Busse Berchtesgaden — Salzburg.

● 23 **Salzbergwerk,** 530 m

Besichtigungsmöglichkeit.

● 24 **Unterau,** 512 m

Straße nach Oberau — Roßfeld; nach Dürrnberg (Grenze!); nach Hallein über Scheffau-Zill (Grenze!).

● 25 **Almbachklamm,** 493 m

Besichtigung der Klamm, Weg nach Maria Gern und Ettenberg.

● 26 **Marktschellenberg,** 479 m

Alter, malerischer Markt. Schellenberger Eishöhle, Untersberg.

● 27 **Zollhäuser-Landesgrenze,** 465 m

● 28 **St. Leonhard-Gartenau,** 450 m

Am Ausgang des Achentales gelegen. Untersberg über Grödig — Rositten, seit 1961 Gondelseilbahn über 1300 m Höhenunterschied zum Geiereck.

Autobus-Haltestellen zwischen Berchtesgaden und Königssee

Anstelle der aufgelassenen Lokalbahn verkehrt eine Autobuslinie von Bad Reichenhall zur Jennerbahn im Dorf Königssee. Die ehemaligen Haltestellen der Lokalbahn berührt nur noch die Autobuslinie Berchtesgaden — Unterstein-Schönau.

● 29 **Schwöbbrücke,** 553 m

An der Verengung des Achentals zwischen Berchtesgaden und Königssee bei der „Nassen Wand“.

● 30 **Unterstein-Schönau,** 570 m

Hochplateau zw. Ramsauer und Königsseer Ache mit großartigen Ausblicken auf die Umrahmung des Berchtesgadener Talkessels, weitausgedehnte Doppelsiedlung, Parklandschaft, Grünstein- und Watzmannanstieg über Hammerstiel.

● 31 **Königssee,** 602 m

Am nördl. Seeufer Hotels und Bootshütten, Badeanstalt, Dorf Königssee vom Bahnhof links hinaufziehend, keine geschlossene Siedlung. Talstation der Jennerbahn. Kunsteis-Rennrodelbahn. Ausgangspunkt für Hohes Brett, Jenner, Hagengebirge, Watzmann, Steinernes Meer. Von Berchtesgaden schöner Fußweg entlang der Ache, 5 km. Ruderkähne, Motorboot-Haltestellen: Kessel (Gotzenalm), St. Bartholomä (Eiskapelle, O-Wand, Trischübel, Funtensee — Steinernes Meer), Saletalm (Steinernes Meer, Röth — Teufelshörner, Hagengebirge), Fußweg zum Malerwinkel und Kesselbachfall, Fortsetzung nach Kessel verfallen und schwer begehbar.

Autobus-Haltestellen an der Straße Berchtesgaden — Hintersee

Regelmäßiger Postautoverkehr ab Hbf. Berchtesgaden.

● 32 **Ilsank,** 578 m

Kleine Siedlung, Anstieg Watzmannhaus, Soleleitungsweg, Söldenköpfl, Toter Mann.

● 33 **Wimbachbrücke,** 634 m

Anfang der Ramsau, Anstieg Watzmannhaus, Wimbachklamm, Wimbachtal. Winterweg ins Steinerne Meer.

● 34 **Ramsau,** 670 m

Überaus malerisches, liebenswertes Gebirgsdorf, Barockkirche mit Friedhof. Hochkalter, Hochalm, Toter Mann, Schwarzeck, Schwarzbachwacht, Mordau.

● 35 **Hintersee,** 790 m

Eingebettet zwischen Hochkalter und Reiteralpe, Hotels, Zollhäuser, wenige Bauernanwesen. Anstiege Reiteralpe, Hochkaltergruppe.

● 36 **Paß Hirschbichl,** 1152 m

Uralter Saumweg (heute asphaltiert, aber Fahrverbot), Landesgrenze, Gasthaus Mooswacht, Bergheim Hirschbichl der AVS Burghausen. Von Hintersee in 1½—2 Std. zu erreichen. (Im Sommer Omnibus von der Wimbachbrücke bis Engertalm). Anstiege südl. Hochkaltergruppe (Hocheisgruppe), westl. Stein. Meer (über Kallbrunn), Übergang ins Saalachtal.

III. Die Gebirgsgruppen

1. Untersberg

1.1 Allgemeines

Der nördlichste Gebirgsstock der Berchtesgadener Alpen ist durch seinen Reichtum an Sagen und Märchen bekannt. So hausen in seinem Innern die kleinen, grauen Untersbergmanndln, und tausend Geschichten erzählen von ihrem Tun und Treiben. Karl der Große (in einer anderen Sage auch Friedrich Barbarossa) ist mit seinem ganzen Hofstaat in den Berg verzaubert. Schreckliche und wunderbare Begebnisse weiß die Sage zu berichten: Kein Wunder, wenn der Berg in früheren Beschreibungen häufig „Wunderberg" genannt wurde.

Der Untersberg ist ein gegen das nördl. Alpenvorland geneigtes Tafelgebirge, welches von drei nordöstl. streichenden Schluchten und einer tiefen Einsattelung, der Mittag- oder Weitscharte, 1670 m, durchzogen ist. Die bedeutendsten Erhebungen sind: Berchtesgadener Hochthron, 1973 m, auch Bayer. Hochthron genannt, Gamsalmkopf, 1888 m, Rauheck, 1892 m, und nordöstl. der Mittagscharte der wenig bekannte Große Heubergkopf, 1819 m, Salzburger Hochthron, 1853 m, und das mit 11 m hohem Eisenkreuz versehene Geiereck, 1806 m. Wenig besucht sind die Erhebungen, welche westl. des Übergangswegs vom Salzburger zum Berchtesgadener Hochthron liegen, wie: Abfalterkopf, Ochsenköpfe, Hochtramel, 1840 m, Mitterberg und Hirschangerkopf oder Reichenhaller Hochthron, 1768 m. Nördl. vom Markt Berchtesgaden erhebt sich ein waldiger Vorberg, die Kneifelspitze, 1189 m, und, durch die Almbachklamm getrennt, der Eckberg bei Ettenberg mit 1016 m. Vom südl. Eck, dem Leiterkopf, sendet der Berg einen Ausläufer, die Rauhen Köpfe, 1603 m, gegen das Berchtesgadener Tal. Die ungemein unregelmäßige, zerklüftete Hochfläche setzt sich aus Höckern, Trichtern, Kuppen, Mulden und Dolinen, nackten Karrenflächen und dichten Latschenfeldern zusammen.

Geologie. Die Hauptmasse des Berges besteht aus Hauptdolomit, Dachsteinkalk und Liaskalk. In Talnähe ans Tageslicht tretende Karstquellen besorgen die größtenteils unterirdische Entwässerung des Hochplateaus. Die Fürstenbrunner Quelle versorgt die Stadt Salzburg mit Trinkwasser. Der infolge der Wasserlöslichkeit des Kalkgesteins wie ein Käselaib durchlöcherte Berg ist der höhlenreichste der Berchtesgadener Alpen. Mehr als 100 Höhlen wurden bereits erforscht. Einige der bekanntesten sind die seit 1925 für den allgemeinen Besuch erschlossene Schellenberger Eishöhle unterhalb der Mittagscharte, die Kolowratshöhle nächst dem Dopplersteig, die Gamslöcher und der Große Eiskeller. — Was die **Tierwelt** anbelangt, so trifft man hauptsächlich Gemsen an, auch die meisten übrigen heimischen Wildgattungen werden sehr gehegt. Der österreichische Teil des Untersberges ist Privatbesitz, in dem seit 1953 von der Mayr-Melnhof'schen Forstverwaltung Muffelwild angesiedelt wurde, das sich stark vermehrt hat und auch auf die bayerische Seite hinübergewechselt ist. Neuerdings wurden auch Murmeltiere am Untersberg angesiedelt. — Die Fruchtbarkeit auf der Hochfläche nimmt stets ab, weist aber trotzdem etwa 200 verschiedene **Pflanzen**gattungen auf. Mehrere der zahlreichen Almhütten sind dem Verfall preisgegeben oder schon verfallen.

Zwei gut eingerichtete **Schutzhäuser** des Alpenvereins, die Schellenberger Eishöhlenhütte und seit 1961 die Seilbahn von St. Leonhard auf das Geiereck tragen viel zu dem starken Besuch bei. Die Hauptausgangspunkte bilden Grödig oder Glanegg, Schellenberg, Berchtesgaden, Bischofswiesen, Hallthurm und Großgmain, von wo gut bez. Steige auf die Hochfläche führen. An einem starken Marschtag läßt sich eine besonders im Herbst prachtvolle Umwanderung des Gebirgsstocks durchführen. Der **Kletterer** findet eine beträchtliche Anzahl von Anstiegen verschiedenster Schwierigkeit in den Wänden, die vom Stöhrhaus bis zum Geiereck gegen das Tal der Berchtesgadener Ache abbrechen. Quer über den Untersberg verläuft die Landesgrenze.

Als erster Tourist gilt der Pfarrer Valentin Stanig, welcher im Sommer des Jahres 1780 den Berg erstieg und am 15. Dez. 1800 auch eine Winterbesteigung ausführte.

1.2 Hütten und ihre Zugänge

● **50** **Zeppezauerhaus,** 1668 m

AVS Salzburg, auf dem N-Hang des Geierecks. Bew. 1.3.—31.10., 13 B., 54 M., 10 L.; Tel. 06246/2246 oder 06246/36463, Materialseilbahn, ¼ Std. unterhalb der Bergstation (1776 m) der Seilschwebebahn St. Leonhard — Geiereck.

● **51** **Glanegg — Zeppezauerhaus** (Reitsteig)
2½—3 Std. Ungefährlichster, auch im Winter begehbarer Aufstieg, mitunter Lawinengefahr.

Von Glanegg, 2 km von Grödig und 7 km von Salzburg, fährt man noch 500 m bis zum ehem. Whs. Rositten am Fuße des Untersberges, 461 m. Von hier auf rot bez. Steig durch Nieder- und Hochwald und über die sog. „Frauenwandln" zum Haus.

● **52** **Glanegg — Rosittental — Zeppezauerhaus** (Dopplersteig)
3—3½ Std. Foto Seite 95.

Vom Whs. Rositten auf rot bez. Weg zuerst östl., dann jedoch in scharf südl. Richtung neben dem Bach empor zur Unteren, 810 m, und nun steiler ansteigend zur Oberen Rosittenalm, 1287 m. Beide Hütten verfallen. Nach einigen Minuten oberhalb Wegabzweigung zum Schellenberger Sattel, etwa 30 Min. Nun schräg rechts (nach etwa 20 Min. Wegabzweigung zur nahe gelegenen, großartigen, eiserfüllten Kolowratshöhle) auf dem in Fels gehauenen und versicherten Dopplersteig auf den N-Rücken des Geierecks, gemeinsam mit dem Reitsteig zum Zeppezauerhaus.

● **53** **Hangendenstein** (Grenze) **— Zeppezauerhaus**
4 Std. Vorsicht! Dieser Steig ist streckenweise bis zur Unkenntlichkeit verfallen und kann nur noch von Ortskundigen, die ihn von früher her kennen, gefunden werden.

Vom Paß (Grenze) 100 m auf der Straße nach Berchtesgaden. Ein Weg zweigt rechts ab und führt in 45 Min. zur lieblich gelegenen Kienbergalm (Jagdhütte). An der Alm rechts vorbei und in Kehren hinan zum Drachenloch (45 Min.), 1247 m, ehemals mit einem durch Felsen gebrochenen mächtigen Tor. An Quelle vorbei und steil hinan in weiteren 45 Min. zum Schellenberger Sattel, 1433 m, prächtiger Aussichtspunkt. Auf der nördl. (österr.) Seite 15 Min. abwärts zum Rosittentalweg in der Nähe der Oberen Rositte. Von der Wegeinmündung wie bei R 52 auf dem Dopplersteig zum Schutzhaus.

● **54—55** frei für Ergänzungen

● 56 **Schellenberger Eishöhlenhütte** (Toni-Lenz-Hütte), 1551 m

Hütte des Schellenberger Vereins für Höhlenkunde, ¼ Std. vom Eingang der Schellenberger Eishöhle am O-Fuß des Untersbergs. Die Höhlenführungen finden stündlich statt. Bew. 30. 5.—15. 10., 12 B. Stützpunkt zur Besichtigung der Schellenberger Eishöhle und für verschiedene Anstiege durch die O-Abstürze des Untersberges; mit der Hochfläche durch den Mittagschartensteig (R 71) verbunden.

● 57 **Marktschellenberg — Schellenberger Eishöhlenhütte**
2¾ Std.

Vom Parkplatz für die Besucher der Schellenberger Eishöhle beim alten Schellenberger Paßturm an der Straße nach Salzburg führt der Weg 463 zur Hütte.

● 58 **Hangendenstein — Schellenberger Eishöhlenhütte**
3 Std.

Wie R 53 zur Kienbergalm. Links über den Bach den Jägersteig (anfangs schlecht sichtbar) hinauf, rechts zur Mitterkaser-Jagdhütte, 1080 m. Weiter auf R 57 zur Eishöhlenhütte.

● 59—60 frei für Ergänzungen

● 61 **Stöhrhaus,** 1894 m

AVS Berchtesgaden, südwestl. des Berchtesgadener Hochthrons. Hoher Steinbau mit Glasveranda. Bew. 1. 5.—15. 10., 10 B., 12 M., 20 L., offener Winterraum, Tel. Berchtesgaden 0 86 52 / 72 33.

● 62 **Berchtesgaden — Stöhrhaus über den Stöhrweg**
3½—4 Std.

Von Berchtesgaden zum Dietfeldkaser an der Straße zum Schwimmbad Aschauer Weiher. Hier Abzweigung zum Maximiliansreitweg. Durch den Wald zum Wasserfall. Auf dem Wiesenplan außerhalb des Waldes steht das Aschauer-Lehen, das man auch über die alte Reichenhaller Straße oder die Stanggaß erreicht. Nun rechts einer roten Wegbezeichnung folgend. Nach etwa 2 Std. trifft man auf die Einmündung des Weges R 64. Nun auf dem Stöhrweg unter den Rauhen Köpfen entlang, dann in mäßig ansteigenden Kehren zum Leiterl, 1602 m, 1 Std. Hier münden die Wege von den Zehnkasern und vom Reisenkaser ein. Weiter in östl. Richtung ansteigend in 30 Min. zum Stöhrhaus.

● 63 **Winkl — Stöhrhaus**
3½ Std. Bequemster Aufstieg aus dem Bischofswieser Tal.

Vom W-Rand der um die neue Kirche gruppierten Siedlung Winkl gerade hinauf zum Maximilians-Reitweg. Bei zwei dicht nebeneinanderstehenden Hochspannungs-Betonmasten zweigt ein anfänglich breiter Fußweg ab, der nach ½ Std. in einen schmalen Steig übergeht und steil zu dem weithin sichtbaren Sattel zwischen Nierntalkopf, 1135 m, und dem Untersbergmassiv hinaufführt. Hierher auch von Hallthurm, s. R 67. Vom Sattel in Kehren mit Tiefblicken in den Reichenhaller Talkessel zum Reisenkaser, 1505 m, am Rande des Untersberg-Hochplateaus. Über die Almwiese an der Jagdhütte vorbei und rechts abzweigend zum Stöhrweg (R 62) hinauf. Wie dort zum Stöhrhaus.

● 64 **Hintergern — Stöhrhaus**
3 Std.

Von Hintergern (Autobuslinie) führt ein bez. Weg zum Ghs. Theresienklause links ab zum Nußhof und in westl. Richtung weiter ansteigend mündet er unter den **Rauhen Köpfen** in den **Stöhrweg.** Weiter wie R 62 zum Stöhrhaus.

● 65 **Hintergern — Ettenberg — Scheibenkaser — Stöhrhaus**
3½—4 Std.

Von Hintergern zum Taleinschnitt der oberen Almbachklamm und jenseits empor zu einem Bauernhof, man hält sich links und erreicht ein kleineres Haus, 1¼ Std. von der Bushaltestelle.
Hierher gelangt man auch über die Hammerstielwand (Ausgangspunkt Kugelmühle an der Almbachklamm) — Ettenberg oder Schellenberg — Roßboden, 1½ Std.

Nach Vereinigung der Wege nach links empor durch Wald und zuletzt über die Almfläche zum Scheibenkaser, 1½ Std. ab Wegvereinigung. Nun weiter nach links unter den S-Abstürzen des Berchtesgadener Hochthrons hindurch bis man auf den Stöhrweg trifft, den man dann beim Leiterl erreicht.
Den Scheibenkaser (Ausgangspunkt für S-Wandanstiege) erreicht man auch auf dem Steig, der von den Serpentinen des Stöhrweges nach rechts abzweigt. Von Maria Gern her vermeidet man auf diesem Weg den Höhenverlust des Abstieges in die hintere Almbachklamm.

● 66 **Scheibenkaser — Mittagsloch — Stöhrhaus**
1 Std. Nur für Geübte.

Das vor Jahren aus Jagdgründen zugeschüttete Loch, das einen Aufstieg durch den hier nur niedrigen Randabsturz eine Minute unterhalb des Stöhrhauses gestattet, ist wieder freigelegt. In dem schachtartigen Mittagsloch ist eine Leiter angebracht. Das Loch selbst ist ein interessanter kurzer Ausflug vom Stöhrhaus und vermittelt Kletterern den kürzesten Zugang vom Stöhrhaus zu allen S-Wandanstiegen. Ungeübte werden dringend gewarnt, vom unteren Lochausgang den Abstieg zu versuchen!

● 67 **Hallthurm — Alpensteig — Zehnkaser — Stöhrhaus**
3½—4 Std.

Unmittelbar am Bhf. Hallthurm überquert der Weg die Bahnlinie und führt neben dem Hallthurmer Moos nach SO. Nach etwa 10 Min. bei der zweiten Kehre der Forststraße links aufwärts (Wegtafel, der Hauptweg führt zum Reisenkaser weiter) auf dem bald steiler werdenden Steig; teilweise über Stufen neben der Leiterwand im Wald empor und an einer Quelle vorbei zu den Zehnkasern, 2½ Std. Nun in langen Kehren nach O zu dem von Berchtesgaden heraufführenden Stöhrweg und weiter wie bei R 62, 1 Std. Der Alpensteig ist rot markiert.

Von dem Forstweg entlang dem Hallthurmer Moos führt eine neugebaute Forststraße (durch Schranke abgesperrt) in das Nierntal bis zur sog. „Lettenreibe". Von dort schmaler Ziehweg, der in den schmalen Steig von der Siedlung Winkl einmündet. Von dort wie R 63 zum Reisenkaser.

Zu beachten ist, daß bei der 2. Kehre der neuen Forststraße der sog. „Zehnkasersteig" abgeht.

● **68—69** frei für Ergänzungen

1.3 Übergänge und Höhenwege

★ 70 **Zeppezauerhaus — Stöhrhaus** (Hochflächen-Übergangsweg)
3—4 Std. Gut ausgebaute Weganlage. Bei starkem Nebel ist Vorsicht geboten. Die Entfernung des Geierecks, dessen 11 m hohes Gipfelkreuz vom Berchtesgadener Hochthron gerade noch sichtbar ist, beträgt 3,5 km.

Vom Zeppezauerhaus nach Süden in 20 Min. zum Gipfel des Geierecks und in 15 Min. auf den Salzburger Hochthron (hierher auch von der Seilbahn-Bergstation knapp unterhalb des Geierecks auf breitem Weg in südwestl. Richtung zum Jungfrauenbrünnl, der tiefsten Einsenkung vor dem Salzburger Hochthron, und nach S zum Gipfel, 20 Min.). Nun links den Kamm entlang über den Großen Heubergkopf und steil hinunter zur Mittagscharte; dann ansteigend hinauf, an den Ochsenköpfen, 1824 m, südöstl. vorbei und über das Rauheck, 1892 m, und den

Gamsalmkopf, 1888 m, auf den Berchtesgadener Hochthron, 1973 m. Nach W in 15 Min. hinab zum Stöhrhaus.

● 71 **Schellenberger Eishöhlenhütte — Mittagscharte**

1—1½ Std. Der Thomas-Eder-Steig zieht in bewunderungswürdiger Anlage durch die Steilwand. Er ist so gut gesichert und tief eingesprengt, daß er von Bergsteigern ohne Gefahr begangen werden kann. Großartige Ausblicke, prächtige Sicht in die prallen Untersbergwände. Foto Seite 99, 100.

Von der **Eishöhlenhütte** zuerst auf dem Steig, der zu der Eishöhle führt, bis zum Übertritt auf die S-Seite. Dann jedoch nicht rechts hinauf, sondern auf dem gebauten Weg (Thomas-Eder-Steig) weiter und hinauf in die Mittagscharte.

Nun rechts zum **Salzburger Hochthron,** 1 Std. oder links zum **Berchtesgadener Hochthron,** 2 Std.

● 72 **Fürstenbrunn — Mittagscharte**

3—4 Std. Diese Steiganlage wurde in den letzten Jahren zu einer 15—20 m breiten Skipiste ausgebaut, um die berüchtigte Abfahrt durch den „Eisgraben" zu entschärfen, und darf im Winter von Fußgängern nicht benützt werden.

Vom Ghs. Fürstenbrunn biegt man nach 20 Min. (Waldlichtung) vom Fahrweg, der zum Veitlbruch führt, in südl. Richtung ab (Wegtafel) und benützt den rot bez. Steig, der in angenehmer, gleichmäßiger Steigung meist durch Hochwald bis zur Schweigmühlalm (1416 m) führt. Nun links über kleine Karrenfelder an der Quelle „Mückenbründl" und rechtshaltend auf dem rot bez. Steiglein bis zur tiefen Einsattelung der Mittagscharte.

● 73 **Schellenberger Sattel — Schellenberger Eishöhle — Grubenkaser — Scheibenkaser**

3 Std. Dieser landschaftlich sehr schöne Steig, der einst am Fuß der Wände das ganze Untersbergmassiv durchquerte, ist seit vielen Jahren dem Verfall preisgegeben. Vor einer Begehung wird dringend gewarnt.
Foto Seite 90/91, 98/99, 100/101.

Der Abschnitt vom Schellenberger Sattel über den Sandkaserboden (hier Einmündung von R 57) zur Schellenberger Eishöhle wurde 1978 erneuert. Erhalten ist noch der Abschnitt vom Stöhrweg über den Scheibenkaser bis zum verfallenen Grubenkaser. (Von hier Fortsetzung R 74 und R 180.) Das Zwischenstück ist so verfallen, daß größtenteils nicht einmal mehr Steigspuren vorhanden sind.

● **74** **Marktschellenberg — Grubenkaser**
2½ Std.

Zwischen altem Zollhaus Schellenberg und Nebengebäude durch, über die Holzbrücke und links auf einem teilweise von Haselnußsträuchern gesäumten Steig steil über die Wiesen empor auf den breiten Fahrweg (Abzweigung von Schellenberg bei der Einmündung der Ortsdurchfahrt in die Hauptstraße nach Salzburg). Bevor der zur Forststraße ausgebaute Weg nach rechts auf einer Betonbrücke über den Bach führt und an einem Holzlagerplatz endet, links hinauf zur Rottmannmühle, einem allein stehenden Bauernhaus. Nun auf dem rechtsseitigen Weg über die Bachläufe und einige steile Kehren hinan. (Hierher gelangt man auch vom **Roßboden** an der Fahrstraße nach **Ettenberg** (Wegtafeln), indem man direkt vom Haus auf dem über die Wiese abwärtsführenden Weg in den Wald hineinquert.) Erst auf dem Ziehweg, dann auf Steig über die steilen bewaldeten Hänge zur Hochkampschneid und zum Grubenkaser. Weiter zum Hochplateau auf R 180.

● **75** **Marktschellenberg — Karalm — Grubenkaser**
2½ Std.
Zwischen Karalm und Grubenkaser Kletterstellen **(I)**.

Wie bei R 74 bis zum Holzlagerplatz, von dem erst ein Ziehweg, dann Jagdsteige über die Hänge rechts des tief eingeschnittenen Bachgrabens mit Wasserfällen und Gumpen hinaufführen. Schließlich quert der Jagdsteig eine drahtseilgesicherte Wand zur Bachschlucht, die unterhalb eines Wasserfalles gequert wird. Auf der linken Seite des Wasserlaufes zur breiten Wiesenmulde der verfallenen Karalm (nur noch Grundmauern, aus denen bereits Bäume wachsen) hinauf. Einsamer, landschaftlich sehr schöner Punkt am Fuß der Untersbergwände. 1½ Std. vom Holzlagerplatz. In den Felspartien von zwei Wasserläufen (Hundswaldgraben) kann man links aus der Almmulde in leichter Kletterei direkt zur Höhe des verfallenen Grubenkasers hinaufsteigen, etwa 1 Std.

● **76—79** frei für Ergänzungen

1.4 Gipfel und Gipfelwege

● 80 **Geiereck,** 1806 m

11 m hohes, eisernes Gipfelkreuz. Nach N und O ins Rosittental fallen die Dopplerwand und Rosittenwand ab.

● 81 Mit der Kabinenbahn von St. Leonhard

Von der Bergstation (1776 m) in wenigen Min. zum Gipfel.

● 82 Vom Zeppezauerhaus, 20 Min.

Auf dem Weg nach Süden zum Gipfel.

● 83 Vom Salzburger Hochthron, 15 Min.

Auf dem Weg nach Norden zum Gipfel des Geierecks.

● 84 Dopplerwand
Schwab, Niederbrucker, Hager, 1932.
V+ (Stellen), eine Stelle A 1, sonst IV+ und III.
200 mH, 3 Std. Foto Seite 95.

Zugang: Knapp vor Beginn des eigentl. Dopplersteiges steigt man am Fuße der Wand über Grasschrofen nach links zu einer großen, roten Höhle (Bärenhorst).

Führe: An der rechten Höhlenwand 15 m hinauf zu einer Nische und von dieser erreicht man, sich weit hinauslehnend, den ersten Haken in der Überdachung. Über diese (A 1) hinaus und empor zu einer Nische mit dürrem Strauch. 2 m rechts davon beginnt der 40-m-Riß (IV+), der in Schrofen endet und zu einem waagrechten Band führt (Buch). Vom rechten Ende des Bandes mittels Steigbaum sehr ausgesetzt über einen kleinen Überhang und den sogenannten S-Riß (mehrere Haken, V+) auf eine steile, grasdurchsetzte Rampe (III), welche zum Hochflächenrand leitet.

● 85 Ausstiegsvariante zu R 84
Spitzelburger, Palaoro.
VI—, A1. Etwa 60 m, 1 Std. Foto Seite 95.

Wie R 84 zum Ende des 40-m-Risses. Nun durch einen weiteren Riß hinauf zum Ausstieg.

● 86 Ostgrat
Purtscheller u. Gef.
II. 1½ Std. vom Schellenberger Sattel. Der Geiereck-O-Grat wird meist in Verbindung mit dem Laterndl begangen.
Foto Seite 101.

Zugang: Wie R 52 oder R 53 zum Schellenberger Sattel und auf dem zur Kienbergalm führenden Weg 5 Min. absteigend, dann unter den Wänden nach rechts und über Gras und Schutt zu einer auffallenden rötlichen Plattenrinne.

Führe: In der Plattenrinne hinauf, den folgenden steilen Grashang nach links empor bis zu einer Wiese. Hier Einmündung von R 87. Nun schräg rechts empor zu einer Felsstufe; durch sie entweder in der Mitte oder rechts durch einen Spalt hinauf und nach rechts zum Grat. Steinmann mit Buch. Auf dem Grat weiter, bis er steiler wird; hier links hinüber zu einem kurzen Kamin; durch ihn hinauf, dann auf schlechtem Band einige Meter nach links und über ein Wandl; auf dem folgenden Grashang schräg links zu einer Schulter. Von ihr eine Steilstufe gerade empor zur latschenbesetzten Gratkante. In wenigen Minuten zum Gipfelkreuz.

● 87 Laterndl
III—. Wesentlich schwieriger als R 86.
Meist in Verbindung mit R 86 begangen.

Dieses auffällige Türmchen am Grat erreicht man von der Oberen Rositten, den Schellenberger Sattelweg nach 10 Min. nach rechts verlassend und dann über den Grashang in die Rinne unterhalb des Laterndls ansteigend. Über eine kurze Wandstufe nach rechts zu einem Felsloch, etwa 15 m gerade empor, nun brüchiger Quergang nach links und unterhalb des Türmchens zum O-Gratanstieg.

● 88 Küblrinne
Kübl, Starke, 1900.
III—. Vom O-Gratbuch etwa 30 Min. Foto Seite 101.

Wie R 86 zum Steinmann mit Buch. Kurz oberhalb nach rechts über den Grat auf die Rosittentalseite und über Schrofen, zuletzt auf kurzem, schmalem Band zum Einstiegswandl (Vorsicht bei Nässe!). Über dieses und in der teilweise plattigen Rinne empor. Bei einem Latschenköpfl nach links auf die SO-Seite und zu der dem Geiereck vorgelagerten Mulde empor.

● 89 Rosittenwand
Friedhuber, Hillinger, 1924.
IV. 200 m, 2 Std. Siehe 12. Auflage 1969.

● 90 NO-Wand und Küblrinne
III. Siehe 12. Auflage 1969.

Die Dopplerwand an der Nordseite des Geierecks

R 52 Dopplersteig
R 84 Dopplerwand
R 85 Ausstiegsvariante zu R 84

● **91** **SO-Flanke** (Bsuchgraben)
II. 1½ Std. Siehe 12. Auflage 1969. Foto Seite 101.

● **92—99** frei für Ergänzungen

Der südliche Teil des Untersberges von Osten

R 73 Schellenberger Sattel – Grubenkaser – Scheibenkaser

Berchtesgadener Hochthron

R 180 Grubenpfad
R 181 Nordostwand
R 182 Ostwand
R 184a Direkter Südostpfeiler

Gamsalmkopf

R 165 Gabelriß
R 166 Gabelwand
R 167 Ostwand
R 168 Südkante
R 170 Gamsalmschlucht

Rauheck

R 158 Südostflanke

Der mittlere Teil des Untersberges von Osten

R 71 Schellenberger Eishöhlenhütte (Toni-Lenz-Hütte) – Mittagscharte
R 73 Schellenberger Sattel – Grubenkaser – Scheibenkaser

Rauheck

R 156 Ostkar

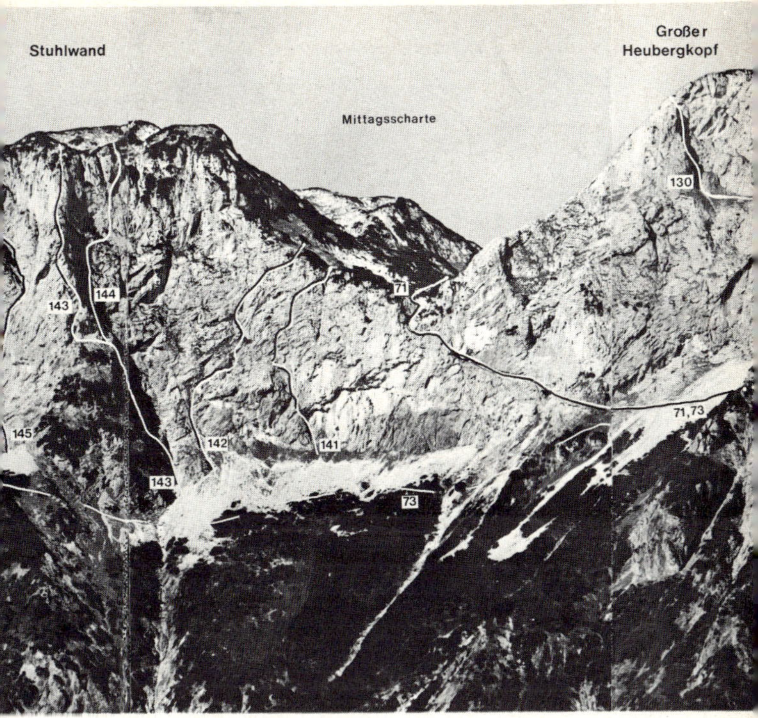

Stuhlwand

R 141 Gerade Südwand zur Mittagscharte
R 142 Südwand zur Mittagscharte
R 143 Stuhlwandgrat
R 144 Stuhlwandkamine
R 145 Östlicher Stuhlwandweg
R 147 Mittlere Stuhlwand
R 148 Westlicher Stuhlwandweg

Großer Heubergkopf

R 130 Südwestkante

Der nördliche Teil des Untersberges von Osten

R 71 Schellenberger Eishöhlenhütte (Toni-Lenz-Hütte) – Mittagscharte
R 73 Schellenberger Sattel – Grubenkaser – Scheibenkaser

Großer Heubergkopf

R 128 Südkante
R 129 Direkte Südkante
R 130 Südwestkante

Salzburger Hochthron

R 104 Elliweg
R 105 Gerade Zylinderwand
R 106 Schräge Zylinderwand
R 107 Direkter Blausandpfeiler
R 109 Dreierweg

R 110 Ostwandverschneidung
R 111 Mittlerer Ostwandweg
R 113 Pfeilerostwand
R 114 Südkante
R 115 Südwand

Geiereck

R 86 Ostgrat
R 88 Küblrinne
R 91 Südostflanke (Bsuchgraben)

● 100 **Salzburger Hochthron,** 1853 m

● 101 **Vom Zeppezauerhaus**
35 Min. Siehe R 70.

● 102 **Von der Mittagscharte**
¾ Std.

Von der Scharte steil hinauf zum Gr. Heubergkopf und den Kamm entlang zum Gipfel.

● 103 **Von Fürstenbrunn,** 3½—4 Std.

Wie R 72 zum „Mückenbründl", dann linkshaltend und am Großen Eiskeller vorbei und auf der Skiabfahrt auf den Gipfel des Salzburger Hochthrons.

● 104 **Elliweg**
Elli und Hans Feichtner, 1931. Bay. XVIII.
IV, 350 m, 2—3 Std. Gefährlich.
Siehe 14. Auflage 1977.
Foto Seite 101.

● 105 **Gerade Zylinderwand**
Brüder Stangl, 1925.
V (Stelle), sonst leichter. 3 Std. Foto Seite 101.

Anstieg in der Fallinie des Felstors, das die untere Mündung der rechten Zylinderschlucht bezeichnet. Die in halber Wandhöhe eingebettete Schrofenmulde muß zunächst erreicht werden. — Einstieg in der Falllinie des erwähnten Felstors.

Führe: Von links her über Schrofen in den hier ansetzenden, schluchtartigen Kamin. 3 m nach rechts und über eine Platte in den Kamin. 30 m empor bis unter einen Überhang. Über diesen (schwierigste Stelle, H, V) und sodann etwas nach links absteigend auf ein Band. Dieses nach links verfolgen und hinauf zum Beginn der Schrofenmulde. Durch sie, rechts haltend, zu ihrem oberen Ende. Über Platten rechts zu einem Riß im Winkel einer halbkreisförmigen Einbuchtung (H). Durch den Riß 30 m empor (zwei H) und weitere 20 m zu Absatz mit guter Sicherung knapp unterhalb des Felstors. Entweder 10 m links querend oder gerade empor zum Hochflächenrand.

● 106 **Schräge Zylinderwand**
H. und J. Feichtner, H. Amanshauser, 1919.
III. 2½ Std., schöne Kletterei. Foto Seite 100/101.

Zugang: Von der Einmündung des Steiges über den Mitterkaser (R 57) in den Schellenberger Eishöhlenweg, nach rechts (nördl.) auf dem

Steiglein hinab zur ersten Wasserrinne und links ab über Schrofen zur rötlichbraunen Wand. Halb rechts von dieser über ein Grasköpfl und durch einen etwa 7 m hohen Kamin hinab auf den großen Grasabsatz. (Auch von weiter oben über eine Wandstufe erreichbar.)

Führe: Den Absatz nach rechts querend und entweder einige Meter absteigend, unter einem Köpfl über guten Fels in die kaminartige südl. Schlucht oberhalb mächtiger Überhänge, oder so weit aufwärts, bis man über gutgriffige Platten in den Grund absteigen kann. Bald verläßt man diese Schlucht nach rechts und klettert über schönen Fels schräg rechts zu einem mit Latschen und Wacholder bewachsenen Köpfl, das die beiden Schluchten trennt. Nun jenseits hinab auf den Grund der Rinne, welche tiefer unten in die Dolinenschlucht übergeht. Die Rinne wird gequert, über steile Schrofen zu dem eingangs erwähnten Grashang, dann links an dem auffallenden Felskopf vorbei und zur Hochfläche.

● **107** **Direkter Blausandpfeiler**

W. Schertle, H. Stadelberger, 1963. Alp. 5 / 64.
VI— (mehrere Stellen), **A 2** (Stelle) und A 1, häufig V + und V. 210 m Pfeilerhöhe, 5—6 Std. Ein Schlingenstand.
Foto Seite 100, 105.

Die Führe durchzieht den von der Toni-Lenz-Hütte aus sichtbaren, charakteristischen, im oberen Teil durch einen großen Plattenschild auffallenden Pfeiler. Etwa 30 m unter dem Plattenschild große Höhle mit roter Wandstelle.

Zugang: Von der Hütte in 1 Std. über den Schrofengürtel zum eigentlichen Einstieg, **II.** Der Einstieg befindet sich in Fallinie des Gipfels, wo die Schrofen am weitesten hinaufreichen, genau am Ende des braunen Wasserstreifens rechts der glatten Wandzone.

Führe: Vom SH einige Meter nach rechts und 5 m hinauf zu RH und nach rechts zu Stand (V, 20 m). Von hier zuerst gerade hinauf, dann nach links auf ein kleines Grasband (V +). Einige Meter das Band hinauf, bis es steil wird, dann an die Wand und über Platten und Rasenpolster hinauf zu Stand in der braunen Wasserrinne (V, 35 m). Vom Stand einige Meter nach rechts um eine Kante zu Latschenfleck. Von hier im Kamin über Stufe (V) und über dessen glatten Abschluß (VI—) auf weiteren Latschenabsatz (40 m). Von hier 2—3 m in den nun rotgelben Fels hinauf (V) — nicht in die große Höhle! — und Querung nach links aufwärts zu Haken. Von hier fallende Querung nach links auf einem Sims und hinauf in schöne Höhle (V +). Wandbuch. Über das Höhlendach (A 2) hinaus, dann äußerst schwierige Stelle frei und weiter (A 1, 1 Expansionshaken, auf 30 m Länge überhängend) zu Schlingenstand einige Meter unter dem riesigen Dach. Von dort den Riß an das Dach hinauf (VI—) und am Dach rechts vorbei (A 1) zu grasigem Riß, über diesen (IV) zu Stand. Dann 2 m hinauf und nach rechts (A 1), weiter schräg rechts (V) auf Köpfl und weniger schwierig hinauf zu Stand an Haken und Felszapfen (40 m); von hier unschwierig zum Gipfel.

● **108** **Blausandpfeiler**

F. Palaoro, F. Spitzlburger, Datum unbekannt.
V+. Siehe 10. Aufl. 1962.

● **109** **Dreierweg**

L. Schifferer, H. Feichtner, V. Raitmayr, 1923.
III. 300 mH, 2 Std. Foto Seite 100.

Zugang: Von der Eishöhlenhütte gerade hinauf durch eine Rinne, die bei einer auffallenden dreieckigen Höhle endet. Noch vor ihr rechts aufwärts über grasdurchsetzten Fels bis unterhalb eines kleinen Loches.

Führe: Querung von Grasschrofen in nordöstl. Richtung bis zu einer Mulde unterhalb des wasserüberronnenen Wandmassivs. Nun entweder durch einen Riß steil nach rechts hinauf oder besser in einer Schleife von rechts nach links über kleingriffige Felsen in die vom Riß sich fortsetzende Rinne. Diese Rinne wird so lange verfolgt, bis man über Grasschrofen unschwierig das dem Salzburger Hochthron vorgelagerte kleine Kar erreichen kann. Hier links unten eine kleine Höhle mit Wasser. Vom Kar in 5 Min. zum Gipfel.

● **110** **Ostwandverschneidung**

E. Schlager, S. Dumler.
IV—, 2 Std. Eine der schönsten Routen am Untersberg. Rauher Fels, aber grasiger Zugang. Foto Seite 100.

Zugang: Wie R 109.

Führe: Von den Grasschrofen und Bändern, welche zum Dreierweg leiten, 20 m hinauf zum eigentlichen Beginn der Rampe. Über rauhen, gutgriffigen Fels bis zu ihrem Ende, dann gerade durch einen Riß hinauf (nach 15 m ist ein Ausweichen nach links zweckmäßig) bis zu einer Nische. Nun entweder gerade hinauf oder nach rechts zum Hochflächenrand.

Salzburger Hochthron von Nordosten

R 107 Direkter Blausandpfeiler

Salzburger Hochthron
107

● 111 **Mittlerer Ostwandweg**
Hauer, Fellensteiner, 1911.
IV—, 3½ Std. Brüchig. Siehe 12. Auflage 1969.
Foto Seite 100.

● 112 **Oberes Band**
F. Stangl, 1924.
IV. 3½ Std. Siehe 12. Auflage 1969.

● 113 **Pfeilerostwand**
H. Reder, J. Zwick, 1901.
II. 2 Std. Siehe 12. Auflage 1969. Foto Seite 100.

● 114 **Südkante**
Otte und Gef., 1929.
IV (eine Stelle in Var.), sonst IV— und III. 150 m, 2 Std.
Foto Seite 100.

Zugang: Wie R 115, dann den Schrofenhang zur Kante queren. **1. SL:** Vom Ende des Grashanges über gestuften Fels in Nische unter dem Überhang (SH, 20 m, I und II). **2. SL:** Zur Kante und 3 m an ihr empor, nach rechts auf ein Band (H), schräg links 4 m hinauf und durch eine Rinne 8 m empor; nach links um die Kante herum über abwärtsgeschichtete Platten in eine Gufel (30 m, 2 H, II und III). **3. SL:** Schräg links etwa 6—8 m ansteigend bis zu rechts aufwärtsziehendem Riß, diesen (H) und die folgende senkrechte Wandstelle (3 H) hinauf, etwas links queren über eine Platte zu großem Absatz (30 m, 4 H, III und IV—).

Variante (schwieriger): Vom Stand an der Kante gerade hinauf zur senkrechten Wandstelle (IV, 2 H).

4. SL: Auf Kriechband nach rechts und über brüchige Schrofen zu Stand (35 m, I und II). 10 m durch Latschen zum Hochflächenrand.

● 115 **Südwand**
G. Starke, 1900.
III— (10 m), überwiegend II. 100 m, 1 Std. Sehr beliebt.
Foto Seite 100.

Zugang: Vom Sandkaserboden (R 73) links neben dem blauen Sand empor zur Scharte knapp unterhalb einer auffallend roten Wand.

Führe: 1. SL: E bei einem gut sichtbaren hellen Felsstreifen, der einem unten offenen U gleicht. Über Schrofen zu rechts aufwärtsziehendem Gesimse und auf diesem etwa 25—30 m nach rechts. Dort, wo die steile Wand gut gegliedert ist, gerade aufwärts in eine gut sichtbare Nische zu RH (40 m, III, II). **2. SL:** Aus der Nische links heraus und in einer

Links-Rechts-Schleife den Steigspuren folgend zu weiterer Nische mit Wandbuch (35 m, II u. I). **3. SL:** Auf den Steigspuren nach rechts bis zu einer zum Hochflächenrand emporziehenden, kaminartigen Rinne. Diese empor zu eingeklemmten Blöcken (20 m, II). **4. SL:** Einen kurzen Kamin (II) hinauf und die restliche Rinne, zuletzt rechts ansteigend, zum Hochflächenrand (30 m, I und II).

● 116 Rote Wand
Nähere Angaben fehlen. Links von R 115.
Vermutlich **V.**

● 117—124 frei für Ergänzungen

● 125 Großer Heubergkopf, 1819 m

● 126 Vom Salzburger Hochthron, 15 Min.
Siehe R 70.

● 127 Von der Mittagscharte, ½ Std.

Von der Scharte nach Osten steil hinauf zum Gipfel.

● 128 Südkante
H. Feichtner, S. Stüger, 1912. ÖAZ 1912, S. 273.
IV, 1½ Std., grasdurchsetzt. Foto Seite 100.

Die südl. Begrenzung der roten Wand (R 116) bildet eine die ganze Wand durchziehende Felsrippe, auf der sich der größte Teil des Anstieges vollzieht.

Führe: Wie beim S-Wandanstieg (R 115) zu dem hellen Felsstreifen, der einem umgedrehten U gleicht, und quer nach links, unterhalb der roten Wand auf einen Grashang bis zu einem Absatz an der Rippe und an ihr gerade empor, bis man an einen senkrechten Abbruch kommt. Nach seiner Überwindung auf einem Grasband nach links und durch eine Latschenrinne zum Gipfel.

● 129 Direkte Südkante
Noisterig u. Gef., 1931.
V— (eine Stelle), IV. Foto Seite 100.

Einstieg rechts der Eishöhle. Im allgemeinen immer an der markanten Kante.

● 130 Südwestkante
Schnöll, Klingler, Hillinger, 1925.
IV. 150 m, 1½ Std. Siehe 14. Auflage 1977.
Foto Seite 99, 100.

• 131 Südwestwand
W. Kubik, K. Eckschlager, F. Umgeher 1961; vermutlich Erstbegehung.
IV + (eine Stelle), IV. Siehe 14. Auflage 1977.

• 132 Südwand
Rainer, Trübenbacher, 1934.
V. 3—4 Std.

Von der Schellenberger Eishöhlenhütte zum ersten Tunnel. Nach ihm rechts in die Wand und einen Riß 20 m empor zu Stand. Über eine Platte 15 m schräg rechts hoch, dann Linksquerung zu Stand in einer Rinne. Über Schrofen 1 SL in eine Höhle hinauf. An der rechten Begrenzungswand, fast an der Kante, über eine Felsstufe empor und nach links zu Stand unter rotem Fels. Einige Meter hoch, auf einem Band nach rechts und über eine steile Rampe zu einer Höhle unter roten Überhängen empor. Nun 40-m-Querung nach links in eine Rinne. Durch diese in einen Schrofenkessel, aus dem beliebig die Hochfläche und der Heubergkopf erreicht werden kann.

• 133—139 frei für Ergänzungen

• 140 Stuhlwand, etwa 1850 m

Unbedeutende Graterhebung zwischen Mittagscharte und Rauheck. Vom Hochflächen-Übergangsweg (R 70) in wenigen Minuten unschwierig zu erreichen.

• 141 Gerade Südwand zur Mittagscharte
F. und A. Stangl, 1924.
Wegen der Sprengungen für den Felsensteig (R 71) ungangbar geworden. Neue Route: A. Dufter, S. Pfnür, 1936.
V (zwei Stellen), IV. 200 m, 3 Std. Foto Seite 99.

Vom Hollerloch, 50 m links der Fallinie der tiefsten Einsenkung der Mittagscharte, auf dem schräg nach links hinaufziehenden, grasdurchsetzten Band 1 SL hinauf zu gutem Stand. Dann in einem schmalen Riß 5 m ziemlich schwierig empor, unter einen kleinen Überhang 20 m nach links und 1 SL senkrecht hinauf zu gutem Stand (H). 20 m auf einem Gesimse sehr schwierig und ausgesetzt nach links, bis es ungangbar abbricht. Hier über einen Überhang sehr ausgesetzt 5 m senkr. empor zu einem kleinen Absatz mit Kiefer. Nun sehr ausgesetzt einen Riß 30 m hinauf auf eine nach rechts ziehende große Platte. Nicht über die Platte, sondern in der Fortsetzung des Risses einen Überhang 5 m empor, dann 1 SL schräg rechts hinauf zu einem Loch. Über dem Loch

Spreizschritt nach links und noch 1 SL gerade empor, dann über unschwieriges Schrofengelände zum Ausstieg.

● **142** **Südwand zur Mittagscharte**
F. Hauer, K. Wieder, 1911.
III +. Ausgesetzt, guter Fels. 180 m, 1½ Std.
Foto Seite 99.

Der Einstieg erfolgt links südwestl. der tiefsten Scharteneinsenkung, aber noch vor dem Felswinkel des Stuhlwandgrats. Links von senkrechten Platten und Überhängen zu einer Kanzel hinauf. Auf abschüssigem Band schräg rechts hinan, bis ein verborgener Riß das Weiterkommen auf die schon von unten sichtbare Grashalde ermöglicht. Nun links über den unteren Grashang bis zur Wand, hierauf längs der Wand auf dem oberen Grasstreifen, welcher durch eine Plattenstufe von dem unteren getrennt ist, nach rechts in eine geräumige Höhle. Weiter 8 m gerade empor und auf sehr ausgesetztem Felsband nach rechts, schließlich auf unschwierigem Gelände zum Ausstieg etwas links oberhalb der tiefsten Einsenkung.

● **143** **Stuhlwandgrat**
Wieder, Jelinek, 1910, im Abstieg; H. Feichtner, 1918, im Aufstieg.
IV, 300 m, 2—3 Std. Foto Seite 99.

Unterhalb der Mittagscharte in den Felswinkel zw. Stuhlwandgrat und R 142, über uralte, stellenweise gut kenntliche Stufen zum sogen. Goldloch, etwa 1450 m. Von dieser Höhle in kurzer Schleife nach links in den die halbe Wand durchziehenden Kamin. Durch ihn 1½ SL empor auf einen Absatz; nun aus dem Kamin heraus auf eine glatte Platte; sodann nach links zum ersten Steilaufschwung des Grates (Steinmann). Weiter knapp rechts der Gratkante über festen Plattenfels empor auf den zweiten Absatz; die folgenden Grataufschwünge werden an der Kante erklettert.

● **144** **Stuhlwandkamine**
Feichtner, Hauer, H. u. S. Amanshauser, 1919.
IV. 3 Std. Nur nach anhaltendem trockenen Wetter ratsam.
Foto Seite 99.

Wie bei R 143 zum Goldloch und weiter durch den Kamin bis zum Absatz nach links hinaus auf die glatte Platte. 1 SL gerade aufwärts und durch einen Spalt wieder in den Kamin; nun in seinem hintersten Grunde aufwärts, dann Spreizschritt nach links auf einen großen Block. Einige Meter an der linken Begrenzung hoch, sodann wieder hinein und nach 30 m (zuletzt ein Überhang) auf einen großen Schuttabsatz. Dieser wird nach NO schräg aufwärts gequert, bis man einen kurzen Kamin (unterhalb rotbrüchig) erblickt. Durch ihn auf einen kleinen Schuttfleck, sodann scharf nach links in einen weiten Kamin; durch ihn aufwärts zum Hochflächenrand.

● **145** **Östlicher Stuhlwandweg**
Feichtner, Wieder, Fellensteiner, 1912.
V— (1. SL), sonst III. 400 m, 3 Std. Foto Seite 99.

Südl. vom Stuhlwandgrat bricht der obere Wandteil trichterförmig in eine auffallende, tief eingeschnittene Schlucht, die fast bis zum Kar hinabführt. Vom Steiglein über Schutt, Schrofen und Platten auf einen Felsvorbau und zur Dolinenschlucht. Darin einige Meter empor, dann rechts über einen überhängenden Block und an der O-Seite durch senkrechten Riß auf ein Felsköpfl. 1 SL hinauf, nach links in die Rinne, welche die Fortsetzung der Doline bildet. Einem Grashang im Halbbogen nach links folgend auf eine Felsrampe. Nun halblinks über unschwieriges Gelände zur Hochfläche.

● **146** **Dolinenschlucht**
Gertrud Doppler, L. Schifferer, A. Hillinger, 1920.
IV, 2 Std.

Vom Felsvorbau durch die unterste Dolinenüberwölbung in den Dolinengrund. Links über einen weiten, glattgewaschenen Stemmkamin hinauf und nach rechts zu einer flachen Felsstufe. Nun über die sehr kleingriffige, oben glatte Platte zum Dolinenausstieg, dort gute Sicherungsmöglichkeit. Auf leichterem Gelände wie bei R 145 zur Hochfläche.

● **147** **Mittlere Stuhlwand**
Feichtner, Wieder, Fellensteiner, Langthaler, 1911.
III, 2 Std. Siehe 14. Auflage 1977. Foto Seite 98.

● **148** **Westlicher Stuhlwandweg**
Rutschmann, Schifferer, 1913.
III, 2½ Std. Siehe 14. Auflage 1977. Foto Seite 98.

● **149—154** frei für Ergänzungen

● **155** **Rauheck**, 1892 m

Erste deutliche Erhebung im Kamm südlich der Stuhlwand.

● 156 **Ostkar**
K. Wieder, S. Meilinger, 1909.
III. 2—3 Std. Sehr grasige Kletterei. Siehe 14. Auflage 1977.
Foto Seite 98.

● 157 **Ostwand**
Raitmayr, Hillinger, 1926.
III+, 450 m. Gefährlich. Siehe 12. Aufl. 1969.

● 158 **Südostflanke**
J. u. A. Amanshauser, 1911.
II, 2½ Std. Foto Seite 97.

Vom Grubenkaser (R 73) durch die schluchtartige, ausgewaschene Rinne, die rechts (östl.) vom Gamsalmkopf herabzieht, auf das große, abschüssige, die Wand durchziehende Band. Rechts eines auffallenden roten Flecks zu einem Überhang empor, um diesen rechts herum in eine Schrofenrinne und gerade zum Gipfel.

● **159—163** frei für Ergänzungen

● **164** **Gamsalmkopf**, 1888 m

Kleine Felskuppe zwischen Rauheck und Berchtesgadener Hochthron.

● 165 **Gabelriß**
H. Gruner, E. Rainer, 1934.
VI—, 3—4 Std. Foto Seite 97.

Wie bei R 158, bis ein schon von unten sichtbarer, im oberen Drittel sich gabelnder Riß den Weiterweg angibt. Im Riß 30 m empor bis unter einen Überhang. 20 m nach links hinaus zu einer Rampe, die von links nach rechts wieder zu einem Riß zurückführt. Überhang. Der ganze Weiterweg vollzieht sich jetzt im und knapp neben dem Riß über mehrere Überhänge zum Gipfel.

● 166 **Gabelwand**
Hennig, Palaoro, Spitzelburger, 1941.
VI—, 3 Std. Direkter Zugang zum Gabelriß.
Foto Seite 97.

Einstieg oberhalb des Grubenkasers durch eine etwa 100 m hohe (oft mit Schnee gefüllte) Steilrinne. Über eine 35 m hohe Plattenwand zu gutem Stand (H); nach links 20 m absteigend kommt man zu einer sehr steilen und abschüssigen Plattenwand. Über diese 4 SL empor, 15 m Quergang nach links und 30 m überhängend hinauf. 25 m hoch, dann quert man eine Felsrippe (Biwakplatz der Erstbegeher) und erreicht über 30 m glatte Platten den Gabelriß. Weiter wie R 165.

● 167 **Ostwand**
Wieder, Barth, Fellensteiner, Weckert, 1909.
III. 3 Std. Sehr brüchig, gefährlich. Siehe 14. Aufl. 1977. Foto Seite 97.

● 168 **Südkante**
Schifferer, Raitmayr, 1924.
IV und III. 250 m, 2—3 Std. Von Süden gesehen markantes Kantenprofil, interessante Kletterei. Foto Seite 97.

Vom Grubenkaser (R 73—75) in nordwestl. Richtung anfangs auf den zum Grubenpfad führenden Steigspuren, später diese links lassend über einen Schutt- und Latschenhang zur Mündung der Westl. Gamsalmschlucht. Rechts über Platten zum auffallenden latschenbewachsenen Felskopf. Nun an der Kante und knapp links neben ihr bis unter einen Überhang. Auf abschüssigem Band (IV) nach links um ein Eck und leichter nach rechts wieder zur Kante und zu einem geräumigen Absatz. Eine senkrechte Wandstelle 10 m hinauf und in anregender Kletterei immer an der Kante zum Gipfel.

● 169 **Südwestwand**
Hillinger, Raitmayr, Reingruber, Schnöll, 1927.
III, 250 m, 1½ Std. Siehe 14. Aufl. 1977.

● 170 **Westl. Gamsalmschlucht**
K. Wieder, F. Hauer, 1913.
III, 2½ Std. Siehe 12. Aufl. 1969. Foto Seite 97.

● **171—175** frei für Ergänzungen

● 176 **Berchtesgadener Hochthron,** 1973 m

● 177 **Vom Stöhrhaus,** 20 Min.
Auf gutem Weg östlich zum Gipfel.

● 178 **Von Norden** (Hochflächen-Übergangsweg)
Siehe R 70.

● 179 **Von Bayerisch Gmain,** 4½—5½ Std.
Wie R 211 zum Hirschangerkopf und weiter zum Hochtramel. Nun stets auf- und absteigend in südöstl. Richtung in der Nähe des Gamsalmkopfs zum Plateauübergangsweg (R 70) und weiter zum Gipfel.

● 180 **Grubenpfad**
I. Lohnender, nicht bez. Klettersteig, nur für Geübte. Kürzester Anstieg von Marktschellenberg.
2 Std. vom Grubenkaser. Foto Seite 96/97.

Der ONO-Abfall des Berchtesgadener Hochthrons ist von einer Reihe breiter, teilweise unterbrochener Grasbänder durchzogen, welche etwas oberhalb der tiefsten Einschartung zwischen dem Vorkopf (1895 m) des Berchtesgadener Hochthrons und dem Gamsalmkopf auf die Hochfläche führen.

Vom Grubenkaser (R 73—75) in nordwestl. Richtung auf Steigspuren über Gras und Geröll etwa 15 Min. in der Richtung gegen die Einschartung zwischen Berchtesgadener Hochthron und Vorkopf, hierauf (nicht zu weit nach rechts in den Winkel der westl. Gamsalmplattenschlucht) scharf links über brüchigen Fels, bei einer Doline und einem niederen Gratansatz vorbei, in schräger Richtung nach links auf den latschenbewachsenen Rücken, den man oberhalb der kleinen Scharte nach dem ersten größeren Kopf (P. 1514,5) oberhalb des verfallenen Grubenkasers erreicht und der jenseits mit einer mächtigen Plattenlage (deshalb auch Plattensteig genannt) zur Scheibenkaserseite abfällt.

Hierher gelangt man auch vom Scheibenkaser, indem man das kleine Kar unter der O-Wand quert und neben der Wand über die steile, hohe Platte zum Rücken ansteigt.

Nun auf gut kenntlichem Steiglein gerade fort, dann über Felsstufen etwas absteigend, links nahe der Wand zu einem Felsköpfl und etwas abwärts zu einem schutterfüllten Graben. Auf breitem, sanft abfallendem Rasenband weiter, zuletzt über kleine Absätze zum Ausstieg (Steinmann) und weiter zum rot bez. Höhenübergang, R 70.

Beim **Abstieg** von der Hochfläche suche man nicht bei der Einsattlung (in der Nähe ein Marterl) zwischen Berchtesgadener Hochthron und dem Vorkopf den Einstieg, sondern erst nach dem Köpfl.

● 181 **Nordostwand**
Zwick, Gfrerer, Kubatschek, 1902.
II. 2—3 Std. vom Grubenkaser. Siehe 12. Aufl. 1969.
Foto Seite 96.

● 182 **Ostwand**
Wieder, Hütter, 1908. BW 4 / 1978.
III— und II. 390 m, 2—3 Std. Reizvolle, teilweise sehr luftige Kletterei, nicht immer fester Fels. Etwas schwierige Orientierung. Nur wenige H vorhanden. Foto Seite 96.

Vom Scheibenkaser oder Grubenkaser (R 65, 74) in das Schuttkar unterhalb der O-Wand. Einstieg in der Fallinie des Gipfels unter einer nach links emporziehenden dunklen Schlucht.

Führe: Nach rechts (bis zum Sommer Schneekegel) über steile Schrofen, sodann über Platten bis rechts neben einen grauroten Überhang links unterhalb eines gelbroten Wandflecks. Über eine schmale Platte nach links, dann empor auf ein 50 m langes Kriechband (mit Unterbrechungen). Dieses wird über dem grauroten Überhang durch einen rötlichen Block gesperrt (Wandbuch) und führt teilweise sehr luftig etwas abwärts in die schon von unten sichtbare Mulde unterhalb der Wandmitte. Hier rechts eines dunklen Überhanges immer steil rechts aufwärts auf ein schwach ausgeprägtes Band. Dieses etwa 40 m nach links über eine kurze Platte verfolgen und dann schräg links aufwärts auf die markante Kanzel des die O- und S-Wand trennenden Pfeilers. Nun 2 SL aufwärts, zuletzt unter leicht überhängender Verschneidung mit Spreizschritt nach links über eine Platte zu einem Absatz im Grat. Von hier entweder 10 m waagrecht nach links auf schmalem Band oberhalb der Latschen in die S-Wand und beliebig ohne besondere Schwierigkeiten meist über steile Schrofen zum Gipfel, oder aber auf schmalem, brüchigem Band nach rechts steigend, dann durch einen kurzen schon von unten sichtbaren Kamin über steile, grasdurchsetzte Felsen gerade zum Gipfel.

● 182 a Ostwandkamin
Müller, Preußler, 1932.
IV, 90 m. Siehe 12. Aufl. 1969.

● 183 Gerade Ostwand
F. Rasp, 1968.
IV und III, 390 m, 2—3 Std. Siehe 12. Aufl. 1969.

● 184 Südostpfeiler
Hillinger, Raitmayr, Reingruber, Schnöll, 1926.
V (1. SL), sonst IV und III. 310 m, 4 Std.

Der Pfeiler, der links der O-Wand in der Fallinie des Gipfels steht, fußt auf einem Vorbau, der mit einigen Latschenflecken bewachsen ist. Einstieg beim obersten Latschenbusch. Hierher gelangt man am besten von links über Schrofen.

Führe: Vom Latschenbusch einige Meter nach rechts und durch einen die Überhänge durchziehenden Riß (mehrere H) 1 SL empor (V). Dann 3 SL gerade aufwärts und auf Band nach links zur Kante. 2 SL brüchig zu gelbem Wulst (H) und über eine Hangelstelle nach rechts zur Kante. Nun wesentlich leichter gerade aufwärts zum Gipfel.

● 184 a Direkter Südostpfeiler
H. Reischl, K. Schimke, 1943.
V+ (Stelle), überwiegend V und IV. 310 m, 3½ Std. Schöne Kletterei in rauhem, festem Fels. Foto Seite 96, 119.

Vom Scheibenkaser sieht man rechts der Gelben Mauer einen langen, geschweiften, S-förmigen Riß, der den gesamten SO-Pfeiler durchzieht und den direkten Durchstieg ermöglicht. E genau in der Fallinie des auffallenden Pfeilerrisses.

Führe: 1 SL hinauf auf ein grasiges Schrofenfeld und über einen kurzen Riß zum Beginn der plattigen Felsen. 1 SL gerade hinauf, am besten den Riß benützend, zu einer abschüssigen Platte rechts des Risses. Weit links über die Platte spreizen und 20 m hinauf zum Beginn eines Rißüberhanges. Den Riß 10 m hinauf (H, V—) und 15 m im Riß weiter (V+) oder etwas leichter rechts haltend (V—) ausgesetzt zum Beginn einer Schrofenrippe. Diese hinauf zu Standplatz mit Wandbuch. Die folgende griffarme Verschneidung (H, V) hinauf zur gelben Überdachung (Vereinigung mit R 184 b) und nach rechts aufwärts zur Pfeilerkante. 40 m gerade hinauf (IV) und unter den Überhängen mit Untergriffen (V—) über die Platte 20 m links hinauf und kurz nach rechts zu Stand am Pfeilerkopf. In leichtem Gelände weiter zum Gipfel (Lapuch).

● 184 b Gelbe Mauer
Palaoro, Spitzelburger, 1940.
V+, A 1. 270 m, 3—4 Std. Eindrucksvolle Felsfahrt.
Foto Seite 119, 121.

Zwischen SO-Pfeiler und Südwand fällt durch eine gelbe Wand im oberen und eine große Höhle im unteren Teil auf. Ungefähr 50—60 m unter der Höhle von links in die Rißverschneidung, die von der Höhle herabzieht und zwei Überhänge aufweist. Über den ersten Überhang sehr anstrengend empor zu Stand. 15 m in freier Kletterei zum zweiten Überhang. Über diesen in die große, geräumige Höhle (Wandbuch). Vom rechten Eck der Höhle äußerst ausgesetzter Quergang auf schmaler Leiste, zuletzt 2 H und etwas abwärts um ein Eck zu sehr luftigem Stand (15 m).
Vom Stand über einen kleinen Überhang in eine rißartige Rampe und in der gelben Verschneidung zu Stand (25 m). Von hier nach einigen Seillängen immer schräg rechts (IV+) zum Ausstieg von R 184.

● 184 c **Direkter Ausstieg zu R 184**
H. und F. Schülein, 1962.
VI—, A 2. 80—100 m, 4—5 Std. (Gesamtzeit).
Stellenweise brüchig. Foto Seite 119.

Wo R 184 in die O-Wand quert, beginnt der charakteristische Riß, durch den der direkte Ausstieg führt. Von rechts über eine prächtige Hangelplatte zu Haken. Seilzugquergang nach links (H) zum Beginn einer schräg nach rechts aufwärtsführenden Rampe, die wieder zum Riß führt. In der Verschneidung (H) bis zu einem ungangbaren Überhang, der links ebenfalls überhängend umgangen wird (H). Frei kletternd einige Meter gerade empor und Quergang in den Riß zurück (Stand, H). Über den Überhang (H) und die darauffolgende seichte Wandstelle zu einem Kaminüberhang (H). Einige Meter nach rechts zu Stand (H). Zunächst nach rechts über ein splittriges Band, dann gerade empor (H) zu einem Überhang (Holzkeil), der nach rechts heraus auf den Schild leitet. Nun die Verschneidung nach rechts (H) auf leichteres Gelände und nach 80 m zum Gipfel.

● 184 d **Pfeilerrisse**
H. Brandner, H. Krafft, 1978.
VI und V, 3 Std. Foto Seite 119.

E etwas links der Fallinie der Risse bei einer auffallenden Wandeinbuchtung. Man benützt nun abwechselnd die beiden markanten Risse bis zu ihrem Ende. Nun nicht durch den überhängenden Riß, sondern Quergang nach links (nach 6 m 2 H) und leicht links haltend aufwärts (Sanduhrschlinge), nach 40 m zu gutem Stand am Beginn des Direkten Ausstieges, R 184 c. Man kann auch den Normalausstieg von R 184 b benutzen.

● 185 **Direkte Gelbe Mauer**
H. Krafft, H. Brandner, 1972.
VI, A 3, selten leichter. 270 m, 5—7 Std.
Foto Seite 119.

E 20 m unterhalb von E 184 b. Vom Stand 5 m nach rechts zu einer roten, etwas brüchigen Wandstelle, über diese (8 m) hinweg zu dürren Ästen, nun ansteigend in einem gelben Riß, um eine Kante und einige Meter nach rechts zu Stand (25 m, IV+ und V). Vom Stand die ersten 7 m frei empor zu H (VI—), den Haken und Holzkeilen folgend im Riß hinauf (10 m, VI, A 2). Vom letzten H frei zu Stand (15 m, V+ und VI—). Hier kreuzt man R 184 b. Vom Stand 2 m empor, Quergang (an 3 H, dann frei) nach links (VI—); über eine Wandstelle und einen Wulst hinauf (VI, A 3, 4 H), dann ansteigende Querung zum zweiten

Wulst (V+ und VI—). Über diesen empor (VI, A 3, 3 H). Nun über eine Wandstelle (VI), dann 6 m nach rechts zu Stand (IV+). Die folgende SL nicht in der Verschneidung weiter, sondern ansteigende Querung nach links (25 m, IV u. V—). 4 m nach links zu einem versteckten Riß, im Riß in freier Kletterei zu einem Holzkeil, weiter über H und Querung nach rechts (7 m, VI, A 2, 5 H); weiter querend frei an Hangelleisten (8 m, VI) und über einen kleinen Überhang 5 m empor. Dann 3 m nach rechts querend zu Stand und an sehr rauhem Fels Quergang nach links (6 m, VI—). 5 m empor (VI), dann Quergang an kleinen Griffen nach rechts (4 m, VI) und weiter zu Verschneidung. 10 m in der Verschneidung empor (eine Stelle VI, 1 H) und 5 m nach rechts zu schlechtem Stand. Vom Stand etwa 10 m abseilen, dann 5 m nach rechts in einen Riß (V+), darin frei 15 m empor zu Stand (VI, 1 HK). Nun im Riß weiter, etwas leichter einen kleinen Überhang erkletternd, zu Stand (30 m, IV+). Über Schrofen zum Gipfel (60 m, II).

● **186** **Südwand**

Barth, Niedermayer, 1907.

III+ (Stelle), sonst III und II. Einzementierte Standhaken. Sehr beliebte Route. 230 mH, 2—3 Std. 10 SL.

Foto Seite 119, 121, 123.

Vom Scheibenkaser (R 65) längs des zur Wand ziehenden Latschenrückens in eine Einschartung, dann nach links an einer Doline vorbei und gerade zur Wand. Auf einem Band nach rechts zu einer kaminähnlichen Verschneidung. Durch diese auf guten Stand. Nunmehr schwach links ungefähr 20 m über gutgriffigen Fels zu einer überdachten Verschneidung, welche (schwierig) auf einen latschenbesetzten Absatz führt. Einige Meter nach links, dann rechts empor und durch einen plattigen Riß neben gelbrotem Überhang auf ein waagrecht nach links führendes, latschenbesetztes Grasband. (In der Fortsetzung führt es zum S-Wandkamin.) 20 m nach links und über eine Felsstufe (Wandbuch), dann etwa 6 m nach rechts und über eine kurze, senkr. Platte zu einer Nische. Etwa 50 m nach rechts in eine Rinne, welche mit einer senkr. Wandstufe, geteilt durch einen etwa 20 m hohen Kamin, abschließt. Nun entweder durch den Kamin und vom oberen Ende nach rechts über Rasenpolster zum Gipfel. Oder unterhalb des Kamins nach rechts, die schwach ausgeprägte Kante querend über Schrofen zum Gipfel.

● **187** **Barthkamin**

Barth, Vogt, 1908.

IV+, IV und III. 100 m, 1 Std. vom Kaminbeginn. Foto Seite 119, 121, 123.

Den südwestl. von R 186 gelegenen, etwa 100 m hohen Kamin erreicht man durch Verfolgen des latschenbesetzten Grasbands oberhalb des Risses neben gelbrotem Überhang (R 186) des S-Wandwegs. Links neben einer Höhle etwas absteigend und in gleicher Richtung zum ausgesetzten Einstieg. Senkr. durch einen 15 m hohen Riß (IV+) und in den durch mehrere Blöcke gesperrten Kamin (Wandbuch links oberhalb des ersten Geröllkessels). Ausstieg kurz unterhalb des Gipfels bei einer flachen Rasenmulde.

● **187 a Direkter Einstieg zum Barthkamin**
Grießer, Rauhdaschl, 1937.
V+, A 1. 4 SL, 3 Std. Foto Seite 119, 121, 123.

E ungefähr 100 m links des S-Wandeinstieges. 1 SL den vom Einstieg sichtbaren Haken nach in eine Nische zu Stand (H). Nun nach rechts auf ein Band und den Haken folgend **gerade** hoch. Dann **nicht rechts** (Verhauer), sondern Seilquergang links abwärts 8 m auf ein Band (H). Nun gerade empor bis unter den großen Überhang und über diesen. Weiter den Haken folgend, schließlich Spreizschritt nach rechts in eine Rinne, die nach 5 m zu Stand führt (H). Jetzt durch den überhängenden Riß und gerade aufwärts zum Beginn des Barthkamins.

● **188 Ostpfeiler**
W. Schertle, H. Zembsch, 1966.
VI— und **A 3** (Stellen), überwiegend V+, selten leichter.
220 m, 4—7 Std. Foto Seite 119.

Einstieg in der Pfeilermitte. Den auffallenden, nach rechts ziehenden Riß etwa 30 m in durchwegs freier Kletterei hinauf unter ein gelbes Dach. Stand an Sanduhrschlinge (V+). Unter dem Dach etwa 2 m nach rechts und hinauf in gelbe Verschneidung (H). Aus dieser nach links heraus und in die Fortsetzung des Risses. Weiter etwa 30 m teils frei (V+), teils hakentechnisch hinauf auf das große, hier etwa 2 m breite Band zu Stand. 5 m nach rechts zu großem Latschenbusch. Stand. Etwa 5 m höher zieht eine auffallende Leiste im gelben Fels

Die Südabstürze des Berchtesgadener Hochthrons

R 184 a	Direkter Südostpfeiler	R 187 a	Direkter Einstieg zum Barthkamin
R 184 b	Gelbe Mauer	R 188	Ostpfeiler
R 184 c	Direkter Ausstieg zu R 184	R 189	Pfeilersüdwand
R 184 d	Pfeilerrisse	R 190	Direkte Pfeilersüdwand
R 185	Direkte Gelbe Mauer	R 191	Südwestwand
R 186	Südwand mit Einstiegsvariante	R 192	Westpfeiler
R 187	Barthkamin		

Berchtesgadener Hochthron
187
184 c
185
190
188
187a
184 b
192
191
185
186
184 d
189
184 a

nach links in die freie Wand hinaus. Die 5 m hinauf (V+) und auf der Leiste äußerst schwierig bis zu ihrem Ende. Weiter über eine abgespaltene Schuppe und eine kurze Wandstelle (A 3) in den hier als Nische endenden kaminartigen Teil des Wasserstreifens zu Stand. Den meist nassen Kamin anstrengend hinauf (V+), über sein Ende links hinaus und rechts haltend hinauf auf eine Leiste (A 3). Etwa 3 m zu einer weiteren Leiste zu Stand. Von hier den Haken folgend, zuerst gerade, dann nach links hinauf zu kleinem Busch (Schlinge, A 3). Nach etwa 2 m rechts haltend auf einen kleinen Absatz und nach rechts zu Stand in einer kleinen Nische (IV, Biwakmöglichkeit). Senkrecht hinauf (A 3) und teils an Legschlingen und Haken unter den Dächern äußerst heikel nach links, zuletzt frei bis zum Ende des Daches und durch kurze Verschneidung hinauf zu ausgesetztem Schlingenstand. Über das Dach schräg links hinauf zu Riß (A 3). Diesem nach rechts folgend hinauf in flacheres Gelände. Weiter teils in, teils neben dem Riß, schräg rechts aufwärts auf ein kleines Köpfl. (Grauer Fels, V+.) Von hier über glatte Platte leicht links haltend hinauf (VI—) in gelben, äußerst brüchigen Riß und hinauf zu gutem Stand in einer Nische (Biwakmöglichkeit). Rampenartigen Riß weiter hinauf bis er abbricht (V+). Über Stufe 3 m hinauf auf überdachte Leiste (Stand, V+). Vom Platz 2 m hinauf und Quergang auf großer Leiste nach rechts (V+) in leichteres Gelände und zum Fuß des Kamins, der hier die steile Gipfelwand durchzieht (III). Den Kamin anstrengend 30 m hinauf (V) zu Stand in leichtem Gelände. Von hier etwa 50 m (II) gerade hinauf zum Gipfel.

• 189 Pfeilersüdwand

T. Kurz, A. Hinterstoißer, 1936.
V und **A 2** (Stellen), mehrfach A 1, sonst IV+, IV, III.
Eine der schönsten Klettereien in den Berchtesgadener Alpen.
270 m, 3—5 Std. Foto Seite 119, 121, 123.

Dem Berchtesgadener Hochthron sind nach S zwei auffallende, rötlich gefärbte, mächtige, senkr. Pfeiler vorgelagert. Der Anstieg vollzieht sich im allgemeinen an der linken Begrenzung des Plattenvorbaues und dann in der Fallinie zwischen den beiden Pfeilern.

Einstieg an einem Grasband, das sich von der Mitte des Plattenvorbaues nach links in die Wand hineinzieht. Zuerst verfolgt man dieses Band, bis es sich in eine Leiste verliert, dann schräg links die Rampe hinauf und um die Kante zu Stand. Nach links um das Eck und brüchig erst nach links etwa 10 m, bis man schräg rechts über eine Wandstelle die große Rampe erreicht (V). Diese 2 SL verfolgend (III) und nach rechts über ein Band mit großen, gelben Blöcken zu gutem

Berchtesgadener Hochthron von Süden

R 184 b Gelbe Mauer
R 186 Südwand mit Einstiegsvariante
R 187 Barthkamin
R 187 a Direkter Einstieg zum Barthkamin
R 189 Pfeilersüdwand
R 190 Direkte Pfeilersüdwand
R 191 Südwestwand
R 192 Westpfeiler

Stand am Beginn der Hauptschwierigkeiten. Über einen Überhang 6 m in ein Loch, 2 m nach rechts in die anfangs überhängende Verschneidung, in ihr 10 m empor zu Stand an der Stelle des 1972 abgebrochenen Pfeilerkopfes (A 2). Nun über griffigen Fels schräg rechts aufwärts, 15 m zu schlechtem Stand (IV+). Weitere 7 m schräg rechts aufwärts und überhängend 3 m schräg rechts zu dem U-förmigen Riß, den man bis an sein Ende verfolgt. Nun Quergang mit Seilzug schräg links abwärts unter das Dach, 5 m zu dem links befindlichen, senkr. Riß, gerade aufwärts 6 m und Quergang nach rechts 4 m in einen kaminartigen Spalt. (Hier Biwakplatz der Erstbegeher.) Weiter im Riß hinauf über eine kurze, überaus schwierige Stelle in einen schluchtartigen Kamin, den man bis an sein Ende verfolgt. Nun quert man luftig auf schmalem Band nach rechts 10 m um die Kante unter eine seichte Plattenrinne, in die man über ein Wandl gelangt (IV). In ihr nach einigen SL zum Pfeilergipfel.

• 190 Direkte Pfeilersüdwand

W. Schertle, H. Steinkötter, 1962. Alp. 5 / 64, S. 52.
A 3 und A 2 (häufig), **V+** (Stelle), sonst V, V—, IV.
Überwiegend hakentechnische Kletterei. Mehrmals Schlingenstand. 270 m, 7—9 Std. Foto Seite 119, 121, 123.

Wie bei R 189 am Beginn der Rampe zu Stand. 40 m die Rampe aufwärts zum Beginn des 50-m-Querganges. Über die 2 m hohe Platte links der Verschneidung hinauf und hangelnd auf die Leiste, auf ihr nach links zu H. 4 m absteigen und an glatter Platte weiter nach links aufwärts zu gutem Stand (35 m, V+). 15 m nach links zu Schlingenstand bei Felsköpfl. Hier Beginn der Hauptschwierigkeiten.

Vom Köpfl 20 m schräg nach links zu Schlingenstand (V—, A 2). Nun nach rechts einen Riß hinauf und über zwei Wulstüberhänge zu sehr gutem Standplatz (25 m, V, A 2 / A 3; Biwakmöglichkeit). Hier links eine Wandstufe hinauf und fallender Quergang nach links (15 m, IV+, III) zu dürftigem Stand. Jetzt über mehrere Haken den 17-m-Riesenüberhang hinauf (A 3). Stand oberhalb des Überhanges auf schmaler Leiste. Nun über Haken, Schlingen und Holzkeile genau 40 m einen feinen Riß hinauf (A 2, A 1) zu dürftigem Stand am Ende des Risses (rechts). Nach links in eine schwarze Verschneidung und rechts haltend über Wulstüberhang und unter einem weiteren Wulst nach rechts zu Schlingenstand (25 m, A 2, A 3). Weiter über Wulstüberhänge und rechts über glatte Platte, schließlich in einen geneigten Riß bis in eine Nische (30 m, A 3, A 2; für den Zweiten ist es besser, wenn er 10 m unterhalb der Nische Zwischenstand macht.) Aus der Nische über zwei kleine Wülste und Riß schräg links zu gutem

Der Mittelpfeiler des Berchtesgadener Hochthrons von Südwesten

R 186 Südwand
R 187 Barthkamin
R 187 a Direkter Einstieg zum Barthkamin
R 189 Pfeilersüdwand
R 190 Direkte Pfeilersüdwand
R 190 a Direkter Einstieg zu R 190
R 191 Südwestwand
R 192 Westpfeiler

Standplatz („Latschen-Paradies"), hier Wandbuch (25 m, A 1, IV). Ende der Hauptschwierigkeiten. Weiter gerade einen Riß hinauf und nach etwa 30 m nach links zu gutem Stand auf Platte (35 m, A 2, III und V—). Weiter 15 m gerade hinauf zum höchsten Punkt des Pfeilers (III).

● 190 a Direkter Einstieg zu R 190

W. Schertle, Pückert, 1977.
V+ (überwiegend), **A 2,** sonst V und III.
100 m, 2—3 Std. bis R 190. Foto Seite 123.

Einstieg etwas rechts der Fallinie des riesigen, giebelartigen Daches, wo die Schrofenrippe am weitesten hinaufreicht (SH). Vom Haken über Stufe hinauf, etwas nach links und hinauf auf Grasleiste. Auf ihr nach rechts in kleingriffige Platten und hinauf auf Leiste und nach links zu Stand von R 189 (40 m, V+, 3 H). Vom Stand rechtshaltend hinauf (V) zum Beginn der großen Rampe und sofort nach links hinaus (Leiste) und hinauf zu SH etwas unter dem rechten Rand des Riesendaches (III, 40 m, V und III). Vom Stand an einer Schuppe hinauf zu dem vom Dach gebildeten Riß und den Haken folgend 40 m (Vorsicht! Seilreibung) über das Dach zum Stand am Köpfl von R 190 (40 m, V+, A 2, 25 H).

● 191 Südwestwand

A. Hinterstoißer, T. Kurz, 1934.
V, A 1. Sehr ausgesetzt, fester Fels. Zweimal Schlingenstand.
200 m, 3—4 Std. Foto Seite 119, 121, 123.

Die Führe zieht mitten durch den rötlichgelben Abbruch. Einstieg rechts einer auffallenden Nische. Über den Vorbau hinauf zu gutem Stand und Beginn des Quergangs. Man quert etwa 12 m nach rechts zu dürftigem Stand (Schlingenstand). Die nun ansetzenden freien, zum Teil unterbrochenen Risse etwa 30 m hinauf zum zweiten Schlingenstand. Von hier 2 m abwärts und Quergang nach rechts bis zu einer Wandeinkerbung. Hier etwa 5 m hinauf zu Stand (Biwak der Erstbegeher). Etwas nach rechts querend gelangt man unter den Wulst, den man am mittleren Riß überlistet, und verfolgt einen nach rechts ziehenden Riß bis zu seinem Ende. Nun hält man sich in dem nach links ansetzenden Riß etwa 10 m und quert nach links zu gutem Sicherungsköpfl. Die folgenden Wandstufen gerade hinauf zu einer seichten Wandeinbuchtung und über sie zu gutem Standplatz. Nun nach rechts hinaus zu einem Schartl und etwas absteigend zu einem Schuttkessel. Von hier gerade hinauf, dann etwas links haltend und wieder gerade hinauf zum Ausstieg.

● 192 Westpfeiler
A. Thausing, F. Gruber, 1972.
V+ und **A 2** (mehrfach) A 1, sonst V, IV und III. Schlingenstand. 250 m, 3—5 Std. Foto Seite 119, 121, 123.

Vom Stöhrhaus das Mittagsloch (R 66) hinab. Noch ehe man die Steilrinne verläßt, quert man zu einer brüchigen Höhle hinüber (Ende der Drahtseilversicherung). Rechts davon 3 m empor, dann 20 m Seilquergang nach rechts (2 H). Vom Ende des Seilquergangs auf einem Band 20 m nach rechts (IV) zu einem schon von unten gut sichtbaren Absatz (guter Stand). Um die Ecke und den Haken folgend 40 m schräg rechts empor zu Schlingenstand (V+, A 2). Vom Stand 20 m gerade empor (V), dann leicht rechts über eine Platte zu Stand (V). Nun zuerst 5 m gerade empor, dann Quergang über eine glatte Platte 6 m nach rechts und eine überhängende Wandstelle (V+, A 1) empor, später den rechten Riß benützend, erreicht man durch eine griffige Verschneidung (III, IV, 20 m) die große Höhle (Wandbuch). Die große Plattenrampe rechts 20 m gerade hinauf (III), dann über ein senkrechtes Wandl auf die oberste Rampe (2 H). Diese in schöner Kletterei 40 m empor in leichteres Gelände (Stand bei Latsche). 1 SL schräg rechts empor (III, IV) zu einem Pfeilerköpfl. Von hier 1 SL über den Grat auf den Pfeilergipfel (III).

● 193—199 frei für Ergänzungen

● 200 Achenkopf, 1568 m

Der Achenkopf mit seinem südwestl. Abbruch, der **Gurrwand,** tritt als markante Erscheinung aus den bewaldeten Untersberghängen zwischen Hallthurm und Winkl hervor.

● 201 Von Bayerisch Gmain, 3½—4 Std.

Wie R 211 zum Hirschangerkopf und auf weiß-blau-weiß bez. Steig in Windungen hinab und zum Achenkopf.

● 202 Von Hallthurm über Vierkaser, 3½ Std.
Siehe R 212 und R 211.

● 203 Von Hallthurm über Zehnkaser, 3 Std.
Wie R 67 zum Zehnkaser, hier linkshaltend (nördlich) zum Achenkopf.

● 204 Südostwand
Steinkötter, Dreher, 1961.
VI—, A2, schlechte HK, 35 H. 200 m, 6 Std.

Zugang: Von Hallthurm in östl. Richtung zunächst durch Hochwald, später über Schrofen bis zum Fuß des Achenkopf-W-Grates. Nun nach rechts über die Geröllhalde und Querung zum tiefsten Punkt des Vorbaues der S-Kante (Steinmann). Nun links über Schrofen zum E am Ende einer Baumgruppe.

Führe: Durch einen schräg nach links hochziehenden Riß bis zu Bäumchen (45 m). Nun über Grasplatz zu Riß hinauf und unter Dach (25 m). Unter Dach nach links auf Rampe und durch Riß auf Pfeilerkopf (20 m). Weiter einen Riß schräg links hinauf zu Stand in Nische (Wandbuch, 20 m). Nun 5 m im Riß hinauf und über Rampe 15 m empor unter Dach. 4 m nach links und wieder nach rechts zu Stand (25 m). Von hier Seilquergang nach links und durch gutgriffigen Riß gerade zwei Seillängen hinauf zum Ausstieg (65 m).

● 205 Gurrwand — Südwestwand

Stratmann, Steinkötter, Siegers, 1961.

V +, A 1. 4 Std. Foto Seite 127.

Zugang: Wie R 204 im Wald bis unter die Felswände, dann nach rechts bis zu einer Schuttrinne, die gequert wird. Über die Schrofen hinauf leicht rechts haltend zu einer Schutthalde. Unter der Wand erneut nach rechts, in einer Mulde etwas absteigend und auf der anderen Seite über Schrofen bis zu den Tannen hinauf. E 3 m links von einer Höhle mit Dornbusch.

Führe: Zunächst 5 m hinauf auf einen kleinen Absatz und 2 m waagrecht nach rechts zu einem Haken hinter einem Block. 4 m schräg rechts hinauf zu einem kleinen, überhängenden Wandstück, das mittels Haken überwunden wird. Die nach rechts hochziehende Rampe hinauf etwa 20 m (1 H), zu schlechtem Stand unter einem Überhang. Den Überhang hinauf (H) in einen nach rechts hochziehenden Riß ungefähr 30 m zu gutem Stand auf einem Rasenpolster. Von hier die markante Verschneidung zunächst über eine Grasrampe etwa 18 m hinauf zu H. Nun 4 m weiter rechts hinauf und etwa 5 m über eine senkr. Wandstufe etwas links haltend zu Stand unter den Überhängen in der Verschneidung. 2 Risse führen vom Standplatz hoch. Man folgt dem rechten Riß. Über mehrere Haken und Holzkeile den überhängenden Fels hinauf an einem Strauch vorbei weiter hoch und dann links auf den Pfeilerkopf zu Stand (etwa 40 m). Nun 6 m die Verschneidung hinauf in einen Kamin, der von einem Überhang gesperrt wird. In der Hälfte des Kamins nach rechts auf eine brüchige Rampe bis zu ihrem Ende. Stand. Biwak der Erstbegeher. Von hier 4 m nach rechts (H) (weiter rechts geht ein 15-m-Verhauer hinaus, nicht verleiten lassen!) und schräg links über den Wulst 17 m hinauf bis unter einen überhängenden Riß

(Stand). Den Riß 10 m hinauf und schräg rechts hoch zu geräumigem Stand. Nun nach links 4 m queren, dann senkr. hoch. Jetzt legt sich die Wand zurück. (Von hier direkter Ausstieg H. Steinkötter.) Beim Haken quert man nach links auf den Grat, der stark mit Latschen bewachsen ist. Über ihn erreicht man nach 50 m den Gipfel.

● 206 Gurrwand-Südpfeiler

H. Brandner, H. Krafft, 1971.

VI—, A 2, selten leichter. Lohnendster Weg durch die Gurrwand, besonders im Frühjahr und Spätherbst.

200 m, 3—4 Std. Foto Seite 127.

Zugang wie bei R 205 bis zu den Tannen, weiter rechts aufwärts (120 m, II und III) zum Fuß des Pfeilers (E).

Führe: 1 SL (III+) schräg rechts auf einem Band hinauf bis zu einer großen Schuppe (Stand). Nun auf die Schuppe zu Haken und etwas nach links (VI—) zu einem Riß und bis zu seinem Ende (7 H, VI—) in einer Nische (Stand). Von der Nische gerade hinauf, über den losen Blöcken nach rechts in die Verschneidung und in ihr empor zu gutem Stand (VI—, 2 HK). Quergang nach links um die Kante (VI—) zu einer 5 m langen ansteigenden Hangelleiste (1 H). An ihr hinauf und weitere 5 m schräg abwärts (1 H) zu einer Sanduhr; über eine kleingriffige Platte empor zu ei-

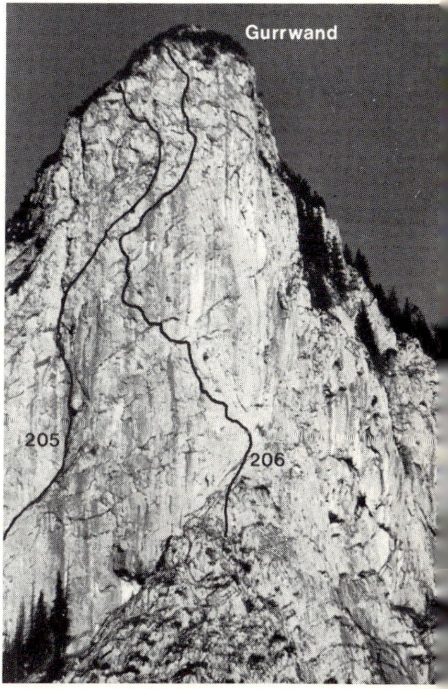

Die Gurrwand, der südwestliche Abbruch des Achenkopfs

R 205 Südwestwand
R 206 Südpfeiler

nem Band (3 H) und Quergang (VI) 10 m nach rechts. Nun 3 m hinauf zu Stand. Über einen Überhang hinweg auf eine Leiste (VI—, A 2, 3 H) und 10 m nach links zu Stand. Hier trifft man auf die SW-Wand. Nun etwas nach rechts und 30 m schräg aufwärts (VI—, 5 H) zu einer überhängenden Wand, über sie hinauf (VI—, A 2, 3 H) zu Stand. Leicht links haltend 40 m (V +) direkt zum Gipfel.

● **207—209** frei für Ergänzungen

● **210**

Hirschangerkopf, 1768 m
(Reichenhaller Hochthron)
Ochsenkopf, 1780 m
Hochtramel, 1840 m

Unbedeutende Erhebungen im Plateau des Untersberges, meist nur beim Übergang zum Berchtesgadener Hochthron bestiegen.

● **211** **Von Bayerisch Gmain,** 3—3½ Std.

Von der Station Bayrisch Gmain bei Bad Reichenhall nach Großgmain und auf der bez. Straße zum Steinbruchhäusl, 45 Min. Hierher führt von Hallthurm in 30 Min. ein Waldweg. Nun führt der weiß-rot-weiß bez. Weg längs den von Reichenhall aus auffallenden, parallel über den sanft abfallenden Bergrücken herabziehenden Lichtungen (sogenannte Schneisen) zu den Vierkasern, 2 Std. Weiter in 30 Min. auf den latschenbedeckten **Hirschangerkopf,** 1768 m. Auch Skiweg mit Fortsetzung zum Zeppezauerhaus oder zum Stöhrhaus; am besten durch die nördlichste Waldschneise.

Weiter nach Osten auf schlecht bez. Anstieg zum **Hochtramel,** 1840 m, der guten Überblick über die nach NW abfallenden Trichter und Karrenfelder bietet. Auf R 179 zum Berchtesgadener Hochthron.

● **212** **Von Hallthurm,** 3 Std.

In Verbindung mit R 211 wegen des großartigen Ausblicks von den Vierkasern auf den Reichenhaller Talkessel und das Flachland lohnende Halbtags- oder Spätherbsttour abseits der viel begangenen Wege.

Vom Holzlagerplatz **Hallthurm** (Ende des Rangiergleises) führen einige Wege in den Wald hinauf, in dem die alten Befestigungsmauern der Fürstpropstei Berchtesgaden und der Eingang in das Nixloch verborgen sind. Von dem nach links abbiegenden Weg zweigt ein Jagdsteig ab, der in steilen Kehren durch den Wald zu einer Jagdhütte unmittelbar an der Grenze hinaufführt. 1½ Std. Von hier weglos über die **Tadererschneid**

(Grenzzeichen, vereinzelte Steigspuren) und wo diese sich steiler aufschwingt, nach links querend durch den Wald, dessen Lichtungen bis zum Juni von Tausenden von Trollblumen übersät sind, kurz unterhalb der **Vierkaser** auf den Steig nach **Großgmain,** ¾ Std. Nun wie R 211 zu den Gipfeln.

● **213** **Von Fürstenbrunn,** 4 Std.

Auf dem Fahrweg nach Veitlbruch und etwa 20 Min. weiter in Richtung Latschenwirt. Hier vom Fahrweg links abzweigend (Wegtafel beachten!) auf rot bez. Steig in südl. Richtung, später steil ansteigend durch Hochwald zu einer Weggabelung. Der linke Steig führt bequem und der rechte über die sogen. „Windlöcher" sehr steil zur Klingeralm. Bald nach W umbiegend auf karrigem Gelände zu den Vierkasern. Von hier wie R 211 zu den Gipfeln.

● **214—216** frei für Ergänzungen

● **217** **Rauher Kopf,** 1604 m

Südlicher Vorberg des Untersberges, schöne Frühjahrs- und Herbstunternehmung. Besonders lohnender, unschwieriger Aussichtsberg.

● **218** **Vom Aschauer Weiher,** 3½—4 Std.

Vom Aschauer Weiher zum Maximiliansreitweg, rechts den bez. Untersbergweg einschlagen, etwa 30 Min., bis zur Einmündung der Forststraße, die von der Obergern herüberkommt, und auf ihr nach links südl. um den Bergrücken bis zur Quelle am „Blauen Kastl", rechts ab, nach etwa 100 m links aufwärts, auf der Rückenlinie des Berges ansteigend zu dem Blockgewirr des Kleinen Rauhen Kopfes, den man rechts liegen läßt. Ansteigend nach links bis zu einem schmalen Rücken, auf fast ebenem Weg kurz weiter, rechts ab auf gekennzeichnetem Pfad zum Grat. Der Grat wird auf dem Sattelpunkt nördl. des vorgeschobenen Kopfes, auch Kleiner Rauher Kopf benannt, erreicht. Dem Grat links folgend, gelangt man nach 15 Min. zum Gipfel.

● **219** frei für Ergänzungen

● **220** **Kneifelspitze,** 1189 m

Dem Untersberg südöstl. vorgelagerter Inselberg mit unvergleichlicher Gesamtschau auf den Berchtesgadener Talkessel mit seinen Seitentälern und alle 9 Gebirgsstöcke der Berchtesgadener Alpen. Fußwege von Maria Gern oder von der Salzburger Straße beim Parkplatz des Salzbergwerks über Kropfleiten, 1½—2 Std. Am Gipfel bew. Hütte (keine Übernachtung). An schönen Wochenenden je nach Schneelage auch im Winter geöffnet. Auskunft durch Hüttenwirt Franz Datz, Tel. 0 86 52 / 6 15 09.

● **221—249** frei für Ergänzungen

2. Lattengebirge

2.1 Allgemeines

Das Lattengebirge trennt die Talkessel von Berchtesgaden und Bad Reichenhall und hat zum Teil Kettengebirgs-, der Hauptsache nach jedoch Tafelgebirgsbildung, zeigt hauptsächlich nach O und N Fels und Schrofenwände. Vom Paß Hallthurm schwingen sich die kühnen Rotofentürme zum Hauptkamm auf mit Karkopf, 1735 m, Dreisesselberg, Hochschlegel und Predigtstuhl. Der Hauptkamm zieht vom Karkopf als langer Rücken nach S, weist aber nur wenige selbständige Erhebungen in Törlkopf, Törlschneid, Karschneid und Vogelspitz auf. Er fällt mit steilen Rändern auf das hochgelegene Vorgelände der Mordau ab, während er gegen W oben mit sanft geneigter Hochfläche, weiter unten mit steilen, bewaldeten Hängen gegen den Paßeinschnitt Schwarzbachwacht sich senkt. Das Gebirge ist reich bewaldet und teilweise mit dichtem Legföhrenbestand und grünen Matten bedeckt. Demgemäß bietet es hochtouristisch wenig Reize, Kletterziele nur in den Zacken der Rotofentürme, den Randabstürzen des Signalkopfs und des Törlkopfs. Dagegen bietet eine Wanderung über den N-Kamm oder den nach S ziehenden Hauptrücken mannigfache Eindrücke von hoher landschaftlicher Schönheit. Da viele Steige und Forststraßen vorhanden sind, gestaltet sich das Vorwärtskommen mühelos.

Die Rotofentürme sind eine ideale Kletterschule, um so mehr, als sie nur geringe Anstiegszeit von Hallthurm aus erfordern. Bei zweifelhaftem Wetter haben sie für den Bergsteiger wesentliche Bedeutung, da sie schnell zu erreichen und auch bei weniger günstigen Witterungsverhältnissen zu besteigen sind.

Die Hochfläche wird mühelos durch die Predigtstuhlbahn erreicht; ferner führen Sessellifte von der Unteren Schlegelalm zum Predigtstuhl;

von Schwarzeck zum Hirscheck (Toter Mann); von der Schlegelmulde auf den Hochschlegel und vom Ufer des Saalachsees bei Kirchberg zu den Ausläufern der Spechtenköpfe am N-Fuß des Predigtstuhls („Stadtberglift").

2.2 Unterkunftsmöglichkeiten

● **250** **Predigtstuhlhotel,** 1613 m

Am Gipfel des Predigtstuhls. Zugleich Bergstation der Seilbahn, die von Reichenhall mit 9 Min. Fahrzeit heraufführt. Tel. 08651/2227. Zugang siehe R 256—259.

● **251** Weitere Übernachtungsmöglichkeiten bieten zum Teil die wenigen Almen. Bewirtschafteter „Kaser" in der Schlegelmulde.

● **252—254** frei für Ergänzungen

2.3 Gipfel und Gipfelwege

● **255** **Predigtstuhl,** 1618 m

Am Gipfel das Predigtstuhlhotel mit Seilbahn-Bergstation von Bad Reichenhall.

● **256** **Von Reichenhall über die Rötelbachalm**
3½—4 Std. Bequemster Anstieg.

Auf der Straße nach Jettenberg am Stausee entlang 1 Std. bis zum Baumgarten-Whs. (Parkplatz); von hier auf Forststraße (Wegweiser) südöstl. am Gehänge des Rötelbachgrabens zur Rötelbachalm, 971 m (1 Std.) und links zur Unteren Schlegelalm, 1294 m, dann zur Jagdhütte und verfallenen Oberen Schlegelalm, von wo, der Bez. folgend, links (nordöstl.) zum Predigtstuhl mit Kreuz (1¼ Std. oder, ebenfalls bez., zum flachen Sattel und südöstl. zum Hochschlegel (1½ Std.) angestiegen wird.

● 257 Über den Waxriessteig und die Schlegelalm
3 Std. Kürzester Anstieg.

Vom Parkplatz an der alten Jettenberger Straße 200 m südwestl. der Stadtberglift-Talstation auf gutem, rot bez. Steig durch bewaldetes, nördl. Gehänge (prächtiger Tiefblick), teils steil, zur Hochfläche beim „Gatterl", 1267 m. 1½ Std. Nun der Bez. folgend fast eben südl. zur Unteren Schlegelalm (20 Min.) und wie bei R 256 zum Predigtstuhl.

● 258 Durch das Alpgartental
Bezeichnet, landschaftlich schönster Weg. Nur für etwas geübtere Bergwanderer. Bis in den Sommer Schneefelder möglich.

Von Bayerisch-Gmain auf guten Wegen durchs Alpgartental und durch Wald an der linken Talseite, später über den Bach und rechts weiter bis zu der meist bis in den Sommer hinein schneegefüllten Alpgartenrinne. Über eine brüchige Felsrippe empor und (nordwestl.) rechts durch das gut gangbare Gehänge auf schmalem Weg zum flachen Sattel zwischen Hochschlegel und Predigtstuhl und zum Gipfel.

Variante: Durch die sehr steile Alpgartenrinne zwischen Karkopf und Schlegel (schwieriger und steinschlaggefährdet).

● 259 Von Schwarzbachwacht (an der Deutschen Alpenstraße), 5½—6 Std.

Von der Tankstelle Schwarzbachwacht (Bushaltestelle) führt ein guter Ziehweg zu einer Einsenkung des Plateaurandes und nördl. in 2½ Std. zur Anthaupten-Alm, 1239 m. Von hier auf Forststraße zur Rötelbachalm. Weiter wie R 256.

Oder man folgt nach etwa ½ Std. dem scharf rechts abzweigenden Weg zur Hochfläche und dann nördl. zur Moosenalm, 1409 m, 1¾ Std. Nun nordöstl. auf markiertem Steig zum Karkopf und Hochschlegel.

● 260—261 frei für Ergänzungen

● 262

Hochschlegel, 1688 m
Karkopf, 1735 m
Dreisesselberg, 1679 m

Die drei Gipfel liegen im Kamm südöstlich des Predigtstuhls und bilden den südlichen Abschluß des Alpgartentales.

● 263 Von Norden und Westen
½—1 Std. vom Predigtstuhl.

Wie R 256—258 in die Scharte östlich des Predigtstuhls und am Kamm entlang zu den Gipfeln.

● **264** **Von Hallthurm**
4 Std. Rot bez. Steig.

Vom Bhf. Hallthurm etwa 5 Min. zu Fuß in Richtung Berchtesgaden. Rechts bei einer alten Kiesgrube (Schranke, Parkplatz) Steigbeginn. Steil durch Wald zum **Rotofensattel,** 1½ Std. Auf und ab, mit prächtigem Blick auf die Berchtesgadener Alpen, zur Rotofenalm (verf.) und Jagdhütte und bei der „Steinernen Agnes" (R 298) vorüber 1½ Std. zur Steinbergalm, 1299 m (verf.). Von hier nordwestl. empor (¾ Std.) auf die flache Einsattelung zwischen Karkopf und Dreisesselberg (Anschluß nach Süden an R 303), von wo jede der genannten Erhebungen in 20 Min. zu erreichen ist.

● **265** **Von Winkl,** 4 Std.

Vom Bhf. Winkl etwa 250 m Richtung Hallthurm auf der Straße. Durch die von links kommende Bichlgrabenstraße nach Westen auf den Rücken westl. des Bichlgrabens und zur Rotofen-Jagdhütte empor. Weiter wie R 264 oder auf R 303 zum Törl und rechts empor zum Törlkopf und Karkopf. Hier Anschluß an R 264.

● **266—269** frei für Ergänzungen

● **270** **Signalkopf** (Bayer. Löwe), 1393 m

Über Hallthurm keck aufragender Felskopf. Großartiger Aussichtspunkt.

● **271** **Vom Rotofensattel (R 264) über die Südflanke,** ½ Std. Trittsicherheit erforderlich.

● **272** **Alte Nordwand**
Feichtner u. Gef., 1912.
V—. 100 m, 1—2 Std.

E etwas westl. der Gipfellinie bei einer brüchigen Wandstelle von etwa 6 m Höhe (einige Meter südwestl. — höher — rechts vom E eine Höhle); es folgt ein Rasenabsatz, oben ein Bäumchen (1 SL). Nach rechts zu einem kurzen Kaminriß: ihn empor. Der zweite Riß wird links plattig umgangen: Standplatz, H (20 m). Weiter über den Überhang, dann halb Band, halb Rinne empor zu einem winzigen Standplatz (H). Quergang nach links und gerade empor, zuletzt etwas rechts haltend zu einem kleinen Rasenplätzchen (1 SL). Einige Meter zur Schulter und dann mit wenigen Schritten zum Gipfel.

● 273 Direkte Nordwand
H. Flatscher, K. Rieser, 1924.
V. Fester Fels. 100 m, 2 Std. Foto Seite 135.

Wie R 272 zu dem Bäumchen. Links in eine schmutzige Nische und auf kurzem, schmalem Band nach links in die Wand (H). Durch senkr., kleingriffigen Riß zu Stand. Einige Meter nach rechts und über den Überhang (H). In eine glatte, rißartige Verschneidung, die oben durch einen dreieckigen Block geschlossen ist. In ihr empor (H) und über den abschließenden Überhang links hinaus zu Stand (Schlüsselstelle). 1 SL empor zu Latschenbusch. Durch kurzen Riß nach rechts zum Ausstieg knapp westl. des Gipfels (oder schwieriger links) etwas abwärts und brüchig gerade zum Gipfel.

● 274 Nordwand-Gipfelfallinie
H. u. F. Schülein, 1964.
VI / A 2 (1 SL), sonst V. Genußvolle Kletterei in festem Gestein, schwierigste Route durch die N-Wand. Foto Seite 135.

Vom Bäumchen (R 272) auf dem Grasband nach links (O) ums Eck und auf ein ebenes Band unter gelben Dächern. Einstieg an seinem Ende: Über einen Überhang in ein Loch. Aus ihm überhängend schräg nach rechts (H) zu einem Haken. Die folgende überhängende Wandstelle (H) leitet in ein zweites Loch, das man nach rechts über einen Kaminüberhang (H) verläßt und dann eine Platte erreicht. Die folgenden Überhänge (H) werden unmittelbar überklettert. Stand (H). Nach einem Überhang (H) erreicht man eine seichte Verschneidung, die unmittelbar (IV +) zum Gipfel führt.

● 275 Linke Nordwand
Flatscher, Haslacher, 1927.
V. Foto Seite 135.

Wie R 272 zum Bäumchen, 50 m über Schrofen nach links und ½ SL aufwärts zu einem kleinen Köpfchen (H). Links aufwärts zu einer kurzen Verschneidung (H). In dieser bis zum Überhang; 2 m nach rechts und gerade empor zu Stand. 15 m aufwärts zu einem rißdurchzogenen Überhang. Über diesen hinweg und 1 SL zum Gipfel.

● 276—279 frei für Ergänzungen

Signalkopf von Norden

R 273 Direkte Nordwand
R 274 Nordwand-Gipfelfallinie
R 275 Linke Nordwand

Signalkopf
275
273
274
vom
Bäumchen

● 280 **Großer Rotofenturm,** 1369 m

Der Gipfel hat die Form der gekrümmten Nase eines liegenden Kopfes („Montgelasnase"). Der etwas kleinere, aber noch kühnere Kl. Rotofenturm lehnt sich ganz eng an. Die beiden „Nasen" sind durch eine scharfe Scharte getrennt, von der auf der S- und N-Seite ein steiler, kaminartiger Einriß bis zum Fuß der Felsen herniederzieht. Erstbesteigung H. v. Barth, 1858, wobei er sich an der glatten Gipfelwand mit einem Hammer einen Tritt herausmeißelte.

● 281 **Normalweg**
H. v. Barth, 1868.
II, ½ Std. vom Rotofensattel.

Vom Rotofensattel entweder nördl. oder südl. um den Kl. und Gr. Rotofenturm herum und durch eine Rinne auf den Sattel östl. des Gr. Rotofenturms. Dann über Geschröf und deutliche Steigspuren steil ziemlich gerade hinan zum Gipfelwandl. Dieses überwindet man entweder nach rechts auf den SO-Grat hinausquerend, indem man mittels der von H. v. Barth eingehauenen Stufe die senkr. Platte überwindet (einzige schwierige Stelle), oder besser, indem man auf schmalem Band ein kurzes Stück nach links (westl.) hinüberquert und dicht vor dem Aufhören desselben eine senkr. kurze Wandstufe erklettert. Nun nach rechts zum latschenbewachsenen oberen Gratstück und auf die schmale Gipfelschneide. Dieser Weg des Erstbesteigers wird gerne für den Abstieg gewählt.

● 282 **Westgrat**
M. Hartmann, H. Bose, 1909.
30 Min. Siehe 12. Aufl. 1969.

● 283 **Berchtesgadener Rinne**
II. ½ Std. Hübsche Kletterei.

Man steigt vom Rotofensattel rechts (südl.) ab, um den Fuß des Kl. Turms herum und in einer Grasmulde hinauf bis zu einer 4 m hohen Steilstufe, über die man von rechts her schwierig in die Rinne gelangt. Nun in Stemmarbeit in der Rinne empor zur Scharte und nach rechts zum Gipfel.

● 284 **Reichenhaller Rinne**
Rinne gegenüber R 283 auf der Nordseite.
IV. Brüchig und gefährlich. Siehe 14. Aufl. 1977.

● 285 **Nordwand**
M. Hartmann, H. Bose, 1909.
III+, 1½—2 Std. Teilweise brüchig.

E bei der rechten der Höhlen, die von Hallthurm wie Augen aussehen. Am leichtesten vom Ostsattel (R 281) zu erreichen. Von der Höhle rechts zu einem unterhöhlten Absatz hinauf. 6 m Quergang rechts in einen Kamin; durch ihn und eine steile Platte zu Loch. Rechts schwierig und ausgesetzt über eine Kante, dann leichter über gutgriffigen Fels in eine weite, offene Höhle (Buch). In ihr schwierig empor und sehr ausgesetzt aus ihr heraus. Durch eine Steilrinne leichter auf einen Absatz. Entweder nach links auf sehr ausgesetztem Band schwierig um einen Felswulst und leichter um die Gipfelwand herum zum höchsten Punkt oder gerade über die senkrechte, kleingriffige Schlußwand zum Gipfel.

● **286** **Nordostkamin**
H. Flatscher, Rieser, 1923.
Siehe 14. Aufl. 1977.

● **287—289** frei für Ergänzungen

● 290 Kleiner Rotofenturm

Erstbesteigung J. Sunkler, 1900.

● **291** **Normalweg von Südosten**
II, ½ Std.

Vom Rotofensattel nach rechts absteigend um den Kl. Rotofenturm herum in die Mulde, die zur Berchtesgadener Rinne hinaufzieht (R 283). Nun über eine Felsplatte und eine scharfe Kante, dann nach rechts ein schmales Band verfolgend, durch Latschen empor zum Grat. Am Grat ein Stück durch Latschen und nach rechts um eine Ecke von einem Gesims gerade hinan zu einem Schartel am Grat. Hier nach links schwierig über ein Gratwandl und dann am Grat selbst, zuletzt etwas links der Kante ausweichend, zum Gipfel.

● **292** **Nordkante** (Aufstieg über die Abseilstelle)
IV, 20 m.

Von der Scharte zwischen dem Kl. u. Gr. Turm (Montgelasscharte) etwas rechts (westlich) der Kante und nach 6 m zur Kante zurück. Über sie in luftiger und schöner Kletterei zum Gipfel.

● **292 A** **Abstieg nach Norden**

2 m auf der N-Seite unter dem Gipfel Abseilhaken. 18 m abseilen in die **Montgelasscharte.** Nun entweder durch die Berchtesgadener Rinne hinab oder jenseits weiter zum Gr. Rotofenturm wie bei R 282.

● 293 Westflanke
M. Hartmann, 1906.
III +. Kürzester Anstieg, ½ Std.

Vom Rotofensattel an den demselben zugekehrten Fels. Vom Einstieg zieht links neben dem abgerundeten W-Grat eine unten seichte, rinnenförmige Verschneidung empor zum Gipfel. Weiter oben wird sie ausgeprägter. Durch sie führt der auch mit „W-Gratrinne" bezeichnete Anstieg. Anfangs mäßig schwierig einige Meter empor. Der Fels wird bald senkr., ist aber noch gutgriffig. Dann folgt ein Überhang, den man am besten nach rechts heraus überwindet (brüchig, III +). Vom folgenden Absatz weniger schwierig in der Steilrinne hinan zu einem kleinen Absatz. Nun in der Verschneidung zum Gipfel.

● 294 Westgrat
H. Horst, W. v. Goeldel, 1902.
Besonders im unteren Teil sehr brüchig, steil.

● 295—297 frei für Ergänzungen

● 298 Steinerne Agnes

Felsgebilde der nach einer Sage benannten „Steinernen Agnes", einem 10 m hohen, abgerundeten Obelisk, auf welchem ein 3 m hoher Felskopf sitzt. Nördl. der verf. Rotofenalm.

Erstbesteigung M. Hartmann, M. Bose, 1909.

● 299 Von der Rotofen-Jagdhütte

Zur Jagdhütte wie R 264, 265. Nun 100 m aufwärts zur Steinernen Agnes. Links um das Felsgebilde herum zur Scharte. Nach links auf einen kleinen Absatz und durch einen 5 m hohen Riß zur Schulter. Den „Hut" erreicht man, indem man über den Hutrand sehr schwierig frei hinaufschwingt; dagegen leicht mit Steigbaum.

● 300 Dötzenkopf, 1007 m

Aus der N-Flanke des Lattengebirgs vorgeschobener Felskopf mit hübscher Aussicht; von Reichenhall über die Stadtkanzel (Stadtberglift) oder vom Eingang des Alpgartentals über den Wappachkopf auf guten, bez. Wegen in 1½ Std.

● 301 Törlkopf, 1702 m

Höchster Gipfel im langen Kamm südl. des Karkopfes.

● **302 Vom Karkopf,** 20 Min.

Immer am Kamm entlang zum Gipfel. Mühsam, dichte Latschen.

● **303 Von Winkl über Mitterkaser,** 3½—4 Std.

Von Winkl auf der Forststraße über Klaushäusl bis Siebenbrunn, bei Arbeiterhütte rechts ab über Saurüssel und Mitterkaser zum Törl.

Variante: Etwa 150 m nach der Arbeiterhütte Siebenbrunn zweigt nach rechts eine neugebaute Forststraße ab, die über den Saurüssel zur Langeben führt. Bei Erreichen des höchsten Punktes der Straße führt der Ziehweg nach links über Mitterkaseralm zum Törl. Nun nördl. auf bez. Steig aufsteigen. Nach etwa 20 Min. Abzweigung nach rechts (Steinmann) zum Törlkopf. Weiter der Bezeichnung nach zum Treffpunkt mit R 264 nahe dem Karkopf.

● **304 Ostwand**
L. Schifferer, V. Raitmayr, 1923.
IV. 250 m, 2 Std. Siehe 12. Aufl. 1969.

● **305 Südostpfeiler**
H., F. u. K. Schülein, 1959.
VI und V., 60 m, 1—2 Std.

Kurzer, stumpfer Pfeiler, der links die O-Wand abschließt, schwieriger Zustieg durch Latschen, aber anregende Kletterei.

● **306 Überwanderung des Lattengebirges von N nach S**

Vom Predigtstuhl über Karkopf — Törl (von hier Abstieg nach Winkl) oder weiter auf Pfadspuren am Grat zur Lattenbergalm und in die Mordau hinunter. Von hier in etwa ½ Std. zur Deutschen Alpenstraße (Bushaltestelle). Tagestour mit herrlicher Aussicht auf die ganzen Berchtesgadener Alpen.

● **307** In dem Bayerisch Gmain zugewandten Teil des Lattengebirges zahlreiche Wanderwege zu den untergeordneten Erhebungen der Nordseite.

● **308** **Toter Mann,** 1391 m

Inselberg innerhalb des Berchtesgadener Talkessels im Südosten des Lattengebirges mit großartiger Aussicht. Eine der lohnendsten Mittelgebirgswanderungen auf überwiegend schattigen Waldwegen.

● **309 Zugänge zum Toten Mann**

Von der Bergstation des Sesselliftes zum Hirscheck kurzer Spaziergang. Bez. Wege vom Söldenköpfl und von Gerstreit am Ramsauer Höhenweg (Parkplatz beim Whs. Zipfhäusl), von Hochschwarzeck an der Straße Bischofswiesen-Ramsau (großer Parkplatz) und von Loipl. Am Gipfel die unbew. Bezoldhütte (nur Unterstandshütte).

● **310—319** frei für Ergänzungen

3. Reiteralpe

3.1 Allgemeines

Dieses Tafelgebirge ist der am weitesten nach W hinausgeschobene Gebirgsstock der Berchtesgadener Alpen; seine Ränder stürzen teilweise mit kahlen, scheinbar undurchsteiglichen Wänden ab. Die Hochfläche ist im nördl. Teil noch großteils mit Wiesen und Weideland, Zirbenwäldern und Zwergkiefern bedeckt, doch nimmt die Fruchtbarkeit infolge der fortschreitenden Verkarstung stets ab, so daß mehr und mehr Almen aufgelassen werden mußten. Bezogen sind jetzt nur mehr die Kaser am Reitertrett, in deren Nähe die beiden AV-Hütten liegen. Im Volksmund wird dieser Gebirgsstock ausschließlich als „Reiteralm" bezeichnet, auf den Karten als „Reiteralpe".

Der dem Hauptkamm nördl. vorgelagerte innere Teil wird hauptsächlich von einem vom Wagendrischlhorn nach NO ausstrahlenden Höhenrücken, dem flachen Zug der Steinberge, ausgefüllt; er scheidet zwei Kare, das kleine Roßkar und das größere Wagendrischlkar. Außerdem lösen sich vom westl. und südl. Rand zwei Seitenkämme los: Die Drei Brüder und der Hirschbichlkamm. Von W schneidet das Alpatal herein, das den Kamm der Drei Brüder von der Hochfläche trennt. Gegen SW stürzen die Gipfel des Hauptkammes mit praller Mauer in die Tiefe. Noch wilder zeigen sich die Wände gegen SO; hier bäumen sich die kühn geschwungenen Mühlsturz- und Grundübelhörner aus den schauerlich zerklüfteten Stadel- und Mühlsturzgräben und der Grundübelau himmelwärts.

Die Hochfläche gleicht dank der Vielfalt ihrer Flora einem Alpenpflanzgarten; auch die Tierwelt ist vielartig vertreten. Das Wild wird sehr gehegt. Die Überwanderung des Gebirgsstocks bietet infolge der Eigenart der Hochfläche und dank guter Steiganlagen viel Reiz, jedoch ist bei schlechter Sicht größte Vorsicht geboten. Der Besuch der Gipfel ist allein schon wegen der Fernsicht sehr zu empfehlen. Gerade die höchsten Gipfel sind unschwierig zu besteigen, während die niedrigeren Hörner zum Teil nur für geübte Bergsteiger erreichbar sind. Die Hochfläche bietet ein außerordentlich lohnendes Skigelände.

Die Hochfläche ist wasserarm; Wasser an der Quelle beim Reitertrett; Wasserplatz im Wagendrischlkar nächst dem Böslsteig, Quelle am Weg R 321, Wasserloch bei den Eisbergalmen im südlichen Almfeld.

Der nördl. Teil der Reiteralpe, etwa von der Linie Schrecksattel — Ob. Schwegelalm an, ist Übungsgebiet der Bundeswehr und zeitweise Sperrgebiet (Samstag und Sonntag fast immer freier Durchgang). Vom ehem. Soderbauern am Oberjettenberg wurde von der Bundeswehr eine Seilbahn zum Plateaurand der Reiteralpe gebaut.

3.2 Hütten und ihre Zugänge

● 320 **Neue Traunsteiner Hütte,** 1570 m
(Karl-Merkenschlager-Haus)

AVS Traunstein, Tel. 08651/1752. Bew. 15.3. — 31.10. und 25.12.—10.1. Winterraum mit AV-Schlüssel; 25 B, 50 M. Die Hütte liegt nahe der Grenze auf bayerischem Boden. Die Alte Traunsteiner Hütte (auch Reiteralmhütte genannt) auf der österr. Seite dient nur noch als Notquartier bei Überfüllung der 1938 gebauten neuen Hütte.

★ 321 **Oberjettenberg — Schrecksattel — Traunsteiner Hütte**
3—4 Std.

Von der Alpenstraße Unterjettenberg-Ramsau rechts ab nach Oberjettenberg (beim Viehrost links Abzweigung zu R 322). 2 km nach der Abzweigung links zum Wanderparkplatz nahe der Bundeswehr-Seilbahn. Der Teerstraße folgend auf eine Forststraße. Nach etwa 1 Std. Abzweigung nach links zum Schrecksattel. Erst auf Weg über die bewaldeten Hänge, später auf Steig an Quelle vorbei, zuletzt unter den Mauern des Wartsteins von O nach W zur Schreckwiese und über sie zum Schrecksattel, 1608 m. Weiter nach S über die wellige Hochfläche zur Hütte.

● 322 **Unterjettenberg — Laufsattel — Traunsteiner Hütte**
4—5 Std. Landschaftlich einmaliger Anstieg. Der viele Jahre wegen des Bundeswehr-Übungsgebietes aufgelassene Steig wurde durchgehend neu bezeichnet. Wartezeiten wegen Arbeiten der Erprobungsstelle können von Montag bis Donnerstag jeweils von 8—11.30 und 13—16 Uhr, am Freitag von 8—12 Uhr auftreten.

In der unteren Hälfte folgt die Bezeichnung einem Ziehweg und Jagdsteig, nach dem Mittersteig ist der alte Weg bezeichnet. Man folgt der Straße nach Oberjettenberg etwa 50 m bis zum Viehrost. Hier scharf links auf einem Ziehweg in den Wald bis zu einer Wiese (etwa 200 m). Hier Wegteilung. Links auf einem Ziehweg leicht ansteigend bis auf etwa 670 m. Auf dem hier einmündenden, gut sichtbaren Jagdsteig aufwärts (drei Ziehwege überschreiten) bis zum Mittersteig. (Die letzten 100 m pfadlos, rechts aufwärts, gut bezeichnet.) Diesen überqueren (rechts kann man zu den Einstiegen der Nordseite queren) und der ab hier reichlichen Bezeichnung folgend zur Hochfläche. (Eine Stelle mit Drahtseil, schwierig bei Regen.) Beim Bunker beginnt die Straße zum Schrecksattel. Geradeaus (südlich) durch die Hirschwiese kann man auf Steigspuren zur Schwegelalm gelangen.

● 323 **Schwarzbachwacht — Wachterlsteig — Traunsteiner Hütte**
3—4 Std., bez. Weg.

Von Schwarzbachwacht (Bushaltestelle, Tankstelle) zunächst westl. ziemlich eben durch Wald, dann nordwestl. ansteigend (an einer Wasserstelle vorbei) in Kehren zur verfallenen Unteren Schwegelalm, 1160 m. Weiter ansteigend am Bärenkareck entlang, z.T. durch herrliche Zirbenbestände. (Ein bez. und mit Steindauben versehener Steig zweigt hier nach Süden zum Weg R 324 ab, das Zirbeneck bleibt links.) An verfallenen Almkasern (Obere Schwegelalm, 1438 m) vorbei und auf der unübersichtlichen Hochfläche bis zu einer Hochmulde, wo man den vom Schrecksattel (R 321) herführenden dürftigen Steig zur Oberen Grünangeralm kreuzt, um durch die „Saugasse" die Traunsteiner Hütte zu erreichen.

● 324 **Schwarzbachwacht — Eisbergalm — Traunsteiner Hütte**
3—4 Std., rot bez. Weg.

Wie bei R 323 zunächst ziemlich eben oder leicht fallend durch Wald. Nach etwa 15 Min. gelangt man zu einem auffallenden Felsblock. Hier beginnt der Steig, der zunächst links, dann unter der Plattenflucht nach rechts aufwärts zieht. Die nun folgende Felsstufe wird durch einen von rechts nach links ziehenden, ausgesprengten Steig (mit Drahtseilen) überwunden. Der Steig führt weiter durch das Kar in den Einschnitt zwischen Eisberg und Zirbeneck zu den verfallenen Eisbergalmen (Wasserloch mit Leiter im westl. Almfeld); von hier westl. zur verfallenen Oberen Grünangeralm und zur Schwegel-Jagdhütte, weiter durch die Saugasse zur Traunsteiner Hütte.

● 325 **Hintersee — Eisbergscharte — Traunsteiner Hütte**
4—5 Std. Nur für Geübte. Stellenweise Drahtseilsicherungen. Rot bez.

Von Hintersee zunächst bis zum Triebenbachlehen (20 Min.), von Ramsau aus in etwa 1 Std. zu erreichen. Weiter entlang dem markierten Weg zur Halsalm bis kurz vor den Antonigraben, der direkt unter dem Edelweißlahner nach Hintersee hinabzieht. An der rechten Grabenseite auf schmalem Steig aufwärts bis zu den Wänden. Nun nach rechts entlang der Wände bis zu der Stelle, wo der Wald am weitesten heraufreicht. Hier gabeln sich zwei Steige: Entweder weiter der Wand entlang ein Stück nach rechts, dann schräg durch den Wandabbruch (eingemeißelte Tritte und Drahtseile, „Fernsebnerplatte") und links haltend durch Latschenfelder mit vereinzelten Lärchen zur Eisbergscharte oder von der Gabelung aus gerade zur Wand über das „Leiterl" (Eisenleiter) und durch Latschengassen zur Scharte. Weiter wie R 324 zur Hütte. Bei Nässe nicht die „Fernsebnerplatte", sondern das „Leiterl" benützen.

● 326 Hintersee — Böslsteig — Traunsteiner Hütte

5—6 Std., bez. Weg. Etwas Bergerfahrung, Schwindelfreiheit und Gewandtheit notwendig.

Etwa 5 Min. nach dem Parkplatz verläßt man die Hirschbichl-Straße nach rechts (Tafel) und steigt am S-Rand einer umzäunten Waldwiese den Weg zur Halsgrube empor, die man an ihrem O-Rand erreicht. Man achte auf die Abzweigung eines nach links abwärts führenden, kaum auffallenden Weges; der Hauptweg führt geradeaus hoch zur Halsalm. Man quert die Halsgrube in westl. Richtung und steigt jenseits steil über teilweise baumbestandene, teils steinige Grashänge fast bis zum Fuß der Felswände empor. Hier, schon über dem untersten Wandgürtel, scharf nach rechts, später in scharfer Kehre nach links über überschotterte Platten zu einer Holzleiter, die den zweiten Wandgürtel (Drahtseile und eingemeißelte Tritte) überwindet (Abzweigung bei Dauben zum Jakobsteig, R 596); wieder nach rechts über steile, latschenbestandene Absätze bis zum unteren Rand des Unteren Wagendrischlkars, 3—3½ Std., Wasserstelle.

Nun am rechten Rand des Kars und an den südl. Hängen des Reiter Steinbergs entlang hinauf auf dessen Rücken. Von da auf bez. Weg (R 333) zur Traunsteiner Hütte hinab.

● 326 a Variante zu R 326 über die Halsalm

½ Std. länger als R 326. Prächtiger Ausblick.

Vom Hotel Post in Hintersee auf mark. Weg steil durch den Wald auf den landschaftlich sehr schönen Weg, der vom Triebenbachlehen zur Halsalm führt. Oder auch vom Triebenbachlehen auf dem mäßig ansteigenden Weg zur Halsalm. Nun südwestl. absteigen in die Halsgrube zum Böslsteig (R 326).

★ 327 **Reit — Alpasteig — Traunsteiner Hütte**
3½ Std., bez. Weg Nr. 470. Diese älteste gute Steiganlage vermittelt in Verbindung mit Weg R 323 oder R 324 einen bequemen Übergang über die Hochfläche.

Von Reit (südl. Unken) auf Weg Nr. 470 ins Alpatal und steil hinauf zur Alpaalm. Weiter empor zum Hochflächenrand und nordöstl. zur Hütte.

● 328 frei für Ergänzungen

● 329 **Wartsteinhütte,** 1679 m

Eigentum der Bundeswehr, nicht bewirtschaftet, keine Übernachtungsmöglichkeit. Zwischen Schrecksattel und Wartsteinseilbahn der Bundeswehr.

3.3 Übergänge und Höhenwege

● 330 **Oberjettenberg — Wartsteinband — Reiteralpe**
3½—4½ Std. bis zur Hochfläche. Stellenweise **I.**
Mehrfach Drahtseilsicherungen. Steinschlaggefahr.
Das Wartsteinband ist ein Zugang zur Hochfläche, vor allem aber der Zugang zur Wartsteinkante und der Kletterrouten der Nordseite von der Wartsteinhütte. Im Aufstieg nur Samstag und Sonntag gestattet. Steinschlaggefahr! An Wochentagen bei der Bundeswehr-Erprobungsstelle (E-Stelle) erkundigen, ob nicht gesprengt oder geschossen wird.
Foto Seite 165.

Auf dem Schrecksattelweg (R 321) bis zur Einmündung des Ziehweges von rechts (nach einem Brückerl). Von hier noch etwa 50 m auf dem Normalweg (Achtung, nicht den Abkürzer nach rechts einschlagen) bis links ein Weg abzweigt. Diesen verfolgt man nach links aufwärts (mehrmals auf- und absteigend). Der Weg hört auf einem Holzboden auf. Ein schwach kenntliches Steiglein führt nach rechts und dann gerade aufwärts zum Beginn des großen Wartsteinbandes, über das in ganzer Länge eine Drahtseilsicherung angebracht wurde. In Schrofenkletterei verfolgt man dieses an seiner rechten Begrenzung nach oben. Dann nach links heraus und das Band weiter bis zu seiner Ausmündung zwischen Wartstein und Feuerhörndl.

Oder (besser) auf R 321 bis zur Kehre oberhalb der Wasserstelle und links auf Steiglein zum Wartsteinband.

● 331 Hintersee — Hirschbichl, 1152 m — Saalachtal

4 Std. ins Saalachtal, 2 Std. bis Hirschbichl. Beliebtes und geschätztes Wanderziel. Straße für Kfz. gesperrt, Parkplatz vor dem Gatter, im Sommer dreimal tägl. Bus bis zur Engertholzstube.

Von Hintersee auf dem von der Nationalparkverwaltung angelegten Fußweg durch die Grundübelau zur Engertholzstube. Es empfiehlt sich, hinter der Engertholzstube über die Brücke das linke Bachufer zu gewinnen und den Waldweg zu benutzen, der über die **Bindalm** (großartiger Blick auf die S-Abstürze der Reiteralpe) nach Hirschbichl führt. Auf der österreichischen Seite der Paßhöhe befindet sich ein Whs. und Bergheim Hirschbichl der AV-S. Burghausen. Nun auf der Straße oder Weg Nr. 8 und 6 hinab ins Saalachtal nach Weißbach.

● 332 Hirschbichlstraße — Mayrbergscharte — Traunsteiner Hütte

5—6 Std. Foto Seite 194.

Von der Engertholzstube (R 331) 200 m taleinwärts bis zur Wegtafel „Schaflsteig“ und aufwärts auf eine Almwiese. Von den hier sichtbaren zwei Steigen führt der steilere zu einer Wegtafel am Waldrand und zügig aufwärts, zuerst durch Wald zu einer Aussichtskanzel auf dem Kamm zwischen Mühlsturz- und Stadelgraben, dann durch immer lichtere Latschen an den Fuß der mächtigen Stadelmauer (Achtung Steinschlag!). An ihrer Südseite (rote Markierung) über Geröll mäßig aufwärts zum Hochgscheid (Abzweigung nach Lofer, Unken auf R 333), wo der Hirschbichlkamm mit einem tiefen Sattel zum Ameisennockenkopf von der Stadelmauer abzweigt. Weiter am Fuß der Stadelmauer auf Klettersteig zur Mayrbergscharte, 3½ Std.
Zur Traunsteiner Hütte siehe R 333.

Im **Abstieg** ist darauf zu achten, daß man bis zum Hochgscheid ständig am Fuß des Stadelhorns bleibt und nicht den Steigspuren folgt, die in den tiefsten Sattel zwischen Stadelhorn und Hirschbichlkamm führen und also Hochgscheid links liegen lassen. Diese Steigspuren gehören zum Loferer Steig (R 333). Man steigt also am Fuß des Stadelhorns links aufwärts in ein Schartl zwischen Stadelhorn und einem vorgelagerten Felsturm.

● 333 Traunsteiner Hütte — Mayrbergscharte — Saalachtal

5—6 Std., bez. Weg (Loferer Steig), Klettersteig.

Vom Reitertrett südl. und in einer muldenförmigen Gasse (Steinberggasse) hinan auf den Steinbergrücken und über den flachen Rücken der Steinberge in südwestl. Richtung bis an den N-Fuß des Wagendrischlhorns. (Man gelangt auch hierher, indem man von den Reitertrettalmen östl. der Häuslhörner in der „Roßgasse“ heraufgeht und das Roßkar durchsteigt, etwa 2½ Std. oder in 30 Min. vom Böslsteig, R 326.)

Nun quert man etwas absteigend unter der O-Flanke des Wagendrischlhorns hinüber zur Mayrbergscharte (siehe R 332). Jenseits auf Klettersteig durch den hier niedrigsten S-Absturz hinab zum Hochgscheidsattel (Abzweigung nach S zum Schaflsteig, R 332) und nordwestl. an einer Jagdhütte vorbei auf bez. Weg nach Mayrberg; weiter entweder nördl. nach Reit-Unken oder südwestl. nach Au-Lofer (schmale Straße).

● **334—339** frei für Ergänzungen

3.4 Gipfel und Gipfelwege

● **340** **Gr. Weitschartenkopf,** 1980 m

Guter Überblick vom Gipfel über die Reiteralpe. Vielbesuchter Skiberg.

★ **341 Von der Traunsteiner Hütte,** 1 Std.

Über die grasigen, baumlosen Südosthänge auf Steig zum Gipfel.

● **342 Vom Großen Bruder,** ½ Std.

Anfangs auf bez., später nicht bez. Steig über den Grat oder südöstl. von ihm zum Gipfel.

● **343** **Westwand**
Deye, Seitz, Widmann, 1912.
V, 400 m, 3 Std.

Zugang durch Queren vom Schrecksattelweg (R 321) aus oder durch Absteigen aus einer der Scharten zwischen dem Gipfel und dem Kleinen Weitschartenkopf oder dem Großen Bruder. Vom südl. der drei der Wand gegenüberliegenden Felsköpfe nach links ansteigend an die Wand; rechts Überhänge, links eine glatte Rinne.

Führe: Über eine 10 m hohe Wandstufe empor, dann Quergang an der senkrechten Platte nach links aufwärts zum oberen Ende der vorerwähnten Rinne; auf leichterem Gelände rechts aufwärts bis zum Fuß weiterer Überhänge. Auf einer schmalen Leiste (Sicherung von oben!)

sehr ausgesetzt nach rechts um eine Ecke; durch den hier ansetzenden Kamin und über folgende Schrofen zu einer auffallenden Höhle (etwa 1800 m). Waagrechter Quergang zur rechten Begrenzungsrippe und an ihr empor. Nach etwa 50 m, zuletzt über steile Stufen, zum Beginn eines auffallenden, von rechts nach links emporziehenden Kamins, der in der unteren Fortsetzung des langen Grasbands im oberen Wanddrittel liegt. Kurz im Kamin empor, dann links davon über steile Platten zum Beginn dieses Bands. Auf ihm bequem zum Gipfel.

● **344** **Gerade Nordwand**
Flatscher, Kröner, Gugg, 1926.
V, 140 m, 2 Std.

Zugang vom Schrecksattelweg (R 321) oder durch Absteigen aus der Einsattelung zwischen Großem und Kleinem Weitschartenkopf.

Führe: Vom Fuß der Wand rechts hinan (Steinmann) um eine Felskante herum führt ein kurzer Quergang auf einen gratartigen Felsvorsprung. 4 m gerade empor (H), gleich folgend 12 m Quergang nach rechts (Schlüsselstelle) zu gutem Stand. Nun etwa 100 m in dem folgenden Riß gerade aufwärts, welcher oben auf das Gipfeldach mündet (gute Sicherungsplätze).

● **345—349** frei für Ergänzungen

● **350** **Kl. Weitschartenkopf,** 1931 m

● **351** **Von der Traunsteiner Hütte,** 1 Std.

Auf nicht bez. Steig oder weglos durch Latschengassen über die SO-Hänge zum Gipfel.

● **352** **Nordwestwand**
Deye und Gef., 1913.
V, 250 m, 3 Std.

Zugang wie R 321, dann am Fuß der Wand bis zur Gipfelfallinie. Der E befindet sich rechts von einer auffallenden Höhle (Steinmann).

Führe: Über einen Überhang und ein kurzes Wandl zu einem 20 m hohen Kamin. Nach weiteren 20 m auf einem Band nach links zu Latschenfleck. Von hier ausgesetzt 12 m nach links bis zu gutem Stand (H). Nun im Riß 40 m empor, bis er sich rinnenartig zurücklegt. In leichterem Gelände hinauf bis zu einem vom Einstieg aus sichtbaren Band. Das breite Band steil nach links aufwärts, um eine rötliche Felskante herum, zu einem Felsköpfl (Steinmann). Eine schräg rechts ansetzende Steilrampe ermöglicht ein Weiterkommen. Auf ihr über drei

Überhänge hinweg zu einer Hangelquerung (H, V), dann in den 40 m hohen Gipfelkamin, der 20 m nördl. des Gipfels auf eine Scharte mündet.

● 353 **Nordpfeiler**
H. Lobenhoffer, E. Riedl, 1946. Mitt. 1948, S. 65.
VI— (oberer Teil), V im unteren Teil.
250 m, 4 Std.

Einstieg am untersten Ansatz der Felsen des stumpfen, aus der N-Wand heraustretenden Pfeilers. Mit einem 20 m langen Quergang erreicht man eine sich vertiefende Rinne. Aus dem ihr Ende bildenden Winkel links heraus, einem seichten Riß folgend, 30 m höher zu Stand an der Kante. 10 m senkrecht aufwärts (schwierigste Stelle) zu Rissen, die in leichteres Gelände führen. Nun immer leicht links haltend über steile, aber gut gangbare Felsen, einmal aus einem Winkel etwas überhängend, zum Gipfel.

● **354—356** frei für Ergänzungen

● **357** **Wartsteinwand,** etwa 1728 m
(Scharnstein)

Flacher Gipfel zwischen Wartstein und Schrecksattel.

● **358** **Vom Schrecksattel,** 15 Min.

Auf Pfadspuren und durch Latschengassen ohne Schwierigkeiten zum höchsten Punkt.

● **359** **Scharnsteinpfeiler**
Trippacher, Bierdimpfl, 1966.
V—, teilweise **A1.** 280 m, 4 Std. Foto Seite 155.

Etwa 150 m rechts der höchsten Erhebung ist nochmal ein kleiner Aufschwung mit einem markanten, nach unten überhängenden Köpfl. In der Fallinie befindet sich ein schwach ausgeprägter Pfeiler. Genau in der Pfeilermitte verläuft der Durchstieg. E knapp links der Kante.

Führe: Über plattigen Fels zum Beginn eines Risses. Quergang nach rechts um die Kante und gerade hoch zum Stand. Nun 3 SL geradehoch zum rechten von zwei Latschenflecken direkt unter einem großen gelben Überhang etwas unterhalb der Wandmitte. Auf einer schwach ausgeprägten Rampe nach links zu einem Hakenriß und durch ihn zu kleinem Stand. Kurzer Quergang nach links in einen Riß, den man bis zu seinem Ende verfolgt. Nochmals kurzer Quergang nach links und dann wieder nach rechts an die Kante auf ein Köpfl. Rechts des Köpfls einige

Meter gerade empor, dann links haltend zu einem Steilaufschwung. Kurzer Quergang in einen Hakenriß und weiter gerade aufwärts zum Stand. Über plattigen Fels gerade hoch zu einem kurzen Piazriß. In einer Schlaufe von links nach rechts zum Beginn einer von großen Überhängen überdachten Rampe (Wandbuch). Nun die Rampe nach links, 4 m gerade hinauf, dann nach links abwärts an eine Kante und wieder gerade hoch zu leichtem Fels, der zur Hochfläche führt.

● 360 Karl-Bierdimpfl-Gedächtnisführe
B. Kallsberger, K. Schrag, 1968.
VI— (Stellen im unteren Teil), einige Meter **A1,** V+ und V im oberen Teil. 310 m, 5—7 Std. Foto Seite 155.

Wie beim Scharnsteinpfeiler (R 359) bis zur plattigen Rinne. Diese quert man nicht, sondern wendet sich waagrecht nach links zum E unter einer gelben Nische.

Führe: Vom E (Standhaken) 3 m absteigen und links aufwärts zu Stand (30 m, V+, A 1). 2 SL links aufwärts bis in eine nasse Nische. Über sie hinweg und 15 m aufwärts zu gutem Stand. 2 m unterhalb Quergang nach links, 5 m, dann zuerst gerade aufwärts (V+, 2 H) und über schräge Rampe nach links zu Stand. 3 m gerade aufwärts, Quergang nach rechts und weiter gerade aufwärts. Die hier ansetzende Rampe bis zu ihrem Ende, über eine glatte Platte, zuletzt (VI—) zu Stand auf dem Latschenband unter den gelbroten Überhängen. Von seinem rechten Ende über eine Wandstufe empor und schräg rechts absteigend zu Stand. 2 SL über Platten rechts aufwärts zum Beginn des Kamins. In ihm 2 SL über Blocküberhänge, sodann über eine leichte Rampe nach links und zum höchsten Punkt.

● 361 Sepp-Rieser-Gedächtnisführe
K. Schrag, S. Trippacher, 1973.
VI, A 2, überwiegend V+, A1. 350 m, 6—8 Std.
Foto Seite 155.

Zugang: Auf dem Schrecksattelweg (R 321) bis zur Kehre oberhalb der Wasserstelle. Hier auf schmalem Steig Richtung Wartsteinkante bis zu einer sandigen Rinne. Diese quert man noch, dann links haltend aufwärts, am Fuße des Latschenvorbaues vorbei, bis man die Wand an der Stelle erreicht, wo sie unmittelbar aus dem Hochwald emporsteigt (½ Std. von der Wasserstelle). E am Fuße einer Rinne.

Führe: Über Schrofen zu einem meist nassen Überhang. Über diesen hinweg und links aufwärts um eine Kante in die Rinne und zu Stand (V+, 5 H). Die Rinne 2 SL hinauf zu einem kleinen Absatz (V—). Nun durch einen Riß an der linken Seite der Rinne erst frei, dann an H empor und über Platten zu Stand auf einem Grasplatz (25 m, 8 H, V+, A 1). Weiter an einem Riß hinauf, nach einem kleinen Überhang schräg rechts aufwärts um die Kante und Quergang zu Stand (30 m, 12 H, A 2, VI—). Nun frei über einen Überhang, dann Quergang nach links und durch überhängenden Riß an die kompakte Plattenwand. Frei und an H schräg rechts über die Platte zu Stand (30 m, 12 H, VI, A 1). Durch eine schmale Verschneidung (A 1, 1 KK) und über Schuppen bis zu ihrem Ende, dann „Bohrhakenquergang" nach rechts (1 Bohrhaken) zu kleinem Absatz. Von hier seilt man sich wenige Meter ab (Bohrhaken, über dem Absatz befinden sich Verhauerhaken!) und klettert an Riß zu Stand (30 m, 10 H, 1 BH, 1 Klemmkeil). Die seichte Verschneidung frei hinauf (25 m, 2 H, VI) und über einen Absatz zu Quergangshaken. Seilquergang nach rechts zu Stand. Durch eine rauhe Wasserrinne hinauf, dann nach rechts in einen glatten Riß und durch diesen zu Latschenbusch auf dem Band (VI—). Die überdachte Rampe nach links bis zu ihrem Ende. Hier 15 m durch eine glatte, senkrechte Rinne (V) auf ein Band (Biwakplatz der Erstbegeher). Gerade weiter über einen Überhang und über die senkrechte Wand zu gutem Standplatz auf einem Absatz (30 m, 10 H, VI—, A 1). Die hier ansetzende, steile Rampe hinauf und um die abschließende Kante zu Stand (20 m, 2 H, V+). Über geneigte Platten weiter bis in den Grund eines Kamins. Durch den Kamin hinter Klemmblöcken und verkeilten Baumstämmen zum Ausstieg.

● **362—365** frei für Ergänzungen

● **366** **Wartstein,** 1759 m

● **367** **Von der Seilbahnstation** in wenigen Minuten zum Gipfel.

● **368** **Westwand**
Mitterer, F. Schmitt, 1926.
V (teilweise), 300 m. Siehe 12. Aufl. 1969.

● **369** **Wartsteinverschneidung**
W. Schertle, H. Steinkötter, 1963.
Routenskizze Alp. 8 / 64.
VI—, A 2 (1 SL), sonst V, A 1 und leichter, 75 H, 3 BH.
260 m, 7—8 Std. Foto Seite 155.

Zugang: Auf dem Schrecksattelweg (R 321) bis zur Kehre oberhalb der Wasserstelle. Ab hier Steiglein in Richtung Wartsteinkante verfolgen bis vor eine Rinne in Fallinie der Verschneidung. Jetzt gilt es, einen 150 m hohen Wandvorbau zu überwinden. Rechts der Rinne hinauf und über Schrofensockel nach links zu Bäumen (2 SL, III und IV). Von den Bäumen in Rinne, 60 m hinauf und rechts über Grasrampe (Wildwechsel), am Ende nach links durch einige Latschen zu Grasplatz. Weiter 40 m schräg rechts hinauf zu Felswinkel (Einstieg und Standhaken).

Führe: Vom Einstieg 15 m hinauf zu kleinem Absatz (V, 1 H). Links über Steilrampe und grasdurchsetzten Riß (Zwischenstand nach 10 m) hinauf zu Latschenbusch (45 m, 8 H, V+), 30 m Haken folgend (A 1, 17 H). Durch markante Verschneidung weiter 10 m bis zu Dach, Quergang nach rechts und im Riß hinauf, am Ende nach links zu gutem Stand (20 m, VI—, A 1, 8 H, Biwakplatz und Wandbuch). Von hier durch Rißkamin (Abschluß außen überklettern!) in kleinen Felskessel hinauf (25 m, III+, IV+, 1 Keil, 1 H). Rechts etwas fallender Quergang und hinauf zu Latschenplatz (15 m, III). Durch überhängenden Riß hinauf, links haltend über Haken und wieder nach rechts in enge Nische (30 m, VI—, A 2, 9 H, 1 Bohrhaken, 2 Keile). Nun aus der Nische hinaus auf Absatz und durch gutgriffiges Rißsystem zu Absatz in Kamin (15 m, VI—, V, 1 H). Den Riß weiter verfolgend über kleinen Überhang und gerade hinauf bis zu Latschen und zum Ausstieg (40 m, III+, III, 2 H).

● 370 Wartsteinkante

A. Hinterstoißer, T. Kurz, 1935.
V+ und V, Stellen **A 1.** Etwa 230 m, 3—4 Std.
Foto Seite 155.

Zugang: Wie R 330 oder R 369 zum Beginn des Wartsteinbandes. Nun nach rechts über eine breite Rampe in leichter Kletterei bis knapp vor einen großen Spalt, der den Vorbau vom Wandmassiv trennt. Ein steiles Wandl (IV—) links hinauf und über die Fortsetzung der Rampe zum Beginn der Kante.

Führe: 25 m gerade hinauf (V). 6 m unter einem Schild am besten mittels Seilquergang 15 m nach rechts und um ein Eck (Ringhaken) bis knapp vor die Kante (V+). Eine Verschneidung steil nach links hinauf und weiter 15 m etwas überhängend den sogen. „Holzkeilriß" gerade hinauf (A 1) und nach weiteren 5 m nach rechts zu Stand. Um die Kante herum auf ein Latschenband (Wandbuch). Von dessen Ende etwa 35 m gerade hinauf (V) zu einem Baum. 2 m rechts davon einen Riß gerade hinauf und weiter den Haken folgend, zuletzt hangelnd nach rechts um die Kante zu einer kleinen Nische. Einen engen Kamin hinauf (V) und links haltend zu leichteren Felsen knapp unter dem Gipfel.

● 370 a **Ausstiegsvariante zu R 370**
VI— (Stellen), V+, V und leichter.
Schlingenstand.

1. SL: Vom Standplatz beim Baum (1 SL nach Wandbuch) immer leicht rechts haltend über seichte Risse und Platten (2 H, V, V+), nun über eine runde, sehr glatte Kante (1 H, VI—) bis zum Überhang. 2 m nach rechts zu Schlingenstand (2 H). Direkt unter dem Stand bricht die Wand mit einem riesigen Überhang zur Wartsteinverschneidung (R 369) ab (40 m, V, VI—). **2. SL:** Vom Stand 3 m nach rechts in den hier ansetzenden, schönen Spreizkamin. Durch diesen hinauf (IV—, 1 H). Von seinem Ende durch Latschen und Felsstufen zu Stand (40 m, III, IV, 1 H). **3. SL:** Über latschendurchsetzte Felsstufen zum höchsten Punkt (I, II).

● 371 **Nordostverschneidung**
S. Mack, S. Babl, 1971.
VI, 200 m, 5—6 Std.

Zum Einstieg wie R 330 oder R 369. Die Führe zieht durch die auffallend glatte Verschneidung links der Wartsteinkante.

Führe: In der Verschneidung 35 m hinauf zu Stand (Knotenschlingen!). Weitere 40 m äußerst schwierig in der Verschneidung weiter und 2 m nach links heraus zu Stand auf einer Leiste. Den Riß nach rechts hinauf zu Grasabsatz. Weitere 10 m empor zu einer Nische unter gelber Wandstelle. Den Riß links etwa 6 m hinauf zu H; dann 3 m nach links und den Riß verfolgend zu Stand auf einem Absatz. Erst gerade, dann schräg links aufwärts zu U-Haken. Weiter links hinauf zu senkrechtem Riß, diesen verfolgend zu Stand. Die nun folgende Rißverschneidung empor (Stand auf dem 2. Grasband rechts, großer Block). In der Rißverschneidung 10 m direkt weiter und rechts hinaus in leichtes Gelände.

● 372 **Nordostwand**
T. Beringer, G. Mitterer, 1930.
VI—, etwa 250 m. Siehe 12. Aufl. 1969.

● 373 **Neue Westwand**
E. und W. Riedl, 7. 10. 1979.
VI—, eine Stelle **A 1.** Freikletterei in meist festem Fels; Schlüsselstelle in der vorletzten SL. 5 ZH, 4 SH und 1 Klemmkeil sind vorhanden. Schlingen und KK empfehlenswert. Im unteren Teil wurden zwei alte H vorgefunden.
Foto Seite 155.

Zugang: 1. Möglichkeit: Zum E wie bei R 369 und etwa 50 m nach rechts. 2. Möglichkeit: Wie bei R 361 zum Wandfuß und nach links über eine Grasrampe auf einen latschenbewachsenen Vorbau. Über eine kurze Wandstelle (H, III) gelangt man von rechts nach links auf das große baumbewachsene Band unter der Westwand des Wartsteins. Auf ihm nach links zum Beginn der Kaminreihe.

Führe: E bei einem Felsvorbau am Beginn der Kaminreihe. **1. SL:** Durch eine rauhe Verschneidung (H) zu einem kleinen Überhang, den man rechts umgeht (III) und durch Schrofen nach links hinauf (40 m). **2. SL:** Weiter zur Höhle am Kaminbeginn (20 m). **3. SL:** Aus der Höhle nach rechts heraus und hinter einen Klemmblock durch (H) zu Absatz. Nun nicht im Kamin, sondern rechts davon an rauher Wand hinauf (V+) zu Stand im Kamin (35 m; SH). **4. SL:** In feuchtem Kamin hinauf, Querung nach rechts (IV) und zu Stand in einer Nische empor (35 m, SH). **5. SL:** Rechts vom Kamin über Platten (V—) in leichteres Gelände und nach links zu Sanduhr am Beginn einer Verschneidung (35 m). **6. SL:** Links haltend hinauf zu Latschenabsatz (35 m; IV—). **7. SL:** Durch eine Verschneidung empor zu Stand (RH, 15 m). **8. SL:** Die Verschneidung weiter hinauf zu einer Nische (H; V); Querung nach links um ein brüchiges Eck auf ein Band und nach links zu Stand (30 m; SH). **9. SL:** Von rechts nach links zu kleinem Loch empor (Klemmkeil); kurz nach rechts (H; A 1) und zu Absatz hinauf (H; VI—; etwas brüchig). Weiter in der Verschneidung empor, links an einem Überhang vorbei (V) auf einen Block; dann Querung nach links und hinauf zu Stand (40 m). **10. SL:** In der Verschneidung weiter zu kleinem Überhang und links vorbei zum Ausstieg auf die Hochfläche (40 m; IV). (W. Riedl).

● 374 Westkamin

K.P. Hohenberger, W. Riedl, 8.12.79.
V+; Freikletterei in festem Fels. 2 ZH und 1 SH vorhanden. Schlingen und Klemmkeile empfehlenswert.
Foto Seite 155.

Zugang: Wie beim Zugang zu R 373 auf das baumbewachsene Band und nach links bis in die Fallinie der Höhle. Auf einem Latschenband nach rechts und dann auf einem Grasband nach links zur Höhle.

Wartstein und Wartsteinwand von Westen

Wartsteinwand

R 359	Scharnsteinpfeiler
R 360	Karl-Bierdimpfl-Gedächtnisführe
R 361	Sepp-Rieser-Gedächtnisführe

Wartstein

R 369	Wartsteinverschneidung
R 370	Wartsteinkante
R 373	Neue Westwand
R 374	Westkamin

Wartstein
Wartsteinwand
Schrecksatt
370
373
374
369
361
360
359

Führe: Der E befindet sich gleich rechts der Höhle. **1. SL:** Über eine kurze Wandstelle zu einem seichten Kamin und auf der folgenden Rampe nach links zu Stand nach einem Klemmblock (40 m; V—). **2. SL:** Auf der Rampe nach links weiter bis zu Absatz; durch eine Verschneidung zu einem Band und auf ihm nach links zu Stand (40 m; IV). **3. SL:** Gerade empor (IV) zu einem Latschenabsatz und von links nach rechts zu Stand unter einer Rißverschneidung (35 m). **4. SL:** Durch den rauhen Riß hinauf, über eine Platte nach rechts (H) und gleich darauf unter einem Überhang wieder nach links (V+) zu Riß. Im Riß bis zu einem Grasband empor und auf ihm nach links zu SH (40 m). **5. SL:** Durch eine kurze Verschneidung hinauf, nach rechts zu einem Kamin und in ihm nach etwa 20 m zu Stand (35 m; IV). **6. SL:** Der nun folgende enge Kamin wurde rechts umgangen: auf einer kleinen Rampe nach rechts zu H, dann in einer schwachen Links-Rechts-Schleife über eine Platte (V+); Querung nach links in den Kamin zurück und nach 5 m zu Stand (35 m). **7. SL:** Durch den Kamin weiter zum Ausstieg (35 m).

● 375 Nordriß

S. Jostl, A. Hirschbichler, 18. 9. 1980.

VI— / A 1, überwiegend V+. 250 m. 2—4 Std.

Meist schöne Rißkletterei in festem rauhem Fels; der einzige geschlagene ZH sowie die SH wurden belassen, zur Sicherung wurden hauptsächlich KK verwendet. Wiederholern wird geraten, ein Sortiment von 6—8 versch. Größen mitzuführen.

Zugang: Auf dem Steig R 330 oder R 369 bis zur nach rechts führenden breiten Rampe, die man ein kurzes Stück verfolgt, bis man linkshaltend über leichten Fels nach etwa 100 m einen Verschneidungswinkel erreicht, hier E.

Führe: Aus dem Winkel rechts heraus um ein Eck (IV) zu leichterem Gelände und durch eine Rinne gerade empor (III) zum Beginn des Risses (2 SL). Jetzt nicht in der großen Verschneidung sondern links davon durch den Riß 25 m empor zu Stand (V+). Im senkrechten Riß empor weitere 25 m hinauf zu Stand (1 Zackenschlinge, 1 H, 1 Legschlinge, VI— / A 1). Bedeutend leichter 30 m zu Stand am Beginn eines Kamins (V—) und durch diesen 40 m (V—) zu Absatz empor. Von hier in herrlicher Kletterei nach rechts um die Kante (IV), nach 2 SL (III u. II) erreicht man den Ausstieg.

(Hirschbichler)

● 376 frei für Ergänzungen

● 377 **Hinteres Feuerhörndl,** etwa 1750 m

Ein auffallender roter Felsturm, der sich nordöstl. des Wartsteinbandes emportürmt. R 381 (Nordwestwand) siehe Seite 603.

● 378 Von der Bergstation der Seilbahn in wenigen Minuten durch Latschen zum höchsten Punkt.

● 379 **Nordwand**
H. und S. Flatscher, 1936.
V—, 3 Std. Foto Seite 161, 165.

Zugang R 330 oder R 369. Nicht aufs Wartsteinband, sondern östl. auf den Steigspuren zum Hinteren Feuerhörndl zum E links der Gipfelfalllinie.

Führe: Über plattigen Fels zu einem schon von unten sichtbaren Kamin. In diesem 15 m aufwärts, dann Querung nach rechts und wieder gerade empor zu Stand. Nun Quergang nach links um eine Kante zu Rasenpolstern. In einem geschweiften Riß aufwärts, dann leicht links halten, bis man wieder nach rechts um eine Kante in eine brüchige Verschneidung kommt, die in eine Schlucht leitet. Aus dieser Quergang nach links in die freie Wand; weiter links aufwärts auf ein Band (Steinmann). In der Gipfelschlucht aufwärts zu einem großen Überhang. Von links nach rechts über den Überhang hinweg in einen Kamin, der zum Gipfel leitet.

● 380 **Nordpfeiler**
W. Schertle, W. Selbach, 22.—24. 7. 1977, nach Vorarbeiten mit H. Jahrsdorfer, L. Ott und E. Rückert.
V +, A 3 und A 2, selten leichter. Mehrmals Schlingenstand. Alle notwendigen H stecken, KK sind mitzunehmen. Schwierige, sehr abwechslungsreiche Führe in bestem Fels.
350 m, für Wiederholer 8—10 Std. Foto Seite 161, 165.

Zugang wie R 330 zu den Schutthängen vor dem Wartsteinband. Weiter unter den Wänden bis in Fallinie des Pfeilers und über Schrofenstufen hinauf zum Wandfuß (kleine dreieckige Höhle) links des Wasserstreifens. Vom unter den Wänden durchziehenden Steiglein etwa 80 m über Schrofen und Felsstufen zur dreieckigen Höhle (II).

Führe: 1. SL: Vom Stand einige Meter die Rampe nach links hinauf, dann Quergang nach rechts in die senkrechte, gelbe Wand und den Haken folgend 30 m hinauf zu Schlingenstand (45 m, VI—, A 3, 16 H). **2. SL:** Vom Stand einige Meter hinauf, dann an die nach rechts ziehende Leiste, später auf ihr nach rechts (Rasenpolster) zu Stand bei auffallendem Riß (rechts Schlingenstand an 3 Bohrhaken; 20 m, V +, 7 H).

3. SL: Den Riß teils frei hinauf zu kleinem Dach, über dieses und weiter hinauf. Später nach rechts hinaus auf Leiste zu Hakenstand unter großem Dach (40 m, V, A 2, 13 H). **4. SL:** Vom Stand unter das Dreimeterdach waagerecht hinaus und weiter, den Haken folgend schräg links hinauf zu Schlingenstand in seichter Gufel (20 m, A 2, 15 H). **5. SL:** Weiter schräg links hinauf zu Stand auf kleinem Absatz (20 m, A 2, 11 H). **6. SL:** Einige Meter sehr schwierig gerade hinauf, dann Quergang nach rechts zu senkrechter Schuppe, diese hinauf, dann Hangelquergang nach links und auf die Schuppe. Gerade hinauf (H), später rechtshaltend zu gutem Stand auf Band (V, A 2, 12 H, 1 BH). Ende des unteren Wandpfeilers, Abstieg nach rechts möglich. **7. SL:** Vom Stand einige Meter nach rechts und über Steilstufe hinauf (III) in leichtes Gelände. Weiter schräg links hinauf unter gelbroten Felsen zu sehr gutem Stand (40 m, III). Guter Biwakplatz. **8. SL:** Etwas rechts der Pfeilermitte mit Hakenhilfe auf eine steil nach rechts ziehende Rampe und dieser folgend bis zuletzt. Glatte Platte auf ein Bändchen zu Stand (40 m, V+, 8 H). **9. SL:** Vom Stand mittels 3 BH hinauf zu geneigtem Riß. Diesem System folgend 40 m hinauf, zuletzt scharf nach links hinaus auf ein Band, auf ihm nach rechts zu Standhaken (V+, A 2, 10 H, 3 BH). **10. SL:** Die glatte graue Platte (Beginn des „Cäsar“kopfes) gerade hinauf (zuerst 2 Haken, dann frei, V+), Quergang nach links zu gelbem Riß und hinauf (KK) in die auffallende Nische (Cäsars Mund) (40 m, V+, A 2, 7 H). **11. SL:** Mit Hakenhilfe über den 30-m-Überhang hinauf unter das große Dach (Cäsars Nase) zu Schlingenstand (25 m, A 3, 15 H, 4 BH). **12. SL:** Ausgesetzter Quergang unter dem Dach nach links hinaus und um ein Eck in leichteres Gelände. In ihm einige Meter hinauf zu Stand in kleiner Höhle (20 m, V, A 2, 4 H, 1 BH). **13. SL:** Weiter die Rampen nach links aufwärts, zuletzt Hangelquergang. Dann mit Hakenhilfe über glatte Platte auf eine Leiste. Auf ihr nach rechts und in schöner Kletterei gerade hinauf zu Standhaken (40 m, V+, A 2, 5 H, 2 BH). **14. SL:** Vom Stand etwas hinauf und nach rechts in leichteres Gelände und auf den Gipfel (20 m, III).

● **382—383** frei für Ergänzungen

● **384** **Hirscheck,** 1773 m

● **385** **Von der Bergstation** der Bundeswehr-Seilbahn in 10 Min. durch Latschen zum höchsten Punkt.

● **386** **Nordwand**

Hans u. Hermann Feichtner, 1923.

IV, 400 m, 4 Std. Foto Seite 161, 165.

Zugang R 330 oder R 369. Nicht aufs Wartsteinband, sondern links auf Steigspuren unter dem Hinteren Feuerhörndl durch in 15 Min. zum E.

Führe: Links von einem auffallenden Loch über Schrofen und ein Latschenband zu einer Föhre. Rechts in den Winkel hinein und rechts über eine überhängende Wandstelle, sehr schwierig und brüchig gerade aufwärts in einen seichten Kamin, der kurz vor seinem Ende nach links verlassen wird. Dann nach rechts in eine steile Schuttrinne zu einem Felskopf (Steinmann). 15 m Quergang nach links, dann scharf rechts aufwärts in ein Loch und durch einen engen Kamin zu einem losen Block. Nun quert man so weit wie möglich nach rechts zu einem kleinen Schuttfleck vor einem Wandpfeiler. Durch einen 8 m hohen Riß auf einen Absatz (Steinmann), dann um die Kante des Pfeilers herum und über Geröll in einen Kamin. Nach 1 SL rechts heraus und schrofig weiter zu einem Wandabsatz (rechts roter Felsbruch). Der folgende, etwa 70 m hohe Kamin wird von links nach rechts über einen Überhang erreicht und bis zum Ende durchklettert. Dann über grasdurchsetzten Fels bald zum Gipfel.

● **387** **Neue Nordwand**
G. Haider, P. Scetinin, 1971.
VI, A 1 (stellenweise), sonst V +, V, IV.
450 m, Zeit der Erstbegeher 10 Std. Foto Seite 161, 165.

Zugang wie R 380 und weiter am Wandfuß entlang zum Pfeiler. E 10 m links des Pfeilers. Ein großer, dürrer, lanzenförmiger Baum dient als Anhaltspunkt.

Führe: Von der Wandeinbuchtung 40 m links aufwärts zu Stand, weiter 25 m empor durch Riß zu Stand an der rechten Kante. Nach weiteren 40 m gerade aufwärts Stand links der großen, herabziehenden Wandeinbuchtung. 20 m nach links zu Band hinauf und zu steilem Pfeiler (Beginn der Hauptschwierigkeiten). Über den Pfeiler 12 m empor (II) und 5 m nach rechts in eine kurze Verschneidung (Stand). Rechts um eine Ecke und etwa 15 m gerade hinauf (H); über eine senkrechte Schuppe, nach 15 m Stand in Gufel (H). Auf einem Band nach links zu Höhle, über einen angelehnten Pfeiler (H, Klemmkeile) und einen Wulst (H) links aufwärts zu Stand an großer Sanduhr. Wenige Meter absteigen und 4 m nach links querend aufwärts zu Band, weiter 4 m rechts zu Stand in Gufel. Rechts um eine Ecke (H), von hier 6 m Seilquergang nach rechts abwärts zu Felszacken und über einen steilen Riß (H) nach 30 m zu Stand auf einem Band. Nun 15 m nach rechts und in einer teils überhängenden Rißverschneidung 40 m empor zu Stand. Im Rißkamin (H) bis zu dessen Ende (Stand nach

Durchschlupf). Über den Klemmblock und eine steile gerade Rinne hoch zu großer, abgesetzter Schuppe. Auf einer Leiste 6 m nach rechts und in Rissen empor (3 H), zuletzt vom Köpfl schräg rechts absteigend (2 H, Schlüsselstelle, insgesamt 35 m). Durch einen Kamin nach 40 m zu großem Terrassenband. Rechts in einer Kaminreihe zu weiteren Terrassen. Im mittleren Kamin nach 40 m zum Gipfel.

● 388 Pfeilerwand

G. Haider, G. Kroh, 1967.

VI— (einige Stellen), **A0**, V und IV. Sehr schöne Freikletterei.

450 m, 3—5 Std. Foto Seite 161, 165.

Zugang siehe R 380. Der Einstieg befindet sich am rechten Ende des Wandsockels, wo dieser am pfeilerartigsten ausgeprägt ist. Der untere glatte Wandteil fällt durch einen schräg nach links ziehenden, langen Riß auf, welcher den Durchstieg vermittelt.

E bei einem auffallenden, auf kleinem Rasenfleck stehenden Lärchenbaum. Man erreicht ihn von rechts her über eine leichte Wandstufe und ein leicht überdachtes Latschenband. Rechts des Baumes kleiner, von der Wand getrennter, auffallender Pfeiler. An seinem Fuß SH.

Führe: 1. SL: Die Pfeilerkante etwa 20 m hinauf, dann etwas über Schrofen empor zu einem nach links ziehenden Band zu Stand. **2. SL:** Das Band nach links und über Platten hinauf zu Latschen, dann rechtshaltend an die Wand zu SH (IV). **3. SL:** Über Riß und senkrechte Platten leicht rechts haltend hinauf in den markanten Riß (V, 2 H). In ihm in herrlicher Kletterei steil hinauf, an einem Köpfel vorbei, zu zwei SH (III+). **4. SL:** Weiter links empor, bis der Riß als Hangelschuppe endet. Auf die Schuppe und senkrecht hinauf zu H rechts an der Wand (IV+). 3 m nach links in senkrechte Verschneidung und durch sie (Zackenschlingen, Piaztechnik) hinauf auf kurzes Band zu Stand (VI—, 1 H). **5. SL:** Senkrecht über den Überhang hinweg (V+, A 0) in eine rauhe, zerfressene Rinne, darin zu SH (V+, A 0, 5 H). **6. SL:** Rechts vom Stand 2 m empor, weiter etwas nach rechts, dann leicht linkshaltend hinauf zu Stand in Verschneidung (V, 1 H). **7. SL:** Vom Stand bis unter die glatte Wand und nach rechts auf Latschenabsatz

Hirscheck und Hinteres Feuerhörndl von Nordwesten

Hinteres Feuerhörndl

R 379 Nordwand
R 380 Nordpfeiler

Hirscheck

R 386 Nordwand
R 387 Neue Nordwand
R 388 Pfeilerwand

Hirscheck
Hint. Feuerhörndl
387
388
386
379
380

(III). **8. SL:** Links über einen glatten Überhang auf kleine Leiste und hinauf zu Hakenriß. Weiter in Rechts-Linksschleife über senkrechte, bewachsene Blöcke in einen höhlenartigen Kamin (V + und IV + , 4 H). **9. SL:** Den Kamin hinauf und nach rechts hinaus (III). Weiter gerade hinauf (1 Sanduhr) und leicht links haltend zu SH (V, 2 H, 1 Schlinge).

Auf dem Bändersystem Ausweichmöglichkeit nach rechts.
10. SL: 10 m gerade hinauf (V, 1 H). **11. SL:** Weiter den sehr abdrängenden Riß empor und nach 30 m auf Absatz. Noch 4 m hinauf zu SH (Latschen, VI— und V, 3 H). **12. SL:** Nach links und an einer Kante empor in Kessel. **13. / 14. / 15. SL:** Weiter die gerade Rißreihe hinauf zum Gipfel (etwa 100 m, III und IV). (W. Schertle)

● **389—391** frei für Ergänzungen

● **392** **Vorderes Feuerhörndl,** etwa 1760 m

Markanter Doppelgipfel am Nordrand des Reiteralmplateaus zwischen Hirschwieskopf und Hirscheck.

● **393** **Vom Laufsattel** oder von der Seilbahn-Bergstation in etwa ½ Std. durch Latschen zum höchsten Punkt.

● **394** **Pfeilerriß**
Vermutlich F. Gruber u. H. Renzl, 15. 10. 78; im unteren Teil fanden sie 3 H und eine Abseilschlinge.
V + (einige Stellen), sonst V und IV.
Eindrucksvolle Rißkletterei in herrlich festem, rauhem Fels. Schöne, gerade Linienführung. 8 ZH, davon 4 belassen. 400 m, Zeit der Erstbegeher 6½ Std.

Zugang: Wie R 380, 395 oder 403 (R 403 ist besonders gut zu finden), dann abzweigen zum Wandfuß. Der Riß ist schon vom Tal aus gut sichtbar.

Führe: 1. SL: Den plattigen Kamin gerade empor und durch eine Rinne zu Stand (40 m, IV, V). **2. SL:** Durch die steiler werdende Rinne in einer Linksschleife zu Stand (IV + , 30 m, Umgehung II). **3. SL:** 10 m über herrlich rauhen Fels in die kleine, schon von unten sichtbare Höhle (10 m, III, IV). **4. SL:** Aus der Höhle senkrecht den Riß empor (40 m, V, eine Stelle V + , 3 H). Sehr rauher Fels. Stand bei RH. **5. SL:** 8 m gerade empor und über den Überhang (15 m, V—). **6. SL:** Den Kamin empor und dem Riß folgend zu Stand in einer Rinne, (40 m, IV + , eine Stelle V—). **7. SL:** 6 m die Rinne empor, dann nach links hinaus in die Plattenwand und über eine plattige Rampe nach rechts zurück in den Riß (40 m, III, eine Stelle IV). **8. SL:** 4 m nach rechts in den Riß und 8 m gerade empor in eine Nische unter Rißüberhang (unangenehm grasig). Über den Überhang hinauf in große Nische (30 m, V, 1 HK). **9. SL:** Aus der Nische links empor und gerade hinauf zu Bäumchen (10 m IV, 30 m II). **10. SL:** In einer Links-Rechts-Schleife zum Beginn des senkrechten Risses (40 m, II). Von hier Ausweichmöglichkeit nach links in die alte Nordwandführe. **11. SL:** Den Riß gerade empor (30 m, V, eine Stelle V+). **12. SL:** 4 m nach links und die Rampe zurück in den Riß. Diesen 20 m gerade empor zu Stand (20 m, III, IV, V, 1 H). **13. SL:** Gerade empor und zuletzt nach rechts auf die Pfeilerkante (40 m, II, III). **14. SL:** 6 m nach rechts und über die Pfeilerkante zu Absatz (50 m, III, IV+). Hier Ausstieg nach rechts über Latschen möglich. **15. SL:** Von der Scharte gerade empor zum Gipfel (50 m, IV+, III) (Gruber).

● **395** **Nordpfeiler** (Werner-Schertle-Gedächtnisweg)
Von W. Schertle 1978 vorbereitet, nach seinem Absturz 1979 am Staufen von W. Riedl und S. Jostl vollendet.
VI+ (eine Stelle), **A 1,** häufig V+, einige SL III und II in Schrofen. 400 m, 3—5 Std. Foto Seite 165.

Zugang: Vom Parkplatz an der Seilbahn Oberjettenberg etwa 200 m bis an ausgetrocknetes Bachbett (Steinwanne). Beginn eines sehr gepflegten Jagdsteiges, nach 1 Std. endet dieser, durch eine Rinne zum Wandfuß, 2 Std. Querung leicht abwärts an der Wand nach links, bis ein Gamswechsel zu einem in die Wand eingebetteten Kessel führt, der mit Bäumen bestanden ist; aus dem Kessel auf Band nach rechts aufwärts hinaus, E am Ende des Bandes. (Zugang auch auf R 403.)

Führe: 1. SL: Vom Bandende Quersprung nach rechts zu 4 Bäumen (30 m, II). **2. SL:** Über Schrofen hinauf zu Nische (40 m, H, II). **3. SL:** Schrofen gerade hinauf (40 m, II), über Steilstufe (III—) zu Band (H), links abwärts zu Bucht, die Wand steilt sich hier auf. **4. SL:** Vom Stand über H zu eingeknüpfter Seilschlinge, rechts haltend über Schild zu abdrängendem Grasband, diesem wenige Meter nach links folgen, dann Quergang (3 m) nach rechts (H), schließlich durch 3-m-Verschneidung zu Stand auf markanter Schuppe (30 m, 4 H, V+ / A 1). **5. SL:** Von den ZH am linken Bandende aufwärts, Quergang nach rechts (25 m, 7 H, V+ / A 1). **6. SL:** Weiter unschwierige Querung nach rechts, bis Verschneidung in freier Kletterei zu Band und Pfeilerkopf (H) hinaufleitet, zuletzt 20 m leichtes Gelände (40 m, 3 H, VI+). **7. SL:** Vom Pfeilerkopf führt Kamin gerade hinauf zu 3 SH (30 m, 2 H, IV+). **8. SL:** In der Verschneidung zu Nische, einen Überhang an 3 H nach links umgehen, 5 m hinauf zu H, fallender Quergang nach links und um die Kante zu Stand (35 m, 4 H, V / A 1). **9. SL:**

Leicht rechts haltend aufwärts und am ZH Quergang über Platten in Kamin, diesem folgend zu Stand. **10. SL:** Durch Verschneidung (Kamin) gerade hinauf in einen Schuttkessel (30 m, III). **11. / 12. SL:** Über Schrofen zum Gipfel (70 m, II). (Jostl).

● 396 Nordkamin

Unterer Teil W. Schertle und E. Rückert; oberer Teil nicht bekannt.

VI— / A 1; meist Kaminkletterei; sehr rauher Fels im unteren Teil. Es sind etwa 6 ZH und 5 SH vorhanden.
Schlingen und Klemmkeile empfehlenswert.
Foto Seite 165.

Zugang: Wie bei R 395 zum Wandfuß und nach rechts hinauf zum Kaminbeginn.

Führe: Der E befindet sich 5 m unter der Nische, mit der der Kamin beginnt. **1. SL:** Zur Nische hinauf, dann weiter durch den manchmal sehr engen Kamin (4 H; VI— / A 1) und schließlich über Klemmblock in eine Nische (40 m; SH). **2. SL:** Durch den Kamin und nach rechts zu Absatz (10 m; 2 SH). **3. SL:** Im Kamin und weiter durch Rinne gerade hinauf in leichteres Gelände (35 m; V). **4. SL:** Zum Fuß des nächsten Aufschwungs (20 m). **5. SL:** Von links nach rechts zum Klemmblock im seichten Kamin, dann nach links zu einem Riß und bald wieder nach rechts in den Kamin. Durch einen sehr engen Kamin auf leichteres Gelände (SH; 35 m; V+). **6. SL:** Im Kamin weiter und im Schrofengelände nach links (40 m, III). **7. SL:** Auf einem Band nach rechts zur Kaminreihe zurück (20 m). **8. SL:** Durch eine Verschneidung und einen engen Kamin empor (V) und nach rechts zur Rißfortsetzung (35 m). **9. SL:** Durch die Verschneidung hinauf (H, V) zu Schrofen (35 m). **10. SL:** Zum Absatz unter dem nächsten Aufschwung hinauf (SH, 20 m). **11. SL:** Nicht in der Verschneidung, sondern rechts davon über kleinen Überhang zum Grat hinauf (V—) und nach links in eine kleine Scharte (35 m). **12. SL:** Über Schrofen zu einem Riß gleich links

Hinteres Feuerhörndl

R 379 Nordwand
R 380 Nordpfeiler

Hirscheck

R 386 Nordwand
R 387 Neue Nordwand
R 388 Pfeilerwand

Vorderes Feuerhörndl

R 395 Nordpfeiler
R 396 Nordkamin

Hirschwieskopf

R 402 Nordwand
R 403 Direkte Nordwand
Zugang vom Laufsattelweg, R 322

Die Nordwestabstürze des nördlichen Teils der Reiteralpe

R 330 Oberjettenberg – Wartsteinband – Reiteralpe
Direkter Zugang siehe R 395

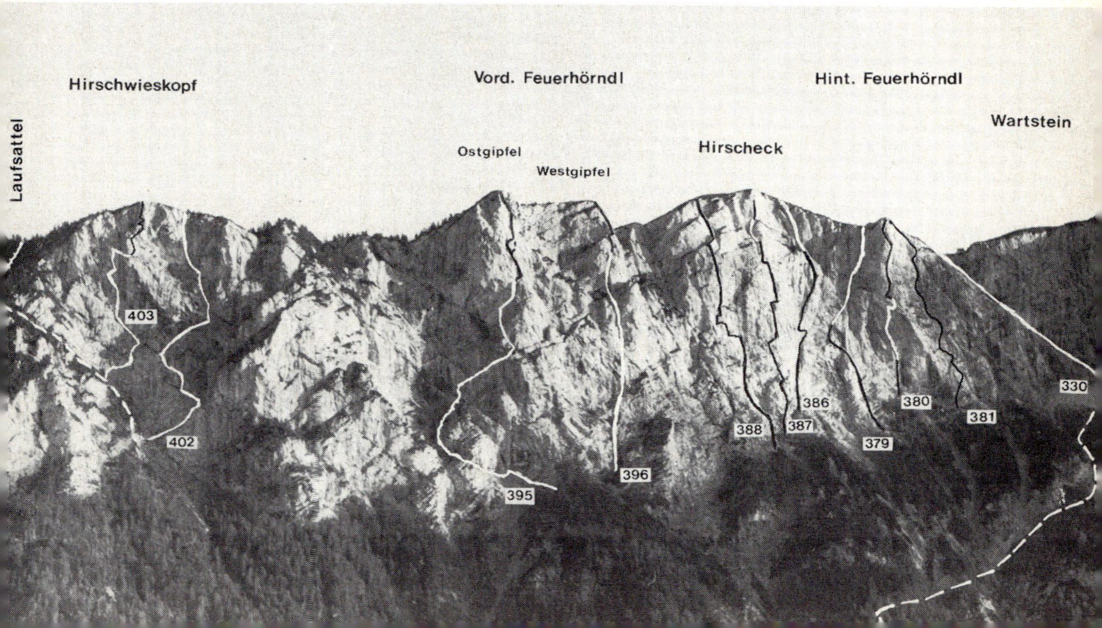

der Kante und durch diesen (V—) zum Ausstieg auf die Hochfläche (35 m). (Riedl).

● **397—399** frei für Ergänzungen

● **400** **Hirschwieskopf,** etwa 1770 m

● **401** **Vom Laufsattel** in etwa 15 Min. durch Latschen zum höchsten Punkt.

● **402** **Nordwand**
H. und S. Flatscher, 1935.
V, 400 m, 3—4 Std. Siehe 12. Aufl. 1969.
Foto Seite 165.

Zugang auf R 403 bis zum E in Gipfelfallinie.

Führe: In einer nach rechts ziehenden Rinne 50 m hoch. Über gut gestuften Fels einige SL nach links empor und über unschwierigen Fels auf ein Band. Über eine kleine Felsstufe auf ein zweites Band, das man bis zu seinem Ende nach rechts verfolgt. Quergang nach rechts zu einem schon von unten sichtbaren Riß, durch ihn (V) in unschwieriges Gelände. 3 SL aufwärts zu einem 70 m hohen Kamin; durch diesen empor und nach links zum Gipfel.

● **403** **Direkte Nordwand**
R. Goltermann, A. Hirschbichler, Juni 1975.
VI— (Stellen), **A 1** (Stellen), häufig V+ und V, wenig leichter. Nur anfangs länger III. Hervorragend schöner Anstieg in festem Fels, durchwegs sehr gute Standplätze.
350 m, 4—6 Std. Foto Seite 165.

Zugang: Auf dem Laufsattelweg, R 322. Nach etwa 1 Std. ab Straßenabzweigung trifft man auf einen Jagdsteig, den man nach rechts bis zu dem Graben verfolgt, der sich vom Fuße des Hirschwieskopfes herabzieht. In ihm hinauf, zuletzt unter Felsabstürzen nach rechts bis dorthin, wo die Bäume am weitesten hinaufreichen. Nun noch etwa 30 m in einer Rinne empor zu einem auffallenden, gelblichen Überhang, etwas links der Gipfelfallinie. Hier E.

Führe: 1. SL: 5 m gerade empor in Richtung gelblichem Überhang zu einem Band. Auf diesem 20 m nach rechts bis zu seinem Ende und über eine kurze Wandstufe zu Nische (30 m, III). **2. SL:** Auf Band Querung nach rechts (mit Unterbrechungsstelle) bis unter einen senkrechten Riß (20 m, III). **3. SL:** Diesen hinauf und über leichtes Gelände zu Stand unter feinem, senkrechten Riß (25 m, IV, II). **4. SL:** Dem links in die Wand hinausführenden Riß folgt man 7 m (Sanduhr, mehrere H) bis unter einen Überhang. Diesen rechts haltend frei empor (5 m) zu Band, das unschwierig nach links leitet (25 m, davon 7 m A 1, 5 m V). **5. SL:** Dem Band weiter folgend unter eine Verschneidung (15 m, II). **6. SL:** Durch die Verschneidung 15 m hinauf, 4 m Quergang nach rechts und gerade hinauf auf eine kleine Rampe (20 m, VI—). **7. SL:** 2 m empor auf ein Pfeilerköpfl, 5 m gerade über einen kleinen Überhang, dann schräg rechts über eine glatte Platte zu Stand (15 m, VI—). **8. SL:** Dem hier ansetzenden Riß folgt man zu Stand in der großen, schon von unten her auffallenden Verschneidung (35 m, V+). **9. SL:** Über eine schräg nach links emporziehende Rampe zu Stand bei einem Bäumchen (25 m, III). **10. SL:** Senkrecht einen feinen Riß hinauf zu Absatz. Weiter dem Riß folgen, bis eine Rampe nach rechts zu Stand an der Pfeilerkante, auf einer Kanzel, leitet (35 m, davon 15 m A 1, V+). **11. SL:** Auf einem Band leicht fallend nach rechts, dann 15 m senkrecht hinauf unter einen Überhang (25 m, V—). **12. SL:** Über den Überhang (HK) in eine kleine Verschneidung. In dieser zu einem mit einem Baum bewachsenen Absatz (25 m, V+). **13. SL:** Den Absatz hinauf bis zu seinem rechten Ende (40 m, II). **14. SL:** Die hier ansetzende Verschneidung 15 m hinauf, Querung nach rechts zu kleiner Höhle und weiter 5 m nach rechts, dann gerade hinauf zum Ausstieg wenige Meter links des Gipfels (25 m, V, VI—).

● **404—406** frei für Ergänzungen

● **407** **Alphorn,** 1705 m

Nördlicher Eckpfeiler der Reiteralpe.

● **408** **Vom Laufsattel** in wenigen Min. durch Latschen zum Gipfel.

● **409** **Nordwand**
A. Deye, K. Friedl, 1913.
IV+. Siehe 12. Aufl. 1969.

● **410** **Nordwand, „Rauhe Spur“**
R. Klausner, W. Meissner, Juli 1981. Skizze Alp. 4 / 82.
VI— (Stelle), V und IV. Im oberen Wandteil vermutlich schon früher begangen (alter H), oder Kreuzung einer anderen Führe. Sehr schöne Kletterei in immer festem und rauhem Fels.

Zum Einstieg über den „Lauf“ (R 322) von der Abzweigung Oberjettenberg aus.

● **411—412** frei für Ergänzungen

● **413** **Übeleck,** 1731 m
Bärenkareck, 1730 m
Zirbeneck, 1810 m

Touristisch unbedeutende Gipfel im Kamm südlich des Alphorns. Von der Hochfläche unschwierig durch Latschen zu erreichen.

● **414—415** frei für Ergänzungen

● **416** **Eisberg,** 1798 m

Östlicher Eckpfeiler der Reiteralpe.

★ **417** **Von der Eisbergscharte,** ½ Std.

Abzweigung bei drei auffallenden großen Felsblöcken in östl. Richtung, dann durch ausgeholzte Latschengassen zum Gipfel.

● **418—419** frei für Ergänzungen

● **420** **Edelweißlahner,** 1955 m

★ **421** **Von der Traunsteiner Hütte,** 1½—2 Std.

Von der Hütte auf bez. Weg südöstl. zum Gipfel.

● **422** **Vom Hintersee**
3—4 Std. Nur für Geübte.

Wie R 325 in Richtung Eisbergscharte bis zum NO-Grat. Über ihn zum Gipfel. Oder auf R 325 durch den Antonigraben bis zu den Wänden, nun aber nicht nach rechts, sondern etwa 150 m nach links entlang den Wänden, dann über einen am E mit Drahtseil gesicherten, aber ziemlich verf. Steig rechts aufwärts. Dieser Aufstieg zum Edelweißlahner wird meist mit der Gratüberschreitung über Schottmalhorn, Gerstfeld, Prünzelkopf, Reiter Steinberg und Abstieg über den Bölsteig verbunden.

● **423** **Südpfeiler**
H. Brandner, H. Krafft, 27. 10. 1979.
VI— und V, 3—5 Std., etwa 450 m. Für diese Erstbegehung wurden keine Haken verwendet. Durchwegs Rißkletterei in bestem Fels. Die Führe zählt zu den schönsten und schwierigsten Freiklettereien an den Südabstürzen der Reiteralpe.

Zugang: Von der Halsalm die große Freifläche nach rechts aufwärts überqueren bis zum Beginn der Waldzone. Von hier auf neu ausgeschnittenem Steig in 20 Min. zum E an der linken Seite des ersten Pfeilers.

Führe: 1. SL: Vom Einstieg im linken der 3 Risse zuerst über Überhang, dann leicht links haltend nach 30 m zu Stand (V). **2. SL:** Vom Stand etwas absteigend in den von links nach rechts ziehenden überhängenden Riß, zuletzt über Überhang (V) und weiter über prächtigen Hangelriß nach 35 m zu Stand. **3. SL:** Im linken der beiden Risse zuerst über gelbe Schuppe zu Strauch, nun den linken Riß soweit wie möglich hoch (VI—), dann nach rechts in den Parallelriß über Überhang zu Stand. (40 m, Steinmann). **4. SL:** Nun etwas links, dann gerade hoch durch glatten Riß (V—) nach 40 m zu Stand. **5. SL:** Von hier etwas links querend in den Ausstiegsriß und durch diesen nach 40 m (V und V+) auf den Kopf des ersten Pfeilers. **6. / 7. / 8. SL:** Weiter durch Risse (IV bis IV+) auf den Verbindungsgrat zum zweiten Pfeiler. **9. SL:** Den rechten der beiden Risse (V—) zuletzt links querend nach 40 m zu Stand. **10. SL:** Weiter den Riß, bis man nach 10 m nach links auf die Kante queren kann und über diese nach 30 m zu Stand in leichterem Gelände. **11. / 12. / 13. SL:** Etwas links querend und nach etwa 100 m (III) auf den grasigen Gratrücken.

Abstieg: Von hier kann man nach links abwärts etwas leichteres Gelände erreichen. Entweder durch Rinnen nach etwa 150 m auf den Gipfel, oder günstiger etwas rechts haltend durch Schrofen und Latschen, teilweise abkletternd (II bis III) zum E zurück.

● **424** frei für Ergänzungen

● **425** **Schottmalhorn,** 2048 m

★ **426** **Von der Hochfläche** allseits ohne Schwierigkeiten zu erreichen.

● **427** frei für Ergänzungen

● **428** **Hohes Gerstfeld,** 2039 m

Dieser nicht besonders auffallende Gipfel baut sich mit mächtiger Wand aus der Halsgrube auf, weshalb er auch im Volksmund mit Halskopf oder Halsschneide bezeichnet wird. Durch den imposanten Südabsturz führen zahlreiche Kletterrouten, die erst in letzter Zeit wegen des kurzen Zugangs und der niedrigen Höhenlage bevorzugt wurden. Durch den an seinem Fuß gelbgestreiften S-Pfeiler wird die Wand in S- und SO-Wand geteilt.

★ **429** **Von der Hochfläche** ohne Schwierigkeiten zu erreichen.

● 430 Von der Halsalm über die Südostseite

I, 2—2½ Std. Sehr schöner, pfadloser Aufstieg.

Von der Halsalm (R 326 a) über das Almgelände bis zum Beginn des Grabens, der unterhalb des Schottmalhorns beginnt und nach Hintersee hinabführt. Den Graben etwa 50 m aufwärts bis zum Beginn der Wand. Unter ihr links aufwärts auf ein Schartl (Drahtseil). Kurzer Abstieg und weiter steil und pfadlos empor auf das Hohe Gerstfeld.

● 431 Südwand

H. Amanshauser u. Gef., 1919.

IV, 500 m, 3—4 Std.

Zugang: Vom Hintersee auf R 326 über die Halsgrube den Weg zur Halsalm verfolgend bis in die Fallinie des markanten Pfeilers und weglos zu seinem Fuß. 2 Std. von Hintersee.

Führe: Links des S-Pfeilers die Hauptschlucht querend und links aufwärts bis nach rechts oberhalb des Schluchtabbruches gequert werden kann. Durch Kamine zum Ausstieg.

● 432 Gerade Südwand

D. Cukrowsky, K. Ritzmann, 1959.

VI— (Stellen), V + . 25 H. 500 m, 6 Std.

Zwischen S-Wand (R 431) und Hauptschlucht in Fallinie zum Gipfel.

● 433 Südkamine

F. Rasp, 1965.

IV, interessante Kletterei in gutem Fels, meist Kamine und Risse, 500 m, 3—4 Std.

E links (südwestl.) des Südpfeilers. In der Schlucht aufwärts und oberhalb des untersten überhängenden Kaminabbruchs nach rechts in den Kamin. Durch ihn auf den Pfeilerabsatz. Links des oberen Pfeilers durch Kamine und Risse zum Gipfel.

● 434 Südpfeiler

A. und H. Erdenkäufer, 1968. Direkter Durchstieg durch den 1. Pfeiler: W. Schertle, F. Rasp, 1968.

VI—, A 2, A 1, manchmal leichter. Das größte und lohnendste Unternehmen am Gerstfeld-S-Absturz. 580 m, 8 Std.

E am Schluchtbeginn links (westl.) vom Pfeilerfuß. 7 m gerade hoch, 5 m nach rechts (A 2, 6 H, inzwischen 2 BH). 40 m durch die Verschneidung (A 1, 15 H). 5 m oberhalb Quergang nach rechts in den gelben Riß und durch ihn zu Stand auf Felszacken (30 m, A 2, 10 H, 1 Keil, KK). Hier nicht links, sondern rechts hinauf auf einen Absatz (20 m, 4 H, 1 Keil). Durch den Riß nach links (40 m, A 2, 4 H, KK,

Schlüsselstelle). Vom Stand nach rechts und an der Pfeilerkante in freier Kletterei (IV) 4 SL zum großen Pfeilerabsatz. Weiter über den zweiten Pfeiler in größtenteils freier, herrlicher Rißkletterei zum Ausstieg.

Ausweichmöglichkeit besteht von der Schulter nach dem ersten Pfeiler nach rechts (östl.).

● **435** **Südostkamine**
F. Rasp, F. Pfnür, 1968.
IV—, III, 500 m, 3 Std.

Von rechts auf den 1. Pfeilerabsatz, rechts des S-Pfeilers durch den Kamin, oben links haltend zum Ausstieg.

● **436** **Südostwand**
D. Cukrowsky, K. Ritzmann, 1959.
V+ (Stellen), V—. 500 m, 4 Std.

● **437—439** frei für Ergänzungen

● **440** **Prünzelkopf,** 2081 m

★ **441** **Von der Hochfläche** durch Latschen zum höchsten Punkt.

● **442** **Ostwand**
T. Beringer, A. Hinterstoißer, F. Leitner, 1930.
Nähere Angaben unbekannt.

● **443** frei für Ergänzungen

● **444** **Reiter Steinberg,** 2060
Oberer Plattelkopf, 2098 m
Unterer Plattelkopf, 2106 m

Im Winter werden diese Erhebungen als lohnende Skiberge viel besucht.

★ **445** **Von der Hochfläche** z.T. über bez. Wege zu erreichen.

● **446—447** frei für Ergänzungen

● **448** **Predigtstuhl,** 2011 m

Erhebung am nördl. Rand des Wagendrischelkars, die mit einer etwa 120 m hohen Wand nach SO gegen Hirschbichlstraße und Grundübelhörner abbricht.

● **449** **Von Norden** ohne Schwierigkeiten zu erreichen.

● 450 **Südostwand**
H. und F. Schülein, 1965.
VI—, A 3, A 2. 120 m, 3—4 Std.
Der waagrecht geschichtete Fels ist rauh und geschlossen (Spezialhaken). Gute Standplätze. Foto Seite 173.

Führenbeginn im rechten Teil des Wanddreiecks, quert dann die Gipfelfallinie und mündet direkt am Gipfel.

Zum Einstieg über den Böslsteig (R 326), den man beim Eintritt ins Wegkar nach rechts verläßt. Über Rasenhänge Querung bis unter die Wand. Am östlichen Ende des obersten Bandes, über dem gelbe Überhänge ansetzen, befindet sich rechts eines stumpfen Pfeilers der Einstieg (Nische).

Führe: Durch eine seichte Verschneidung mit zwei Überhängen, dann Querung 8 m nach links an die Kante; gerade empor, zuletzt nach rechts zu Stand. Weiter in die Verschneidung zum großen Grasband, gerade empor über zwei Wülste und nach rechts zu Stand. Weiter gerade aufwärts und zuletzt schräg rechts über eine Platte zu einem Riß, den man bald wieder nach links auf ein Band verläßt. Die weiteren Wülste werden schräg nach links ansteigend überwunden bis zu einem großen, ebenen Rasenplatz unter dem Gipfelaufbau. Von hier im rechten Riß aufwärts, kurze Querung nach links, im folgenden tiefen Riß hinauf und kurz nach links zu gutem Standplatz, weiter gerade empor zum Gipfel.

Abstieg: Vom Gipfel zuerst nördlich absteigend, dann horizontal nach links querend wieder zum Böslsteig.

● **451—452** frei für Ergänzungen

● **453** **Wagendrischlhorn,** 2251 m

Der am leichtesten zugängliche Aussichtspunkt des Hauptkamms. Im Winter vielbesuchter Skigipfel. Erstbesteiger M. v. Prielmayer, 1869.

★ **454** **Von der Traunsteiner Hütte**
2½ Std., bez. Weg.

Auf dem Wege zur Mayrbergscharte (R 333); wo dieser nach links ins Wagendrischlkar abbiegt, rechts haltend über Karren in der sanften Mulde der NW-Seite zum Hauptkamm und in wenigen Minuten östl. zum Gipfel.

Predigtstuhl von Südosten

R 450 Südostwand

● **454 a Von Hintersee über den Böslsteig**
4—5 Std., rot bez.

Wie bei R 326 bis zum Reiter Steinberg. Dann über den Plattelkopf in südwestl. Richtung zum Wandfuß und weiter an der NW-Seite ansteigend zum Gipfel.

• 455 Von der Mayrbergscharte (R 333)
F. v. Schilcher, J. Punz, 1880.
II und I, bez. Klettersteig, ¾ Std.

Zunächst den waagrechten Kamm nach W, später über die plattendurchsetzten Schrofenhänge unmittelbar über den S-Abstürzen steil empor zum Gipfel.

• 456 Nordostkamine
III, 30 Min.

Rechts (nördl.) neben der Nordostkante durch eine Kaminreihe hinauf und nach links zur oben unschwierig gangbaren Grathöhe, die breit und bequem zum Gipfel führt.

• 457 Westliche Südwand
Hartmann, Zeller, 1909.
III, 2½ Std.

Von der Mayrbergscharte (R 333) nach S absteigen bis zum Fuß der Felsen (hierher auch R 332). Dann westl. die Wände entlang bis zum Beginn eines schief von O nach W aufwärts ziehenden Bandes; es ist gut gangbar und anfangs breit; später verschmälert es sich und man gelangt um eine auffallende Felsecke zum Eingang einer eiserfüllten Höhle (Zellerhöhle).

Führe: Jenseits setzt sich das wieder breite Band in gleicher Richtung ansteigend fort, um sich später wiederum stark zu verschmälern. Nach einem kurzen Quergang in eine oben frei in die SW-Wand auslaufende Mulde (Steinmann). Nun ein Stück gerade hinaufkletternd, hält man sich in der ursprünglichen Richtung schief aufwärts gegen einen westl. sichtbaren Felsturm; bevor man ihn erreicht, kommt man in eine Rinne, in welcher sich eine östl. des Turms gelegene Platte mit der SW-Wand verschneidet; in ihr empor, bis man bei ihrer Gabelung links durch einen kammartigen Spalt zur Scharte westl. des Gipfels ansteigen kann.

• 458 Östliche Südwand
Deye u. Gef., 1912.
III, 2½ Std.

Wie R 457 bis vor die Felsecke kurz vor der Zellerhöhle; in einer kesselartigen Mulde zieht durch ihre linke Begrenzung ein Kamin empor auf einen Absatz im östl. Begrenzungspfeiler der Höhle (Blick auf ihr grünes Eis). Am Pfeiler weiter empor bis zu einem kurzen Abbruch, der erklettert wird. Nun im allgemeinen schräg nach rechts, dann über ein steiles Plattenband nach links empor zum Fuß der mächtigen Plattenbildung unter dem Gipfel. Etwas nach links ausweichend und über einen plattendurchsetzten Schrofenhang gerade zum Gipfel.

● **459** **Südwestverschneidung**
H. Schmidt, A. Koch, R. Berger, 1964.
V (2 Stellen), IV. 3 Std.

Die S-Wand wird von einer breiten, rampenartigen Gliederung von rechts unten nach links oben durchzogen, über die R 457 verläuft. Ein stumpfer Pfeiler trennt die S-Wand von der SW-Wand. Rechts des die SW-Wand westl. begrenzenden Pfeilers verläuft eine auffallende Riß- und Verschneidungsreihe, durch die der Anstieg führt.

Einstieg am unteren Ende der Schlucht zwischen Großem Häuselhorn und Wagendrischelhorn.

Führe: 20 m die Schlucht ansteigen. Über die kleingriffige Wand 15 m hinauf und horizontal, teilweise hangelnd, nach rechts zum Beginn der Rißreihe. 3 SL die Riß- und Kaminreihe hinauf, 15 m nach rechts auf einem Grasband in die folgende Kaminreihe. 90 m diese hinauf und heikle Querung über glatte Platten (evtl. Seilzug) nach rechts in leichteres Gelände. Weiter auf R 457 oder gerade empor zum Gipfel.
(Lapuch)

● **460** **Südpfeiler**
H. Schmidt, A. Koch, 1964.
Stellenweise **IV**.

Die Führe verläuft über den stumpfen Pfeiler zwischen Südwand und SW-Wand.

● **461** **Vom Gr. Häuslhorn**
Siehe R 467 A.

● **462—464** frei für Ergänzungen

● **465** **Großes Häuslhorn,** 2284 m

Wuchtiger Felsklotz. Nach S bricht der Berg mit hoher Wand ab. Nordöstl. dem Gr. Häuslhorn vorgelagert ist der zweigipfelige **Hohe Windlochkopf,** der mit dem Häuslhorn durch einen kurzen Kamin verbunden ist. Erstbesteiger H. v. Barth, 1868.

★ **466** **Von der Traunsteiner Hütte**
2½ Std., bez. Weg. Steile, aber schöne Frühjahrs-Skifahrt.

Zuerst südwestl. zu den Reiteralmen, dann nach SO in eine seichte Gasse, die Roßgasse, links an einem Felskopf vorbei, und nun rechts gegen die Hohen Windlöcher hinan. Weiter in der flachen Mulde empor, welche von den Flanken des (rechts) Kl. Häuslhorns und (links) Hohen Windlochkopfes eingeschlossen wird. Über unschwierigen Fels in die Einschartung zwischen beiden Hörnern und von hier in 5 Min. auf das Kl. und in 10 Min. auf das Gr. Häuslhorn.

● 467 A Abstieg über den Südostgrat
II, 1 Std.

Über den Grat, der oben durch eine kleine Kluft unterbrochen ist, weiter unten über Grashänge nach O ausweichend, gewinnt man den S-Rand des Roßkars und verfolgt diesen, zuweilen links (östl.) ausweichend, nach O, bis man am W-Hang des Wagendrischlhorns den bez. Weg zu diesem Gipfel erreicht.

● 468 A Abstieg durch die Häuslhornrinne
II, 1 Std. Günstigster Abstieg nach Süden.

Vom Gipfel in nordwestl. Richtung über das Kl. Häuslhorn und in die Scharte bei P. 2158 hinab. In der Scharte markanter Felsturm. Leicht links haltend zu einem begrünten Sporn absteigend, links (südlich) des Sporns in ein kleines Kar hinunter, nicht zu tief halten, und links über eine schrofige, grasige Rampe zum Kar unter der Häuslhorn-Südwand. Man kann vom Kar nicht direkt durch die Rinne absteigen (Wandabbruch).

● 469 Südwand
H. Lossen, B. Leonpacher, 1913.
III, 3 Std.

Zugang: Vom Ghs. Mayrberg auf dem Forstweg weiter über Almen bis zur Weggabelung bei einem Wildbach (ausgewaschene Rinne), etwa 1 Std. Dem linken Weg folgend durch Wald hinauf, bis eine auffallende große Wasserrinne (im Sommer trocken) den direkten Aufstieg zum Fuß der S-Wände ermöglicht. Nach links bis zu einem in der Fallinie des Großen Häuslhorns gelegenen grünen Sporn, ostwärts von der in der Wand gelegenen, großen gelben Plattenverschneidung.

Führe: Über den untersten Wandgürtel ziemlich gerade über steile Grasbänder, zuletzt durch einen 8 m langen Riß und über unschwierige Schrofen. Nun über mehrere luftige Bänder zuerst waagrecht, dann rechts aufwärts zu einer tief eingerissenen Schlucht. Zunächst in ihr, dann in der östl. Begrenzungswand empor und wieder durch eine rötliche, brüchige Steilrinne in die Schlucht zurück. Nun schräg nach links an einer Höhle vorbei zum Grat, der etwa 50 m ostwärts unter dem Gipfel betreten wird.

● 470 Gerade Südwand
Kadner u. Gef., 1920.
V (Stellen), IV+, IV, selten leichter. 450 m, 4 Std.
Foto Seite 179.

E am tiefsten Sporn der Wand. 80 m etwas links haltend, zuletzt auf einer Rampe nach rechts (II) zu Stand. Auf der Rampe weiter nach links hinauf und immer schwieriger (IV+, H) zu Stand auf einem Band. Auf ihm etwa 40 m nach rechts zu Riß (II), Stand. Achtung: Nicht schon etwa nach 15 m durch einen Riß aufwärts klettern! Den Riß etwa 30 m hinauf (IV) zu Stand. Schräg rechts empor, eine Nische an ihrer rechten Seite überkletternd, erreicht man das markante Rißsystem (IV, Stand). Im Riß über einige Überhänge (V, H) etwa 70—80 m hinauf, bis man auf einer schmalen Leiste nach links hinausqueren kann. Stand nach etwa 3 m. Noch einige Meter nach links und im ansetzenden schrägen Riß empor. Im Rißkamin über einige Überhänge hinweg und schräg nach rechts hinauf auf ein schönes Band, Stand mit Wandbuch. Die Steilrampe weiter hinauf (V), bis sie flacher wird; etwas nach rechts zu Stand. Weiter 40 m (IV) über steile Platten aufwärts zu Stand etwas rechts des großen Turmes. In einer Rechts-Links-Schleife über Schuppen zu einem Band am großen Turm (IV, Stand). Auf dem völlig waagrechten Band nach links zu einem Kamin und durch diesen auf den Turm hinauf (IV). 8 m gerade empor (IV) und 30 m waagrecht nach links in eine Rinne, Stand. Durch Kamine und Risse in herrlicher Kletterei 2 SL in die Scharte (IV und IV+). Auf dem Grat nach links in 1 SL zum höchsten Punkt.

● 471 Südverschneidung
W. Schertle, H. Stutzig, 1967.
V+ (überwiegend), Stellen **A 2,** selten V, IV.
450 m, 4—5 Std. Foto Seite 179.

Den linken Teil der S-Wand durchzieht ein Riß- und Verschneidungssystem, das den Durchstieg vermittelt.

Führe: 3 SL links einer kaminartigen Rinne hinauf, bis man nach rechts in einen etwa 3 m links des Schluchtgrundes befindlichen Riß gelangt und hinauf in eine Nische (zuletzt IV). Rechts der Nische den Überhang hinauf und weiter nach rechts in eine Schluchtrinne (V+). Einige Meter leicht hinauf und Quergang nach rechts (V+) in leichteres Gelände. Etwas rechtshaltend hinauf zu Stand auf einem Band (III). Auf dem Band nach rechts und über Schrofen hinauf zu Stand (II). Über Wandstelle links hinauf, Quergang auf Leiste nach links (V) und in Rinne hinauf zu Stand in Nische (IV). Einen Riß hinauf (V) und unter großer, überwölbter Höhle nach rechts auf kleine Terrassen. Nun noch weiter nach rechts und mit Hakenhilfe über den großen Überhang, weiter 8 m nach rechts zu Stand (V+, A 2, 10 H). Vom Stand 4 m hinauf, über Schuppe nach links und weiter schräg links in eine Verschneidung. In ihr 8 m hinauf und nach rechts zu Stand auf Leiste (V+, 7 H). Die Verschneidung 10 m frei hinauf und nach rechts hinaus auf ein Köpfl. Über die Kante nach links und wenige Meter hinauf, Quergang 2 m nach links und durch gelbe, grobbrüchige Risse auf Pfeilerkopf (V+, 3 H). Hier Ausquermöglichkeit nach links. Nun über die glatte Wand hinauf (2 H) in den linken Kamin und zuerst frei (IV+), später mit Hakenhilfe hinauf zu schlechtem Stand (V+, 10 H). Über leichteres Gelände in einer Schleife von links nach rechts auf grasige Rampe und nach rechts in die Gipfelschlucht. Etwa 80 m schräg rechtshaltend hinauf zu den Ausstiegskaminen von R 470. 2 SL (IV+) hinauf zur Scharte und 30 m nach links zum Gipfel.

● 472 Südwand-Bergvagabundenweg

W. Lang, R. Kajanne, 23. 7. 77.

VI und **A 0** im unteren Teil, oben IV und III.

Luftige, überwiegend freie Kletterei in gutem Fels.

Von 11 ZH wurden 10 belassen. SH größtenteils vorhanden. Sortiment Klemmkeile empfehlenswert. Reepschnur zum Rucksackaufziehen vorteilhaft. 400 m, 3—5 Std.

Foto Seite 179.

Übersicht: Die Häuslhorn-Südwand wird in ihrem linken Teil von einem geschweiften Riß durchzogen. Dieser vermittelt den Durchstieg.

Führe: Die zum Riß emporziehende Schluchtrinne an deren linken Begrenzung 2 SL hinauf, bis man eine im Schluchtgrund befindliche Nische erreicht (90 m, II, III, eine Stelle IV; bis hierher gemeinsam mit R 471). Aus der Nische über einen kleinen Überhang (H) und im Riß weiter (H) bis zu Stand unter einem senkrechten, gelben Schulterriß (45 m, IV, V). Durch den relativ festen Riß hinauf zu gutem Stand auf einer kleinen Plattform (15 m, V+). Über das folgende 4 m hohe Wandl (3 H, der letzte wurde entfernt) mit Selbstzughilfe hinauf in die Fortsetzung des Risses. Durch ein enges, rauhes Stück (H) in eine Nische mit Busch. Aus dieser mittels Selbstzug an langer Schlinge hochstemmen (2 H), bis man in ein oberhalb befindliches Loch greifen kann. Weiter in die nächste grasgepolsterte Nische. Aus dieser heraus und unter einen glatten, hakenfeindlichen Überhang (2 H). Über diesen kleingriffig und anstrengend empor (Schlüsselstelle) und nach kurzem, rauhem Riß (H) zu Stand (45 m, VI). Den folgenden Riß in herrlicher

Großes Häuslhorn von Süden

R 470 Gerade Südwand
R 471 Südverschneidung
R 472 Südwand, Bergvagabundenweg
R 473 Südpfeiler
R 474 Südrisse

Spreizarbeit empor, bis er sich teilt. Wahlweise den rechten oder linken Arm benutzend empor zu Stand in leichtem Gelände (40 m, IV). Rechtshaltend aufwärts zu Stand unter plattigen Felsen (40 m, I, II). Über eine plattige Wandstufe in den Schluchtgrund. In schöner Kletterei, teils durch Kamine, nach 4 SL zum Ausstieg wenige Minuten westlich des Gipfels (130 m, III, IV). (W. Lang)

● 473 Südpfeiler (Reichenhaller Pfeiler)
S. Jostl, A. Hirschbichler, 1981.
V+ (Stellen), V, IV. Genußkletterei in festem Fels, SH wurden belassen, für Zwischensicherungen empfiehlt sich ein Sortiment Klemmkeile. 2—4 Std.
Foto Seite 179.

Den Südabstürzen des Gr. Häuslhorns ist nach Osten hin ein markanter Pfeiler vorgelagert, der durch eine Schlucht von der eigentlichen Südwand abgetrennt ist. Den Einstieg in der oben erwähnten, schluchtähnlichen Rinne erreicht man von rechts her über eine unschwierige Rampe (I). Stand an Felsköpfl, wo sich die Rinne aufsteilt.

Führe: 1. SL: Einige Meter in der Rinne empor, dann rechts heraus an den Pfeiler und über Wandstufen zu einer Steilrinne (evtl. Zwischenstand), durch diese zu Stand (50 m, IV—, eine Stelle V—). **2. SL:** Gerade weiter über kurzen Piazriß, dann nach links und wieder gerade durch Riß empor (43 m, IV+ u. V). **3. SL:** Gerade hinauf zu glattem senkrechten Riß, der erstaunlich leicht rechts umgangen wird (30 m, III+). **4. SL:** Steil links aufwärts zu kleinem Überhang und über diesen hinweg (2 H); einige Meter gerade, dann Plattenquergang nach rechts und weiter rechtshaltend zu Stand unter der schon vom Wandfuß sichtbaren Ausstiegsverschneidung (40 m, V und V+). **5. SL:** In herrlicher Kletterei durch die Verschneidung empor; darüber guter Stand auf Absatz, bevor sich der Pfeiler noch einmal aufsteilt (40 m, V). **6./7. SL:** Erst gerade, dann rechts haltend zu leichtem Gelände und zum Ausstieg auf dem Gipfelgrat (III+ und II). (A. Hirschbichler)

● 474 Südrisse
A. Hirschbichler, S. Jostl, 1981.
VI— / A 1 (1 SL), teilweise V+ und V, überwiegend leichter. 3—5 Std. Schöne Rißkletterei in bestem Fels; Material wurde belassen, jedoch sind Klemmkeile ratsam!
Foto Seite 179.

Einstieg wie beim Südpfeiler (R 473).

Führe: 1. SL: Vom E etwa 15 m in der Rinne empor, bis man nach links zum Beginn des markanten Risses queren kann. Stand 3 m rechts davon bei Sanduhr und Köpfl (30 m, IV). **2. SL:** Im Riß, einigen Stellen rechts ausweichend, zuletzt etwas links haltend zu Stand (45 m, IV+). **3. SL:** Weiter dem Riß folgend gerade hinauf (40 m, V und V+, 2 H). **4. SL:** Im leichteren Fels zu Absatz unter markantem, senkrechten Riß und diesen noch einige Meter empor zu SH (25 m, III und IV—). **5. SL:** Anstrengend im Riß hinauf zu Rißüberhang, über diesen hinweg und weiter dem Riß folgend zu gutem Stand (45 m, VI—, A 1, mehrere H). **6. SL:** Weiter im Riß zu leichterem Gelände (45 m, IV+). **7./8./9. SL:** Im gestuften Gelände erst links, dann rechts haltend zum Ausstieg 10 Min. unterhalb des Gipfels (III u. II).

(A. Hirschbichler)

● **475** **Südwestwand**
V (Stellen), IV. 400 m, 5 Std. Siehe 12. Aufl. 1969.

● **476—481** frei für Ergänzungen

● **482** **Kleines Häuslhorn,** 2227 m

★ **483** **Von der Traunsteiner Hütte**
2½ Std. Siehe R 466.

● **484 A** **Abstieg nach Süden** (Häuslhornrinne)
Siehe R 468 A.

● **485** **Westgrat**
Oppel, Rehm, 1909.
IV (Stellen), meist leichter.

Ein turmartige Aufschwünge aufweisender Grat, der sich von der mühsam aus dem Alpatal erreichbaren Hifelwand zum Kleinen Häuslhorn emporzieht.

● **486** **Westwand**
T. Dürnberger, G. Mader, 1958.
IV+, 250 m, 2½ Std.

Vom Alpfleck die große Schutterrasse ansteigend zu dem Band, das die Wand in geschweiftem Bogen durchreißt. Nun 30 m auf dem Band (IV+), bis man nach rechts durch einen Riß zu einer Terrasse aufsteigen kann. Von der Terrasse gerade empor zu einem Kamin (IV+) auf ein Schuttband und gerade weiter durch Risse (IV) zum Gipfelaufbau. Über Schrofen (sehr brüchig) 40 m zum Gipfel.

● **487** **Nordostflanke**
Sie wurde auf verschiedenen, zum Teil sehr schwierigen Wegen durchklettert.

● **488—490** frei für Ergänzungen

● **491** **Windlochkopf**

Gipfel im Nordostgrat des Gr. Häuslhorns, mit ihm durch einen kurzen Kamin verbunden. Wegen seiner Hüttennähe viel besucht.

Es führen eine Anzahl Wege empor, von denen erwähnt seien: die schon von der Hütte aus sichtbare, oben gegabelte Rinne der **NW-Flanke,** deren beide Äste begehbar sind (III); die plattige **N-Kante** (IV); die drei Wege durch die **NO-Wand,** von denen die beiden östl. sehr schwierige Rißkletterei bieten, während der westl. durch einen sehr schwierigen Kamin von rechts her das der **N-Kante** gleichlaufende ausgeprägte Rinnensystem erreicht. Die **Direkte O-Wand** begingen W. Welzenbach und E. Röckl 1921.

● **492—496** frei für Ergänzungen

● **497** **Hifelwand,** 1819 m

Graterhebung am Beginn des Westgrates zum Kl. Häuslhorn.

● **498** **Aus dem Alpatal**
2½ Std., mühsam.

Von der Alpaalm weglos durch Wald, Latschen und Schrofen zum höchsten Punkt.

● **499** **Südwestwand**
F. Viehhauser, 1948.
VI (Stellen), IV. 400 m.

● **500—502** frei für Ergänzungen

● **503** **Alpawand,** 1671 m

Unbedeutende Erhebung im langen NW-Grat der Häuslhörner, die mit steiler Wand ins Alpatal abbricht.

● **504 A** **Abstieg ins Alpatal,** 1½ Std.

Vom Gipfel durch Schrofen und Latschen östlich steil hinab zur Alpaalm.

● **505** **Nordwand**
T. Dürnberger, Herbst, Schmiderer, 1951.
VI— (mehrmals), häufig V+, IV. 450 m, 5—6 Std.
Foto Seite 185.

Zum Wandfuß am besten über den Alpasteig, R 327. In der Mitte der Wand zum Fuß des von unten deutlich sichtbaren Pfeilers (IV). Nun rechts des Pfeilerfußes (50 m, IV+) zu einer roten Nische (Strauch). Aus der Nische heraus zum rechten Begrenzungskamin des Pfeilers (40 m, V+) und durch den Kamin auf den Pfeilerkopf (VI—). Von hier gerade empor (20 m, IV) und durch einen seichten Kamin (40 m,

V+) zu einer Terrasse. Nun links über ein Band ansteigend (V+) in die glatte Wand (sehr luftig). In der linken, seichten Verschneidung (60 m, VI—) zu einem Band empor, dann nach rechts zum Gipfel hinauf (50 m, IV+).

● **505 a** **Variante zu R 505**
H. Krafft, N. Rechler, 1973.
VI (1 SL), V und IV. 450 m, 4—5 Std.
Foto Seite 185.

Wie bei R 505 4 SL bis zur roten Nische. Nun nicht nach rechts, sondern links zu einem roten Kamin. Durch diesen (30 m, VI, 1 H) zu Stand. Weiter auf einer Rampe (20 m, V) zu Absatz. An der Kante 10 m (IV—) empor, Quergang 4 m nach links in den Verschneidungskamin und 30 m (V) hinauf zu Stand auf Klemmblock. Nun in sehr rauhem Fels (V) in Kaminen und Rissen zur Höhe des Pfeilerkopfes. Jetzt 40 m schräg links (V) zu Stand, weiter 40 m (V—) hinauf unter einen Riß, der nach rechts oben verläuft. Im Riß (IV+) trifft man nach 30 m auf die Dürnberger-Führe. Weiter 60 m (IV+) zum Ausstieg.

● **505 b** **Direkte Ausstiegsvariante zu R 505**
A. Precht, W. Sucher, Oktober 1979.
VI—, V und IV+. Gesamthöhe 560 m, 8 Std. 5 H.
Abwechslungsreiche Kletterstellen in rauhem, festem Fels.
Foto Seite 185.

Wie R 505 bis zur roten Nische und etwa 2 SL weiter. Hier zweigt die Ausstiegsvariante rechts ab und erreicht die 50 m hohe, leicht von links nach rechts ziehende Gipfelverschneidung.

● **506** **Direkte Nordwand**
H. Krafft, W. Meissner, 1976.
VI und **A 2** (Stellen), VI— und V+, selten leichter.
560 m Kletterstrecke, Zeit für Wiederholer 8 Std.
28 H. Im untersten Wandteil ist gute Orientierung notwendig. Nach der Wandmitte kein Rückzug möglich.
Foto Seite 185.

E in Fallinie des großen Gipfelüberhanges.

Führe: 2 SL Schrofen nach links ansteigen (II), weiter über grasdurchsetzten Riß 8 m hinauf (IV+) und nach 25 m links zu Stand. Über einen Überhang (V) und nach 35 m auf einen Latschenabsatz. Nun 45 m (IV) zum Beginn eines Kamins. Um eine Kante nach rechts in den Kamin und nach 35 m (V) zu Stand. Weiter links über zwei senkrechte Stufen hinauf zu einer kurzen Verschneidung (40 m, IV+). In der Verschneidung mit 9 H hinauf, einige Meter nach rechts und hinauf (3 H) zu Stand (40 m, V+, A 2). Weiter nach rechts und durch einen Riß mit Rasenpolstern (45 m, V—). Nun Querung nach links (6 m, 2 H) und hinauf durch einen sehr schönen Riß zu einer Kanzel (40 m, V+). Von der Kanzel links hinauf nach rechts in den Riß und weiter zum Beginn der Verschneidung (45 m, VI—, A 2, 11 H). Achtung: von hier keine Rückzugsmöglichkeit mehr! In der Verschneidung 8 m hinauf (1 H); über einen Überhang hinweg und weiter etwas leichter in die Verschneidungsrisse (50 m, V und IV). Weiter in 4 SL durch die Verschneidung (2 H; 2 HK am Ende links in einer Nische, Wandbuch; V+, einige Stellen VI). Nun zu einem Absatz (40 m, IV+) und über 2 Überhänge hinauf (35 m, V+, 3 SH). Gerade empor zu einer Nische, nach links heraus, weiter gerade hinauf zum Gipfel (50 m, V).

● 507 Nordverschneidung

H. Brandner, H. Krafft, 1978.

VI— (1 SL), **A 1** (Stelle), häufig V+ und V, selten leichter.

500 m, 6—7 Std. Foto Seite 185.

Die auffallende Verschneidung zieht von der Wandmitte nach rechts bis in die Gipfelwand und geht im oberen Teil in einen Kamin über. Zum E wie R 506.

Führe: 1. SL: Vom E Linksquergang (7 m, V—), dann nach rechts zu roter Wand mit Strauch (III). Nun wieder Quergang nach links (V), zuletzt gerade über Überhang (V+), 40 m. **2. SL:** Quergang rechts aufwärts (V—), zuletzt leicht absteigend in die markante Verschneidung und durch diese (V+) zu gutem Stand, 45 m. **3. SL:** Durch die Verschneidung (V), nach 40 m etwas rechts zu Stand. **4. SL:** Leicht rechts ansteigend auf die Kante der Verschneidung und über diese (V—), zuletzt in die Verschneidung zurück und durch diese (V+) wieder nach rechts zu Stand, 45 m. **5. SL:** Durch einen überhängenden Riß (V, A 1), nach 40 m zu Stand am Beginn der riesigen Verschneidung. **6. SL:** Die ersten 20 m in der Verschneidung (V—), dann rechts ansteigend (V) zu Stand an der Kante der Verschneidung, 45 m. **7. SL:** Gerade aufwärts durch gelbe Verschneidung (VI—), zuletzt Quergang nach rechts und 8 m abseilen oder mit Seilzug aufwärts zum Beginn einer grauen Verschneidung, 40 m. **8. SL:** Durch die markante Verschneidung (V), zuletzt über Piazriß (V+) nach rechts zu Stand, 45 m.

Die Alpawand von Norden

R 505	Nordwand	R 506	Direkte Nordwand
R 505a	Variante zu R 505	R 507	Nordverschneidung
R 505b	Direkte Ausstiegsvariante zu R 505		

Alpawand
505b
505a
506
505
507

9. SL: Gerade aufwärts (V), zuletzt Quergang nach links in den Ausstiegskamin, 45 m. **10. SL:** Durch den Kamin nach 45 m zu Stand (IV+ und V—, Wandbuch). **11. SL:** Weiter durch den Kamin (V), zuletzt nach rechts zu Latschenband, 40 m. **12. / 13. / 14. / 15. SL:** Leicht rechts haltend, zuletzt links durch flache Verschneidung zum Gipfel.

● **508—512** frei für Ergänzungen

● **513** **Der Kamm der Drei Brüder**

Sie ziehen als Seitenkamm beim Gr. Weitschartenkopf abzweigend in südwestlicher Richtung von der Hochfläche weg, das Alpatal nördl. begrenzend. — Der Gr. Bruder ist noch Randgipfel der Hochfläche; zwischen ihm und dem Mittleren Bruder befindet sich die sogen. NO-Scharte, während dieser vom Kleinen durch die sogen. SW-Scharte getrennt ist. Man beachte im Folgenden die leicht irreführende Bezeichnung dieser Scharten! Von beiden Scharten aus ziehen gegen SO ins Alpatal gangbare Schuttrinnen hinab, die in Latschenfeldern enden. Die beiden kleineren Brüder bilden zum Teil sehr schwierige und schöne Klettereien, wenngleich die Felsen häufig Latschenbewuchs aufweisen. Erste Überschreitung durch Gerin und Wieder, 1905.

● **514** **Großer Bruder,** 1860 m

★ **515** **Von der Traunsteiner Hütte,** 1¼ Std.

Von der Hütte über grasdurchsetzte Hänge und Latschenfelder des Weitschartenkopfes südwestwärts zu einer Scharte (Reichenlahnerscharte) am Grat entlang unschwierig zum Gipfel.

● **516** **Aus der NO-Scharte,** 25 Min.

Aus der Scharte zwischen Mittl. und Gr. Bruder durch Latschen und Grashänge zum Gipfel.

● **517** **Mittlerer Bruder,** 1830 m

Er besitzt eine SO- und NW-Flanke, einen SW- und NO-Grat, welch letzterer mit einer senkr. Wandstufe zur NO-Scharte abbricht. Besonders an der südl. Hälfte der O-Seite stark mit Latschen bewachsen. Erstbesteigung durch einige Jäger, etwa 1895.

● **518** **Normalweg aus der SW-Scharte,** 30 Min.
Gmelch, 1897.

Von der Scharte zwischen Kleinem und Mittlerem Bruder 20 m nach Norden absteigen, durch Geröllschrofen und Latschen nach 150 m zu einer lehmigen, roterdigen Mulde; an dieser über Schrofen vorbei zu einer Einsattelung und auf kurzer, latschendurchsetzter Schrofenstufe 30 m leicht zum Gipfel.

● 519 **Südwestgrat**
II, 10 Min. Unbedeutender kurzer Grataufschwung. Siehe 12. Aufl. 1969.

● 520 **Nordostgrat**
Deye u. Gef., 1911.
IV (Stelle), III+. Fester Fels. 1½ Std.

Einstieg direkt in der Scharte zwischen Mittlerem und Großem Bruder. An der Kante gerade empor (30 m, III+); nun östlich in eine plattige kurze Verschneidung (1 H, —IV) und gerade empor zu Stand; 20 m dem Grat entlang zu hier ansetzendem, glattem, schräg geneigtem Kamin; direkt in ihm empor (IV) und leicht den sich zurückneigenden Grat entlang zum Gipfel.

● 521 **Ostwand**
Seitz, Zeller, Bose, 1910.
III, 80 m, 1 Std. Kaum begangene, unbedeutende Wandstufe an der Ostseite.

Den E erreicht man am besten durch Absteigen von der Scharte zw. Gr. u. Mittl. Bruder; dann ansteigendes Queren in Latschenzone.

● 522 frei für Ergänzungen

● 523 **Kleiner Bruder**, 1800 m

Kühner Felsturm, welcher den westlichsten Gipfel der Nordabstürze der Reiter Steinberge bildet. (Namensgebung entspringt einer alten Wilderersage). Gipfelkreuz. Erstbesteigung durch Gmelch, 1897.

● 524 A **Abstieg über den Nordostgrat.**
Mehrmals abseilen.

Den Grat entlang absteigen zu erstem Absatz (H). 30 m abseilen, die folgende Latschenzone hinab zu einem weiteren Absatz. Nun 40 m abseilen zur Scharte, wobei ein Felsblock als Abseilverankerung benützt wird. Unterbrechung nach 20 m möglich (H).

● 524 **Aufstieg über die Abseilstellen des Nordostgrates**
Kadner u. Gef., 1920.
IV+, 120 m, 1½ Std.

Direkt von der Scharte zwischen Kleinem und Mittlerem Bruder 5 m gerade empor (H). 1 m nach rechts (H) und über den Überhang zu Stand (V). 15 m gerade aufwärts (H) zu einem Felsschild und weitere 15 m zu einem Felskopf empor (Latschen). Dem Grat zu einem Aufschwung folgend, diesen nördlichhaltend luftig erkletternd über zwei Absätze nach 35 m zu Stand (H). Weiter dem Grat folgend leicht zum Gipfel.

• 525 A Abstieg über die Westwand
J.F. Seitz, M. Zeller, 1908.
II (?), 1½ Std. bis zur Alpaalm. Abseilstellen.

Vom Gipfelsteinmann ein wenig nach N bis zu einem vom Grat nach W schief hinabführenden, nach außen etwas geneigten Plattenband. Auf diesem erreicht man das obere Ende der zwei zusammen etwa 30 m hohen Kamine, welche den im oberen Teil der W-Seite senkr. sich aufbauenden Plattenpanzer des Berges spalten. Diese Kamine werden durchklettert. Der untere ist in seinem oberen Teil sehr schwierig (Abseilen, Seilzacken!). Eine kurze Rinne leitet auf eine westl. hinabstreichende, teilweise mit Latschen bewachsene Felsrippe, auf der man zuerst längs ihrer nördl., dann jenseits auf ihrer südl. Begrenzungsflanke hinabsteigt, wobei man zuletzt eine kaminartige Verschneidung benutzt. So gelangt man in eine weite Mulde mit rotem Erdreich. Von hier quert man unter den plattigen Wänden des SW-Grats durch und erreicht einen Gamswechsel, der bald auf den Jagdsteig leitet, welcher zur Alpaalm hinabführt.

• 526 Südostwand
III+, 200 m, 2½ Std.

Von der Alpaalm auf schwach ausgeprägtem Steig zu einer Rinne, die zur Scharte zwischen Kl. und Mittl. Bruder führt; durch sie empor zu einem Absatz. Beginn der Felszone. 45 Min. Die südlich ansetzende Schlucht empor, über Schrofen zu einer plattigen Felswand. 100 m durch diese rechts ansteigend (1 H, III+) empor, 30 m weiter über Schrofen zum Gipfel.

• 527 Traunsteiner Riß
IV, 200 m, 2½ Std. Wenig bedeutungsvoll.

Wie bei R 526 auf den Absatz, die Rinne etwa 50 m weiter ansteigen zu einem hier ansetzenden Riß; in diesem gerade empor und links haltend zum Führerweg; weiter zum Gipfel auf R 526.

• 528 Münchner Riß
IV, 180 m, 2½ Std. Wenig bedeutungsvoll.

Wie auf R 527, jedoch bis etwa 100 m unter die Scharte ansteigen, dann den Riß empor (IV, 1 H) und weiter über den NO-Grat zum Gipfel.

● 529 Salzburger Riß
IV, 120 m, 1½ Std.

Ansteigen wie auf R 527 bis 30 m unterhalb der Scharte. Den hier ansetzenden Kamin, der sich zum Riß verengt, empor (35 m, 1 H) zu Stand; nun leichter nach 20 m zum NO-Grat. Wie bei R 524 zum Gipfel.

● 530 Südostschlucht (Führerweg)
Mayrhofer, Oblader, 1903.
III+, 1½ Std.

Der Führerweg zieht südl. des Salzburger Risses (R 529) gerade durch die ganze SO-Wand empor zum Gipfel. Man steigt gut 100 m unterhalb der Scharte vom Graben aus in die Wand und klettert über latschenbewachsene Schrofen empor bis zu einem Latschenköpfchen. Die Schwierigkeiten beginnen erst hier und bestehen darin, in die durch die Gipfelwand führende Schlucht zu gelangen. Ein Riß führt in dieselbe. Man umgeht nun ihren unteren Teil, indem man links steil emporsteigt und dann durch einen kurzen, schwierigen Quergang (Seilring) zur kaminartig verengten Schlucht gelangt, dann neben dem Kamin über eine 10 m hohe Platte emporklimmt (drei eingehauene Tritte, am oberen Ende Seilring). Nun in der Schlucht 1 SL empor, dann schräg nach rechts und durch kurze Querung auf den Grat und zum Gipfel.

● 531 Südwestgrat
Gerin, Wieder, 1905.
IV, (Stellen), 3 Std. Prächtige Kletterei.

Von der Alpaalm auf schwach ausgeprägtem, an der S-Seite emporführendem Jagdsteig, der durch eine Waldblöße führt und bald besser wird, auf den südwestl. bewaldeten Bergsockel. Wo der Steig ein kurzes Stück waagrecht läuft, steigt man rechts von ihm auf Gamsfährten empor, immer knapp am Fels zum Fuß des plattigen SW-Grats. Wenn man vom Weg zu spät abzweigt, gelangt man zur „Mulde mit rotem Erdreich" des W-Wand-Abstiegs R 525 A; es ist jedoch auch von dort Querung nach rechts zum SW-Grat nach kurzem Anstieg möglich. Den untersten, 40 m hohen Wandgürtel bewältigt man durch einen schräg nach links aufwärtsführenden, im unteren Teile rötlichen, glatten Einriß (teilweise IV) und gelangt durch ihn auf die oberste Latschenterrasse (Steinmann). Nun nach rechts (östl.) in eine Schlucht mit rotem Erdreich, welche neben dem Grat emporzieht und in einem roten, überhängenden Kamin endet. In demselben steigt man empor zu einem

Schuttfleck, 10 m unter einem grünen Sattel. Nun entweder nach links um die Gratkante herum über eine nach abwärts geneigte Platte und jenseits gerade empor auf den Grat, oder zum Beginn eines engen, senkr. Risses, der auf die südwestl. streichende, plattige Rippe führt. — Durch ihn hinauf zum Grat und über Schrofen zu einem 15 m hohen, überhängenden Riß (IV). Über eine griffarme Platte an der SW-Seite empor und dann ohne Schwierigkeit zum Gipfel.

• 531 a Gesamter Südwestgrat
W. Welzenbach, G. Adler, 1921.
V.

Der SW-Grat wird in seiner ganzen Ausdehnung überklettert und weicht nicht wiederholt in die SO-Seite aus wie R 531.

• 532 Westkamine
Dürnberger u. Gef., 1947.
IV, 2½ Std.

Zunächst wie bei R 531 zur Mulde mit rotem Erdreich. Aus der Mulde 80 m links (nördl.) ansteigen, weiter links haltend über Schrofen und ein Felseck zu dem hier ansetzenden breiten Kamin; diesen 35 m verfolgend zu Absatz (III+) und 20 m in Schrofen weiter. In dem sich nun wieder verengenden Kamin 20 m aufwärts (IV) zu glatter Wandstelle; rechts haltend gerade empor (1 H) nun leichter zum Gipfelband, 20 m rechts über einen Block in eine Schlucht und in ihr 25 m direkt zum Gipfelkreuz.

• 533 Nordwand
Dürnberger, Fuchs, 1954.
V+ (Stellen), überwiegend IV+, IV, III.
350 m, Zeit der Erstbegeher 6 Std.

Vom Jägersteig der Alpaalm zu der großen, von der Scharte herabziehenden Verschneidung zwischen Mittlerem und Kleinerem Bruder. Vom Verschneidungsgrund 40 m rechts ansteigend, dann gerade empor (100 m, IV) zu dem großen Band, auf dem man 20 m ansteigt, dann auf ein kleines Felsköpfel (15 m, III+). Rechts des Köpfels 40 m zu einem Überhang (V) empor, von hier nach links queren (15 m, IV+) auf einen Pfeiler. Nun gerade weiter (15 m, IV+) und 25 m über den Überhang zu einem Kamin (V+), dann leichter zum Gipfel (80 m).

• 534 Direkte Nordwand
H. Krafft, H. Brandner, 1978.
VI, 300 m, 3—4 Std.

• 535—539 frei für Ergänzungen

● 540 Stadelhorn, 2286 m

Der gemeinsame S-Absturz von Stadelhorn und Gr. Mühlsturzhorn wird Stadelmauer genannt. Erste tourist. Besteigung durch Thurwieser, 1825.

● 541 Von der Mayrbergscharte (R 332, 333)
I, bez. Weg, ¾ Std.

Von der Scharte über gestufte Absätze etwas nördl. der Gratkante zum Gipfel.

● 542 Von Nordosten
II, 1 Std.

Der Weg führt vom Oberen Wagendrischlkar gerade zum Stadelhornscheitel; er leitet in dem gegabelten Riß der N-Seite empor, dann gegen NO hinüber. Anfangs hart neben dem rechten Zweig des gegabelten Einrisses über steile Felsstufen, dann in demselben empor und durch seine rinnenartige Fortsetzung bis zu einem Gesimsband. Auf diesem nach S und zuletzt von O längs einer Rippe zum Gipfel.

● 543 Südwand
Schifferer u. Gef., 1914.
IV—, 3 Std., landschaftlich sehr schön.

Auf dem Schaflsteig (R 332) bis zum ersten seltsamen Felszacken vor dem Hochgscheid. Aus der von hier wenig gegliedert erscheinenden Wand löst sich an der westl. Seite eine steile Felsrippe, deren südl. Teil begehbar ist und scheinbar bis zum Gipfel führt.

Führe: Zunächst von dem Felszacken an der ganz kurzen, wenig kennbaren Schneide gegen die Stadelmauer und über Schrofen zu einem kurzen Kamin. Durch ihn und den folgenden sehr engen Kamin zu einem kleinen Standplatz. Vor dem Ausstieg ein Klemmblock. Nun links schräg aufwärts zu zwei kleinen Löchern. Dann nicht über das hier sich aufbauende kurze Wandl, sondern links auf ausgesetztem, teilweise unterbrochenem Band zu einer 30 m hohen plattigen Steilrinne, durch welche man zu dem nun sich auflösenden Wandteil gelangt. Durch breite Rinnen zu einem Absatz und über Schrofen und Schutt weiter zum Gipfel.

● 544 Westwandriß
Dürnberger, Hagen, Wimmer.
VI (Stellen), **A 1** (?), häufig V+, im unteren Teil auch IV, III. 400 m, 3—5 Std.

E in der großen Schlucht (dritter Graben vom Hochgscheidsattel). Aus dem Schluchtgrund rechts durch eine Höhle zu einer Terrasse (50 m, III), nun die rechte Begrenzungsseite empor (2 H, V+) zuerst über eine glatte Wandstelle, dann in den Kamin, den man unter der Überdachung nach rechts verläßt. Leicht links haltend weiter (40 m, III+), eine Platte nach links querend (15 m, IV) und gerade empor zu einem weiten Kamin (120 m, III). Durch den Kamin (IV) zu dem Riß, der, von unten deutlich sichtbar, die ganze Gipfelwand durchreißt. Von der Höhle am Beginn des Risses meist naß 3 m gerade empor (VI) und in den Riß zurück. Nun im Riß weiter (25 m, VI) und über den Überhang (VI) in eine kleine Nische. Rechts 5 m zu einem handbreiten, sehr plattigen Riß und in diesem 5 m frei empor (V+). Vor einer glatten Platte links queren, dann gerade über die Platte hinauf (15 m, VI) zu einem Band mit losen Steinen. Links etwas absteigend Querung zu einem Kamin, zuerst etwas links, dann rechts haltend (40 m, V+) zum Gipfelplateau.

● **545—548** frei für Ergänzungen

● **549** **Stegerturm**

Ein freistehender, etwa 20 m hoher Felsturm an der Stadelmauer, der mit auffallender 150 m hoher Südwand zum Schaflsteig (R 332) abfällt.

● **550** **Nordquergang — Normalweg**
Kellerbauer, Schröer, 1952.
VI— (10 m), IV und III.
Am Gipfel Kassette mit Buch. 2—3 Std.

Einstieg links des Turms in Höhe des Stadelhorn-S-Wand-Einstiegs (R 543). Man muß zuerst über Verschneidungen, Platten und Rinnen die Scharte zwischen Turm und Stadelhorn-S-Wand erreichen (III, IV). Von hier auf ansteigendem Band etwa 8 m nach links, dann rechts aufwärts (H) zu Stand direkt oberhalb der Scharte und weiter zum Gipfel.

● **551** **Südwand**
S. Kellerbauer, H. Brandner, 1967.
V+, A 2. 150 m, 3—4 Std. Foto Seite 194.

Einstieg in Gipfelfallinie. Durch einen nach rechts aufwärts ziehenden Riß, der an seinem Beginn zwei kleine Überhänge aufweist, auf die Schrofenterrasse in 50 m Wandhöhe (V—). Nun über das gelbe Wandl in Gipfelfallinie (H), durch den folgenden Holzkeilriß, dann frei zu Stand auf grasiger Leiste (20 m). Den H folgend schräg links aufwärts, die letzten Meter frei, auf ein Pfeilerköpfel, luftiger Stand. Nun nicht gerade empor (Verhauerhaken), sondern freier Quergang nach links zu verdecktem Riß. Diesen 20 m frei empor (IV). Dann erst nach rechts (H) und wieder nach links zu Stand am unteren Ende der Rinne, die vom Gipfelgrat herunterzieht, 40 m. Erst rechts der Rinne, dann über Wandstellen zum Gipfel.

● **552—553** frei für Ergänzungen

● **554** **Großes Mühlsturzhorn,** 2235 m

Erstbesteiger H. v. Barth, 1868.

● **555** **Normalweg vom Stadelhorn**
I, ½ Std.

Auf dem Grat, manchmal südl. ausweichen, zum Gipfel.

● **556** **Südkamin**
Bechtold, Merkl, Müllritter, 1926. Mitt. 1932, S. 20.
V, 500 m, 3 Std.

Auf dem Jagdsteig am Fuß der S-Wände entlang gegen die Mayrbergscharte (R 332). Dort, wo der Steig erstmals an die Felsen herankommt, sieht man knapp links neben dem auffallend glatten Wandabbruch eine Kaminreihe; in ihr erfolgt zunächst der Anstieg. — Einstieg etwas links der Fallinie der Kaminreihe (etwa 1690 m).

Führe: Kurz über Geschröf in eine kaminartige Steilrinne; in ihr etwa 20 m aufwärts, dann nach rechts in die erwähnte Kaminreihe. In ihr 10 m empor und über die rechte Begrenzungswand (H), dann etwas leichter über griffigen Fels bis unter glatte Wülste. Kurzer Quergang nach links in den Kamin (H) und besonders schwierig über den Überhang; nach 20 m Kaminstück zu einem Schuttabsatz. Weiter gerade empor zu zwei überhängenden Kaminästen. Im rechten unter Benützung der linken Kaminwand in eine kaminartige Rinne; in ihr zu einem größeren Schuttfleck, wo sie sich gabelt. Im rechten Ast 30 m aufwärts bis zu rötlichen Überhängen. An ihnen links vorbei in eine aufgelöste Schrofenrinne, die in schöner Kletterei, zuletzt durch einen Kamin, auf den Grat führt. Über seinen Turm zum Gipfel.

● **556 A** **Abstieg durch den Südkamin**
(Normalabstieg nach Süden)
II und I, mehrmals abseilen (40-m-Abseilstellen!)
Fixe Abseilhaken vorhanden. Foto Seite 194, 197.

In einer Rinne 10 m abseilen. Dann 2 × 40 m über Platten auf ein grasdurchsetztes Band abseilen. Leicht ansteigend (Kreuz), dann absteigend nach rechts in eine Schlucht (kl. Schuttkessel) queren. Weiter durch die Schlucht (Südkamine) 2 × 35 m und 1 × 20 m zum Wandfuß abseilen.

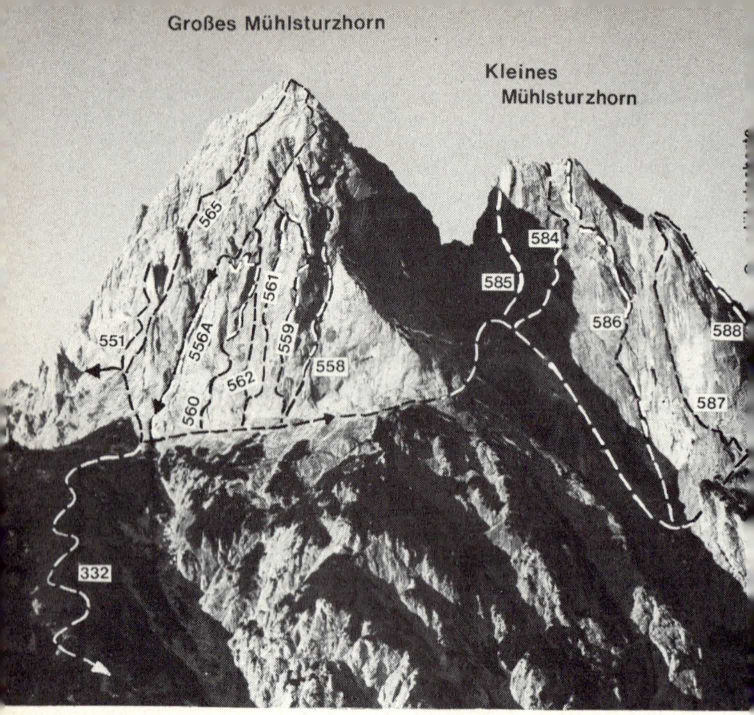

Mühlsturzhörner und Grundübelhörner von SSO

R 332 Hirschbichlstraße–Mayrbergscharte–Traunsteiner Hütte

Großes Mühlsturzhorn

R 551	Südwand
R 556 A	Abstieg durch den Südkamin
R 558	Alte Südkante
R 559	Direkte Südkante
R 560	Südverschneidung
R 561	Direkte Südwand
R 562	Direkte Südverschneidung
R 565	Südwestpfeiler

Kleines Mühlsturzhorn

R 584	Südwand
R 585	Südwestwand
R 586	Direkte Südwestwand, Christlweg
R 587	Ostsporn-Südwand
R 588	Südostwand

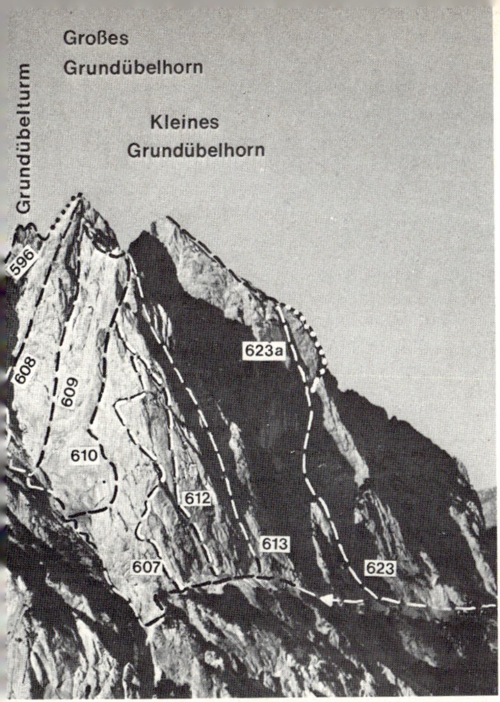

Großes Grundübelhorn

R 607 Südkante
R 608 Südwand
R 609 Südkamine
R 610 Südverschneidung
R 612 Südostwand
R 613 Ostwand

Grundübelturm

R 596 Westgrat

Kleines Grundübelhorn

R 623 Südpfeiler
R 623 a Direkter Südpfeiler

● 557 **Südwand**
M. Hartmann, H. Bose, 1909.
II, 2½ Std., teilweise brüchig.

Auf R 332 zum S-Absturz der Stadelmauer. Ehe man zu einem grotesken Felsturm gelangt, fällt eine Schlucht in der S-Wand des Gr. Mühlsturzhorns auf (Steinmann, Stange). Man erreicht sie, indem man von links über Schrofen emporklettert, und erst über einen Abbruch in die Schlucht einsteigt. Nun in der Schlucht ein kurzes Stück aufwärts, bis man zur linken Hand eine gutgestufte, zum Teil plattige Wand vor sich hat. Über diese Wand und durch eine sie links begrenzende kamindurchsetzte Steilrinne ohne besondere Schwierigkeit empor zu einem Sattel mit schönem Blick auf den Turm an der S-Wand der Stadelmauer. (Steinmann!) Von hier in der unmittelbar unterhalb vorbeiziehenden, immer steiler werdenden gelben Rinne in sehr brüchigem Gestein aufwärts bis zu einem zweiten Sattel (Steinmann!); nun quert man zuerst waagrecht auf einem schmalen Band nach W (nicht zu weit; wer irrtümlich bis zu einer steilen, gelben Schutthalde gelangt, der wende sich stark rechts und steige über eine Rippe jenseits 4 m zum breiten Band ab) und steigt dann in einer Steilrinne und über brüchige Felsen bis zu einem nach rechts ziehenden, auffallenden breiten, grasdurchsetzten Band, das gleich zu Beginn eine Felsennische aufweist. Beinahe bis zum Ende dieses Bandes um eine scharfe Knickung herum bis zu Schrofen; hier empor zu einem zweiten, nach links ziehenden breiten Band, das über eine Platte erreicht wird (Steinmann!) Man geht nun auf dem Band nach links 10 m etwas abwärts und steigt vor einem runden Felskopf hinauf, bis ein kleiner Quergang nötig wird; weiter über einen Plattenwulst zu einem Absatz; von seinem westl. Teil rechts aufwärts in unschwieriger Kletterei auf den Grat, etwa 30 m westl. des Gipfels.

● 558 **Südkante, alter Weg**
Huber, Mitterer, 1930.
V+ (Stellen), **A 1** (Stelle), V. 450 m, 4—6 Std.
Foto Seite 194.

Der S-Kante des Gr. Mühlsturzhorns ist in östl. Richtung ein mächtiger, geneigter Plattenpfeiler angelagert. Die zwischen diesem und der S-Kante emporziehende Einbuchtung ermöglicht den Durchstieg. Zugang

Großes Mühlsturzhorn von Süden

R 556 A	Abstieg durch den Südkamin
R 559	Direkte Südkante
R 560	Südverschneidung
R 561	Direkte Südwand
R 562	Direkte Südverschneidung
R 563	Südpfeiler

Großes Mühlsturzhorn
Vorgipfel
40
10
40
556A
35
35
20
563
556A
561
562
560
561
559

wie R 332. Einstieg bei einer Nische nur wenige Meter links der Kante.

Führe: Durch grasdurchsetzte Risse 35 m empor, bis man rechts der Überdachung einen Sicherungsblock an der Kante erreicht (V+). Weitere 12 m gerade empor zu einem Stand (H). In einer Verschneidung empor (H), dann nach links aufwärts unter Überhänge (V). Die überdachte Rampe empor (V+), nun mit Reibung nach rechts aufwärts, hierauf ziemlich gerade hoch zu einer waagrecht ziehenden Nische in der oben erwähnten Einbuchtung. In ihrem Grund gerade empor, bis sie eine Rippe teilt. Im linken Riß rechts der Rippe empor zu Stand, kurz unter einem Überhang. 5 m nach rechts in einen Riß. Weiter gerade aufwärts, zuletzt über einen schachtartigen Kamin zu Stand, 8 m unter mächtigen Überhängen. Etwas links, sodann in Einrissen gerade hoch zur Überdachung (H). An der geneigten Platte unter Überhängen 25 m nach links aufwärts zu Stand. Weiter nach links um ein Eck, dann etwas leichter rechts aufwärts zu überhängenden Felsen und anschließend (H und Schlingen) 6 m nach links aufwärts, zuletzt durch eine Einkerbung, schließlich noch gerade 3 m und nach links zu Stand. Gerade hoch unter eine Serie von Überhängen mit rotem Fels. Unter den Dächern Quergang nach rechts abwärts und durch einen sich keilförmig schließenden Einriß hoch zu Überhang; nach rechts aufwärts in einen Einriß. In ihm etwa 2 SL empor bis in halbe Höhe der links liegenden, grasdurchsetzten Platten unter Überhängen. Querung der Platten, anfangs etwas abwärts auf kleinen Tritten nach links, bis zu einem Kamin. Durch diesen hinauf, bis man unter einem Klemmblock eine kleine Scharte erreicht. Nun in leichtem Fels zum Grat hinauf und in ½ Std., sich knapp rechts des Grates haltend, auf den Gipfel.

• 559 Direkte Südkante

T. Kurz, A. Hinterstoißer, 1936.

VI— (einige Stellen), **A 2** (Einzelstellen im gr. Überhang), A 1, A 0, V und V+, selten leichter.

Herrliche Genußkletterei in kompaktem festem Fels. Ideale Frühsommer- oder Spätherbsttour, galt bis in die 50er Jahre als eine der schwersten Fahrten in den Berchtesgadener Alpen. Heute sehr oft begangen, sämtliche SH und ZH stecken, teilweise zu viele! 350 m, 5—7 Std.

Foto Seite 194, 197, Skizze Seite 199.

Zugang wie R 332. Einstieg im Winkel der markanten Rißverschneidung, unter dem mächtigen, überhängenden Kantenabbruch.

Führe: 1. SL: Durch die Rißverschneidung 15 m empor (IV+, 2 H), dann waagrechter Plattenquergang nach links (A 0 und V) zu kleinem

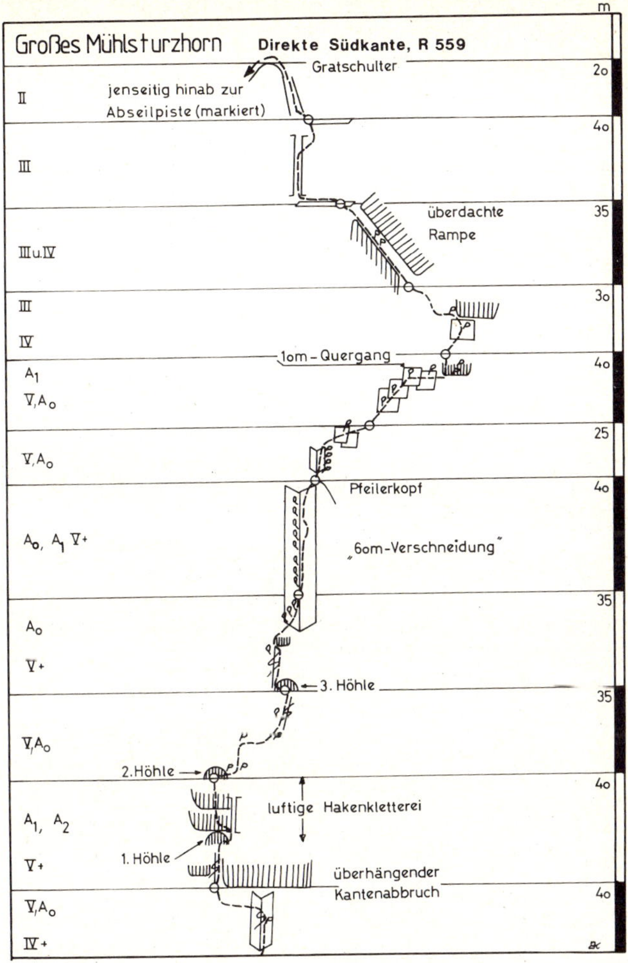
m
Großes Mühlsturzhorn
Direkte Südkante, R 559
Gratschulter
jenseitig hinab zur
Abseilpiste (markiert)
II
III
überdachte
Rampe
III u. IV
III
IV
1om – Quergang
A1
V, Ao
V, Ao
Pfeilerkopf
Ao, A1 V+
„6om-Verschneidung"
Ao
V+
3. Höhle
V, Ao
2. Höhle
A1, A2
luftige Hakenkletterei
1. Höhle
V+
überhängender
Kantenabbruch
V, Ao
IV+
2o
4o
35
3o
4o
25
4o
35
35
4o
4o

Stand (40 m, IV+ und V, A 0). **2. SL:** Weiter durch überhängenden Schulterriß (V+), nach 15 m zur sog. „1. Höhle", rechts hinauf (A 1) und weiter überhängend den Haken folgend nach 25 m zu Stand in der „2. Höhle" (40 m, anfangs V+, dann A 1 und A 2). **3. SL:** Rechts aus der Höhle heraus (2 H), gerade empor nach 10 m auf Leiste (H), diese nach rechts zu ihrem Ende (H), 4 m Wandstufe zu kurzem Riß, der in die „3. Höhle" leitet (35 m, V, A 0). **4. SL:** Links aus der Höhle heraus, durch Riß 15 m empor, einem Überhang links ausweichend, zum Fuß der „60-m-Verschneidung" (ev. Zwischenstand), in ihr nach 15 m zu schlechtem Stand (35 m, V+ und A 0). **5. SL:** Durch die Verschneidung zu Stand auf Pfeiler an ihrem Ende (40 m, A 0 und A 1, V+). **6. SL:** Seichte Verschneidung 10 m hinauf (A 0) und rechtshaltend zu schlechtem Stand (25 m, A 0 und V). **7. SL:** Schräg rechts über Platten 15 m aufwärts (V, A 0), dann 10 m Querung nach rechts unter kleinen Überhang, darüber hinweg (A 1) zu schlechtem Stand (40 m, V, A 0, eine Stelle A 1). **8. SL:** In Rechts-Links-Schleife über eine Platte und direkt an der nun geneigteren Kante zu Stand (30 m, III und IV). **9. SL:** Schräg links über überdachte Rampe, eine Unterbrechungsstelle hangelnd (IV, 2 H), zu Stand auf Schrofenband (35 m, III und IV). **10. SL:** Auf diesem Band 10 m nach links und durch Kamin auf weiteres Band hinauf (40 m, III). **11. SL:** Linkshaltend durch Rinne auf eine Gratschulter (20 m, II) und jenseitig hinab zur Abseilpiste (R 556 A).

● 560 Südverschneidung

Lobenhoffer, Hollerieth, Rausch, Wimmer, 1948. Anstiegsblatt Alp. 2/78.

VI—, A 2. 250 m, 3—5 Std. Foto Seite 194, 197.

Die Verschneidung durchzieht den linken Teil der prallen S-Wand. Einstieg in der Fallinie der rechten Verschneidung, die auch den Durchstieg vermittelt. 40 m unschwierig zu einem Schuttplatz. 5 m rechts zu einem Riß, der 30 m erst senkrecht, dann unschwierig zu Platten leitet. 20 m schräg rechts über die Platten, 10 m waagrecht zu Stand. 5 m höher rechts eines Köpfls über eine senkrechte Rißspur 5 m hoch, dann links schräg 25 m aufwärts zu Stand am Beginn einer Parallelverschneidung zur S-Verschneidung. Waagrecht hinüber zur S-Verschneidung, die man oberhalb eines Überhanges betritt. 15 m gerade hoch, 15 m rechts abwärts und wieder 20 m gerade hoch zu schlechtem Stand. 5 m tiefer Überhang zu steilen Platten rechts der Verschneidung, und über sie 40 m in die Verschneidung zurück. In ihr 2 SL (A 2) empor, bis man nach links über eine glatte Platte auf die Kante zu kleinem Stand hinausqueren kann. Von hier kann man 40 m schräg links auf ein Geröllband abseilen. Weiter links ansteigend etwa 40 m auf eine Rippe (Gedenkkreuz), von hier absteigend zur Abseilpiste durch die Südkamine (R 556 A).

● 560 a Direkter Ausstieg zu R 560
H. und F. Schülein, 1964.
VI—, A 2. 1 SL.

Vom Stand links des Daches zuerst gerade in freier Kletterei empor, dann leicht links haltend zum Ausstieg.

● 561 Direkte Südwand
Schertle, Werner, 1964.
V+, A 3, häufig V, nur am Ausstieg leichter. Ideale Direktroute, bester Fels. Mehrmals Schlingenstand. 350 m, 5—7 Std. Foto Seite 194, 197.

Übersicht: Durch die mauerglatte S-Wand links der S-Kante zieht ein auffallendes Riß- und Verschneidungssystem, das unter einem gelben Dach endet. Es beginnt mit einem geschwungenen Riß im Kar.

Führe: Den geschwungenen Riß unschwierig hinauf, dann an der rechten Wand unter Überhang V+. Über diesen (A 2, V+) weiter zu Haken („Piaz-Riß"). Hier aus dem Riß nach rechts und über Leisten und Schuppen hinauf zu Schlingenstand (V). Hangelquergang rechts hinauf (V) unter ein Schild und weiter nach rechts zu Riß (A 2). Diesen an teilweise schlechten Haken 20 m hinauf zu Schlingenstand an kleinem Köpfel (A 2). Einige Meter hinauf zu flacher Nische (V). Rechts haltend in kleine Verschneidung (A 2); durch sie in kleiner Schleife rechts (A 3) in Riß. Links aufwärts zu Schlingenstand. Den Riß hinauf in Verschneidung. In ihr überhängend empor und rechts aufwärts haltend zu Schlingenstand an Platte (A 1 / A 2). Nun Quergang nach rechts um die Kante und über Platte (A 2) in gut kletterbaren Riß. Im Riß hinauf, 1 m nach links und weiter in Verschneidung und zu Schlingenstand unter den von unten gut sichtbaren traubenförmigen Überhang (V+). Die Verschneidung an Haken hinauf (A 2), dann Quergang nach rechts (V+) und an Kante hinauf zu Stand (V+). Von hier über kurze Plattenzone (A 2, V+) in weniger schwieriges Gelände. In einer Schleife nach rechts zu Stand unter dem großen grauen Wulst. Weiter gerade hinauf (A 3), Quergang nach rechts (V+) und immer dem wulstigen Riß folgend zu Hakenstand. Nach weiteren 15 m erreicht man eine Höhle (Wandbuch, guter Biwakplatz), Ende der Schwierigkeiten. Von der Höhle quert man nach rechts in eine weitere Höhle. Nun rechts haltend über unschwieriges Gelände auf Band. Von hier links hinauf um die Kante in die Schlucht. 2 SL hinauf (III); von hier nach links zur Abseilpiste oder etwa 250 m hinauf zum Gipfel des Großen Mühlsturzhornes.

● 562 Direkte Südverschneidung
R. Bülter, K. Stör, 1971.
VI / A 2 (mehrfach), häufig V und V+.
350 m, 5—7 Std. Foto Seite 194, 197.

Die Route benützt die ersten 20 m der Direkten S-Wand (R 561). Nun weiter nach links aufwärts (20 m, V+, 3 H) zu Stand. Von hier nach 40 m auf den Kopf des kleinen Pfeilers (V+, 1 H). Nach rechts queren (1 H) zum Beginn der 70-m-Verschneidung. 2 SL durch die Verschneidung (VI, A 2), zuletzt links querend auf ein schmales Band zu Stand. Von hier einem Riß folgend 15 m empor (V+, 3 H), dann Quergang nach links (3 H, VI) und äußerst schwierig schräg links zu Stand am Beginn der markanten Verschneidung von R 560. Nach 2 SL Stand unter dem Dach (mehrere H). Nun direkt unter das Dach empor (H) und schwierig überhängend nach rechts queren (2 H). Schräg nach unten mit Seilzug zu Holzkeil und von diesem über 1 H und 2 Schlingen zum rechten Rand des Daches (2 H) empor zu Stand. Nun 1 SL (V) eine Verschneidung hinauf bis zur Abseilpiste.

● 563 Südpfeiler
H. Krafft, H. Brandner, 1973.
V+ (häufig), V und IV. 5 H. Erster Pfeileraufbau auf teilweise anderer Route 1972 von P. Scholz und J. Vogt durchstiegen. 500 m, 4—5 Std. Foto Seite 197, 203.

Der Südpfeiler wird links begrenzt von der Südrippe und rechts vom Südkamin (R 556) wobei die erste Seillänge des Südkamins auch die erste des Pfeilers ist. Im Kamin hinauf (V und V+, 1 H), am Ende nach rechts hinaus zu Stand. Nun spreizend zu Ringhaken empor, über diesen hinweg zu einer Rippe (V+) und Quergang nach links zu Stand. Weiter an Rissen hinauf zu brüchiger Wandstelle, über einen Überhang (H) nach rechts heraus (V+), weiter nach rechts zu Stand. Nun im Riß (V+) 10 m hinauf, nach rechts um die Kante in einen kurzen Riß und durch diesen (V+) zu Stand. Auf einem Band nach links und gerade hinauf (IV+) in leichtes Gelände. Nun auf dem Grat weiter zu Stand

Großes Mühlsturzhorn, Südwand, westlicher Teil

R 563 Südpfeiler
R 564 Südwandriß
R 565 Südwestpfeiler
R 569 Südrippe
R 572 Renateweg

Großes Mühlsturzhorn
564
Stegerturm
572
563
565
569

unter einem Doppelriß. Im Riß (V) zu Stand auf dem Grat. Dem Grat weiter folgend (III und IV) bis unter eine rotgelbe Verschneidung, in ihr (V+) hinauf zum Gipfelgrat und in ¼ Std. zum Gipfel.

● 564 Südwandriß

H. Brandner, H. Krafft, 1973.

VI (1 SL), V, überwiegend IV. 2 H. Ideale Führe, vom E zum Gipfel in festem Fels.

560 m, 3—4 Std. Foto Seite 203.

Zustieg wie bei R 557, E in der Schlucht links der Südrippe.

Führe: In der Schlucht hinauf (III), nach 200 m zu einem Absatz, bis man in den Gipfelriß queren kann. Aus einer Nische nach rechts heraus und etwa 30 m (IV+) hinauf zu Stand; weiter gerade im Riß, bis eine Querung nach links zum Hauptriß möglich ist (30 m, V). Weiter an flachen Rissen zu Stand unter einem Dach (30 m, IV—). Am Dach nach links heraus und weiter im Riß zu Stand (40 m, IV+). Nun immer im Riß hinauf bis zur Gipfelwand (IV und IV+) zu Stand unter zwei überhängenden Rissen, die schon vom E sichtbar sind. Im linken Riß 5 m hinauf, Querung nach rechts, weiter im Riß (VI) nach 20 m zu Stand. Weiter rechts in die Ausstiegsverschneidung, die direkt am Gipfel endet (30 m, IV).

● 565 Südwestpfeiler

W. Schertle, E. Pückert, 1975.

VI— (10 m), **A 2** (6 m), häufig V+ und auch leichter. Schöne Kletterei in bestem Fels. 500 m, 4—6 Std.

Foto Seite 194, 203.

Zugang: Am Wandfuß zum Stegerturm, der an seiner rechten Seite durch ein auffallendes Riß-Kamin-System von der eigentlichen Wand getrennt wird; dieses wird für den Durchstieg benützt. Weiter oben wird der plattige Pfeiler über dem Stegerturm direkt durchstiegen und über Wandstufen und Risse immer leicht rechts die Gipfelwand erreicht. E etwas rechts der Kaminreihe.

Führe: 30 m links hinauf und hinter einem Kopf zu Stand (III). Weiter in einer Verschneidung (6 m, A 2, 3 H) und durch überhängenden Kamin auf Klemmblock (30 m, V). Den Kamin 10 m hinauf, nach links ausweichen und nach rechts in den Kamin zurück. Später nach rechts zu Stand (40 m, V+, 2 H). 15 m schräg rechts hinauf (III), 8 m Quergang nach links (IV) und leicht auf Absatz an Pfeilerfuß. Die den Pfeiler links begrenzenden Rißkamine hinauf zu Stand (40 m, III). Von hier mit Spreizschritt an die Pfeilerwand und in ihr einige Meter hinauf. Hangelquergang an feiner Schuppe nach rechts und schräg hinauf in den Kamingrund. Im engen Kamin hinauf und nach rechts zu Riß (Zwischenstand, 35 m, V+, 3 H). Weiter im Riß 10 m anstrengend (VI—, 2 H) auf Absatz. Nach rechts herum in eine Schlucht, diese hinauf und rechts hinaus auf Pfeilerköpfl (40 m, II). Vom Pfeilerkopf die steile Wandstufe gerade hinauf zu Stand auf Band (20 m, V+, 2 H). Auf dem Band weiter nach rechts und hinauf zu Stand (40 m, II). Kleingriffig gerade hinauf auf Schutterrasse und schräg rechts zu Stand an gelber Wand (40 m, IV). Vom Stand durch feine Risse in herrlicher Kletterei gerade aufwärts, rechts querend um die Kante und hinauf zu Stand (35 m, IV+). Weiter 2 m nach rechts die rechte Rißreihe hinauf (40 m, V—, 1 H). Am Ende schräg rechts zur Gipfelwand. Nun schräg links zu überhängendem Rißkamin und anstrengend hinauf auf Leiste (V+, 30 m). Weiter den Riß hinauf (V+, 40 m) zu Stand. 40 m im leichten Gelände direkt zum Gipfel.

● 566 Nordostgrat
III (Gratturm), ¾ Std. von der Mühlsturzscharte (R 578).

Über Schneefelder und Karren in der N-Flanke des Berges aufwärts, hoch oben links zu der obersten Scharte im NO-Grat und, den letzten Gratturm schwierig überkletternd, zum Gipfel.

● 567 Nordseite
II. 1 Std.

Aus dem Wagendrischlkar über die Felsstufen der dicht neben der O-Seite des Stadelhorns sichtbaren Einbuchtung hinan, welche die Bergmauer durchzieht, bis zur Einschartung zwischen Stadel- und Großem Mühlsturzhorn; in einigen Minuten auf jeden dieser Gipfel.

● 568 Südostwand
G. Leuchs, 1900.
IV, ausgesetzt. Siehe 12. Aufl. 1969.

● 569 Südrippe
Bechtold, Haslacher, Mitterer, Müllritter, 1928.
V, 540 m. Siehe 12. Aufl. 1969. Foto Seite 203.

● 570 Ostanstieg zum Südgrat
Huber, Mitterer, 1931.
V—, 500 m. Siehe 12. Aufl. 1969.

● 571 Südriß
H. Krafft, H. Brandner, 21. 10. 1979.
V—, IV+, IV; 500 m, 2—3 Std.

E zwischen der Südrippe (R 569) und dem Südpfeiler (R 563) direkt unter dem auffallenden Südriß.

Führe: Durch den markanten Kamin (IV), nach 40 m zu gutem Stand unter dem ausgeprägten Riß. **2./3. SL:** Nun nicht im Riß, sondern Querung 5 m nach rechts auf eine schwach ausgeprägte Rippe und über diese in Rissen (V) zu Stand. Vom Stand einige Meter hoch und über Überhang in flache Verschneidung (IV, 40 m). **4. SL:** Nun einige Meter gerade empor und Quergang rechts abwärts in Rißsystem. Durch dieses (IV) nach 40 m Stand bei großer Doline. **5. SL:** Die Doline wird links umgangen, weiter nach rechts in die auffallende Verschneidung, durch diese nach 45 m zu Stand unter dem großen Dach (IV+). **6. SL:** Das große Dach wird durch einen nach rechts ziehenden Riß umgangen, nun gerade hoch (40 m, IV+). **7. SL:** Leicht links haltend in Richtung Südrippe (III) nach 45 m zu Stand. **8. SL:** Nun Querung nach rechts und in Rissen gerade hoch nach 40 m zu Stand (IV). **9./10. SL:** Leicht rechts haltend (III) und 2 SL auf den letzten Absatz des Südpfeilers. **11. SL:** Direkt unter die Ausstiegsverschneidung nach 40 m zu Stand auf Rasenplatz (II). **12. SL:** In die Ausstiegsverschneidung der Südkamine (V—, einige H), zum Ausstieg auf den Grat und über diesen zum Gipfel.

● 572 Renateweg

W. Schertle, W. Selbach, 1978.

Die Führe wurde schon früher von unbekannten Erstbegehern ab dem ersten Pfeilerkopf begangen.

V, 450 m. Haken und Keile sind mitzunehmen. Foto Seite 203.

E etwa 20 m links des Südkamins (R 506) am rechten Fuße eines etwa 60 m hohen Pfeilers.

Führe: 1. SL: Nach rechts durch einen 15 m hohen Riß, dann den nach links ziehenden Riß bis zum H verfolgen (40 m, IV+). **2. SL:** Durch den Riß weiter, schließlich über eine kurze Piazstelle zum Stand unter einem kleinen Überhang (45 m, IV+). **3. SL:** Über den Überhang hinweg zum Stand (30 m, V, 1 ZH). **4. SL:** Durch den Riß gerade empor (nicht nach links hinausgehen). Stand unterhalb eines nach rechts in die Pfeilerwand ziehenden Risses (40 m, IV). **5. SL:** Durch den Riß in herrlicher Kletterei zum Beginn einer Verschneidung (45 m, V—). **6. SL:** Nach links durch die Verschneidung und über eine brüchige Wandstelle gerade empor, zuletzt nach links um das Eck in einen Schuttkessel (45 m, IV). **7. SL:** Nach rechts in eine kleine Scharte (1. Pfeiler) und durch den folgenden Riß gerade hinauf zu einem Rasenfleck (30 m, IV). **8. SL:** Über Schrofen und Stufen gerade hinauf zum Stand an einem 2 m hohen Pfeiler (30 m, IV). **9. SL:** Über den Pfeiler hinweg und durch einen Riß gerade hinauf (30 m, V). **10. SL:** Nach rechts und durch einen Riß (2 H) und einen kurzen Kamin in anstrengender Kletterei in leichteres Gelände (40 m, V, 1 ZH). **11. SL:** Über Schrofen zum Kopf des zweiten Pfeilers (hier kann man nach rechts in die Südkamine hinausqueren), nun in leichter Kletterei zu Stand unterhalb eines leicht überhängenden Risses (35 m, III, SH). **12. SL:** Entweder dem Riß folgend gerade hinauf (40 m, V+, 2 H) oder nach rechts 10 m hinauf zu ZH und in die plattige Wand und über diese hinweg zum Grat (40 m, V, 1 ZH). (W. Selbach)

● **573—577** frei für Ergänzungen

● **578** **Mühlsturzscharte**

Die Mühlsturzscharte befindet sich zwischen dem Gr. u. Kl. Mühlsturzhorn und trennt den vom Gr. Mühlsturzhorn nach Osten verlaufenden langen Grat zur Grundübelscharte.

● **579** **Von Norden** zunächst wie bei R 596 bis ins Untere Wagendrischelkar, dann unter dem Kl. Mühlsturzhorn vorbei und links aufwärts über Geröll zur Scharte.

● **580** **Kleines Mühlsturzhorn,** 2141 m

Bereits vor 1869 bestiegen.

● **581** **Ostgrat**
II, ¾ Std.

Von der Grundübelscharte (R 596) umgeht man die steilen Gratabsätze und steigt über den grasbewachsenen, mäßig steilen Grat zum Gipfel.

● **582** **Westgrat**
III, ½ Std.

Von der Mühlsturzscharte sehr steil aber gutgriffig (fester Fels) etwas nordwestl. des Grats durch Einrisse und über Felsstufen in schöner Kletterei zum Gipfel.

● **583** **Nordwestkante**
W. Welzenbach u. Gef.
IV.

Die Route verläuft über die turmartigen Abbrüche des Grates.

• 584 Südwand

Merkl, Bechtold, Müllritter, Bogner, 1924.

V+ (Stelle), V. Die Wand ist von auffallender Glätte und Geschlossenheit. 250 m, 3—4 Std. Foto Seite 194, 211.

Der Weg bewegt sich fast vollständig in der Fallinie des Gipfels. — Zum Einstieg am besten von der Mühlsturzscharte, indem man von ihrem westl. Ende in einer etwa 100 m langen steilen Schnee- und Lehmrinne und weitere 100 m über Schutt absteigt, dann an dem der S-Wand vorgelagerten Schrofengürtel über Schuttbänder bis zu glatten Platten. Oder: über R 332 und unter der Südwand des Gr. Mühlsturzhorns nach Osten auf einen kleinen Sattel. Noch etwas nach Osten queren und dann schräg in die Schlucht hinauf auf den Vorbau der Süd- und Südwestwand.

Führe: Von rechts her steil etwa 50 m aufwärts zu einem gelblichen Überhang am Beginn eines überdachten Bandes; über den Überhang nach rechts und einige Meter gerade empor. Nun Quergang nach rechts und schräg aufwärts, im allgemeinen rechts haltend, zu einem kurzen Band (H). Nun rechts um eine Ecke und gerade empor über sehr plattigen, steilen Fels; zunächst etwas links, dann kurzer Quergang nach rechts und wieder senkr. mit Benutzung einer rechtsseitigen Kante auf ein breites Plattenband (V). Links aufwärts zum Einstieg einer feinen, rißartigen Verschneidung, die oben von einem dreieckigen Block geschlossen ist. In ihr (mehrere H) sehr anstrengend empor und über ein plattiges Kriechband zu einem größeren Absatz (25 m, V+). Nun entweder (schwieriger, aber schöner) im rechten der beiden hier ansetzenden Kamine empor, bis er sich verliert. Quergang unter abgesprengter Tafel nach links zu Stand. Oder durch den linken Kamin, anfangs unschwierig, dann über den Überhang rechts heraus und gerade zum Stand. 8 m Quergang schräg rechts aufwärts um die Ecke. Nach links in die schrofige Steilrinne (man kann auch vom Stand über einige Überhänge in die Steilrinne gelangen) und in ihr empor zum Gipfel.

• 585 Südwestwand

Hollerieth, Lobenhoffer, 1949.

VI, A2, A1, 250 m, 3—4 Std. Foto Seite 194.

Die Wand gliedert sich durch eine schräge, von rechts nach links laufende Rampe, über welche man eine Steilrampe erreicht, die in einem Schartel 25 m unterhalb des Gipfels endet. Einstieg wie bei der S-Wand (R 584).

Führe: Vom Einstieg 1 SL nach links um ein Eck. Über eine senkr. Wandstelle, zuletzt stark herausgedrängt, auf die schräge Rampe, die

3 SL verfolgt wird, bis sie in gelben Überdachungen endet. Nun nach rechts 10 m aufwärts zum Beginn zweier Verschneidungen, deren linke nach 20 m zu einem Stand leitet. 1 SL zum Teil überhängend empor und in gelber Wand rechts der glatten Verschneidung zu steiler Plattenrinne; aus ihr nach links über Schuppe und Überhang 10 m empor zu Stand auf steiler Platte. 2 SL empor zum Schartel.

● **586** **Direkte Südwestwand, Christlweg**
W. Schertle, W. Hirnsdorfer, 1969.
VI, A 3 (mehrfach), häufig V und V+, manchmal leichter. Lange und anspruchsvolle Route. Mehrfach Schlingenstand. 500 m, 8—10 Std. Foto Seite 194, 211.

Zugang wie R 584 zum Fuße der Ostwand des Kleinen Mühlsturzhorns; oder wie R 607 zur Grundübelkante, dann 30 m am Grat abwärts zu Felsköpfl, 10 m tiefer in Richtung Graben beginnt ein 1966 angebrachtes Stahlseil, das die 50 m lange, sehr brüchige Querung erleichtert. Nun die Schrofenhänge unter der Südwand des Grundübelhorns hinauf bis unter die Ostwand des Kl. Mühlsturzhorns; abwärts zu dem in die Mühlsturzschlucht hinausragenden Sporn. Von hier in die Schlucht absteigend und zum tiefsten Punkt der Wand. E bei dem tiefsten, einzelnen Block (Steinmann). Standhaken rechts an der Wand.

Führe: Vom Haken die braune Stufe hinauf und leicht zu der gelben Wand; an ihr Richtungshaken. In der Verschneidung empor (IV) zu Schlinge und den Haken folgend (A 3) unter eine Schuppe. Quergang nach links und weiter zu kleinem Absatz (V+). Noch einige Meter brüchig zu Stand in abgewinkeltem Kamin. Diesen einige Meter empor und nach links hinaus zu H (V+). Den H folgend zu Schlingenstand mit Bohrhaken. Einige Meter an schlechtsitzenden H hinauf (roter Fels) in einen Kamin. Nach links hinaus und über einen Überhang in leichteres Gelände, hinauf zu Blöcken (III). Spreizschritt nach links (V+) und zu einer kleinen Nische empor, 40 m. Vom Stand an der linken Wand aufwärts, mit Hakenhilfe um eine Kante in einen Riß und in den Grund eines engen, mit roter Erde gefüllten Kamins. Den Kamin 15 m empor zu Stand auf einem Klemmblock in einer nach unten offenen Nische (Wandbuch). Hier beginnt das gewaltige Plattenband. Vom Stand auf das Band, zuerst mit H im Verschneidungswinkel, dann in freier Kletterei auf der Platte 25 m empor zu Schlingenstand in einer Einsenkung. 20 m schräg nach rechts in den Winkel der Verschneidung (links in der Platte Verhauerhaken) und in ihr auf kleinen Absatz. Nun gleich scharf nach rechts hinaus in einen stark überhängenden Riß. In ihm sehr anstrengend hinauf (A 2, Schlingen) nach links zu Absatz (Schlingenstand). Leichter einige Meter nach rechts zu großem, lockerem Block.

An der Kante in einer rauhen Plattenrampe weiter, Spreizschritt über die Platte nach rechts an die Wand zu H. Über die Platte zu Nische unter Überhängen, an Schlingen und H nach rechts, über einen Überhang auf eine steile Platte und hinauf zu Schlingenstand. Noch 5 m aufwärts über die Kante in leichteres Gelände. Nun 35 m in den großen Schutt-Trichter (guter Biwakplatz).

Von hier 4 SL (III) schräg links das Bändersystem verfolgend bis kurz vor den wuchtigen Gipfelaufbau. Einige Meter flach hinauf, dann Abstieg zum tiefsten Punkt des Aufbaues. Von hier kann man nach links zu R 584 queren. Vom Stand über grauen Fels in einer Rechts-Links-Schleife zu Absatz knapp rechts des als Kante erscheinenden Felsens (V). Nun nicht den auffälligen Riß hinauf, sondern einige Meter gerade, dann nach links zu dem gelben Überhang. Über ihn hinweg und äußerst schwieriger Seilquergang nach links in eine tonnenartige Gufel in gelbem Fels. Nun in schönem Fels die senkrechte Rinne hinauf und schräg nach links zu Absatz.

Jetzt durch einen Kamin und über Klemmblöcke in herrlichem Fels 3 SL zum Gipfel empor (IV und V).

● 587 Ostsporn-Südwand

W. Schertle, K. Werner, 1965.

VI (Stellen), häufig **A 3** und A 2, häufig V + und VI—, selten leichter. 8—10 Std. Mehrmals Schlingenstand. Lange und anstrengende Route, keine Biwakmöglichkeit. Gute Biwakhöhlen unter der Ostwand des Kl. Mühlsturzhorns.

Foto Seite 194, 211, 213.

Zugang wie R 584 oder R 586 und unter der Ostwand nach links zum höchsten Punkt der Schrofenrippe.

Führe: Vom höchsten Punkt (SH) etwa 5 m in die Schlucht absteigen und 30 m schräg links in die plattige Wand hinauf zu Standhaken (völlig frei, VI—). Mittels BH die Platte hinauf (4 m). Von hier etwa 3 m links hinab und äußerst schwieriger Quergang (etwa 3 m) in den roten Kamin. Durch ihn hinauf und über den abschließenden Überhang (VI) in eine flache Verschneidung. Teils frei, teils hakentechnisch in ihr hinauf (VI) zu Schlingenstand unter gelber Wand. Über eine kurze Stufe in einen Riß an einer Schuppe. Über sie teils hangelnd hinauf (VI) und

Kleines Mühlsturzhorn von Süden

R 584 Südwand
R 586 Direkte Südwand, Christlweg
R 587 Ostsporn-Südwand

Kleines Mühlsturzhorn
Ostsporn
584
586
587

weiter im Riß (V) auf ein kleines Band. Auf ihm nach links, dann schräg rechts hinauf (H) und äußerst schwieriger Spreizschritt an eine Schuppe und zu ihr hinauf. Weiter (H) etwa 15 m hinauf zu Schlingenstand unter Wulst. Von hier nach links hinaus und zu einer kleinen Leiste hinauf (VI, A 3). Äußerst schwierig weiter unter dem großen Dach vorbei zu Schlingenstand etwa 4 m darüber. Etwas nach rechts in einen Riß (VI—) und in ihm zuerst links, dann gerade hinauf (A 2—A 3). Querung rechts aufwärts (VI—) zu tiefem Holzkeilriß. In diesem (A 3) zu Schlingenstand unter einem Wulst hinauf. Wieder unter den Wülsten nach links hinaus und den Haken folgend 40 m (A 3) hinauf zu Schlingenstand an schräger Platte am Beginn einer ausgeprägten Verschneidung. Über einen Überhang (A 2) hinauf und einem feinen Riß folgend (A 3) in die flacher werdende Verschneidung, zuletzt (V+) frei zu Hakenstand in einer Einbuchtung in der linken Verschneidungswand, etwa 10 m unter dem dachgiebelartigen Abschluß der Verschneidung. Vom Standplatz die Verschneidung hinauf (VI—) und in die Gipfelwand. Quergang unter einer Überdachung nach rechts (Wandbuch) und um eine Kante (VI) in einen Riß. In diesem 15 m (V) zu Stand an einem kleinen Pfeilerkopf. Über eine Stufe hinauf (IV) in leichteres Gelände und in einer großen Rechts-Links-Schleife etwa 4 SL (II und III) zum Gipfel.

● **588** **Südostwand**
Laub, Lobenhoffer, 1946.
VI, A0. 250 m, 4—5 Std. Siehe 12. Aufl. 1969.
Foto Seite 194, 213.

● **589—594** frei für Ergänzungen

● **595** **Grundübelturm,** etwa 2050 m

Dem Großen Grundübelhorn westlich vorgelagerter, gespaltener Felsturm.

● **596** **Westgrat**
G. Leuchs, 1900.
IV— (Stellen), 1—1½ Std. von der Grundübelscharte. Fester Fels. Foto Seite 195, 217.

Zugang: 150 m oberhalb der drahtseilgesicherten Wand des Böslsteiges (R 326) zweigt bei mehreren Lärchen nach links der in den Latschen ausgeholzte und nur mit Steindauben markierte **Jakobsteig** ins Untere Wagendrischlkar in Richtung auf das stets sichtbare Knittelhorn ab. Unter der Nordseite der Grundübelhörner im Kar aufwärts und, zuletzt steiler, in die **Grundübelscharte.**

Kleines Mühlsturzhorn von Südosten

R 584 Südwand
R 585 Südwestwand

Führe: Man umgeht die beiden ersten Schartenzacken durch geringes Absteigen auf der Nordseite. Den nächsten großen Zacken überklettert man (III) oder umgeht ihn (etwas leichter) auf der Nordseite, zunächst querend und in der folgenden Rinne zur Scharte ostwärts des Zackens wieder ansteigend. Nun beginnt der Turm mit plattiger Wand, höher oben einen unten abgebrochenen Bauch herauswölbend. — Zuerst auf guten Bändern etwa 30 m hoch rechts haltend zu einer kleinen Schulter an der rechten Kante des Turms (Latschenfleck). Nun gerade empor und in Höhe des Abbruchs des Bauchs oder noch weiter gerade ansteigend, durch ein Loch und über eine brüchige, griffarme Stelle höher oben nach links und zum Absatz ausgesetzt nach links weiter gerade empor zu einem Absatz, an dessen linkem Eck ein auffallender Zacken steht. Vom nächsthöheren Absatz auf einem schmalen Band nach rechts bis zur Kante; über diese sehr ausgesetzt auf den Gipfel des ersten Turmes. Von hier einige Meter abwärts auf einen großen Klemmblock. Über die jenseitige, etwas brüchige Steilwand (hohe Griffe) nach wenigen Schritten auf den zweiten Turm.

● **597** **Übergang zum Gr. Grundübelhorn**
III und II, ½ Std. Foto Seite 217.

Vom zweiten Turm auf der O-Seite etwa 15 m zu Stand abseilen, dann weiter abwärts durch einige Einrisse zum Klemmblock in der Scharte, der überklettert wird. Dann über prächtigen Fels gerade empor zum Gr. Grundübelhorn.

● **598** **Nordkamine**
IV, 1 Std. Siehe 12. Aufl. 1969. Foto Seite 217.

● **599—601** frei für Ergänzungen

● **602** **Großes Grundübelhorn,** 2098 m

Erstbesteiger H. v. Barth, J. Berger, 1868.

● **603** **Normalweg von Norden**
II, ¾ Std. vom E.

Vom Unteren Wagendrischlkar (Zugang R 596) im allgemeinen längs der seichten Rinne empor, die gleich einem Band nach rechts in die Scharte zwischen Gr. und Kl. Grundübelhorn führt. Anfangs nach rechts querend, um eine Ecke schwierig herum, dann über steile Schrofen hinan, erreicht man ein kleines Schartl. Jenseits in der Rinne, die sich zuletzt zu einem Band umbildet, mäßig schwierig (II) zur Scharte und in kurzer Zeit über den Grat auf den Gipfel.

• 603 A Abstieg über den Normalweg nach Norden
II, ¾ Std. bis ins Untere Wagendrischlkar. Foto Seite 217.

Über den Grat zur Scharte zwischen großem und kleinem Grundübelhorn absteigen. Weiter durch die nach NO (links) ziehende, zum Teil schotterige Rinne hinab. Oberhalb eines markanten kleinen Felszackens rechts aus der Rinne herausqueren und die jenseits hinabführende Rinne weiter verfolgen, bis diese sich verengt. Dann nach links aus der Rinne herausqueren und über steile Schrofen ins Kar.

• 604 A Abstieg nach Nordwesten
IV. Nicht empfehlenswert. Foto Seite 217.

Vom Gipfel in die Scharte zwischen Großem Grundübelhorn und Turm wie R 597 im Abstieg. Nun kann man in der steilen Verschneidung der tief hinabziehenden Plattenschüsse, zuletzt auf einem nach links ziehenden Band die oberen Grasflächen des Unteren Wagendrischlkars erreichen.

• 605 Östliche Nordwand
III. 1—1½ Std. Foto Seite 217.

Östl. des auffallenden dunklen Kamins, der die untere Hälfte der N-Wand des Großen Grundübelhorns teilt, an plattigem Fels empor bis zu einem rötlich-braunen Streifen, rechts davon durch einen kurzen Kamin bis zur Schuttmulde in halber Wandhöhe. Dann nach rechts oberhalb des eingangs erwähnten dunklen Kamins hinauf zum Gipfel.

• 606 Westliche Nordwand
III. 1—1½ Std. Foto Seite 217.

Im Wandteil westl. des Kamins von R 605 zieht ein mächtiger Einriß von rechts nach links aufwärts. Der Anstieg führt durch einen blockgeschlossenen Riß auf die linke Begrenzungsrippe des Einrisses; auf ihr bis zu einer senkrechten Stufe; nach links ausweichend und auf dem oberen Teil von R 605 zum Gipfel.

• 607 Südkante
Feichtner, Langthaler, 1913.
V— (Stellen), IV+, IV und III. Sehr beliebt, häufig begangen. 600 m, 5—6 Std. Foto Seite 195, 219.

Zugang: Anfangs wie R 326, jedoch nicht bis zur Halsgrube, sondern schon einige 100 m vorher links abzweigen (Steinmann). Dem bewachsenen Weg folgend zu einer kleinen Ebene und weiter in den Wald. Dann den Weg verlassen und links haltend auf einem etwas schlecht erkennbarem, schmalem Steiglein in flachen Serpentinen hinauf zum Sattel zwischen Teufelskopf, 1332 m, und dem Knittelhorn. Vom Sattel in westlicher Richtung über den Latschenrücken zum Fuß der Felsabstürze und quer hinüber zum Fuß der Kante. E etwas rechts der Gedenktafel.

Führe: Etwa 10 m gerade aufwärts, 3 m nach links und über einen kleinen Überhang gerade aufwärts zu Stand in einer Nische. Nun rechts heraus und über eine lockere Wandstelle im allgemeinen gerade hoch zu Stand am Fuße einer geneigten Platte. 6 m über die Platte gerade empor (einige H), dann weiter Spreizschritt nach links in einen Riß; in diesem erst gerade, dann schräg links empor in eine Schrofenrinne (Stand). Durch die Rinne zu einem weiteren Stand am Fuße einer frischen Abbruchstelle. Direkt über die Abbruchplatte 5 m nach rechts und den Riß schräg rechts hinauf zu Stand an geneigter Platte. Etwa 4 m empor und um das Eck in eine nach links ziehende Rinne. Diese 2 SL hinauf zu geräumigem Stand. Schräg links etwa 10 m hinauf, dann etwas rechts durch den überhängenden Riß auf ein Köpfl, 25 m. Über die hier ansetzende Rampe bis zu den Latschenbändern. Das oberste Band nach rechts, bis es plattig wird, und in genußvoller Kletterei um das Eck zu Stand am Fuße eines Risses. (Rechts davon ein glatter, anstrengender Kamin.) Nun den Riß hinauf in eine Schrofeneinbuchtung. Von hier 2 SL durch den Kamin zum ersten Kantenabsatz. Vom Pfeilerkopf Spreizschritt an die Wand und in einmalig schöner Kletterei hinauf zum zweiten Kantenabsatz. Vom Absatz in die Scharte hinunter. Nun gibt es zwei Möglichkeiten, die beide gleich schön und gleich schwierig sind:

1. Von der Scharte etwa 40 m schräg abwärts in den auffallenden, etwa 80 m hohen Kamin. In ihm zum dritten Kantenabsatz. (Verschiedene Möglichkeiten.)

Grundübelhörner und Grundübelturm von Norden

Im Hintergrund das Hochkaltergebirge

Grundübelturm

R 596 Westgrat
R 597 Übergang zum Großen Grundübelhorn
R 598 Nordkamine

Großes Grundübelhorn

R 603A Abstieg über den Normalweg nach Norden
R 604A Abstieg nach Nordwesten
R 605 Östliche Nordwand
R 606 Westliche Nordwand

R 605 Östliche Nordwand
R 606 Westliche Nordwand

Kleines Grundübelhorn

R 621 Normalweg von Norden
R 621a Variante zum Normalweg
R 622 Nordwand
R 631 Übergang zum Knittelhorn

Kleines Grundübelhorn
Großes Grundübelhorn
Grundübelturm
Grundübelscharte
621
621a
631
622
603A
605
606
597
598
604A
596

2. Von der Scharte in Richtung Kamin 10 m nach links, dann gerade hinauf zur Kante (H) zu Stand und in einer weiteren SL zum dritten Kantenabsatz.

Nun kann man entweder nach rechts in schrofiges Gelände queren, oder — viel schöner — den letzten Kantenpfeiler mit Hilfe eines Rißkamines direkt erklettern (1 SL, V). Nun teils auf dem Grat, teils rechts haltend über Schrofen zum Gipfel.

● 608 Südwand
Moldan, Schintlmeister, 1929. Jb. AV-S. Wien, 1929.
IV, 400 m, 2½ Std. von der Grundübelscharte.
Foto Seite 195.

Zugang: Von der Grundübelscharte in der Rinne 150 m nach SO hinab. (Hierher auch wie R 607 mit Fortsetzung des Zugangs von R 586). Den Vorbau eines Turmes zur Linken auf einem Band querend und waagrecht weiter über Schrofen zum Einstieg knapp rechts von einem Pfeiler in der Wand.

Führe: Über Schrofen und Rinnen 60 m empor. Nun den engen Kamin zur Linken 20 m erklettern (rechts großer von der Wand abgelöster Pfeiler). Nach rechts über eine Platte zum Beginn einer 20 m hohen Verschneidung (schwierigste Stelle). In ihr empor zu einem Latschenabsatz. Weiter zum Abbruch eines mächtigen Pfeilers, der auch gerade erklettert werden kann. Über ein Band nach links in die Schlucht. Durch Kamine auf eine nach rechts ansteigende Rampe. Über sie hinauf und dann an der Kante luftig zum Gipfel.

● 609 Südkamine
F. Rasp, 1966.
IV— und III, 450 m, 2—3 Std. Foto Seite 195, 219.

Vom Gipfel zieht nach Süden eine auffallende Kaminreihe hinab, die im Mühlsturzgraben kurz vor dem Felsband mündet, das nach rechts zur markanten gelben Verschneidung zieht (R 610). E etwa in Höhe des Vorbaus des Kleinen Mühlsturzhorns (Zugang R 586 oder R 607). Von links her in den linken Kamin. Durch ihn hinauf (sehr eng) in den mittleren Wandteil. Ausstieg durch den linken oder den mittleren Kamin nahe des Gipfels.

Großes Grundübelhorn von Süden

R 607 Südkante
R 609 Südkamine
R 610 Südverschneidung

Großes Grundübelhorn
Vorgipfel
609
610
607

● 610 Südverschneidung
Bülter, Gröll, 1967.
V+ (häufig), **A 1** (mehrmals), V und IV. BH und HK.
350 m, 4—6 Std. Foto Seite 195, 219.

Zugang wie R 607 und weiter wie Zugang von R 586 in den Graben, 150 m aufwärts, oben erst nach links, dann nach rechts. E direkt im Eck, das die SW-Wand von der Südkante trennt (SH).

Führe: Den Riß verfolgend etwa 35 m (1 H) zu Stand, V+. Weitere 30 m, V+, bis unter einen markanten Überhang (Stand). 7 m aufwärts (2 H), um mit Seilzug schräg nach links in die Plattenflucht zu gelangen (2 H), weiter aufwärts (1 H) und in den nun beginnenden bogenförmigen Riß (3 H) zu Stand (V+). Dem Riß folgend (2 HK, 3 H), kraftraubend zu kleinem Loch (V+), weiter über kurzen Überhang (1 HK, 6 H, V+, A 1), auf einem Absatzstand. Nun mittels 2 BH und 5 H weiter nach links querend in freier Kletterei zum Fuß des ersten Trichters (V+). 2 SL (V+, IV, 1 H) führen zum obersten Ende des Trichters. Nun den rechten Riß in ausgesetzter Kletterei (V, 2 H) zu gutem Stand. Ein kurzer Kamin führt zu dem Ausstiegsriß der Südkante (SH). In diesem (V, 3 H) zum Ausstieg.

● 611 Südwestpfeiler, „Trespass“
M. Hallinger, L. Köppl, Oktober 1981.
Laut Erstbegeher **VI—** (mehrmals) und **A 1** (Stelle), sonst IV bis V+. 400 m, 6 Std. Herrliche Kletterei in sehr rauhem Fels. 11 H geschlagen und belassen. Wiederholern wird die Mitnahme mehrerer KK mittlerer Größe empfohlen.
Foto Seite 195.

Übersicht: Die eindrucksvolle Plattenwand links von R 610 wird von einem auffallenden Riß- und Verschneidungssystem durchzogen, welches in etwa 100 m Wandhöhe beginnt.

Führe: E links von R 610 auf einem kleinen, brüchigen Wandvorbau (Steinmann, SH). **1. SL:** Links vom Steinmann über einen kleinen Überhang auf die Platte (V). Nun an losen Schuppen durch den nach links ziehenden Riß auf das Grasband hinauf (4 H, V+) und nach rechts zu SH (30 m). **2. SL:** Auf dem Band 15 m nach rechts zu Stand an Sanduhr. **3. SL:** An 3 H und einem Klemmkeil über die senkrechte Platte hinauf (A 1), zuletzt frei zu kleinem Absatz (VI—). Zuerst gerade empor, später rechts haltend, erreicht man einen etwas brüchigen, nach links ziehenden Piazriß (V+), der auf einem Zacken endet. 3 m hinab zu Stand am Beginn der auffallenden Verschneidung (45 m). **4. SL:** Durch die senkrechte Verschneidung, zuletzt etwas brüchig, nach 35 m zu Stand (V und VI—). **5. SL:** Querung 15 m nach rechts (IV+) und durch Risse gerade hinauf (IV+) zu Stand an der Pfeilerkante (40 m). **6. SL:** Schwach links hinauf der Kante folgend, zuletzt ziemlich brüchig gerade empor zu SH (40 m, IV+). **7. SL:** 20 m hinauf auf den Pfeilerkopf (IV). **8. SL:** Vom Pfeilerkopf absteigen und durch eine Rinne hinauf auf ein schönes Grasband am Fuß eines markanten Risses (H). Auf dem Band nach links zu Stand am Beginn einer Rampe (40 m, IV). **9. SL:** Die Rampe in prächtiger Kletterei an sehr rauhem Fels hinauf (40 m, IV+). **10. SL:** Schräg rechts an rauhen Platten und durch einen Riß gerade hinauf (40 m, V—). **11. SL:** 20 m hinauf zum Grat (IV).

● 612 Südostwand
A. und H. Erdenkäufer, O. Sigl, 1968.
Unterer Teil **V,** 40 m **A 2,** oberer Teil IV. Fester Fels, gute Standplätze. 300 m, 4—5 Std. Foto Seite 195.

E 70 m rechts der S-Kante (R 607). Durch senkrechten Riß 20 m zu Stand. Auf einer Rampe nach links, nach 15 m senkrecht empor zu Stand. Weiter immer gerade empor, teils durch Risse, teils über Platten, zu der schon von unten sichtbaren, schrägen Verschneidung. Durch sie 40 m (A 2) zu Stand. Nun 6 SL immer gerade empor zum Vorgipfel.

● 613 Ostwand
F. Rasp, 1966.
IV, Mittelteil II, sehr schöne Kletterei im Ausstiegskamin, 450 m, 3 Std.

E etwa 150 m rechts des E der Südkante (R 607). An der rechten (nördl.) Begrenzung des Plattendreiecks durch Risse hinauf, bis knapp oberhalb des Abbruchs nach links in die Schrofenrinne gequert werden kann (IV). (Hierher auch schon direkt: V+). Bei einer Doline links aus der Rinne heraus und leicht hinauf bis zur glatten Wand. Durch den rechten Kamin, der rechts oben von zwei gelbschwarzen Wülsten gesperrt ist, oben links heraus (IV) und hinauf zum Ausstieg der Südkante.

● 614—619 frei für Ergänzungen

● 620 Kleines Grundübelhorn, 2085 m

Erstbesteiger H. v. Barth, J. Berger, 1868.

● 621 Normalweg von Norden
II, ¾ Std. vom E. Foto Seite 217.

Wie R 603 in die Scharte zwischen Kl. und Gr. Grundübelhorn, dann nach links über den Grat zum Gipfel.

● 621 A Abstieg über den Normalweg
II, ¾ Std. bis ins Untere Wagendrischlkar.

Vom Gipfel über den Westgrat hinab bis in die Scharte. Dann weiter wie R 603 A.

● 621 a Variante zum Normalweg
III. Foto Seite 217.

Wie R 603 in die obere Rinne. Nun nach links in einer kaminartigen Verschneidung zum Gipfel des Kleinen Grundübelhorns.

● 622 Nordwand
Leonpacher, Zeller, 1908.
III, 1½ Std. Foto Seite 217.

Der Weg führt durch die mitten in der NW-Flanke eingelagerte Wandeinbuchtung. Sie wird gebildet von zwei lotrechten, unter einem stumpfen Winkel zusammenstoßenden und teilweise gelb gefärbten Plattenwänden, sowie einer stark geneigten Grundplatte, genau von der Form eines Rechtecks.

Führe: Wie bei R 603 bis zum Schartl; vor ihm quert man nordostwärts unter überhängenden, gelben Felspartien ein kurzes Stück schwierig nach links, bis Schrofen zu der Verschneidung der Grundplatte mit dem rechtsseitigen senkr. Plattenschuß leiten. In halber Höhe der Platte geht man schief nach links bis zu einem waagrechten Einriß, in welchem der Kletterschuh gerade Platz findet, quer durch die mächtige Schichtenplatte zur nordöstl. Begrenzungskante, auf welcher man gerade emporklettern muß, da die Platte hier in eine Steilschlucht abbricht. Von der Kante gelangt man durch einen kurzen Riß in die oberen Kamine dieser Steilschlucht, die bald in besser gangbare Rinnen leiten. Am besten benutzt man die Rinnen rechts derselben und gelangt, zuletzt über Schrofen, zum Gipfel.

● 623 Südpfeiler
Huber, Mitterer, 1931.
V+ (eine Stelle), V. 300 m, 3 Std. Foto Seite 195.

Zugang wie bei R 607. E in der Schlucht zwischen Gr. und Kl. Grundübelhorn.

Führe: Über die westl. Begrenzungswand nach rechts zu Riß, der nach rechts zum Pfeilerkopf führt. 40 m empor, dann durch einen Doppelriß unter einen Überhang. Nach rechts zu weiteren Rissen und zum

Turm. Man tritt auf die O-Seite über und erreicht über Wandstellen, rechts haltend, eine große gekrümmte Verschneidung. Aus ihr nach links zum Pfeilerkopf und nach rechts zum Gipfel.

● **623 a Direkter Südpfeiler**
Kellerbauer, Hillebrand, 1957.
VI— (Stellen), sonst III, IV, V. 300 m, 3—4 Std.
Foto Seite 195.

Den Durchstieg vermittelt die große Verschneidung, die fast den ganzen Pfeiler durchreißt.

Führe: In der Schlucht zwischen Gr. und Kl. Grundübelhorn 200 m empor, bis man nach rechts zum Einstieg von R 623 emporsteigen kann (III). Nun wie dort durch die nach rechts hinaufziehenden Risse (4 SL). Hier Abzweigung vom alten Weg. Man quert auf bequemem Grasband 15 m zum Beginn der großen Verschneidung. 30 m die grasdurchsetzten Risse hinauf zu schlechtem Stand. Nun links den leicht überhängenden Rißkamin äußerst schwierig 30 m zu Stand. Links des Risses 5 m empor und wieder nach rechts in den rechten, äußerst glatten und abdrängenden Riß zu Stand. Weiter im Riß auf den ersten Block, 40 m, Stand. Über den großen Überhang zu Stand und in 1 SL zum Ausstieg.

● **624 Südostkante** (Grundübelpfeiler)
H. Krafft, H. Brandner, 1977.
VI (eine Stelle), V—, keine H. 250 m, 2—3 Std.

Zugang wie R 607, bis man direkt unter dem Pfeiler steht; die Südostkante ist seine rechte Begrenzung. Im ersten Graben leicht 200 m hinauf zum Einstieg.

Führe: 2 SL (II, III) zu einem Band hinauf, auf diesem nach links zu einer kleinen Nische (Steinmann); weiter 40 m (IV—) gerade hinauf, am Ende 6 m nach links zu Stand am Beginn der Pfeilerrisse. Nun in 3 SL auf den Pfeilerkopf (IV+ u. V—, eine Stelle VI). Vom Kopf des Pfeilers links 4 m absteigen, bis man zwischen Pfeiler und Wand hindurchgehen kann; weiter leicht auf einem Band (1 Unterbrechungsstelle) 40 m nach rechts. Nun über einen kurzen Riß (V) und weitere 30 m (IV—) zu Stand. Nach 40 m (IV+) am Ende Plattenquergang nach links 6 m zu Stand. Mit der nächsten SL (III) erreicht man den Gipfel.

● **625 Südostschlucht**
Stellenweise **IV**, brüchig. Im Abstieg gefährlich!

Schlucht von der Scharte zwischen Gr. und Kl. Grundübelhorn.

● **626—629** frei für Ergänzungen

● 630 Knittelhorn, 2017

Flacher Gipfel nordöstl. des Kl. Grundübelhorns. Erstbesteiger H. Rast, Gruber, 1891.

● 631 Vom Kl. Grundübelhorn
II, ½ Std. Foto Seite 217.

Stets auf der Grathöhe zum Gipfel.

● 632 A Abstieg durch die Schlucht zwischen Kl. Grundübelhorn und Knittelhorn nach Osten
II, 1½ Std.

Kennzeichen: Viele Türme und Zacken am N-Rand im oberen Teil der Schlucht. Man erreicht den schwach ausgeprägten Steig, der nach links in die Scharte zwischen Teufelskopf und Knittelhorn (R 607) führt.

● 633 A Abstieg über den Nordpfeiler und zum Böslsteig
Zeller, 1906.
IV oder **Abseilen** (13 m), sonst **II** und I. 1½ Std.

Am NW-Grat steht kurz unterhalb des Gipfels ein auffallender Felskopf. Unmittelbar links (westl.) von ihm führt eine kaminartige Rinne durch eine Wandstufe hinab auf schrofige Hänge, die man gerade abwärts entlang des NW-Grates verfolgt, bis (Steinmann) ein Band nach rechts (in der Mitte eine sehr ausgesetzte Unterbrechungsstelle) zur Kante hinausführt. Auf ihr noch etwa 10 m hinab auf einen latschenbesetzten Absatz. (Drahtseilschleife an dickem Latschenast!) Etwa 13 m abseilen oder links durch einen Riß und über eine kleingriffige Steilwand (IV) frei abklettern zu dem kurzen Grat, der den nördl. vorgelagerten Pfeiler mit der Wand des Knittelhorns verbindet. In der durch Pfeiler und Wand gebildeten, kaminartigen Rinne nach W zum Unteren Wagendrischlkar. Im Kar am Fuß des Knittelhorns abwärts zu alleinstehender, auffallender Lärche am Rande des bewachsenen Wandabbruchs. Etwa 50 m in einer Steilrinne hinunter, dann einige Meter nach rechts in dichte Latschen. In diesen gerade hinunter und nach etwa 20 m wieder nach links (Seilsicherung) in der Fortsetzung der Rinne plattig auf einen großen, grasbewachsenen Absatz. Von hier links der Wand entlang zum Böslsteig (R 326).

● 634 Südwandkamin
F. Bechtold, L. Bogner, W. Merkl, P. Müllritter, 1920.
IV, 2½ Std. vom Kar.

Der Kamin ist schon von unten als feiner, schräger Einriß zu erkennen, der etwas links unter dem höchsten Punkt endet. Aus dem Unteren Wagendrischlkar auf R 607 auf die S-Seite, dann schwach ansteigend weiter, bis der Weg einen kleinen Schuttabsatz quert und der Kamin rechts oben sichtbar wird. Hier 40 m durch eine gut gangbare Rinne und Geschröf empor zum E. Der 70 m hohe Kamin, der drei Überhänge aufweist, bietet prächtige Stemmarbeit; vom Ausstieg in wenigen Min. unschwierig zum Gipfel.

● **635** **Ostwand**
II, 3 Std.

Aus der Halsgrube durch den latschendurchsetzten unteren Wandgürtel in der ungefähren Gipfellinie ansteigen.

● **636** **Nordostseite**
III (eine Stelle), II, I. 1½ Std. Siehe 12. Aufl. 1969.

● **637—639** frei für Ergänzungen

● **640** **Hirschbichlkamm**

Wildzersägter, lediglich aus Ramsaudolomit sich aufbauender Felskamm, wird im Volksmund „Leimbichlhörner" genannt. Er streicht mit den Gipfeln: **Ameisnockenköpfe,** etwa 1925 m, **Drei Jäger,** etwa 1830 m, **Gernhorn,** 1908 m, **Leimbichlhorn,** 1868 m, vom **Hochgscheidsattel** (R 332) im flachen Bogen nach S und sendet seine sanften Ausläufer (Sulzenstein, Hirschbichlkopf) bis zum Paß Hirschbichl hinab. Nach den Seiten bricht er in wilden Gräben nieder, so besonders auf der O-Seite gegen den Stadelgraben. — Wer ein mühevolles Ansteigen nicht scheut, sowie das streckenweise sehr brüchige Gestein zu behandeln versteht, mag die landschaftlich wirklich großartige Gratwanderung mit dem steten Blick auf die nahen S-Abstürze der Reiteralpe ausführen (am besten von S nach N).

● **641** **Hirschbichlkamm-Überschreitung**
J.F. Seitz, M. Zeller, 1908.
III (Stellen), II, I, Gehgelände. Häufig brüchig. 5 Std. für den eigentlichen Felskamm.

Vom Paß Hirschbichl, 1150 m, steigt man auf dem Gratrücken durch eine Latschengasse über „Hirschbichlkopf", „Hirschbichlhorn" (1500 m), auf den **Sulzenstein,** 1693 m, 1½ Std. Diesen lohnenden Aussichtspunkt kann man auch über die verf., sehr schön gelegene Sulzensteinalm erreichen. Nach der Engertalm beginnt die steilste Strecke der Hirschbichlstraße. Wo die Straße wieder eben wird, steigt man bei einer Bank nach rechts aufwärts den Hang hinan und trifft am Waldrand auf einen Steig. Von der Sulzensteinalm am linken Rand über den Rücken zum Hirschbichlkopf und Sulzenstein.

Jenseits einer Einsenkung setzt der eigentliche Felskamm an. Den südl. Gipfel desselben, das **Leimbichlhorn,** 1868 m, ersteigt man am besten über seine SO-Seite, indem man eine gerade emporziehende Steilrinne und den kurzen S-Grat erklettert. Über den scharfen N-Grat ein kurzes Stück absteigend kommt man auf die eigentümliche Kammverbindung. Sie besteht aus einer ziemlich langen, schnurgeraden und gleichmäßig schmalen, senkr. Mauer, deren scharfe Schneide man zum Teil im Reitsitz überwindet. An ihrem Ende setzt ein kurzer, bequem ansteigender Rücken an, der bald auf die höchste Erhebung des Kamms, das **Gernhorn,** 1908 m, bringt. Die nächsten Erhebungen, die **Drei Jäger** und die **Steinerne Sennerin,** etwa 1800—1830 m, kann man ohne Schwierigkeit überschreiten und gelangt zum Haupthindernis der Gratwanderung, zum S-Absturz des **Südl. Ameisnockenkopfs.** Nach W und O setzt dieser Berg mit steilen Wänden in die Tiefe, weshalb man die stark geneigte S-Wand gerade durchklettern muß. Der Aufstieg vollzieht sich in der westl., d.h. in der linken Hälfte mit Ausnahme einer kurzen Schleife in die rechte Hälfte. Im rechten der beiden in der Mitte emporziehenden Kamine ein Stück empor, dann kurzer Quergang (kleine Griffe, fast trittlos) nach rechts in eine Einbuchtung und noch weiter rechts über einen Felsvorsprung hinweg bis zu einem bequemen Grasband, das schräg nach links ansteigend zum Beginn einer scharf rechts abzweigenden schluchtartigen Rinne führt. Nicht in diese, sondern weiter links queren und wenige Meter zu einem Felszacken empor. Hinter diesem 2 m hinab in eine breite Rinne, die oben von einem gewaltigen Klemmblock überdacht ist. Unter dem Block hindurch in eine Scharte und zum Gipfel des **Südl. Ameisnockenkopfes** (1910 m). Den kurzen Verbindungsgrat zum **Nördl. Ameisnockenkopf** (1917 m) übersteigt man, indem man anfangs in einem schief eingeschnittenen Kamin hinabklettert und dann zum Aufstieg den Grat benutzt, der zuletzt plattig wird. Man steigt nun über die Hochgscheidschneide zur Scharte hinab und erreicht von dort den Loferer Steig (R 333).

● 642 **Nördlicher Ameisnockenkopf,** 1917 m

Von der Hochfläche aus nicht allzu umständlich erreichbarer Berg; lohnt auch eine Besteigung für sich.

● 643 **Vom Hochgscheidsattel (R 333 oder R 332)**
II, brüchig.

Östl. des N-Grats, der sog. Hochgscheidschneide, dann auf derselben über latschenbewachsenes Geschröfe zum Gipfel.

● **644—646** frei für Ergänzungen

Südwestliche Vorberge

Dem Gebirge sind als ostwärtige Begrenzung des Saalachtales begrünte Höhen vorgelagert, die teilweise prächtige Ausblicke bieten auf seine Randabstürze, auf das Saalachtal und die Loferer und Leoganger Steinberge.

● 647 Großes Hundshorn, 1711 m

Bequemer Aussichtsberg, besonders für die S-Seite des Reitergebirges.

Bez. Weg von Lofer nach Scheffsnot und über die Klause, 3½ Std.

Abstieg auch zunächst auf dem gleichen Weg etwas zurück und dann (bez.) über die Hundsalm und die Mairbergklamm nach Lofer, 2¾ Std.

● 648 Litzkogel, 1629 m Gerhardstein, 1540 m

Vom Paß Hirschbichl zur Litzlalm, dann weiter westl. über den latschenbewachsenen Grat in 2 Std. Etwas zurück absteigend und dann rechts hinab gelangt man über die Trettalm mühsam in weiteren 2 Std. auf den **Gerhardstein,** nicht lohnend. Schon vorher führt ein sehr steiler, wenig ausgetretener Weg nach Unterweißbach (1¾ Std.).

● 649 Pointelkopf, 1640 m

Aufstieg von Lofer auf dem zum Hundshorn führenden Weg; bei der Schelfsnoter Alm ohne Wegbezeichnung rechts aufwärts. 3 Std. von Lofer. **Abstieg** auch auf schwer kenntlichem Steig über steile Hänge nach Strohwolle bei St. Martin in 2 Std.

● 650—659 frei für Ergänzungen

4. Hochkaltergebirge

4.1 Allgemeines

Das Hochkaltergebirge, eine der schönsten Gruppen der Berchtesgadener Alpen, gliedert sich in den Hochkalter-Hauptkamm (Hochkalter-Gruppe), die Hocheis-Gruppe und die Südliche Wimbachkette. Nördl. unter dem Hochkalter liegt der nördlichste Gletscher der Alpen, das Blaueis. Dieser Gletscher ist fast durchwegs sehr steil, etwa 1 km lang und ¼ km breit. In den letzten Jahren ging die Vereisung stark zurück.

Das Gebirge gehört zum Berchtesgadener Nationalpark und besteht im wesentlichen aus festem Dachsteinkalk; in der Südl. Wimbachkette (Palfelhörner) dagegen tritt der brüchige Ramsaudolomit offen zutage. Die dichtbewaldete W-Seite der Gebirgsgruppe ist sehr wildreich.

Schon 1893 charakterisierte Ludwig Purtscheller den Hochkalter als „den einer halb zerfallenen Burg ähnlichen Hauptgipfel". Es waren prophetische Worte, denn schon am 24. 8. 1908 brach diese Burg mit einem gewaltigen Felssturz in die Tiefe. Max Zeller, der Begründer dieses Führers, berichtete: „Ein gut Teil des Hauptgipfels — mitsamt dem Gipfelsteinmann — fuhr zur Tiefe. Ein gewaltiger Kalkklotz von schätzungsweise 100 m Höhe, 80 m Breite und 30 m Stärke brach als Ganzes vom Gipfel ab und veränderte dessen Aussehen nicht unwesentlich."

Ein Augenzeuge, Forstrat J. Podhorsky, der den Bergsturz vom gegenüberliegenden Watzmann-Hocheck erlebte, schrieb: . . . „Da erscholl urplötzlich ein heftiger Donnerschlag, der meinen Blick sofort nach Westen zwang. Unwillkürlich kam mir der Gedanke: Der Hochkalter ist explodiert! Denn schon sah ich, wie eine riesige grauschwarze Wolke unter Getöse und Gepolter wie aus einem Vulkan sich langsam über seinen Gipfel emporhob, um diesen herum immer breiter und mächtiger wurde, bald die ganze Gestalt des Berges in unheimlichen Qualm hüllend, und nun auch die Sonne zu verfinstern begann . . ."

Am 25. 7. 1954 brachen die letzten 30 m des zweiten Turmes am Blaueis-Nordgrat ab. Genau 9 Jahre später stürzte am 25. 7. 1963 an der Schärtenspitze ein 40 m hoher Pfeiler in die Tiefe und veränderte die Schwierigkeiten des Nordwandanstieges erheblich.

In der zweiten Februarwoche 1959 brach unterhalb der Scharte zwischen Gr. und Kl. Palfelhorn eine Felswand von etwa 150 m Höhe und 70—80 m Breite in die Tiefe. Wie ein Lavastrom glitten einige Hunderttausend Kubikmeter Felsmassen auf der Altschneeunterlage weit ins Wimbachtal hinaus und gabelten sich dann noch in drei Arme von

500, 300 und 200 m Länge. Felsblöcke von Zimmergröße türmten beiderseits ihrer Bahn meterhohe Schneewälle auf. Die durch die ungeheure Pressung und Reibung erwärmte Schneeunterlage erstarrte zu glashartem Eis.

Wie durch ein Wunder kamen bei keiner dieser Naturkatastrophen am Hochkalter Menschen zu Schaden. Mit weiteren Felsstürzen muß vor allem im Gebiet der Palfelhörner jederzeit gerechnet werden.

Das ganze Hochkaltergebirge wurde 1915 vom Hauptausschuß des D. u. Ö. Alpenvereins im Einverständnis mit den Forstbehörden der Sektion Hochland (München) als Arbeitsgebiet zugewiesen. Dem Bedürfnis nach einem hochtouristischen Stützpunkt hat die Sektion 1922 durch den Bau einer Hütte im Blaueiskar Rechnung getragen. Diese Hütte wurde im Dezember 1955 durch den Luftdruck einer Staublawine vernichtet. Die AVS Hochland übergab daraufhin 1958 ihr Arbeitsgebiet der AVS Berchtesgaden, die an Stelle der 1946 durch Brandstiftung zerstörten Wehrmachtshütte im Blaueiskar ein neues, im Herbst 1961 vollendetes Haus baute.

Dem Skihochtouristen und Winterbergsteiger bietet das vielgestaltige Gebirge manch lohnendes Ziel; bei dem steilen, durchwegs hochalpinen Gelände sind aber völlig sichere Schneeverhältnisse unbedingte Voraussetzung!

Ungeübte Sommerbergsteiger seien ausdrücklich darauf aufmerksam gemacht, daß sich in der Hochregion nur an ganz wenigen Stellen Bezeichnungen (meist Steindauben, sehr selten Farbbezeichnungen) und nirgends Sicherungen und Steiganlagen befinden. Alle Hochtouren, auch die Schartenübergänge, erfordern daher alpine Erfahrung und bergsteigerisches Können! Die Südl. Wimbachkette und die Hocheis-Gruppe liegen im Grenzgebiet.

Zum Abbau von Manganerzen im Gebiet der Kammerling- und Kallbrunnalmen wurde 1956 von der bayerischen Maximilianshütte der „Manganerz-Untersuchungsbetrieb Hochkranz“ eröffnet. Ähnlich wie bei den Versuchen am Jenner in den Jahren 1939 und 1954 scheint jedoch der Abbau unter den gegenwärtigen Verhältnissen nicht rentabel zu sein.

4.2 Hütten und ihre Zugänge

● 660 **Blaueishütte,** 1680 m

AVS Berchtesgaden, 1680 m, im Blaueiskar. 30 B., 35 M., 20 L. Tel. 08657/271. Kein Winterraum. (Auskünfte für Besuche außerhalb der Bewirtschaftungszeit durch Pächter Raphael Hang, Ramsau, Tel. 08657/546. Haus rechts ober der Brücke, über die der Weg zur Blaueishütte von der Straße nach Hintersee abzweigt.) Hauptstützpunkt für das Hochkaltergebiet.

● 661 **Hintersee — Blaueishütte,** 2½ Std.

Vom Ostufer des Hintersees über Holzlagerplatz (Holzerhütte) durch ein Wildgatter, nach etwa 50 m scharf links über Fahrweg bis zur Schärtenalm, 1½ Std. Eine neue Forststraße führt noch vor dem Hintersee zu dem alten Fahrweg. Abzweigung etwa 1 km nach dem Gasthof Datzmann. Parkmöglichkeit an der Abzweigung. Von der Schärtenalm führt der Weg in westl. Richtung erst ziemlich waagrecht, dann um eine Felsecke (Holzbrücke) herum ins Blaueistal hinein und an der linksseitigen, nordöstl. Steilwand steiler empor ins Blaueiskar und zur Hütte.

● 662 **Ramsau — Blaueishütte,** 2¾ Std.

Etwa 5 Min. von der Kirche der Hinterseer Landstraße folgen, dann links über die Achenbrücke (Wegtafel) auf breiter Sandstraße an einem Holzstadel links vorbei durch Hochwald, nach 10 Min. Abzweigung von der breiten Forststraße nach rechts auf einen Holzziehweg, der in einen Steig übergeht und dann in den Fahrweg von Hintersee kurz unterhalb der Schärtenalm mündet. Weiter wie bei R 661.

● 663 **Schärtenalm,** 1359 m

Matratzenlager für sechs bis acht Personen. Erfrischungen und Imbisse. Nur im Sommer geöffnet. Zugang wie R 661, 662.

● 664 **Ghs. Mooswacht,** 1153 m

Am Hirschbichl. Tel. Österreich 06582/258107. Ausgangspunkt für Hocheis- und Südl. Wimbachgruppe sowie für die Reiteralpe. Zugang wie R 331.

● 665 **Bergheim Hirschbichl,** 1153 m

AVS Burghausen, auf der österr. Seite der Paßhöhe, Tel. Österreich

Wimbachgrieshütte und Hochkaltergebirge

0 65 82 / 25 81 14. 38 B., geöffnet von Pfingsten bis Mitte Okt., Hüttenwart, Sonderschloß, kein Winterraum, unbew. Selbstversorgung beschränkt möglich (Gasthaus gegenüber). Zugang R 331.

● 666 **Wimbachgrieshütte,** 1327 m

Touristenverein „Die Naturfreunde“, im Wimbachtal. 18 B., 58 L. Bew. ab Mitte Febr. Samstag / Sonntag, ab Mai voll bis Ende Okt., Winterraum. Schlüssel beim Wirt abholen. Tel. 0 86 57 / 344.

Auskünfte außerhalb der Bewirtschaftungszeit bei Hüttenwirt T. Piatke, Ramsau, Tel. 0 86 57 / 657. Ausgangspunkt für die Südl. Wimbachgruppe und für die Durchstiege durch die O-Flanke des Gebirges sowie für Trischübl (Winterweg ins Steinerne Meer) und die Watzmann-W-Flanke.

★ 667 **Wimbachbrücke — Wimbachgrieshütte,** 2½ Std.

Von der Bushaltestelle Wimbachbrücke an der Ramsauer Straße ins Wimbachtal, vorbei an der Wimbachklamm und immer leicht ansteigend bis zum Ghs. Wimbachschloß. Weiter taleinwärts ansteigend bis zur Wimbachgrieshütte.

★ 668 **Wimbachschloß,** 937 m

Im vord. Wimbachtal, 937 m, am Weg zur Wimbachgrieshütte, R 667. Tel. 0 86 57 / 343. Im Sommer bew. Keine Übernachtung.

● 669 frei für Ergänzungen

4.3 Übergänge und Höhenwege

● 670 **Hochalmscharte,** 1599 m

Übergang von Ramsau ins Wimbachtal.

● 671 **Ramsau—Hochalmscharte,** 3 Std. blau bez.

5 Min. von der Kirche der Hinterseer Landstraße folgen, dann über die Ache (Parkplatz) und auf dem Weg zur Schärtenalm (R 662) ½ Std. hinan. Auf der Forststraße weiter (Tafel!) in ¾ Std. zur Eckaualm (1047 m), dann steiler durch Wald zu einer Wiese mit Jagdhütte, ¾ Std. Auf schwach ausgeprägtem Steig in ½ Std. zur Hochalm empor und in 20 Min. über die freie Hochfläche nach links hinüber zur Hochalmscharte.

● 672 **Schärtenalm — Hochalmscharte,** 1½ Std.
Prächtiger, um den N-Abhang des Steinbergs herumziehender Steig. Nicht markiert, teilweise verfallen.

In östl. Richtung zum Steig zur Hochalm (R 671) und auf ihm zur Scharte.

● 673 **Wimbachtal — Hochalmscharte,** 2 Std.
Blau bez. Besonders für den Abstieg geeignet. Trittsicherheit und Schwindelfreiheit erforderlich.

Gleich hinter dem Wimbachschloß (R 668) setzt an der muldenförmigen Einbuchtung des Schloßgrabens ein Jagdsteig an, der in steilen Windungen durch den Stanglahnergraben zur Hochalmscharte hinaufführt.

● 674 frei für Ergänzungen

● 675 **Eisbodenscharte,** 2049 m

Übergang vom Hochalmplateau ins Blaueiskar.

● 676 **Hochalmscharte — Eisbodenscharte,** 1 Std.

Von der Hochalmscharte westl. über Karrenfelder zu einem Schuttkegel, der aus der rötlichen Rinne zwischen Schärtenspitze und Blaueisspitze herabzieht. Durch diese Steilrinne (Seilsicherung) unschwierig zur Scharte. (Oder wie bei R 671 bis zur Almhütte, dann rechts auf bez. Pfad zur Eisbodenscharte.)

● 677 **Blaueishütte — Eisbodenscharte,** 1 Std.

Von der Blaueishütte auf dem Weg zum Gletscher bis zum verf. Wasserreservoir (in der Nähe riesiger Felsblock), hier links ab, den Schutthang gegen die Eisbodenscharte hinan und vor Erreichen derselben in die südl., weniger tief eingeschnittene Einschartung und auf den Grat.

● 678 **Blaueisscharte,** 2400 m

● 679 **Blaueishütte — Blaueisscharte — Hochalmplateau**
4 Std. Schwierige Orientierung. Gletscherbegehung.

Von der Hütte zum Blaueisgletscher. Über den steilen Gletscher (R 701) seiner ganzen Länge nach gegen die Blaueisscharte (1½—2 Std.). Am besten unterhalb derselben an die Hochkalterfelsen, je nach den Verhältnissen und der Jahreszeit in wechselnder Schwierigkeit über die Randkluft und oberhalb südl. querend zur Blaueisscharte. Gegen die Blaueisspitze bis hinter einen auffallenden Zacken hinan, der dem Grat unterhalb des Gipfels entragt (10 Min.). Weiter über plattige Schrofen auf einen Geröllhang, der so weit verfolgt wird, bis ein zweiter, nördl. anschließender Schrofenhang betreten werden kann. Diesen hinab, bis er schmäler wird und in einen vom Massiv östl. vorspringenden Zackengrat übergeht. Erst kurz vor diesen Zacken links (nördl.) über plattige Felsen und Schneereste, zuletzt über einen Geröllhang zu den Schneelöchern am Hochalmplateau (1—1½ Std.).

● **680** frei für Ergänzungen

● **681** **Sittersbachscharte,** 2113 m

Übergang Wimbachtal — Klausbachtal.

● **682** **Wimbachtal — Sittersbachscharte** (Kaunrad)
II. Nur für Geübte, brüchig. 3 Std.

Das Kaunrad (alter Treiberweg) führt im unteren Teil über den ausgeprägten Latschenrücken, der den von der Sittersbachscharte, 2094 m, ins Wimbachtal herabziehenden Mittergraben teilt.

Aus dem Wimbachtal zum Einstieg in den Zarggraben und auf dem Griesstrom in südl. Richtung weiter. Wo der Latschenrücken, der den Mittergraben in zwei Arme teilt, am weitesten in den Griesstrom herunterreicht, beginnt in der Nähe einer Lärche bei einem großen Steinmann das Steiglein. (Von der Grieshütte hierher 45 Min.) Auf ihm 45 Min. empor bis zur oberen Grenze der Latschenregion. Von hier pfadlos die Grashänge so weit gerade empor, bis man unschwierig in die sich links (südl.) öffnende, begrünte Mulde mit auffallenden Schieferablagerungen hinüberqueren kann. In ihr, dem Wasser folgend, hinauf zu dem erdigen Sattel (Steinmann, 2 Std.), östl. ein großer Felsturm (Richtungspunkt). Rechts oberhalb des Sattels beginnt ein unschwieriger, aber ausgesetzter Quergang nach links, mit dem man das Schrofengelände gewinnt, in dem man über Felsstufen und Rinnen gerade emporklettern kann. Bei abnehmender Steilheit betritt man nach 15—20 Min. einen begrünten Sattel unter den Abstürzen des Hinterbergkopfs. An der Wand über eine glatte, schräg abfallende Platte (Drahtseil) nach rechts hinan (Steinmann). Auf dem Schrofenhang nördl. querend, strebt man, sobald es die Felsen zur Linken erlauben, dem vom Hinterbergkopf zur Sittersbachscharte herabziehenden Gratrücken zu, den man etwa 5 Min. oberhalb der Scharte erreicht.

● **682 A** **Abstieg ins Wimbachtal**
II. Brüchig. 1½ Std.

Vom Steinmann am Gratrücken oberhalb der Sittersbachscharte (2094 m), über die begrünten Hänge ein Stück hinab — nicht zu tief — dann waagrecht nach rechts (S) zur Platte (Steinmann) und über dieselbe ausgesetzt zum begrünten Sattel. Hier weiterer Richtungspunkt der Turm in der Tiefe. Über steiler werdende Schrofen und Rinnen hinab bis etwa 30 m oberhalb des erdigen Sattels zur Linken. Hier Quergang nach links und über den gut gangbaren Grat herab auf den Sattel (Steinmann). In der Höhe des Sattels ist der Quergang wesentlich unangenehmer. Die schiefrige Mulde nördl., dann die Grashänge östl. in Richtung auf den oberen Rand des Krummholzbestands hinab. Hier trifft man auf das Steiglein (Steindauben), das ins Wimbachtal hinableitet.

● 683 Klausbachtal — Sittersbachscharte, 4 Std.

Von der Lahnwaldhütte bei der Klausbachbrücke (R 704) zur Wegteilung. Man verfolgt den rechts abzweigenden Weg (der linke führt ins Ofental, Tafel!) etwa 25 Min., überschreitet den Sittersbach und nimmt den etwa 100 Schritte nachher links abzweigenden Ziehweg an, der zur Sittersbach-Holzstube führt. (45 Min. von der Brücke, 1¼ Std. von Hintersee.) Gleich hinter der Hütte am westl. Ufer des Sittersbachs auf Steigspuren 35 Min. steil aufwärts zu einer ebenen Waldblöße (Sittersbachstrub). Man kreuzt hier den Forstbegangsteig (R 695), überschreitet den Bach und steigt am wasserweisend rechten Ufer auf besser kenntlichem Steig aufwärts durch die Latschenfelder 1½ Std. ins Sittersbachtal. Von hier durch das Kar in 45 Min. mühelos zur Sittersbachscharte.

● 683 A Abstieg ins Klausbachtal, 3 Std.

Man bleibt am besten auf der rechten Talseite, geht an den großen Blöcken vorbei und auf dem Pfad durch die Latschenfelder auf die untere Terrasse hinab. Nach Überquerung des Baches am linken Ufer bleibend, steil durch Wald zur Sittersbach-Holzstube, dann auf den Jagdsteigen in einer knappen Stunde nach Hintersee.

● 684 frei für Ergänzungen

● 685 Hochfeldscharte, etwa 2350 m

Der Übergang vom Hinterbergkar (bzw. Sittersbachtal) zum Alpelboden. Trennt die Hocheisgruppe von der Südlichen Wimbachkette.

● 686 Sittersbachtal — Hochfeldscharte — Alpelboden
II (Stellen). 3 Std.

Wie R 683 ins Sittersbachtal und über begrünte Hänge und den „Ewigen Schnee“ auf dem Hochfeld in 1 Std. auf die Scharte. Jenseits durch eine Steilrinne (II) und über Schutt auf das Kl. Gamsfeld und auf den Alpelboden. Von hier unweit des Bachs auf Steigspuren hinab, dann pfadlos über Schutthalden querend ins untere Bachbett. Dieses ein Stück verfolgend, trifft man im Wald auf einen Pfad, der in den Weg Kematen-Kammerlingalmen (R 690) dort einmündet, wo dieser über den Bach führt. Von hier über die Kammerlingalmen nach Hirschbichl 1½ Std., nach der verfallenen Kematenalmhütte 30 Min.

● **687** frei für Ergänzungen

● **688** **Wimbachscharte,** 1986 m

Vermittelt den Übergang vom Wimbachtal ins Oberweißbachtal.

★ **689** **Wimbachtal — Loferer Seilergraben — Wimbachscharte.** Rot bez. Steig. 2 Std. Großartige hochalpine Ski-Steilabfahrt.

Von der Wimbachgrieshütte führt die Markierung links in den vom Gr. Palfelhorn herabziehenden Graben. In der Grabensohle etwa 30 m aufwärts, bis an der Plattenflucht, die man links umgeht, rote Markierung den Anstieg zur Scharte weist. Für den Abstieg kann auch die Fallinie des Sigeretkopfes gewählt werden. Von der Wimbachbrücke kommend, zweigt man ½—¾ Std. nach dem Wimbachschloß rechts auf den breiten Griesstrom ab und geht pfadlos in Richtung Loferer Seilergraben.

● **690** **Kematental — Wimbachscharte** (Faltersteig) **I**, 3 Std.

Von der Kammerlingalm guter Pfad talein und etwas fallend zum Bach (Gatterl). Nun nicht auf dem Steig am orographisch rechten Ufer empor (dieser leitet in den Alpelboden, R 686), sondern über den Bach auf schlechtem Steig zu den verfallenen Kematenalmhütten (1 Std.) Dann anfangs auf schwachen Steigspuren (vereinzelt Dauben) fast immer links des Baches (in Aufstiegsrichtung) in den Talhintergrund. Hier wird der Bach nach rechts überquert. Pfadlos über einen schrofendurchsetzten Grasrücken an die senkrechten, glatten Wände. Bei einer alten roten Markierung steigt man nach links ein. Die nun folgende Kletterei ist durchwegs leicht, jedoch Vorsicht wegen loser Blöcke! Bei einem steil abfallenden Einschnitt (Tropfwasser) wird der innerste Winkel überschritten. Nun über Grashänge etwas rechts haltend zur Wimbachscharte.

● **691** frei für Ergänzungen

● **692** **Kematenschneid** (Hochwiesscharte), 2165 m

Verbindet Wimbachscharte mit Hochwiesgrube.

★ **693** **Wimbachscharte — Kematenschneid — Hochwiesalm** 1 Std. Landschaftlich sehr eindrucksvoll, jedoch im Sommer sehr mühsam. Nur Bedeutung in umgekehrter Richtung als Skiabfahrt vom Steinernen Meer als Zugang zur großartigen Abfahrt durch den Loferer Seilergraben (R 689).

Von der Wimbachscharte (R 688) in südöstl. Richtung zur tiefsten Einschartung des Seehorn und Großes Palfelhorn verbindenden Rückens. Jenseits über Gras- und Schrofenhänge hinab zur verf. Hochwiesalm, 1842 m. Von hier Abstieg zum Mitterkaser (1639 m) und weiter nach Oberweißbach oder aber Aufstieg zum Ingolstädter Haus möglich.

● **694** frei für Ergänzungen

● **695** **Forstbegangsteig**

Durch die W-Flanke des Gebirges zieht etwa in 1300 m Höhe ein die einzelnen Täler untereinander verbindender Steig, der sogen. Forstbegangsteig. Der landschaftlich großartige Steig ist ohne touristische Bedeutung, schwer zu finden und wird daher nur noch von einheimischen Gebietskennern gelegentlich begangen. Das südl. Ende liegt etwa ¼ Std. oberhalb der Mittereisalmen, 1320 m, das nördl. Ende am Luchsgang (R 703 A).

● **696—699** frei für Ergänzungen

4.4 Gipfel und Gipfelwege

● **700** **Hochkalter,** 2607 m

Erstbesteigung durch Bischof Fürst Schwarzenberg mit Gemminger, Tatz und Wein auf R 706.

● **701** **Von der Blaueishütte über das Blaueis**
E. Richter, J. Grill („Kederbacher"), 1874.
II (Stellen). Gletscherbegehung. Als Eis- und Felstour der abwechslungsreichste Anstieg. Vertrautheit mit Fels und Eis nötig. Im Spätsommer Steigeisen. Der Blaueisgletscher wird häufig unterschätzt; er hat — besonders bei Ausaperung — schon viele Opfer gefordert. Bei seiner Begehung ist deshalb Vorsicht geboten. Bei sicheren Schneeverhältnissen bietet der Blaueisgletscher noch im Mai und Juni eine schöne Skifahrt.
3—4 Std. Foto Seite 239.

Von der Hütte zum Blaueisgletscher und wie R 679 zur Blaueisscharte. Dann anfangs auf der südöstl. Seite in einer kaminartigen Rinne empor, später in einer weiteren, gut gestuften Rinne zum Gipfel.

● 702 **Über „Schönen Fleck“ und Kleinkalter**
Thurwieser, Wein, 1833.
II (Stellen). Lohnend; häufig begangen, blau bezeichnet. 3—4 Std. von der Blaueishütte. Foto Seite 239.

Von der Blaueishütte zunächst zum Standort der alten Hütte und in die tiefste Einschartung des Felskamms, der vom Hochkalter über Kleinkalter — Rotpalfen — Schärtenwand nördl. zieht und das Blaueiskar westl. begrenzt. Bei den großen Blöcken im Eisboden scharf rechts (westl.) über Schutt und Schneereste die zur tiefsten Einschartung emporziehende Schuttmulde hinan (Steigspuren), zuletzt über einen gutgriffigen Plattenschuß in die Scharte am Grat, den man beim sogen. „Schönen Fleck“ erreicht (1 Std.) Auf dem breiten Grat südl. hinan. Man steigt dann links zwischen Blöcken in einer Rinne empor (Steindauben) und klettert einen wulstigen Absatz (II) hinauf. Dann über den Rotpalfen oder westl. um ihn herum immer am bequem gangbaren Grat zum (2 Std.) Kleinkalter hinauf. In die Kleinkalterscharte etwas absteigend, dann über den Grat zum Gipfel hinan.

● 702 A **Abstieg über Kleinkalter und „Schönen Fleck“**
II (Stellen), blau bezeichnet. 3—3½ Std. bis zur Blaueishütte.

Vom Hochkaltergipfel über den Grat zur Kleinkalterscharte und jenseits unschwierig zum Kleinkalter hinüber (½ Std.) Auf der Grathöhe weiter, stets auf der W-Seite ausweichend, auf Steigspuren links (westl.) um den Rotpalfen herum und nach rechts wieder auf den Grat (Dauben). Bei Nebel möglichst nahe am Rand der gegen das Blaueis abbrechenden Wände halten, um keinesfalls zu tief in die W-Flanke zu geraten! Den begrünten Rücken etwa 20 Min. weiter, dann ostwärts den wulstigen Absatz mäßig schwierig hinab. Weiter durch eine breite Rinne und über die begrünten Schrofenhänge zur tiefsten Einschartung beim „Schönen Fleck“ (2 Std.). Über den gutgriffigen Plattenschuß auf die Schuttreiße und in den Eisboden (Blaueishütte) hinab.

Luftaufnahme vom Hochkalter mit Blaueisgletscher

R 701 Normalweg von Norden über das Blaueis
R 702 Über „Schönen Fleck“ und Kleinkalter

Kleinkalter

R 721 Neuer Nordostpfeiler
R 722 Gerade Nordostwand

Großer Hundstod
Hochkalter
Blaueisspitze
701
702
722
721

● 703 A Abstieg über Kleinkalter nach Hintersee
II (Stellen). 5 Std.

Wie R 702 A zum „Schönen Fleck". Nun über die begrünten Hänge in nordwestl. Richtung in die flache Mulde hinabsteigen, bis diese sich zu einem Graben verengt. Bei der durch rötlichen Lehm gekennzeichneten Gamssulz rechts hinaus, wo bei den ersten Lärchen der ehem. Luchsgang-Jagdsteig ansetzt. Er ist an einzelnen steilen Stellen mit Holzstufen versehen, leitet um die Schärtenwand herum und mündet schließlich in den Weg nach Hintersee.

★ 704 Durch das Ofental (Normalweg von Westen)
H. Buchner, H. Hinterstoißer, 1882.
I (Stellen). Rot markiert. 5—6 Std. von Hintersee. Schöne Skitour.

Von Hintersee auf der Hirschbichler Landstraße etwa 25 Min. talein. Dann zweigt ein Weg nach links ab (Tafel!), der durch Wald schnurgerade über die Lahnbrücke zur Lahnwaldhütte führt. Hier Wegteilung. Man folgt dem linken Weg — der rechte führt ins Sittersbachtal (R 683) bzw. zum Vorderbergrücken — der, langsam ansteigend (nach 20 Min. links Abzweigung in den Kaltergraben, R 706) im Hochwald aufwärts führt. Der bequeme Reitweg leitet bald nach rechts, über einen großen Holzschlag, den „Schindelboden", im Zickzack zum Eingang des Ofentals hinauf. Bei einer ebenen Waldblöße (etwa 1½ Std. von der Lahnbrücke) zweigt der Weg ins Steintal rechts ab. Hier kreuzt man den Forstbegangsteig (R 695). An der Vegetationsgrenze endet der Weg (50 Min.). Auf Steigspuren (rote Markierung) durch das schutterfüllte Hochtal, zuletzt pfadlos bis dicht unter den Talabschluß (4 Std. von Hintersee). Über eine breite Schutthalde (Schneeüberreste) in eine rinnenförmige Mulde und mühsam in nördl. Richtung gegen die Ofentalscharte hinan (1 Std.). Von der Scharte über Felsstufen und Rinnen (Steindauben) durch die SW-Flanke zum Gipfel.

★ 705 A Abstieg durch das Ofental
I (Stellen). Rot markiert. 4—5 Std. nach Hintersee. Schöne Skiabfahrt.
Einfachster und am häufigsten benützter Abstieg.

Vom Gipfel in südwestl. Richtung über Felsstufen und Schuttrinnen ein Stück hinab bis zu einem Köpfel (nicht zu tief steigen!), dann auf einem ausgetretenen, fast ebenen Band (Steindauben) nach links hinüber und auf deutlichen Steigspuren über einige Absätze zur Ofentalscharte mit Steinmann (¼ Std.). Nun noch weiter nach links bis zum höchsten Punkt des Ofentals und durch die anschließenden Schuttrinnen auf die breiten Schutthalden im schneerfüllten obersten Teil des Ofentals hinab (¼—½ Std.). Erst weglos, dann auf Pfadspuren das ganze Ofental durchwandernd, trifft man an seinem westl. Rand an der Vegetationsgrenze auf den Jagdsteig, der durch die bewaldete W-Flanke (Tiefblick auf die Rageretalm) zur Lahnwaldhütte und über die Klausbachbrücke zur Hirschbichler Landstraße führt, die man etwa 25 Min. südl. Hintersee erreicht.

● 706 **Durch den Kaltergraben (Hirschenlauf)**
Mühevoller und schwieriger zu finden als R 705. Ohne besondere touristische Bedeutung. Siehe 14. Aufl. 1977.

● 707 **Oberes Blaueis — Kleinkalterscharte**
v. Goeldel, K. Bauer, K. u. F. Hartmann, 1908.
III (Stellen), II. 1¼ Std. vom E.

Der Einstieg erfolgt etwa in zwei Drittel Höhe des Blaueisgletschers. Über schräge Platten klettert man links haltend zu einem kleinen Felszacken hinan. Nach dessen Überwindung etwas absteigend, hat man die Wahl zwischen zwei Runsen, von denen die linke (südl.) etwas leichter ist als die rechtsseitige. In einer derselben zu einer großen, waagrechten Platte hinan. Etwas nach rechts absteigend gelangt man zu einem 5 m langen Kriechband, das man nach rechts verfolgt. Nun im Zickzack, zuletzt über schrofiges Gestein ziemlich ausgesetzt zur Kleinkalterscharte empor.

● 708 **Vom Wimbachtal durch den Zarggraben**
J. Felix, J. Punz, 1881, im Abstieg.
L. Purtscheller, Punz, 1886, im Aufstieg.
III—. Siehe 12. Aufl. 1969.

● 709 **Über die „Schöne Wand"**
G. Leuchs, 1900.
III—. Siehe 14. Aufl. 1977.

● 710 **Durch den Schneelahnergraben**
F. Barth, F. Rigele, 1909.
III. Steinschlaggefährlich. 6—7 Std. Siehe 12. Aufl. 1969.

● 711 **Gerade Ostwand**
Th. Datzmann, R. Hang, 1931. ÖAZ S. 332.
V (Stellen), 1400 m, 6½ Std. Siehe 12. Aufl. 1969.

● 711 a **Gipfelvariante zur Geraden Ostwand**
K. u. F. Krämer, 1947. MAV 1949, S. 80.
VI / A 1 (?), 120 m, 3 Std. für die Variante. Siehe 12. Aufl. 1969.

● 712 **Südgrat**
Frau Nagel, G. Stockmaier, M. Zeller, 1910.
III und II. 1 Std. von der Ofentalscharte. Siehe 12. Aufl. 1969.

● 713 **Nordwand**
P. Holl, 28. 8. 1959.
III und II, etwas brüchig. ½ Std.

In Gipfelfallinie über den Bergschrund. Oder (besser) von der Blaueisscharte bis etwas oberhalb des Gletschers absteigen und parallel zum Bergschrund in die Gipfelfallinie queren. Nun durchwegs in Gipfelfalllinie zum höchsten Punkt. (P. Holl)

● 714—717 frei für Ergänzungen

● 718 **Kleinkalter,** 2513 m

Erstbesteigung durch Thurwieser, Wein, 1833.

● 719 **Normalweg** siehe R 702.

● 720 **Nordostpfeiler**
Krüttner, Weber, 1929.
IV, 500 m, 3½ Std. Siehe 12. Aufl. 1969.

● 721 **Neuer Nordostpfeiler, „Miraculix"**
M. Hallinger, L. Köppl, 1981.
VI (1 SL), **A 1** (1 Stelle), meist V und IV. 300 m, 5 Std.
Foto Seite 239.

Der im unteren Teil braune und gelbe Pfeiler fällt durch ein riesiges Dach in 50 m Wandhöhe auf. E in der Fallinie des Daches. **1. SL:** Über Schuppen und Rinne 20 m schräg rechts aufwärts zu markanter Nische (IV+). 10 m waagrecht nach links unter eine anfangs überhängende Verschneidung. Durch diese nach 10 m zu gutem Stand auf schräger Platte (V). **2. SL:** Nun nicht nach rechts unter das große Dach hinauf, sondern 3 m gerade empor zu Haken unter dem kleinen gelben Dach. Hangelquerung an einer teilweise brüchigen Leiste 10 m nach links (V+, 3 H) in kleine Nische Über die senkrechte Stufe links hinauf unter kleinen Überhang (5 m, VI). Über diesen (A 1, 2 H) und weiter gerade hinauf (5 m, VI) zu zwei Standhaken unter dem großen Dach. **3. SL:** 4 m nach links an die Pfeilerkante und durch kurze Verschneidung auf einen kleinen Absatz (V). Weiter erst in der linken Verschneidung (IV), dann Querung nach rechts und gerade hinauf auf ein Band in flacherem Gelände. **4. SL:** Durch Schrofen 40 m gerade hinauf

(III). **5. SL:** Knapp links der Pfeilerkante über eine Platte (IV+) und den folgenden bauchigen Aufschwung (V) zu SH an der Kante. **6. SL:** Auf waagrechtem Band 10 m nach rechts und durch einen nach links ziehenden Riß unter die sich aufsteilende Kante (V—). Über eine senkrechte Wandstufe mit feinen Rissen (15 m, V+) und 25 m weiter zu SH. **7. SL:** Leicht rechts halten durch einen Riß (IV+) und über eine glatte Platte (V) und den folgenden Riß (IV+) nach 40 m zu Stand an Sanduhrschlinge. **8. SL:** Erst gerade hinauf, dann auf einer Rampe nach rechts zu Stand bei Sanduhr (40 m, IV).

Man befindet sich nun auf einem flachen Grat (Steinmann), über den man in 20 Minuten den Gipfel erreicht (eine Stelle IV).

● **722** **Gerade NO-Wand des Kleinkaltergrates**
H. Schülein, E. Miller, 1977.
V+, 200 m, 3 Std. Routenbeschreibung in der Blaueishütte.
Foto Seite 239.

● **723** frei für Ergänzungen

● **724** **Blaueisspitze,** 2481 m

Dieser Gipfel wird von dem westl. der Blaueisscharte aufragenden Hochkalter mächtig überragt; sein Besuch lohnt sich nur in Verbindung mit diesem. Erstbesteigung L. Purtscheller, J. Punz, 1886.

● **725** **Über Blaueis und Blaueisscharte.**
2½ Std. Gletscherbegehung.

Wie R 679 zur Blaueisscharte. Nun nördl. über unschwierigen Fels meist neben dem Grat zum Gipfel. Auf dieser Anstiegslinie kann — mit Benützung der Ski bis unterhalb der Scharte — bei sicheren Verhältnissen die Blaueisspitze im Winter erreicht werden.

● **726** **Ostseite vom Hochalmplateau**
R. Lindner, J. Punz, 1885, im Abstieg.
II, 3½ Std. von der Hochalmscharte.

Von der Hochalmscharte (R 670) zum höchsten Punkt des Hochalmplateaus. Sodann quert man oberhalb des Schrofengrabens waagrecht über plattige Felsen und Schneereste in ein Schartel der von der Blaueisspitze nach O herabziehenden Felsrippe hinüber. Auf ihr steil über Felshänge und Stufen gerade zur Blaueisspitze empor.

Eine Wegänderung führt von der Rippe nach rechts unter der Gipfelwand der Blaueisspitze durch, so daß man diese unmittelbar nördl. ihrer höchsten Erhebung erreicht. Vom Gipfel über den Verbindungsgrat unschwierig in die Blaueisscharte.

● 727 **Ostwand**
H. Danzer, E. Mitterndorfer, O. Nitsch, 1930.
V— und IV, 4½—5 Std. Siehe 12. Aufl. 1969.

● 728 **Nordgrat**
W. v. Frerichs, R. v. Below, 1899.
IV (Stellen), meist einfacher. Ausgesetzt. 4 Std. von der Eisbodenscharte. Foto Seite 245.

Übersicht: Der Grat weist neben einigen kleineren Zacken drei größere Absätze auf, von denen der mittlere, der bedeutendste, sich von N mit einer etwa 70 m hohen, senkr. Turmwand aufschwingt, deren Überwindung die Hauptschwierigkeit bildet. Hier hat ein Felssturz wesentlich schwierigere Verhältnisse geschaffen. Am 25. 7. 1954 gegen 11 Uhr brachen die letzten 30 m des zweiten Turmes ab.

Zugang: Wie R 677 in die Eisbodenscharte.

Führe: Über steile Rinnen und eine kaminartige Steilstufe bis unter den Gipfel der ersten, stangengekrönten Graterhebung, die auf Schuttbändern östl. umgangen wird. Auf der SO-Seite durch einen kurzen Kamin auf den nächsten Absatz und in einer Rinne in die Scharte. Der dem Hauptturm nördl. vorgelagerte Zacken wird über eine unten plattige, scharfe Kante überklettert. Jenseits zur Scharte vor der zweiten Graterhebung, einem etwa 70 m hohen Turm. Ein etwas rechts vom höchsten Punkt mündender Riß spaltet ihn; er vermittelt den Durchstieg. An der westl. Seite des Turms über ein nach außen abfallendes Plattenband zum Beginn eines Risses. Durch ihn über den steilen Wandabsatz auf ein breites Schuttband. Der hier ansetzende Riß wird verfolgt, bis vom Felssturz liegengebliebene Blöcke einen Absatz bilden. In Reichweite ein Haken. Mit dessen Hilfe nach rechts auf eine Leiste und um die Kante herum. Etwa 6 m gerade hinauf auf ein Schuttband. Zur Rechten ein abgespaltener Zacken. Dieser wird durch Stemmen oder an der Zackenwand erklettert. Vom Zacken mit großem Spreizschritt auf eine abschüssige Leiste in der Wand des Turms. 2 m nach rechts und durch einen überhängenden Riß (IV, H) etwa 12 m direkt auf den Zweiten Turm. Unschwierig hinab zur folgenden Scharte; die nächsten zwei Zähne werden ausgesetzt links (östl.) umgangen. Der dritte, mächtige Gratturm wird erreicht, indem man erst auf der Blaueisseite auf breitem Schuttband waagrecht quert (Steinmann); über gut gestuften Fels

Blaueisspitze und Blaueistürme von Westen

R 728 Nordgrat
R 736 Westwand

Blaueisspitze
Watzmann
Erster Blaueisturm
728
736

gewinnt man von W her den Grat und über denselben den dritten Gratturm. Jenseits unschwierig in die tiefe Scharte hinab, zu welcher der Gipfelgrat der Blaueisspitze senkrecht abbricht. Durch einen breiten Kamin zwischen diesem Turm und einem östl. angelehnten Zacken gelangt man zu einem 25 m hohen Stemmkamin (am Beginn auffallender, rotbrauner Fleck), der auf den Grat leitet. Über ihn zum Gipfel.

● **729** **Westwand, neuer Weg**
J. Krauß, A. Gretschmann, 1923.
III. Siehe 12. Aufl. 1969.

● **730—734** frei für Ergänzungen

● **735** **Erster Blaueisturm** (Nordturm)

Markanter Turm im Nordgrat (R 728) der Blaueisspitze.

● **736** **Westwand**
R. Hang, U. Schoebel, 1935.
VI, A 1. 450 m, 7 Std. Siehe 12. Aufl. 1969.
Foto Seite 245.

● **737** **Westwandverschneidung**
H. Krafft, H. Brandner, 11. 7. 1981.
VI+ (mehrmals), häufig V+ und V. Eine der schwierigsten Verschneidungsklettereien in den Berchtesgadener Alpen. 3 ZH, belassen 350 m, 3—4 Std.

Übersicht: Die Führe verläuft links von R 736 durch die auffallend markante, überhängende Wandverschneidung. **1. SL:** Über kleinen Überhang direkt in der teils gelben Verschneidung nach 25 m (V+) zu Stand. **2. SL:** Direkt im Verschneidungswinkel überhängend in gewagter Freikletterei nach 25 m (VI+) im linken Teil der Verschneidung zu 3 H und weiter am linken Teil der Verschneidung, zuletzt über lockere Blöcke 15 m zu gutem Stand. **3. SL:** Quergang an kleinen Griffen nach rechts (VI—) auf glatte Platte, über diese sehr kleingriffig, an lockerem Schild vorbei (V+), nach 35 m zu gutem Stand auf dem großen Band. **4. SL:** Etwas links haltend 45 m durch Risse (III+). **5. SL:** Nach weiteren 40 m links an Dolinen vorbei. **6. SL:** Weiter leicht rechts haltend, zuletzt über Rißüberhang (V), nach 40 m zu gutem Stand. **7. SL:** Kurze Querung nach rechts, unter von links nach rechts ziehende Rißreihe. Durch diese über Überhang (40 m, V). **8. SL:** Nun den Kamin hinauf (V—) bis zu riesigem Klemmblock und in kurzer Links-Rechts-Schleife umgehend (V+) zu Stand. **9. SL:** Weiter rechts haltend nach 30 m (IV) auf den Grat und zum Gipfel.

● **738—739** frei für Ergänzungen

● **740** **Schärtenspitze,** 2153 m

Ein untergeordneter, durch seinen Steilabfall nach N auffallender Gipfel. Als Fahrtenziel jeder Schwierigkeitsstufe erfreut er sich als nächster Hüttenberg zunehmender Beliebtheit.

● **741** **Von der Blaueishütte**
Markierter, gesicherter Steig. 1¼ Std.

Auf dem Weg zum Gletscher bis zum verf. Wasserreservoir (in der Nähe riesiger Felsblock). Von hier nach links zum Wandsockel der Schärtenspitze und über die begrünten Schrofenhänge der SW-Flanke auf den Grat und über diesen in nördl. Richtung zum Gipfel.

● **742** **Von der Eisbodenscharte**
I, ¾ Std.

Über den Grat in nördl. Richtung zum Gipfel.

● **743** **Nordwand**
H. Amannshauser, H. Feichtner, 1919; anderer Weg: E. Allwein, H. Beck, 1923.
IV, 2 Std. Brüchig, anstrengend.

Durch den Abbruch eines 40 m hohen Pfeilers am 25. Juli 1963 haben sich wesentliche Veränderungen ergeben. Nachstehend wird der neue Durchstieg nach dem Felssturz beschrieben.

Von der Blaueishütte zum Fuß des W-Grates. Über die Steinbergplatten (Trittspuren) in Richtung auf einen größeren Latschenfleck bis zu einem Schuttabsatz. Diesen verfolgend, dann über steile Schrofen gerade hinauf zur Scharte. Etwas um die Kante (nicht in die Rinne!), 10 m gerade empor, dann direkt an der Kante etwa 50 m bis zur Schulter. An einem Kreuz vorbei nach rechts auf ein Köpfl, nun nach links über einen Absatz zu einem sehr schwierigen Riß (H) und in diesem bis zu H. Nach rechts 3 m abwärts querend zu einem Absatz. Hier setzt eine etwa 40 m hohe Verschneidung an. Nach etwa 10 m gelangt man in einen Spalt und in einen geschlossenen Kamin. In ihm innen aufwärts zu einem großen, überdachten Band (Wandbuch). Das Band verfolgend bis zu einem Spalt, durch diesen auf die O-Seite und zum Gipfel oder schwieriger vor dem Spalt in einem feinen Riß (H) rechts an einem Dach vorbei direkt zum Gipfel. (R. Hang sen.)

● 743 a Variante zur Nordwand
V, 2 Std.

Wie R 743 bis zur Schulter (Kreuz). Nach links über ein brüchiges Band in eine Verschneidung. Durch diese gerade hinauf (H) unter ein Dach. Über dieses nach rechts hinaus (H) auf das überdachte Band. Weiter wie R 743.

● 743 b Nordwandvariante, „Hias-Graßl-Gedächtnisführe"
R. Graßl, F. Resch, 1967.
VI—, V+. 2—3 Std.

Wie R 743 bis zum Beginn der 40-m-Verschneidung. Vom Verschneidungsgrund über eine griffarme, senkrechte Wandstelle nach links bis zu einer brüchigen Leiste (V+). Quergang weiter nach links und in freier Kletterei um ein Eck zu einem guten Standplatz in einer kleinen Felsnische. Durch die senkrechte Verschneidung in herrlicher Kletterei 10 m empor (2 Keile, VI—). Die Verschneidung endet auf dem überdachten Band von R 743. Weiter wie dort.

● 744 Nordostwand
Brandenstein, 1925.
III— und II, ¾ Std. 6 SL. Steinschlaggefahr durch Touristen am Gipfel.

Von der Blaueishütte an den Fuß der Schärtenspitze, dann über die mächtigen, geneigten Platten bis zu ihrem Ende. Hier scharf nach rechts (Steinmann) über Schotter und weitere Platten zur Schärtenscharte (P. 2060). Aus der Scharte, den Vorbau links umgehend, rechts eine Rinne gerade hinauf. Durch eine kurze, kaminartige Verschneidung, nun auf dem zweiten, oberen Band nach links. Dem Band folgend rechts durch eine Rinne mit Klemmblock und über Schrofen gerade weiter durch eine Verschneidung zum Gipfel.

● 745 Westgrat
E. Allwein, W. Welzenbach, 1924.
V (Stellen), 350 m, 2—3 Std.

Der Westgrat bricht gegen den Schutt des Blaueiskars in einer etwa 50 m hohen, im oberen Drittel von mehreren Überhängen durchzogenen Plattenflucht ab. Der E (1800 m) befindet sich in der Fallinie eines in die Platten eingelassenen größeren Grasflecks.

Führe: Zuerst auf einer nach links ansteigenden, schwach ausgeprägten Plattenrampe 20 m hinan, dann über besser gangbaren Fels und durch einen Riß 10 m gerade empor auf ein Felsköpfl am linken Eck des oben erwähnten Grasflecks. Nun mit Hilfe eines schwach ansteigenden Einrisses 6—8 m unter einer überhängend abbrechenden Plattentafel nach links bis zu einem den Überhang durchziehenden Riß (H). Durch ihn auf eine Felsnase. Drei weitere überhängende Plattenwülste werden im wesentlichen gerade ansteigend durch Risse erklettert. Man erreicht damit ein Schuttband, welches schräg links ansteigend auf eine Kanzel an der Gratkante leitet. An der Kante oder knapp rechts von ihr etwa 40 m bis zu einem schwarzen Abbruch. Unter ihm etwa 20 m schräg rechts aufwärts kletternd erreicht man einen Winkel, in welchen ein feuchter, senkr. Riß auf gestuften Fels leitet. Nach einigen Metern gewinnt man ein nach rechts ansteigendes Schuttband. An seinem Beginn durch einen senkr. Riß nach links aufwärts, hierauf leicht fallender und dann ansteigender Quergang weiter nach links an die Gratkante. Erst auf dem Grat, dann auf einem Schichtenband rechts ausweichend zum Fuß des großen, schon vom Blaueiskar auffallenden turmartigen Abbruchs (Höhe 40—50 m). Vom Ende des Bands nach links über eine senkr. Wandstelle an die Kante, dann über eine glatte Platte und unsichere Blöcke an den Beginn einer gelben, senkr., teilweise brüchigen Verschneidung (H). In ihr an spärlichen Griffen schwierig etwa 8 m hinan, dann weiterhin schwierig mit Hilfe einer schmalen, waagrechten Leiste an die linke Begrenzungskante der Verschneidung. Um sie herum und schräg links ansteigend in eine begrünte Nische. Durch einen senkr. Riß rechts aufwärts und im Zickzack auf die Höhe des Gratturms. Von der folgenden Einschartung auf einem Plattenband links des Grats, dann auf dem Grat selbst aufwärts und von rechts her auf den zweiten Turm. Der in der nächsten Scharte ansetzende Aufschwung des Gipfelgrats wird durch einen senkr., 10 m hohen Riß knapp rechts der Kante erklettert. Weiterhin im wesentlichen auf dem Gratrücken haltend über plattigen Fels zum Gipfel.

● **746** **Gerade Ostwand**
Brüder Feichtner, V. Raitmayr, 1924.
IV, 350 m, 3—4 Std. Gefährlich. Siehe 12. Aufl. 1969.

● **747—749** frei für Ergänzungen

● **750** **Steinberg,** 2065 m

Er bildet den nördl. Eckpunkt des ganzen Gebirgszuges; einzig schöner Tiefblick auf Hintersee und lehrreicher Einblick auf das Blaueis und seine wilde Felsumrahmung.

● **751** **Von der Schärtenalm**
1½—2 Std.

Bei der Schärtenalm auf schwach ausgeprägtem Steig in südöstl. Richtung über waldbestandene Hänge. Nach etwa 10 Min. bei einem Stein mit rotem Markierungsfleck rechts auf einem Jagdsteig weiter, der dann auf einen von links heraufführenden Steig trifft. Nun erst in weiten, dann links in kürzer werdenden Kehren auf ein bewachsenes Köpfel mit sehr schöner Aussicht. Auf Steigspuren über latschenbewachsenen Rücken, dann ein kurzes ebenes Stück in einer ausgehackten Latschengasse und links aufwärts den Steindauben folgend über Schrofen zum Gipfel.

● 752 Von der Blaueishütte
I, 1 Std.

Von der Blaueishütte an den Fuß der Schärtenspitze, dann über die vom Steinberg ins Kar herabziehenden mächtigen, schief geneigten Plattenlagen zum Gipfel.

● 753 Plattenweg
III, und II, 7 SL, schöne Plattenkletterei, 1½ Std.

Von der Blaueishütte etwa 3 Min. zu den vom Steinberg herabziehenden, mächtigen geneigten Platten. Vom Plattenfuß dem schräg nach rechts verlaufenden Riß folgend bis zu einer Rampe (I). Wieder einem Riß etwa 4 m schräg links folgen, dann gerade über Erosionsrinnen empor zu einer Wanne mit Standplätzen. Aus der Wanne links über gerauhte Platten zu einer mit Latschen bedeckten Rampe. Von hier aus zwei Möglichkeiten: **a)** Links über ein 6 m hohes Wandl empor und schräg rechts durch Latschen auf eine Platte. Von hier weiter über leichte Platten und auf Pfadspur zum Steig R 752. (5 SL, III).

b) Von der Rampe einige Meter schräg rechts empor unter die etwa 6 m hohe, senkrechte Wand. Unter diese nach rechts queren bis zum Ende derselben. Nun über Schrofen, Platten und Grashänge vorbei an der Steinberghöhle, 1850 m, bis zu der schon von der Hütte aus sichtbaren, linken Verschneidung. Durch diese empor (kaminähnlich, 3 H) in eine Schuttrinne. Diese nach rechts verlassen und über Schutt aufwärts zum Steig R 752.

● 754 Von Nordosten
I, 1½ Std. von der Jagdhütte.

Von dem zur Hochalm führenden Weg (R 671) ab der verf. Mitterkaseralm (Jagdhütte) auf kaum erkennbarem Steig über die Schrofenhänge, zuletzt über Latschenbänder und Felsstufen.

● 755—756 frei für Ergänzungen

● 757 **Stanglahnerkopf,** 1791 m

Schöngeformter, zum Teil latschenbewachsener Felsgipfel; als Halbtagsfahrt von Ramsau beliebt.

● 758 **Von Norden**
I, 1½ Std. von der Mitterkaseralm.

Auf kaum sichtbarem Steig über die nordseitigen Schrofenhänge, zuletzt über Latschenbänder und Felsstufen, zum Gipfel.

● 759 **Südwestgrat**
IV— und III, 1 Std. Ausgesetzte Kletterei.

Von der Hochalmscharte immer über den Grat zum Gipfel.

● 760 **Rotpalfen** (Wasserwandkopf), 2367 m

Normalweg wie R 702 zum Gipfel.

● 761 **Ostwand**
K. Rieser, V. Förtsch, 1923.
IV, 600 m, 4 Std.

Der Durchstieg erfolgt zunächst in der gegen den Eisboden zu abfallenden Hälfte der Wand. Einstieg am Fußpunkt einer rechts der Gipfelfallinie auf einen Schuttkegel absetzenden Schlucht.

Führe: In der Schlucht etwa 30 m empor, dann scharf links über eine Wandstufe in eine zum Teil kaminartige Rinne. Man klettert in ihr etwa 80 m weit aufwärts und quert dann über gutgriffige Plattenlagen nach links in den nächsten Kamin, der bis zu einer kleinen Mulde leitet. Von hier schwach rechts haltend auf ein Schuttband empor, dann nach links und durch eine Rinne auf die Rippe, die an den mit einigen Latschen besetzten Fuß des ausgeprägten Pfeilers führt. Halbe Höhe der Wand. Etwa 40 m am Pfeiler empor (H) und in einer ausgesetzten, aber gutgriffigen, 30 m hohen Verschneidung schwierig auf den Kopf des Pfeilers. Die hier ansetzende Mulde etwa 40 m hinan, bis die Felsen steiler werden. Sodann 15 m schwach links haltend über schwierige Platten zu kleinem Stand. Von hier in dem seichten Kamin einige Meter aufwärts, dann an einigen Blöcken 10 m nach rechts hangelnd in eine Nische. In ihr ein Stück gerade empor, dann rechts heraus und über eine 25 m hohe Plattenlage, oben sich links haltend, zu Stand. Man quert nun weiter nach links zu einer Gratrippe und gewinnt über plattigen Fels ein fast waagrecht ziehendes Grasband, das man 30 m nach rechts verfolgt, bis eine gutgestufte Rinne zum Grat emporführt, den man etwa 20 m nördl. des Gipfels erreicht.

● 762 Gerade Südwand
R. u. K. Hang, A. Althaus, 1939.
V, 450 m, 5 Std. Ausgesetzt.

In den Winkel der S-Wand zieht vom Eisboden ein Schuttkegel hinauf. Einstieg an seiner höchsten Stelle. Zunächst über ausgewaschene Platten in der großen, abwärts geschichteten Rinne 4 SL hinauf. Nun links im Kamin, welcher nach 6 m wieder nach rechts verlassen wird, brüchiger Quergang nach rechts in ein Wasserloch (Stand, H). Jetzt gerade hinauf bis kurz vor der tiefsten Stelle der Schlucht. Die rechte Rampe bis zum Ende hinan. Nun abwechselnd zwei Risse benützend (40 m), gerade hinauf zu Stand (H). Aus der Gufel links über einen Überhang hinaus und an der Kante gerade hinauf zum ersten Band. Jetzt etwas nach rechts und 6 SL gerade aufwärts (ein Überhang mit H). Weiter durch einen kurzen Kamin und gerade empor zu begrüntem Rastplatz in einer Nische unter großem, gelbem Überhang (vom Einstieg sichtbar, Steinmann). Von hier rechts heraus, teilweise Kriechband, um eine Ecke links herum zu einer nassen, geräumigen Höhle. Über ihre rechte Begrenzungswand direkt hinaus (überhängend, H, schwierigste Stelle). Schräg rechts aufwärts über Platten in einem schräg rechts aufwärts leitenden Spalt (Kriechband) bis zum Ende (Steinmann). Mit Steigbaum über eine glatte, griff- und trittlose Wandstufe und an der Kante 1 SL hinauf. Über gutgestuften Fels zu schmalem Grasband unter einem senkr. Riß. Er ist 15 m hoch und führt gerade zum Gipfel.

● 763 Südostkante
Datzmann, Hang, 1932.
V +, A 1. 550 m, 4—5 Std.

Von der Blaueishütte den Weg zum Eis (R 679), welchen man im oberen Karboden verläßt und nach rechts zur Kante hin quert.
Links und rechts der Kante setzen zwei Risse an. Man geht die linke Verschneidung hinauf bis zu ihrem Ende. Einige Meter nach rechts in den Hauptriß, denselben 1 SL hinauf in eine Höhle (H). Über das Dach (A 1) und den Riß weiter in die zweite Höhle. Aus dieser heraus (A 1) und die wieder ansetzende Verschneidung hinauf zur dritten Höhle. Einige Meter nach rechts in kurzen Riß. Wieder nach links in abwärts geschichtete, überhängende Wand. Diese 1 SL hinauf in tiefen Kamin. Durch denselben auf die Kante, nun einige SL hinauf zur Schulter.

Von hier entweder die alte O-Wandführe (R 761), oder den von Hang erstmals begangenen, sehr schwierigen Kamin in der O-Wand (mit mehreren Haken) drei SL hinauf. Über dessen Überdachung mit Seilzug und noch einige Meter zu gutem Stand. Eine SL hinauf in einen großen Kessel. Aus diesem rechts durch einen Kamin. Eine schmale

Leiste nach rechts um die Kante und gerade hinauf zu einer Rißverschneidung (H). Diese hinauf unter ein gelbes Dach (H). Unter demselben Quergang nach links und über einen Überhang zu gutem Stand. Nun gerade hinauf zum Gipfel.

● **764** **„Requiem“**
L. Köppl, M. Hallinger, 9. 8. 1981. Alp. 4 / 82, S. 65.
VI— und V+ (lt. Erstbegeher), 8 SL (etwa 280 m). Abwechslungsreiche Freikletterei in meist sehr rauhem, festem Fels. 6 ZH, 1 KK und 1 SH belassen.

E 20 m links von R 763. Man folgt der teils unterbrochenen Rißfolge, die in gerader Linie bis zur Ostwandschulter emporführt.

● **765—766** frei für Ergänzungen

● **767** **Schärtenwand,** 2050 m

Der letzte Gipfel in dem vom Hochkalter nach N ziehenden Kamm, vom Rotpalfen durch die tiefe Einschartung der R 702 getrennt und von dieser aus über den Grat zu erreichen; selten besucht.

● **768** **Nordostwand**
E. Allwein, F. Sitte, 1926. Mitt. 1926, S. 237.
IV, 250 m, 2 Std.

Die Wand wird durch eine Schlucht geteilt; der Aufstieg geht unten durch die Schlucht, im oberen Teil durch die linke Wandhälfte.

Vom Standort der alten Blaueishütte über Schutt zu den Schrofen am Fuß der großen Schlucht.

Führe: In ihr empor, bis sie durch einen mächtigen Überhang abgeschlossen wird. Hier Quergang nach links auf ein Band; auf ihm so weit nach links, bis man über Schrofen und kleine Stufen wieder gerade ansteigen kann; hier einmal ein schwieriger Riß. In der Gipfelwand durch eine von links nach rechts ansteigende überdachte Verschneidung auf die O-Kante des Vorgipfels und über sie sehr luftig, zuletzt etwas rechts ausweichend, zum Gipfel.

● **769** frei für Ergänzungen

● **770** **Schönwandeck,** etwa 2450 m

Mit scharf geschnittenen Kanten zwischen Hochkalter und Ofentalhörnl in die mächtige O-Flanke vorspringend, setzt es mit einer verkümmerten Gratrippe auf den begrünten Zargrücken ab. Die häufig angegebene Höhenzahl 2255 m betrifft nicht das Schönwandeck, sondern einen Punkt im Ofental.

● 771 Von Südwesten
I, mühsam.

Wie R 704 ins Ofental. Im hintersten Teil nach rechts über Schutthalden gegen die Abstürze des Ofentalhörnls und von SW zum vorspringenden höchsten Punkt.

● 772 Von der Ofentalscharte
II, 1 Std.

Über den scharfen, ausgesetzten Grat, der mit der riesigen Plattenflucht der „Schönen Wand" unmittelbar gegen den Schneelahnergraben absetzt, in anregender Kletterei zu einer Unterbrechungsstelle und weiter zum vorspringenden Gipfel mit eindrucksvollem Tiefblick.

● 773 Nordostwand
E. u. S. Pürzer, 1936.
V, 1200 m. Zeit der Erstbegeher 17 Std. Siehe 12. Aufl. 1969.

● 774 Ostgrat
H. u. H. Feichtner, V. Raitmayr, L. Schifferer, 1923.
IV—, 3 Std. Meist festes Gestein. Siehe 12. Aufl. 1969.

● 775 Ostpfeiler
H. Krafft, W. Meissner, 1976.
V+ (Stellen), häufig V, manchmal IV und III.
Pfeilerhöhe 360 m, Gratlänge etwa 300 m, 4—5 Std.

Vom Wimbachtal wie bei R 708 in den Zarggraben, über Gras, Schrofen und Felsbänder hinauf zum Schönwandeck-Ostgrat und nach links zum markanten Pfeiler.

Führe: Eine schräge Rampe nach links aufwärts queren (45 m, V—). Weiter 15 m rechts aufwärts (III), Querung 20 m links (III) und nach weiteren 25 m gerade hinauf (V) zu Stand in Nische. An der linken Wand 20 m hinauf (IV—, 8 m), Quergang nach rechts in einen Riß und nach 20 m zu Stand (V). Nun über Risse 150 m hinauf bis unter den Gipfelaufbau (IV— bis V+). Aus der Nische gerade hinauf, Quergang nach links und hinauf über lockeres Blockwerk zu Stand (35 m, V). Weiter aufwärts Quergang an Schuppe nach rechts (V—), auf die Dachkante hinaus, um die Kante herum weiter rechts, bis ein Aussteigen zum Gipfelblock möglich ist (50 m, V). Vom Gipfel absteigen über einen Grat mit großem Klemmblock bis in die Scharte des Schönwandeck-Ostgrat-Turmes (100 m). Weiter in einer brüchigen

Verschneidung (IV+, 50 m) hinauf zu Stand. Nun auf dem Grat weiter zum Gipfel.

● **776—778** frei für Ergänzungen

● 779 **Ofentalhörnl,** 2513 m

Als trotzige Felsburg bringt sich dieser Gipfel mit seinen kühngeschwungenen Graten nach allen Seiten voll zur Geltung. Schon früh durch Jäger erstiegen.

● 780 **Aus dem Ofental**
II, 1 Std. vom Einstieg.

Wie R 704 ins mittlere Ofental. Wo die N-Abstürze der Ofentalschneid in hängenden Schichtplatten ins Kar münden, steigt man in die Felsen ein. Die Schichten bilden einen bis zum Doppelgipfel emporführenden Plattenschuß. Einstieg dort, wo der Sand bzw. Schnee am höchsten hinaufreicht.

Führe: Über einen Schichtenabbruch mäßig schwierig nach rechts, dann übersteigt man die einer Riesenschiefertafel gleichende Platte zum Teil und quert, um den höheren NO-Gipfel zu ersteigen, bald darauf über einem Abbruch nach links (östl.) schief hinüber, um den Gipfelaufbau herum und dann auf Schichtenbändern gegen den N-Grat hinüber, den man über seinen oberen Abbrüchen erreicht. Über den letzten Teil des Grats zum Gipfel.

● 781 **Übergang NO-Gipfel — SW-Gipfel**
III, ¼ Std.

Vom NO-Gipfel durch die Steilrinne auf der Wimbachseite hinunter, dann oberhalb eines Überhangs Quergang nach rechts, zum Schluß um einen Block herum in die erste Scharte. Der Mittelzacken wird ebenfalls auf der Wimbachseite umgangen; absteigend erst auf schönem Bande, zum Schluß über brüchiges Gestein in die nächste Scharte. Weiter auf der Wimbachseite auf einem Band unter dem SW-Gipfel durch auf dessen S-Abdachung und über sie zum Gipfel.

● 782 **Nordgrat**
Hartmann, Zeller, 1909.
II, 1 Std.

Aus dem obersten Ofental zum Steilaufschwung der Schichtenstufen an den Fuß der N-Kante hinüber. Unterhalb der Steilabbrüche auf einem Gesimse waagrecht nach rechts, wo einige SL westl. und parallel der N-Kante eine kammartige Verschneidung emporzieht. In ihr schwierig hinaufstemmend gelangt man auf den Absatz über den senkr. Schichtenstufen und kann nach links zur N-Kante zurückqueren. In ihrer Nähe weiter empor auf den großen Absatz und über einige Steilaufschwünge auf dem N-Grat zum NO-Gipfel.

● **783** **Von der Steintalscharte**
I, ½ Std.

Über den Südwestgrat auf den SW-Gipfel.

● **784** **Aus dem Steintal**
I, 1 Std.

Aus dem oberen Steintal (R 790) über die südwestl. Felshänge auf den SW-Gipfel.

● **785** **Über die Ofentalschneid**
II, 5—6 Std. von Hintersee. Luftige Kletterei.

Vom Hintersee wie R 790 den Weg ins Steintal solange verfolgend, bis man gegen die zum Grat sich allmählich entwickelnden W-Hänge steil hinanklettern und über sie das westl. Ende der Gratschneide erreichen kann (3 Std.). Über den ausgeprägten, gleichmäßig und im letzten Teil fast waagrecht verlaufenden Grat, der nur durch kurze Schichtenabsätze einige Unregelmäßigkeiten aufweist, zum Gipfel.

● **786** **Südostwand**
H. Feichtner, W. Langthaler, 1913.
IV, 800 m, 6—7 Std. Siehe 12. Aufl. 1969.

● **787—788** frei für Ergänzungen

● **789** **Steintalhörnl,** 2468 m

Eine ausgeprägte Gipfelgestalt mit sanfteren Linien als sein nördl. Nachbar, das Ofentalhörnl. Schon früh durch Jäger erstiegen.

● **790** **Nordgrat aus dem Steintal**
I, ½ Std. vom E.

Den Ofentalziehweg (R 704) etwa 1½ Std. von der Lahnbrücke verfolgend, zweigt bei einer Waldblöße (Wegtafel: Ofental-Hochkalter) der Forstbegangsteig (R 695) rechts ab. Man trifft nach 10 Min. die Abzweigung ins Steintal und erreicht nach 1¼ Std. das Ende des Steigs (Jagdstand). Nun pfadlos das schutterfüllte Steintal weiter hinan und im obersten Teil über Felsstufen und Schrofen zum Grat (1¾ Std.). Wenige Minuten unterhalb der Scharte Quelle! Über den Grat — an einigen ausgesetzten Stellen Eisenstifte — zum Gipfel.

● 791 **Von der Sittersbachscharte**
I, 1½—2 Std.

Der von der Sittersbachscharte zum Steintalhörnl ziehende Grat ist durch tiefe, schachtartige Einbrüche in weichem Ramsaudolomit gesperrt, deren Überwindung sehr schwierig sein dürfte. Deshalb schon etwa 100 m (senkr.) westl. unter der Scharte über die begrünten W-Hänge gegen die Steintalschneid empor und unter ihr, zuletzt auf der Schneid, zum Gipfel.

● 792 **Über die Steintalschneid**
II. 5—6 Std. von Hintersee.

Den Grat erreicht man am besten vom Sittersbachtal aus über die krummholzbewachsenen, steilen W-Hänge; in anregender Kletterei über die Gratschneide (Schichtenabstufungen) zum Gipfel.

● 793 **Südostwand**
Treiberweg Aigner und Datzmann, Herbst 1898.
Steinschlaggefährdet.

Vom Wimbachtal durch den Zarggraben (R 708) auf das Kiendeleck. Über plattige Schrofen und durch brüchige Gräben in ziemlicher Höhe nach S und in einem Längsgraben zum Sattel des Steintals (Steintalscharte).

● 794—796 frei für Ergänzungen

● 797 **Hinterbergkopf,** 2246 m

● 798 **Von der Sittersbachscharte**
I, ½ Std.

Über den Nordrücken zum Gipfel.

● 799 frei für Ergänzungen

● 800 **Wimbachschneid,** 2386 m

Höchster Punkt des langgestreckten, nach S ziehenden Felsgrats, zwischen Hinterbergkopf und Hochfeldscharte.

● 801 **Von der Hochfeldscharte,** 15 Min.

Am Grat zum höchsten Punkt.

● 802 **Übergang zum Hinterbergkopf**
II, 1½ Std. Lohnend.

Auf dem Grat bis zum Gipfel des Hinterbergkopfes.

● **803** **Ostflanke**
H. u. M. Datzmann, 1913.
II, 4—5 Std.

Von Hinterbrand im Wimbachtal über plattigen Fels und Schrofen zum höchsten Punkt.

● **804** frei für Ergänzungen

● **805** **Hocheisspitze,** 2523 m

Zweithöchster Gipfel des Hochkaltergebirges. Erstbesteigung H. v. Barth, 1868.

★ **806** **Aus dem Hocheiskar**
I, 1½ Std. vom innersten Kar, 4 Std. von Hirschbichl.

Von Hirschbichl (1153 m) in nordöstl. Richtung zur Bindalm (1020 m) und auf breitem Ziehweg zu den Mittereisalmen, 1320 m. (Bis hierher rote Markierung zum Kammerlinghorn, R 833.) Vor der ersten Almhütte links abzweigend folgt man nunmehr dem bequemen Jagdsteig, von dem nach ¼ Std. der Forstbegangsteig (R 695) nach links abzweigt und gelangt dann in Kehren nach links zu den verfallenen Hocheisalmen (1576 m, Jagdhütte). Weiter auf dem breiten Jagdsteig, der unter den N-Abstürzen des Kleineishörnls (Rauhkopf) endet. Nun pfadlos (Steindauben) über Blockwerk und Karrenfelder ins Hocheiskar. Über die steilen Schutthalden erreicht man die tiefste Einschartung (2—3 Std. von den Hocheisalmen) im Grat dicht (südl.) neben der Hocheisspitze und in kurzer Kletterei den Gipfel, der vom Kar aus ganz unansehnlich erscheint.

● **807** **Westgrat vom Hochkammerlinghorn zur Hocheisspitze**
Th. Eck, Punz, 1885.
III (Stellen), 2 Std. Hübsche Kletterei.

Vom Gipfel (R 828) in östl. Richtung über den stellenweise schmalen Grat bis zu einem Abbruch (½ Std.). In einer Verschneidung hinab in die Scharte und jenseits über plattigen Fels steil empor auf die nächste, steinmanngekrönte Graterhebung, den **Hocheiskopf** (2495 m, ¼—½ Std.). Jenseits über Schrofen hinab und auf der Gratschneide weiter, einigen Unregelmäßigkeiten ausweichend in ½ Std. auf eine weitere Graterhebung. Vom Gipfel südöstl. in einer kaminartigen Rinne in die Scharte hinab (brüchiges Gestein), dann auf Schuttbändern der SO-Seite die nächsten kleineren Erhebungen teilweise umgehend über den flachen S-Grat auf den Gipfel der Hocheisspitze.

● 808 Ostgrat
E. Allwein, 1923.
IV (Stellen), ½ Std.

Die Zacken zwischen der Hochfeldscharte und dem Steilaufschwung des O-Grates werden mit Ausnahme des letzten auf der Hochfeldseite über Schnee, Schutt und Schrofen ziemlich tief umgangen. An der S-Seite um den letzten Zacken herum. (Etwas leichter wahrscheinlich auf der N-Seite in gleicher Höhe wie die anderen zu umgehen.) Der erste plattige Aufschwung wird an der Kante erklettert, der zweite links neben einem Riß, der dritte wieder an der Kante. Vor dem vierten und letzten Aufschwung weicht man auf einem guten Band nach rechts aus, bis man durch eine plattige Einbuchtung wieder zum Grat hinaufklettern kann, der zum Gipfel führt.

● 809 A Abstieg nach Nordosten auf das Hochfeld
Grömmer u. Gef., 1910.
I, 1 Std.

Vom Gipfel über den NW-Grat in die Scharte vor der nördl. vorgelagerten Erhebung (die hier östl. hinabziehende Steilrinne (II) ist steinfallgefährlich und nicht empfehlenswert); diese östl. umgehend oder überschreitend und auf der sanften Gratschneide hinab. Wo der Grat brüchig wird, geht man westl. auf die obersten Schutthänge des Hocheiskars über und quert waagrecht weiter zur tiefsten Einschartung. Hier leiten Drahtseile und im obersten Teil Eisenstifte nordöstl. die steile, brüchige und steinfallgefährliche Rinne hinab. Ungeübte seien jedoch vor diesem Abstieg gewarnt; das dicke Seil wird nach wenigen Metern von einem dünnen Doppeldraht abgelöst, der Mindergeübten keine ausreichende Sicherheit gewährt. Über die steile Schneezunge auf das Hochfeld. Entweder in östl. Richtung über den „Ewigen Schnee" zur Hochfeldscharte, ½ Std. oder sich links haltend, über begrünte Schrofen ins Hinterbergkar (Kaserstatt) hinab, ¾—1 Std.

● 810—812 frei für Ergänzungen

● 813 Hinterberghorn, 2493 m

Besonders von W gesehen ein stattlicher Felsbau mit steilen Flanken. Schon früh von Jägern erstiegen. Erste tourist. Besteigung durch Ohlenschlager, 1909.

● 814 Aus dem Hinterbergkar
III (1 Stelle), II und I. 1½ Std. vom E.

Wie R 809 A in umgekehrter Richtung in die Scharte zwischen Hocheisspitze und Hinterberghorn (I). Zunächst auf der S-Seite über brüchige und steile, schuttbedeckte Felsplatten (Ramsaudolomit), schließlich auf dem Grat selbst zum Gipfel. Man kann auch unter Überkletterung eines Felsturms ständig auf dem Grat bleiben.

• 815 Nordgrat
H. Feichtner, 1913.
III, 400 m, 2 Std. vom E.

Wie bei R 683 ins Sittersbachtal und auf der westl. Talseite ins Eisl (3½ Std. von Hintersee) über schuttbedeckten Fels (I) in die Scharte zwischen Eishörndl links und Hinterberghorn rechts. Zunächst über die Gratkante auf schuttbedecktem Bande etwas nach rechts, dann schwach links hinauf zu zwei aufeinanderfolgenden kurzen Kaminen. Nach ihrer Durchkletterung (III) schräg links zu einem breiten Bande und zur Gratkante hinauf. Hier noch etwas ansteigend, dann auf einem Plattenband nach rechts zu einem Rinnensystem. (Von der Scharte ist dieses Rinnensystem als gekrümmter, schwarzer Strich sichtbar.) In diesem aufwärts und über schrofigen Fels ohne besondere Schwierigkeit am Grat weiter zum Gipfel.

• 816 Gesamter Nordwestgrat
H. Reinl, G. Weiß, M. Zeller, 1911.
III und II. 7 Std. vom E. Diese Umrahmung des Hocheiskars ist eine der schönsten, aber auch längsten geschlossenen Kammklettereien in den Berchtesgadener Alpen. Landschaftlich großartig. Teilweise schwierig zu finden.

Wie R 704 zur Lahnwaldhütte. Bei der Wegteilung wird der rechts im Bogen emporführende Steig über die Abzweigung zur Sittersbach-Holzstube hinaus (rechts unten die Rageretalm) bis zu seinem Ende verfolgt (1½ Std. von Hintersee). Dann links gerade empor zu einer seichten Mulde, bis ein schwach ausgeprägtes Steiglein nach links zum verfallenen Mitterkaser hinüberleitet (¾ Std.). Nun auf Steigspuren am rechtsseitigen Hang einer Rippe etwa 20 Min. empor. Hier kreuzt man den Forstbegangsteig (R 695). Bald hernach führt eine Art Steig aus der flachen Mulde nach links auf einen sanften Rücken hinaus; längs diesem ein Stück empor, dann nach rechts um eine flache Rippe herum, an dieser empor und wieder nach rechts durch schütteren Lärchenwald auf die Wiesen, wo früher die Vorderbergalm stand (3 Std. von Hintersee). Über den breiten Gratrücken in 1½ Std. ohne Schwierigkeit auf das **Vorderberghörnl** (2082 m).

Auf den Vorderbergrücken gelangt man auch auf einem Jagdsteig, der von den verf. Hocheisalmen (Jagdhütte, R 806) nach links empor und durch den oberen Teil der Totenlöcher herüberführt. Andererseits kann man von hier rasch und unschwierig zum „Eisl“ absteigen (R 815).

Vom Vorderberghörnl an der Sittersbachtalseite über festgriffigen Fels in die Einschartung etwa 30 m hinab. Über die Fels- und Grasstufen des folgenden Gratrückens, zuletzt durch eine kurze, plattige Rinne (I) auf das **Hocheishörnl** (2252 m). Vom höchsten Punkt noch einige Meter waagrecht weiter, dann über die scharfe Plattenkante etwa 20 m hinab in die Scharte vor einem markanten Turm. Wenige Schritte in die S-Seite des Turmes, dann durch einen rauhen Riß mit guten Griffen und Tritten auf die Gratkante, auf dieser einige Meter weiter bis vor einen steilen Aufschwung. Nun jenseits auf der N-Seite etwa 3 m hinab, hinter einer freistehenden Platte hindurch und auf ansteigendem Geröllband auf den Grat zurück. Diese Graterhebung bricht kurz darauf überhängend zur nächsten Scharte ab. Vor dem Abbruch nach links in einer etwa 25 m hohen gestuften Verschneidung mäßig schwierig hinab und auf einem Band nach rechts zur Scharte. Auf ansteigendem, geröllbedecktem Schichtenband in der N-Flanke der nächsten flachgeformten Graterhebung bis zur Gratkante, mit der diese Graterhebung zur folgenden Scharte abfällt. Über festen Plattenfels hinab in die Scharte. Der nächste kleine, aber ausgeprägte Gratturm wird luftig überklettert. Von der Scharte hinter ihm über das oberste der an der N-Seite emporführenden Schichtenbänder und über den Gratrücken unschwierig zum Vorgipfel (1½ Std.). Jenseits in den Einschnitt hinab und über die Gratkante zum (15 Min.) Hauptgipfel des Hinterberghorns. (4½ Std. vom Vorderberghörnl.)

Weiter über den Grat (R 809 A) zur Hocheisspitze (2 Std.) und (R 807) zum Kammerlinghorn (2½ Std.).

● **817—819** frei für Ergänzungen

● **820** **Eishörnl,** 2095 m

Selbständiger Felssporn im oberen Sittersbachtal, das „Eisl“ von diesem abtrennend.

● **821** **Nordgrat**
H. Feichtner, K. Wieder, 1913.
III, 3 Std.

Wie bei R 815 zum Fuß des N-Grates (3 Std. von Hintersee). Der Einstieg befindet sich etwas östl. seines untersten Abbruchs. Über sehr steilen Fels zu einer rinnenartigen Einbuchtung empor und über eine sehr schwierige Platte zur Gratschneide hinauf. (Der Einstieg an der Kante dürfte besser sein.) Auf oder neben der Schneide weiter, bis glatte Felsen zu einem Quergang nach rechts (westl.) nötigen (Steinmann). Hier gerade aufwärts zu einem Überhang; nach dessen schwieriger Überwindung (gute Griffe in einem Riß) zum höchsten Punkt dieses Gratturms. Dann etwa 15 m absteigend und in unschwierigem Quergang auf der W-Seite in die Scharte zwischen Gratturm und Hauptgipfel. Nun in schöner Kletterei in etwa 3 SL zum Gipfel.

● 822 A Abstieg über den Südgrat
IV. 1½ Std.

Auf der Gratschneide zum ersten Gratabsatz hinab, der mit senkr., 8—10 m hoher Wand zur nächsten Stufe niedersetzt. Im östl. Wandteil zieht ein seichter Spalt hinab, der auf einem Überhang der O-Wand endet. Durch diesen ausgesetzt hinab, sodann auf griffarmer Platte schräg links (westl.) zu einem Absatz. In der Richtung des folgenden Turms hinab und über einen kurzen Reitgrat zum Gipfel des nächsten, allseits plattigen, pyramidenförmigen Turms. Südwärts absteigend und in der östl. Gratflanke zu einer unbedeutenden Graterhebung, die ausgesetzt (IV) östl. umgangen wird. Weiter und hinab zur tiefsten Einschartung des Grats Eishörnl — Hinterberghorn (1½ Std.). Nach O zieht eine düstere Schlucht ins Hinterbergkar hinab, nach W schöner, teilweise schuttbedeckter Fels ins Eisl (R 815).

● 823 Ostwand
L. Schifferer, O. Neumayr, 1920.
II, 2 Std. Siehe 12. Aufl. 1969.

● 824 A Abstieg über die Westwand
II, 1¼ Std.

Vom Gipfel über die gegen W geneigte, gelbe Platte und die nun folgenden Wandstufen auf das oberste Band. Man quert nun die vom unteren bis zum oberen Band hinziehende Plattenwand und gelangt so auf das breite Grasband, an dessen oberstem Ende (unterhalb des Gipfels) sich eine durch den ganzen Berg ziehende Höhle befindet. Diesem Band folgt man ein Stück abwärts. Sodann nach links und durch die vom Eisl heraufziehende Schuttmulde ins Kar.

● 825—826 frei für Ergänzungen

● 827 Hochkammerlinghorn, 2510 m

Als stolze Felsgestalt die beherrschende Höhe des südl. Gratflügels der Gruppe. Erstbesteigung J. Grill, J. Punz, 1868.

● 828 Vom Kammerlinghorn (R 832)
II, ½—¾ Std.

Man steigt östlich über plattige Felsen hinab, auf Bändern der N-Seite schwach ansteigend, durch einen Riß auf den Grat zurück und auf der schmalen, ziemlich brüchigen Schneide, eine Platte südl. umgehend, über plattigen Fels zum Gipfel.

● 829 Vom Hocheiskar
II, 2 Std.

Vom Kar in die tiefe Gratscharte zwischen Hocheiskopf und Hochkammerlinghorn und über den Grat (R 807) zum Gipfel.

● 830 A Abstieg zum Hochgang
A. Kaindl, J. Grill, 1876.
II. Der Hochgang ist ein Steig auf der Südseite und verbindet den Karlboden mit dem Alpelboden (I).

Von der ersten Einschartung östl. des Gipfels kann man längs der auffallenden Wandverschneidung auf das Große Gamsfeld am Hochgang hinabsteigen und von hier entweder östl. in den Alpelboden gelangen oder westl. zum Karlboden queren.

● 831 frei für Ergänzungen

● 832 Kammerlinghorn, 2484 m

Der westl. Vorgipfel des Hochkammerlinghorns. Lohnender Aussichtspunkt. Großes Gipfelkreuz. Schon früh durch Einheimische bestiegen.

● 833 Von Hirschbichl
Rot bez., 3½—4 Std.

10 Min. auf der nach Oberweißbach führenden Straße, dann links auf Forststraße (Tafel) gegen die Kammerlingalmen hinüber. Vor Erreichen derselben (Tafel) über Wiesen gerade empor. Am Waldrand setzt der Steig an, der in Kehren über den Karlboden (1950 m, 2½ Std. den **Karlkopf** (2195 m) und den breiten Felsrücken zum Gipfel hinaufführt.
Zum Karlboden gelangt man auch von den Mittereisalmen (R 806) auf gut markiertem Steig; dieser wird bei Besuchen des Kammerlinghorns von bayerischer Seite meist begangen. Von den Mittereisalmen in südöstl. Richtung zunächst entlang der Deichelwasserleitung, dann in Kehren in lichtem Lärchenwald empor bis zum Beginn des Kleineistales. Hier (großer Felsblock mit rotem Markierungsfleck) scharf nach rechts (der geradeaus weiterführende Steig wird benützt, wenn man durch die rechts, südwestl., vom Kleineis heraufziehende „Eisrinne" über Platten

und Geröll hinansteigen will; diese empfiehlt sich nicht für den Abstieg). Nach wenigen Minuten erreicht man eine steile Grasrinne, durch die man mühsam auf den breiten Gratrücken kommt und bald auf den von Paß Hirschbichl heraufführenden Weg trifft.

● **834** **Nordostwand**
L. Schifferer, S. Holztrattner, 1920.
II, 350 m, 2½ Std. Siehe 12. Aufl. 1969.

● **835** frei für Ergänzungen

● **836** **Alpelhorn,** 2254 m

Erste tourist. Besteigung durch H. v. Barth, etwa 1868.

● **837** **Von Westen aus dem Alpelboden**
II (Stellen), I. 2 Std.

Über die begrünten Hänge der NO-Seite zu einer grünen Mulde im Grat hinauf, den sandigen Vorkopf nördl. des Alpelhorns in halber Höhe südl. querend und über einige Rinnen auf der W-Seite dicht unter der Grathöhe zur Alpelscharte, 2178 m (1 Std.). Weiter über den brüchigen Grat bis an den Gipfelaufbau. Nun nicht durch die steile, steinfallgefährliche, trümmererfüllte Schlucht zur Rechten, sondern besser an der linksseitigen (östl.) Begrenzung derselben über den untersten Absatz in einer Schleife nach rechts empor und in wenigen Schritten zur schmalen Gipfelschneide.

● **838** **Von Süden**
II, brüchig, 2 Std. Guter Ortssinn erforderlich!

Zustieg wie R 689 oder R 690 und in die Einsattelung nördl. des Sigeretkopfes (2 Std.). Über die begrünten Hänge zur Rechten zuhöchst empor, dann links um eine Felsecke in einen Graben. In ihm, teilweise auf der nördl. Begrenzungsrippe zu einem Schartl zwischen Felstürmen empor. Durch dieses in den Nachbargraben, in demselben am besten an der linken (nördl.) Seite empor und über die anschließenden Hänge zum Gipfel.

● **838 A** **Abstieg nach Süden**
II, 2 Std., brüchig.

Vom Gipfel, den westl. vorgelagerten Felszacken rechts lassend, in eine Scharte südwestl. des Grats, der zum Prunnerkopf, 2076 m, hinüberzieht. Den Graben ein Stück weit hinab, dann links nach S querend durch ein Schartl zwischen abenteuerlichen Felstürmen hinüber in den nächsten Graben. Wieder etwas abwärts, teilweise auf der Gratkante, dann links in einen kleinen Sattel hinüber und in den nächsten Graben, an seinem südl. Rande etwas hinab, um eine Ecke und auf die begrünten Hänge, die zur Scharte nördl. des Sigeretkopfes hinableiten. In seiner Fallinie über Rasen und Latschenfelder in den Loferer Seilergraben.

● **839** **Ostwand**
H. Flatscher, L. Murr, K. Rieser, 1924.
III (?), 600 m, 3 Std.

Etwa 200 m vor dem Eingang zum Loferer Seilergraben liegt rechts ein großer Block. Von diesem aus steigt man über einen in der Gipfelfallinie hochziehenden Schutthang zu einer nach links hochziehenden Rinne hoch. Durch diese gelangt man in ein Schärtchen; auf einem schwach ausgeprägten, nach rechts ziehenden Grat zur steilansetzenden Gipfelwand. Zwei Seillängen nach rechts und über brüchige Platten in eine seichte Verschneidung. Man verfolgt diese und erreicht hierauf über plattigen Fels, zuletzt über eine Kante, den Gipfel.

● **840—841** frei für Ergänzungen

● **842** **Prunnerkopf,** 2076 m

● **843** **Vom Alpelboden,** 1 Std.

Über die Nordhänge zum Gipfel.

● **844** **Von der Wimbachscharte,** ¾ Std.

Über Rasenhänge bis zum Gipfel.

● **845** **Sigeretkopf,** 2066 m

Schon früh von Jägern bestiegen.

● **846** **Von der Wimbachscharte,** 20 Min.

Über den Rücken zum Gipfel.

● **847** frei für Ergänzungen

● **848** **Großes Palfelhorn,** 2222 m

Mit seinem bizarren Nachbarn der Herrscher des hinteren Wimbachtals. Erste tourist. Besteigung A. Kaindl, J. Grill, etwa 1865.

● **849** **Von der Wimbachscharte (R 689)**
I, 1 Std., sehr lohnend.

In südl. Richtung in die tiefste Einschartung des von der Kematenschneid herüberziehenden Verbindungsgrats, der Gamsleitenschneid (¾ Std.). Nun östl. auf dem Grat (blau bez.) ohne Schwierigkeiten auf der SO-Seite, eine Furche querend, zu einer scheinbaren Gratunterbrechung. Hier Quergang auf brüchigem Fels um eine vorspringende Kante, schließlich wieder über begrünte Hänge zum Gipfel.

● **850** **Aus der Hochwiesgrube,** 1 Std.

Von der Hochwiesalm über Gras- und Schrofenhänge auf den Gipfel. Desgleichen ist die **Kühleitenschneid** zu erreichen.

● **851** **Durch den Leoganger Seilergraben**
L. Purtscheller, 1890.
III (Stellen), 2½ Std. Sehr brüchig.

Von der Wimbachgrieshütte in südsüdwestl. Richtung quer durch das legföhrenbewachsene Wimbachgries zum Eingang des Leoganger Seilergrabens. Durch den größtenteils mit Firnschnee erfüllten Graben, der links der Abstürze der Palfelhörner zur Kühleitenschneid emporleitet, auf einem teilweise vermurten Steiglein bis zu einem verfallenen Jagdstand (1 Std.), dann über äußerst brüchiges Gestein anstrengend und je nach Ausaperung des obersten steilen Stücks in schwieriger (III) Kletterei zur **Seilerscharte** (¾ Std.). Von hier über die begrünten Hänge unschwierig zum Gipfel.

● **852** **Von der Palfelscharte**
L. Hahn, F. Karl, R. Tinkl. 1905.
IV (Stellen), sonst III, II und Gehgelände. 3 Std. von der Palfelscharte.

Den auf der Palfelscharte dem Großen Palfelhorn vorgelagerten Felskopf umgeht man links (südl.) und steigt in einer von rötlichem Gestein durchsetzten Rinne zu einer Scharte (II) empor. Der Grat des Großen Palfelhorns verflacht sich hier zu einer breiten Flanke und die sofort ins Auge fallende plattige Rinne bietet den besten, wenn auch teilweise schwierigen Durchstieg. Ein Queren in die N-Flanke ist im oberen Teil möglich. Man steigt an einigen Felslöchern vorbei gegen links in eine Einkerbung (III), welche in steile Platten leitet, die jedoch bald kurz unterhalb des Gipfels den Grat gewinnen lassen. Man kann auch die anfangs begangene plattige Rinne bis zu ihrem Ende verfolgen und über die letzten 60—80 m durch Risse und über Platten (IV) den Gipfel erreichen.

● **853** frei für Ergänzungen

● 854 **Kleines Palfelhorn,** 2073 m

In seiner wilden Zerrissenheit einer der eigenartigsten Berge der Nördl. Kalkalpen. Erstbesteigung F. v. Schilcher, J. Punz, J. Schöttl, 1885, vom Palfelkopf über den Südgrat.

● 855 **Aus dem Loferer Seilergraben**
Im Abstieg durch die Erstbesteiger. Im Aufstieg L. Purtscheller, 1890.
II, 2—3 Std. vom E. Sehr brüchig.

Im Wimbachtal bis hart vor den Eingang in den Loferer Seilergraben. Zwischen Großem und Kleinem Palfelhorn kommt eine große Schlucht herab. Schon vor ihrer Mündung Einstieg. Der Anstieg bewegt sich zunächst auf dem diese Schlucht links (im Sinne des Anstieges) begrenzenden Rücken. Von den Latschen am Fuße der Felsen in einen Kessel, aus dessen oberer rechten Ecke man in einer kurzen Rinne und in einer anschließenden etwa 30—40 m langen Querung nach links zu einem Latschen- und Schutthang über dem untersten Felsgürtel gelangt. Diesen Hang aufwärts, von seinem Ende in dem rechts daneben beginnenden, tief ausgewaschenen Schuttgraben (oder auf dessen rechter Begrenzung) mühsam weiter und an geeigneter Stelle etwa 3 m über die darüber befindliche Felsbarriere auf eine Rippe, von der man jenseits in die große, eingangs erwähnte Schlucht hinabblicken kann. Nun über harten, steilen Schutt dicht unter den Felsen etwa 25 m nach rechts queren bis zu einer glattgescheuerten Verschneidung. In dieser etwa 3—4 SL hinauf bis zu der sie abschließenden kleinen Schulter. Wenige Meter jenseits erblickt man die Fortsetzung der großen Schlucht, die unterhalb abbricht und sich hier nach oben hin wieder stark verbreitert. Man erreicht sie durch eine 5 m lange, brüchige Querung. Der breite Schluchtgrund, der weiter oben durch eine Rippe geteilt ist, führt nun unter den senkr. Wänden mühsam bis dicht unter den Hauptgrat hinauf, den man zum Schluß durch eine markante Rinne (etwa 3 SL) in einer scharfeingeschnittenen Scharte erreicht. Nach links neben und auf dem Grat, einen Turm links, den darauffolgenden rechts umgehend, auf den schmalen Gipfelturm.

● 856 **Ostwand**
Richter, Höfig, Zoeltsch, 1929.
IV, brüchig. Siehe 12. Aufl. 1969.

● 857 **Nordgrat**
R. Hang, Zoeltsch, 1930.
V— (Stellen). IV. 3—4 Std., brüchig.

Vom Hinteren Wimbachgries vor dem Loferer Seilergraben steigt man durch eine lange Schlucht mit mehreren plattigen Stufen zur Scharte am Beginn des N-Grats an. Von da etwa 50 m am Fuß der Felsen nach rechts, dann in einer brüchigen Steilrinne zu einem engen Kamin. In ihm über einige Überhänge (IV) etwa 50 m in eine Scharte. Nun schräg rechts aufwärts zum Hauptturm. Über einen Überhang in eine kurze Plattenverschneidung, am folgenden Riß noch einige Meter überhängend empor, dann Quergang scharf nach rechts an die Kante, die man kurz oberhalb ihres großen Überhangs erreicht. An der Kante gerade auf den Turmgipfel. Der etwa 60 m hohe, fast senkr. Abbruch zur folgenden Scharte wird an einem feinen Einriß durchklettert (gegebenenfalls teilweise abseilen!). In der Mitte guter Ringhaken! Aus der Scharte Felsen zum Vorgipfel und von diesem hinüber zur Platte des gewöhnlichen Wegs vor dem Gipfel.

● 858 Südgrat

Lepperdinger, Blum, 1921.
IV. Äußerst brüchig.

Man hält sich auf dem zackengespickten nach S ziehenden Grat, dessen Spitzen man teilweise umgeht. Vor dem letzten Gratzacken steigt man etwa 30 m nach rechts auf eine Schutterrasse ab, die man auch vom gewöhnlichen Weg erreichen kann, quert auf ihr aufwärts und übersteigt dicht unterhalb der vom Gratturm herabziehenden Platte eine tief eingeschnittene Rinne. Etwas leichter einige Meter abwärts bis zu einer Verschneidung dicht am Gratabbruch gegen die Palfelscharte. In der Verschneidung und über eine 3 m hohe, wenig Halt bietende, vorspringende Platte zu einem Felssporn hinab, der schon von oben sichtbar ist. Rechts von ihm in einem kaminartigen Riß etwa 15 m schräg tiefer, dann gegen die von der obengenannten Turmplatte herabziehende kaminartige Rinne querend und, sich immer rechts haltend, etwa 10 m einige Kaminstücke abwärts. Aus diesen heraus zu gutem Stand. Von hier links ein Stück tiefer, dann nach rechts querend solange abwärts, bis man den großen Schluchtboden unter der Palfelscharte erreicht hat. Über harten Schutt in die Scharte.

● 859 Westwand

H. und S. Flatscher, 1932. ÖAZ 1932, S. 395.
IV, 250 m, 2½ Std. Äußerst brüchig. Siehe 12. Aufl. 1969.

● 860—861 frei für Ergänzungen

● **862** **Kleinstes Palfelhorn,** etwa 2000 m

● **863** **Nordostgrat**

H. und S. Flatscher, 1937, erste vollständige Überkletterung. Erstbesteigung über den NO-Grat über ein namenloses Tor (erster Abstieg von diesem Tor über den SW-Grat durch eine Schlucht in der NW-Flanke): O. Herzog, G. Haber, 1933 (24. Bay., S. 28).

III, 8 Std., sehr brüchig und gefährlich.

● **864** **Ostgrat**

V— und IV, 350 m, 5—6 Std., äußerst brüchig.

Von der Grieshütte verfolgt man das lange Gries Richtung Kühleitenschneid bis zum letzten Latschenfeld (kleine Lärche). Nun steigt man über Latschen und grasdurchsetzten Fels etwa 60 m auf dem O-Grat, teils am Grat, teils links südl. weiter zu einer großen Gratschulter (Steinmann). Rechts der Gratkante ungefähr 10 m empor, unter Überhängen 15 m Quergang nach rechts zu einer Verschneidung (H). Nun rechts der Verschneidung in eine kaminartige Schlucht, weiter bei ihrer Gabelung nach links auf ein Schärtchen, nach weiteren 20 m auf den ersten Gratturm und wieder zurück zu einer Scharte. Von dieser gerade empor und nach links aufwärts zu Stand. Der darauffolgende Überhang wird mittels Seilwurf über eine gut sichtbare Nase bewältigt.

Anschließend ein weiterer Überhang, nach 25 m zum Gipfel des Gratturmes. Der Abstieg erfolgt mittels Abseilen an der W-Seite (2 H) in eine Scharte. Steinmann. Von der Scharte in einen kurzen Kamin, an dessen Ende nach rechts zur Kante; links der Kante nach etwa 50 m auf einen Gratabsatz. Am Ende des Gratabsatzes großer Spreizschritt, dann rechts der Kante empor auf guten Stand, in einer Verschneidung weiter auf den Gipfel des Turmes. Beim Abstieg die Verschneidung wieder zurück, dann in der SO-Seite rechts absteigend zur Scharte. Durch eine kurze kaminartige Verschneidung und nach rechts über plattigen Fels zum Gipfel.

● **865** frei für Ergänzungen

● **866** **Palfelkopf,** 2003 m

Ein abgerundeter, begrünter Kopf, der sich mit erdigem, rotbraunem Gestein nordöstl. der tiefsten Einschartung zwischen Gr. und Kl. Palfelhorn erhebt. Von hier prächtiger Einblick in das wilde Felsrund des hinteren Wimbachtals.

● **867** **Aus dem Leoganger Seilergraben**
I, 1 Std.

Auf einem teilweise vermurten Jagdsteiglein, das über die Schutthalde eines Seitengrabens nach rechts zu einem dicht unter der Scharte gelegenen Jagdstand hinaufleitet, bis in die Scharte zw. Gr. und Kl. Palfelhorn und weiter zum Gipfel.

● **868** **Aus dem Loferer Seilergraben**
L. Zeller und Gef., 1908.
IV (Stellen), äußerst brüchig und gefährlich.

Durch einen steilen Schuttgraben erreicht man die Scharte von R 867.

● **869** frei für Ergänzungen

● **870** **Seehorn,** 2321 m

Ein altbekannter Aussichtsberg. Prächtiger Skiberg. Schon früh von Jägern bestiegen.

● **871** **Von der Wimbachscharte**
I, ¾ Std. Sehr lohnend, prächtige Rundschau.

Wie R 693 in die Einsattelung des Verbindungsgrats zum Gr. Palfelhorn (Kematenschneid), die man auch aus der Hochwiesgrube erreichen kann, dann in südl. Richtung über den Grat, anfangs auf der W-, später auf der O-Seite den Gratköpfen ausweichend zum Gipfel.

● **872** **Von der Kallbrunnalm**
2—3 Std.

Von der Kallbrunnalm, 1453 m (R 876), über den Dießbachsee (1780 m) und die ausgedehnten Legföhrenbestände der W-Flanke am Sennerinnenkreuz vorbei zum Gipfel.

● **873** **Ostgrat**
A. Awerzger, R. Gerin, R. Szalay, 1938. ÖAZ 1939, S. 72.
III, 2½ Std. Fester Fels.

Vom Hochwieskessel in westl. Richtung über Karrenfelder zum Fußpunkt des Grates. Vom tiefsten Punkt der Gratfelsen links über ein kleines Schuttfeld in die Schlucht, die parallel zum Grat sich hinaufzieht. Durch die Schlucht hinauf auf eine grüne Schulter, die ein nach S abfallender Grat vom Vorgipfel bildet (Steinmann). Über diesen Grat auf den Vorgipfel (2117 m). Nun knapp links der Gratschneide zum senkr. Aufschwung. Durch eine Rinne zum Grat zurück und über ein ausgesetztes Schrofenband in die Rinne rechts des Grates und bis zu einem Standplatz. Über eine Platte hinauf auf ein nach links führendes Band. Auf diesem zum Grat und auf demselben zum Gipfel.

Seehorn und Hochkranz von OSO

● **874** frei für Ergänzungen

● **875** **Hochkranz,** 1957 m

Dieser alleinstehende Berg gehört zwar nicht mehr zum eigentlichen Hochkaltergebirge, von dem er durch das Kematental geschieden ist, wohl aber noch zu den Berchtesgadener Alpen; da er durch den Kallbrunnrücken mit dem südl. Gipfel unseres Gebirges, dem Seehorn (2320 m) zusammenhängt, möge er an dieser Stelle erwähnt werden. Auf der Südseite des Hochkranz auffallend viele Kreuzottern!

● **876** **Von Weißbach**
II (Stellen), 4—5 Std., bez. Weg.

Von Weißbach auf gutem, bez. Weg über Pürzelbach zur Kallbrunnalm (2½—3 Std.). Nun über die Wiesen des „Kühkranz“ an die Felsen des O-Grates. Über ihn in reizvoller Kletterei zum Gipfel.

Zur Kallbrunnalm auch von Diesbach auf rot bez. Weg in 2 Std. oder von Hirschbichl auf Fahrstraße (für allg. Kfz-Verkehr gesperrt), 2 Std. Kleinbus nach Kallbrunn von Weißbach oder Hirschbichl.

● **877** **Südseite**
II (Stellen), 1 Std. Gesicherter Steig.

Man quert die steilen und ausgesetzten Grashänge der S-Seite unter den Felsen durch und trifft bei einer steilen Rinne auf die roten Wegzeichen. An den steileren Stellen Eisengriffe, dann durch eine Latschengasse von S her zum geräumigen Gipfel.

● **878** frei für Ergänzungen

● **879** **Kopfstein,** 1525 m

Waldberg südlich des Hochkranz.

● **880** **Südwand** (Diesbachwand)
H. und H. Göllner, 1972.
VI, A 3; V. 250 m, 4—6 Std. Diese Route kann auf Grund ihrer günstigen Lage (Ausstieg bei 1300 m) von Frühjahr bis Spätherbst begangen werden.

Zugang: Man verfolgt den Steig von Diesbach nach Kallbrunn, bis dieser erstmals die Wand berührt, ¾ Std. Hier E.

Führe: Links über leichteres Gelände 2 SL auf ein Band, dann den Haken folgend eine Schleife nach links und oberhalb der Dachkante nach rechts. Einen Überhang und eine Platte überkletternd, Quergang nach rechts und gerade weiter zum Ausstieg.

5. Watzmannstock

5.1 Allgemeines

Als höchster Berg des Berchtesgadener Landes thront der sagenumwobene Watzmann über dem Tal. Was man landläufig als Watzmann bezeichnet, ist ein reichgegliederter Gebirgsstock mit formenschönen Gipfeln, langen, zerrissenen Graten und gewaltigen Wänden. So unverkennbar wie das Matterhorn über Zermatt ist das Wahrzeichen des Watzmanns mit Frau und Kindern über dem Talkessel von Berchtesgaden. Mit einer Ebenmäßigkeit, wie man sie sonst kaum bei einem Berg findet, sinken nach beiden Seiten die Flanken des dunklen Waldsockels ab, genau in der Mitte ist die formvollendete Kuppe des Grünsteins vorgelagert. Mächtige Täler begleiten den Gebirgsstock, im O der Königssee mit dem höchsten Felsabsturz der Ostalpen, der Bartholomäwand, im W das Wimbachtal mit seiner geröllerfüllten Talsohle.
Hocheck, Mittelspitze und **Südspitze** (früher auch Schönfeldspitze genannt) sind die drei Gipfel des von N nach S ziehenden Hauptkamms (Gr. Watzmann). Von der Mittelspitze löst sich im Halbkreis nach NO umbiegend ein Felsgrat ab, der die **fünf Watzmannkinder** und den **Kl. Watzmann** (Watzmannfrau) trägt. Vom S-Gipfel senkt sich ein schwach ausgeprägter Kamm nach W ins Wimbachtal, der den unbedeutenden Gipfel der **Griesspitze** trägt. In der steilen, zahnigen Linie der Schönfeldschneid sinkt der S-Grat hinab zur Schönfeldscharte, erhebt sich wieder wenig zum Gipfel der Hirschwiese und findet über die Senke des Passes Trischübel die Verbindung mit dem Steinernen Meer. Der Felsgrat der **Hachelköpfe** senkt sich östl. zum Königssee. Er bildet zusammen mit der S-Wandflucht der Watzmannkinder die Umrahmung des Eisbachtales und der Watzmann-Ostwand.

3.2 Hütten und ihre Zugänge

• 900 **Watzmannhaus** (Münchner Haus), 1928 m

Auf dem Falzköpfl. AVS München. Großes Unterkunftshaus, Anfang Juni — 30. 9. bew.; 55 B., 110 M., 20 L.; Winterraum 30 L. Fernspr. 08652/1310.

• 901 **Von der Ramsauer Hauptstraße**
Bez. Weg, 4—4½ Std.

Bei der Haltestelle Ilsank über die Ramsauer Ache (Wegtafel!) nach rechts ab zum Ghs. Hammerstiel (hierher auch von der Schönau bzw. Berchtesgaden aus). Nun auf Fahrweg (kein allgemeiner Verkehr!) zur Schapbach-Holzstube. (Kurz vorher mündet eine von der Wimbachbrücke heraufführende Forststraße ein. Geradeaus geht es zur Schapbachalm und zur Kühroint empor.) In mäßiger Steigung nach rechts durch Wald empor. Kurz oberhalb der Stubenalm Vereinigung mit dem Weg R 902. Nun hinauf zur Mitterkaseralm und über strauchbewachsene Hänge zur Falzalm (der Falzsteig zweigt von hier ins Watzmannkar und zur Kührointalm ab), dann in vielen Spitzkehren den Steilhang zum Falzköpfl mit dem schon lange sichtbaren Watzmannhaus empor.

● 902 Von der Wimbachbrücke
Bez. Weg, 3½—4 Std.

Von der Haltestelle Wimbachbrücke (großer Parkplatz) entweder durch die Klamm, oder kürzer gleich bei der Wegtafel auf breitem Weg durch Wald zur Stubenalm empor. Nun wie R 901 zum Watzmannhaus.

● 903 Von Königssee über Kühroint
Bez. Weg, 3½—4 Std.

Vom Parkplatz Königssee über die Seeklause, zu den Bauernhöfen, nach dem ersten rechts, nach dem zweiten links weiter, am Zaun entlang aufwärts, beim letzten Haus vorbei, auf einem Weg in den Wald, dann über eine Brücke und nun steil empor zu dem Fahrweg, der von Schönau heraufkommt. Auf diesem Weg weiter, bei der (rechts oben liegenbleibenden) Klingalm über den Bach. Bei der späteren Wegteilung rechts bleiben, steil empor zum Wildgatter. Auf dem Ziehweg weiter zum Ende der Forststraße Herrenroint. Dort rechts aufwärts (Tafel), die Forststraße nochmals überquerend, zur Hochfläche. Jetzt eben durch moosbewachsenen Wald bis Kühroint. 2—2½ Std.

Über die Wiesenfläche westl. zum Wald, auf dem fast ebenen Weg neben den Röhren der Wasserleitung entlang, ganz kurz abwärts. Nun zwei Möglichkeiten:

a) direkt zur Falzalm (Falzsteig), bez., gut gesichert:

Bei kaum sichtbarer Weggabelung links in Richtung Watzmannkar aufsteigen. Auf der ersten Terrasse rechts abbiegen, durch schütteren Lärchenwald queren, an einem Brunnen vorbei, hinüber zu den Watzmannwänden. Der Steig schlängelt sich in guter, überaus geschickter Anlage zur Falzalm empor.

Das Watzmannhaus auf dem Falzköpfl. Im Hintergrund der Untersberg.

b) über Mitterkaser zur Falzalm

Bei der Weggabelung nicht nach links abbiegen, sondern den unteren Weg weiterverfolgend kommt man zum Mitterkaser und trifft hier auf den Weg R 901.

Gemeinsam wie R 901 zum Watzmannhaus.

● **904** frei für Ergänzungen

● **905** **Kührointhütte,** 1420 m

Auf dem Almboden von Kühroint, privat, bew. 1.6.—1.10., 3 B., 16 M. Im Winter geschlossen.

● **906** **Von Königssee**
Bez. Weg, 2—2½ Std.
Siehe R 903.

● **907** **Von der Wimbachbrücke**
Bez. Weg, 2½—3 Std.

Wie R 901 zur Schapbach-Holzstube. Auf der Forststraße weiter zum Schapbachboden und in Serpentinen hinauf zur Hütte.

● **908** frei für Ergänzungen

● **909** **Wimbachgrieshütte,** 1327 m

Siehe R 666. Zugang wie R 667.

● **910** **Ostwandunterkunft St. Bartholomä,** 618 m

Als Unterkunft und Ausgangsort für alle Watzmann-O-Wand-Durchsteigungen dient die ehemalige Försterhütte in Bartholomä, welche von der AV-S. Berchtesgaden für O-Wandbegeher freigehalten wird. Schlüssel in der Gaststätte St. Bartholomä. 25 M. Nur für O-Wandbegeher! Schiffsauskunft über Fahrzeiten: Tel. 0 86 52 / 40 26.

Zugang: Mit Boot von Königssee; von Kühroint wie R 915; von der Wimbachgrieshütte wie R 917.

● **911** **Biwakschachtel Watzmann-Ostwand,** 2380 m

Unterhalb des „massigen Pfeilers". Als Notunterkunft bietet sie bis zu vier Bergsteigern Schutz. Jeder vorbeikommende Bergsteiger sollte sich hier mit Namen, Uhrzeit und geplanter Abstiegsroute eintragen. Mußte die Schachtel in Notfällen zur Übernachtung benutzt werden, so sollten die Decken und Schlafsäcke an den vorhandenen Seilen aufgehängt und die Luke dicht verschlossen werden.

Bei einer Zuflucht in der Biwakschachtel ist man zwar absolut sicher, aber auch in einer Mausefalle, wenn das Wetter längere Zeit schlecht bleibt. Bitte alle Abfälle mitnehmen!

Zugang nur über eine der Ostwandrouten möglich, einfachste Route **III!**

● **912** **Hocheck-Unterstandshütte,** 2650 m

Am Gipfel des Hochecks. Kleine Holzhütte in schlechtem Zustand. Keine Lager, keine Decken. Zugang wie R 921.

● **913—914** frei für Ergänzungen

5.3 Übergänge und Höhenwege

● **915** **St. Bartholomä — Rinnkendlsteig — Kühroint**
2½—3 Std. Bez. Weg. Nur für Geübte. Landschaftlich sehr schön; etwas Steinschlaggefahr.

Vom Whs. hinüber gegen den Futterstadel. Er bleibt links liegen. Der Weg steigt in zahlreichen Spitzkehren zum engen Einschnitt des „Rinnkendls" empor. Nun westl. an der Archenkanzel, 1342 m (sehr schöner Tiefblick auf den Königssee), vorbei und nördl. zur Kühroint. Der Rinnkendlsteig wird meist im Abstieg begangen.

● **916** **St. Bartholomä — Schönfeldscharte** (1979 m) — **Wimbachtal**
III (Stellen), weglos, 6—7 Std., brüchig, steinschlaggefährlich. Selten begangen, siehe 14. Aufl. 1977.

● **917** **Wimbachtal — Trischübel — St. Bartholomä**
3½—4 Std. Bez. Weg.

Von der Wimbachgrieshütte zum Paß Trischübel, 1774 m. Östl. auf bez. Weg hinab zur ehem. Sigeretalm. Bei Wegteilung nach links und über Schutt hinab zur gesicherten und ausgesprengten Sigeretplatte. Über Schutthänge hinab ins Schrainbachtal und weiter zum Königssee und nach St. Bartholomä.

● **918—919** frei für Ergänzungen

5.4 Gipfel und Gipfelwege

● **920** **Hocheck**, 2657 m

Schon früh durch Einheimische erstiegen; zu Beginn des 19. Jahrhunderts trug es bereits Bildstöcke und Kreuze und war ein vielbesuchter Wallfahrtsort.

● **921** **Vom Watzmannhaus**
I, 2 Std., bez. Weg.

Anfangs in Spitzkehren, später etwas steiler über Schrofen zur „Schulter" (Drahtseil, eingehauene Tritte) und dann bequem längs des Grats zum Gipfel des Hochecks. Kleine Unterstandshütte.

● 922 **Übergang zur Mittel- und Südspitze** (Watzmanngrat)
J. Grill, J. Punz, A. Kaindl, 1868. In umgekehrter Richtung J. Punz, J. Pöschl, 1873.
I, 1½—2 Std. Nur für Geübte. Bez. Steig.

Landschaftlich großartiger Übergang, meist auf der Westseite des Grates, mehrfach An- und Abstiege. Auch unmittelbar auf der Gratschneide, sehr ausgesetzt und luftig. Insgesamt 600 m Drahtseilsicherungen wurden 1979 im Auftrag der Nationalparkverwaltung erneuert, der Übergang aber im alpinen Stil belassen.

Vor den nicht gesicherten Abstiegen nach W ins Wimbachtal wird gewarnt. Die ganze W-Flanke ist unübersichtliches Schrofengelände, das zwar im allgemeinen gangbar ist, doch für Ungeübte die Gefahr des Verirrens in sich birgt. Vom Hocheckgipfel südl. über den Grat hinab zur schmalsten, gut gesicherten Gratstrecke. Teils auf der Grathöhe, teils in ihrer W-Seite weiter und zuletzt auf ansteigendem, mit künstlichen Stufen versehenem Plattenband zur Mittelspitze (½ Std.).

Weiter, der roten Bez. folgend, pfadlos, teilweise gesichert, bald auf (ausgesetzt), bald westl. unterhalb der Gratschneide zur Südspitze. Abstieg R 941.

● 923 **Ostwand**
Reinl, Domenigg, 1909.
IV, 3 Std. Lohnend. Foto Seite 279.

Von Kühroint auf R 903 in das Watzmannkar. Man hält sich bei beiden Wegteilungen links. Unter den Abstürzen des Hochecks über Schnee und Schutt zu jenem Felsenpfeiler, der etwas rechts der Fallinie des Hocheckgipfels am tiefsten ins Kar hinabgreift. Links von dem Pfeiler über die Randkluft und durch eine nun sichtbar werdende, hohe, kaminartige, zweimal wenig überhängende Verschneidung auf die Höhe des Pfeilers (Steinmann). Nun über gutgestuften Fels, zuletzt rechts haltend, zu einem auffallenden großen Schneefleck im unteren Wanddrittel. Von links her auf geneigter Platte in seine Randkluft und auf schlüpfrigem Gesimse nach rechts zum Beginn einer etwa 150 m hohen Kaminreihe, deren unterster Absatz über eine griffarme, nasse Wand erreicht wird. Das erste Kaminstück ist glatt und naß, das zweite mit eingeklemmtem Block erfordert Stemmarbeit. Es folgt ein 3 m ho-

Hocheck von Osten

R 923	Ostwand	R 924	Direkte Ostwand
R 923b	Wegänderung Brandenstein	R 926	Ostpfeiler
R 923c	Braune Verschneidung	R 927	Pfeilerwand

Hocheck
923
923c
924
926
923b
924
923
926
927

her, gelber Überhang (Schlüsselstelle). Man gelangt auf einen schuttbedeckten Absatz und von hier in einen hohen, oben überhängenden Riß. Über Bänder und Felsstufen nach links zu einer Höhle mit Steinmann. Nun beginnt ein bereits vom Kar aus sichtbares breites Plattenband. Immer auf dem höchsten Band links aufwärts. Nach einer vorspringenden Felsrippe scharf rechts über steile Schrofen auf die Grathöhe und links zum Gipfel. (Oder schwieriger auf schmaler werdenden Plattenbändern noch weiter nach links und durch einen Kamin unmittelbar zum Gipfel.)

● **923 a** **Schiefer Kamin** (Variante zwischen R 923 und R 924).
A. Irrgeher, M. Bauer und Gef., 12. 8. 1951.
IV+.
Siehe Bgst. 1951 / 52, Chronik S. 47.

● **923 b** **Wegänderung Brandenstein** (Variante zu R 923)
III. 2 Std. vom E. Foto Seite 279.

Ab Höhe des Pfeilers nicht gegen den Schneefleck und durch die Kaminreihe zum schuttbedeckten Absatz, sondern scharf links (Richtung gegen die Spitze!) über ein Band und über unschwierige Schrofen, beinahe bis der Pfeiler in die Wand übergeht; rechts wird ein schmales Schärtchen sichtbar; zu ihm durch einen Kamin hinauf und jenseits durch eine ganz schmale Schlucht hinunter zum schuttbedeckten Absatz (30 Min.). Man steht nun oberhalb der Kaminreihe nach Umgehung der größten Schwierigkeiten.

● **923 c** **Braune Verschneidung**
K. Lapuch, R. Haas, 1981.
IV und III. Herrliche Kletterei. Foto Seite 279.

Man klettert die Ostwandroute (R 923) über den dreieckigen Schneefleck und die Kaminreihe bis zum Geröllkessel am Beginn der breiten Bänder. Nun leicht rechts ansteigen zum Beginn der steil nach rechts aufwärts ziehenden Riesenverschneidung. Wenige Meter rechts des Verschneidungsgrundes in rauhem, griffigem Fels 4 SL hinauf zum Kirchdach am Ende des Ostpfeilers.

● **924** **Direkte Ostwand**
J. Aschauer, H. Schuster, 1921.
V und IV, 3 Std. Sehr schön. Foto Seite 279.

Einstieg links des bei R 923 erwähnten Felspfeilers in der Fallinie des Gipfels. Dort, wo die Schuttreiße am weitesten hinaufreicht, führt ein glattgescheuertes Band unter einem senkr. Abbruch mäßig ansteigend in die Wand.

Watzmann-Südspitze
Oberes Schönfeld
942
2400m
941A
Schönfeld
2060m

Abstiegssinn) des Südgrates nach rechts (westl.) in eine Rinne. Hinab zum oberen Ende einer großen Schuttablagerung. Auf Steigspuren über Schutt hinunter, dann links über mehrere grüne Felsabsätze zur grünen Mulde des „Schönfelds". (Wasserstelle auf ca. 1850 m Höhe, in Abstiegsrichtung etwas rechts unterhalb.) **Keinesfalls sich zu weit rechts (westl.) halten, mehrere tödliche Unfälle!**

Nun auf undeutlichem Steig, zum Teil durch Krummholz, auf den Grund des hinteren Wimbachtals. Nach Erreichen des Wimbachgrieses rechts abwärts zur Wimbachgrieshütte. Breiter Wanderweg bis Parkplatz Wimbachbrücke (9 km von der Hütte) auch bei Dunkelheit begehbar.

● 942 Südgrat (Schönfeldschneid)

Punz, Krebs, 1887 und Punz, Fischer, Nafe, 1889, zum Teil. R. v. Below, W. v. Frerichs, 1896 und 1900 vollständig.
IV und III (bei Überkletterung aller Türme), bei Umgehung der Türme nur **III** (Stellen), meist leichter und Gehgelände. Gratlänge 2 km, 700 mH, 7—10 Std. Zwei 10-m-Abseilstellen. Im ersten Teil äußerst brüchig (im Volksmund „Böselgrat"). Landschaftlich sehr schön, teilweise sehr ausgesetzt. Foto Seite 285.

Eine ins einzelne gehende Beschreibung wäre wegen des riesigen Gratausmaßes zu umfangreich, so daß dem alpinen Spürsinn der Begeher keine Grenzen gesetzt sind.

Der **Zugang** aus dem Wimbachtal zum Gratbeginn an der Schönfeldscharte wurde in den letzten Jahren außerordentlich brüchig und gefährlich. Es empfiehlt sich daher, mit der Überschreitung bereits am Hirschwieskopf zu beginnen oder unter Auslassung des ersten, sehr brüchigen Gratteils auf R 941 nach Erreichen des untersten Schönfelds scharf südöstl. abzubiegen und über einen vom Hauptgrat abfallenden Gratast rechtshaltend zum S-Grat aufzusteigen.

● 943 Vom Hocheck, siehe R 922.

● 944 Watzmann-Ostwand

Eine Durchsteigung der Riesenwand (1800 bis 1900 m Wandhöhe) zählt trotz ihres auf 400—500 Begeher jährlich angewachsenen Besuchs auch heute noch zu den großen Unternehmungen der Ostalpen. Weniger die Schwierigkeiten als Aufbau und Höhe der Wand stempeln diese Bergfahrt zu einem besonderen Erlebnis. Der Nurkletterer wird wenig Freude an ihr erleben, einzig der wegfindige, erfahrene, trittsichere, mit

Fels, Schnee, Eis, Steinfall und Lawinen vertraute, ausdauernde Bergsteiger ist ihr gewachsen. Sie forderte von 1890 bis Ende 1980 bereits 84 Todesopfer, davon 83 seit 1922.

Wetterumschläge, Nebel und ungünstige Verhältnisse sind angesichts der Wandhöhe besonders gefährlich. Die objektiven Gefahren sind im Hochsommer geringer als im Frühjahr, wo die Schneeauflagerungen der oberen Bänder eine stetige Bedrohung der Schöllhornplatte darstellen; die Überwindung der Randkluft unter der Schöllhornplatte wird dagegen mit zunehmender Ausaperung schwieriger. In Notfällen bietet die 1952 aufgestellte Biwakschachtel unter dem „Massigen Pfeiler" Schutz. Es wird dringend abgeraten, bei ungünstiger Witterung den Weg über den langen Grat zum Watzmannhaus zu nehmen, der schon guten Bergsteigern zum Verhängnis geworden ist. Der nächste Abstieg führt der Bez. (R 941) folgend zur Wimbachgrieshütte. Eine Ausweichmöglichkeit bietet sich schon vor Erreichen des Gipfels, indem man die in R 945 erwähnte Kaminreihe nach etwa 150 m nach links verläßt und auf einem markanten, mit Schutt bedeckten Bande um einige Ecken unschwierig zur Schönfeldschneid quert; diese erreicht man ungefähr dort, wo der Steig ins Wimbachtal vom Grat abzweigt. Die Gehzeit schwankt je nach Teilnehmerzahl und Verhältnissen zwischen 6 und 10 Std.

Die Wand zerfällt in ihrem Gesteinsaufbau in drei Teile. Die unterste Schicht baut sich aus brüchigem Ramsaudolomit auf und reicht von der Eiskapelle bis zum großen, im Winkel der Watzmannkinder mit dem Hauptgrat eingelagerten Kar („Schöllhornkar"). Der mittlere Teil umfaßt die gleichmäßig von N nach S ansteigende Bänderreihe aus festem Plattenkalk und hierauf ist die oberste, weniger geneigte, gut gestufte Schicht aus Dachsteinkalk aufgeschoben.

Die erste Durchsteigung der gewaltigen Wand gelang dem Ramsauer Führer Johann Grill d. Ä., nach seinem Hausnamen bekannt als „Kederbacher", er führte am 6. 6. 1881 den Wiener Otto Schück durch die O-Wand auf die Mittelspitze. Den später allgemein üblich gewordenen Ausstieg auf die S-Spitze nahmen die Zweitbegeher, Ludwig Purtscheller mit Johann Punz („Preiß"), am 12. 6. 1885.

Mehrfach wurden auch Querverbindungen zwischen der großen O-Wand und dem Watzmannkar (Skischarte) begangen, die etwa bei Rettungsaktionen als Zugang zum oberen Teil der O-Wand von Wert sind, als selbständige Bergfahrt aber keinen Sinn haben. Varianten sind in der O-Wand fast überall möglich.

Die folgenden Beschreibungen der einzelnen Anstiegswege sollen Anhaltspunkte geben. Es gibt zahllose Möglichkeiten in der reichgegliederten, unübersichtlichen, besonders im unteren und oberen Teil fast überall gangbaren Wand, ein Durchkommen in allen Schwierigkeitsgraden zu finden. Man findet fast überall Spuren von mehr oder weniger freiwilligen Vorgängern: Steindauben, Haken, Abfälle . . .

Eine ausführliche Beschreibung aller Wege in der Watzmann-O-Wand gaben Hellmut Schöner und Hellmuth Schuster in ihrem „Watzmann-Ostwand-Führer" (1950; vergriffen). Ein sehr ausführlicher neu bearbeiteter „Führer durch die Watzmann-Ostwand" mit detaillierten Wandfotos von Franz Rasp erschien 1981 beim Bergverlag Rudolf Rother. Ebenfalls 1981 kam anläßlich des 100jährigen Jubiläums der Erstbegehung die 7. Aufl. des Buches „Zweitausend Meter Fels" von Hellmut Schöner beim Verlag Plenk in Berchtesgaden heraus. In diesem Buch ist die Geschichte der Watzmann-Ostwand erschöpfend behandelt.

● 945 Kederbacherweg

J. Grill (Kederbacher), O. Schück, 6. 6. 1881.

IV— (20 m, „Schöllhornplatte"), eine Stelle III+ (Wandstufe im oberen Wandteil), stellenweise III, überwiegend II.

Der klassische Durchstieg. Die beiden Firn- oder Eisfelder mit den Randklüften verleihen ihm eine besondere alpine Note. Anspruchsvolle Felsfahrt, die Orientierungssinn und Ausdauer erfordert. Schlüsselstelle (Schöllhornplatte) meist feucht. Teilweise kleingriffig und brüchig; viel Schrofenkletterei. Eingelagerte Eisfelder machen Steigeisen und Pickel oder Eisbeil erforderlich. Steinschlaggefährdet (bes. in Schluchten). Bei Wetterumschlag Rückzugsmöglichkeit schwierig. Wandhöhe: Etwa 1800 m ab E. Klettermeter: Etwa 3000 m. 6—8 Std. (bei normalen Verhältnissen).

Foto Seite 289, 299.

Zugang: Von St. Bartholomä auf gutem Weg nach Westen in das Eis-

Die Watzmann-Ostwand von der Gotzenalm

B = Biwakblöcke
S = Schöllhorneis/Schöllhornplatte
BS = Biwakschachtel

R 945	Kederbacherweg
R 945a	Variante über das 1. Band
R 945b	Variante über das 2. Band
R 945c	Variante über das 4. Band
R 945d	Variante über das 5. Band
R 945e	Querung zum Watzmannkar
R 946	Berchtesgadener Weg
R 947	Salzburger Weg
R 948	Münchner Weg
R 949	Frankfurter Weg
R 950	Vom Salzburger Weg zur Mittelspitze
R 951	Diagonalverbindung

Watzmann – Südspitze
BS
945e
950
V
IV
945d
III
945c
II
950
I
945b
948
945a
S
947
951
B
949
948
945
946

bachtal, dem Eisbach entlang und nach dessen Überschreitung zum Beginn des Schuttfeldes (etwa 1 Std.).

Übersicht: Rechts der Watzmann-Ostwand (nördl.) befindet sich zwischen 1300 und 1500 m in Fallinie der Watzmannkinder das tiefeingeschnittene Schöllhornkar. Aus Richtung Schöllhornkar ziehen markante Felsbänder links aufwärts zur Gipfelschlucht. Durch das Schöllhornkar und über das 3. Band führt der heute übliche Kederbacherweg. Ab Wandmitte ist er nicht identisch mit dem Weg der Erstbegeher, die über das 4. und 5. Band den Watzmanngrat links der Mittelspitze erreichten.

Führe: Einstieg am Beginn des Schuttfeldes der **Eiskapelle** (Gedenktafel) bei 830 m. Über das Blockwerk, am besten links ausweichend, zum Firnfeld am Fuß der Watzmann-Ostwand. Es gilt, die beiden Grasterrassen oberhalb der rechten oberen Begrenzung des Firnfeldes zu erreichen. Je nach Jahreszeit ist die Randkluft an unterschiedlicher Stelle zu überschreiten, in der Regel etwa 100 m rechts unterhalb ihres oberen Endes. Im Herbst ist wegen der tieferliegenden Randkluft der Anstieg über die jenseitigen Wandstufen sehr brüchig und unangenehm.

Auf der ersten Grasterrasse (1050 m) führen Steigspuren nach rechts (nördl.), nach etwa 100 m wird über einen Schrofengürtel von der unteren auf die obere Grasterrasse aufgestiegen. Auf ihr weiter nach rechts, über die Fallinie der rechten Begrenzung des Schöllhornkars hinaus; Schneefleck bis zum Spätsommer (1150 m). Man erreicht eine große Schlucht, die nach links aufwärts verfolgt wird, teilweise rechts ausweichend. Bei einem großen Kessel (1210 m, 90 Hm unterhalb des rechten Auslaufs des Schöllhornkars) beginnt eine Schlucht, die rechts am Kar vorbeizieht. Durch diese etwa 70 m aufwärts, bei 1250 m scharf links (südl.) heraus und etwa 100 m leicht ansteigend über Schrofen nach links.

Achtung: Die Querung aus der Schlucht ins Kar muß auf 10 mH genau angesetzt werden, obwohl das Schöllhornkar von der Abzweigung aus nicht sichtbar ist. Ein Höhersteigen in der Schlucht führte schon zu vielen Unfällen.

Mit dieser Querung wird das Schöllhornkar an seinem rechten untersten Ende erreicht (Graskopf, 1300 m).

Bei einem Rückzug aus dem Schöllhornkar vom Graskopf nicht gerade hinunter, sondern etwa 100 m fast waagrecht, zuletzt leicht absteigend, nach links queren (Richtung St. Bartholomä).

Das **Schöllhornkar** besteht aus Schrofen und Geröllhängen. Oberhalb des unteren Drittels befindet sich an der linken (südl.) Kargrenze der

Biwakblock (überdacht für etwa 6 Personen). Er ist vom Graskopf aus auf Steigspuren, zuletzt einen Bachlauf querend, zu erreichen.

Den Kederbacherweg verfolgt man vom Graskopf aus am besten in der Mitte des Kars bis zum Firn- oder Eishang **(Schöllhorneis),** der das Kar oben abschließt. Über den Geröllwall am Fuß des Schöllhorneises nach rechts (1520 m), dann über das Firnfeld hinauf, nicht ganz am rechten Rand, aber auch nicht im Haupteinschlagtrichter der Mitte.

Der Übergang vom Eis zum Fels kann an verschiedenen Stellen erfolgen, je nach Abschmelzvorgang. Keinesfalls sollte der Übergang links (südl.) der Wandmitte versucht werden, sondern eher von der Mitte bis zum oberen rechten Rand des Firnfeldes. In diesem Bereich ist ein Aufstieg über die jenseitigen Platten leichter möglich, um dann unterhalb der senkrechten Wand auf einem breiten Absatz nach links in den Wandwinkel am Beginn der Schöllhornplatte zu queren. Im Frühsommer reicht der Schnee bis auf diesen Absatz oder gar über die Schöllhornplatte, im Spätherbst liegt die Randkluft bis zu 50 m tiefer.

Die **Schöllhornplatte** ist keine Platte im eigentlichen Sinn. Sie beginnt mit einer kaminartigen Verschneidung in der Mitte des Wandabbruchs oberhalb des Schöllhorneises. Einstieg zur Schöllhornplatte im Wandwinkel links des 3 m breiten Bandabsatzes (1640 m). Durch die meist nasse Verschneidung 8 m empor, dann 5 m waagrecht nach links um die Kante (H) und gerade aufwärts auf ein Band. Vom Wandwinkel 20 m IV—.

Achtung: Vom Wandwinkel nicht nach rechts aufwärts in das anfangs leichtere Gelände, mehrere tödliche Unfälle!

Das Felsband oberhalb der Schöllhornplatte nach links bis zum Kessel am Beginn einer nach rechts aufwärts ziehenden großen Rampe. Vom Kessel führt der Kederbacherweg im Winkel zwischen Wand und Rampe etwa 60 m nach rechts aufwärts. Dann rechts ausweichen (meist Wasserfall, Steinschlaggefahr) und in Fallinie einer auffallenden Höhle **(Zellerloch)** wieder gerade aufwärts. Der Höhlenboden ist abschüssig, der Platz jedoch steinschlagsicher.

Vom Zellerloch (1750 m) wenige Meter nach rechts zu glatten Platten. Über diese etwa 30 m aufwärts und sofort nach einem glatten Riß nach links (südl.) um den runden Felspfeiler zum Beginn des 3. Bandes.

Achtung: Nach dem Zellerloch nicht zu hoch klettern, keinesfalls bis zum großen Geröllkessel, da man sonst auf das 4. Band gerät!

Das 3. Band ist von der Abzweigung aus nicht sichtbar, aber ohne Schwierigkeiten zu erreichen.

Das **3. Band** ist anfangs kleingriffig und brüchig. Es folgt ein großer Kessel, meist Schneefleck, oberhalb des Rampenwasserfalls. Von ihm über das geröllbedeckte Band zu einem auffallenden Gratsporn (1880 m). In gleicher Höhe das Band über steile Schrofen weiterverfolgen bis zu seinem scheinbaren Ende an einer Felsecke (**Kasererеck**, 1970 m).

Vom obersten Eck nach links ausgesetzt um die Felskante herum und etwa 20 m leicht abwärts in eine Einbuchtung. Weiter in gleicher Richtung, zuerst leicht ansteigend (nach 20 m kann man durch einen Kamin, sich oben rechtshaltend, zum 4. Band aufsteigen), dann am oberen Rand des 3. Bandes nach links zu einem auffallenden braunen Turm. Dieser Turm bleibt links unten. Rechts davon über sehr brüchiges Gestein das Band aufwärts in Grasschrofen. Hier mündet von rechts kommend das 4. Band ein. Weiter links ansteigend zur Gratkante rechts der **Gipfelschlucht** (2120 m). Zusammentreffen mit den anderen Wegen.

Man lasse sich nicht durch die Bezeichnung Gipfelschlucht irritieren — sie hat mit dem Gipfel nichts zu tun. Vom Ende des 3. Bandes (2120 m) linkshaltend an der rechten (nördl.) Begrenzung der Gipfelschlucht aufwärts, ohne deren Grund länger zu betreten (Steinschlaggefahr), bei 2200 m rechts heraus auf einen Absatz. Durch eine Geröllrinne nach rechts hinauf zu einem geräumigen Absatz (Dabelsteinplatte, 2240 m). Über geneigte Schrofen etwa 60 m nach rechts zu einem runden Gratrücken. Über diesen empor bis zum überhängenden Felsen (massiger Pfeiler), an dessen Fuß die **Biwakschachtel** steht (2380 m).

Der Weiterweg ist bis auf die Teilstrecke in den Ausstiegskaminen sehr steinschlaggefährdet. Von der Biwakschachtel zunächst etwa 70 m schräg rechts aufwärts (Schnee oder Geröll), bis man nach links in eine brüchige Rinne oberhalb des massigen Pfeilers ansteigen kann. Kurz vor Ende dieser Rinne (2440 m) schräg rechts aufwärts in die von hier aus sichtbaren markanten **Ausstiegskamine.** Durch die Kamine nach rechts aufwärts, einige Unterbrechungsstellen III, oben rechts heraus in eine seichte Rinne. Der Aufstieg durch diese Rinne erfordert große Vorsicht wegen der zahlreichen schuttbedeckten Absätze. Am oberen Ende der Rinne erreicht man rechts (nördl.) einen Gratabsatz (2630 m). Diesen Absatz kann man auch direkt über den Grat erreichen, wenn man vom Ende der Ausstiegskamine schräg rechts aufwärts quert (steinschlaggeschützter, aber schwieriger).

Kurz oberhalb des Gratabsatzes über eine 8 m hohe senkrechte Wandstufe (III+) und gerade aufwärts zur Südspitze. Die schwierige Wandstufe läßt sich umgehen, indem man etwa 100 m rechts (nördl.) leicht abwärts quert und durch eine Rinne zum gesicherten Watzmanngrat ansteigt.

Von der Biwakschachtel aus bestehen mehrere Möglichkeiten des Aufstiegs zur Südspitze. Es empfiehlt sich aber, bei der aufgezeigten Route zu bleiben. Sonst wird der Steinschlag, sei er durch Bergsteiger in der Wand, am Gipfelgrat oder auf der Südspitze ausgelöst, völlig unkalkulierbar. (F. Rasp)

● 945 a Variante zum Kederbacherweg über das 1. Band

III und II. Dieses Band ist empfehlenswert und klettertechnisch wesentlich schöner als das üblicherweise auf dem Kederbacherweg erreichte 3. Band. Die Unterbrechungsstelle hinauf zur Gipfelschlucht (siehe R 947) ist aber schwieriger als das 3. Band: **IV** (20 m). Steinschlaggefahr.
Foto Seite 289, 299.

Die Abzweigung erfolgt auf dem Felsband, das vom Ausstieg der Schöllhornplatte nach links zu dem Felskessel unter der Rampe zieht. 40 m unterhalb dieses Kessels kann man um eine begrünte Felskante herum das 1. Band erreichen, das als Schrofenband ansetzt. Man erreicht den Salzburger Weg oberhalb des Ausstiegskamins. Gemeinsam auf das breiter werdende 1. Band, das eine von Erosionsrillen durchzogene, riesige Felsplatte bildet. (F. Rasp)

● 945 b Variante über das 2. Band

H. u. S. Flatscher, 1929.
IV. Foto Seite 289, 299.

Abzweigung vom Kederbacherweg oberhalb des Kessels am Beginn der Rampe, die zum Zellerloch führt. Auf einer Leiste links aufwärts 25 m auf ein Felsköpfl. In einer Rinne 10 m absteigen und zu einem brüchigen Überhang queren. Über ihn hinauf zum 2. Band. Das Band verfolgt man bis zur Unterbrechung, dann etwa 50 m auf einer Leiste nach links bis zur Fortsetzung des Bandes. Weiter über das immer schmäler werdende Band, bis es sich in der Wand verliert. Von dort über eine Wandstufe nach links empor, um eine Felsecke weiter links haltend, später gerade hinauf in eine Höhle. Auf abschüssigem Band nach links in die Gipfelschlucht. (F. Rasp)

● 945 c Variante über das 4. Band

IV. Foto Seite 289, 299.

Einstieg beim Kessel oberhalb des Zellerlochs. Dicht links eines Felsblocks über eine senkrechte Felsstufe (IV) empor, dann absteigen durch einen brüchigen Riß in eine schmale Schlucht am Beginn des 4. Bandes. Das rillendurchzogene Felsband bis zu seinem Abbruch. (F. Rasp)

● 945 d **Variante über das 5. Band**
H. Bose, H. Lepperdinger, 1920.
III. Foto Seite 289, 299.

Vom großen Kessel nach dem Zellerloch durch eine plattige Rinne und die Felsen rechts davon etwa 50 m hinauf in eine auffallende Höhle mit rotem Lehmboden. Von der Höhle kann man zum 5. Band queren, zuletzt über eine 8 m hohe Platte absteigend. Das 5. Band ist wenig gegliedert. Von seinem Ende durch eine Rinne in das obere Wanddrittel, linkshaltend zum Rücken unter der Biwakschachtel. (F. Rasp)

● 945 e **Querung zum Watzmannkar** (Skischarte)
H. und J. Grassl, J. Zechmeister, 1949.
II.
Die Möglichkeit, aus der O-Wand zum Watzmannkar hinüberzuqueren, kann bei einem Wetterumsturz lebensrettende Bedeutung gewinnen, vor allem wenn es im oberen Wandteil schneit. Bei schlechter Sicht (Nebel, Dunkelheit usw.) bei dem unübersichtlichen Gelände nicht zu empfehlen!
Es muß ausdrücklich darauf hingewiesen werden, daß diese Querung ein Notbehelf und kein Tourenziel ist, denn sie vergrößert die Steinschlaggefahr für alle auf dem Kederbachweg nachkommenden Seilschaften. Für die Bergwacht ist diese Querung der kürzeste Weg in den oberen Teil der O-Wand.
Die Watzmann-Skischarte ist die in den Karten unbenannte Scharte westl. des Fünften Watzmannkindes, falsch vielfach als Watzmannscharte bezeichnet (diese liegt zwischen Kleinem Watzmann und Erstem Kind). Von der Biwakschachtel zur Skischarte 1½—2 Std., von hier bis Kühroint 2 Std.
Foto Seite 289.

Von der Biwakschachtel etwa 50 m nach rechts aufwärts auf einen Schuttkegel. Von hier aus auf leicht abfallenden, schmalen, schuttbedeckten Bändern immer nach rechts querend bis zu einer Rinne. Auf der Fortsetzung des Bandes bis zu einer Unterbrechungsstelle (etwa 10 m), von nun an auf dem Band leicht ansteigend zum oberen Rand des Firnfeldes in der Fallinie der Mittelspitze. Zum tiefsten Punkt des Firnfeldes und weiter auf einem schmalen Plattenband steil abwärts in eine brüchige Rinne. Diese Rinne mündet etwa 150 m höher in die Skischarte. Eine Unterbrechungsstelle nach etwa 100 m wird rechts umgangen.

● 946 **Berchtesgadener Weg**

J. Aschauer, H. Schuster, 28. 9. 1947.

III (auf 80 m im mittleren Wandteil), überwiegend II.
Anspruchsvolle Felsfahrt, die Orientierungssinn und Ausdauer erfordert. Schöne Kletterstellen zwischen Schuttkar und Gipfelschlucht. Stets Tiefblick auf St. Bartholomä. Beliebteste Route durch die Ostwand. Die Erstbegehung war ein „Verhauer" bei der Begehung des Münchner Weges.
Steinschlaggefährdet (bes. im mittleren und oberen Wandteil). Hat gegenüber dem Kederbacherweg den Vorteil, daß Firnfelder und Randklüfte fehlen. Wandhöhe: Etwa 1800 m, ab E. Klettermeter: etwa 3000 m. 6—8 Std. bei normalen Verhältnissen. Foto Seite 289.

Zugang: Wie R 945.

Übersicht: Links der eigentlichen Watzmann-Ostwand ziehen Gras- und Schrofenhänge zur Schönfeldschneid empor. In deren unteren Teil ist ein auffallendes Schuttkar eingelagert, etwa in Höhe des Schöllhornkars, aber etwa 300 m weiter links (südl.). 200 m oberhalb dieses Schuttkars ziehen entgegengesetzt zur Neigung der Ostwandbänder „Rampen" nach rechts zur Gipfelschlucht. Durch die mittlere Rampe führt der Berchtesgadener Weg.

Führe: Zum Beginn des Schuttfeldes der **Eiskapelle** bei 830 m (Gedenktafel). Auf deutlichem Steig links an der Schuttgrenze um das Firnfeld herum. Einstieg zum Berchtesgadener Weg am Beginn des Sporns, der direkt links oberhalb des Firnfelds beginnt (970 m). Auf Steigspuren den Sporn empor, bis er sich an einer Schrofenwand auflöst (1070 m). Nach links in eine Rinne, durch sie hinauf zur abschließenden Scharte. In der nächsten Rinne etwa 50 m empor, dann scharf rechts heraus. Weite Rechtsquerung über Grashänge schräg rechts aufwärts, zuletzt über meist feuchte Platten, bis fast in die Fallinie des Schuttkars (1180 m). Eine begrünte Rinne nach links zu einem markanten Felspfeiler (1270 m) und direkt unterhalb desselben nach rechts (hierher auch durch eine rechts verlaufende Parallelrinne). Rechts des Felspfeilers die Rinne etwa 50 m aufwärts, dann scharf rechts heraus. Querung schräg rechts aufwärts in die übernächste Rinne, in der man bis 1250 m aufsteigt. Rechts auf Steigspuren aus der Rinne heraus und an ihrer Begrenzung (zuletzt über ein Schrofenwandl) hinauf zu den Grashängen links des **Schuttkars,** die bei 1340 m erreicht werden.

Auf ausgetretenem Steig nach rechts abwärts in das Kar. In diesem aufwärts bis oberhalb des untersten Felsriegels. Unmittelbar darüber nach rechts zum Bachbett (immer Wasser) und weitere 50 m nach rechts zu einem Schuttrücken. Über diesen aufwärts, bei 1410 m nach rechts in die Felsen. Kurz gerade aufwärts durch kleine Kaminstücke, dann nach rechts auf einen markanten Absatz (1440 m). Schräg rechts ansteigend bis in die große Rinne hinüber, die von der Eiskapelle heraufzieht (Originaleinstieg zum Münchner Weg). An der linken Begrenzung dieser Rinne, teilweise in ihr, nach links zu einem begrünten Gratabsatz (**1. Sporn,** 1570 m). In der bisherigen Richtung weiter links ansteigend, zuerst überdacht, dann plattig (sehr steinschlaggefährdet), zuletzt über Schrofen nach links zum 2. Gratabsatz (**2. Sporn,** 1630 m).

Auf dem Sporn nach rechts aufwärts bis 1650 m, wo die Felsen senkrecht werden (nicht zu tief nach links queren). In Fortsetzung der Richtung der Münchner Rinne nach links zu der auffallend dunklen dreieckigen „Wasserfallwand". Man klettert, von rechts kommend, über gut gestuften Fels nach links aufwärts bis etwa 15 m vor die Wasserfallwand (nicht zu früh nach rechts aufwärts in die Kamine). Bei 1690 m beginnt die **„Platte".** 30 m in der Mitte der geneigten Platte aufwärts zu H. 5 m waagrecht links um eine Felsnase herum, dann den Riß rechtshaltend 20 m hinauf. Von hier schräg links aufwärts queren bis 10 m oberhalb der Abbruchkante der Wasserfallwand (1750 m). Hier immer Wasser in der Nähe, aber steinschlaggefährdet!

Achtung: Oberhalb der Wasserfallwand darf nicht links weitergegangen werden zur „Rampe unter der gelben Wand" (einige tödliche Unfälle).

Sondern: Vom Stand oberhalb der Wasserfallwand 50 m wenig ansteigend nach rechts queren (nördl.), zu einer zunächst unsichtbaren Rinne (Rampe). Durch die **Rampe** hinauf, teilweise rechts ausweichend, zu einem kleinen Sattel am Ende der Rampe (1870 m).

Hier nicht in die senkrechte Wand weiterklettern, sondern nach rechts queren, erst ab- dann ansteigend, bis das Schrofenband abbricht. 30 m linkshaltend, dann 60 m rechts durch gutgriffige Risse aufwärts, bis man in Fortsetzung der Rampe zwei Höhlen sieht (1920 m). Entweder nach links zu den Höhlen und rechts von diesen über senkrechte Wandstellen (III) in Schrofengelände, das schräg rechts aufwärts bis zur Gipfelschlucht begangen wird (Originalweg) **oder** vor der Linksquerung 10 m rechts aufwärts, nach einem kurzen senkrechten Riß (III) rechts heraus und über glatte Platten und anschließende Schrofen nach rechts zum Sporn am untersten Auslauf der Gipfelschlucht (1970 m). Links oberhalb ist eine gute Biwakhöhle (1990 m).

Die **Gipfelschlucht** (sie hat mit dem Gipfel nichts zu tun) ist in diesem Teil über 50 m breit und besteht aus zwei Bachläufen (immer Wasser, jedoch dort nicht aufhalten!). Den linken Bachlauf an seiner rechten

Seite aufwärts. Spätestens bei 2060 m muß die Gipfelschlucht nach rechts (nördl.) gequert werden (Altschnee bis zum Herbst), um eine nach rechts aufwärts ziehende Rinne zu erreichen.

Achtung: Vom Beginn der Gipfelschlucht bis hierher sehr stein- und eisschlaggefährdet, auf keinen Fall unnötig verweilen!

Die Rinne nach rechts aufwärts, bis bei 2120 m von rechts kommend der Kederbacherweg (R 945) einmündet (Ende des 3. und 4. Bandes). Gemeinsam zum Gipfel. (F. Rasp)

● 946 a Varianten zum Berchtesgadener Weg

Verschiedene Durchstiege wurden von der Eiskapelle zum Schuttkar und vom Schuttkar zur Wasserfallwand durchgeführt, meist steinschlaggefährdeter als die beschriebene Route. Auch die Kamine rechts der Platte (IV) und der Pfeiler rechts der Rampe (IV) des Berchtesgadener Weges wurden (vorwiegend irrtümlich) durchstiegen. Markanter ist die Variante über die „Rampe unter der gelben Wand“ (Usch Hemminghoffen und Hans v. Schlebrügge 1949). Sie führt parallel zur Rampe des Berchtesgadener Weges etwa 60 m höher zur Gipfelschlucht. Im Schlußteil V, viele Rückzugshaken von Seilschaften, die den Berchtesgadener Weg oberhalb der Platte verfehlten. Den Pfeiler links der Gipfelschlucht (südl.) durchstieg Georg v. Kaufmann 1950, polnische Bergsteiger folgten in den 70er Jahren auf ähnlicher Route. (F. Rasp)

● 947 Salzburger Weg

H. u. H. Feichtner, V. Raitmayr, L. Schifferer, 8. 9. 1923.
IV+ / A0 (eine Stelle im mittleren Wandteil). IV (auf 250 m im mittleren Wandteil und 20 m am ersten Band), sonst II.
Anspruchsvolle Kletterei, Ausdauer und Orientierungssinn erforderlich. Der 250 m hohe Pfeiler im mittleren Wandteil bietet schöne Kletterei im festen Fels, die für die Watzmann-Ostwand-Verhältnisse überraschend ausgesetzt ist.
Steinschlag, vor allem auf dem 1. Band. Wandhöhe: Etwa 1800 m. Klettermeter: Etwa 2800 m. 8 Std.
Foto Seite 289, 299.

Zugang: Wie R 945.

Übersicht: Vom Beginn des 1. Bandes zieht ein mächtiger Felspfeiler zur linken Begrenzung des Schöllhornkars herab (links von ihm meist ein schwarzer Wasserstreifen). Über diesen Felspfeiler führt der Salzburger Weg zum 1. Band. Auf diesem nach links aufwärts bis zu seiner gratartigen Unterbrechung, dann hinauf in die Gipfelschlucht und gemeinsam mit den anderen Wegen zum Gipfel.

Führe: Auf dem Kederbacherweg ins **Schöllhornkar.** Dort nach links zum Biwakblock oder in halber Karhöhe nach links zu dem markanten Pfeiler. Sein Fuß wird von links her durch eine plattige Schlucht erreicht, die auf einem Absatz rechts endet (Steinschlaggefahr).

Auf diesem Absatz beginnt die sehr schwierige Kletterei. Etwa 60 m durch eine plattige Rißverschneidung nach rechts aufwärts (der meist nasse Beginn kann durch einen Riß rechts umgangen werden). Der Schräganstieg wird durch ein markantes Höhlenloch unterbrochen. Direkt über die kleine Höhle hinauf (Schlüsselstelle, IV+ H, evtl. Schlinge) und nach 6 m rechts heraus zu Stand. 25 m weiter schräg rechts hinauf, zwei senkrechte Unterbrechungen werden rechts heraus überwunden, zu einem guten Stand. Jetzt nicht mehr den nach rechts ziehenden Riß weiter (Verhauerhaken), sondern leicht ansteigend nach links bis an die Pfeilerkante. Über sie ausgesetzt hinauf (mehrere Möglichkeiten), zu gutem Stand rechts unterhalb des schon von unten sichtbaren Kamins links des Pfeilerkopfs. Wenige Meter hinauf, dann nach links in den Kamin und durch ihn hinauf auf den Pfeilerkopf am 1. Band.

Das **1. Band** ist etwa 40 Grad geneigt, bis zu 60 m breit und an seinem Beginn sehr steinschlaggefährdet. Man begeht es bis zu seiner Unterbrechung an einem gratartigen Sporn (1890 m, 70 m weiter eine große Biwakhöhle). Vom Sporn rechts zur senkrechten Wand. Hinauf zu einem kleinen Überhang, unter ihm rechts heraus und durch einen senkrechten Riß zur oberen Fortsetzung des 1. Bandes (20 m IV). Das Band schräg links aufwärts bis zur Gipfelschlucht, die man in ihrem sehr stein- und eisschlaggefährdeten untersten Teil erreicht. Sicherer ist es, wenn man schon vor Erreichen der Gipfelschlucht die Schrofen rechts aufwärts klettert, bis man bei 2120 m auf das Ende des 3. und 4. Bandes trifft. Gemeinsam mit dem Kederbacherweg (R 945) zum Gipfel.

(F. Rasp)

Der zentrale Teil der Watzmann-Ostwand

SP = Schöllhornplatte
Z = Zellerloch
GK = Großer Geröllkessel

R 945	Kederbacherweg
R 945a	Variante über das 1. Band
R 945b	Variante über das 2. Band
R 945c	Variante über das 4. Band
R 945d	Variante über das 5. Band
R 947	Salzburger Weg
R 950	Vom Salzburger Weg zur Mittelspitze

V
945d
945c
IV
III
GK
II
Z
950
945b
I
945a
SP
947
945

● 948 **Münchner Weg**

F. Thiersch, 15. 7. 1929.

IV (zwei Stellen), sonst II. Einst ein klassischer Durchstieg, der erstmals den linken Wandbereich berührte. Jetzt wurde ihm vom Berchtesgadener Weg der Rang abgelaufen. Eindrucksvolle Kletterei, zum Teil brüchiger Fels; vereinigt sich auf dem 1. Band mit dem Salzburger Weg. Steinschlag, vor allem zwischen Münchner Turm und Gipfelschlucht. Wandhöhe: Etwa 1800 m. Klettermeter: Etwa 3000 m. 6—8 Std. Foto Seite 289.

Zugang: wie R 945.

Übersicht: Von der Eiskapelle ziehen drei Schluchten zum Schuttkar links der Watzmann-Ostwand empor. Zwei münden direkt im Kar, eine dritte endet parallelverlaufend rechts oberhalb des Schuttkars. Durch letztere zieht der Münchner Weg, oberhalb des Schuttkars nach rechts hinter einem markanten Turm durch zum Ende des 1. Bandes (parallel zur Rampe des Berchtesgadener Weges, nur etwa 100 m tiefer).

Führe: Der Originaleinstieg des Münchner Wegs führt durch die steinschlaggefährdete Schlucht von der Eiskapelle zum Schuttkar. Der Wegverlauf ist naturgegeben, so daß sich eine nähere Beschreibung erübrigt. Man erreicht den Berchtesgadener Weg rechts oberhalb des Schuttkars noch vor dem 1. Sporn.

Empfehlenswerter und heute üblich ist der Zugang bis dorthin über den Berchtesgadener Weg bis zum **1. Sporn** (1560 m) rechts oberhalb des Schuttkars. Von dort zwei Möglichkeiten: Entweder wenige Meter vor dem Sporn nach rechts queren und gerade aufwärts auf ein Schrofenband, oder auf dem Berchtesgadener Weg weiter links ansteigend (zuerst überdacht), aber noch vor dem 2. Sporn waagrecht nach rechts queren (sehr brüchig).

Vom Schrofenband nach rechts hinauf zu dem markanten **Münchner Turm.** Dieser wird durch die Schlucht an seiner linken (nördl.) Seite umgangen. Der direkte Einstieg in die kaminartige Schlucht ist IV, leichter ist der Einstieg von rechts über eine Felsrampe, die 30 m weiter oben links in die Schlucht trifft, zuletzt kurz absteigend. In der Schlucht aufwärts, meist links ausweichend, in den großen Kessel links des Münchner Turms. Vom Kesselboden 15 m hinauf auf ein schmales Band, das 10 m nach rechts begangen wird. Dann den Riß zwischen Wand und Turm hinauf zur Scharte hinter dem Münchner Turm (1820 m).

Leicht absteigend nach rechts (nördl.) hinüber in die glattgewaschene

Schlucht, die sich in Verlängerung der Gipfelschlucht vom 1. Band nach unten fortsetzt. Durch die breite Schlucht (Steinschlaggefahr) wird der Gratabsatz am Ende des 1. Bandes erreicht (1890 m). Gemeinsam mit dem Salzburger Weg (R 947, eine Stelle IV) zum Gipfel.

(F. Rasp)

● **949 Frankfurter Weg**

F. Krämer, W. Kohn, 2. 8. 1949.

V (auf 1 SL), sonst IV und III (auf 800 m im unteren Wandteil). Der geradeste Durchstieg, die Schwierigkeiten des begangenen Wandteiles stehen aber in keinem Verhältnis zu den sonstigen Schwierigkeiten. In Wandmitte Zusammentreffen mit Münchner und Salzburger Weg. Im unteren Wandteil grasig und brüchig. Selten begangen. Steinschlaggefährdet, vor allem zwischen Münchner Turm und Gipfelschlucht. Die Randkluft bei der Eiskapelle kann von links (Berchtesgadener Weg) umgangen werden.

Wandhöhe: Etwa 1800 m. Klettermeter: Etwa 2500 m.

8—10 Std. Foto Seite 289.

Zugang: wie R 945.

Übersicht: Der Frankfurter Weg zieht von der Eiskapelle gerade durch die untere Wandhälfte hinauf zum Münchner Turm.

Führe: Einstieg am Beginn der Münchner Rinne bei Kamin mit starker Quelle in 5 m Höhe. 40 m durch den nassen Kamin, bis nach links aufwärts 60 m zu einem versteckten Kamin gequert werden kann. 40 m stemmend aufwärts zu gutem Stand rechts an der Kante. Über die Kante aufwärts zu einer Rinne, die zu dem Schrofengelände in Höhe des Schöllhornkars führt. Hinauf zu den beiden Kaminen (rechts davon eine große gelbe Platte). Im rechten tiefeingeschnittenen Kamin stemmend aufwärts bis zum Kopf des trennenden Pfeilers. Über demselben den linken Kamin querend zur linken Begrenzungskante beider Kamine. An der Kante 1 SL empor (V) bis unter den überhängenden Kopf des Pfeilers und dort Querung 5 m zu Stand. Von hier etwa 15 m auf einer Leiste über den Überhang aufwärts bis zu einer von links herunterziehenden Schrofenrinne. In ihr zu einem Grätchen, das zum Münchner Turm führt. Etwa 8 m unter dessen Gipfel auf einem schmalen Band Querung von rechts nach links. Die Schlußwand des Turms wird auf seiner Rückseite durchstiegen. Wandhöhe bis zum Münchner Turm etwa 800 m. Weiter auf R 948. (F. Rasp)

● 949 a **Variante zum Frankfurter Weg**

F. Rasp, 1968.

IV (eine Stelle, Unterbrechung am 1. Band), stellenweise III, überwiegend II. Eine weitaus leichtere Möglichkeit bei fast gleicher Linienführung; grasig und brüchig. 6—8 Std.

Führe: Vom Einstieg des Frankfurter Weges 6 m links aufwärts, bis man in die linke Schlucht hinabsehen kann. Über ein Schrofenband nach rechts zum „versteckten Kamin“ des Originalwegs. Durch den Kamin 40 m zu Stand an der rechten Kante, 5 m rechts abwärts, 3 m queren und durch den nächsten Kamin zum Schrofengelände in Höhe des Schöllhornkars. Nun nicht zu den auffallenden Kaminen hinauf, sondern etwa 40 m rechts davon durch eine Rinne zu einem versteckten Kamin. An der linken Seitenwand gutgriffig über seinen senkrechten Abschluß und in gleicher Richtung leicht linkshaltend hinauf zum Grat unterhalb des Münchner Turms. An seinem Fuß nach links queren zu einem Sims mit Grasflecken, das zum Kamin hinter dem Münchner Turm führt. (F. Rasp)

● 950 **Vom Salzburger Weg zur Mittelspitze**

S. Kurz, J. Hribar, 27. 9. 1949.

IV (30 m), III (150 m), überwiegend II.

Die Schwierigkeit liegt insgesamt unter der des Salzburger Weges. 8 Std. Foto Seite 289, 299.

Übersicht: Dieser Weg führt vom Salzburger Weg über alle fünf Bänder hinweg zur Mittelspitze. Im oberen Teil wird dabei der Originalweg Kederbachers verfolgt. Interessant ist der Durchstieg vom 4. auf das 5. Band im Innern einer Höhle.

Führe: Vom Schlußkamin des Salzburger Weges gerade hoch auf das hier sehr schmale 2. Band. Ein paar Meter nach links kriechend, dann leichter weiter und nach rechts hoch zum 3. Band, das bei einem auffälligen Horn erreicht wird. Nun links der zum 4. Band ziehenden Kante in einem Riß nach rechts aufwärts zum 4. Band. Waagrecht über das Band zu einer auffallenden Höhle, die man über eine sehr schwierige Wandstufe erreicht. In der Höhle an ihrer rechten Seite aufwärts, im Innern an einem Fenster vorbei, und rechts aus dem obersten Loch heraus (IV). Nach Querung des 5. Bandes in einer Mulde (links 8 m tiefe Höhle) empor bis zum großen Schneedreieck unterhalb der Mittelspitze, das rechts umgangen werden kann. Über Platten und Bänder gegen die Schlucht, die von der Mittelspitze herabzieht. An der rechten Begrenzung der Schlucht bis zur Mittelspitze. (F. Rasp)

● 951 **Diagonalverbindung (vom Schöllhornkar zur Gipfelschlucht)**
F. Rasp, 1966.
IV (etwa 40 m), sonst III und II, grasdurchsetzt und brüchig. Eine Begehung dieser Variante ist dann interessant, wenn die Randkluft des Schöllhorneises unüberwindbar sein sollte, die Schwierigkeiten des Salzburger Weges aber für das Können der Seilschaft zu hoch wären. Foto Seite 289.

Übersicht: Die Führe verläuft durch die vom Schöllhornkar nach links zum Münchener Turm hinaufziehenden Kamine, verbindet also den Kederbacherweg mit dem Münchner Weg.

Führe: Die in der Nähe der Biwakblöcke ansetzenden Kamine werden von links nach rechts erreicht und dann nach links oben durchstiegen. Sie enden an einer Gratscharte in Nähe des Münchner Weges. Der auffallende Münchner Turm wird an seinem Fuß links (nördl.) umgangen und auf seiner Rückseite gemeinsam mit dem Münchner Weg durchstiegen. Weiter siehe R 948. (F. Rasp)

● 952 **Ostwand aus dem Eisbachtal**
IV, 11—12 Std. Insgesamt schwieriger als der Kederbacherweg. Siehe 14. Aufl. 1977.

● 953 **Südostwand aus dem Eisbachtal**
IV—, 12 Std. Unterer Teil steinschlaggefährdet. Siehe 12. Aufl. 1969.

● **954—959** frei für Ergänzungen

● 960 **Griesspitze,** 2255 m

Unbedeutender Gipfel in dem westl. von der S-Spitze ins Wimbachtal ausstrahlenden schwach ausgeprägten Seitenkamm. Über Schrofengelände **(II)** zu erreichen. (Ramsaudolomit, sehr mühsam und wenig lohnend.)

● 961 **Westwand**
R. Zsalatz, H. Tschamler, 15. 8. 1956. Mitt. Akad. Sektion Wien, 5 / 1956, S. 4.
IV (Stellen), III+. 500 m, 4 Std. Brüchiger Fels. Siehe 12. Aufl. 1969.

● 962 **Hirschwiese,** 2114 m

Überaus lohnender Aussichtsgipfel, von der Jagdhütte Trischübel (R 917) markiert, in 1 Std. über steile Grashänge und Schrofen.

● 963 **Großer Hachelkopf**, 2065 m

Höchster Punkt der das Eisbachtal im S begrenzenden Hachelwand. Bester Übersichtspunkt über die Watzmann-O-Wand, Tiefblick auf den Königssee.

● 964 **Von der Hirschwiese**
I, 1 Std.

Östl. absteigend auf den teilweise latschenbedeckten Verbindungsgrat und auf den Gipfel.

● 965 **Nordwand**
J. Aschauer, J. Kurz, 1931. Auf anderer Route F. Rasp, 1967.
IV, 600 m, 3—4 Std. Teilweise brüchig.

● 966 **Nordwestgrat von St. Bartholomä**
II (Stellen). 10 Std. Landschaftlich großartig, aber mühsam.

Von St. Bartholomä aus sieht man in den Abstürzen des Burgstallkopfes eine höhlenartige Felsnische mit dem sogen. „Napoleonskopf" (einem Männerkopf ähnliches Felsgebilde). Rechts davon in dem schmalen, steilen Waldstreifen führt ein altes, kaum kenntliches Steiglein empor. Das Steiglein verliert sich in einem waldigen Sattel oberhalb des Burgstallkopfes (Abstieg nach S zur Mausalm-Schrainbach). Weiter steil rechts aufwärts, der Wald hört bald auf und auf Gamswechseln geht es zwischen Latschen am Grat weiter. Einige Grattürme werden teils brüchig und luftig umgangen. Über den Gr. Hachelkopf zur Hirschwiese.

● 967—969 frei für Ergänzungen

● 970 **Kleiner Watzmann**, 2307 m

1852 durch J. Grill und J. Punz erstbestiegen. Gelegentlich einer Treibjagd fanden sie im folgenden Jahre auch den Abstieg über die S-Wand zur Watzmannscharte. 1861 stiegen vier Berchtesgadener Führer vom Gipfel über das „Watzmannlabl" erstmals ab.

● 971 **Nordostgrat**
II (Stelle), 3—4 Std. von Kühroint.

Von Kühroint in Richtung Watzmannkar bis zum Waldrand. Hier beim Wasserbehälter links vom Weg ab, auf Steiglein die Schneise empor und auf dem bewaldeten Moränenrücken (Kederbichl) weiter. Den steilen, lichten Lärchenwald rechts aufwärts, zuletzt durch eine Latschengasse zum Grat, der bald ziemlich schmal wird (eine Stelle II), dann aber wieder in breite, mäßig geneigte Schrofen und Grasbänke übergeht, die die ganze N-Seite des Berges durchziehen. Gerade empor bis in die Nähe des aufstrebenden Gipfelaufbaues. Nach links über eine vom Gipfel östl. herabziehende, deutlich ausgeprägte Gratrippe und jenseits über ein nach links ansteigendes, gutes Band. Durch eine gutgestufte Rinne und über eine große, schwachgeneigte Platte nach rechts zum Gipfel.

Eine **Höhle** für 8 bis 10 Personen findet man, wenn man etwa 25 m auf dem N-Grat absteigt; sie liegt in den Felsen zwischen zwei Platten; sehr schmaler, unauffälliger Eingang von O.

● 972 Ostgrat
Thiersch u. Gef., 1926.
Je nach Wegwahl **III** oder II.

Dieser Weg vermeidet die großen Schinder der üblichen Anstiege. Von Kühroint ins Schneeloch (1 Std.). Aus ihm zieht eine Plattenflucht zu einer breiten Scharte in dem zum Mooslahnerkopf ziehenden O-Grat: Von der höchsten Stelle des Schneefelds durch einige Risse über die unterste Steilstufe und über Plattenrillen zur Scharte. (Hierher auch unschwierig und landschaftlich sehr lohnend über den Mooslahnerkopf, R 987; man verfolgt vom Mooslahnerkopf aus unter mehrfachem Ausweichen nach rechts den Grat und quert auf einem Band nach links in die auffallende große Scharte, wodurch man den letzten Gratturm mit seinem jähen Abbruch umgeht.) Von den Türmen des O-Grats werden die zwei größten schwierig überklettert (oder unschwierig rechts umgangen). Dann auf dem rasendurchsetzten, breiten Rücken zum Gipfel.

● 973 Südwand
II. 1 Std. von der Watzmannscharte.

Zugang: Vom Watzmannhaus über den Falzsteig, R 903 a, oder von Kühroint in das Watzmannkar. Man verläßt den Steig zu den Westwandanstiegen bei den großen Blöcken, umgeht rechts die Abstürze des Kl. Watzmanns und steigt über glatte Platten und zuletzt über Schutt bis zur steil abbrechenden Wand in der Fallinie der Scharte empor. Über ein gutgriffiges Schichtenband 50 m rechts aufwärts. Dann Quergang nach links und in wenigen Metern zur Scharte empor (2 Std.).

Führe: Von der Scharte auf den ersten kleinen Grataufschwung. Den nächsten Zacken umgeht man links, dann quert man auf Schrofengelände rechts aufwärts bis ein überwölbtes, leicht nach innen hängendes Kriechband nach rechts 20 m bis zum oberen Rand des Abbruches leitet (II), Steinmann. Nun gerade empor, später nach links auf die oberste Schulter des SW-Grates. Durch eine Steilrinne zum Vorgipfel und über eine Senke zum Gipfelkreuz.

Beim **Abstieg** kommt es vor allem auf das Finden des Kriechbands an, da man sich sonst über den Abbruch abseilen muß. Man steigt ziemlich tief ab und quert dann rechts zum Beginn des Bands (Steinmann).

● **974** **Südwestgrat**
W. Teufel, mit Abseilen im Abstieg, 1895. H. Feichtner, im Aufstieg, 1919.
III, 1½—2 Std. Foto Seite 307.

Wie R 973 zur Watzmannscharte. Über Gratkante folgend bis zu einem überhängenden Abbruch. Dieser wird entweder schwach rechts an der Kante durch einen Riß überwunden oder knapp links der Kante durch einen links schräg aufwärtsführenden Riß. Nun wieder an der Kante weiterhin zum plattigen Gipfelabbruch. Unter diesem kurzer Quergang nach rechts (schöner direkt, IV +) und über eine plattige, rinnenartige Verschneidung zum Vor- und Hauptgipfel.

● **975** **Westwand**
F. Barth, K. Wieder, 1908.
III +, 2—3 Std. Foto Seite 307, 311.

Wie R 973 ins Watzmannkar und gegen den südl. Teil der W-Wand hinan. Links von der Kante, wo die Wand eine mehr südwestl. Richtung annimmt und wo der Schutt am weitesten hinaufreicht, ist der Einstieg. Über plattigen Absatz links hinauf. Etwas nach links queren bis zu rötlichem Gestein, links durch steile Rinne empor. Nun quert man nach links bis in eine muldenartige Einbuchtung (hier kreuzt man die direkte W-Wand unter ihrer Kaminreihe). Weiter immer nach links empor, über Rinnen, Bänder und Rampen (einige schwierige, ausgesetzte Stellen; eine Stelle kurz vor dem großen Band III +), bis man auf das Band gelangt, das die ganze Wand von links nach rechts durchzieht. Auf dem oft weit überdachten Band nach rechts bis es endet. Nun links haltend zu dem gelben Kamin und durch ihn, oben links haltend, direkt zum Gipfel. — Man kann auch in der Richtung des Bandes weitersteigen und über Schrofen in die Scharte des SW-Grates gelangen.

● **976** **Direkte Westwand**
J. Aschauer, J. Kurz, 1920.
V (eine Stelle), IV +, 3—4 Std. Sehr schöne, ausgesetzte Kletterei in meist sehr gutem Fels.
Foto Seite 307, 311.

Kleiner Watzmann von Westen

R 974 Südwestgrat
R 975 Westwand
R 976 Direkte Westwand
R 977 Westwandriß
R 982 Nordwestverschneidung

Die Wand baut sich in fast senkrechten Plattenschüssen auf und wird durchwegs in der Gipfelfallinie durchklettert, im Gegensatz zum alten Weg (s. R 975 Westwand).

Wie R 973 ins Watzmannkar. Der Einstieg befindet sich links des Anfangs des vorigen Wegs (R 975), wo die Wand in weniger geneigten Platten ausläuft.

Führe: Über diese Platten gerade empor, zuletzt rechts eines überhängenden Risses hinauf zum alten Weg, den man nach links durch Rinnen bis zu einer muldenartigen Vertiefung verfolgt. Von hier gerade aufwärts durch eine Reihe teilweise überhängender Kamine und Risse (einige Stellen IV +) zum breiten, die ganze W-Wand durchschneidenden Band, das man dann rechts eines plattigen Vorsprungs erreicht (Steinmann).
Von diesem Vorsprung einige Meter nach links abwärts und dann über die senkrechte Wandstufe auf den Kopf eines Pfeilers. Weiter etwas links haltend über etwas leichteren Fels, später gerade empor, bis man ein von links nach rechts aufwärtsführendes Band gewinnt. Am Ende desselben nach rechts durch feine Risse hinauf zu H. Nun einige Meter nach rechts und durch mehrere, teilweise überhängende Risse empor (eine Stelle V), bis die oberste große Überdachung zum Ausweichen nach rechts mittels Hangeln nötigt, worauf man in unschwieriger Kletterei unmittelbar zum Gipfel gelangt.

● **977** **Westwandriß**
K. Dreher, T. Kurz, 1934.
VI—, A 1 (eine Stelle), 450 m, 5—7 Std.
Foto Seite 307, 311.

Links der Direkten W-Wandführe wird die steile Plattenwand von einem auffallenden, feinen Riß durchzogen, welcher den Durchstieg vermittelt.
Wie R 973 ins Watzmannkar.
Der Einstieg befindet sich etwa 20 m links des roten Abbruchs der Wand.

Führe: 1 SL links einer wasserüberronnenen Platte hinauf, dann nach rechts halten zum Beginn des Risses. Von der Höhle links hinaus über den Überhang (H) und hinein in den Riß, welcher nach 1 SL zu gutem Stand führt. Dann den Riß weiter verfolgend über mehrere Überhänge hinweg zum zweiten Stand. Nach links hinaus (Überhang) und weiter im Riß (H) zum dritten Stand und Beginn des feinen Risses. Mit zwei äußerst schwierigen Seillängen empor zu der unten schon sichtbaren kleinen Höhle. Nun wird 20 m nach rechts gequert zum Beginn eines schmalen Bandes. Auf ihm etwa 40 m nach rechts weiter zu einer Einbuchtung. Hier etwas links haltend, gerade empor zu einem schwarzen Überhang. Über ihn auf der linken Seite hinauf und im Riß weiter bis unter eine überhängende Wand, dann nach links querend auf eine Platte. Nun rechts hinauf auf das Band, welches die ganze Wand durchzieht, und es weiter nach rechts verfolgend zu einer gelblichen Abbruchstelle. Von ihr gerade hinauf in der nach links ziehenden Rinne zu dem vom Band aus schon sichtbaren großen Überhang. Über ihm rechts im Riß hinauf, dann quer ganz nach rechts und im Riß weiter bis zum Beginn eines nach rechts ziehenden schwierigen Quergangs. Über diesen hinaus, dann das Band weiter nach rechts verfolgend, gelangt man in das obere Drittel der direkten W-Wand und durch sie zum Gipfel.

● 978 **Westverschneidung**
Enzinger, Schertle, 1962. Anstiegsskizze Alp. 3 / 64.
VI (Stellen), **A 3** und A 2, häufig V und IV+.
300 m, 6—8 Std. 50 H, 20 HK, 1 BH. Einige 4—8 cm breite HK erforderlich. Foto Seite 311.

Der Einstieg befindet sich etwa 40 m links des Westwandrisses (R 977). Im oberen Teil der auffallenden Verschneidung sind zwei Dächer zu erkennen.

Führe: Zuerst 40 m hinauf zu Stand (II, III). Weiter 40 m (III, eine Stelle IV+) zum nächsten Stand. Von hier über eine glatte Platte (IV+) in die steiler werdende Verschneidung. In ihr hinauf (A 1, dann V) unter das erste Dach und an seiner rechten Begrenzung, weiter (A 2 HK) zu Schlingenstand an schräger Platte (V). Von hier an einem 4—6 cm breiten Riß etwa 10 m hinauf zum zweiten Dach (HK). An der rechten Seite über das Dach und weiter 15 m (VI, A 3, teilweise HK mit 6—8 cm Breite) auf das erste große Band. Über das Band und dann hinauf auf das zweite, stark überdachte Band. An der linken Seite der dadurch gebildeten Höhle links hinaus (V), über Wandstufe in weniger schwieriges Gelände (IV) und zu Stand in kleiner Nische. Von hier in die nun gelbe Verschneidung und hinauf, bis sie nach rechts abdrängt (VI, A 2). Einige Meter nach rechts abseilen zu schrägem Riß. In diesem hinauf zu Stand auf großem Block. Von hier 25 m in handbreitem Riß äußerst anstrengend (A 3, HK, Knotenschlingen) hinauf in Kamin zu Stand. Durch das kurze Kaminstück hinauf (V) zum 70—100 m breiten Band. Auf ihm etwas nach links abwärts zur links der geschlossenen Wandflucht befindlichen Rißkamin-Reihe. Zunächst 35 m im Riß hinauf (IV) zu Grasfleck (Wandbuch). Weiter durch Kamin (40 m, IV+) zum NO-Grat, über den man in 20 Min. den Gipfel erreicht.

● 979 **Neue Westverschneidung**
H. Brandner, N. Rechler, 1970.
VI, 300 m, 3—4 Std. Foto Seite 311.

E etwa 80 m links von R 978. Durch die markante Verschneidung in 3 SL auf das große Band. Vom Band (wo es am besten geht) gerade aufwärts unter einen auffallenden gelben Riß zu Stand. Den Riß verfolgend weiter bis zu Stand unter der großen Rißverschneidung. Äußerst schwierig nach 60 m auf das große Plattenband. Ende der Schwierigkeiten. Über das Plattenband nach links weiter und über Schrofen hinauf zum Grat.

● 980 **Westwandrisse**
H. Brandner, H. Krafft, 1973.
VI (einige Stellen), VI—, V+ und V, selten leichter.
4 H, 3—4 Std. Foto Seite 311.

E 50 m links der Schertle-Verschneidung (R 978) bei auffallender Piaz-Schuppe. An der Schuppe hinauf und nach 35 m (IV+ und V) zu Stand. Weiter auf einer Kante (V—) zu Band, nun nach rechts 15 m (III—) zu Stand. Weiter 20 m gerade hinauf (IV). Im linken Riß (Knotenschlinge) hinauf bis zu Nische (40 m, V+). Nun über einen glatten Überhang (1 H) nach links hinauf zu Stand (Schlüsselseillänge, VI). Im Riß weiter über drei Überhänge, am Ende links heraus (40 m, VI— und VI, 1 H), nun 6 m links und im Riß auf ein Band (40 m, V—). Nun 40 m auf der Schertle-Führe zur gelben Verschneidung (35 m, V—, mehrere H). Quergang nach links abwärts und um eine Kante, dann links ansteigend (V+) zu Stand unter einem Kamin. In diesem weiter zu Stand auf Absatz (40 m, V). Nach weiteren 20 m (III—) erreicht man das große Band. Ende der Schwierigkeiten, Ausstieg wie bei R 979.

● 981 **Jubiläumsverschneidung**
H. Brandner, H. Krafft, 6.6.1981, zum 100-jährigen Jubiläum der Erstbegehung der Watzmann-Ostwand.
VI— (Stelle), überwiegend V+ und V.
300 m, 3—4 Std., 2 H. Foto Seite 311.

Kleiner Watzmann von NNW

R 975 Westwand
R 976 Direkte Westwand
R 977 Westwandriß
R 978 Westverschneidung
R 979 Neue Westverschneidung
R 980 Westwandrisse
R 981 Jubiläumsverschneidung
R 982 Nordwestverschneidung
R 983 Westwand, Sakrisches Eck
Führe Meißner/Aigner (links von R 979) ohne Beschreibung

Kleiner Watzmann
983
982
975
976
977
981
978
980
979

E direkt in der Fallinie der Parallel-Verschneidung zu R 978 etwa 30 m links von R 977. **1. SL:** 20 m auf kleinem Band hinauf. Nun direkt in der Fallinie der Verschneidung über Überhang (V+) und gerade hinauf durch Risse (V—), zuletzt kurze Querung nach rechts zu Stand (45 m). **2. SL:** Direkt im Verschneidungswinkel weiter (V), nach 40 m zu gutem Stand. **3 SL:** Von hier in die immer steiler werdende Verschneidung (V+) bis vor großen Überhang 25 m, nun Quergang links (H) auf die Kante der Verschneidung zu gutem Stand. **4. SL:** Die ersten 3 m direkt an der Kante (H), nun links der Kante in äußerst schwieriger Kletterei (VI—) gerade hoch und nach 8 m Querung nach rechts in die Verschneidung zurück. Durch diese in herrlicher, sehr ausgesetzter Kletterei nach etwa 35 m (V+) zu Stand. **5. SL:** Über Überhang etwas nach links (V+), nach etwa 10 m auf das große Band. **6. SL:** Nun 40 m auf der Schertle-Führe zur gelben Verschneidung, 35 m (mehrere H). **7. SL:** Quergang nach links abwärts und um die Kante, dann links ansteigen (V+) zu Stand unter Kamin. **8. SL:** Im Kamin weiter nach 40 m zu Stand (V). **9. SL:** Nach weiteren 20 m (III—) erreicht man das riesige Plattenband (Ende der Schwierigkeiten). **Abstieg:** Über das Plattenband nach links und weiter auf den Grat.

● 982 Nordwestverschneidung
Wintersteller u. Gef., 1944.
IV+ (Stelle), IV. 3 Std. Foto Seite 307, 311.

Der Anstieg bewegt sich in ziemlich gerader Linienführung durch den rechten Teil der W-Wand (von einer eigenen „NW-Wand“ kann kaum gesprochen werden).

Der Einstieg ist unmittelbar rechts neben dem Einstieg des alten W-Wandweges (R 975) am linken Rand der auffallenden schwarzen Schlucht. Am linken Schluchtrand empor, bis man auf schmaler Leiste nach rechts querend das obere Ende der Schlucht und damit die seichten Risse erreicht, die allmählich in die Verschneidung übergehen. Immer der Verschneidung folgend, im oberen Drittel über zwei Überhänge, bis zum Band, das die W-Wand durchzieht (R 975). Nun entweder direkt zum Gipfel oder nach rechts in die Scharte des SW-Grates.

● 983 Westwand, Sakrisches Eck
R. Klausner, J. Aschauer, 16. 8. 1981.
VII— (eine Stelle), **A0,** VI und V, H und KK für Zwischensicherung erforderlich. Führenverlauf zwischen R 976 und R 982. Foto Seite 311.

E am Ende der „steilen Rinne“ von R 975 vor Beginn der Linksquerung. **1. SL:** Auf Band 40 m nach rechts queren bis unter kurze markante Verschneidung (II, III). **2. SL:** Vom Stand in freier Kletterei über U-Haken in der Verschneidung hinweg zu weiterem H und über diesen (A0) in leichterem Gelände aufwärts zu Band (H), auf dem man etwa 10 m nach rechts zum Beginn eines markanten Risses quert (40 m, 1 Stelle VII—, eine Stelle A0, IV). **3. / 4. / 5. SL:** Immer diesem Riß folgend bis zu Einbuchtung knapp unterhalb des großen Westwand-Bandes (100 m, IV—, IV+, eine Stelle V—). **6. SL:** Nun nicht nach links zu Verhauer-H., sondern über Band und eine Unterbrechungsstelle 40 m nach rechts zu Stand (V, eine Stelle VI+). **7. SL:** Vom Stand über Riß gerade hoch zum Westwandband (40 m, IV+). Nun entweder über R 975 oder R 981 weiter zum Gipfel.

● **984 A Abstieg über das „Watzmannlabl" zum Rinnkendlsteig.**
II (Stellen), 3—5 Std. Meist weglos. Bei Nebel sehr gefährlich und schwierig zu finden.

Von der Scharte zwischen Kl. Watzmann und 1. Kind zieht ein Kar nach O hinunter, das rechts (südl.) von einer Gratrippe begrenzt ist. Man steigt in dem Kar so lange ab, bis man leicht zu einer Scharte vor einem markanten Kopf dieser Gratrippe hinaufsteigen kann. Jenseits entlang der Wand des Kopfes in einer Geröll- und Grasrinne hinunter, dann etwas links haltend über latschendurchsetzte Grünflächen zum Watzmannlabl absteigen. Das Watzmannlabl ist die größte Bergmatte über dem Westufer des Königssees, großartiger Blick auf See und Hagengebirge. In nordöstl. Richtung am unteren Ende des Geröllfeldes in Latschengassen (sorgfältig auf die Spuren des alten Treibersteiges achten, gelegentlich ein Steinmann, keinesfalls in die Abbrüche unterhalb des Watzmannlabls hinabsteigen!), nach etwa 250 m Querung kurzer Anstieg (alte Eisenstifte). Jenseits meist in Latschengassen in das Kar, das direkt vom Kl. Watzmann herabzieht. Nun sieht man bereits die Baumskelette des großen Waldbrandes von 1947. Nach Verlassen der Latschenzone in diesem grasigen Gelände mit spärlichem neuen Baumwuchs und noch lockerem Untergrund mühsam und pfadlos (Grundrichtung Archenkanzel — Hoher Göll) zum Rinnkendlsteig hinunter. Nun entweder nach St. Bartholomä hinunter oder zur Kühroint hinauf.

● **985—986** frei für Ergänzungen

● **987** **Mooslahnerkopf,** 1815 m

Vorgipfel im O-Grat des Kl. Watzmanns von geringer Selbständigkeit, wegen seiner überaus lohnenden Aussicht (Tiefblick auf den Königssee) von Kühroint aus gern aufgesucht; prächtiges Skiziel mit Steilabfahrt.

★ 998 **Von Kühroint,** 1¼ Std.

Von den Kühroint-Almen führt ein Weg in südwestl. Richtung in den Wald zum Steinbruch; von hier ab Steindaubenbezeichnung und Steigspuren, die über den bewachsenen N-Hang auf den Gipfel führen. (Weiterweg zum Kl. Watzmann: R 972).

● 989 frei für Ergänzungen

● 990 **Erstes Watzmannkind,** 2247 m

● 991 **Nordostflanke**
I, ¼—½ Std. Fester Fels.

Wie R 973 zur Watzmannscharte und über die Flanke zum Gipfel.

● 992 **Westgrat**
IV— (Stelle), III. ¼ Std.

Von der Scharte zwischen Erstem und Zweitem Kind plattig, dann 1 SL sehr brüchig unmittelbar in Richtung auf den auffallenden Absatz im W-Grat zu. Diesen Überhang (IV—) knapp links umgehen und zurück zum Grat (guter Stand!) oder schwierig (III) nach S zunächst abwärtssteigend und auf Grasband nach links zum Grat zurückkehrend. Nun durch den fast senkr., festen Kamin abermals zu gutem Stand und über einen bauchigen Block ohne Schwierigkeit zum Gipfel. (Im **Abstieg** ist stellenweise Abseilen empfehlenswert.)

● 993 **Südpfeiler**
J. Wellenkamp, H. Kriß-Heinrich, 1951.
Nähere Angaben unbekannt.

● 994 frei für Ergänzungen

● 995 **Zweites Watzmannkind,** 2230 m

● 996 **Ostflanke,** 10 Min.

Von der Scharte zwischen **Erstem und Zweitem Kind** über eine rauhe, teilweise schneebedeckte, seltsam zerfressene Riesenplatte zum Gipfel.

● 997 **Westgrat**
III—, 20 Min.

Von der Scharte zwischen **Zweitem** und **Drittem Kind** nach rechts in die S-Wand hinaus und über plattigen, gutgriffigen Fels ausgesetzt zum Gipfel.

● **998 A Abstieg ins Eisbachtal**
W. v. Frerichs, G. Leuchs, 1899.
III (vermutlich), noch nicht wiederholt. Nähere Angaben fehlen.

● **999** frei für Ergänzungen

● **1000** **Drittes Watzmannkind,** 2165 m

Am unteren Ende der Gipfelplatte befindet sich ein etwa 70 m tiefer, dolinenartiger Einbruch, Vorsicht! Die Doline wurde 1949 von der Bergwacht abgedeckt.

★ **1001 Vom Watzmannkar**

Kann über seine Abdachung (Schnee und Geröll), zuletzt über die sanftgeneigte lange Gipfelplatte ohne jede Schwierigkeit vom Watzmannkar aus erstiegen werden. Beliebtes Skitourenziel.

● **1002 Südkante, alter Weg**
Bechtold und Gef., 1931.
V, 5—7 Std.

Der Einstieg wird wie bei R 1003 entweder aus dem Eisbachtal über den O-Wandweg und die rechts herabziehende Schlucht oder durch Abstieg von der Watzmann-Skischarte (etwa 200—250 m Höhenverlust) erreicht. Zuerst gerade in der Schlucht empor bis zu ihrem oberen Ende, dann über ein rechts aufwärts ziehendes Band 40 m zu einer begrünten Rippe. Hier setzt der Kantenaufschwung an. Anfangs 10 m gerade aufwärts, dann links haltend über einen 8 m hohen Riß (V, H) hinauf. Über Platten 5 m zur Kante, hierauf nach rechts um die Ecke zu einem großen Überhang (H). Über diesen 15 m äußerst schwierig zu einem Stand. Jetzt etwa 80 m empor zu einem weiteren Überhang, über ihn überaus schwierig zu einem weiteren Überhang, über ihn 8 m (V, H) hinauf. Hierauf linksseitig der Kante 100 m empor zu einer einseitig griffigen Platte und über sie (V) zu einer kleinen Höhle. Hierauf 3 m nach rechts unter einen Übergang (H). Über diesen 15 m (V) direkt hinauf zu einem Stand. Nun folgen etwa 100 m etwas leichterer Fels bis unter überhängende Plattenwülste. Über diese hinweg (V, H) weiter mit Benutzung sehr ausgesetzter Risse und Wandstellen zum großen Kantenabsatz. Unschwierig absteigend zur Scharte. Etwas rechts haltend 15 m im Riß hinauf unter einen Überhang und, über diesen kurz empor, einige Meter nach rechts zu einem neuen Überhang (H). Über diesen (IV) zu einem Stand. Weiter über brüchige Wandstellen zum Gipfel.

● **1003** **Gerade Südkante**
A. Hinterstoißer, T. Kurz, 1934.
V+ und V. 5—6 Std.

Übersicht: Im Gegensatz zur alten Führe, die nicht als Kante betrachtet werden kann, da sie auf einen rechts der Kante auslaufenden Grat führt, ist die neue Führe einer der idealsten Kletterwege der Berchtesgadener Alpen. Der Durchstieg befindet sich unmittelbar in der Gipfellinie.

Zugang: Den Einstieg erreicht man vom Eisbachtal über den O-Wandweg bis auf Höhe der ersten Terrasse und biegt sodann nach rechts in die große, von der Watzmann-Skischarte herabziehende Schlucht. Heute üblicher Zugang zum Einstieg von R 1003, 1009 und 1018: Von der Gratkante zwischen Watzmann-Skischarte und dem sogenannten Sechsten Kind sinkt wenig oberhalb der Skischarte nach S ein Grat ab. Dessen obersten Absatz erreicht man entweder in luftiger Querung von links oder man steigt weiter gegen das Sechste Kind an und dann etwas nach S ab und quert auf Band nach links zu dem erwähnten Absatz. Nun rechts des Grates in der Rinne über einige Stufen absteigen, bis man nach links um den Grat auf einen breiten, abfallenden Schuttabsatz queren kann. Nun unschwierig zum Fuß der Wände.

Führe: Unterhalb eines auffallenden, großen, gelben Flecks im rechten Riß 1 SL gerade aufwärts zum Standplatz. Einige Meter nach links, dann 2 m gerade empor und weiter nach links in einen Riß. In diesem hinauf bis unter den Überhang (H), dann weiter nach links hinaus und im darauf folgenden Riß aufwärts bis zu einem Absatz. 15 m etwas leichter ansteigend zu einem Überhang (H), über diesen nach links zu einem weiteren Überhang (H) und im Riß weiter auf ein schmales Band. Auf diesem 40 m nach rechts um die Kante und im hier ansetzenden Pfeilerriß 30 m hinauf zum Standplatz (H). Nun den feinen Riß bis zu seinem Ende (H), dann kurzer Quergang (H) nach rechts (H) und gerade empor, weiter durch eine Verschneidung (H) auf ein schmales Band. Dieses quert man nach rechts abwärts bis in den weit überhängenden Kamin. In demselben 2 SL aufwärts (H). Hier unterhalb eines Daches über eine gelbbrüchige Wandstelle nach links (H) auf ein Band. Auf diesem nach links zum Steinmann, dann 20 m aufwärts bis unterhalb der auffallenden Verschneidung, die mit einem großen Überhang beginnt. Über diesen (H) in die Verschneidung, welche nach 2 SL gerade zum Gipfel führt. (Erstbegeher)

● **1004—1005** frei für Ergänzungen

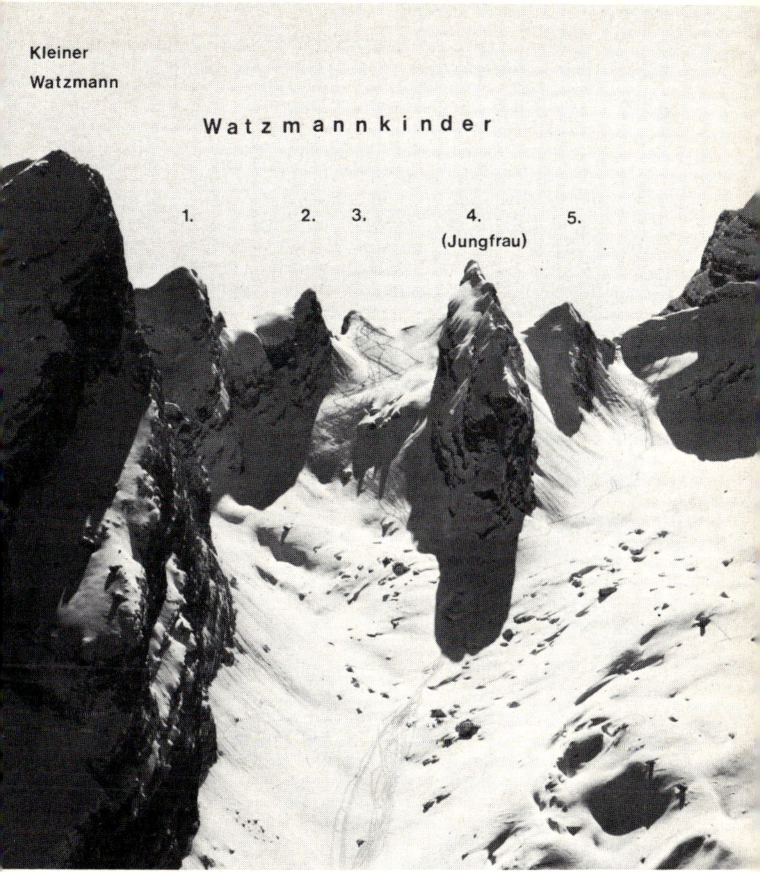

Das Watzmannkar im Winter, eine beliebte hochalpine Skitour. Zwischen Kleinem Watzmann und 1. Kind die Watzmannscharte, zwischen 5. Kind und der Mittelspitze (rechts außerhalb des Bildes) die Skischarte.

● **1006** **Watzmann-Jungfrau,** 2270 m
(Viertes Watzmannkind)

Erstbesteiger L. Purtscheller, H. Heß, A. Holzhausen, 1891.

● **1007** **Ostflanke**
II. 1 Std. vom E.

An der östl. Flanke des langgestreckten Felsriffs solange aufwärts, bis man zu großen Felsblöcken gelangt. Hier, leicht rechts haltend, über steile, schuttbedeckte Schrofen auf ein schmales, ziemlich ausgesetztes Band, welches bald in jenes auffallende, plattige und abschüssige Riesenband übergeht, das schon von Berchtesgaden aus sichtbar, den größten Teil der O-Flanke des Bergkörpers in halber Höhe ansteigend durchzieht. Über diese Platte (nahe der Wand an Einrissen, bei Schneebedeckung am besten in der Randkluft) empor. Am oberen Ende des Bands gelangt man um eine Ecke in einen kesselförmigen, mit losem Schutt gefüllten, engen Spalt, der zum N-Grat und Gipfel leitet. Man kann auch schon vor dem Spalt durch einige kleine Risse den luftigen Grat gewinnen.

● **1008** **Südwand**
Peham, Schintlmeister, 1931.
V, 1600 m, 9 Std. Siehe 12. Aufl. 1969.

● **1009** **Direkte Südwand**
Sommer, Riegl, Grob, 1949. Dir. Ausstieg: Wellenkamp, Heinrich, 1950.
VI, A 2; VI—. 5—7 Std.

Einstieg in Fallinie (vgl. R 1003) der Scharte zwischen Jungfrau und Fünftem Kind. Durch eine kurze Kaminrinne in eine Einbuchtung (Wasser). Auf schmalem Band nach rechts auf eine schwach ausgeprägte Felsrippe (30 m, II). An der Rippe einige Meter empor, links über den Überhang zu Stand. Durch die Verschneidung, Überhang, im folgenden Riß zu Stand. Gerade empor zu fingerbreitem Riß, oben rechts heraus und gerade zu seichter Höhle. Über den Überhang und in der folgenden Rinne empor, bis sie sich gabelt; im rechten Ast zu Stand. Links über den Überhang und im folgenden Riß 1 SL zu Stand. Auf schmalem Band 5 m nach rechts. Durch die teilweise überhängende Verschneidung zu schrofigem Absatz. Gerade empor auf die steile Rampe, etwas links haltend über die hellgraue Platte auf das splitterige, überwölbte Band unter den gelben Wülsten. Kurzer Quergang nach rechts in eine Nische, schräg rechts empor zu Stand über den großen Überhängen. Einige Meter gerade empor, auf schmaler Leiste nach links, über Überhang (hohle Platte) in den oben breiter werdenden Riß und zur Höhle empor (Ausweichmöglichkeit nach links). Gerade über die Höhle in die gelbe Verschneidung zu Stand. Weiter empor bis unter den gelben Überhang, etwa 3 m nach rechts queren zu einem verdeckten Riß, gerade hinauf auf schmales Band. Etwas nach rechts und in leichterem Fels zum Gipfel.

● **1010 Nordgrat**
Kroher, Zeller, 1910.
II, ¾ Std. vom E.

Bei viel Schnee auf dem Plattenband der O-Flanke vorzuziehen. Man steigt vom westl. Teil des Kars ganz unten am Ende des Felsriffs (Höhle) in die O-Flanke ein. Zuerst gerade empor, dann auf Bändern östl. an einem klotzigen Turm vorbei, und durch eine Verschneidung in eine Gratscharte nördl. von einem auffallenden, gabelförmigen Doppelzacken. Auf der O-Seite wird dieser umgangen (Umgehung auf der W-Seite auf schmalem Band ist etwas ausgesetzt, aber reizvoller), dann stets dem Grat folgend zum Gipfel.

● **1011 Westwand**
K. Domenigg, H. Reinl, 1910.
IV, 1 Std. vom E.

Vom westl. Teil des Watzmannkars über den Gletscher sehr steil auf den Sattel zwischen Viertem und Fünftem Kind (2 Std. von Kühroint.) Nun links knapp neben der Gratkante durch eine brüchige Verschneidung gerade hinan, und nach links über mehrere zum Teil sehr schwierige Überhänge auf ein schönes, links abwärtsführendes Band. Dieses wird solange verfolgt, bis die etwas zurücktretenden, rasendurchsetzten Felsen die Erkletterung des Gipfelgrats ermöglichen. Über ihn nach rechts zum höchsten Punkte.

● **1012 Direkte Westwand**
A. Irrgeher, M. Bauer, 1951.
IV +, stellenweise brüchig, jedoch gute Standplätze.

Wie bei R 1011 bis zu dem links abwärts führenden Band. Nun nicht auf diesem, sondern über mehrere Überhänge mit nachfolgenden Bändern direkt empor. Weiter über kleingriffige, abdrängende und wackelige Platten zu zwei handbreiten, schuttbedeckten, etwa ½ m übereinanderliegenden Leisten, an denen luftig 6 m nach links gequert wird, bis grasdurchsetzte Felsen einige Meter unschwierig zum Gipfel leiten.

● 1013 **Südwestkante**
Feichtner, 1919.
IV—, 1 Std. vom E.

Vom Sattel zwischen Viertem und Fünftem Kind schwach links über steile, schrofige Felsen knapp an der SW-Kante hinauf (IV) auf ein schmales Band. Auf ihm etwas ansteigend nach rechts zur Kante. An dieser steil und ausgesetzt, aber mit guten Griffen aufwärts, einmal südl. knapp rechts von ihr durch einen Riß, dann wieder an der Kante stets schwierig und ausgesetzt zum Gipfel.

● **1014** frei für Ergänzungen

● **1015** **Fünftes Watzmannkind,** 2225 m

★ **1016** **Ostflanke**
I, ½ Std. vom Kar. Kann auch mit Ski bestiegen werden.

Vom Watzmannkar zur Scharte zwischen Viertem und Fünftem Kind und über Firn und schrofigen Schutt zum Gipfel.

● **1017** **Westgrat**
II, 20 Min. vom Sattel.

Über den westl. weniger steilen Teil des Watzmanngletschers zur Watzmann-Skischarte, dem breiten Sattel zwischen dem Fünften Kind und den zackigen Felshöckern unter der O-Kante der Mittelspitze (sogen. Sechstem Kind). Nach links über den Grat hinauf, neben einem steilen Aufschwung knapp rechts durch eine Verschneidung empor und über die luftige Gratkante zum Gipfel.

● **1018** **Südwand**
Sommer, Kurz, 1948.
VI—, A 2 und A 1 in der Wandmitte, sonst V und IV.
200 m, 4 Std.

Einstieg in der Fallinie des Gipfels (siehe auch R 1003). Eine steile Rinne führt schräg von links nach rechts aufwärts und geht oben in einen gelben, schrägen Kamin über. Durch diese Rinne mäßig schwierig empor zu großem, gelbem Fleck. Unter den Wülsten 20 m Quergang nach links, teils hangelnd, zuletzt auf schmalem Band, bis dieses durch einen herausgewölbten gelblichen Block gesperrt ist (dahinter begrünte Nische). Vom Block über den Überhang und weiter gerade, leicht rechts haltend, über stark herausdrängenden Fels 1 SL zu Stand. An der folgenden glatten Platte links einige Meter empor zu Haken, kurzer Quergang über die Platte nach rechts und wieder gerade empor, bis man an schmaler Leiste nach links zu dreieckigem Block hangeln kann.

Darüber Stand (kleine Höhle). Über den Überhang und in der folgenden Steilrinne zwei Seillängen etwas leichter aufwärts. Rechts steil über griffigen Fels zum Ausstieg 10 m östl. des Gipfels.

● **1019 Überschreitung der Watzmannkinder**
Patera, 1895.
IV (Stellen), überwiegend leichter, auch Gehgelände.

Es empfiehlt sich, die Bergfahrt von W nach O durchzuführen, also beginnend beim Fünften Kind, durch Verbindung von R 1017, 1016, 1011, 1007, 1001, 997, 996, 992, 991.

● **1020—1021** frei für Ergänzungen

● **1022** **Grünstein,** 1306 m

Markante, dem Watzmann nördl. gegen die Schönau vorgelagerte Kuppe. Prächtiger Aussichtspunkt.

● **1023 Vom Königssee,** 1½—2 Std.

Vom Königssee zur Seeklause, über das Hafnerlehen an den Zäunen entlang aufwärts, weiter dem Weg folgend steil, aber kurz zu jenem Fahrweg wie oben. Nach zwei Kehren wird der Fahrweg rechts abbiegend verlassen, ein gut angelegter, nicht zu verfehlender Steig leitet empor zu jener Stelle, an welcher der Schönauer Aufstieg einmündet. (Über Hinterschönau auf breitem Fahrweg, bis kurz vor der Alpenwirtschaft Hammerstiel die Wegtafel zum Grünstein weist, schattiger, guter Weg.) Nun östl. weiter zum Gipfel, kleine Sommerwirtschaft.

Vom Grünstein kann man mit geringem Höhenverlust auf schattigem Waldpfad (rot bez.) zur **Kühroint** wandern und von dort entweder nach Königssee oder wieder nach Hammerstiel zurück.

● **1024—1049** frei für Ergänzungen

6. Göllstock

6.1 Allgemeines

Die Gruppe (höchste Erhebung Hoher Göll) ist ein Kettengebirge mit Hochflächenbildungen („Göllsanden“) zwischen dem W-Grat und dem Gratrücken Hohes Brett — Archenkopf.

Der Hohe Göll sendet verschiedene ausgeprägte Kämme aus: Ein rasch absinkender Ast führt gegen SO; bald gabelt er sich und entsendet

a) einen langen Grat, den Kuchler Kamm, östl., der den breiten Taderer (2381 m) und den Grünwandkopf (2321 m) trägt; dann folgen jenseits der breiten Senke der Hochscharte (2039 m) der Kammertalkopf (2225 m), die Kammerscharte, das Hintere (2309 m) und das Vordere (2151 m) Freieck; noch weiter östl. wirft der Kamm nördl. vom Schönbachkopf (1870 m) noch den Kl. Göll (1753 m) auf, der unmittelbar im Salzachtal fußt.

b) Vom Gabelpunkt führt der rechte Ast im Bogen zunächst südwestl., dann westl. über die flachen Erhebungen des Kl. Archenkopfs (2381 und 2342 m), des Gr. Archenkopfs (2396 m) und des Brettriedels (2342 m) zum Hohen Brett (2338 m), um bald darauf beim Jägerkreuz (2150 m) ungefähr in S-Richtung gegen das Torrenerjoch (1726 m) abzusinken; kurz oberhalb dieses Joches biegt der Kamm bei den Pfaffenköpfen neuerlich nach W um und schließt jenseits eines tiefeingeschnittenen Passes (Jennersattel, 1685 m) mit dem Jenner ab. Nach NW zieht vom Hohen Göll ein breiter Rücken, die sogen. Gölleiten, von der sich mehrere scharfe Grate lösen:

c) Nach W der kühngetürmte Göll-W-Grat mit dem Pflughörnl (1920 m), dem westl., durch die schräge Furche des Pflugtals getrennt, der Dürreck-Berg vorgelagert ist. Bald darauf spaltet sich von der Gölleiten nach NW der

d) Mannlgrat mit den Mannlköpfen und dem Kehlstein (1834 m) ab. Diese beiden Grate schließen das Endstal und den gewaltigen Plattenpanzer der Göll-W-Wand. Nach NO zieht von der Gölleiten ein langer Grat über den Eckerfirst (1783 m), den Ahornbüchsenkopf, Hennenkopf und das Roßfeld gegen Hallein. Gegen das nach O ziehende Weißenbachtal stürzt der Hohe Göll mit mächtigen Schichtplatten in den Wilden Freithof hinab. Dieses Kar liegt in dem Winkel eingeschlossen, den die Flanken des NO-Grats und die N-Abstürze des Kuchler Gölls umfassen. Göll-W-Grat und Brettriedel begrenzen ein mächtiges Kar, in dessen NW-Teil das Alpeltal von Vorderbrand und das enge, steile

Pflugtal aus dem Endstal heraufführen. Die Landesgrenze folgt dem Hauptkamm des Gebirges vom Eckersattel zum Torrenerjoch.
Das Gebirge baut sich hauptsächlich aus festen Plattenkalken auf, besonders verwickelte Verwerfungen zeigt die W-Flanke.

6.2 Hütten und ihre Zugänge

● **1050** **Purtschellerhaus,** 1692 m

Am Eckerfirst. AVS Sonneberg im Sommer bew.; 34 B., 47 M., 10 L., Tel. 08652/2420.

● **1051 Roßfeldstraße — Purtschellerhaus,** 1½ Std.

Auf der Höhenringstraße Obersalzberg — Roßfeld — Oberau (für Kfz.-Insassen mautpflichtig, 1.50 DM pro Person, auch Autobus von Berchtesgaden) bis zur Enzianhütte am Fuß der Eckerleiten. Während die Straße links zu den Ahornalmen hinaufstrebt, führt ein Bergsträßchen am linken Rande der Eckerleiten zum Eckersattel. Von hier rechts auf bayerischer Seite etwas steiler oder auf österreichischer Seite auf gutem Weg zum Purtschellerhaus. Den Eckersattel kann man auch nach 15 Min. Abstieg von der Oberahornalm erreichen.

● **1052 Kuchl — Purtschellerhaus,** 3—3½ Std.

Von **Kuchl** führen Wege über Gasteig und Schwalberbauern oder über die Leitenalm zur Dürrfeichten und zum Eckersattel. Ein Weg von **Dürrnberg** durch den Abtswald über die Truckenthanalm erreichten diesen Weg zum Eckersattel bei der Leitenalm.

● **1053 Golling — Purtschellerhaus,** 3—3½ Std.

Von **Golling** durch das Weißenbachtal erreicht man über den Gollinger Wasserfall, Loher- und Schwalberbauer auf bez. Weg die Dürrfeichtenalm und den Eckersattel.

● **1054** **Roßfeldhütte,** 1461 m
(Schellenberger Skihütte)

Auf dem Roßfeld an der Roßfeldstraße. Skiklub Schellenberg, ganzj. bew.; 15 B., 51 M., 20 L. Tel. 08652/2113.

Zugang: 2 Std. von Oberau; mit Kfz. bis zur Hütte.

● **1055** **Oberahornalm,** 1521 m

An der Roßfeldstraße. Privat, ganzj. bew., 9 B., 15 M.

Zugang: 2 Std. von Oberau; mit Kfz. bis zur Alm.

● **1056** frei für Ergänzungen

● **1057** **Kehlsteinhaus,** 1834 m

Auf dem Kehlstein. Ehem. D-Haus (Diplomaten-Haus) Hitlers („Adlerhorst“), von 1952—1961 von der AVS Berchtesgaden gepachtet und bewirtschaftet, anläßlich der 150jährigen Zugehörigkeit Berchtesgadens zu Bayern 1960 der neugegründeten „Berchtesgadener Landesstiftung“ übereignet und von dieser ab 1962 verpachtet. Postautolinie von Obersalzberg bis zum Parkplatz unterhalb des Hauses, von hier aus elektrischer Aufzug im Innern des Berges in das Kehlsteinhaus. Keine Übernachtung. Tel. 0 86 52 / 29 69.

● **1058** frei für Ergänzungen

● **1059** **Scharitzkehlalm,** 1046 m

Autobus-Haltestelle, Sommerwirtschaft. Die Alm liegt in einem mächtigen Felshalbrund unterhalb der gewaltigen Göll-W-Wand, weiter ins Endstal (W-Wand-Einstiege) ¾—1 Std. und zum Kehlstein, 2—2½ Std.

Zugang: Fußweg von Berchtesgaden-Bhf. über Hansererweg nach Ottenstein, Graflhöhe oder die erste Hälfte der Vorderbrandstraße, beim Haus Watzmannblick Abzweigung nach links, Fahrweg bis Scharitzkehl. Mit Pkw über den Obersalzberg zur Scharitzkehl.

● **1060** **Vorderbrand,** 1062 m

Gasthof, ganzjährig bew., Übernachtung, Tel. 20 59, Ausgangspunkt für Bergfahrten in Göllgruppe und Hagengebirge. **Hint. Brandkopf** (1156 m) 20 Min., schöne Aussicht. Von **Hinterbrand** kurzer, steiler, doch nicht unangenehmer Abstieg nach Königssee, 45 Min.

Zugang: Von Berchtesgaden 10 Min. auf Königsseer Straße, dann links Abzweigung der Vorderbrand-Fahrstraße. Über die Hänge des Faselsberges, mit alten Bergbauernhöfen, abwechslungsreich in ständiger Steigung bis zum Alpengasthof Vorderbrand. Oder mit Pkw auf der vom Obersalzberg kommenden Straße, am Ende rechts hinab.

● **1061** frei für Ergänzungen

● 1062 **Alpeltalhütte,** 1100 m

Bei Vorderbrand. TVN, Ortsgruppe Berchtesgaden. Voll bew. von Weihnachten bis Ende Oktober; 13 B., 43 M., Tel. 0 86 52 / 10 77.

Zugang und Zufahrt wie bei R 1060.

● 1063 **Jennerhaus,** 1260 m
(Dr.-Ludwig-Beck-Haus)

Skiklub Berchtesgaden, ganzj. bew., 4 B., 60 M., Tel. 0 86 52 / 27 27, bei der Mittelstation der Jennerbahn, ½ Std. vom Parkplatz in Hinterbrand, keine Ermäßigung für AV-Mitglieder.

● 1064 **Vorderbrand — Jennerhaus,** 20 Min.

Auf breitem Weg bis zur Mittelstation der Jennerbahn und in wenigen Minuten ansteigend zum Jennerhaus.

Oder mit der Jennerbahn bis zur Mittelstation und zum Jennerhaus.

● 1065 **Schneibsteinhaus,** 1670 m

Auf den Königsbergalmen knapp unter dem Stahlhaus; TVN Ortsgruppe Berchtesgaden. Meist von Ende Oktober bis kurz vor Weihnachten (wenn die Jennerbahn eingestellt wird) geschlossen. Ansonsten durchgehend bew. 16 B., 94 M. Tel. 0 86 52 / 25 96.

● 1066 **Königssee — Schneibsteinhaus,** 3—3½ Std.

Von Königssee über die Hochbahn zur Königsbachalm (1191 m; ein Kaser ist während der Sommermonate bew., aber keine Übernachtung). Das Almfeld in östl. Richtung hinauf und oben auf dem von Vorderbrand (bzw. der Mittelstation der Jennerbahn) einmündenden Weg rechts weiter bis zur baldigen Wegteilung (Wegtafeln!). Nun links weiter und ständig steigend zuerst zur Königsbergalm und weiter zum Schneibsteinhaus.

● 1067 **Königssee — Königstalalm — Schneibsteinhaus,** 3—3½ Std.

Wie R 1066 zur Königsbachalm. Bei der Wegteilung oberhalb Königsbach etwa 30 m rechts in Richtung Priesberg, dann scharf links einbiegen, den Waldweg links weiter, der zur Königstalalm führt. Hier durch das Almtal und später nach links aufwärts oder bei dem linksseitigen Kaser den Hang hinauf und auf seinem Kamm weiter.

● 1068 frei für Ergänzungen

● 1069 **Stahlhaus,** 1731 m
(Carl-von-Stahl-Haus)

Auf dem **Torrenerjoch.** AVS Salzburg, ganzj. bew., 83 B. und M., Tel. 0 86 52 / 27 52.

● 1070 Hinterbrand — Stahlhaus, 2—2½ Std.

Von Hinterbrand auf dem Königsweg bis zum Wildzaun; dann (20 Min. von Hinterbrand)

a) links durch das Gatterl, steil aufwärts zum Krautkaser und links um den nördl. Ausläufer des Jenners herum zum bew. Mitterkaser; über steile Grashalden rechts zum Jennersattel, dann links zum Torrenerjoch; bez. Weg.

b) auf dem Königsweg weiter, am Wildzaun entlang, bis der Wald beginnt, hier links durch ein Gatter und auf angelegtem Weg schattig in Kehren aufwärts, später über das Almfeld zum Weg links nach Mitterkaser (wie oben weiter).

● 1071 Jenner — Stahlhaus, ½ Std.

Mit der Jennerbahn zur Bergstation, kurz hinab zum Sattel zwischen Jenner und Brettstock und weiter zum Torrenerjoch.

● 1072 Königssee — Stahlhaus, 3½—4 Std.

Wie R 1066 oder 1067 zum Schneibsteinhaus und ¼ Std. aufwärts zum Stahlhaus.

● 1073 Golling — Stahlhaus, 5—5½ Std.

Über die Salzach und südwestlich auf der Straßè ins Bluntautal bis zu ihrem Ende hinter dem Ghs. Bärenhütte. Nun auf markiertem Weg an der Unteren und Oberen Jochalm vorbei und hinauf zum Stahlhaus.

● 1074—1079 frei für Ergänzungen

6.3 Übergänge und Höhenwege

● **1080 Berchtesgadener Tal — Zill — Hallein,** 1½—2 Std.

Von der Haltestelle Au zum Ghs. Bayrische Gemse (drei Min. flußabwärts), hier die Bergstraße empor, die am Café Oberstein vorbei durch das liebliche Waldtal der Scheffau zur Grenzstation Zill (656 m, Autobuslinie von Oberau) führt. Hier steil hinab nach Hallein, großartige Aussichten.

● **1081 Endstal — Jagerwiesl — Mannlscharte,** 2 Std.
Alter Treibersteig aus der Zeit der Hofjagden; erste touristische Begehung Kaindl, Marx, Moderegger.

Von der Eiskapelle im hintersten Endstal links der Wand entlang teilweise auf gut ausgeprägtem Steig zum oberen Ende der großen Schutthalde. (Bester Beobachtungspunkt für Seilschaften, die den Trichter oder die Direkte Göll-W-Wand durchklettern.) Hier beginnen in der nach links hinaufziehenden Rinne die Stifte des „Eisenkendl"-Steiges. Kurz nachdem sie aufhören, zweigt in der Fallinie eines markanten Felsturmes eine Rinne nach rechts ab, deren rechter Rand von Latschen gesäumt ist. Von einer Höhle am Ende dieser Rinne etwa 10 m rechts abwärts um eine Ecke herum und über eine erneut durch Eisenstifte gesicherte Steilstufe etwa 10 m auf ein Latschenköpfl. (Diese Stelle muß man sowohl im Aufstieg wie erst recht im Abstieg unbedingt finden, sonst kann man in ungangbares Gelände geraten, in dem schon wiederholt Seilschaften, die nach Göll-W-Wandrouten hier abstiegen, kurz über dem Talboden biwakieren oder gar Hilfe anfordern mußten). Jenseits des Latschenköpfls quer durch die nächste Rinne und sofort zum gegenüberliegenden Felskopf hinauf. Von hier ein kurzes Stück steil abwärts, dann wieder ansteigend kurze, ausgesetzte Querung zu den obersten Bäumen und erst etwas abwärts, dann ansteigend zum Jagerwiesl hinüber. 1 Std. vom Endstal. Vom Jagerwiesl durch Latschen und eine steile Schrofenrinne zum Steig Kehlstein — Hoher Göll, R 1139, ¾—1 Std. Links über den Mannlgrat zum Kehlsteinhaus, rechts über die Gölleiten zum Gipfel oder zum Purtschellerhaus.

Wichtiger Anhaltspunkt für den **Abstieg:** Unter dem obersten, etwa 200 m vom Jagerwiesl entfernten Baum hinüberqueren, dann zu dem Felsköpfl hinauf, von dem es jenseits steil in die zu querende Rinne hinuntergeht zu dem Latschenköpfl über dem mit Stiften gesicherten Abbruch, nach dem man dann nach rechts 10 m aufwärts zu der Höhle und zum Beginn der sicher talwärts führenden Rinnen gelangt.

● **1082—1089** frei für Ergänzungen

6.4 Gipfel und Gipfelwege

● **1090** **Jenner,** 1874 m

Freistehender, gegen den Königssee vorgeschobener, ebenmäßiger Kegel; sehr lohnend, beliebter Aussichtsberg. Bergbahn von Dorf Königssee aus mit Zwischenstation nahe dem Jennerhaus; Bergstation 1804 m.

● **1091** **Vom Jennerhaus durch den Spinnergraben,** 1½ Std.

Vom Jennerhaus zum Spinnerkaser und in den Spinnergraben. Diesen durchzieht ein Steig, der beim Kl. Jenner (dem linksseitigen Felsklotz) auf den Grat mündet. Über den Grat zur Bergstation und weiter zum höchsten Punkt.

● **1092** **Von Königssee,** 4 Std.

Wie R 1066 bis kurz vor die Königsbergalm, bei Abzweigung links hinauf und in Serpentinen zur Bergstation und zum Gipfel.

● **1093** **Von Hinterbrand,** 2 Std.

Wie R 1070 zum Jennersattel, nun rechts haltend über den Grat zur Bergstation und zum Gipfel.

● **1094** frei für Ergänzungen

● **1095** **Rabenwand,** 790 m

Kein eigentlicher Gipfel, sondern eine Felswand am Westfuß des Jenners über dem Malerwinkel am Königssee. Unvergleichlich schöner Blick auf den Königssee und seine Bergumrahmung.

● **1096** **Von Königssee,** ¾—1 Std.

Von der Talstation der Jennerbahn auf dem Malerwinkel-Rundweg (3,4 km) etwa 1 km leicht ansteigend, bis nach rechts der Weg zum Aussichtspunkt Forstnerkopf, nach links der Weg zur Rabenwand abzweigt.

Es empfiehlt sich jedoch keinesfalls, den Weg weiter zu verfolgen. Dagegen gibt es einen anderen Aufstieg vom Hotel Königssee aus; an einer großen grauen Felswand vorbei (Wegtafel) und auf dem Steiglein bergan, ja nicht rechts abschwenken! Man trifft nach 20 Min. auf den vom Dorf heraufführenden Weg. Ein besonders lohnender Ausflug!

● 1097 Dachführe
H. Brandner, K. Huber, 1966.
VI— / A 3 (20 m), sonst V+, A 1, selten leichter. 100 m, 3 Std.

Zugang: Wie R 1096 bis zum Wildzaun und von hier auf dem Steig bis direkt unter die Wand. Etwas linkshaltend auf das breite Band, das die ganze Wand durchzieht.

Führe: Das Band nach rechts verfolgend bis unter eine seichte Verschneidung in Fallinie des großen Dachüberhanges. E. Vom Band in der seichten Verschneidung nach 15 m zu Stand (V+). Gerade in die markante Verschneidung (V+, A 1), an ihrem Ende Quergang nach links und 15 m aufwärts (IV+) zu gutem Stand. Weiter bis unter den großen Dachüberhang zu gutem Stand (III+), Wandbuch. Nun an Haken und Holzkeilen über das Dach (20 m, VI—, A 2, A 3) und zu Stand in Rampe (20 m, IV). Die Rampe weiter zum Ausstieg (III).

● 1098 Schwarze Verschneidung
H. Brandner, N. Rechler, 1967.
VI— / A 2 (Stellen), V+ und A 1, selten leichter. 100 m, 3 Std.

Zugang wie R 1097.

Führe: Auf dem Band bis unter eine mächtige Verschneidung. E. In der Verschneidung 15 m hoch (VI—, IV), dann nach links den Haken folgend über den Überhang (VI, A 2, V+) und nach 10 m zu Stand auf Grasband. Weiter etwas nach rechts zu gutem Stand (24 m, V+, A 1). Nun direkt bis unter die schwarze Verschneidung (IV). Die teilweise überhängende Verschneidung hoch, zuletzt linkshaltend zu gutem Stand auf einem Band (35 m, VI—, A 2, Holzkeile). Das Band 40 m nach links und nach weiteren 40 m zum Ausstieg (III—).

● 1099 Direkte Führe
H. Brandner, J. Graßl, 1967.
VI— / A 2, kaum leichter, 80 m, 2—3 Std.

Zugang wie R 1097.

Führe: Über das Band bis zu seinem Ende nach rechts, weiter links aufwärts querend bis unter die glatte Wand. E. Einen von links nach rechts ziehenden Riß hinauf (VI—, A 2) und den Haken folgend bis auf ein Band zu gutem Stand, 40 m. Nun rechts den überhängenden Hakenriß hoch (20 m, VI—, A 2) und etwas rechtshaltend zum Gipfel (20 m, V+).

● 1100—1101 frei für Ergänzungen

● 1102 Hohes Brett, 2338 m

● 1103 Vom Torrenerjoch, 1½—2 Std.

Nach Norden über den Rücken der Pfaffenköpfe und weiter bis zum Jägerkreuz. Hier nach Osten umbiegend und in 20 Min. zum Gipfel.

● 1104 Über die Brettgabel

I. Orientierungssinn erforderlich, nicht bei Nebel begehen. 3—3½ Std. von Vorderbrand.

Von Vorderbrand zu den Krautkaseralmen, links zu den Almhütten. Nach der hintersten über den Bach und steil die Hänge hinauf. Weiter über die steilen Grashänge, bis man an einen hart unter den Steilwänden entlang führenden Steig kommt. Links der Wände leitet eine Latschengasse hinauf zu einem Grateinschnitt, Brettgabel genannt. Nördl. der Brettgabel gibt ein kleiner latschenbewachsener Vorgipfel (mit Eisenkreuz) einen schönen Tiefblick. Auf Steigspuren rechts weiter durch Latschen. Wenn diese zu Ende sind, am linksseitigen Gratrand hinauf zum breiten Rücken des Gipfelgeländes. Über Rasenpolster und Schutt in südl. Richtung zum Gipfel.

Im **Abstieg** geht man in nordwestl. Richtung auf das Niedere Brett (2261 m), den runden Rücken, der von Berchtesgaden aus als Brett-Gipfel erscheint. Dauben. Man hüte sich, nach links abzusteigen.

● 1105 Nordwestflanke

Otto, Verklärer, 1930. ÖAZ 1931.

III, 4 Std.

Den Durchstieg vermittelt eine Rinne zwischen zwei schon von Berchtesgaden aus sichtbaren Latschenhängen. Man verfolgt den Alpeltalweg (R 1138) bis man scharf rechts ab die Rinne durch Querung erreichen kann. In der Rinne mit zwei Unterbrechungsstellen (ein Block und ein kurzer Kamin) zu einem Sattel; absteigend in die schluchtartige Fortsetzung der Rinne, immer ganz rechts an der Wand entlang auf einen zweiten Sattel. Wieder einige Meter absteigend und Querung über vorstehenden Block. Weiter in der Schlucht, rechts haltend, über ein senkr. Wandl und zum Ausstieg auf die große Hochfläche (Seitenarm des Hochtals). Sie wird in Richtung auf eine die Schlußwand des Bretts durchziehende Rinne gequert, die man als Einstieg benutzt; bald aber immer knapp neben den senkr. Abstürzen links bis zur Gipfelkuppe.

● 1106 Nordpfeiler, linker Kamin

F. Rasp, 1966.

IV— und III, 170 m.

Von N fällt links des Brettgipfels ein aus den Göllsanden aufstrebender, 100 m breiter und 170 m hoher Pfeiler auf.

● **1107** **Nordpfeiler, rechter Kamin**
F. Rasp, 1966.
IV, 170 m.

● **1108** **Pfeilerriß**
F. Rasp, 1966.
V+ (100 m), IV (70 m). 170 m, 2 Std.

Etwa 40 m westl. vom rechten Kamin zieht ein markanter Riß durch die ganze Wand (rechts von ihm in 20 m Wandhöhe eine auffallend glatte Platte).

● **1109—1110** frei für Ergänzungen

● **1111** **Großer Archenkopf,** 2391 m

Der Gr. Archenkopf ist die höchste Erhebung des Brettkammes. Er überragt als mächtiger Plattenklotz die Karrenfelder der „Umgänge" und wird meist bei der Überschreitung Hohes Brett — Hoher Göll (R 1137) bestiegen.

● **1112** **Nordwestwand**
H. Huber, A. Koch, H. Schmidt, 1951.
VI (2 SL), **A 1** (Stellen), V+. 200 m, 2—3 Std.

Zugang: Von Scharitzkehl durch das Pflugtal oder durch das Alpeltal in 3 Std. zum E. Bequemer von der Bergstation der Jennerbahn oder vom Torrener Joch auf dem markierten Steig Brett-Göll, bis man links absteigend den Wandfuß erreicht. Vom tiefsten Punkt der Wand zieht ein breites, teilweise schuttbedecktes Plattenband rechts aufwärts. Auf diesem Band etwa 50 m empor. E links einer kleinen Höhle.

Führe: Über unsicheres Gestein erst etwas links haltend, dann gerade empor 30 m zu Stand (H). Von hier links ansteigend in 2 SL (VI—, teilweise A 1) bis unter einen Überhang (Stand). Nun rechts aufwärts (V+, H) nach rechts auf den Grat und über diesen zum Gipfel.

● **1113** **Direkte Nordwestwand**
H. Brandner, W. Meißner, 1973.
VI— (1 SL), V+ und IV. 220 m, 2—3 Std.

Zugang wie R 1112.

Führe: E am tiefsten Punkt der NW-Wand. Durch einen auffallenden Rißkamin (V), zuletzt über Überhang (V+) nach 40 m zu Stand. Nun zwei Seillängen (IV und IV+) gerade aufwärts bis auf ein schmales Band. Dieses etwa 25 m nach rechts queren, bis man durch die glatten Platten an Löchern höher steigen kann. Zuletzt links querend (1 H) erreicht man Stand in einer Nische (40 m, VI—, Wandbuch). Von hier in 2 SL (IV) zum Gipfel.

● **1114—1115** frei für Ergänzungen

● **1116** **Kleiner Archenkopf,** 2381 m

Östlich vom Gr. Archenkopf, wo der Grat nach Norden umbiegt.

● **1117** **Normalweg** (Überschreitung)
I, einige ausgesetzte Stellen.

Man zweigt vom bez. Steig dort ab, wo dieser unterhalb der Scharte zwischen beiden Archenköpfen den Grenzgrat verläßt und in nordöstl. Richtung den Berg quert; an der Göllscharte („Heiterer Lueg") trifft man wieder auf den Steig.

● **1118** **Südgrat**
W. Schertle, G. Braun-Elwert, 1973.
V+ (Stellen), **A 2** (Stelle), IV und III. 900 m, 5-7 Std.
Schlingen für Standplätze empfehlenswert.
Foto Seite 333.

Zugang: Vom Stahlhaus bis zu den ersten Hütten der Jochalmen absteigen, 200 m weiter vom Weg ab nach links hinauf in einen Grassattel. Einen großen Graben queren und zum auffallenden U-förmigen Abbruch des Gamskares empor. E in der Fallinie des Karabbruches bei einem auffallenden großen Felsblock am Wandfuß. 1½ Std.

Führe: Links eines braunen Wasserstreifens 3 SL (III, herrlicher Fels) ins Gamskar. Im Kar etwa 80 m an der linken Wand entlang, bis ein Riß den Durchstieg der geschliffenen Wand ermöglicht (Sanduhrschlinge etwas rechts des Risses). Vom Stand weiter rechts des Risses über Platten einige Meter hinauf und Querung in den Riß (H). Gerade empor, später links haltend zu Stand (40 m, IV). Weiter in senkrechtem Fels 30 m auf Grasschulter zu Stand. 40 m leicht den Grat hinauf zu

Die Berge um das Gamskar am Beginn des Kuchler Kamms
Grünwandkopf

R 1124 A Abstieg nach Südwesten
R 1125 Südostwand
R 1126 Südwandrisse

Kleiner Archenkopf

R 1118 Südgrat

Kleiner Archenkopf
Tetter
Grünwandkopf
Gamskar
1118
1124 A
1125
1126

Stand an steileren Platten (Sanduhrschlinge). Die Platten, etwas links haltend, 40 m hinauf zu Stand in Einbuchtung (IV+, 1 H). Von hier fallender Quergang nach rechts mit Seilzug auf Graspolster und 8 m weiter nach rechts, dann gerade hinauf (1 H) zu auffallender Felsnadel an der nach O stark überhängenden Pfeilerkante (V+, 25 m). Hangelquergang nach links, 3 m hinauf (A 2) und Quergang an glatter Platte nach links in Riß; weitere 15 m hinauf in leichteres Gelände (V+, 40 m, 4 H). Jetzt 40 m (leicht) gerade hinauf zu Stand. Weiter in Schleife von links nach rechts über sehr glatte Platten zu Latschen (V, 40 m). Leicht rechts haltend (II+) und in leichtem Gelände 60 m auf Pfeilerkopf. Von hier Abstieg ins Gamskar möglich. 40 m leicht hinauf, den Gratturm östl. umgehend zu Standschlinge. In die Scharte empor und in herrlichem Fels (III bis IV) 2 SL hinauf. 2 SL (II) auf dem Grat, teils ausgesetzt, zu scharfgratigem Turm. Am Ende etwa 10 m abseilen oder in der Ostflanke in einen auffallenden Grassattel abklettern (III). 30 m zum Beginn der nächsten Steilwand. Weitere 30 m in der Wandmitte (leicht) hinauf zu markantem, schräg nach rechts ziehendem Riß, in diesem hinauf zu Stand (III).

Weiter im Riß (20 m, IV—V), bis er senkrecht wird, zu SH. In herrlicher Kletterei (V+) gerade hinauf, dann (A 1) weiter zu Köpfl (25 m, 4 H). Nun 40 m leicht rechts haltend (III) auf den Gratkopf. (Bis hierher 25 SL.) Weiter über Schrofen zum letzten Felsaufschwung. Einen kl. Turm überkletternd an die Wand und in 3 SL (II, III) zum waagrechten Gipfelgrat des Archenkopfs.

● **1119** **Berliner Weg**

M. Klose, 1979.

III+ (Stelle), III und II. 800 m, Zeit des Erstbegehers 2 Std.

Der Anstieg zu diesem Weg durch die Südwand des Kl. Archenkopfs führt über den bewachsenen Grat oberhalb der Jochalm. Den Grat verfolgt man bis zu seinem Ende. Nun gerade hinauf bis zu kl. Steinmann. Weiter erst schwierig, dann etwas leichter werdend einem Band folgend bis an dessen Ende. Links haltend oder gerade hinauf zum Gipfel.

● **1120—1121** frei für Ergänzungen

● **1122** **Grünwandkopf**, 2321 m

Die Lage des Grünwandkopfes im Kuchler Kamm ist durch das Foto auf Seite 333 genau ersichtlich. Die Erstbegehung der Südwandrisse wurde in alpinen Zeitschriften unter der falschen Gipfelbezeichnung Tetter (Taderer) veröffentlicht. Schuld daran dürfte ein entsprechender

Fehler in der Karte 1 : 50 000 des Bayerischen Landesvermessungsamtes sein. Die wirkliche Lage des Tetter (Taderer) ist ebenfalls aus dem Foto zu ersehen.

● 1123 Normalweg
Siehe R 1142 A.

● 1124 A Abstieg nach Südwesten
II, I, mehrmals abseilen. Foto Seite 333.

Vom Gipfel 100 m nach N in eine leichte Einschartung. Von hier nach links (westl.) hinab, zunächst 100 m leicht, später 40 m abseilen ins Gamskar. Das große Kar nach S hinab, zuletzt am rechten Rand haltend bis zum 80 m hohen Abbruch ins Tal (Vorsicht bei Nebel!), durch diesen abklettern oder abseilen zum Aufstiegsweg.

● 1125 Südostwand
W. Schertle, G. Braun-Elwert, 1973.
V + (häufig), **A 2** (Stellen), V und IV, selten leichter.
Foto Seite 333.

Zugang: Wie R 1118 zum Abbruch des Gamskares und unter den Wänden etwa 500 m nach rechts unter die gewaltige Wand, davor im Kar große Felsblöcke (evtl. Biwakplatz). Hier bildet die Wand mit Schrofen eine überdachte Rampe, über die man den überhängenden Wandteil umgeht. Am Wandfuß SH.

Führe: Vom E (H mit Schlinge) im Kamin hinauf und nach links auf die Rampe, weiter über Platte zu Stand (40 m, IV, 2 H) unangenehm. Im engen Kamin hinauf und rechts haltend zu Stand (40 m, IV +, 1 H). Nun in herrlichem Fels rechts aufwärts, dann gerade hinauf, später nach links unter Überdachung (40 m, IV, 1 H). Weiter eine Rampe hinauf (kleine Höhle), links an ihr hinauf, nochmals nach links und rechts aufwärts zu Band (60 m, IV), weiter nach links (20 m, IV, 2 H). Über senkrechten Riß hinauf und links aufwärts in Riß und weiter zu Hakenstand (40 m, V +, 2 H). 20 m gerade hoch, kurz nach rechts und weiter zu Stand (40 m, V, 2 H). Rechts hinauf in Nische (III), links hinaus und 15 m anstrengend (V +, A 2, 9 H) schräg nach rechts durch grasige Rinne (40 m, V, 3 H). Die auffallende Leiste nach rechts (30 m, III), weiter rechts aufwärts zu Unterbrechung (A 2), dann Hangelquergang nach rechts hinauf zu Rasenfleck (40 m, V +, A 2). Auf einer Leiste nach rechts zu Köpfl (40 m, V, 2 H). Rechts querend verläßt man die steile Wand zu Grasband (30 m. IV). Schräg rechts hinauf in Riß, um ein Eck und abdrängend hinauf auf Absatz (45 m, V +, 2 H). Weiter schräg aufwärts um den Wulst in der Gipfelwand (40 m, III). Im

Rißkamin hinauf (V+) und schräg nach links (40 m, III und V+, 1 H). Einige Meter hinauf in nach rechts ziehenden Riß (V+, 2 H) und in Rechts-links-Schleife zu Absatz (40 m, V+ und III). 20 m gerade hinauf zu Nische und links aufwärts (30 m, IV, 1 H). Im leichten Gelände 40 m rechts hinauf (Sanduhr, II), weiter 40 m links am Wulst haltend über Platten (IV) und weiter 30 m leicht hinauf zum Gratrücken; über ihn in 20 Min. zum Gipfel.

● 1126 **Südwandrisse**
J. Kaufhold, P. Trommer, S. Gschwendtner, 1974.
VI, 400 m, 6—8 Std. Zweimal Schlingenstand.
Foto Seite 333.

Zugang wie R 1125.

Führe: E direkt über den großen Felsblöcken. 30 m einen schwach ausgeprägten Riß hinauf und nach rechts zu Stand (3 H). Weiter 25 m in einer Rißverschneidung, rechts über Überhang zu Stand (2 H, 1 KK). Auf einem kleinen Pfeiler nach rechts in einem Riß etwa 8 m hinauf, 20 m auf- und absteigender Quergang zu überhängendem Rißkamin, durch ihn zu Stand (5 H). Nun in die Verschneidung bis zu ihrem Ende (25 m, 2 H). Nach links um eine Ecke und gerade hoch zu Grasband; rechts aufwärts zu Stand. Weiter rechts auf angelehnten Pfeiler und über dünnen Riß und einen Überhang nach rechts in den Hauptriß (KK). Durch diesen hinauf und Zwischenstand bei 30—40 m Seil (25 m, 2 H, 1 HK). Den Riß hinauf, unter Überhang nach rechts und gerade hoch zu Stand (25 m, H). Nun links durch Rißkamin hinauf und unter großem Klemmblock hindurch, gerade aufwärts und dem nach rechts ziehenden, überhängenden Riß folgend, am Überhang gerade weiter bis unter das Schlußdach (Schlingenstand, 40 m, 3 H, 1 HK). Das Dach hinaus und rechts hoch zu Schlingenstand (15 m, 3 H, 2 HK). Rechts aufwärts auf das Grasband, etwa 20 m queren und über 3 m hoche Wandstufe zu Stand in Mulde (30 m). Nach rechts aufwärts, dann kurz gerade hoch und wieder nach rechts in leichteres Gelände (30 m, 2 H). Über das Schrofengelände gerade hoch zu Band und links aufwärts zu Scharte (50 m). Weiter über Schrofen zum Gipfel.

● **1127—1128** frei für Ergänzungen

● **1129** **Hinteres Freieck,** 2309 m

● **1130** **Normalweg**
Siehe R 1142 A.

● 1131 **Nordgrat**
V. Hüffel, H. Petter, 1949.
IV, III. 900 m, fester Fels.

● 1132 **Nordwand**
J. Aschauer, G. Braun, W. Lindtner, H. Lüftenegger, 1952.
VI— (Stelle), V und leichter. 600 m, 6—8 Std.

Zugang: Man folgt vom Bahnhof Kuchl der Fahrstraße über die Salzach in das Weißenbachtal. Beim Schwalberbauer (letzter Bauernhof) vorbei, bis zu einer in Wald eingebetteten Wiese. Dort vorbei und auf schmalem Weg durch Wald und später auf leicht ansteigenden, bewachsenen Schutthalden in Richtung „Wilder Freithof" unter der Göll-O-Wand bis zu einer Jagdhütte. (1 Std. vom Schwalberbauer.) Unterhalb dieser folgt man einem Jagdsteig durch Latschen und Felsrinnen querend unter den Abbrüchen des Göll-O-Grates ostwärts. Nach Überschreitung von zwei bewaldeten, breiten Felsrippen (Steigbäume und Eisenstifte) gelangt man in die schon von unten sichtbare markante Rinne, die die W-Seite des Freiecks vom O-Grat des Gölls trennt. Von hier sieht man in der N-Wand eine auffallende Verschneidung, die in ihren oberen 80 m als Kamin auf breiten Schuttbändern endet. Zum Einstieg gelangt man über die sich links der Rinne anlehnenden Felsrippen und Wandeln.

Führe: Ein 8—10 m-Überhang vermittelt den Einstieg. Am besten quert man von rechts nach links auf die überhängende Überdachung (H), Standplatz, dann direkt über einen überhängenden Wulst in eine seichte Rinne (schwierigste Stelle VI—) und in einen kleinen Trichter zum Beginn des 80-m-Kamins (naß und schlüpfrig). Durch diesen (Standplätze und Haken) auf breite, schuttbedeckte Bänder. (Steinmann.) Über diese gerade empor zu einer flachen, plattigen Verschneidung. Man verfolgt sie fast bis zu ihrem Ende und quert dann etwas nach rechts und über gegliederte Felspartien gerade empor zum Gipfel.

● **1133—1134** frei für Ergänzungen

● **1135** **Hoher Göll,** 2522 m

Der Gebirgsstock wurde wohl von altersher durch Jäger bestiegen; erste touristische Besteigung des Hohen Gölls vollführte Val. Stanig 1801. Er dürfte ziemlich dieselbe Linie vom Eckerfirst zur Gölleiten eingehalten haben, die heute der „Salzburger Weg" nimmt. Mit Ski wurde der Gipfel 1904 von Gg. Weiß und Gef. durch das enge und steile Alpeltal erreicht.

Gut zugänglicher, berühmter Aussichtsberg mit Anstiegen aller Schwierigkeitsgrade. Warnung für Bergunerfahrene ohne Führer.

● 1136 Salzburger Steig vom Purtschellerhaus

I, 2½ Std. Trittsicherheit, Schwindelfreiheit und Ortssinn erforderlich. Bez. Weg. Im Frühsommer sind die schwer zu umgehenden ausgesetzten Schneefelder sehr gefährlich.

Über den grasbewachsenen Rücken des Eckerfirstes zu den Felsen des NO-Grats. In seinen Abbrüchen gut bez. empor zu einem Gratabsatz (Kreuz). Auf der SO-Seite etwas absteigen und nahe an den Fuß des sich steil aufschwingenden Grates. Hier teilen sich die Wege (Tafeln); der bequemere steigt auf der O-Seite einige Meter abwärts und führt dann über Bänder, die hart über den Abbrüchen gegen den Wilden Freithof nach S ziehen, langsam ansteigend an der O-Seite hinauf zum sog. Kamin (Eisenstifte und Drahtseile, zuletzt leiterartige Sprossen), der wieder auf den Grat leitet; hier vereinigt er sich wieder mit dem gesicherten Klettersteig („Schusterweg"), der nahe der Gratkante heraufkommt. Nun auf der breiten sogen. „Gölleiten", einem geröllbedeckten flachen Rücken, ermüdend zum Gipfel.

● 1137 Torrenerjoch — Hoher Göll

I, 4—5 Std. Nur für ausdauernde, erfahrene Berggänger. Bei Nebel und Neuschnee Vorsicht! Beliebte Hochtour, durchwegs mit der R 1136 zur Überschreitung verbunden; in beiden Richtungen lohnend.

Unterhalb der Göllscharte, am oberen Ende der Göllsanden, führt als Notabstieg der bez. Weg durch das Alpeltal nach Vorderbrand (R 1138). Das Unterstandshüttchen am Archenkopf besteht nicht mehr.

Nördl. über Latschenhänge und Schrofen zum Jägerkreuz, über steile Rasenhänge auf den Gipfel des Hohen Bretts. Zuerst absteigend, dann wieder empor zum Brettriedel. Nun Übergang zum Gr. Archenkopf (ausgesetzte Stelle). Weiter auf dem Grat und durch eine kurze Steilrinne hinab zu einem Schneefeld; unter dem Kl. Archenkopf Querung hinüber in die Göllscharte, von hier Aufstieg zum Göllgipfel.

★ 1138 Durch das Alpeltal

Thurwieser, Wein, 1822.

I (Stellen mit Drahtseilsicherungen), im unteren Teil rot bez. steile, jedoch sehr lohnende alpine Abfahrt, fast immer bis Pfingsten befahrbar.

Von Vorderbrand über die Alpeltalhütte zur Autostraße, die im Schliefsteinboden überquert wird. Kurz oberhalb der Straße im Hochwald ist der Steig rot bez. Durch die kleine Wand sind Drahtseilsicherungen angebracht, anschließend bequem nach rechts in das Alpeltal. Es wird in dem linken Arm aufwärts verfolgt bis zu einer Scharte, von der man in den hintersten Teil der Scharitzkehl hinuntersieht. Von der Scharte auf Steigspuren gerade hinauf über Latschen und grasdurchsetzte Felsen auf den Rücken beim Sulzkopf. Steindauben folgend gegen das Pflugtal zu, an dessen oberem Rande kurz absteigend und meist Schneereste querend zu den Göllsanden. Nun stets am Fuß der Göllwände aufwärts bis zur Göllscharte, wo man den Weg vom Purtschellerhaus über Göll und Brett zum Stahlhaus erreicht (R 1137).

● **1139** **Mannlgrat (NW-Grat) vom Kehlstein**

I, Drahtseilsicherungen. 2½—3 Std.

Einer der landschaftlich schönsten und interessantesten Klettersteige der Berchtesgadener Alpen.

Durch den Bau dieses Steiges im Jahre 1957 verlor die Überschreitung des Mannlgrates (F. Barth, G. Hahn 1903, vollständige Überschreitung aller Grattürme J. und G. Weiß, L. Zeller) ihren ursprünglichen Charakter als selbständige Klettertour. Die markantesten Erhebungen der Mannlköpfe (gegen die Mannlscharte hin) werden jedoch vom Steig nicht unmittelbar berührt. Ihre Überkletterung ist vor allem im Frühjahr und Spätherbst eine lohnende Trainingstour. Je nachdem, wie sehr man sich an die Gratkanten hält, schwanken die Schwierigkeiten von II—IV.

Nicht nach Westen in das Endstal absteigen! Man gerät hierbei in die Göll-Westwand! Bereits mehrere Unfälle!

Vom Kehlsteinhaus erst auf dem Grat, dann abwechselnd auf der O- und W-Seite der Mannlköpfe zur Mannlscharte und über die Gölleiten zur Einmündung des vom Purtschellerhaus heraufkommenden Steiges.

● **1140** **Durch das Pflugtal**

F. v. Schilcher, Hasenknopf, 1854.

II, 5 Std. Foto Seite 345, 357.

Von der Scharitzkehlalm ins Endstal hinein (¼ Std.). Bei der Kurve von der Straße ab, in Richtung Göll geradeaus auf dem Pfad, der in den hintersten Teil des Endstals hineinführt, beim letzten großen, baumbewachsenen Block rechts ab; auf grasüberwachsenem, daher kaum kenntlichem Pfad in südl. Richtung in den tiefsten Winkel neben der meistens mit Lawinenschnee bedeckten Sandreiße, welche in der Fallinie des Pflugs hinaufzüngelt, der hier mit fast senkr. Mauern abstürzt (10 Min.); der bald besser erkennbare Pfad zieht ansteigend am

Fuß der Mauer entlang bis in Höhe des letzten, im Felsgürtel wachsenden Lärchen- und Fichtenbestands. Hier beginnt der Jagdsteig durch den Abbruch. Zunächst ein Stück steil empor, dann rechts fast waagrecht längs steil abbrechenden, schmalen Grasbändern ausgesetzt gegen W quer durch den Abbruch hindurch und wieder ansteigend (Sicherungen) in den unteren Beginn des schmalen Steilkars (Pflugs). In ihm rechts unter dem Pflughörndl zum Pflugschartl empor und weiter unter dem Göll-W-Grat pfadlos, am besten auf einem von links nach rechts emporziehenden Schichtband über Steilwände und den oberen Teil der Gölleiten zum Gipfel.

Vom Pflugschartl aus kann man auch durch die Göllsanden in Kürze den Anstieg R 1138 vom Alpeltal zum Göll erreichen.

● **1141** **Westgrat**
A. und G. Schulze, 1900.
III, 6—8 Std. vom Scharitzkehl. Foto Seite 345.

Wie R 1140 ins Pflugtal und in ihm aufwärts bis an die SW-Hänge des Pflughörndls (R 1165; 2 Std.), eines schon von der Alm aus auffallenden, kühnen Felsturms. Ihm ist westl. ein unbedeutender Dreizack vorgebaut. In der Fallinie des mittleren Zackens einsteigend, über ein ausgesetztes Plattenband nach links in einer Schuttrinne zur Scharte westl. des Dreizacks. Diesen überkletternd zur zweiten Scharte und über steile Platten zum Gipfel des **Pflughörndls** (2 Std.). Abstieg nordöstl. über Schrofen und in einer Steilrinne bis zu einem Abbruch. Vor ihm plattiger Quergang nach rechts (westl.) zum **Pflugschartl** (½ Std.); hierher kann man auch vom Pflugtal unmittelbar gelangen. Der folgenden Graterhebung wird zweckmäßig rechts (südl.) ausgewichen. (Ihre Überschreitung, namentlich der jenseitige Abstieg über eine sehr scharfe Kante, ist schwierig.) Ein jäher, glatter Absturz verhindert ein weiteres Vordringen über die Schneide. Auf einem Band und über steile Schrofen läßt sich der Abbruch auf der S-Seite umgehen. Den Grat weiter verfolgend, über ein von einem Block überdachtes Loch hinweg auf den höchsten Turm, dann über den Grat zur Gölleiten und zum Gipfel.

● **1142 A** **Abstieg über den Kuchler Kamm**
H. v. Barth, 1868, bis zum Hinteren Freieck. A. Kaindl, J. Grill, 1869, Göllgrat. L. Purtscheller, R. v. Lonski, 1880, gesamter Grat bis zur Göllscheibe.
I, nicht bez., 9—10 Std.
Verblaßte Farbflecken und Steindauben bezeichnen nur Treiberwege, die meist irgendwo in den Wänden enden. Die Tour erfordert Ausdauer, Ortssinn und Trittsicherheit.

Vom Gipfel etwa 10 Min. südöstl. abwärts auf bez. Weg (R 1137), der weiter zum Torrenerjoch führt, noch vor der Göllscharte („Heiterer Lueg“) bei einem Steinmann links ab in die Mulde zwischen Kl. Archenkopf und Taderer; nicht in die steile und tiefe Grube zwischen beiden Bergen hinab, sondern etwas ausgesetzt links um ein Felsköpfl herum und auf den breiten **Taderer** (Tetter; großer Gipfelsteinmann). Ein auffallender, den ganzen Berg durchsetzender Spalt bleibt links. — Rechts vom Gipfel durch eine Rinne auf die Fortsetzung des Grats (Unterbrechungsstellen umgeht man nördl.) zum **Grünwandkopf** (2321 m), der drei Erhebungen aufweist. Dann über steile, gut gestufte Absätze, später links haltend zu den Schneefeldern hinab, die zur **Hochscharte** (2039 m) ziehen (in schneearmen Sommern am besten in der Mitte durch, Richtung zwei große Felstürme jenseits der Hochscharte). — 2½ Std. (Abstieg zur Alpwinkelalm möglich; Abstieg nördl. ins Weißenbachtal wird widerraten.)
Von der Hochscharte an den beiden Felstrümmern rechts vorbei, dann über steile Schrofen (Rasen) auf den **Kammertalkopf** (2225 m); weiter auf der Kammertalschneide, wobei ein Riß zwischen Felsen und Abstieg in eine schluchtartige Scharte ausgesetzte Kletterei erfordert, dann über den begrasten Kamm, an einer Höhle vorbei, über einige Wandln, zuletzt über Rasen zum **Hinteren Freieck** (2309 m, 1¼ Std.) und **Vorderen Freieck** (2151 m). Über den flachen Hollerrücken und einige Gratköpfe zum **Schönbachkopf** (1870 m), auf dem die Latschen beginnen. Vom Gipfel in die Bluntau abgewandte Flanke und im Bogen nach rechts zwischen Latschen auf leicht ausgeprägter Rampe steil abwärts zum Gratanschluß unterm Schönbachkopf. Nun auf dem Grat weiter auf und ab bis zu einem Köpfl, an einer Gratbiegung. Einige Schritte unterhalb trifft man Steindauben, die durch die Ausläufer des rauhen Grutet-Karrenfelds und schließlich durch Latschengassen auf den **Kl. Göll** (Göllscheibe, 1753 m) leiten (2¾—3 Std.). Nun neuer, roter Bez. folgend zu einer Jagdhütte (rechts an der Felswand vor der Hütte Quelle) und links am Gollinger Wasserfall vorbei nach Golling oder Kuchl (2½—3 Std.).

● 1143 Zellerschlucht

Klammer, Kroher, Zeller, 1910.
IV— (Stellen), III und II, 5 Std. Die Einstiegsbänder sind aus dem „Trichter“ steinschlagbedroht. Foto Seite 345.

Zugang: Von der Scharitzkehlalm ins hintere Endstal, zuletzt über Sand zum E (1 Std.).

Führe: Auf bequemem Band von rechts nach links waagrecht über der Randkluft der Schneereste hinüber, bis man über den festgriffigen Fels ein kurzes Stück gerade hinaufklettern kann, um ein von links nach rechts schief hinaufführendes schmales Band zu verfolgen (eine kurze, schwere Unterbrechungsstelle), und bald auf einen bewachsenen Standplatz zu gelangen. Über ihn zieht ein glatter, wulstiger Überhang nach N hinüber, der stark nach links drängt und unter dem man nun auf schmalen Gesimsen sehr ausgesetzt nach links emporquert. Dann über die sehr steile Wand des Wulstes etwa 20 m ganz gerade hinan auf ein bequemes, steil nach links emporziehendes Grasband (Steinmann) und empor zu einem Überhang. Rechts davon befindet sich ein mannshohes Felsloch mit Oberlichtfenster. Zu diesem empor. Mittels Spreizschritts nach links in die Fortsetzung der durch eine senkr. Wandstufe unterbrochenen Runse, welche alsbald auf ein Felsköpfl führt. Jenseits (nördl.) eine kurze Rinne hinab zum Beginn zweier aufeinanderfolgender Kamine, welche in das untere Ende einer großen Schlucht hinableiten. Der obere, etwa 12 m hohe Kamin ist gut hinabzustemmen. (Hier Absatz, aber kein Abseilblock.) Der unmittelbar sich anschließende, teilweise überhängende Spalt zieht etwa 15 m tief hinab.

Die nun folgende, glattgewaschene Schlucht wird schwierig zumeist in ihrem tiefsten Grund durchklettert, bis man schon fast in Höhe der großen in die Wand eingelagerten Latschenfelder einen großen, schneegefüllten, steilwandigen Kessel betritt. Denselben umgeht man links ansteigend über Schrofen; dann quert man (über dem Kessel) nach rechts bis dicht unter eine überhängende Plattenwand. Unter ihr hindurch nach rechts hinüber zu einem kleinen Latschenabsatz. Von hier in einer Verschneidung gerade empor und über die Schrofen der linken latschenbewachsenen Begrenzungsrippe einer mächtigen Parallelschlucht, die sich nach oben verflacht. Nach links empor, um den folgenden Felssporn der Rippe zu umgehen; dann über Schrofen gerade hinan, bis man nach rechts über die Schlucht hinweg auf jene Felsrippe queren kann, welche südl. in das große, über dem Trichter befindliche Schneekar hinabstürzt; am Rand der Abbrüche auf der Rippe weiter gelangt man über dem Kar nach rechts auf die sogen. „Gölleiten"; über Schrofen zum Weg vom Purtschellerhaus zum Gipfel.

● 1143 a Einstiegsvariante zu R 1143
III und II. Heute üblicher Einstieg. Foto Seite 345.

Der Steig ins Endstal endet am Beginn einer Schutthalde unter einem glatten Wandabbruch, über den von links nach rechts emporsteigend ein steiles Grasband in Richtung zur Schlucht hinaufführt. Vom Ende

Der Kuchler Kamm von Norden (im Vordergrund die Dürrfeichtenalm)

Hinteres Freieck

des Bandes etwa eine Seillänge etwas absteigend zum Beginn einer breiten, grasdurchsetzten Rinne, von deren oberen Ende man über steile Schrofen den Beginn der „Zellerschlucht“ erreicht.

● 1144 Alte Westwand
Brandenstein, 1920.
III+, 4 Std. Dieser Weg wird häufig als Abseilroute nach Trichtertouren benützt. Foto Seite 345.

Wie R 1143 bis zum „glatten, wulstigen Überhang, der stark nach links drängt“. Nun sobald wie möglich gerade empor bis zu einem waagrechten Grasband; hier **entweder** auf diesem einige Meter nach links bis zu einem tiefeingeschnittenen, engen Kamin, in ihm zu einem geräumigen Standplatz; sehr griffarm in die rechte sehr steile und ausgesetzte Wand und an ihr etwa 20 m gerade empor zu einem kleinen Grasabsatz; **oder** weniger schwierig, kürzer, aber gefährlicher vom Grasband über steile, grasige Schrofen gerade empor zu einem Latschenbuschen und zum Grasabsatz. Jetzt nicht nach links und über einen schwierigen Überhang, sondern über bewachsene Schrofen gerade weiter zu einem breiten Rasenband, das man nach rechts bis an sein Ende verfolgt. (Blick auf die Plattenschüsse, die das Band vom Trichter trennen.) Nun die steile, gutgriffige Schrofenwand 3 SL empor, bis ein mächtiger Block den Weiterweg sperrt. Links führt eine steile, überdachte Platte zum Grund einer nach rechts ziehenden Geröllschlucht, deren rechte Begrenzungsrippe man an geeigneter Stelle ersteigt. Nun sich immer etwas rechts haltend gegen die nördl. Begrenzungsrippe des schon vom Tal aus sichtbaren Schneekessels. Immer schwach rechts haltend zur Gölleiten und zum Gipfel.

● 1145 Großer Trichter
J. Aschauer, J. Kurz, 1922.
V—, A 1, IV+ und III. 450 m, 3—4 Std.
Foto Seite 345, 347.

Zugang: Zum E wie bei R 1143.

Die Westabstürze des Hohen Gölls über dem Endstal

Pflughörndl

R 1141 Westgrat

Hoher Göll

R 1140 Durch das Pflugtal
R 1143 Zellerschlucht
R 1143a Einstiegsvariante zu R 1143
R 1144 Alte Westwand
R 1145 Großer Trichter
R 1147 Kleiner Trichter
R 1149 Direkte Westwand
R 1150 Direkte Nordwestwand
R 1151 Nordwestwand

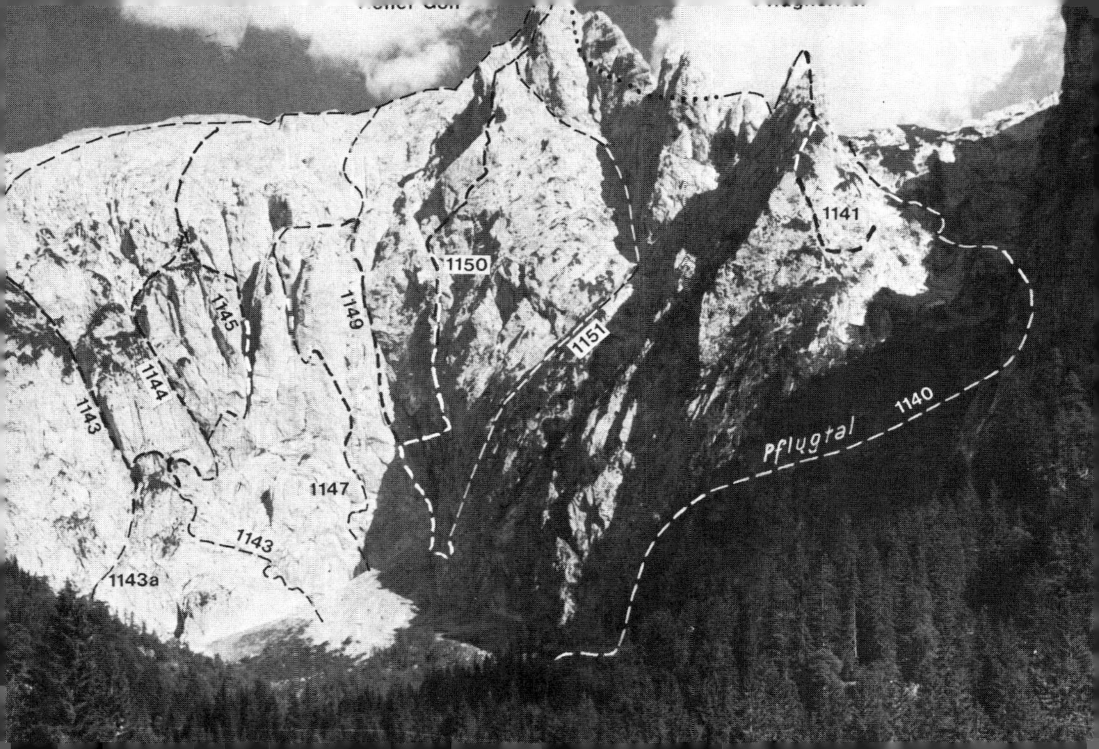
1141
1150
1151
1145
1149
1144
1143
1147
1143
1143a
Pflugtal
1140

Führe: Einige Meter aufwärts, dann auf gutem Band etwa 30 m nach links. Nun nach rechts über eine Wandstufe und wieder auf einem Band etwa 60 m nach links. — Über eine zweite Wandstufe empor rechts haltend zu einer großen, grasbewachsenen Mulde und durch sie links weiter, zuletzt über Schrofen zu einem glatten Wandabbruch. Nun scharf nach rechts einige Meter absteigend, zu einem schwach ausgeprägten Riß und durch den Riß hinauf zu Rasenflecken. Zuerst etwas rechts, dann links in einer Rinne aufwärts, einer großen Felsnische links ausweichend, zu einer Höhle, 250 m, III, 1—2 Std. Nach rechts und durch einen Riß etwa 10 m zu Haken. Nun 2 m gerade empor, etwas nach links und weiter über 8 m hohe Platten, zuletzt nach rechts heraus und gerade empor zu einer Nische. 2 m gerade weiter, dann rechts zum Beginn einer durch einen großen Block gebildeten Spalte und durch sie hinauf auf guten Stand. Weiter in der Spalte nach rechts empor und auf der Spaltenkante etwa 15 m waagrecht bis zu ihrem Ende. 12 m schräg unterhalb beginnt der Trichter. Mit Seilzug in den Trichter und in ihm 2 m hinauf zu Haken. In dem glatten, seichten Kamin 10 m empor. Hier legt sich der Trichter weit zurück. Stemmend noch 30 m zu einem durch drei Blöcke gebildeten 10 m hohen Überhang. Der erste Block wird von links, der zweite von rechts und der dritte wieder von links erklettert. Im Trichtergrund hinauf, später linkshaltend zum Trichterwiesl. Rechts haltend über Schrofen zum Gipfel.

• 1146 Trichterpfeiler
S. Babl, S. Mack, 1971.
VI, A 3, A 2, selten leichter. 250 m, 4—6 Std.
Foto Seite 347.

Wie R 1145 bis zum großen Band unter dem Trichter und nach rechts unter einen auffallend von rechts nach links ziehenden Riß. Hier E. Durch den Riß nach 35 m zu schlechtem Stand (V +, 1 H). Nun Quergang nach links (VI, H) in tiefen Riß zu schlechtem Stand. Weiterer Quergang nach links (VI, H) wieder in einen Riß und einige Meter aufwärts zu Stand in kleiner Nische. Den Haken folgend (A 2) über den großen Überhang, zuletzt links aufwärts zu gutem Stand (V). Weiter durch einen markanten Riß (20 m, V—), dann Quergang nach links auf Kante. Vom Stand etwas rechts durch kurzen Riß aufwärts, kurzer

Der zentrale Teil der Westwand des Hohen Gölls

R 1145	Großer Trichter		
R 1146	Trichterpfeiler	R 1147a	Direkter Kleiner Trichter
R 1147	Kleiner Trichter	R 1148	Westwandpfeiler

Hoher Göll
1148
1146
1147a
1145
1147
1146
1148

Quergang nach links (VI) und weiter gerade aufwärts zu Stand. Von hier durch einen Riß (H), zuletzt linkshaltend, an die rechte Begrenzungswand des Gr. Trichters zu Stand. Weiter eine kurze Stelle A 3. Nun nach rechts (30 m) zu Stand. Nach 2 SL erreicht man einen kleinen Geröllkessel, aus diesem über eine kleine Rampe nach rechts und gerade weiter zum Pfeilerköpfl.

● **1147** **Kleiner Trichter**
Gauder, Helminger, 1943.
V, A 1. 450 m, 4—5 Std. Foto Seite 345, 347.

Der E befindet sich in der Mitte zwischen dem großen Trichter und der direkten W-Wand. Hier nun zuerst 2 SL leicht links haltend empor zu einer glatten Platte. Die Platte wird direkt erklettert und man kommt auf ein schmales Grasband. Jetzt 30 m rechts queren, dann weiter links ansteigend in eine Rinne. Die Rinne wird verfolgt, bis man unter der von unten schon auffallenden Verschneidung steht. Nun entweder links der Verschneidung durch den die Überhänge durchziehenden Riß (V, A 1) und über Platten 2 SL aufwärts oder in der Verschneidung in sehr schöner freier Kletterei 20 m zu Stand auf einer Leiste. Nach rechts über die Platte und eine Wandstelle (V) in eine nach links ziehende Rinne (Stand). Die Rinne empor und durch den ersten Riß in leichteres Gelände. Etwas nach links absteigend und dann wieder ansteigend zu einem abdrängenden Riß und zu dem schon von unten sichtbaren Latschenbuschen mitten in der Platte. Weiter durch einen fingerbreiten Riß, der sich oben erweitert. 15 m in den gelben Platten aufwärts, nachher 5 m nach links queren. Dann 8 m abseilen auf eine schmale Leiste. Auf der Leiste einige Meter nach links und wieder einige Meter aufwärts. Dann Pendelquerung nach links zu einem Riß. In diesem 1 SL aufwärts und man ist im Trichter. (Achtung! Bei schlechtem Wetter. Von hier ab keine Rückzugsmöglichkeit mehr!) Nun nicht den rechten, sondern den linken Kamin empor. In diesem 4—5 SL aufwärts, bis man in eine kleine Scharte gelangt.

Einige Seillängen aufwärts zu einer Schutthalde, dann links haltend zur sogen. Gölleiten und über Schrofen zum Gipfel (II, 2 Std.).

Als Ausstieg aus dem Kleinen Trichter ist auch der rechte, schon früher durchstiegene und unter Kennern beliebte Kamin zu empfehlen.

● **1147 a** **Direkter Kleiner Trichter**
A. Hirschbichler, N. Niederberger, 16. 7. 76.
V +. Foto Seite 347.

Zustieg wie R 1146 zum auffallenden, von rechts nach links ziehenden Riß. Die ersten beiden Seillängen dieser Route hinauf zu schlechtem

Stand in tiefem Riß. In der Rinne 40 m gerade hinauf zu gutem Stand auf einem Rasenpolster (V+, 2 H). Nach rechts um die Kante in die von Wasserrinnen durchzogene, große Platte direkt unter dem Trichter. Von hier Quergang 20 m nach rechts zu einem Grasfleck und 5 m durch eine rauhe, griffarme, schmale Rinne zu Stand (V+). Nun anfangs im Riß und dann nach links heraus in die rauhe, dunkle Wand und nach 30 m zu Stand (V+, 2 H). 1 SL vor dem Trichtergrund trifft man auf R 1147.

● **1148** **Westwandpfeiler**
S. Mack, S. Babl, 1971.
VI, A 2. 450 m, 8 Std. Foto Seite 347.

Den E erreicht man wie bei R 1146. Das Band weiter bis unter den meist nassen Riß. Der untere Teil kann auch direkt erklettert werden (IV+).

Den Riß hinauf, dann den Haken folgend (V+, A 1, A 2) zum Loch (25 m). Aus ihm rechts heraus, gerade empor und in größtenteils freier Kletterei dem Riß folgend zu Stand (40 m, V+, A 1). Gerade weiter zu Doppelhaken mit Schlinge und Quergang nach rechts zu einem Riß mit Graspolster. Diesen empor, 2 m nach links (A 2) und in freier Kletterei zum Latschenband (40 m, V). 10 m nach rechts und links hinauf zu Stand hinter Schuppe (hier quert man R 1147).

Nun den hier ansetzenden Riß hinauf (Holzkeile, V, A 1, A 2), 3 m gerade und nach rechts zu Ringhaken. Gerade weiter (V) zu Stand (40 m), SH rechts hinter einer kleinen Kante. Den Riß links des Standes gerade aufwärts (1 H, VI—), weiter in freier Kletterei (V+) zu Hangeltraverse und entlang dieser links abwärts zu Stand (40 m). 3 m gerade hinauf (U-Haken), dann in äußerst schwieriger Kletterei (VI, Schlüsselstelle) etwa 6 m frei nach links („Sonntagsquergang") zu U-Haken mit Schlinge auf einem kleinen Absatz (links oben Wandbuch). Die glatte Wand gerade hinauf (8 BH) und rechts des Überhanges in teils freier Kletterei zu Stand. Gerade die Verschneidung weiter (III+) zu Turm. 8 m empor und links aufwärts an Latsche vorbei zu Stand, 35 m. Leicht rechts haltend und dann gerade die Rinne hinauf, in leichtem Gelände zum Pfeilergipfel (1½ SL).

● 1148 a **Zickzackriß**
H. Brandner, N. Rechler, 1970.
VI—. Nähere Angaben nicht bekannt.

● 1149 **Direkte Westwand**
J. Aschauer, J. Kurz, 1921; vermutlich schon 1914 versucht, da Haken nur im unteren Teil der Wand steckten.
V— (Stellen), IV+. Stellenweise sehr lehmig und brüchig, gefährlich, 4 Std. Nur bei trockenem Wetter zu empfehlen. Foto Seite 345.

Ein gewundener, feiner Riß zieht durch die ganze Wand, oben sehr heraustretend; in und neben diesem Riß führt der Weg.

Im hintersten Endstal rechts hinauf. Wo der Schuttkegel am weitesten hinaufreicht, befindet sich der Einstieg (1¼ Std.) von Scharitzkehl).

Führe: Einige SL leicht rechts haltend empor zu einer glattgewaschenen, nach links ziehenden Rinne und in ihr bis zu einem guten Stand. Links oberhalb durch einen schmutzigen Riß und über glatte Platten auf eine Kanzel. Nun rechts eines Kamins an der Wand etwa 40 m hinan, bis man in den Kamin zurückqueren kann (H). Im Kamin weiter, bis er sich in der Wand verliert. Auf grasdurchsetztem Fels aufwärts und unter einem großen Block hindurch (15 m weiter oben eine große Höhle), und scharf nach links in die sehr ausgesetzte Wand. Ungefähr 3—4 SL gerade empor zu einem schwarzen, oben weit überdachten Kamin. In ihm und über seine Überdachung stemmend hinauf. Kurz darauf folgt nach einem Überhang (bis hierher schwierigster Teil) eine tiefe Schuttrinne; dann rechts hinaus in die Wand und nach einigen SL auf unschwieriges Gelände und in 2 Std. zum Gipfel.

● 1150 **Direkte Nordwestwand**
H. Brandner, N. Rechler, 1969.
VI (Stellen), VI— und V+, häufig auch IV und IV+. 700 m, 5—7 Std. Eine der großzügigsten Freiklettereien der Berchtesgadener Alpen. Foto Seite 345.

E wie bei R 1149. Die ersten 5 SL gemeinsam mit der Direkten Westwand. Nun 40 m nach rechts zu auffälligem Strauch im Verschneidungswinkel. Quergang rechts aufwärts in eine Höhle mit Hollerbusch und weiter rechts aufwärts zu Stand auf Köpfl (40 m, VI, 4 H). Weiter rechts ansteigend in Nische zu gutem Stand (40 m, VI—, 1 H). Quergang 15 m nach rechts und 25 m gerade hoch zu gutem Stand (IV+). Nun in einigen SL (IV+) zu der von unten gut sichtbaren Grasrampe. (Von hier kann man bei einem Wettersturz nach links aufwärts in leichtes Gelände gelangen). Über diese 2 SL (III) zu Stand. Eine nach rechts ziehende schmale Rampe (3 SL, V—, V+ und IV) bis zu ihrem Ende. Nun eine Verschneidung (40 m, VI—, 1 H) aufwärts zu Stand. Von hier auf eine schwach ausgeprägte Kante (IV), Quergang nach links (25 m, III) und 15 m (IV+) in einer Rinne zu Stand. Weiter etwas links haltend (40 m, VI—) die Risse empor zu Stand auf kleinem Grat. Von hier 2 SL (III) zum höchsten Punkt (Steinmann). 50 m absteigen und nach 100 m (II, III) auf den Westgratturm und zum Gipfel.

● **1150 a** **Direkter Ausstieg zu R 1150**
B. Neubaur, J. Königer, 1978.
VI—, Gesamthöhe 700 m. Anstiegsblatt Alp. 8/78.

Wie R 1150 bis zu der gut sichtbaren Grasrampe, weiter in direktem Anstieg auf den Grat des Westgrat-Turms.

● **1151** **Nordwestwand**
S. Kellerbauer, 1959.
IV (Stellen), III. 4—6 Std. Siehe 12. Aufl. 1969.
Foto Seite 345.

● **1152** **Südwestwand**
E. Gretschmann, J. Schmid, 1924.
IV, 3 Std.

Aus dem großen vom Göll-W-Grat, Göll und Brettgrat umschlossenen Kar, baut sich der Gipfel mit etwa 500 m hoher Wand auf. Sie wird, vom Gr. Archenkopf her gesehen, etwa in der Fallinie des westl. Vorgipfels von einer dreifach gegliederten Kaminreihe durchzogen, die oben in der Gipfelschlucht sich fortsetzt und in die Scharte westl. des erwähnten Vorgipfels mündet. Durch sie führt der Anstieg. Einstieg etwa in der Mitte der Wand, wo das Geröll am höchsten hinaufreicht. Hierher entweder wie R 1138 oder 1140, oder von R 1137 beim Gr. Archenkopf hart am Fuß der N-Wand dieses Gipfels über den Firn und Platten absteigend.

Führe: Vom Einstieg über einen Block in eine kaminartige Rinne. Einige Meter zu einem spitzbogenförmigen Felsgebilde. Über die trittlose und kleingriffige Stelle, am besten mit Steigbaum, sehr schwierig in einen schmalen Spalt, der sich bald zu einer Blockrinne erweitert und in einen Kessel führt. Von ihm zieht links ein überhängender Kamin empor, rechts eine gewundene Steilrinne. Im Hintergrund der letzteren ist ein fast senkr. Riß eingeschnitten, den man verhältnismäßig unschwierig dadurch umgeht, daß man auf einer Steilrampe zu einem Schärtchen emporklettert (12 m). Von hier schräg links in die Höhe und in einer großen Schleife nach rechts zur Fortsetzung des erwähnten Risses; in ihm 3 SL spreizend und stemmend hinauf, bis sich die Wand plötzlich merklich zurücklegt. Hart am Rand der linksseitigen Wand empor gegen ein auffallendes Felsköpfl. Rechts oben ein kuppelförmiges Felsgebilde. Nun entweder zwischen Felskopf und Kuppel in einer von einer Riesenplatte gesperrten Steilschlucht oder oberhalb des Felsköpfls schräg links empor; beide male zu geröllbedeckten Platten, die zur hinter dem Gipfelpfeiler ziehenden Schlucht führen. Durch diese an zwei tiefen Löchern vorbei, zur Scharte westl. des westl. Vorgipfel und weiter zum Gipfel.

● **1153** **Gerade Nordwand**
T. Kurz, F. Brandner, 1933.
V, 5—6 Std.

Von der Ofneralm über einen Grasrücken hinan zu den von unten sichtbaren Plattenschüssen. Dort, wo der Sand am weitesten heraufreicht, befindet sich der Einstieg. Über die Platte hinan, über eine Rinne bis zur Wandstufe (Steinmann) und über eine Schlucht, dann rechts ein steiles Band querend bis zum Ende. Ein kurzer Riß führt zu Schuttbank. Hier nach links haltend zu einer steilen, glatten Rinne, in welcher ein Block zu schaffen macht. Dann etwas nach links die Rinne verfolgend bis zu einer Überdachung. Über diese besonders schwierig hinweg (H) in einer Rinne, welche in eine Verschneidung übergeht, zu einem Kamin. 1 SL empor, dann nach rechts auf eine große Schutthalde. Über diese der Mitte zu trachtend in einer Rinne empor zur Gipfelwand (Steinmann). Einen senkr. Riß hoch zu einem Band, in der Mitte querend, auf einen Absatz. Von hier einen etwas nach rechts geneigten Riß verfolgend zu einem Sicherungsblock und weiter zu einem schmalen Band; dieses links querend, auf eine Kanzel. Dann die schwierigen Risse, welche zu dem von der Kanzel aus sichtbaren Fenster emporziehen, hinauf (H am Überhang) zu einer nassen Wand. Eine Querung nach links (H) führt zu einer besonders schwierigen Verschneidung (H). Im Riß haltend empor zu einem Kamin, welcher in einer äußerst schwierigen Verschneidung endigt (schwierigste Stelle, 2 H). Dann ein schmales Band nach links bis zur Mitte und den Riß gerade empor zur Gölleiten.

● **1154** **Ostwand**
H. Pfannl, Th. Maischberger, 1899.
III (Stellen). 8—9 Std. von Golling. Die Kletterei ist sehr langwierig. Fertigkeit im Gehen über steilen Firn; Stufenhacken in vorgerückter Jahreszeit erforderlich.

Man geht von Golling durch das Weißenbachtal in den **Wilden Freithof** und von links an den Fuß des am weitesten in den Schutt herabziehenden Grats (etwa 1600 m); um ihn rechts herum zum Beginn einer 500 m hohen, firngefüllten Schlucht (4 Std. von Golling). Am bequemsten erreicht man den Wilden Freithof vom Eckersattel, indem man stets rechtshaltend den vom Purtschellerhaus herabziehenden Rücken erst leicht absteigend, dann waagrecht quert. Durch die Schlucht hinauf und über den oberen Teil des erwähnten, sie umschließenden Grats zu einer Rinne in dem untersten Teil jener Felsen, die eine unterhalb des S-Grates eingebettete Schneemulde nördl. begrenzen (3 Std.), über den Grat links von der Rinne und über seine linken Flanken (einige sehr steile Stufen erkletternd) zu einem Schneefleck unter glatten Wänden. Nun nach rechts auf eine Rippe, abwärts und aufsteigend weiter nach rechts auf einen Grat und über diesen zum Gipfel (2 Std.).

● **1155** **Gerade Ostwand**
Höllbacher, Holzner, 1932.
Teilweise **IV**. 900 m, 5 Std.

Vom Wilden Freithof über unschwierigen, plattigen Fels zu kleinem Schutt- und Schneekegel. Einstieg bei der hier ansetzenden, schon vom Kar aus sichtbaren Rißreihe. Ihr Beginn kann auch rechts über ein ansteigendes Band, das höher oben in den Riß führt, umgangen werden. Dann gerade über einen schwachen Überhang, der den Riß hier unterbricht, nun im Riß bis zu seinem Ende empor. Dann rechts auf einen Schuttabsatz. Den hier wieder ansetzenden Riß und auch die folgenden Risse empor. Sie enden auf einem schwach ausgeprägten Köpfl (im oberen Teil sehr schwierig, H). Über plattigen Fels und rechts eines auffallenden Felszackens auf ein Schuttband. Am Rand des Bandes empor, die folgende Kante hinauf und links in einen Kamin. Durch diesen auf einen Absatz, die kurze Fortsetzung des Kamins aufwärts und auf einem Band nach links zu einem weiteren Kamin. Durch ihn und die folgende Rißverschneidung auf ein Schuttband. Auf ihm zuerst nach links, dann gerade empor und über unschwierigen, gutgriffigen Fels — immer etwas links haltend — zuletzt wieder gerade empor unmittelbar zum Gipfel.

● **1156** **Ostwandverschneidung, Kurt-Langer-Gedächtnisweg**
F. Gruber, H. Hüttinger, G. Breistein, 7. 8. 1976.
IV+ (Stelle), IV und III. 800 m, 3—5 Std. 1 H verwendet und belassen.

Übersicht: Im linken Teil der Göll-O-Wand fällt ein vom Vorgipfel herabziehender Grat auf, dessen untere Fortsetzung eine markante von links unten nach rechts oben ziehende, sich in einer gewaltigen Schlucht zum Kar fortsetzende, Verschneidung bildet.

Zustieg: Vom Eckersattel auf Jagdsteig ins Kar des Wilden Freithofs bis zur Jagdhütte und gegen die Abstürze des Kuchler Kammes zu, bis in der Ostwand die gewaltige Schlucht auffällt, deren Beginn über ein großes Schneefeld erreicht wird. 1½—2 Std. von der Roßfeldstraße.

Führe: E 20 m unterhalb des höchsten Punktes des Firnfeldes in der rechten Schluchtwand. 20 m gerade empor und über steile Platte links aufwärts zu Stand (IV—, H). Nun Quergang auf Band in die Schlucht und in ihr empor (etwa 7 SL, II, III+) zu großem Absatz am Beginn der Verschneidung. In dieser 10 SL entweder im Grund oder an ihrer rechten Seitenwand bis zu deren Ende (III und IV). Vom Verschneidungsausstieg nach rechts zum Grat und über dessen Kante zum Vorgipfel (II, stellenweise III). In 10 Min. auf den Hauptgipfel.

(F. Gruber)

● **1157—1164** frei für Ergänzungen

● **1165** **Pflughörndl,** 2047

Das Pflughörndl ist unabhängig von der Begehung des Göll-W-Grates in Verbindung mit dem Auf- und Abstieg durch Pflug- und Alpeltal, vor allem an kürzeren Herbsttagen ein beliebtes Ziel. Es wird auch im späten Frühjahr über die S-Kante in Verbindung mit einer Skitour auf den Hohen Göll bestiegen.

● **1166** **Westgrat**
III. Siehe R 1141.

● **1167** **Normalweg vom Pflugschartl**
III+ (Stelle). ½ Std.

Unter dem Steilabbruch des etwa 50 m hohen Hörndls nach rechts um die Ecke bis in eine steile Rinne. In dieser über eine Steilstufe (aus einem Loch heraus leicht überhängend, III+, schwierigste Stelle) in der Fortsetzung der Rinne gerade zum Gipfelkreuz hinauf.

● **1168** **Südostkante**
Hang, Fendt, Lapuch, 1929.
V—, ¾ Std.

Vom Pflugschartl an die Kante. Über eine Platte (mehrere H), dann die kurze Rampe nach rechts über den Überhang und in unschwierigerem Fels zu einem herausstehenden Block. Auf diesen, dann 2 m nach rechts und über eine Rampe wieder nach links an die Kante zum Stand beim Abseilblock. Über Schrofen zum Gipfelkreuz.

● **1169** **Südwand**
S. Kellerbauer, J. Kranawetvogel, 1961.
V, A 2, A 1. 100 m, 2—3 Std. Empfehlenswerte Frühjahrstour in Verbindung mit Skibesteigung des Hohen Göll.

Den E erreicht man, indem man vom Pflugschartl ins Pflugtal absteigt und über Grasschrofen von rechts nach links auf ein Grasband quert, das nach links in die Wand hineinzieht. Am linken Ende des Bandes ist der Einstieg. Über eine Platte 10 m gerade empor (2 H), bis man schräg rechts aufwärts queren kann und nach 10 m einen Stand erreicht. Von hier erst über eine Platte, dann den Haken folgend über den ersten Plattenwulst, links heraus und in freier Kletterei 12 m schräg links aufwärts auf ein Band (Stand). Auf dem teilweise unterbrochenen Band 20 m nach rechts zu Stand am Fuße eines Risses. Im Riß erst 10 m gerade hoch, dann den Haken folgend erst 8 m nach links und über eine Kante in eine Wandeinbuchtung. (Bis hierher schon früher begangen.) Nun die Rampe 5 m nach rechts, über den Überhang und die darüber sich befindende Schlußwand zu mäßigem Stand. (Mit Ausnahme des 10 m-Risses, reine Hakenkletterei.) Vom Stand nach links in den hier ansetzenden Riß, der nach 20 m direkt beim Gipfelkreuz endet.

● **1170** **Südverschneidung**
H. Krafft, H. Brandner, W. Meißner, 1975.
VI— (mehrfach), **A 2** (8 m), V, V—, kaum leichter.
150 m, 2—3 Std.

E etwa 60 m links der Südwandführe. 10 m gerade aufwärts über eine glatte Platte, nun Quergang nach links (Schlinge) in die große Verschneidung (25 m, V). Durch die Verschneidung in herrlicher Freikletterei (40 m, VI—, zuletzt V—, 1 H) auf das große Band. Nun 10 m nach links queren und in einer Links-Rechts-Schleife in die Fortsetzung der Verschneidung (35 m, V+). Die nächste Seillänge in der gelben Verschneidung (V+ und VI—, 8 m A 2, 4 H) nach 40 m zu schlechtem Stand. Den folgenden Ausstiegsriß (V+, zuletzt V—) zum Grat und nach weiteren 40 m zum Gipfel.

● **1171** **Südriß (Jubelriß)**
Barbara Schmidt, K. Blässing, R. Klausner, 1979.
V (Stellen), V—. 160 m, 1½—2 Std.

Der Weg führt durch die markante Rißreihe unterhalb von R 1170.

Führe: 1. SL: Im Riß 40 m empor. **2. SL:** Im Riß 20 m hoch. **3. SL:** Vom Stand Quergang nach rechts 2 m in die Verschneidung, in ihr 5 m empor (H), nun nach links unter Überhang queren und anschließend über diesen hinweg (H), etwa 10 m zum Stand. **4. SL:** Nun den markanten Riß in freier Kletterei 40 m empor. **5. SL:** Im Riß etwa 20 m empor zum Quergang nach links auf schmales Band (H). **6. SL:** Quergang nach rechts in den Riß und über Überhang nach 10 m zum Westgrat.

● **1172—1174** frei für Ergänzungen

● **1175** **Nördliche Alpeltalköpfe,** 1924 m

Drei unbedeutende Erhebungen östl. des Dürreckberges, welche nach N in einer 300 m hohen, senkr. Felsmauer ins Pflugtal abstürzen.

● **1176** **Nordwand**
S. Kellerbauer, A. Klaus, 1954.
V+, 300 m, 3—5 Std. Schöne Freikletterei in bestem Fels. Foto Seite 357.

Zugang: Der Einstieg ist in der Falllinie des Westl. Kopfes, wo ein tiefer Kamin die von der Grasterrasse abstürzende 70 m hohe Plattenwand durchreißt.

Führe: Im Kamin an der rechten Begrenzungswand 30 m empor zu Stand. Über brüchige Wandstufen und Einrisse 40 m empor zur rechten Grasterrasse. Diese nach links queren, 40 m, nun vom oberen Ende der Terrasse schräg ansteigend 8 m und auf einer Leiste 5 m nach links, dann wieder absteigend gelangt man zur linken Terrasse. Diese nochmals nach links queren 40 m bis zu ihrem höchsten Punkt.

5 m links aufwärts, dann Quergang nach rechts in einen Riß und in ihm 25 m zu schlechtem Stand. Quergang nach links zu einer splittrigen Platte, die unterhalb der schon von unten sichtbaren schwarzen Löcher nach links emporzieht. Die Platte wird schräg links aufwärts gequert; man erreicht eine Rinne, in dieser und über den abschließenden kleinen Überhang zu Stand. 40 m. Weiter 25 m empor in die große Höhle, Stand. Rechts heraus in den senkr. Riß, 30 m zu Stand. Einige Meter nach links und 10 m besonders schwierig über die senkr. Platte empor und dann leicht links haltend zu Stand. Rechts um ein Eck, über einen kleinen Überhang in die nach rechts emporziehende Rampe und über einen weiteren Überhang zu Stand, 40 m. Nun leicht links haltend 25 m zu der überhängenden Wandstufe (schlechter Stand). Einige Meter nach rechts und äußerst schwierig über den Überhang und den folgenden Riß zu Stand, 30 m. Auf gutem Band 8 m nach links und durch einen plattigen Riß zum Ausstieg direkt in der Scharte.

● **1176 a** **Direkter Einstieg zu R 1176**
Stocker, Lochner, 1958.
V+. Heute meist begangener Einstieg. Foto Seite 357.

E beim Drahtseil (rote Markierung) in leicht ansteigender Querung nach rechts (15 m) zu einem unterbrochenen Riß; durch diesen (V+) nach 40 m zuletzt kurze Querung nach rechts zu einer Sanduhrschlinge auf dem großen Band.

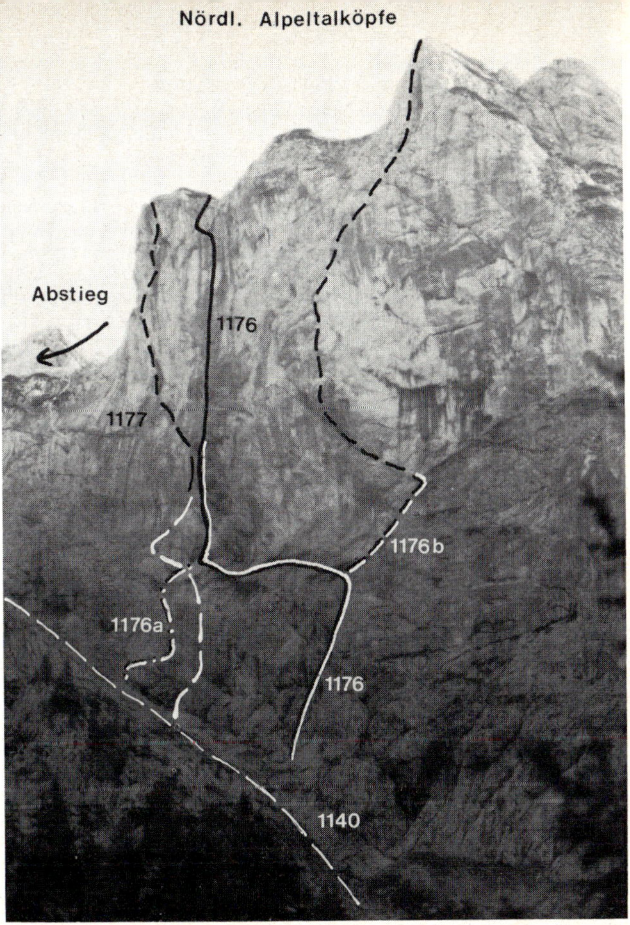

Die Nördlichen Alpeltalköpfe aus dem Pflugtal

R 1140 Hoher Göll durch das Pflugtal
R 1176 Nordwand
R 1176a Direkter Einstieg zu R 1176
R 1176b Neue Nordwand
R 1177 Direkte Nordwand

● **1176 b** **Neue Nordwand**

W. Meissner, A. Hirschbichler, 2. 8. 1980.

VI— / A 2 (1 SL), (sonst VI—, V). Durchwegs sehr schöne Freikletterei in bestem Fels. Alle SH und ZH wurden belassen. 350 m. 4—6 Std. ab E. Schlingenstand.
Foto Seite 357.

Wie bei R 1176 oder R 1176 a 2 SL bis zum großen Grasband. Nun 1 SL gerade empor (III) auf das darüberliegende Grasband, von dessen linkem Ende man 3 SL dem schrägen Riß folgt, der die Wand oberhalb eines überhängenden Abbruchs durchzieht (V, 15 m VI—, H; 1 SL sehr originell im Berginneren). Durch einen Riß und über eine Wandstufe (V—, 1 H) erreicht man linkshaltend guten Stand auf einem kleinen Band. Die darüberliegende geschlossene, senkrechte Wandstufe bildet die Schlüsselstelle (25 m, 8 H, VI— / A 2). Vom Schlingenstand führen Hangelleisten äußerst ausgesetzt rechts aufwärts zu gutem Stand auf Absatz (40 m, VI—, 4 H). Von hier in leichterem Gelände erst gerade, dann rechts haltend zu Stand (IV) und eine weitere SL gerade empor zu Stand links vom Kamin (III +). Durch Risse erreicht man in herrlicher Kletterei nach 50 m (IV +, 1 H) den Ausstieg unmittelbar beim Gipfel. (Hirschbichler)

● **1177** **Direkte Nordwand**

H. Brandner, W. Meißner, 1971.

VI+ (20 m), **A 2** (Stelle), häufig VI— und V +. 300 m, 4—6 Std. Foto Seite 357.

Der Einstieg befindet sich etwa 100 m links von R 1176. Durch auffallende Risse auf das große Grasband. Zuerst über Rißüberhang (VI+) im rechten Riß 20 m hoch, dann Quergang nach links in weiteren Riß, nach 10 m zu Stand (H). Weiter die Risse (V + und V) verfolgend auf das große Grasband (Schlinge). Von hier links haltend (III) nach 1 SL zu gutem Stand. Quergang nach rechts in den auffallenden Riß an der Kante. Durch ihn (V) nach 20 m zu Überhang (VI—, 2 H, 1 HK), über diesen nach 15 m zu Stand (H). Weiter immer nach links durch Hangelrisse (V +, 1 H) nach 40 m zu gutem Stand unter Überhang. Diesen (1 H, 1 HK) und den folgenden Rißüberhang (VI—) überkletternd, weiter nach links, zuletzt etwas absteigend (V +) zu gutem Stand. Durch einen Kamin (V, Klemmblöcke nach 20 m) zu gelber, brüchiger Wandstelle, über diese (VI—, 1 H) und weiteren 20 m zu Stand. Von hier über Rißüberhang (VI—, 1 H) nach 10 m unter ein gelbes Dach, Hangelquergang 10 m nach rechts (V +, 2 H, 1 Schlinge) in den Hauptriß, durch diesen (VI) nach 20 m zu gutem Stand in der Gipfelwand (Wandbuch). Vom Stand zuerst senkrecht, dann links haltend (V +

und VI—) hangelnd über eine gelbe Wandstelle zu grauer, überhängender Verschneidung; durch diese (A 2, 5 H) und weiter zu Überhang (VI—, 1 H) direkt zum Gipfel.

● **1178** **Nordverschneidung**
R. Klausner, K. Blässing, 1979.
VI— / A 1 (1 SL), V und IV. 300 m, 2—3 Std.

Den Durchstieg vermittelt eine markante, die gesamte Wand durchziehende Rißverschneidung am äußersten rechten Rand des Nördl. Alpeltalkopfes.

E bei freistehendem Felsblock. **1. SL:** 10 m Querung rechts in die Wand (H). **2. SL:** 20 m gerade empor (2 H). **3. SL:** 3 m hinauf, dann Querung nach rechts in markanten Riß, der in zwei Überhängen (H) zum Stand führt. **4. SL:** 40 m links aufwärts in leichterem Gelände. **5. SL:** Rechts ansteigend über 3 H zuletzt um die Kante nach rechts und in die Höhle zum Stand (Sanduhr). **6. SL:** Nun an 3 H (A 1) über den Höhlenüberhang 15 m zum Stand. **7. SL:** 8 m gerade empor, nun Quergang nach links 20 m und weitere 10 m aufwärts zum Stand unter der markanten Rißverschneidung. **8. SL:** 20 m in der Verschneidung (Sanduhrschlinge), Linksquerung über Platten zum Stand (↗SL, VI—). **9. SL:** Gerade hoch (H) zum Stand auf Platte (45 m). Nun zuerst links um die Kante zu kurzer, schwieriger Stelle und weiter in leichterem Gelände zum Ausstieg (5 SL).

● **1179** frei für Ergänzungen

● **1180** **Südlicher Alpeltalkopf**

Der Südl. Alpeltalkopf ist die teilweise überhängende, südl. Begrenzung des Alpeltales.

● **1181** **Nordpfeiler**
H. Brandner, M. Gröll, 1968.
VI— und V+, **A 3** und A 2. Mehrmals Schlingenstand. 200 m, 4—6 Std. Durchwegs fester Fels.

Der Pfeiler beginnt am höchsten Punkt der rechten Begrenzungswand (1 Std. von Vorderbrand).

Vom Einstieg (H) 5 m über meist wasserüberronnene Leiste rechts aufwärts zu schwarzer Nische (Schlinge). Nun über Überhang, 15 m den Haken folgend, kurzer Quergang (3 m) nach rechts und an schwach ausgeprägter Kante zu Schlingenstand. 4 m schräg rechts zu abschüssiger Platte und 15 m in seichter, gelber Verschneidung zu Felsköpfl

(Schlingenstand). Nach links um ein Eck (H) und frei zu Schuppe, weiter links querend an HK, und Schlingen auf ein schmales Band (Stand). Weitere 6 m nach links bis zum Ende des Bandes und gerade empor zu kleinem Graspolster (Stand, 2 m um die Kante Wandbuch). Den Haken folgend unter das große Dach, an BH über das Dach in eine Verschneidung zu schlechtem Schlingenstand. Nun in einer Rinne 20 m (V+) zu Überhang, über ihn an schlechten Haken in leichtes Gelände, 20 m nach rechts auf ein Felsköpfl (Stand). Über Schrofen 60 m zum Gipfel.

● **1182** **Nordwand**
H. Brandner, W. Meißner, 1974.
VI—, A 3, A 2. 300 m, 4—6 Std.

E bei auffallendem Rasenfleck mit Lärche. 10 m senkrecht durch meist nassen Fels (V) zu mächtigem Überhang. An diesem nach rechts aufwärts, zuletzt Querung nach links und über weiteren kleinen Überhang zu dürftigem Stand (VI—, A 3, A 2). Nun schräg aufwärts zu auffallendem Riß und durch diesen (V, A 2, A 1), zuletzt über glatte Platte und Querung nach rechts (VI—) in kurzen Kamin. Nach weiteren 8 m zu gutem Stand unter mächtigen Überhängen. Durch eine glatte, gelbe Verschneidung (V, A 2), zuletzt frei (V+) zu gutem Stand. Von diesem Quergang nach rechts, teilweise etwas absteigend, zu auffallender kleiner Lärche und zu Stand (V). Gerade aufwärts zu einer weiteren kleinen Lärche, von hier etwas absteigend, schließlich wieder 10 m aufwärts zu abschüssigem Band (Biwakplatz der Erstbegeher). Von hier in 4 SL (IV+ und V+) zum Ende der Schwierigkeiten rechts außen, 40 m unter dem Gipfel, den man durch Latschen unschwierig erreicht.

● **1183—1184** frei für Ergänzungen

● **1185** **Dürreckberg,** 1785 m

Der Dürreckberg ist der letzte Gipfel im Gratverlauf westl. der Nördl. Alpeltalköpfe und trennt das Pflugtal vom Alpeltal. Normalanstieg vom Alpeltal.

● **1186** **Ostwand (Werner-Schertle-Gedächtnisführe)**
H. Krafft, H. Brandner, 1979.
VI (1 SL), V— und V, kaum leichter. 500 m, 6 Std. 8 H belassen. Riß- und Verschneidungskletterei in allerbestem Fels, die durch den mittleren von drei Rissen in der Gipfelfallinie führt.

E im Pflugtal nach dem ersten Steilaufschwung. Die 1. SL gerade hoch auf ein Grasband am Beginn der markanten Verschneidung (45 m, IV+). Nun kurze Querung in die Verschneidung und durch diese (35 m, III). Seilzugquergang nach rechts (V+, 3 H) zum Beginn der Rißreihe. Den Riß drei Seillängen bis zum Ende verfolgen (V+ und V). Nun Querung nach rechts 7 m unter die Ausstiegsverschneidung. Durch die Verschneidung (zuerst V), die letzte SL (5 H, durchwegs VI) zum Ausstieg. Von hier in leichter Kletterei 200 m zum Gipfel.

● **1187—1188** frei für Ergänzungen

● **1189** **Kehlstein,** 1834 m

Auf dem Gipfel steht das Kehlsteinhaus; zu ihm führt eine für den allgemeinen Verkehr gesperrte Autostraße, zuletzt ein Aufzug im Bergesinneren. Straßen führen zwischen Ligeret- und Ofneralm durch die Flanken des Berges. Postautoverkehr von Obersalzberg. Guter und lohnender Fußweg von der Ofneralm (Haltestelle der Postautobuslinie Berchtesgaden — Roßfeldstraße über Obersalzberg) über den Dalsenwinkel zum Kehlstein, ferner Fußweg von der Straße Obersalzberg — Scharitzkehl, Abzweigung beim Ghs. Sonneck. Der landschaftlich sehr schöne, vor dem Bau der Straßen (1937 bis 1939) fast ausschließlich benützte Weg über den Kehlriedel und die verf. Obere Kehlalm wird nicht unterhalten, ist aber gefahrlos begehbar. Vom Obersalzberg zum Gipfel 2 Std.

Über den Mannlgrat zum Hohen Göll, siehe R 1139.

● **1190** **Spiralriß**
T. Kurz, F. Brandner, 1934.
IV+. 1—1½ Std.
Schöne, ausgesetzte Rißkletterei im festen Fels. Wegen Steinschlaggefährdung der Straße ist die Begehung verboten, solange die Autobuslinie zum Kehlstein verkehrt.

Nach dem dritten Tunnel der Kehlsteinstraße (es ist das zweite nach der großen Kehre) sieht man einen 150 m hohen Felspfeiler, der von einem teilweise überhängenden Riß durchzogen wird. Der Riß zieht im mittleren Teil durch gelbe Wandstellen. 20 m nach dem Tunnel verläßt man die Straße. Über Schrofen rechts haltend zum unteren Ende dieses Risses, der von einer Rinne gebildet wird. Die Rinne etwa 20 m hinauf zum eigentlichen Riß (II). Anstrengend den engen Riß 20 m hinauf in eine Nische (Stand, IV+). Nun über das Nischendach (IV+, brüchig) und immer im Riß zu einer größeren Nische, 45 m über der ersten Nische (IV+). In der großen Nische auf den freistehenden Block. Von hier rechts heraus und durch einen kurzen Riß zum Wandbuch (IV+). Vom

Buch 10 m leichter zur Kante (III). In den engen glatten Riß hinter der Kante, der sich oben zu einem grifflosen Spalt vertieft, auf den großen Absatz (IV+). Von hier kann man nach links erst ab- dann wieder aufsteigend zum Kehlsteinweg queren, oder durch den ebenfalls schwierigen Riß 20 m auf den zweiten Absatz steigen (IV+).

● **1191—1192** frei für Ergänzungen

● **1193** **Ahornbüchsenkopf,** 1604 m

An der Roßfeldstraße. Vom Obersalzberg her entweder auf der Höhenringstraße oder auf dem Fußweg, der von dieser Straße bei der Enzianhütte am Fuß der Eckerleiten zum Eckersattel abzweigt. Von dort nach links zur Straße und weiter zum höchsten Punkt.

● **1194** **Zinkenkogel,** 1312 m

Diese markante, den Berchtesgadener Talkessel nach O abschließende Kuppe erreicht man mit Sessellift von Dürrnberg oder von der Roßfeldstraße über den bewaldeten, schattigen Kammrücken.

● **1195—1196** frei für Ergänzungen

● **1197** **Großer Barmstein,** 851 m

Die an der Landesgrenze aufragenden Felstürme der Barmsteine (838 und 851 m) sind Wahrzeichen von Hallein und ein besonders lohnender Aussichtspunkt auf Salzachtal, Dachstein und Tennengebirge. Nach Osten fallen sie mit einem steilen Waldgürtel gegen die Brauerei Kaltenhausen ab, nach Westen sind ihnen die Wald- und Wiesenhänge der Gnotschaft Mehlweg (schöne Wanderung über die Köpplschneid nach Schellenberg) vorgelagert. Die Barmsteine bieten kurze, doch lohnende Klettereien, besonders von der Westseite. Man erreicht sie von Kaltenhausen auf einem Waldweg oder von Zill in der Scheffau. Hierher Fahrstraßen von Schellenberg, Oberau und Unterau.

Alle Führen an den Barmsteinen haben Klettergartencharakter; dadurch sind häufig Varianten möglich.

● **1198 Normalweg**

Ohne Schwierigkeiten auf Steig von Westen zum Gipfel.

● **1199** **Alte Westwand**
F. Holzer, W. Jascha, 1949.
V, A 1. 80 m, 1 Std. Guter Fels. Foto Seite 365.

Einstieg in Gipfelfallinie. Über ein kleines Band nach links hinauf (kleine Eibe). Über senkrechten Fels 6 m gerade empor, dann leicht links haltend zu einer Wandeinbuchtung (IV+). Quergang über eine senkrechte Platte nach rechts aufwärts zu kleinem Stand (V, A 1). 20 m hinauf zu einem dürren Bäumchen in einer Nische unter Überhängen. Nach rechts hinauf zum Gipfel.

● **1200 Westwand**
Lapuch, Wirrer, 1965.
V+, 1 Std., brüchig.

Eine steile, grasdurchsetzte Rampe führt 60 m nach links hinauf. Vom höchsten Punkt über eine Platte 10 m empor und nach rechts zu einem Strauch unter schwarzen Überhängen (V). Heikle Querung nach rechts abwärts (7 m), über einen Überhang (V+) hinauf und steil rechts an kleinen Griffen zu Stand. Gerade hinauf (V+) zum Gipfel.

● **1200 a Direkter Einstieg zu R 1200**

20 m rechts von R 1200 gerade hinauf zu Höhle. Hangelnd nach rechts in eine Verschneidung und über Platte zum Überhang.

● **1201 Westpfeiler**
Brettl, Mailinger, 1973.
V+, A 2. 2 Std. Foto Seite 365.

E etwa 10 m links von R 1199; 40 m links haltend (Haken) auf Platte zu Stand. Nun den Haken folgend zuletzt über ein Dach zum Gipfel.

● **1202 Dachführe**
Gruber u. Gef.
V+, A 2. 80 m, 1 Std. Foto Seite 365.

E wie bei R 1199 bis zur Eibe, dann nicht nach links, sondern einige Meter nach rechts zu H. Über H und Schlingen hinauf zu Stand. Mit der 2. SL kommt man, den H folgend, zu Stand unter dem Dach (Wandbuch). Vom Stand einige Meter nach links ansteigend unter das Dach, nun an H und einer langen Schlinge über dieses hinweg, etwas nach rechts und weiter 10 m zum Ausstieg.

● **1203 Westwand**
Gruber, Pretschuh, 1966.
V, A 1, IV+. 1 Std. Foto Seite 365.

E 10 m rechts von R 1199. Durch einen Riß 8 m gerade empor, 3 m nach rechts, wieder 15 m gerade empor und nach rechts zu gutem Standplatz. Weiter gerade hinauf, dann über eine Platte schräg rechts in einem Riß unter einen Überhang, der links überwunden wird, wobei in freier Kletterei ein Stand in einer Rinne erreicht wird. (Von hier kann man nach rechts zum SO-Grat queren.) 6 m durch Rinne empor, dann 3 m nach rechts und durch einen schwierigen Riß auf eine abgesprengte Schuppe. Nun Spreizschritt nach rechts in eine Verschneidung am SO-Grat und über ihn zum Gipfel.

● **1203 a** **Direkter Ausstieg zu R 1203**
Friedwagner, Gruber, 1967.
V+, A 2. ½ Std. Foto Seite 365.

Vom Stand in der Rinne gerade empor und über mehrere Überhänge 40 m zum Gipfel.

● **1204** **Westwand**
Brandner, Bachmair, 1973.
VI—, 1 Std. Foto Seite 365.

E etwa 20 m rechts von R 1203; 8 m auf ein schmales Grasband hinauf. Nun entweder etwas links zu H, dann 25 m rechts aufwärts oder über Überhang und warzigen Fels zu auffallender Schuppe (Stand). Weiter rechts haltend, über kurzen Überhang (H), nun Quergang nach rechts zum Südgrat und auf diesem zum Gipfel.

● **1205** **Westwand**
H. Krafft, H. Brandner, W. Meißner, 1974.
V+, A 1. 1 Std.

E 20 m rechts von R 1204. Über ein schmales Grasband etwa 20 m zu auffallendem Baum. Nun dem Riß folgend (H), A 1, zuletzt rechts haltend in eine Nische zu Stand. Über einen Überhang nach rechts auf kleine Rampe zu dürrem Baum. Nun Querung nach links (6 m), weiter rechts ansteigend zum Südgrat und Gipfel.

● **1206** **Südgrat**
IV— und III. Foto Seite 365.

Von der Scharte zwischen beiden Barmsteinen über grasdurchsetzte Felsen zum Gipfel.

● **1207—1209** frei für Ergänzungen

Großer Barmstein von Westen

R 1199	Alte Westwand (Holzer/Jascha)
R 1201	Westpfeiler (Brettl/Mailinger)
R 1202	Dachführe (Gruber und Gef.)
R 1203	Westwand (Gruber/Pretschuh)
R 1203 a	Direkter Ausstieg zu R 1203
R 1204	Westwand (Brandner/Bachmair)
R 1206	Südgrat

Großer Barmstein
1203a
1206
1199
1202
1204
1203
1201

● **1210** **Kleiner Barmstein**, 838 m

● **1211** **Normalweg**
Auf gut gesichertem Weg zum Gipfel.

● **1212** **Südgrat**
II, 1 Std.

Reizvolle Kletterei über die einzelnen Graterhebungen.

● **1213** **Ostwand, „Weg der Jugend"**
Der Fels ist jedoch teilweise mit Moos bedeckt. Schlechte BH.

● **1214** **Westwand, ÖTK-Führe**
Penker, Böhr, 1969.
V+, A 1. 2 Std.

E am Beginn eines deutlich sichtbaren Bandes, dem man 35 m nach links, bis zu einem verdorrten Bäumchen, folgt. Über einen kleinen Überhang (H) senkrecht bis unter die Dächer. Auf schmalem Sims 10 m nach links zu Stand (V+). Nun senkrecht empor, etwas nach rechts und über den Überhang (H) neuerlich zu Stand (Holzkeile). Nach rechts in unschwieriger Kletterei zum Gipfel.

● **1215—1249** frei für Ergänzungen

7. Gotzenberge und Hagengebirge

7.1 Allgemeines

Zusammenhängendes Tafelgebirge mit ausgesprochener Hochflächenbildung, wildreich und, was das Hagengebirge betrifft, wenig wegsam. Zum **Gotzenmassiv**, das durch das Landtal vom Hagengebirge getrennt ist, zählen außer dem Hohen Laafeld, 2074 m, dem Gotzentauern, 1858 m, und dem Warteck, 1741 m, noch Fagstein, 2164 m, und Rotspielscheibe, 1940 m.

Das **Hagengebirge** weist an seinem Westrand folgende Gipfel auf: Schneibstein, 2276 m, Reinersberg, 2171 m, Windschartenkopf, 2211 m, Schlunghorn (Schlumkopf), 2206 m, Hochseeleinkopf (Hochsoienkopf), 2109 m, Kahlersberg, 2350 m, Kragenköpfe, 2174 m, 2178 m, 2143 m, Hochsäul, 2073 m, Schossenkopf, 2107 m. Die Hochfläche stellt eine gewaltige, einsame Tafellandschaft dar, welche nach außen (O und N) mit steilen Wänden abbricht. Sie ist von meist dichten Legföhren bedeckt, deren undurchdringliches Gewirr ein idealer Schlupfwinkel für Gamswild ist. Im O und S weist das Gebirge folgende Randerhebungen auf: Kratzspitze (Grazspitz), 1759 m, Steinwändhorn, 1863 m, Tristkopf, 2110 m, Rifflkopf, 2254 m, Hochgschirr, 2255 m, Tanntalköpfe, 2224 m, 2249 m, 2271 m, Raucheckkopf (Rauhegg), 2215 m, Jägerbrunntrog, 2247 m und Wildalmriedel (Blühnbachkopf, Brettspitz), 2269 m. Seine südwestl. Eckpfeiler, das Gr. und Kl. Teufelshorn, 2362 m und 2283 m, sind die bedeutendsten Erhebungen am Übergang zum Steinernen Meer. Im Inneren sind Lengtalschneid, 2227 m, und Hochwieskopf, 2189 m, die wichtigsten Erhebungen.

Auf der eigentlichen Hochfläche des Hagengebirges, also auf der österr. Seite, sind nur wenige Steige ungeübten und gebietsfremden Bergwanderern anzuraten. Nach dem Stand von 1981 sind folgende Wege markiert: Golling — alter Alpweg zur Jochalpe — Stahlhaus; Stahlhaus — Schneibstein — Windscharte — Seelein, Windscharte — Schlum — Golling; Golling — Bluntau — Hieflalm — Seealm — Grünalm — Hochtor — Tristkopf — Sulzau; Golling — Kratzalm — Angeralm — Fillingalm — Hochtor — Sulzau. Tenneck — Gerstpoint — Karalpe — Impautrieb — Pitzen (Bitzen) — Lengtaltörl, dann dem Verbundsteig (mit Werksmarkierung) folgend über Roßfeld — Sulzenkarl — Hinteralm — Eckberthütte.

Im Hagengebirge wurden ab 1924 im Blühnbachtal, ab 1936 in der

Röth die schon vor Jahrhunderten ausgerotteten Steinböcke wieder angesiedelt. Die für die Gamsräude besonders anfällige Steinwildkolonie hat heute einen Bestand von ca. 50—60 Stück.

Wegen der Bedrohung des Gamswildes durch die seit mehr als vier Jahrzehnten wütende **Gamsräude** erließ die Salzburger Landesregierung ein Verbot, von den markierten Steigen abzuweichen.

Das Hagengebirge wie auch der österr. Teil des Hohen Gölls und der Hochkönig sind zum **Landschaftsschutzgebiet** erklärt, in dem die geschützten Pflanzen unbedingt zu schonen sind.

1959 / 60 wurde eine 220 000-Volt-Leitung von Kaprun nach St. Peter bei Braunau gebaut, die von Hinterthal über die Torscharte ins Blühnbachtal führt und der Länge nach das Hochplateau des Hagengebirges in Richtung Golling überquert. Der sogenannte Verbundsteig führt von der Kratzalm entlang der Hochspannungsleitung zur Angeralm — Biedereralm — Lengtaltörl — Roßfeld — Jagerbrunntrog — Hinteralm — Häuslalm. Er wurde von der Österr. Elektrizitätswirtschafts AG (Verbundgesellschaft) als Betriebssteig errichtet, ist markiert, wird jedoch nicht durchwegs erhalten. Die Verbundgesellschaft übernimmt für diesen Steig keine Haftung, jedoch wird niemand an der Steigbenützung behindert.

Auf der Sonnseite des Blühnbachtals und der Jochalmen gibt es auffallend viele Kreuzottern.

Außer den markierten Steigen ist bis auf spärliche Spuren kein Steig mehr zu erkennen, da durch die Gummiprofilsohlen keine Abschürfungen mehr an den Steinen entstehen und Steindauben fast ganz fehlen. Das Hagengebirge ist nach dem Hagenbauer in Tenneck bei Werfen benannt und bezog sich früher nur auf einen Teil des jetzigen Hagengebirges, nämlich Gschirr, Karalm, Schönbichlalm, Roßfeld.

Die Höhenangaben früherer Auflagen wurden nach der 1972 erschienenen AV-Karte Hochkönig-Hagengebirge 1 : 25 000 korrigiert. Die teilweise sehr willkürliche neue Namensgebung dieser Karte wird von den Herausgebern anderer weit verbreiteter Karten nicht übernommen. **Bei erheblichen Abweichungen ist der betreffende Name der AV-Karte in Klammern neben die bisher gebräuchliche Bezeichnung gesetzt.**

Der südliche Teil des Hagengebirges, links das Blühnbachtal

Brandhorn
Alpriedelhorn
Teufelshörner
Hochgschirr
Rifflkopf

7.2 Hütten und ihre Zugänge

Der bedauerliche Verfall der Almwirtschaft hat dazu geführt, daß es im österr. Teil des Hagengebirges keine bew. Unterkünfte mehr gibt. In der verfallenden Hinterschlumalm kann eine Notschlafstelle gefunden werden. Eine Ursache des Rückganges der Almwirtschaft ist neben dem Fehlen von Fahrwegen und dem Personalmangel auch das Nachlassen der Quellen. Es empfiehlt sich, Getränke mitzunehmen, da die wenigen Quellen und Wasserlöcher im Herbst vielfach völlig ausbleiben.

● **1250** **Stahlhaus** und **Schneibsteinhaus**

Siehe R 1065 und R 1069.

● **1251** **Untere Jochalm,** 1172 m

Im Bluntautal, etwa 10 B. und 20 M., Privatalm. Wenn der Almbetrieb auf die Obere Jochalm verlegt ist, besteht auch dort Unterkunftsmöglichkeit.

● **1252** **Golling — Untere Jochalm**
3 Std.

Über die Salzach, dann linke Straße, unter Autobahn durch, zum Wirtshaus Göllhof (15 B., ½ Std.), durch das Bluntautal (links Straße, rechts Fußweg) zum Wirtshaus „Bärenhütte" (1 Std.). Weiter zum Unterstandshüttl. Wegteilung: Alter, bez. Almweg links, z.T. durch Wildwasserschäden zerstört, zur Unteren Jochalm. Fahrweg (nicht mit Kfz. befahrbar) führt von Wegteilung bis zur Unteren Jochalm (7 km), bequem, vereinigt sich dort mit Almweg.

● **1253** **Springlkaser,** 1685 m
(Gotzenalm)

Auf der Gotzenalm, privat, im Sommer bis 1. Oktober bew., 12 B., 46 M.

● **1254** **Königssee — Königsbachalm — Gotzenalm**
4—4½ Std.

Von Königssee über die Hochbahn zur Königsbachalm (hierher auch von Vorderbrand). Nun nicht dem Königsbach weiter aufwärts folgen, sondern bei der untersten Almhütte nach rechts auf einen am Hang aufwärts führenden Ziehweg abbiegen. Dann auf und ab, zum Schluß durch Wald abwärts zur **Gotzentalalm**; bez., ¾ Std. von der Königsbachalm. Man kann von der Königsbachalm auch auf der Forststraße ohne wesentliche Steigungen und mit sehr schönen Tiefblicken auf den Königssee zur Gotzentalalm gelangen, 35 Min. Nun nicht das Hochtal empor, sondern rechts in Kehren über die **Seeaualm,** 1 Std. (hier endet die kurz vor dem Parkplatz Hinterbrand abzweigende Forststraße), nach ½ Std. rechts Quelle, nach einer weiteren ½ Std. zur Hochfläche der Gotzenalmen. (Beim Springlkaser Fahne.) Mächtiger Rundblick; vom W-Rand (Warteck und Feuerpalfen, ¼ Std. vom Springlkaser, sehr besuchenswert!) Tiefblick auf den Königssee und Einblick in die gewaltige Watzmann-O-Wand, eine der schönsten Stellen der Bayerischen Alpen.

● **1255** **Königssee — Kessel — Gotzenalm**
3—3½ Std.

Mit Schiff von Königssee zum Kessel; dann Reitweg in langen Kehren über die steilen Waldhänge. Nach 1½ Std. Gotzentalalm (1115 m) in engem Hochtal, bez.; Quelle. Weiter wie R 1254.

● **1256** **Königssee — Saletalm — Kaunersteig — Gotzenalm**
Bez. Weg, 3½ Std. Nur für Geübte.

Bez. Weg von der Landungsstelle an der Saletalm links am O-Ufer des Königssees etwa 20 Min. entlang, dann (Tafel) nicht mehr geradeaus, sondern rechts aufwärts steil durch Wald, später über 966 Stufen zu einer Holzstube und das Regental aufwärts zu den Regenalmen, 3 Std. von der Saletalm. Auf Reitweg zur Gotzenalm.

● **1257** **Priesbergalm — Gotzenalm über Unteren Hirschenlauf**
1½—2 Std.

Von der Priesbergalm eben zur südl. Almhütte, abwärts zum Bach, einige Schritte aufwärts und rechts auf einen kleinen Steig hinunter. Man quert hierauf den Abwärtsgraben und steigt auf der anderen Seite einen steilen Hang westl. empor. Einige Minuten südwestl. durch Wald und über eine Lichtung eben zum Gotzenweg R 1254, den man kurz vor der Seeaualm trifft (1¼ Std. von Priesberg). Der **Mittlere Hirschenlauf** ist verfallen, nicht mehr gesichert und sehr schwer zu finden.

Der **Obere Hirschenlauf** ist verfallen.

● **1258—1259** frei für Ergänzungen

7.3 Übergänge und Höhenwege

● 1260 Königsbachalm — Hochgschirr (1949 m) — Obersee
5 Std.

Östlich oberhalb der Königsbachalm bis zur Weggabelung. Nach Süden und an der Brennhütte vorbei zur **Priesbergalm.** Bei der südlichsten Almhütte eben weiter über die Almmatten und nach 12 Min. einige Schritte hinab in den stark fallenden Abwärtsgraben. Unmittelbar jenseits des Grabens Wegteilung. (Rechts führt der untere Hirschenlauf, R 1257 zur Seeaualm). Den linken Weg etwas bergan und in die steile Wand von „Im Kammerl". An ihrem Fuße entlang in den Hochwald und weiter in den „Stiergraben", den rechts die Tauernwand begrenzt. Man geht das Tal links bis ans Ende hinauf, wo es sich nach beiden Seiten öffnet. Nach rechts sieht man nun auf den Sattel des Hochgschirrs zwischen Kahlersberg und Hohem Laafeld. Nach links zieht sich in Richtung auf den Schneibstein eine lange, schmale Mulde hin, die links vom Fagstein begrenzt wird, und in deren Grunde das noch nicht sichtbare Seelein (Schlumsee, 1809 m, im Volksmund **Seeleinsee)** liegt. Der Weg biegt ein Stück nach links um, auf einen kleinen Sattel, wendet sich dann wieder ganz nach rechts (links Abzweigung zum Seelein) in Richtung auf das **Hochgschirr** zu. (Links Abzweigung auf den Kahlersberg, rechts auf das **Hohe Laafeld.)**

Überraschender Blick auf die Röth mit dem Röthbachfall und auf das Steinerne Meer, in dem besonders das Wildalmkirchl fesselt.

Jenseits auf gutem Steiglein das Landtal hinab, an der verfallenen **Mitterhüttenalm** (1630 m) vorbei (rechts Abzweigung zur Regen- und Gotzenalm, und weiter zur **Landtalalm** (1441 m). Von der Landtalalm ½ Std. abwärts über den Bach und bei der dann folgenden Wegteilung (links zur Röth) rechts in einer weiteren Stunde zur **Fischunkelalm** am Obersee, von der man wieder 1 Std. zur Bootslandestelle Saletalm am Königssee braucht.

● 1261 Gotzenalm — Landtal — Obersee
4 Std.

Vom Springlkaser (Weg bez.) über die Almfläche nach O, wo man nach wenigen Minuten auf den Reitweg trifft; auf diesem nach rechts gegen die Regenalm mit Jagdhütte, welche rechts unten liegen bleibt (20 Min.); zunächst auf dem Reitweg weiter eben um die Felsen des Laafelds herum; bei Wegteilung rechts, dann aufwärts und scharf links in die Wand hinein (die gerade zur Landtalalm herunterführenden Steigspuren zu benützen, wird gewarnt, gefährlich!) und diese fast waagrecht querend ins Landtal, gegen die Mitterhütte und rechts umbiegend abwärts zur Landtalalm. (Quelle, 1½ Std. von der Gotzenalm.) Weiter wie R 1260.

● **1262** **Landtal — Röth,** 1¾ Std.
In den dreißiger Jahren erbauter Reitweg.

Bei der Wegteilung unterhalb der Landtalalm nach links mit vielfach großartigen Tiefblicken. Nach 20 Min. auffallende Wegteilung: Der Reitweg führt links steiler in das Gebiet der Neuhüttalm (zur abgerissenen Göring-Jagdhütte); der rechte Weg geht geradeaus weiter zur Wasseralm (Anschluß ins Steinerne Meer).

● **1263** **Landtal — Luchspfad — Laubseeleingasse**
2½—3 Std. Schwer zu finden; nur für geübte Bergsteiger.

Von der Landtalalm (R 1260) etwa 20 m südöstl. empor, dann den Luchspfad — Trittspuren! — zuerst eben, dann steil hinauf (Stufen und Versicherungen sind verfallen, Vorsicht!). Nach einer Stunde ist die Steilstufe überwunden, die nun folgenden Platten werden von links nach rechts gequert. (Der abzweigende Steig rechts zum Haunauerlaub ist fast gänzlich zerstört und keinesfalls ratsam!) Auf wenig ausgeprägten Steigspuren im Grund des Hochtals durch die deutlich erkennbare Laubseeleingasse zum P. 1972, 2½ Std. In südöstl. Richtung in die Hint. Bärengrube. Es kann der südl. liegende **Bramersofenkopf** erstiegen werden. Als Rückweg möglicherweise in nordwestl. Richtung zwischen **Kragenköpfen** und **Schossenkopf** durch zum Steig, der vom Kahlersberg-Bärensunk ins Landtal führt.

● **1264** **Röth — Schreck — Hintere Bärengrube — Hochwiessattel (1998 m)**
4—5 Std. Dieser Steig ist verfallen, Steindauben sind kaum mehr zu finden.

Von der Röth geht man in die Schreck (R 1323), dann nicht links zum Hanauerlaub hinauf, sondern geradeaus. Bald teilt sich der Weg. Schräg links führt ein Schafsteig gegen die Hochfeldköpfe empor und endigt 150 m unterhalb derselben. Von hier aus werden die wenig bedeutenden **Hochfeldköpfe,** 2028 m, und 2034 m, in 2 bzw. 2¼ Std. bestiegen (von der untersten Schreck aus gerechnet). Auf der S-Seite des südöstl. Hochfeldkopfes eine zum Biwakieren geeignete Höhle, 5 Min. rechts davon eine Dolinenhöhle mit zwei Ausgängen. Man geht in der Schreck den rechten (südl.) in der tiefsten Talung unter dem Hang des Wildpalfen führenden Steigspuren nach. Nach 2 Std. südl. des **Bramersofenkopfes,** 2147 m, der von hier in 40 Min. bestiegen werden kann, etwas links eine kleine Höhle, weiter in nördl. Richtung zur Hinteren Bärengrube bei P. 1949 an der Landesgrenze.

In der Hinteren Bärengrube führt der schwer kenntliche Steig möglichst tief. Man hält sich im Zweifelsfalle rechts. Nach 15 Min. biegt man, sobald das Raucheck sichtbar wird, scharf rechts auf dieses zu, dann, wenn der Westl. Tanntalkopf zu sehen ist, auf diesen zu. 40 Min. von der Bärwies. Über Karren von hier in weiteren 40 Min. nördlich auf den **Paradeiskopf,** 2169 m. Über schrofendurchsetzte Grashänge ist auch südl. das **Raucheck,** 2216 m, unschwierig zu besteigen. Von den Steinmanndln hinab in eine große Grube, gegenüber empor auf einen Grasfleck. (Will man den **Westl. Tanntalkopf** erreichen, so hält man mehr nach rechts auf einen unter ihm liegenden Grasfleck zu. Weiter R 1363.) Nach Überschreiten eines Querriegels nordöstl. über die Wiesen des Roßfelds, zuletzt links ansteigend gegen Hochwies, trifft man den Steig, der in wenigen Minuten zum versteckten Jagdhüttchen Hochwies am **Lengtaltörl (Hochwiessattel),** führt (an der das Hagengebirge durchquerenden 220-kW-Leitung). 2 Std. von der Hinteren Bärengrube.

● **1265 Hochwiessattel — Angeralm — Golling,** 4½—5 Std.

Vom Hochwiessattel in nördl. Richtung über Jagdhütte Hochwandl zur verf. Grünalm. Von hier verwachsener Steig links abwärts zur verf. Seealm bzw. rechts empor, entlang der Hochspannungsleitung, zur Angeralm, 50 Min. Von hier über den Höllrieglsteig zur Kratzalm oder links den Almweg über Kratzalm — Thanhausberg — Taxenbauer und weiter nach Golling.

● **1266 Hochwiessattel — Blühnbachtal — Tenneck,** 4½ Std.

Vom Hochwiessattel südöstl. absteigend in 25 Min. zur verf. Schönbichlalm, 1912 m. Will man ins Blühnbachtal, so braucht man nicht in den Kessel der Schönbichlalm hinab, sondern geht in südöstl. Richtung zum P. 1912 (vgl. R 1371, 1372). Von da Steig südl. am östl. Talhang des Tiefenbachgrabens zum Blühnbachschloß. 2½ Std. Vom Schloß entweder obere Straße oder 5 Min. unterhalb des Schlosses untere Straße in 1¼ Std. nach Tenneck.

● **1267 Blühnbachtal — Schönbichlalm — Golling,** 8 Std.

Vom Blühnbachschloß durch das nordöstl. Gattertor auf Steig rechts des Tiefenbachgrabens in 3½ Std. zur Hochfläche; dann rechts (nordöstl.) absteigend zur 45 Min. entfernten verf. Schönbichlalm, 1793 m.

Hagengebirge und östl. Hochkönigstock von Nordwesten (Watzmannkinder)

Wildpalfen
Gr. Teufelshorn
Kl. Teufelshorn
Blühnbachtörl
Eisgrabenscharte
Östl. Hochkönigstock
Eisgraben
Röth

Von hier (Murmeltiere) nördl. auf Steig in 1 Std. über verf. Neukaser zur verf. Grünalm (Krünnalm) und (R 1265) nach Golling.

• 1268 Schönbichlalm — Karalm — Tenneck, 5½ Std.

Von der Schönbichlalm über den Schönbichltrieb südöstlich steil empor zu einem Sattel (1 Std.) — Hinterbergstecken — zwischen Hochgschirr und Saurücken; dann auf bezeichnetem Steig in einer Talmulde südöstlich. Wo das Tal steiler abfallend wird, biegt der kaum kenntliche Steig nach rechts unter den Ausläufern des Hochgschirrs, dann über einen weithin sichtbaren Grasfleck hinab. Von hier erst ein wenig schräg rechts abwärts (nicht rechts aufwärts, da dieser Weg über eine Jagdhütte ins Blühnbachtal führt), dann links abwärts zur Karalm (1½ Std.), weiter auf dem unterhalb der Karalm auf der rechten Talseite ziehenden Steig. Wo dieser sich teilt, entweder
a) abwärts auf weiter bezeichnetem Steig bis Gerstpoint und nach Tenneck oder
b) unbezeichnet nach rechts oder eben und teilweise etwas steigend etwa 20 Min. um den Berghang herum, bis man einen Reitweg erreicht (40 Min. von der Karalm). In 30 Min. erreicht man die Asterberg- und Sattelalm. Von hier über die Impauhöfe zur oberen Blühnbachstraße und in 2 Std. zur Bahnstation Tenneck.

• 1269 Golling — Schlumtal — Priesbergalm
6½ Std., bez. Weg.

Über die Salzach südwestl. auf der Straße ins Bluntautal. Nach 1¼ Std. beim Ghs. „Bärenhütte" (Wegtafel, rechts führt der Weg über den Bach zum Torrenerjoch und zu den Bluntau-Wasserfällen), dem Bach links (südl.) entlang und an der Stelle, wo einer seiner Arme aus dem Berg quillt, über diesen hinweg zum schluchtartig ansetzenden, markierten Steig zur **Seealm,** bzw. von der **Hieflalm** rechts abzweigend direkt zur **Vorderen Schlumalm.** Von der Seealm zur Vorderen Schlumalm, 1467 m, und auf dem markierten Steig weiter zur **Hinteren Schlumalm,** 1694 m. 2—2½ Std. Alle Almen verfallen, keine Übernachtungsmöglichkeit. Weiter entweder

a) westl., zuletzt steil zur **Windscharte** (2093 m), 1½ Std., und westl. zur Rotspielalm, 1¼ Std., von hier steil westl. zur Priesbergalm oder von der Scharte dicht an den Hängen des Windschartenkopfes südwestl. bequem durch ein Tal zum Seelein, 2 Std. (bez.), oder

b) südwestlich in der Flanke von Windschartenkopf und Hochseeleinkopf, dessen Abbruch plateauseitig umgehend zur **Hochseeleinscharte** (Schlunghiefl, 1999 m, 2 Std.), von da am nördl. Hang sich haltend über Schutt in 30 Min. zum verfallenen Seeleinkaser; nicht bez. Weiter wie R 1260 in umgekehrter Richtung.

● **1270 Sulzau — Hochtor — Angeralm — Golling**
7—8 Std., bez. Steig.

Von der Haltestelle Sulzau südl. über die Salzachbrücke (10 Min.) zum Aschauer Whs. Oberhalb der Straße rechts ab auf dem nördl. Hang des Eisgrabens empor zur Brunnalm, 1372 m, 2¼ Std., weiter zum Hochtor, 1896 m, 2 Std.

Von hier südwestl. in 35 Min. auf den **Tristkopf,** 2110 m, oder nordöstl. auf dem Grat in 20 Min. zum **Steinwendhorn,** 1863 m, von dem eine Latschengasse westl. zur Fillingalm hinabführt.
Vom Hochtor direkt über Fillingalm — Angeralm nach Golling oder um den Fuß des Tristkopfes, der Hochspannungsleitung folgend, bis zur Verbundhütte, 1514 m. Von dort auf markiertem Steig nordwestl. durch einen Graben abwärts in den Seealmkessel und am frischen Felssturz vorbei, dann diesen verlassend, auf Steig zur Bärenhütte im Bluntautal; weiter Straße nach Golling.

● **1271 Golling — Seealm — Grünalm — Hochtor**
5 Std., bez. Steig.

Auf R 1269 zur Hieflalm. Links ab, östl. an dem See und der Seealm vorbei, steil aufwärts zur Verbundhütte, 1514 m (Hütte für die Kontrolleure der Hochspannungsleitung) und in südöstl. Richtung links des Tristkopfes zum Hochtor.

● **1272—1279** frei für Ergänzungen

7.4 Gipfel und Gipfelwege

● 1280 **Rotspielscheibe,** 1940 m

Wenig ausgeprägte, aus dem Hagengebirge fast eben nach W vorspringende Erhebung südl. des Jenners. Man besteigt sie ohne Schwierigkeit.

● 1281 **Von der Königstalalm,** 1 Std.

Von der Königstalalm (R 1067) südöstl., dann südwestl. und von der Einsattelung zur nördl. gelagerten Farnleiten („Kuhscheibe") wieder südöstl. über den baumbestandenen Vorbau auf die sogen. „Geißwand", dann im Abstieg in eine kleine Scharte und von da wieder ansteigend über Grashänge und Schrofen auf den breiten, flachen Rücken der Rotspielscheibe.

● 1282 **Von der Priesbergalm,** 1½ Std.

Auf dem Moossteig östl. ansteigend zur verfallenen Rotspielalm; nun nicht geradeaus, sondern links auf die Einsattelung zwischen Rotspielscheibe und Farnleiten („Kuhscheibe") — der höchste Punkt des letzteren Graskegels liegt etwas nördlicher — und im Zickzack nordöstl. zum Gipfel.

● 1283 **Nordwand**
W. Plötz, H. Schmidt, 1948.
VI (fast durchwegs), Wandhöhe ohne Vorbau 100 m, 3 Std.

Vom hinteren Königstal auf den höchsten Punkt des Graskegels und im Zickzack durch den gras- und baumbestandenen Vorbau. Zuletzt gelangt man über brüchige Schrofen zum Fuße einer Verschneidung, welche schräg rechts aufwärts zum höchsten Punkt zieht (1 Std. von Königstal). Im linken von zwei Rissen 15 m aufwärts zu H. Nun rechts des stark herausdrängenden Risses 4 m empor auf geneigtere Platten. Über diese, zum Schluß durch eine Rinne in einen kleinen Schuttkessel. Über die rechte, senkr. Wand der Verschneidung empor auf geräumigen Standplatz. Nun rechts der schmäler gewordenen, unten meist wasserüberronnenen Verschneidung 6 m empor (H) und schräg nach links um eine Kante in die Verschneidung zurück und durch sie nach 20 m zum Gipfelkamm.

● 1284 frei für Ergänzungen

● 1285 **Fagstein,** 2164 m

Vom Seeleinkessel nach NW mit grasigen Hängen ansteigender, gegen Priesberg mit steiler Wand abfallender, schöner Gipfel.

● **1286** **Vom Seeleinkessel,** 1½ Std.

Von der verf. Seeleinalm folgt man den Dauben im Tal nach NO bis zum Sattel zwischen Windschartenkopf und Fagstein, P. 1993. Hier scharf links weglos über rasendurchsetzte Felsen auf der Gratkante zum Gipfel (1¼ Std. vom Seelein). Oder direkt zum Fagstein: Vom Seelein auf dem Wege zum Schneibstein an der Seeleinalm vorbei, bis man in 1900 m Höhe die Verbindungslinie zwischen den Spitzen des Hochseeleinkopfes und des Fagsteins erreicht hat. Nun links ab zum Punkte 1938,8, dem südlichsten Ausläufer des Fagsteins, und bequem dem begrünten Grate entlang zum höchsten Punkt.

● **1287** **Von der Rotspielalm**
I, 1 Std.

Auf schwachem Steig östl. empor, um den Fagstein herum bis zum höchsten Punkt des Sattels (1993 m). In unschwieriger Kletterei auf das NO-Ende des Fagsteinkammes. Auf ihm in ¼ Std. zum höchsten Punkt.

● **1288 A Abstieg zur Priesbergalm,** 1½ Std.

Abstieg ¼ Std. südl. dem Grat nach, dann auf breitem, abschüssigem Grasband (etwas Trittsicherheit erforderlich) nach rechts (SW) hinab und über die breiten Hänge des Hohen Roßfelds (ganz rechts halten!) nach Priesberg.

● **1289** frei für Ergänzungen

● **1290** **Hohes Laafeld,** 2074 m

Rest einer alten Hochfläche mit eigenartiger Gestaltung; aufschlußreicher Blick in die abgeschiedene Welt des Landtal- und Schlumgrabens und auf deren Umgrenzung.

● **1291** **Von der Gotzenalm**
1½ Std.

Östlich durch die Rosengrube auf Schafsteig oder vom Gatterl an der Landtalwand (R 1261) nördl. über das Mitter-Laafeld pfadlos zum Gipfel.

● **1292** **Vom Hochgschirr**
½ Std.

Westl. auf Serpentinensteig über die sogen. Frauenwand gerade zum Gipfel.

● **1293** frei für Ergänzungen

● 1294 **Gotzentauern,** 1858

Unbedeutende Gipfelerhebung erreicht, die nur den vom Hohen Laafeld nach NW absinkenden Plateaurand darstellt. Eine Besteigung des Berges für sich allein ist wenig lohnend. Am besten mit R 1291 zu verbinden.

● 1295 **Von der Gotzenalm**
½ Std.

Nach Osten in die Bärengrube und über felsige Grashänge auf den Gipfel. Oder vom Mittleren Hirschenlauf am Hochflächenrand entlang zum höchsten Punkt.

● **1296—1297** frei für Ergänzungen

● 1298 **Schneibstein,** 2276 m

Erste touristische Besteigung F. P. Schrank, 1783. Der unschwierigste Berchtesgadener Zweitausender; herrliche Aussicht, besonders vielartig der Einblick in die Felswildnis des Hagengebirgs und die schroffen Abstürze des Kuchler Kamms.

● 1299 **Vom Stahlhaus**
1¾ Std.

Südöstl. auf bez. Steig, zuletzt über den sanften NW-Grat zum Gipfel.

● 1300 **Von der Königsbachalm**
2½ Std.

Von der Königsbachalm auf dem Weg zur Priesbergalm an der Abzweigung zum Stahlhaus vorbei und einige Minuten durch den Wald. Ehe dieser aufhört, links abzweigen, auf Karrenweg zur Königstalalm. Bei der obersten (östl.) Hütte gerade hinauf über einen sehr steilen Rasenhang zu dem die Bockskehl begrenzenden W-Grat des Schneibsteins, den man unschwierig verfolgt, bis er sich in der nördl. Abdachung des Berges verliert. Hier trifft man auf die bis zum Gipfel führende rote Bez. vom Torrenerjoch.

● 1301 **Von der Königstalalm über die Südwestseite**
2 Std.

Zwischen den beiden südl. gelegenen Almhütten auf Viehsteig zunächst in südl. Richtung, bei der ersten Wegteilung links haltend (der rechte Steig führt zur Farnleiten und Rotspielscheibe, R 1281), bei nächster rechts (der linke Steig führt in die Bockskehle) und sodann ziemlich steil südwestl. aufwärts an der Königstalwand vorbei auf die Hochfläche zwischen Fagstein und Reinersberg, von wo aus Steindauben den jetzt bald östl. umbiegenden Steig zur verfallenen Reinersbergalm

(Tafel) bezeichnen. Hier erreicht man den vom Seelein-See zum Schneibstein führenden Aufstieg. Man vermeide bei Erreichen der Hochfläche die ebenfalls mit Dauben bezeichneten südl. Abstiege in das Kar zwischen Fagstein und Rotspielscheibe.

● **1302 A** **Abstieg zur Hochseeleinscharte,** 2 Std.

Ein sehr schöner Höhenspaziergang führt südwestl. zur Windscharte, 40 Min. (unter Mitnahme des westl. gelegenen Reinersberg, 2171 m, 1 Std. mehr); von der Windscharte Abstieg zur Priesbergalm, s. R 1269. Dann läßt man den Windschartenkopf, 2211 m, rechts das Schlunghorn (Schlumkopf), 2206 m, links, indem man auf einem breiten Band ansteigend einem Sattel (Hochsattel) zustrebt und erreicht in ebener Gratwanderung den schönen Hochseeleinkopf (Hochsoienkopf), 2109 m (1 Std. von der Windscharte); Abstieg erst in östl., dann in südl. Richtung zur Hochseeleinscharte (Soienscharte), 1995 m, 1½ Std.

● **1303** **Nordwand**
Wieder, Hahn, 1900.
III. Sehr steinschlaggefährlich.

Von der oberen Jochalm über Hänge zu einer großen Rinne; diese, zum Teil ausweichend, zum Grat westl. des Gipfels empor.

● **1304** **Reinersberg,** 2171 m

Erste touristische Besteigung F.P. Schrank, 1783. Von Osten ohne Schwierigkeiten zu erreichen, R 1301 A.

● **1305** **Nordwestwand**
H. Michel, H. Schmidt, 1947.
IV (Stellen), II. 350 m, 2½ Std.

Von der Königstalalm den rechten Ast des Königstals empor, über das vom Schneibstein herabziehende Schuttkar unter die Wand. Einstieg in Gipfelfallinie in einer Schlucht. Durch diese empor bis zu ihrem Ende. Weiter in einer Rinne, welche schräg rechts auf die westl. Abdachung des Reinersbergs führt. Aus dieser Rinne, die man nur 50 m verfolgt, in die Gipfelfallinie zurück; man erreicht durch Querung ein System von Rinnen, das durch mehrere senkr. Absätze unterbrochen ist. Durch diese in gerader Linie zum Gipfel.

● **1306** frei für Ergänzungen

● 1307 **Hochseeleinkopf,** 2109 m
(Hochsoienkopf)

Von Nordosten über den Grat ohne Schwierigkeiten zum Gipfel (R 1301 A).

● 1308 **Südwestkante**
G. Haber, Gretl Foitsch, 1931.
Nähere Angaben fehlen.

● 1309 **Direkte Südwestwand**
H. u. H. Schmidt, 1947.
VI (Stellen). 150 m, 2½ Std. Siehe 12. Aufl. 1969.

● 1310 **Südwand**
H. u. H. Schmidt, 1947.
VI— (Stellen), IV. 150 m, 2 Std. Siehe 12. Aufl. 1969.

● 1311 **Südostpfeiler**
W. Plötz, H. Schmidt, 1948.
VI, A 1 (?). 100 m, Zeit der Erstbegeher 6 Std.
Siehe 12. Aufl. 1969.

● 1312 frei für Ergänzungen

● 1313 **Kahlersberg,** 2350 m

Erste Besteigung vermutlich F. v. Schilcher, G. Helblehen, 1854. Beliebter Aussichtsberg; besonders schön der Blick auf das Steinerne Meer.

● 1314 **Vom Landtal über den Eisenpfad**
3½ Std. Trittsicherheit erforderlich, aber langwierig.
Drahtseilsicherungen in schlechtem Zustand.

3 Min. oberhalb der Mitterhütte im Landtal (R 1260, 1261) südöstl. auf Steig zu einer Wand, über die der drahtseilgesicherte, schlecht erhaltene Eisenpfad in ½ Std. führt. Oberhalb der Wand läuft der sich verlierende Steig erst unter dem südl., dann nördl. Talhang zum P. 1959; 1 Std. (Für den Rückweg bei Nebel merke man, daß man den Abstieg über die Wand auf der linken Talseite findet.) Von P. 1959 auf nördl. Talseite fast eben ½ Std. im Bärensunk nordöstl., dann über Karren und Geröll ½ Std. nördl. auf den Kahlersberg-SO-Grat, den man an einer kleinen Senke erreicht; über ihn in 1 Std. zum Gipfel. Den Grat kann man auch von der Schlum, den Kragenköpfen und der Lengtalschneid (R 1354) erreichen.

● **1315** **Durch das Mausloch**
G. Hammer, J. Grafl.
1—1½ Std. Bevorzugter Weg. Stellenweise Eisenstifte.

Vom Hochgschirrsattel (R 1260) erst östl. über Geröll, dann südöstl. über Schrofen steil empor. Die schwierigsten Stellen sind durch Eisenstifte erleichtert. Zuletzt weniger steil in nordöstl. Richtung (Steindauben) über Rasen und Felstrümmer zum Gipfel.

● **1316** **Nordwestwand**
II, ½ Std. Kürzester Anstieg.

Vom Hochgschirr (R 1260) östl. einen Sandkegel empor, bis man auf guten Bändern über den Abbruch nach N queren kann auf schwach geneigte Felsabsätze, die man ohne Schwierigkeit übersteigt. Kurz unterm Gipfel ist eine gutgriffige, aber sehr steile Wandstufe zu überklettern.

● **1317** **Nordnordwestgrat**
II, 1¾ Std.

Vom Seelein über den schwach ausgeprägten Grat zum Gipfel.

● **1318** **Nordwand**
H. Erhard, 1900.
III. 1 Std. vom E. Siehe 12. Aufl. 1969.

● **1319** **Direkte Nordostwand**
H. u. H. Schmidt, 1950.
IV und III. 250 m, 3 Std.

In Gipfelfallinie befindet sich ein breiter, in der unteren Hälfte durch einen schwarzen Abbruch auffallender Pfeiler. Er vermittelt den Durchstieg. Einstieg, wo die Felsen am weitesten in den Schutt herabreichen (Steinmann). 2 SL über eine steile, durch die Schichtung gebildete Plattenrampe. Nun nach rechts auf die nächsthöhere Rampe und auf dieser empor bis unter den erwähnten Abbruch. Nun auf schmalem Band 1 SL nach links um die Kante in eine mächtige Verschneidung. An deren rechten Wand 2 SL empor (Stellen IV). Nun neigt sich der Pfeiler weit zurück. 60 m aufwärts zu Steinmann. Nun über den schmalen, gratartigen Aufschwung 2 SL empor. Die letzten 80 m bietet der Pfeiler keine Schwierigkeiten mehr. Ausstieg direkt beim Gipfelkreuz.

● **1320—1321** frei für Ergänzungen

● 1322 **Hanauerlaub,** 1913 m
(Hanauerlabl)

Einer der schönsten Aussichtspunkte im Kranz der Königsseer Berge.

● 1323 Von der Röth, 2 Std.

Von der Wasseralm in der Röth auf dem Weg ins Landtal bis zur verfallenen Seilbahn-Bergstation (etwa 40 Min.), 10 m rechts empor, bis man auf den vom Wildtörl zur Unteren Röthalm führenden Steig trifft — schwer zu finden, da alles verwachsen und verfallen ist. Den Steigspuren folgt man zuerst südl. dann südöstl. In 10 Min. zur verfallenen Unteren Röthalmhütte, 1479 m. Östlich ohne Steig über die Wiese 30 m empor; wieder auf Steig ansteigend, nordwestl. um eine Wand herum (einst Stiege, jetzt gefährlich!), dann rechts in eine Grube; nunmehr links über Schutt empor in die **Schreck** (1 Std. von der Unteren Röthalm). Von hier nördl. über schrofendurchsetztes Gras steil ohne Weg in 10 Min. auf P. 1800 m mit Holzzeichen. Über den Grasgrat zur verf. Hanauerlaubalm.

● 1324 A Abstieg zum Luchspfad ins Landtal
Schwindelfreiheit und Trittsicherheit unbedingt erforderlich. Schwer zu finden, nicht ratsam.

Nordwestlich eben zum Labsattel und absteigend zu den ersten Lärchen. Abstieg durch die Wandstufe (z. T. gesichert) und am Wandfuß den Steigspuren und Dauben nach zum Luchspfad.

● 1325 **Hochfeldköpfe,** 2028 m, 2034 m
Bramersofenkopf, 2147 m
Kragenköpfe, 2178 m, 2174 m, 2143 m
Schossenkopf, 2107 m

● 1326 Überschreitung von der Hanauerlaubalm

Nordöstl. über Grashang zum **Laubsattel** (2006 m), 20 Min. Von hier können südöstl. über Felstrümmer in 40, 60 bzw. 90 Min. (nicht lohnend) die **Hochfeldköpfe** und der **Bramersofenkopf** bestiegen werden (s. auch R 1264). Vom Bramersofenkopf zu P. 1971 durch Karrenrinne 30 Min. Besser vom Laubsattel aus östl. über Karren und Felstrümmer zur **Laubseeleingasse** und in ihr östl. zu P. 1971 in 70 Min. Weiter in 20 Min. nördl. auf den **Hinteren Kragenkopf,** von da 10 Min. nordwestl. (bei P. 2131; 10 m unterhalb des Gipfels eine von N nach S ziehende, beiderseits offene, 70 m lange Verwerfungshöhle. **Mittlerer Kragenkopf,** von da nördl. 10 Min. zum Vord. Kragenkopf. Etwas zurück, dann westnordwestl. über eine karrenerfüllte Welle auf den **Schossenkopf** (35 Min.).

● 1327 **Hochsäul,** 2073 m

● 1328 **Von Norden**
1½ Std. von der Landtalalm.

Wie R 1314 über die Wand. Vor sich hat man den **Loskopf;** 30 m unterhalb seines Fußes auf einem Schafsteig schräg rechts empor zu einer Latschenkette (15 Min.), dann entweder schräg links Steig, der zwischen Loskopf (südl.) und **Grauem Kopf** (P. 2069) rechts emporführt, oder näher Steigspur in einer gerade gegen den Grauen Kopf emporführenden Rinne. In beiden Fällen trifft man den vom **Bärensunk** eben herüberführenden, mit Dauben bez. Steig, der unter dem Grauen Kopf durchführt (20 Min.). Nun entweder

a) südöstl. in der Grube weiter, zuletzt westl. über den Grat auf den Hochsäul (20 Min.) oder

b) nach rechts (westl.) auf Steigspuren gerade empor. (Nach 10 Min. führt ein ebenes, abschüssiges Grasband zu einer Verwerfungshöhle mit schönem Eingang.) Am Grat 2 Steindauben, längs des grünen, breiten Grats südöstl. auf den Hochsäul (25 Min.).

● 1329 **Südwand**
Sommer, Wellenkamp, 28. 10. 1951.
VI (1 SL), **A 1** (?), IV+. 250 m, 6½ Std.

Zugang vom Obersee zum halbverfallenen Landtal-Kaser. Rechts den Luchspfad (R 1263) empor bis zum **Laubseelein** (idyllisch gelegene Wasserlache am Fuß der Wand). Wo die Wand am tiefsten fußt, ist ein schrofiger Sockel, auf dem eine an die Wand angelehnte Plattenpyramide ruht. Rechts vom Schrofensockel in der Rinne 40 m empor bis unter den Überhang. Links hinauf auf kurzes Grasband und in griffigem Fels auf die Plattenpyramide. Nun äußerst schwierig. Im Riß empor, bis er unmöglich wird. Haken. Links abwärts (H), Quergang in den nächsten senkr. Riß. Mit Seilzug von oben (H oben im Riß), hinüberqueren ins untere Ende (H) des nächsten Risses. In diesem empor (H), bis man nach links in die Rißreihe queren kann. Im linken Ast empor und nach rechts in den tiefen Kamin. In schöner Stemmarbeit empor auf den Pfeilerkopf. Etwas links hinauf zu kleinem Köpfel. Steil rechts empor (etwas brüchig) und links über glatte Platte, weiter leicht links haltend zu schmalem Band. Steil rechts empor an die hellgraue Kante und dieser folgend bis zu einem Schuttabsatz. Über Schrofen zum Gipfel.

● 1330 frei für Ergänzungen

• 1331 **Wildpalfen,** 2236 m
Jägerbrunntrog, 2247 m
Wildalmriedel (Blühnbachkopf), 2269 m

Wegen ihrer Aussicht lohnende Gipfel.

• 1332 Überschreitung vom Eisgraben
I (Stellen). 5 Std. bis zur Laubseeleingasse.

Wie R 1337 von der Röth auf dem Steig zum Gr. Teufelshorn. Am oberen Rande des Baumbestandes in der Nähe einer auffallenden, alleinstehenden Zirbe pfadlos nach links querend und kurz absteigend in den Eisgraben. Auf verschiedenen Wegen über Grashänge und in unschwieriger Schrofenkletterei auf den **Wildpalfen,** 2½ Std. Vom Wildpalfen über Mulden und einen Vorgipfel zum **Jägerbrunntrog,** 50 Min.

Vom Jägerbrunntrog über Vorgipfel und Karren in 20 Min. auf den **Wildalmriedel** und über Schrofen nordnordwestl. in 15 Min. hinab zu P. 2054. (Von hier kann man durch die Schreck in 1½ Std. zur Wasseralm zurück, R 1264.) Von P. 2054 (verf. **Bärwiesalm)** nördl. durch eineRinne 15 Min. empor, dann weitere 15 Min. zu P. 1971 der Laubseeleingasse.

• 1333 Aus dem Blühnbachtal, 5 Std.

Vom Blühnbachschloß auf Straße am nördl. Talhang in 45 Min. bis zur Hinteren Sulzen. Hier westl. des von N kommenden Wildbachs jenseits der Rohanbrücke rechts abzweigend nördl. durch Wald empor ins Hintere Sulzenkar (2 Std.). Schräg rechts klettert man die Wände empor zur Hochfläche östl. des Jägerbrunntrogs, von wo er unschwierig zu erreichen ist.

• 1336 **Großes Teufelshorn,** 2362 m

Erstbesteigung vermutlich A. Kaindl, J. Grill, etwa 1865. Höchster Gipfel des Hagengebirges.

• 1337 Von der Röth
I, 3½ Std. Rot bez.

Von der ehem. Göring-Jagdhütte (R 1346) auf dem aus der Mulde links hinaufführenden Steig bis zum unteren Karende zwischen den Teufelshörnern, dann waagrecht links hinüber zu dem wenig ausgeprägten Gratrücken, der das Kar begrenzt; hier den Dauben und roten Farbflecken folgend aufwärts, bis man scharf links durch eine Rinne die nordwestl. Abdachung des Großen Teufelshorns erreicht, und unschwierig zum Gipfel.

● 1338 Von der Eisgrabenscharte
II.

Man erreicht die Eisgrabenscharte von der Röth, indem man den Eisgraben (R 1332) bis oben verfolgt, oder vom Blühnbachtal, indem man den Steig zum Jägerbrunntrog (R 1333) benützt. Schon vor Erreichen dieses Gipfels kann man schräg abwärts über wanddurchsetzte Grashalden die Eisgrabenscharte erreichen (30 Min. vom Jägerbrunntrog). Von der Scharte wendet man sich der S-Seite des Teufelshorn-ONO-Grates zu. Ein Stück in das Blühnbachtal absteigend, gewahrt man rechts ein gegen die Wände hereinlaufendes Band, das über eine Reihe von Felsrippen und Abbrüchen auf die Scharte zwischen beiden Gipfeln (Teufelsnieder) führt. Weiter R 1339.

● 1339 Vom Kleinen Teufelshorn
II. 1 Std.

Übergang in ständiger Kletterei am Grat in die Scharte zwischen beiden Gipfeln (Teufelsnieder) und jenseits dem S-Grat westl. ausweichend über Grasschrofen zum Gipfel.

● 1340 Aus dem Blühnbachtal
7 Std. vom Blühnbachschloß.

Wie R 1347, doch auf der SO-Flanke des Kleinen Teufelshorns hinüber querend zur Einsattlung zwischen beiden Hörnern (Teufelsnieder) und wie bei R 1339 zum Gipfel.

● 1341 Nordwestwand
H. Feichtner, 1919.
III, 400 m, 2 Std. Meist fester Fels.

Bester Zugang von der Röth durch den Eisgraben (R 1332).

Unter der plattigen Turmgestalt des N-Grats beginnt ein waagrechtes Schichtenband, das die Wand durchzieht. Über Schrofen auf dieses Band und auf ihm rechts bis zu einem in der Fallinie des Gipfels ansetzenden Riß; etwas rechts von ihm setzt ein breiterer Riß an, der schräg links aufwärts zieht und sich nach einer SL mit dem vorerwähnten vereinigt. Durch den schrägen Riß hinauf und in der Vereinigung beider Risse weiter auf einen Absatz. Über ihn gerade hinauf zum nächsten Wandabbruch, der ebenfalls von einem Einriß durchzogen wird. Durch ihn auf den nächsten Wandabsatz; nun schwach links auf eine pfeilerartige Kante und über sie empor zu einem plattigen Band unter dem Gipfel.

● **1342 A Abstieg über den ONO-Grat**
II, 2½ Std. Teilweise brüchig.

Auf dem Grat über ausgesetzte Platten gerade hinunter in die Scharte vor dem großen Gratturm. Nun auf schuttbedecktem Band etwa 30 m schräg abwärts und bald wieder rechts 20 m empor in eine kleine Scharte. Dahinter hinab bis auf einen grünen Fleck. Den Grat verlassend über Schutt und Platten unschwierig hinab zu den langgestreckten Schneefeldern des Eisgrabens. Mühsam über latschenbedeckte Blöcke schräg rechts hinab, bis man auf der nördl. Talseite ein Steiglein trifft.

● **1343—1344** frei für Ergänzungen

● **1345** **Kleines Teufelshorn,** 2283 m

Erstbesteigung vermutlich A. Kaindl, J. Grill, etwa 1865. Übergang zum Gr. Teufelshorn, siehe R 1339.

● **1346 Normalweg von der Röth**
I. 1½ Std. vom Blühmbachtörl. Rot bez.

Von der Wasseralm in der Röth (R 1400) über die Brücke und nach einigen Metern nach rechts Steig in südöstl. Richtung über die Schabau-zur Neuhüttenalm ¾ Std. (beide Kaser verfallen) bis zur ehem. Jagdhütte Görings (nur noch Mauersockel, Quelle). In der Mulde unter der ehemaligen Jagdhütte gehen bei einer Wegtafel die rot bez. und gedaubten Anstiege auseinander: nach rechts zum Kleinen, nach links zum Großen Teufelshorn. Man steigt in die Mulde hinab, in ihr links haltend, etwas mühsam über Schratten empor, kurz vor Erreichen des Blühnbachtörls (2½ Std.) links auf den Grat und über die grasigen, steiler werdenden S-Hänge sich meist am Grat haltend zum Gipfel.

● **1347 Aus dem Blühnbachtal**
I, 6½ Std. vom Blühnbachschloß.

Vom Schloß die alte Straße auf der nördl. Talseite über Wildhütten, dann nicht links zur Häuslalm, sondern gerade weiter gegen das Blühnbachtörl (5 Std.). Dieses links lassend, schräg nach rechts über Schrofen und Felsabsätze über die S-Hänge in unschwieriger Kletterei zum Gipfel.

● **1348 Nordwestwand**
H. Feichtner, 1919.
Nähere Angaben nicht bekannt.

● **1349** frei für Ergänzungen

● 1350 Raucheck, 2216 m (Rauhegg)

Erstbesteigung E. Buchner, E. Enderlen, M. v. Frey, E. v. Lonski, 1885. Siehe auch R 1264.

● 1351 Normalweg aus dem Blühnbachtal

Vom Blühnbachschloß auf der Straße am nördl. Talhang zur Waldsteinbrücke, 20 Min. Vor dieser rechts die Straße kurz aufwärts und an der rechten Berglehne und auf einem Steig in Kehren zu einem Futterstadel, 15 Min. Nun links (westl.) talaufwärts, an einem Wasserfall in den Kessel hinein; hier wird der Steig verlassen. Durch Jungholz dem Latschenrücken zu, der sich vor der Scharte zwischen Raucheck und Tanntalköpfen herabzieht. Zunächst durch Latschen, dann über Schutt aufwärts zu einem höhlenartigen Überhang (Wasser!). Nun scharf links (westl.) aufwärts zu dem versicherten Kamin (Roitnerkamin). Nach dem Ausstieg durch eine Latschengasse in den schutterfüllten Kessel und nordöstl. zur Hochfläche. Von hier unschwierig durch die schrofendurchsetzten Rasen der N-Flanke auf den Gipfel, 40 Min. (Der **Scharlingersteig** ist, weil in sehr schlechtem Zustand, schwer zu finden, für Abstieg nicht zu empfehlen.) Vom Raucheck zur Röth und zum Hochwiesjagdhüttchen, R 1264.

● 1352 Südwestwand

H. Kaser und Gef., 1928.
III, 3½ Std. von der Schlucht.

Vom Blühnbachschloß auf der Straße am nördl. Talhang bis zum dritten von rechts herabreichenden Graben und in seiner Sohle empor. Einen Steilabfall mit Wasserfall umgeht man links und kehrt dann wieder in die Schlucht zurück. Über Schnee und Geröll bis zu auffallenden gelben Überhängen empor (2½ Std., etwa 1800 m). Knapp unter den Überhängen in der rechten Schluchtwand aufwärts zum Beginn eines schwierigen und brüchigen Bandes, das von links nach rechts ansteigend ausgesetzt auf eine Zirbenstufe leitet und schwierig nach links zum Fuß der eigentlichen SW-Wand. Über Bänder und plattige Schrofen links aufwärts und über eine Steilstufe zum Beginn einer auffallenden Kaminreihe. Der erste sehr glatte Kamin ist nach 15 m durch einen Klemmblock abgeschlossen (schwierigste Stelle); über einen zweiten schwierigen Überhang in eine Kaminreihe, die bald über einen dritten Überhang verlassen wird. In gut gestuftem Fels gerade, dann halb links auf eine breite Stufe empor. Auf ihr knapp unter der Gipfelwand nach rechts aufsteigend, erreicht man zuletzt über eine kurze, ausgesetzte Wandstelle, eine auffallende Gratscharte; über Schrofen zum Gipfel.

● **1353** frei für Ergänzungen

● **1354** **Lengtalschneid,** 2227 m

Bester Übersichtspunkt für das östl. Hagengebirge.

● **1355 Vom Hochwiessattel,** 2 Std.

Vom Jagdhüttchen Hochwies (R 1264) am Grat über Blöcke und Karren westl. auf einen Signalkopf, 70 Min., dann ein Grasband abwärts in eine Talsenke mit wilden Karren. Durch diese, dann über steilere Platten empor in 1 Std. zu einem Vorgipfel und in 10 Min. bequem zum Hauptgipfel der Lengtalschneid.

● **1356 A Abstieg nach Nordosten**

Wie R 1355 zum Vorgipfel zurück und nordöstl. in schneerfüllten Rinnen hinab und auf Steigspuren nordöstl. zur Jagdhütte Hochwandl, 1¾ Std. und von hier links nördl. auf Steig über einen Steilhang in 30 Min. ins Schlumtal und in 2½ Std. nach Golling (R 1269).

● **1357 A Abstieg nach Nordwesten**

2½ Std. zur Hochseeleinscharte. Bei Nebel sehr schwer zu finden.

Vom Gipfel den W-Grat auf kurze Zeit südwestl. über Felsköpfe absteigend, dann in westl. und schließlich nordwestl. Richtung die Querkämme der Karren überschreitend, zuletzt etwas ansteigend zu P. 2010 (1 Std.). Nun nordnordwestl., einmal über ein Wiesenplätzchen etwas ansteigend (vereinzelt Dauben), dann nordöstl. zu der vom Kahlersberg kommenden Rippe, etwa 15 Min. (Von hier kann der Kahlersberg in 1 Std. erstiegen werden, R 1314). Nun nordöstl. eine steile, schmale Geröllgasse hinab, dann nordwestl. auf Wiesenflächen und latschenbedeckten Karren auf den scharf hervortretenden Hochseeleinkopf zu (10 Min.); bevor man die **Hochseeleinscharte** erreicht, trifft man den von der Schlum heraufkommenden Weg. Weiter wie R 1269.

● **1358** frei für Ergänzungen

● **1359** **Hochwies,** 2189 m

● **1360 Vom Hochwiessattel,** ½ Std.

Vom Jagdhüttchen Hochwies (R 1264) rechts des Grats über schrofendurchsetztes Gras, dann schräg eine steile, breite Rinne empor, zuletzt von SW und S über bequeme Grasbänder zum plateauartigen Gipfel.

● **1361** frei für Ergänzungen

• 1362 **Tanntalköpfe**

Östl. 2271 m, Mittl. 2249 m, Westl. 2224 m

Erstbesteigung H. v. Barth, 1868.

• 1363 **Überschreitung**

3 Std. Schönster alpiner Spaziergang im südl. Hagengebirge.

Vom Jagdhüttchen Hochwies (R 1264) wenige Min. dem Weg zur Schönbühelalm folgend, dann rechts (südl.) ab, die Grube des Roßfelds querend. Drüben erst etwas steiler über grasigen Fels, dann sanfter über die wellige Senke zwischen Pitzkogel (links) und Tanntalvorkopf (rechts) empor. Den Kopf auf der O-Seite umgehend, wendet man sich über sanften Rasen westl. zum nun erst sichtbaren Gipfel des **Östl. Tanntalkopfs** (1½ Std.). (Auch von P. 1912 des Tiefenbachgrabens kann man, den Pitzkogel südl. umgehend, den Östl. Tanntalkopf in 1¾ Std. ersteigen.) Vom Östl. Tanntalkopf Wanderung über gemsenreiche Grasmulden mit herrlichem Blick auf Hochkönig, auf den **Mittl.** (30 Min.) und in weiteren 40 Min. auf den **Westl. Tanntalkopf.** Da dieser nach W in einer glatten Steilwand abbricht, so kehrt man in die vor dem Gipfel liegende Grasmulde zurück, von wo nordöstl. ein breites Grasband zum **Roßfeld** herabzieht (30 Min.). Hier Weg entlang der 220-kV-Hochspannungsleitung.

• 1364 **Südostverschneidung**

A. Koppenwallner, W. Hubka, 1947. ÖAZ 1948, S. 186.

III. 2½—3 Std. 400 m.

Von der Blühnbachstraße ¼ Std. durch das Ochsenkar zu einem Wasserfall. Nach wenigen Min. verläßt man den Weg und zweigt nach rechts (nördl.) in Richtung der mächtigen S-Wände ab. Steigspuren (Eisenstifte) führen in das Kar. Man hält sich in der linken Rinne bis zum Einstieg (2 Std., Steinmann).

1 SL aufwärts, dann entweder weiter in der Verschneidung (plattig, aber gut griffig) oder man quert nach links und klettert über steile Schrofen aufwärts, bis zu einer großen Doline. Auf schmalem Band rechts in die Verschneidung, welche nach links heraus verlassen wird. Die Schwierigkeiten nehmen ab; man hält sich im obersten Wandteil rechts und kommt unschwierig zum Mittl. Tanntalkopf.

• 1365 **Südwand** (Mittl. Tanntalkopf)

K. Lapuch, R. Schlager, 1948.

IV, 500 m, 4 Std.

Wie bei R 1364 in der linken Rinne so lange ansteigen, bis man zum Beginn einer riesigen, oben in rötlichen Felsen endenden Verschneidung gelangt. Knapp rechts davon Einstieg. Man klettert über plattige und teilweise kleingriffige Wandstellen immer gerade empor bis zu einer großen, rasendurchsetzten Terrasse, die sich ungefähr in der Wandmitte befindet. Etwas nach rechts zu einem bereits von unten auffallenden, von links nach rechts emporziehenden Kamin, der einen dreieckigen Wandteil vom Gipfelmassiv abspaltet. Mehrere SL durch diesen gutgriffigen Kamin hinaus, bis er in einem Schärtchen endet (Links Höhle). In unschwieriger Kletterei (von rechts unten kommt R 1364 herauf) nach rechts zum Gipfel.

● **1366** frei für Ergänzungen

● **1367** **Pitzkogel**, 2258 m
(Bitzkogel)

● **1368** **Vom Hochwiessattel**, 1¼ Std.

Vom Jägerhüttchen Hochwies nach Süden und aus der Mulde zwischen Östl. Tanntalkopf und Pitzkogel zum Gipfel.

● **1369** frei für Ergänzungen

● **1370** **Hochgschirr**, 2255 m

Erste touristische Besteigung F. P. Schrank, 1783.

● **1371** **Vom Hochwiessattel**, 2 Std.

Vom Jagdhüttchen Hochwies auf bez. Steig 15 Min. südöstl. hinab, dann nicht geradeaus zur Schönbichlalm (30 Min.), sondern auf bez. Weg nach rechts die Grube umgehend zum **Tiefenbachsteig.** Von diesem bez. auf Grasrinnen empor südöstl. in 1½ Std. auf eine Schulter, dann südl. unbez. über Gras auf den Vorgipfel (15 Min.) und von da über eine Mulde südl. in 15 Min. auf den Grasgipfel des Hochgschirrs.

● **1372** **Von der Schönbichlalm**, 1½ Std.

Man folgt entweder dem Tiefenbachweg bis zu seiner höchsten Höhe (15 Min.), dann wie bei R 1371, oder man folgt südöstl. dem zur Karalm führenden Steig (R 1268) bis zu einem begrünten Sattel (1 Std.), von wo man in 5 Min. südwestl. die Schulter erreicht, dann wie bei R 1371.

● **1373** **Vom Blühnbachtal**
I. 5 Std. vom Blühnbachtal.

Auf dem Tiefenbachsteig bis in 1800 m Höhe, dann rechts ab über Geröll in eine vom Hochgschirr südl. herabziehende Schuttrinne und durch diese über eine Stufe steil, doch unschwierig auf den Gipfel (1½ Std. vom Steig aus). Vom Gipfel kann man in 10 Min. auf den südl. gelegenen weit ins Blühnbachtal vorspringenden **Klammkopf** mit schöner Aussicht gelangen.

● **1374** frei für Ergänzungen

● **1375** **Rifflkopf,** 2254 m

Erstbesteigung H. v. Barth, 1868. Vom Rifflkopf kann in ausgesetzter Gratkletterei **(III)** der südöstl. vorspringende **Schußluckenkopf,** 2100 m, erreicht werden.

● **1376** **Normalweg von Süden**
II (Stelle), I und Gehgelände. 2 Std. von der Karalm.

Oberhalb der Karalm vom Weg rechts ab einen grasigen Hang empor; den Saurücken südl. über Trümmer umgehend in eine zweite Mulde; nordöstl. auf einen grünen Grat hinauf, diesen südl. verfolgend in wenigen Minuten zu einem Riß, in diesem hinab und unschwierig, aber etwas ausgesetzt über die O-Seite zum Gipfel des Rifflkopfs.

● **1377** **Ostwand**
Lapuch, Schimke, 1947. ÖAZ 1948, S. 187.
IV—, III. 350 m, 2½ Std. Schöne Kletterei in festem Fels.

Von der Brunnalp (hierher von Sulzau) auf Jägersteig in das Wildkar, 1½ Std. Der Anstieg verläuft über die große, auffallende Platte im untersten Drittel der Wand und führt von dort in gerader Linie zum Gipfel. Der Einstieg ist links unter der auffallenden Platte bei einer Nische. 2 SL schräg nach rechts auf die große Platte, welche bis zu ihrem Ende begangen wird (Steinmann). 10 m gerade empor, einige Meter links aufwärts zu Stand. Über die hier ansetzende Wandstelle (IV—) auf ein schmales Band, welches man 30 m nach links bis zu einer Nische verfolgt. Über plattigen Fels empor auf einen Absatz. Von hier 2 SL gerade aufwärts zu einem auffallenden Felsköpfl. Quergang nach links, einige Meter gerade empor auf ein Schuttband. Nach links auf einen Pfeiler, der nach 50 m in eine Rippe übergeht. Auf ihr gerade aufwärts, an einem Felszacken vorbei, in weniger schwierigem Fels direkt zum Gipfel.

● **1378** **Nordostwand** (Hoher Riffl)
H. Huber, O. Kollarz, 1947.
IV (Stellen), III. 300 m, 2½ Std. vom E. Genußvoller, kleingriffiger, guter Fels.

Zugang: Der beste Zugang ist von Tenneck (Haltestelle Konkordiahütte) zum oberen Palfnerbauern, hier nach rechts in den Wald, und dem Steig, einen Graben übersetzend, mäßig ansteigend folgend bis zum Notgraben. Ohne Übersetzung des Notgrabens verläßt man den breiten Steig und verfolgt das steil aufwärtsführende Steiglein bis knapp unter die Felsen des Gratausläufers des Riffl-O-Grates, wo ein schöner Jagdsteig angetroffen wird. Dieser übersetzt den Notgraben und führt in das Kar, welches von Schußluckenkopf, den drei Riffelköpfen und Schottwies umrahmt wird. Im Kar nun weglos zum höchsten Punkt der Sandreiße (Fallinie des Hohen Riffls), wo der Einstieg ist.

Führe: 2 SL über ein steiles, schmales Felsband, welches zu dem von unten sichtbaren breiten Felsband leitet, das rechts ansteigend zwischen Vorderem Riffl und Schottwies zur Hochfläche führt (dieses Band wurde von den Erstbegehern zum Abstieg benutzt). Dieses breite Band in südl. Richtung übersetzend, wird eine seichte Rinne erreicht. Nach zwei Seillängen wird diese Rinne verlassen und nach kurzem, schwierigem Quergang nach links (Sinn des Anstieges) ein kurzer Kamin erreicht. Über diesen empor, zu einem nach links führenden Band. Ohne dies zu benützen, steigt man über kleingriffigen Fels in der Gipfelfalllinie empor.

● **1379** **Nordostwand** (Vorderer Riffl)
H. Huber, O. Kollarz, 1947.
V (Stellen), IV. 200 m, 4—5 Std. vom E.

Zugang: Wie R 1378 auf das breite Band, das man ein Stück aufwärts verfolgt, bis man auf ein aus der Wand hervorspringendes, terrassenartiges Felsband unter der auffallenden gelben Wand trifft. Hier Einstieg.

Führe: Dieses Band nun steil aufwärts zu Schrofen (1 SL), die zu einer Höhle mit zwei Eingängen führen. Vom rechten Eingang rechts um die Kante herum zu einer Platte; diese einige Meter sehr schwierig hinauf zu einer seichten Rinne, welche alsbald bei einer Kante endet. Eine 15 m hohe Abseilstelle führt zu einem versandeten Band. In zunehmend schwierigerer Kletterei rechts aufwärts zu seinem Ende. Von nun an leicht links haltend über einen Doppelriß und senkr. Platten aufwärts zu einem Kamin, der nach kurzer Kletterei in einen plattigen, überhängenden Riß übergeht (Steinmann). Hier den Kamin links verlassend zu einem 4 m hohen senkr. Verschneidungsriß. In diesem empor (V) zu etwas weniger schwierigen Felsen und zum Schlußkamin (Steinmann). Durch diesen kurzen überhängenden Kamin (V) zu Schrofen und durch eine Rinne zum Gipfel.

● **1380—1381** frei für Ergänzungen

● **1382** **Schottwies,** 2270 m
(Hochschottwies)

Erstbesteiger H. v. Barth, 1868.

● **1383** **Vom Rifflkopf**
30 Min.

Vom Rifflkopf, zurück nördl. den Grasgrat, dann nordnordwestl. die Böschung eines Kegels querend in 30 Min. auf den Schottwies.

● **1384 A** **Abstieg zur Schönbichlalm,** ¾ Std.

Entweder **a)** südwestl. über den Saurücken zum Weg, der Schönbichlalm und Karalm verbindet (20 Min.) und in weiteren 25 Min. zur Schönbichlalm, oder **b)** nördl. über mehrere Mulden „am Wasserstein", dann nach 30 Min. links (westl.) steil, zuletzt einen engstufigen Plattenabsatz hinab. Nach weiteren 20 Min. trifft man einen Steig, der durch Latschen an einer schmalen Stelle unter einem Wandl vorbei ins Schönbichltal führt; weiter in 10 Min. südl. zur Alm.

● **1385** frei für Ergänzungen

● **1386** **Tristkopf,** 2110 m

● **1387** **Vom Hochtor**
35 Min.

Über einen schrofigen Grashang zum Gipfel.

● **1388** **Übergang vom Rifflkopf**
I, beschwerlich, 2½ Std.

Erst unschwierig bis zur Abzweigung des zum **Hölltalkogel** (1913 m) führenden Seitengrates, dann eine Zeitlang etwas beschwerlich auf dem Hauptgrat weiter, zuletzt unschwierig auf den Gipfel des Tristkopfs.

● **1389** **Kratzspitze,** 1759 m
(Grazspitze)

● **1390** **Vom Hochtor**
3 Std.

Wie R 1270 zum Steinwendhorn und über Latschenkuppen und Felsstufen zum Gipfel.

● **1391 A** **Abstieg nach Nordwesten**

Über latschenbedeckte Felswände nordwestl. sehr steil und beschwerlich in 1½ Std. zur Kratzalm.

● **1392** **Hochwandl,** 1794 m

● **1393** **Von der Grünalm**
2 Std.

Am besten auf Jagdsteig von der Grünalm aus oder vom Seealmkessel Richtung Grünalm (Krünalm) aufsteigend, nach der ersten Steilstufe weglos nach rechts in den Bärgraben und an einer Schafhütte vorbei wieder zu dem in Richtung Hochwandl querenden Jagdsteig.

● **1394** **Eiblhöhe,** 1959 m

● **1395** **Von der Hinteren Schlumalm**
1½ Std.

Südlich aufwärts zur Quelle unterhalb des kleinen Felsabbruches und um ihn links herum, Steindauben folgend, zur Höhe.

● **1396—1399** frei für Ergänzungen

8. Die Röth und das Steinerne Meer

8.1 Allgemeines

Das **Steinerne Meer** ist mit einer Hochfläche von rd. 100 qkm der größte Gebirgsstock der Berchtesgadener Alpen. Nach S hat er eine lange Flucht praller, hell leuchtender Felsmauern; im N liegen Wimbachtal, Königssee und Obersee unter seinen Abstürzen. Auf der Fahrt über den Königssee grüßt die edle Berggestalt der Schönfeldspitze von seiner Hochfläche herab. Im NW herrscht der Hundstod, durch einen tiefeingeschnittenen Sattel vom Schneiber getrennt. Am SW-Rand thront das vielbesuchte Breithorn über dem Pinzgau. Von der Ramseiderscharte ab, zwischen Breithorn und Sommerstein, begrenzen Schöneck, Streichenbeil, Wurmkopf, Schönfeldspitze, Buchauerscharte, Manndlköpfe, Luegscharte, Selbhorn — der höchste Gipfel des Steinernen Meeres mit 2654 m —, Wasserfallscharte, Poneck, Wildalmkirchl und Brandhorn die Hochfläche. Der markante, vom Königssee aus sichtbare Einschnitt des Blühnbachtörls ist bei den Teufelshörnern der Anschluß an das Hagengebirge. An der Torscharte, dem Übergang vom Pinzgau ins Blühnbachtal, ist die Grenze gegen den Hochkönig.

Die Oberfläche des Gebirges dacht sich gegen den Funtenseekessel in zwei Terrassen ab. Der Funtenseetauern entsendet Ausläufe, die das Becken des Grün- und Schwarzensees umschließen und fußt im O in der Röth, dem herrlichen Grenzgebiet zwischen Steinernem Meer und Hagengebirge. Eine vom Grieskogel ausgehende Felsrippe, die im langen Selbhorn-N-Grat ihre Fortsetzung findet und durch die Einsattlungen „Niederbrunnsulzen" und „Hochbrunnsulzen" unterbrochen wird, trennt das Steinerne Meer in eine westl. und östl. Hälfte. Unzählige Felsbuckel, Löcher, Mulden, Dolinen und Schratten bilden die Hochflache; Erosionstäler machen den inneren Aufbau noch verwickelter. Auf dem Gebirgsstock, in der Hauptsache aus Dachsteinkalk, befinden sich noch Reste der früheren Liasdecke, kleine grüne Inseln, zum Teil als Schafweide ausgenützt. Das ganze Gebiet ist reich an seltenen, zum Teil nur hier vorkommenden Pflanzenarten.

Die Röth liegt am Fuß der Teufelshörner und am Übergang vom Steinernen Meer ins Hagengebirge. Die Röthwand, über die der Röthbach in gewaltigem Wasserfall in die Tiefe stürzt, bildet den großartigen Abschluß des Oberseebeckens. In der Röth gelang von 1936 an zum erstenmal auf deutschem Boden die Wiederansiedlung der seit Jahrhunderten ausgestorbenen Steinböcke in freier Wildbahn. Überreste des Geheges, in das die Zuchttiere aus dem italienischen Nationalpark Gran Paradiso gebracht wurden, sind die hohen Pfähle, die man am Weg von der Wasseralm zu den Teufelshörnern noch sieht. Der Versuch, zum erstenmal wieder Steinböcke in den Ostalpen anzusiedeln, war von 1924 an in den Krupp'schen Blühnbachrevieren auf der gegenüberliegenden Seite der Teufelshörner gelungen. Nach dem Stand von 1981 gibt es im Gebiet des Hagengebirges etwa 50 bis 60 Stück Steinwild.

Dringend gewarnt werden Ungeübte, den Übergang vom Steinernen Meer zum Hochkönig ohne ortskundigen Begleiter oder Führer zu wagen. Bei unsichtigem Wetter ist hier bei allen Touren größte Vorsicht geboten; das Zurechtfinden im Steinernen Meer gestaltet sich ungeheuer schwierig, plötzliche Witterungsumschläge haben schon manches Opfer gefordert. Es gibt, abgesehen von den Steigen Funtensee — Riemannhaus, Riemannhaus — Ingolstädter Haus, Funtensee — Ingolstädter Haus und Funtensee — Weißbachlscharte — Peter-Wiechenthaler-Hütte, keine angelegten Wege, sondern nur mit Steindauben und Farbflecken bezeichnete Pfadspuren im gleichförmigen Karrengebiet. Im Winter ist das Steinerne Meer ein erstrangiges hochalpines Skigebiet.

Die Höhenangaben früherer Auflagen wurden nach der 1969 erschienenen AV-Karte Steinernes Meer 1:25000 korrigiert. Die teilweise sehr willkürliche neue Namensgebung dieser Karte wird von den Herausgebern anderer weit verbreiteter Karten nicht übernommen. Bei erheblichen Abweichungen ist der betreffende Name der AV-Karte in Klammern neben die bisher gebräuchliche Bezeichnung gesetzt. Die Weißbachlscharte wird neuerdings in anderen Karten auch als Weißbachscharte bezeichnet.

8.2 Hütten und ihre Zugänge

● 1400 **Wasseralm,** 1416 m

Einziger Stützpunkt in der Röth. Forstamt Berchtesgaden, Beaufsichtigung gemeinsam mit AVS Berchtesgaden, im Sommer und Winter offen, etwa 30 M., an Wochenenden oft stark überfüllt. Nur für einmalige Übernachtung. Selbstversorgerhütte, Brennholz für Nachfolger aufarbeiten und bereitlegen!

Übergang: Ins Blühnbachtal R 1431, 1433; zum Kärlingerhaus 1436; vom Kärlingerhaus 1436 A.

• 1401 Königssee — Obersee — Wasseralm

3—4 Std., der ausgesetztere Röthsteig ist etwa ½ Std. kürzer.

Vom Obersee zur Fischunkelalm; diese links liegen lassend über das Almfeld ansteigen, durch ein kurzes Waldstück in den freien Talkessel unter Röth- und Landtalwand. Links des Wasserfalls an den Fuß der Wand. Hier beginnt der Steig, der sich nach einer ½ Std. teilt.

Der steinschlag- und lawinengefährdete **Röthsteig** zweigt rechts ab durch die Wand hinauf, überquert oberhalb des Wasserfalls den Röthbach und führt stets im Wald zur großen Almwiese der Wasseralm, die er an ihrem Westende bei der Jagdhütte erreicht.

Der **Landtalsteig** geht von der Abzweigung nach links durch die teils bewaldete Landtalwand und trifft nach etwa 1 Std. auf den Reitweg (R 1262), der von der Gotzenalm zur Röth (und zur ehemaligen Jagdhütte Görings) führt.

• 1402 Saletalm — Sagereckwand — Halsköpfl — Wasseralm

5—6 Std. Landschaftlich prächtige Wanderung, mit Abstieg über die Röthwand (R 1401) auch als Tagesausflug auszuführen, wenn das erste Schiff benutzt wird.

Wie R 1406 zur Sagereckeralm. Links ab, an der verfallenen Diensthütte vorbei, auf schwer zu findenden Steigspuren zur verfallenen Halsalm. Hier links ab auf einen waldigen Rücken (rechts unten der Schwarzsee), dann etwas abwärts und über einen grasigen Hang zum Sattel am **Halsköpfl** (1719 m; diesen einzigartigen Aussichtspunkt erreicht man, den felsigen Vorkopf östl. umgehend, über einen steilen Grashang in wenigen Minuten). Vom Sattel im Bogen unter dem Wandl abwärts (hier dann nach einer Tropfwand Anstieg auf altem Karrenweg zur **Moosscheibe** und über Hochscheibe zum Funtenseetauern, s. R 1497) die Walchhütte links unten liegen lassend zur „Hütte im Wald"; von da rechts weiter, schließlich einen kleinen Felsriegel überschreitend zur Jagdhütte in der Röth und zur Wasseralm links unten.

Die anderen Anstiege über den **Perl-** oder **Walchhüttensteig** zur Röth sind verfallen und touristisch ohne Bedeutung.

• 1403 frei für Ergänzungen

• 1404 Kärlingerhaus, 1633 m
(Funtenseehaus)

Am Funtensee. AVS Berchtesgaden. 1630 m, am Funtensee, 33 B. und 80 M., Tel. 08652/2995, bew. von März bis Oktober, manchmal mit

Unterbrechung zwischen Frühjahrs- und Sommerbewirtschaftung. Ausgangspunkt für sämtliche Fahrten im Steinernen Meer.

Übergang: Von der Wasseralm R 1436; zur Wasseralm R 1436 A; zum Ingolstädter Haus R 1437; von Trischübel R 1438—39; von der Peter-Wiechenthaler-Hütte R 1442; zum Riemannhaus R 1443; von der Buchauerscharte R 1448—49, zur Torscharte R 1463.

• 1405 St. Bartholomä — Saugasse — Kärlingerhaus

3½—4 Std. Am meisten begangen, bez. und gut ausgebauter Weg.

Von der Anlegestelle Bartholomä gleich links ab am Seeufer entlang über die Schuttreißen des Eisbachs zum Anstieg an der Burgstallwand. Hier die Wand entlang und auf gutem Weg, teilweise steil aufwärts, zur **Schrainbachholzstube,** ¾ Std. Weiter über den Bach ansteigend erreicht der Weg, nachdem er Reste ehemaliger Bergstürze westl. ein längeres Stück eben durch Hochwald umgangen hat, am Fuß der Steilwände des Simetsbergs bei der verfallenen **Unterlahneralm** die Saugasse. Durch das obere Tor austretend, gewinnt man die **Oberlahneralm** (keine Almhütte mehr; von hier aus — Tafel bei kleiner Quelle — zweigt rechts der Weg nach Trischübel ab), von der aus in 1½ Std. über den Sattel ober dem Funtensee das Unterkunftshaus erreicht wird.

Der Steig über die Sigeretplatte nach Trischübel (R 1439) zweigt 20 Min. nach der Schrainbachholzstube da ab, wo die ersten Schuttreißen herunterkommen.

• 1406 Saletalm — Kärlingerhaus

4—5 Std. Mühsamer, aber abwechslungsreicher als R 1405.

Von der Saletalm an den Almhütten vorbei zieht der Weg einen begrünten Schuttkegel in westl. Richtung hinauf, tritt in den Wald ein, und überwindet bald darauf eine steile Wandstufe — eingehauene Tritte und Drahtseil — dann biegt er südl. und zieht in Windungen die Wand hinauf. Nach 2 Std. wieder etwas absteigend zum Talboden der **Sagereckeralm** (Quelle). Links liegt versteckt die Diensthütte, an der vorbei der kaum noch zu findende Steig (R 1402) zum Halsköpfl und zur Röth führt. Nun steigt der Pfad rechts wieder an und geht in südl. Richtung zur Höhe des Grünseetauern hinauf. (Der rot markierte Weg zum Schwarzensee und Halsköpfl biegt links bei einer zum Funtensee weisenden Wegtafel da ab, wo nach einer kleinen Steilstufe der Weg zur Höhe über dem Grünsee in leichtem Bogen heraufführt.) Nun in nordwestl. Richtung zum Becken des links unten bleibenden **Grünsees** hinab. Hierauf führt der Pfad eine Strecke waagrecht über dem Seelein dahin, erklimmt in südwestl. Richtung die nächste Steilstufe, bald darauf eine weitere, die sogen. Himmelsleiter, und führt wiederum ansteigend, dann fallend um den Fuß des **Glunkerers** zum Sattel oberhalb des Funtensees und in wenigen Minuten zum Kärlingerhaus.

● 1407 Saletalm — Schwarzensee — Feldkogel — Kärlingerhaus
I (Stellen). 5—6 Std. Selten begangen, aber landschaftlich sehr lohnender Anstieg.

Wie R 1406 zur Sagereckeralm. Etwas oberhalb der Wasserstelle zweigt man auf einem dürftigen Pfade östl. vom rotbezeichneten Wege ab und erreicht am Ende der Almwiese die versteckt liegende verfallene Diensthütte. An ihr vorbei steigt man, genau auf die Dauben achtend, bald etwas nach links ausholend, auf die Hochfläche der Halsgrube hinauf. Diese Grube wird an ihrem linken Rande oberhalb umgangen, dann wechselt man nach rechts hinüber zur verfallenen Hütte der **Halsalm.** An ihr links vorbei, links die begrünten Hänge hinauf, bis von links rückwärts ein ziemlich verwachsener, ebener Weg einmündet. Nun rechts umbiegend weiter. Nach wenigen Schritten, bei groben Blöcken, Weggabelung (links zum Halsköpfl). Rechts in wenigen Minuten hinab zum **Schwarzensee** (1568 m, 45 Min.). Am rechten Seeufer entlang, in gerader Richtung weiter über die Wiesenmulde (ziemlich am See-Ende geht rechts der rot markierte Weg zum Grünsee ab). Kurz vor dem Ende der Wiesenmulde geht der stellenweise sehr verwachsene Pfad links vorwärts auf die nächste Geländestufe hinauf, weiter in südl. Richtung, erst über Karrengelände, dann meist auf Rasengassen (Dauben) entlang, um in einer langen Geländemulde zur verfallenen **Grünseealm** (1602 m) hinabzuführen. 45 Min. Beim Abstieg zur Alm kann man schon den Anstieg zu der gegenüberliegenden Wand des Feldkogels sehen. Gerade über die Hütte hinweg reicht ein grünbewachsener Rücken besonders hoch an die Felsen heran. Auf seiner Rückenlinie steigt man bis an die Wand. Der Übergang Grünsee — Feldkogel — Feldalm wurde markiert. Der Einstieg führt erst links in die Wand hinein. Bald wendet man sich wieder nach rechts und überwindet die erste Wandstufe (I; man achte auf die Eisenstifte, Dauben und Wegspuren). Dann geht es wieder nach links durch einen steilen Kamin, weiter über Rasenplätzchen ein Stück eben zu einem überhängenden Felsen. Links von ihm wieder über Felstreppen empor (Eisenstifte), weiter in Windungen über nicht mehr ganz so steiles Karrengelände nach links ausholend, zuletzt wieder rechts zum Sattel zwischen den Ausläufern des Stuhljoches und **Feldkogels.** Vom Sattel nach rechts in wenigen Minuten zum aussichtsreichen Gipfel (1886 m, 1 Std.). Vom Gipfel auf rot bezeichnetem Wege in 50 Min. zum Kärlingerhaus. (Beim Abstieg vom Feldkogel zur Grünseealm beachte man, daß man erst die letzte Einsattelung vor dem Stuhljoche nach N überschreiten und dann sich zunächst etwas nach links wenden muß.)

● **1408** frei für Ergänzungen

● **1409** **Ingolstädter Haus,** 2119 m

In der Dießbachscharte. AVS Ingolstadt. 15 B., 28 M., 11 L.; im Sommer und Spätwinter bew. Tel. 06582/258113. Ausgangspunkt für Touren auf Hundstod und im westl. Steinernen Meer.

Übergang: Vom Kärlingerhaus R 1437; vom Riemannhaus R 1441.

● **1410** **Oberweißbach — Ingolstädter Haus**

Bez. Weg. 5 Std.

In den Sommermonaten verkehrt ab Weißbach / Saalachtal meist am Mittwoch, Samstag und Sonntag ein Kleinbus (Lofeyer, Tel. 06582/258115) zur Kallbrunnalm und zum Diesbachstausee, wodurch sich der Anstieg zum Ingolstädter Haus auf 2½ Std. verkürzt. Gruppen, die vom Hintersee herkommen, können sich nach tel. Vereinbarung auch am Hirschbichl abholen lassen.

Von Oberweißbach bzw. Diesbach (Orte im Saalachtal) führt der bez. Weg ansteigend dem Pürzlbach entlang zur Kallbrunnalm (1453 m, 1¾ Std.). Hierher gelangt man auch von Hirschbichl (R 331).

An der Jagdhütte vorbei auf der Fahrstraße bis zur Staumauer des Diesbachsees. Nun nach rechts über die Staumauer und auf dem Weg oberhalb des Sees zum Mitterkaser, 1635 m (1¼ Std.). Weiter durch Latschen über Schuttreißen nördl. ausbiegend auf den Felsriegel der Mitterkaserwand (der bez. Winterweg gewinnt die Mitterkaserwand von links her) und auf gutem Steig am **Pflegerklamml** und den Abbrüchen des Kl. Hundstods vorbei zum Ingolstädter Haus (1¾ Std.).

● **1411** frei für Ergänzungen

● **1412** **Peter-Wiechenthaler-Hütte,** 1752 m

Auf dem Kienalkopf am Südabfall des Steinernen Meeres. AVS Saalfelden, im Sommer bew., 25 B., 40 M.

Übergang: Zur Weißbachlscharte und zum Kärlingerhaus R 1442.

Das Ingolstädter Haus an der Dießbachscharte mit dem Funtenseetauern

● 1413 **Saalfelden — Peter-Wiechenthaler-Hütte**
2—2½ Std.

Von Saalfelden auf der Bundesstraße in Richtung Lofer und bei der Ortschaft Pabing rechts abbiegen. Die nächste Ortschaft Bachwinkl wird bis zum Öfenbach durchfahren (bis hierher mit Pkw). Von hier über den Öfenbachsteg (Wegweiser) und in Serpentinen den Kienberg ansteigend zum Sattel zwischen Kienberg und Kienalkopf (**Kreuzweg,** 1348 m). Weiter auf gut angelegtem Weg zur Hütte.

● 1414 Saalfelden — Schattseitweg — Peter-Wiechenthaler-Hütte

3½ Std. Dieser schattigere Anstieg ist im Hochsommer dem kürzeren Weg R 1413 vorzuziehen.

Wie bei R 1413 zum Kreuzweg, 1½ Std. Nun nordseitig abzweigen auf den landschaftlich sehr schönen markierten Weg zum Rosenbühel. Südöstl. ansteigend zum Ella-Brunnen (Quelle). In Serpentinen durch den Lärchenbachwald zur Hütte.

● 1415 A Peter-Wiechenthaler-Hütte — Metzger-Steinalm — Saalfelden

2½—3 Std. Lohnende Tagestour von Saalfelden. Höhenweg von der Steinalm über Haidensperre bis zum Kahlenbachgraben.

Von der Hütte etwa 10 Min. auf dem Saalfeldener Höhenweg in Richtung Persailhorn. Bei der Abzweigung Wegtafel. Nun leicht absteigend oder querend auf seilgesichertem Weg zum **Persailfoißl** (sehr schöner Aussichtspunkt). Weiter durch wildromantische Gräben zur Metzger-Steinalm, 1269 m (Jausenstation). Abstieg auf gutem Weg in den Kahlenbachgraben oder zur Einsiedelei. Vom Kahlenbach gelangt man über eine Querverbindung (Hinterlehenbauer) zum Pkw am Öfenbach.

● 1416 A Metzger-Steinalm — Haidensperre — Saalfelden

3—3½ Std. Sehr lohnender Höhenweg, besonders in Verbindung mit R 1415 A.

Von der Steinalm auf bez. Weg über die Alm, dann durch Hochwald bis zu einer Lichtung (innere Steinalm, schöner Aussichtspunkt). Bei einer Weggabelung den linken Weg zuerst eben, dann absteigend bis in den Graben (Steinkarl). Von hier steil ansteigend bis zu einem großen Felsblock (Aussichtsbank) und weiter auf- und absteigend durch Gräben (teilweise ges.) bis zur Haidensperre. Von hier absteigend in den Kahlenbachgraben und weiter bis zur Bürgerau und nach Saalfelden.

● 1417 Riemannhaus, 2177 m

In der Ramseider Scharte, welche den Übergang der Wallfahrt vom Pinzgau nach St. Bartholomä vermittelte. AVS Ingolstadt, Sommermonate und Spätwinter bew., 26 B., 38 M., 16 L., Tel. 06582/3300; Ausgangspunkt für Touren im S-Teil des Steinernen Meeres.

Übergang: Zum Ingolstädter Haus R 1441; vom Kärlingerhaus R 1443; von der Buchauerscharte R 1447.

Das Riemannhaus an der Ramseider Scharte gegen Kitzbüheler Alpen und Hohe Tauern

● **1418** **Saalfelden — Ramseider Steig — Riemannhaus**
3½—4 Std., vom Schlagbaum 2½ Std. Bez. Steig.
Der Weg ist gut, erfordert aber einige Schwindelfreiheit. Beliebter Anstieg, Ausblick auf die Eisgipfel der Tauern.

Von Saalfelden durch den Kahlenbachgraben zur **Riemannhöhe** (1173 m) empor und weiter gegen die S-Abstürze des Breithorns (hier mündet R 1419 ein, auf dem man bis zu einem Schlagbaum mit Kfz fahren kann. Nun teilweise in Felsen gehauene, mit Drahtseil gesicherte Steiganlage im Zickzack durch die Abstürze des Sommersteins zur Ramseiderscharte und zum Riemannhaus.

● **1419** **Alm — Riemannhaus**
Vom Schlagbaum 2½ Std.

Von Alm kann auf einer anfangs geteerten, später geschotterten Straße bis zum **Geisgraben** mit Kfz. gefahren werden (1130 m, Schranke). Weiter wie R 1418.

● **1420** frei für Ergänzungen

● **1421** **Biwakschachtel am Wildalmkirchl,** 2457 m

ÖTK Wien, auf dem vom sogen. „Kirchdach" herunterziehenden Rücken oberhalb der roten Markierung Brandhorn — Hochbrunnsulzen, 4 L., Stützpunkt für den Übergang zum Hochkönig und für Touren im östl. Teil des Steinernen Meeres. Empfehlenswerte Hinweise: Dr. Robert Hösch „Das Tourengebiet unserer neuen Biwakschachtel auf der Hochfläche des Steinernen Meeres", ÖTZ, Juli / August 1959.

Wasserstelle etwas rechts unterhalb des schwach ausgeprägten Steigleins zur Wasserfallscharte kurz hinter der Einsattelung Scheereck — Hochponeck, etwa 20 Min. von der Biwakschachtel.

Zugang siehe R 1463.

● **1422** frei für Ergänzungen

● **1423** **Eckberthütte,** 1144 m

Im Blühnbachtal. AVS Salzburg, unbew., 25 M., nur mit AV-Schlüssel vom 1. 5. — 31. 10.

Übergang: Zur Torscharte R 1462.

● **1424** **Tenneck — Blühnbachtal — Eckberthütte**
Bez. Weg, 3½ Std.

Von der Haltestelle Tenneck auf der unteren Straße zur Schönblickbrücke. Kurz darauf zweigt der Weg links ab und führt hinauf zur Eckberthütte.

● **1425—1429** frei für Ergänzungen

8.3 Übergänge und Höhenwege

● **1430** **Blühnbachtörl,** 2016 m

Übergang von der Röth in das Blühnbachtal.

● **1431** **Wasseralm — Blühnbachtörl — Blühnbachtal**
4—5 Std.

Wie bei R 1346 in die auffallende Einsenkung des Blühnbachtörls zwischen Kl. Teufelshorn und Laubwand zu. Bevor man diesen Einschnitt erreicht, biegt man wie zur Ersteigung des Kl. Teufelshorn links ab und ersteigt über Grasbänder dessen südwestl. Ausläufer, den Schloßanger. (Das Törl selbst, das mit 30 m hoher Wand ins Blühnbachtal abfällt, kann nicht überschritten werden.) Nun in südl. Richtung auf Grasbändern steil und etwas ausgesetzt am Fuß der Wandstufe über Schutt auf den zum Jagdhaus **Häuslalm** führenden Steig.

● **1432** **Mauerscharte,** 2182 m

Übergang von der Röth ins Blühnbachtal.

● **1433** **Wasseralm — Mauerscharte — Blühnbachtal**
5—6 Std. Etwas mühsam.

Von der Wasseralm zur Jagdhütte; rechts davon führt ein Pfad scharf ansteigend im oberen Teil durch lichten Lärchenbestand links (östl.) an den Fuß des Hochecks (Ausläufer der Funtenseetauern), 30 Min. von der Jagdhütte; nun links (östl.) aufwärts, das kleine Seelein (die Blaue Lache) östl. umgehend, überschreitet man ein Steinmäuerchen und hält sich nun immer links, die Vordere Wildalm berührt man nicht, am Fuß des **Neuhütters** über — nur teilweise Pfadspuren — zur Mauerscharte zwischen Laubwand und Alpriedelhorn, 3 Std. von der Wasseralm. Von der Mauerscharte steigt man in nordöstl. Richtung, je nach der Jahreszeit, über sehr steile Schneefelder oder Schutt, dann über Grashänge zu der Fahrstraße ab, die an einem der Hochspannungsmasten endet. Von hier am Jagdhaus Häuslalm vorbei in 1½ Std. zum Blühnbachschloß.

● **1434** **Hochbrunnsulzen — Mauerscharte**
3¾ Std., rot bez.

Der linken, östl. abwärts führenden Bez. zur Hinteren Wildalm folgend, dann in Mulde nordöstl. (das **Rosentalhörnl** bleibt links) weiter, überschreitet man einen kleinen Schuttriegel und steigt jenseits steil zu den unter der Laubwand liegenden Schuttreisen hinauf. Jetzt südöstl. ansteigend, erreicht man die Scharte selbst.

● **1435** frei für Ergänzungen

● **1436** **Wasseralm — Niederbrunnsulzen — Kärlingerhaus**
Rot bez., 4—5 Std.

Wie bei R 1433 zur Blauen Lache, nun aber die Neuhütterwand links liegen lassend über ausgeprägtes Karrenfeld (Dauben) zu dem Steinhütterl der **Vorderen Wildalm**, 1953 m. Von da über die **Lange Gasse** in westl. Richtung den rötlichen Steilhang der **Hüttentalhöhe** überschreitend, gewinnt man die **Niederbrunnsulzenscharte** (2369 m). AV-Tafel zum Funtensee. Von da hält man sich am Fuß des Grieskogels, diesen umgehend, der Einschartung des **Toten Weibs** zu und kommt hier auf den rot bez. Pfad, der zum Funtensee leitet. Kurz jenseits des Toten Weibs rechter Hand eine gute Unterstandshöhle (Steinmann).

● **1436 A** **Kärlingerhaus — Niederbrunnsulzen — Wasseralm**
5—6 Std., rot bez.

An der Teufelsmühle vorbei, dann nicht links den zum Feldkogel führenden Weg, sondern rechts den Weg zum Riemannhaus ein kurzes Stück noch verfolgend, bis er den **Stuhlgraben** erreicht. Vor dem Brückchen über diesen der roten Bezeichnung folgend links ab und in der linken vom steilen Stuhlgraben hinaufführenden Mulde in die Gasse links unter dem Schottmalhorn. Der rot bez. Pfad führt nach Überwindung einer rötlichen Steilstufe an deren linken (östl.) Rand zur Einsattelung (Totes Weib) hinauf; eine Mulde am Grieskogel umgehend, biegt man von der nach Hochbrunnsulzen führenden blauen Bezeichnung scharf links (östl.) ab und erreicht die Einschartung der Niederbrunnsulzen. Nun steigt man in genau östl. Richtung über ein Schneefeld und Platten am Fuß des formenschönen Rotkopfs (Dauben) ab, erreicht bei der Hüttentalhöhe schärfer absteigend die Lange Gasse und durch diese die Vordere Wildalm. Zur Mauerscharte, R 1432. Nun **nordöstl.** einen Hang hinauf und dann **nordwestl.** über ein Karrenfeld (Dauben) zur Blauen Lacke, bald danach am Fuß des Hochecks (Schneelöcher) nördl. (rechts) abbiegend zur Röth hinunter.

● **1437** **Kärlingerhaus — Ingolstädter Haus**
AV-Weg, bez., 3 Std.

Westl. über die Almfläche und die mächtige Schuttreiße am Fuß des Viehkogels (am höchsten Punkt links Abzweigung zum Viehkogel und Viekogeltal) empor, in die Mulde hinab, jenseits einer neuen Bez. folgend den rötlich gefärbten S-Fuß des Hirsches links umgehend zu ihm hinauf. (Links Abzweigung Weißbachlscharte, R 1442. Der unbedeutende Gipfel des **Gr. Hirsches,** 1993 m, läßt sich von hier aus unschwierig ersteigen.) Dieser wird umgangen und zur Einsenkung der **Schönbichlalm** (kleine Hütte, verfallen) abgestiegen; am S-Fuß des Schneibers links ansteigend entlang, später am Hundstod durch grobes Blockgewirr zur Diesbachscharte. Die Abzweigung zum Hundstodgatterl-Trischübel geht im oberen Drittel dieses Weges bei einer Mulde rechts ab (R 1438).

● **1438** **Trischübel — Hundstodgatterl (2188 m) — Kärlingerhaus**
2½ Std, bez. Weg.

Von der verfallenen Almhütte auf Trischübel rechts (westl.) hinauf zum latschenbewachsenen Rücken über der **Hundstodgrube,** in diese hinab, eine Strecke weit auf ihrem Grund, dann scharf links steil hinauf zu den „Gruben" zwischen Rotleitenschneid und Graskopf. Diese durchwandert man mählich ansteigend, biegt dann links vor dem O-Grat des Hundstods um und kommt so in die Einschartung des Hundstodgatterls.

Jetzt über Karren steil hinab, mehr links (östl.) haltend, zur Hochfläche des Steinernen Meeres und zum Steig Funtensee — Diesbachscharte (R 1437). Hier links (südöstl.) zum Funtensee.

● **1439** **Wimbachtal — Trischübel — Oberlahneralm — Kärlingerhaus**
3—4 Std., rot bez.

Von der Wimbachgricshütte (R 666) auf angelegtem, bez. Weg zum Paß Trischübel. Rechts in südl. Richtung Steig zum Hundstodgatterl; auf dem Paß verfallene Almhütte. Die rote Bezeichnung führt östl. abwärts, biegt nach ¼ Std. rechts um und gewinnt in südöstl. Richtung das schutterfüllte Kar unter dem Gjaidkopf und anschließend den begrünten Plan der ehem. Sigeretalm. Nun nach rechts durch latschenbewachsenes Karrengebiet ansteigend, dann etwas auf- und abwärts, eine steile Rinne (den sogen. Sack) auf Holzleiter überwindend, kommt man nach ¾ Std. zur Oberlahneralm und weiter wie R 1405 zum Funtensee.

● **1440** frei für Ergänzungen

● 1441 **Riemannhaus — Ingolstädter Haus (Eichstätter Weg)**
2—2½ Std. Ein in den dreißiger Jahren neu angelegter, gut ausgebauter Höhenweg verbindet beide Hütten. Landschaftlich sehr eindrucksvoll.

Über Karrenfelder parallel zum Gipfelkamm Breithorn — Schindlkopf über die Hochfläche. Etwa in der Mitte dieses Weges erreichen wir mit 2309 m auf der **Alhöhe** den höchsten Punkt, um dann langsam wieder abzusteigen.

● 1442 **Peter-Wiechenthaler-Hütte — Weißbachlscharte — Kärlingerhaus**
3½—4 Std.

Von der Hütte eben nach Osten, bald Nordosten. Oberhalb der Weißbachlalmen steil nordöstl. empor zur Weißbachlscharte, 2259 m, zwischen dem unschwierig erreichbaren, aussichtsreichen Schartenkopf, 2308 m, und dem Achselhorn. Von der Scharte herab auf die Hochfläche des Steinernen Meeres. Hier kreuzt der Eichstätter Weg (R 1441) den Weg zum Funtensee (**„Praterstern"**, 2150 m). Der Weg teilt sich bald; beide Wege führen zum Funtensee; man folgt dem rechten Weg und kommt, an einer alten Zirbe mit eingelassenem Marterl (**„Zirbenmarterl"**) vorbei, bald danach wieder eine Wegteilung. Man folgt hier dem rechten Weg und erreicht an der Landesgrenze die Gegend **„In der Eul" (Äultal)** und dann den Weg Kärlingerhaus — Ingolstädter Haus (R 1437), den man knapp vor dem Sattel am Fuß des Hirsches erreicht. Auf den Sattel und herab zum Kärlingerhaus.

● 1443 **Kärlingerhaus — Riemannhaus**
2½—3 Std. Der am meisten begangene, bequemste und kürzeste Übergang von Berchtesgaden in den Pinzgau. Dieser Weg sollte von jedem gemacht werden, der die großartige Felslandschaft des Steinernen Meeres kennenlernen will. Im Frühsommer, wenn noch Schnee liegt, kann auch dieser Weg beschwerlich sein, sonst bietet er eine mühelose Wanderung über die Hochfläche.

Der Weg führt am Ufer des Funtensees an der **Teufelsmühle** (unterirdischer Abfluß des Sees) vorbei zum **Baumgartl** und in südwestl. Richtung zur Hochfläche hinauf. Im oberen Drittel des zweiten schon ganz baumlosen Steilabfalls ober dem Baumgartl links Abzweigung zur Buchauerscharte, Schönfeldspitze usw. Rechts abseits des Weges liegt die tafelförmige Hochflächenerhebung des **Rotwandls**, 2231 m; Besteigung vom Weg aus unschwierig, aber nicht lohnend. Der Weg umgeht oben die Mulden und Trichter, erreicht bei seinem höchsten Punkt

(2135 m) das „Salzburger Kreuz", nachdem man vorher an der Wunderquelle (einer aus dem Fels rieselnden Wasserader; Tafel) vorbeigekommen ist, und hält sich nun etwas fallend, dann wieder steigend, geradeaus der Einsattelung der Ramseiderscharte mit dem Riemannhaus zu.

● **1444** frei für Ergänzungen

● **1445** **Buchauer Scharte,** 2269 m

Schon früh von Älplern benützter Übergang zwischen Schönfeldspitze und Manndlköpfen.

★ **1446 Alm — Buchauer Scharte**
4½ Std.

Alm (Autobuslinie) führt der Steig durch den Krallerwinkel teilweise steil hinan durch Wald über Kasereck (2 Std. an der ehem. Freithofalm vorbei zu einer Jagdhütte am Fuß der S-Abstürze der Schönfeldspitze. Dann in Windungen durch eine steile Latschen- und Schuttmulde empor zur Buchauer Scharte.

● **1447 Buchauer Scharte — Riemannhaus**
2½ Std., blau, zuletzt rot bez.

In nordöstl. Richtung hinab, bis man nach etwa 30 Min. den Weg Hochbrunnsulzen — Riemannhaus trifft. Auf diesem weiter in nordwestl. Richtung bis zum Südrand der Schönfeldgrube. Hier weitere Wegteilung (rechts zum Funtensee). Der roten Bez. folgend links ab, oberhalb der Schönfeldgrube, teilweise ansteigend, um den Fuß der Schönfeldspitze herum zum Riemann-Haus.

● **1448 Buchauer Scharte — Kärlingerhaus**
2½—3 Std.

Wie R 1447 bis zur Wegteilung. Hier jedoch der blauen Bez. folgend rechts um die Schönfeldgrube herum, an den Hängen des Schottmals entlang, bis man den gebauten Weg Riemannhaus — Funtenseehaus an dem Steilabfall über dem österreichischen Baumgartl erreicht.

● **1449 Buchauer Scharte — Totes Weib — Kärlingerhaus**
2—2½ Std., rot bez.

Von der Scharte den rechten, rot bez. Steig in nordöstl. Richtung ziemlich geradeaus in die Senke hinab, die westl. des langen Selbhorngrates nach N zieht. Unterhalb der Hochbrunnsulzen, ziemlich am tiefsten Punkt quert man den rot bez. Weg Riemannhaus — Hochbrunnsulzen, hält sich in nördl. Richtung, das Schottmal links lassend, und erreicht kurz vor dem Toten Weib R 1436. Wie dort zum Kärlingerhaus.

● **1450** frei für Ergänzungen

● **1451** **Luegscharte,** 2452 m

Scharte zwischen Manndlköpfen und Selbhorn.

● **1452** **Alm — Luegscharte**
4½ Std. vom Krallerwinkl. Foto Seite 414, 447.

Wie R 1455 zum Pragstein. Von hier über den zackigen Hohen Kempen zur Luegscharte.

● **1453** frei für Ergänzungen

● **1454** **Wasserfallscharte,** 2423 m

Übergang zwischen Selbhorn und Poneck.

● **1455** **Alm — Pragstein — Wasserfallscharte**
I. 4½ Std. vom Krallerwinkel. Im Abstieg nicht leicht zu finden. Foto Seite 414.

Dieser früher bez. Weg führt in östl. und nordöstl. Richtung in den Krallerwinkel und in gleicher Richtung über die **Lechneralm** auf den Pragstein (1825 m) mit Jagdhütte. An dieser vorbei verfolgt man den Weg bis zur Tafel „Zum Selbhorn". Auf undeutlichem Steig nun rechts ab und die südöstl. Hänge des Selbhorns querend zum Beginn der von der Wasserfallscharte herabziehenden Schlucht. Diese wird bis zur Scharte durchklettert (I), dabei hält man sich vorwiegend an die östl. Rinnenseite.

● **1456** **Hinterthal — Wasserfallscharte**
4½ Std.

Von der Wasserfeldbachbrücke (1 km vor Hinterthal Brückentafel am rechten Geländer, links Wegweiser Reiteralm — Lechneralm) zweigt dem Bach entlang ein Fahrweg etwa 500 m zu Bauerngehöften ab. Vom Ende des Fahrweges rot markierter Steig zur Reiteralm und von dort weiter zum Pragstein. Weiter wie R 1455.

● **1457** **Hinterthal — Finstereck — Wasserfallscharte**
4 Std. kürzer als R 1456, nur Geübten und Ortskundigen zu empfehlen.

Bei der Kirche Hinterthal über die Brücke und auf dem markierten Steig über die Sonnleiten (Skilifttrasse) zur Finstereck-Jagdhütte. Links von der Jagdhütte führt ein nicht markierter Jagdsteig in Richtung Wasserfallscharte.

● 1458 Wasserfallscharte — Hochbrunnsulzen
½ Std.

Von der Wasserfallscharte in nördl. Richtung spärlichen Dauben folgend erreicht man den gut bez. Pfad Brandhorn — Hochbrunnsulzen (R 1463).

● 1459 frei für Ergänzungen

● 1460 Hohe Torscharte, 2292 m
Niedere Torscharte, 2246 m

Doppelscharte zwischen Steinernem Meer und Hochkönigstock.

● 1461 Hinterthal — Niedere Torscharte
4½ Std., bez. Weg.

Von Hinterthal in nordöstl. Richtung auf gutem Weg zur Karalm und auf dem Steig entlang der Hochspannungsleitung zur Niederen Torscharte.

● 1462 Blühnbachtal — Hohe Torscharte (Bohlensteig)
3½ Std. von der Eckberthütte. Bez. Weg, teilweise gesichert, landschaftlich hervorragend.

Wie R 1424, unterhalb der Eckberthütte vorbei in den Talschluß der „Seichen", wo er nach rechts über Rasenhänge und Geschröf steil emporleitet und zuletzt in Kehren die rechte (höhere) der beiden Einsattelungen der Torscharte erreicht. Von hier nach links über den Kamm hinunter zur Niederen Torscharte.

● 1463 Kärlingerhaus — Hochbrunnsulzen — Torscharte
II und I (mehrere Stellen), 7—8 Std.

Wie bei R 1436 A zur Einsattelung des Toten Weibs, dann aber genau südl. (blaue Bezeichnung) in den Mulden unter dem langen Gratzug zwischen Nieder- und Hochbrunnsulzenkopf weiter, bis man zu der Einschartung von Hochbrunnsulzen östl. hinaufsteigen kann. Nicht der verblaßten roten Bezeichnung die in östl. Richtung hinab zur Hint. Wildalm führt, folgen, sondern sich rechts haltend, der guten roten Bezeichnung nach. Ein Schneefeld wird am besten links umgangen, um von seiner tiefsten Stelle aus der roten Bez. weiter zu folgen. In südöstl. Richtung zum Scheereck und zu einem großen Steinmann an seinem nördl. Ausläufer. Hier wendet man sich nach S, umgeht das **Scheereck** (Scharegg) und steigt in das weite Kar unter dem Wildalmkirchl hinab.

Die Südseite des Steinernen Meeres von Hinterthal

R 1452 Alm - Luegscharte
R 1455 Alm - Pragstein - Wasserfallscharte

Selbhorn

R 1652 Alte Südkante
R 1653 Direkte Südkante

Dieses Kar quert man in südöstlicher Richtung ansteigend, bis auf einen fast ebenen Rücken nördlich unter dem Wildalmkirchl **Biwakschachtel,** R 1421); dann in östl. Richtung, nur wenig unter dem Grat, die Gratzacken umgehend, zu dem steilen Schneefeld etwas abwärts zu der Scharte vor dem Brandhorn („Mittagsscharte"); von dieser über Schutt und Karren hinauf; oben südl. haltend zum Gipfel des **Brandhorns.** Nun zuerst stärker absteigend über eine breite Fläche, dann auf stellenweise schmalem, bandartigem Weglein mit etwas Kletterei unter dem Kleinen Brandhorn auf das über steile Schrofen und Geröll ein Abstecher ohne Schwierigkeiten möglich ist, durch auf einen sehr

Hochstreif
R 1666 Südwestwand

Poneck
R 1664 Südgrat

schmalen, ausgesetzten und gescharteten Gratrücken mit mehreren interessanten Kletterstellen (II und I) und weiter über Wegschleifen im allgemeinen bergab auf den **Marterlkopf** (2443 m). Von hier steigt man an einigen Köpfen vorbei in mehr nördl. Richtung (links halten) allmählich abwärts, dann nach rechts durch eine Rinne mit etwas Kletterei in den großen Schuttkessel hinunter, der zunächst zur Hohen Torscharte und weiter zur Niederen Torscharte.

● **1464—1479** frei für Ergänzungen

8.4 Gipfel und Gipfelwege

● **1480** **Laubwand,** (Lawand), 2312 m
Neuhütter, 2114 m

Erstbesteigung der Laubwand vermutlich durch Purtscheller und Schider. Die grasige Gipfelfläche der Laubwand ist ähnlich wie der Viehkogel für die westl. Hälfte einer der schönsten Übersichtspunkte für den östl. Teil des Steinernen Meeres; unmittelbar gegenüber liegt der Hochkönig, zu Füßen das Blühnbachtal in seiner ganzen Ausdehnung.

● **1481** **Von der Wasseralm**
3½ Std.

Zur Neuhüttalm (R 1346); von dieser verfallenen Hütte steigt man gerade südl. über Grashänge (oben Schutt) unschwierig zum Neuhütter hinauf und von diesem, einigen Felszacken ausweichend, zur Laubwand.

● **1482** **Vom Blühnbachtörl**
I, 1 Std.

Wie R 1431 bis kurz unter das Blühnbachtörl und nun den rechts liegenden **Wildtorkopf** an seiner N-Flanke umgehen. Weiter in unschwieriger Kletterei zur Laubwand.

● **1483** **Von der Mauerscharte**
I, ½ Std.

Über steile Schrofen zum Gipfel der Laubwand.

● **1484** frei für Ergänzungen

● **1485** **Wildalmrotkopf,** 2516 m

● **1486** **Westgrat**
II und I (Variante III—), ½ Std. vom E.

Zugang: Von Niederbrunnsulzen nach Osten hinab und über Schrofen hinauf zum Sattel zwischen Grieskogel und Wildalmrotkopf.

Führe: Über den Grat (eine Stelle I) zum Gipfelaufbau und wenige Meter rechts aufwärts in ein Schartel auf der erwähnten kulissenartigen Rippe. Von hier entweder wesentlich schöner, aber schwieriger (III—) direkt über die Kulissenkante auf einen Absatz oberhalb des massigen Sockels, oder jenseits des Schartels wiederum wenige Meter absteigen und durch eine hinter der kulissenartigen Rippe versteckte Rinne (eine Stelle II) ebenfalls zum Absatz oberhalb des massigen Sockels. Von hier unschwierig zunächst ein mäßig ansteigendes Schuttband verfolgend, dann rechts haltend zum Gipfel. (E. Landes)

● **1487** frei für Ergänzungen

● **1488** **Grieskogel,** 2543 m

● **1489** **Ostgrat**
I, 15 Min.

Wie R 1486 zum Sattel östlich des Grieskogels. Über den Grat auf die drei wenig ausgeprägten Gipfel.

● **1490 A Abstieg nach Westen**

Über die Schutthänge der Westflanke hinab zu R 1436.

● **1491** frei für Ergänzungen

● **1492** **Funtenseetauern,** 2578 m

Vermutlich schon früher betreten; erste touristische Besteigung Kaind und Grill, etwa 1865.

Hüttenberg des Kärlingerhauses, hervorragende Aussicht, auch auf den ganzen Königssee. Ausgezeichneter Skiberg mit Abfahrten nach vier Richtungen.

● **1493** **Normalweg über den Stuhlwandrücken**

Zum Beginn des Tälchens am Wege zum Toten Weib wie bei R 1436 A. Hier bei einer roten Wandstufe gleich links aufwärts (rot bez.) zu einem Köpfl, welches das untere Ende der Stuhlwand bildet. Wegteilung, Tafeln.

a) Kürzer links, aber stellenweise sehr steil: Den Stuhlwandrücken gerade hinauf, eine schrofige Steilstufe überwindend zu der ausgeprägten Einsattelung im Stuhlwandrücken (2123 m, rot bez.).

b) Ein ehemals gebauter Weg zweigt rechts ab, holt ziemlich weit nach rechts aus, wendet sich schließlich scharf nach links und erreicht über Karrengelände den Stuhlwandrücken an der Einsattelung, wo er auf den anderen Weg trifft.

Nach Vereinigung beider Wege der roten Bez. weiter folgend in der Richtung auf die erste Scharte rechts von dem auffallenden Kopf des Stuhljochs (**Froschkopf** genannt). Unter diesem Kopf (rot bez.) links ab zur ersten, nördl. Einschartung des Grates, den man rechts von dieser gewinnt. Jetzt auf dem stellenweise schmalen Grat zum rötlichen Vorkopf des Tauern und, östl. umbiegend, auf dem Grat zum Gipfel.

★ 1494 Von der Wasseralm

3 Std. Schönste Skiabfahrt im Steinernen Meer.

Von der Jagdhütte am Weg zur Blauen Lache (R 1433) bis an den Fuß des **Hochecks.** Dort rechts vom Wege zur **Blauen Lache** ab (Wegspuren und Dauben). Mäßig steil zunächst in der begrünten Mulde rechts des Hochecks (Hochegger, 2230 m), dann auf einem grünen Rücken rechts davon in Richtung **Gamsscheibe** bis zu der kleinen Kuppe in Nähe ihres östl. Hanges. Nun quert man oberhalb eines Steilabfalles nach links bis zu etwa seinem höchsten Punkt (Steindaube) hinüber und hält sich der schwach ausgeprägten Einschartung zwischen **Leiterkopf** (eigentlich der oberste Ausläufer des Hochecks) und **Graskopf** zu; hier durchwandert man eine kleine Mulde, steigt etwas an und sieht nun in die Steinige Grube hinab; oberhalb dieser quert man über Platten am W-Hang des Graskopfs, 2519 m, entlang, dann über rote Liaskarren gerade zum Gipfel des Funtenseetauern.

● 1495 A Abstieg durch den Unsünnigen Winkel

Der nächste Abstieg zur Röth, sehr steil, bis spät in den Sommer hinein mit Schnee oder schwarzem Eis (Stufenschlagen erforderlich) erfüllt. Man benutzt als Abstieg in die Röth besser R 1494.

Der Unsünnige (sonnenlose) Winkel zieht von der Scharte zwischen Graskopf, 2519 m, und dem Steilabsturz des Funtenseetauern hinab.

★ 1496 Skiweg von Westen

Wie R 1493 zur roten Wandstufe. Man hält sich rechts, steigt über begrünte Hänge und Mulden zum Ledererkar, das sich zwischen Grieskogel und Ledererköpfen ausdehnt. Am oberen Ende des Kars linkshalten, zum Grat aufsteigen und diesen entlang zum Gipfel, der in nördl. Richtung liegt.

Die **Ledererköpfe** sind alle überklettert worden.

● 1497 Von Norden

Weglos, 4 Std. vom Weg Halsköpfl — Wasseralm.

Wie R 1402, bis man den höchsten Punkt dieses Weges unter dem Fuß der Moosscheibe erreicht hat; hier geht links von einer Quelle an der schwärzlichen Wand ein alter Jagdsteig zur Höhe der **Moosscheibe** hinauf (der Gipfel, bleibt links liegen), ohne jede Schwierigkeit zur **Kuhscheibe** und den breiten Rücken weiter verfolgend und das steile Gelände links umgehend durch Karren hinauf zur breiten Kuppe des **Ebenhorns,** 2376 m (Steinmann), und der **Hochscheibe;** kurze Zeit abwärtssteigend erreicht man die stets mit Schnee erfüllte Mulde unter dem gewaltigen N-Absturz des Tauern und steigt an geeigneter Stelle (diese wechselt je nach der Schneelage) steil zum Grat hinauf, den man westl. wenig unter dem Gipfel erreicht.

● **1497 A Abstieg nach Norden**
Im Abstieg sehr lohnend, jedoch ist der Durchstieg durch die Wand oberhalb des Halsköpfls von oben schwierig zu finden; man vermeide es, zu früh den Abstieg zu versuchen.

Der Steig beginnt etwa an der tiefsten Stelle zwischen dem über dem Halsköpfl aufragenden Eckpfeiler des Grates und dem eigentlichen Moosscheibengipfel.

● **1498—1499** frei für Ergänzungen

● **1500** **Schottmalhorn,** 2232 m

Den Funtenseekessel beherrschender, formschöner Gipfel, läßt sich nur in Kletterei erreichen. Anstiege lassen sich von allen Seiten ausführen, III und II.

● **1501 Normalweg von Süden**
II und I, 1 Std.

Der am wenigsten schwierige Weg führt vom Südfuß des langgezogenen Felsenriffes, also aus der Scharte zwischen ihm und dem Schottmal, einige Meter gerade hoch, auf einem Band nach links auf die W-Flanke und über Schrofen und ein kleines Wandl auf den Gipfelgrat. Das Kreuz steht nicht auf dem höchsten Punkt, sondern auf dem den Funtensee überragenden nördl. Eckpunkt des Gipfelgrats.

● **1502** frei für Ergänzungen

● **1503** **Viehkogel,** 2158 m

Vom Funtenseekessel gesehen ein machtiger Felsklotz, auf seiner Rückseite eine unbedeutende, unschwierig erreichbare Hochflächenerhebung.

● **1504 Von Westen**
1½—2 Std. vom Kärlingerhaus.

Auf R 1437 ins Viehkogeltal. Vom W-Fuß des Viehkogels leitet ein Steig empor zu einer Diensthütte und von hier aus zu einer Einsattelung am SW-Fuß des Berges. Über den grasigen Gipfelhang erreicht man unschwierig den Gipfel.

● **1505 A Abstieg nach Osten**
Spuren und Dauben, im Aufstieg nicht empfehlenswert.

Wie R 1504 zurück zur Einsattlung und nach SO durch die „Schafgasse“ zum Österr. Baumgartl. Man trifft hier auf den Weg R 1443.

● **1506** frei für Ergänzungen

● **1507** **Feldkogel,** 1886 m
Glunkerer, 1932 m

Erhebungen ohne touristische Bedeutung, aber von hohem landschaftlichen Reiz, lohnend aufzusuchen, wenn noch etwa 2 Std. zur Verfügung stehen.

● **1508 Vom Kärlingerhaus**
1—2 Std.

Hinab zum See, links an diesem vorbei und gleich links ansteigend durch den Rennergraben zu den Feldalmen. Hier wiederum links haltend gewinnt man den breiten Rücken des Feldkogels, 1 Std. Sehr schöner Tiefblick auf den Königssee. Den Glunkerer kann man vom Feldkogel aus in reizvoller Höhenwanderung entlang des Kammes erreichen; direkt von den Feldalmen oder über den Glunkererkopf, 1854 m, vom Kärlingerhaus aus; weglos.

● **1509** **Simetsberg,** 1861 m

Prächtiger Tiefblick auf den Königssee.

● **1510 Von Süden**

Vom Weg R 1406 westlich des Grünsees weglos und etwas mühsam auf den mehrgipfeligen Simetsberg.

● **1511** **Schneiber,** 2330 m

Dem Hundstod östl. vorgelagerter Gipfel.

● **1512 Von der Schönbichlalm**
I, 1½—2 Std.

Über steile Rasenbänder und Schrofen in der Südflanke zum Gipfel.

● **1513 Westgrat**
1 Std. vom Hundstodgatterl.

Man folgt meist dem Grat bis zum Gipfel.

● **1514** **Von Nordwesten**
I, 2 Std. von Trischübel.

Man verfolgt den linken der beiden von Trischübel zur Hochfläche der „Rauhen Köpfe“ hinaufführenden Steige. Knapp unter der Nordwand des Graskopfes wendet sich der Steig, der nunmehr schlechter und schwieriger aufzufinden ist, rechts vorbei und im Bogen in den Sattel hinter dem Graskopf. Auf Steigspuren und nach Steindauben (einmal ein Eisenstift) über ödes Karrengelände aufwärts und an den Westhängen des Gjaidkopfes eben hinüber in den Sattel (P. 2116) zwischen diesem und dem westl. Vorgipfel des Schneibers. Um nicht an Höhe zu verlieren, hält man sich vom Sattel weg gleich etwas höher und gelangt schließlich über Schutt und Karrenfelder in das Kar zwischen dem westl. Vorgipfel und dem Hauptgipfel des Schneibers. Ganz in das oberste Ende des Kares hinauf und auf einem Schuttband unter der abschließenden Wandstufe nach links zu einer tief eingerissenen Schlucht, die zur Linken von einem steilen, plattigen, schon von unten sichtbaren Pfeiler begrenzt wird. Von dem Schuttband unschwierig in die Schlucht hinein (Steinmann) und empor zu einer großen, feuchten Nische rechts (Steinmann). Nach etwa 40 m verläßt man die Schlucht nach links auf den oberen gratartigen Teil des Pfeilers hinaus, der alsbald (Steinmann) zu der flachen Gipfelabdachung bringt. Auf dieser gerade weiter zum nahen Gipfel.

● **1515** **Gjaidkopf,** 2268 m
Graskopf, 2094 m

Touristisch ohne Bedeutung und lohnen kaum eine Besteigung.

● **1516** **Gjaidkopf-Überschreitung**
I, sehr ausgesetzt, große Trittsicherheit erforderlich, etwa 3 Std.

Von Westen auf den Gipfel und über den Ostgrat hinab bis zum Weg R 1439.

● **1517** **Graskopf-Nordwand**
R. Hösch, 2. 8. 40.
II, 125 m, 1¼ Std.

● **1518—1519** frei für Ergänzungen

● **1520** **Rotleitenschneid,** 2229 m

Der nordwestl. Gipfel des Steinernen Meeres und seine Begrenzung gegen das Wimbachtal ist eine langgezogene Schneid, die vom Hundstodkendelkopf in Richtung Trischübel abzweigt. Selten besucht und wenig lohnend. Vom Weg R 1438 unschwierig über die Südostseite zu erreichen.

● **1521** **Nordostwand**
A. Hinterstoißer, T. Kurz, 1932.
V und IV, brüchig.

E bei einem auffallenden Vorbau, ¾ Std. von der Wimbachgrieshütte. Eine wenig ausgeprägte Rinne etwa 200 m aufwärts zu einem Schuttabsatz. 2 SL erst nach links, weitere 2 SL halblinks hinauf zu einem Turm. Nach rechts weiter, dann 1 SL links aufwärts zu einem verdeckten Kamin. Durch diesen zum Gipfel.

● **1522** frei für Ergänzungen

● **1523** **Großer Hundstod,** 2594 m

Erstbesteigung durch Thurwieser, 1825.

Infolge seiner vorgeschobenen Lage am NW-Rand ein herrlicher Aussichtsgipfel; der Hüttenberg des Ingolstädter Hauses.

● **1524** **Normalweg von Süden**
1—1¼ Std., rot bez.

In nordwestl. Richtung über steile begrünte Schrofen auf eine kleine Hochfläche, dann über Schutt zur Vorerhebung und über den südl. Verbindungsrücken zum Gipfel.

● **1525** **Nordflanke**
C. Hofmann, J. Grafl, 1869.
I, Schrofen. 3½ Std. von Trischübel.

Wie R 1438 in die Hundstodgrube. Man verläßt den Weg nach Westen und erreicht die Scharte zwischen Hundstodkendlkopf und Gr. Hundstod. Nun nach Süden und über Schutt und Schnee zum Gipfel.

● **1526** **Nordostwand**
N. Franziß, F. Rau, 1910.
III, teilweise brüchig. Siehe 14. Aufl. 1977.

● **1527** **Ostgrat**
H. Amanshauser, F. Weiser, 1912.
II, 2½ Std.

Von der oberen Hundstodgrube über Schnee und gut gangbaren Fels in die Scharte zwischen Großem Hundstod und P. 2401. Von hier, einen senkr. Abbruch rechts umgehend, auf der Gratschneide zum Gipfel.

● 1528 **Südwestgrat**
Gmelch, Wieder, 1920.
III, 2½ Std. Siehe 14. Aufl. 1977.

● 1529 **Südwestkante**
R. Hösch, 1939.
II. Schöne Kletterei, 1 Std. vom E.

Von der Ingolstädter Hütte nördl. zur Scharte zwischen Diesbacheck (2202 m) und Großem Hundstod, und aus dieser unmittelbar an die Kante. Fast stets auf deren Höhe bleibend, in durchwegs anregender Kletterei zur westlichen Gipfelschulter und zum Gipfel.

● 1530 **Westwand, alter Weg**
K. Wieder, F. Sladek, 1913.
IV+, brüchig. 3½ Std. vom E. Siehe 12. Aufl. 1969.

● 1531 **Direkte Westwand**
Bechtold, Haslacher, Mitterer, 1928.
V—, 450 m, 4—7 Std.

Der Durchstieg bewegt sich durchwegs in der Gipfelfallinie, also zwischen dem alten W-Wandweg und den W-Wandkaminen. Unmittelbar nördl. der Gipfelfallinie befinden sich in den unteren Zweidritteln der Wandhöhe zwei große, auf die Spitze gestellte gelblich-plattige Dreiecke. Man klettert auf einen mit dachartigen Überhängen aus der Schutthalde gegen das untere Plattendreieck emporstrebenden Vorbau und verläßt ihn an seinem oberen Ende nach S. Ein kurzer Quergang (V) führt um eine plattige Ecke zu gut gangbarem Fels, der gerade emporleitet zu einem rechts der unteren Platteneinlage befindlichen, heraushängenden, etwas schrägen, etwa 12 m hohen Doppelriß. Über diesen hinauf (V—); durch sofortiges Ansteigen nach rechts erreicht man eine von rechts heraufkommende Steilrampe, die man bis über das zweite Plattendreieck links (nördl.) aufwärts verfolgt. Nördl. einer großen, nach oben ziehenden Verschneidung gelangt man in gerader Linie über mehrere steile Wandstellen in einen Trichter, der direkt zum Gipfel leitet. — Ausweichen zum NW-Grat ist möglich, jedoch ist dieser, im Gegensatz zur Wand, sehr brüchig.

● 1532 **Westwandkamine**
H. Peterka, 1937.
V (Stellen), IV+. Fester Fels.

Die W-Wand-Kamine ziehen sich als senkr. Kaminreihe in dem von W-Wand und SW-Grat gebildeten rechten Winkel zum vorletzten Turm des SW-Grates hinauf. Vom Diesbacheck entlang der Wand absteigend, an den Kaminen vorbei, zu einem Plattendreieck, das in die senkr. rote Wand hinaufspitzt. Über die Platten (Steinmann) von links schräg rechts aufwärts und durch einen versteckten Kamin in die Fallinie der großen Kaminreihe. Gerade aufwärts, von einer Stufe nach rechts und senkr. empor in einen Winkel, welcher von einem abgeschlossenen Kamin überwölbt wird (Steinmann). Über nassen und bemoosten Fels zu einem Klemmblock und zum absperrenden brüchigen Überhang. Im Kaminwinkel zu dem oberhalb befindlichen Schuttfleck. Nach rechts durch eine Rinne und durch den folgenden Kamin zu einer Platte. Diese wird am linken Rand erklettert. Beim folgenden Überhang nach rechts in den Kamin. Immer senkr. empor bis zur roten Felsbruchstelle, welche schon vom Kar aus sichtbar ist. Mit Hilfe eines zersprengten Einrisses schräg nach links und über Platten wieder zurück über den roten Abbruch. Eine Plattenverschneidung sowie vereinzelte Risse führen gerade aufwärts zum SW-Grat.

● **1533** **Ostschlucht**
Ohlenschlager, Diem, 1922.
Nähere Angaben unbekannt.

● **1534—1536** frei für Ergänzungen

● **1537** **Kleiner Hundstod,** 2263 m

Langgestreckter Höhenrücken, der sich in westl. Richtung vor dem Großen Hundstod, von diesem durch die Hundstodscharte getrennt, hinzieht.

● **1538** **Vom Ingolstädter Haus**
½ Std.

Wie R 1524 zur Hochfläche, dann nach Westen zum Gipfel.

● **1539** frei für Ergänzungen

● **1540** **Schindlkopf,** 2356 m

Der Hausberg des Ingolstädter Hauses mit lohnender Aussicht; schöner Skigipfel. Erstbesteiger H. v. Barth, 1868.

★ **1541** **Vom Ingolstädter Haus**
I, 1 Std.

Kurz auf dem Eichstätter Weg (R 1441), bis eine blaue Markierung nach rechts abzweigt. Auf dem Rücken etwas auf und ab an den Fuß des Berges; über die Nordflanke in die Scharte zwischen den beiden Gipfeln des Berges und nach rechts auf den Hauptgipfel.

● 1542 **Südostgrat**
I.

Über den steilen, gut gangbaren Grat zum Gipfel.

● 1543 **Südwand, alter Weg**
Defner, Witzelsberger, 1909.
II. Festes Gestein. Siehe 12. Aufl. 1969.

● 1544 **Südwand, Rigeleführe**
S. Huber, Paula Huber, Frau Rigele, 1920.
III und II, 180 m, prächtige Kletterei. Siehe 12. Aufl. 1969.

● 1545 **Direkte Südwand**
H. Schied, H. Viehauser, 1947.
V, 200 m, 3 Std.

Einstieg in direkter Fallinie des Gipfels (Steinmann). Über einen dunklen Wulst schwierig nach rechts zu kleinem Standplatz. In einem schwach ausgeprägten, ausgewaschenen Kamin hoch. Über völlig glatte Wandstellen mit Überhängen zu senkr. Riß, der fast bis zum Gipfel führt.

● **1546—1547** frei für Ergänzungen

● **1548**

Windbachkopf, 2222 m
Finsterbachkopf, 2163 m
Praghorn, 2143 m
Rauchkopf, 1953 m

Dieser die südl. Begrenzung des oberen Diesbachtales bildende Kamm, der vom Schindlkopf gegen das Saalachtal zu in westnordwestl. Richtung vorspringt, wird nur selten betreten.

● 1549 **Normalweg zum Windbachkopf**

Wie R 1541, dann vom Fuß des Schindlkopfes waagrecht nach SW weiterqueren und unschwierig über den Nordosthang auf den Gipfel.

● 1550 **Normalweg zum Finsterbachkopf**

Vom Ingolstädter Haus unschwierig durch Abstieg in die Mulde westl. des Hauses zu erreichen. Einen schwierigen Abstieg in den Buchweißgraben fand L. Purtscheller 1890.

● 1551 **Finsterbachkopf-Südostgrat**
Ostwald, Liposchek, 1904.
III, 1 Std. Brüchig und gefährlich. Siehe 14. Aufl. 1977.

● **1552—1554** frei für Ergänzungen

● **1555** **Grünkopf,** 2326 m
Hollermaishorn, 2298 m

Gratgipfel zwischen Schindlkopf und Schartenkopf, von letzterem durch die Einsenkung Hollermaisnieder, 2226 m, getrennt. Zwischen Grünkopf und Hollermaishorn liegt die Grünscharte. Überschreitung siehe R 1606.

● **1556** **Schartenkopf,** 2308 m

Gipfel unmittelbar nordwestl. der Weißbachlscharte.

● **1557** **Von der Weißbachlscharte**

In 10 Min. über den breiten Südostrücken zum Gipfel.

● **1558** **Achselhorn,** 2467 m

Erstbesteiger H. v. Barth, 1868.
Gipfel im Gratverlauf zwischen Alhorn und Weißbachlscharte, unterscheidet sich nur wenig von ähnlichen unbenannten Graterhebungen des SW-Randes. Überschreitung siehe R 1606.

● **1559** **Ostwand**
Viehauser, Edith Walch, 1947.
V+, 140 m, 2 Std. Siehe 12. Aufl. 1969.

● **1560** **Alhorn,** 2481 m
(Aulhorn)

Erstbesteiger H. v. Barth, 1868. Überschreitung siehe R 1606.

● **1561** **Südostwand**
F. Rigele, Paula Huber, L. Schifferer, H. Zangerle, 1921.
IV und III, 200 m. Siehe 12. Aufl. 1969.

● **1562—1564** frei für Ergänzungen

● **1565** **Mitterhorn,** 2491 m

Erstbesteiger H. v. Barth, 1868.

● **1566** **Vom Breithorn**
I, 1 Std. Kein Weg, aber rot bez.

Vom Breithorngipfel gegen N abwärts auf einem Schichtenband unterhalb der „Docke“ (auffällige, fast rechteckige Grattürme) hindurch zu einer Rinne, von ihr über plattige, steile Felsen zum Grat hinauf und zum Gipfel.

● **1567** **Vom Persailhorn**
Markierter Steig ohne Seilsicherungen. Sehr lohnende, hochalpine Wanderung. Landschaftlich besonders schön. Nur für Geübte. 1½ Std. Foto Seite 431.

Vom Persailhorn ein Stück dem Grat nach O folgend, dann nordseitig absteigen und queren, über Platten und Rinnen wieder zum Grat ansteigen (Kropsch-Kreuz). Über Schotterbänder zum Mitterhorn.

● **1568** **Ostwand**
II, 20 Min. Siehe 12. Aufl. 1969.

● **1569** **Südwand von der Schneegrube**
Gebrüder Blata, Grüneblatt, 1906.
III, 5—6 Std. Siehe 12. Aufl. 1969.

● **1570** frei für Ergänzungen

● **1571** **Persailhorn,** 2347 m
(Bersalhorn)

Erstbesteiger H. Heß, L. Purtscheller, 1887.

Außerhalb des Westrandes des Steinernen Meers. Wuchtiger Gipfel; er ist mit dem Mitterhorn durch einen Grat verbunden. Über das Persailhorn führt die rote Bez. des **„Saalfeldener Höhenwegs“**, der landschaftlich sehr schön die Wiechenthalerhütte mit dem Riemannhaus verbindet. Nur für Geübte. Übergang zum Mitterhorn, R 1567.

Als Nordgipfel wird eine doppelgipfelige Schulter bezeichnet, die gegen das Wilde Tal mit steilen N- und W-Wänden abbricht. Vom Hauptgipfel über den Verbindungsgrat in 20 Min. zu erreichen, I.

● **1572** **Normalweg von Westen**
Markiert, keine Seilsicherungen. Nur für Geübte.
2 Std. von der Peter-Wiechenthaler-Hütte.
Foto Seite 431.

Von der Peter-Wiechenthaler-Hütte führt der bez. Steig durch Latschenfelder zum E in die Persailhorn-W-Flanke. Durch diese steigt man in Serpentinen höher, erreicht dann im oberen Teil den W-Grat; auf oder nördl. vom Grat zum Gipfel.

● 1573 Klettersteig durch die Südwand

Die Sektion Saalfelden errichtete durch die Südwand einen durchgehend mit Fixseilen ausgestatteten Klettersteig. Drei Steilstufen werden mittels Eisenleitern überwunden, auch sonst originelle Kletterstellen und herrliche Aussicht. Lohnender und kürzer als R 1572. Nur für Schwindelfreie.

Zustieg auf R 1572, bis knapp unterhalb der ersten Felsen ein Steig nach rechts abzweigt. Diesen verfolgt man bis unterhalb einer großen Höhle in der Südwand. Knapp östl. (rechts) der Höhle beginnt der Klettersteig.

● 1574 Südabbruch

G. Mater, 1928.

IV+, 150 m, 1½ Std. Kurze, anregende Kletterfahrt, die auch bei etwas unsicherem Wetter gemacht werden kann.

Von der Wiechenthalerhütte auf R 1572 bis zum Fuß des Persailhorns. Steigspuren folgend erreicht man dessen Südseite, indem man oberhalb der Latschen nach rechts (südlich) quert. E unterhalb der gut sichtbaren, schwarzen Höhle im westlichen Wandaufbau des Persailhorns. 1 SL leicht überhängend (einige H) gerade empor zur Höhle. Ein Band leitet rechts heraus. Man verläßt es nach ungefähr 15 m, klettert über griffarme Platten (einige H) gerade empor, dann links haltend in eine Steilrinne. Durch sie gerade empor in eine Nische (Stand). Aus ihr rechts heraus und den folgenden Riß (IV) gerade hinauf auf einen Absatz. Nun in leichter Kletterei auf den Westgrat. Vom Grat quert man absteigend unschwierig, bis man auf R 1572 trifft.

● 1575 Nordgipfel-Südwand

Rigele, Seerainer, Zimmeter, 1925.

III und II, 1½ Std. Siehe 12. Aufl. 1969.

● 1576 Südgrat

F. u. Olga Rigele, v. Zallinger, 1920.

III (eine Stelle), II. 2½—3 Std.

Von der Peter-Wiechenthaler-Hütte auf R 1572 bis man die ersten Felsen des Gipfelaufbaus erreicht. Nun nach Süden unterhalb der Wände auf Steigspuren bis zum Südgrat queren. Am Grat direkt oder teilweise östl. ansteigend bis zu den schon von Saalfelden aus gut sichtbaren, hellgrauen, glatten Schichten. Diese werden nach rechts (östl.) umgangen (H). Durch den nächsten kaminartigen Graben gerade empor und nach links (westl.) auf dem Grat zum Gipfel.

● 1577 **Südwestwand des Nordgipfels**
H. Seerainer, K. Bogensberger, 1948. ÖAZ 1950, S. 193.

● 1578 **Westgrat**
Gerin u. Gef., 1908.
II, 1 Std. Siehe 12. Aufl. 1977.

● 1579 **Nordgipfel, Nordkamine**
F. Rigele, L. Schifferer, 1920.
III, 180 m, 2 Std. Foto Seite 431.

Das Persailhorn hat im N einen etwas niedrigeren, doppelgipfeligen Vorbau, von dessen Einschartung eine weithin sichtbare, etwa 180 m hohe Kaminreihe, begrenzt von steilen Plattenwänden, nach N abfällt. Siehe 12. Aufl. 1969.

● 1580 **Nordgipfel, Nordwand**
A. u. S. Pfeffer, 1975.
V, 400 m. Foto Seite 431.

Auf R 1442 bis ins Wilde Tal und über den Gras- und Schotterrücken zum Beginn der Nordschlucht, 1 Std. ab Hütte. Durch die Schlucht aufwärts (II), bis man diese nach links über Schrofen verlassen kann. Über den Schrofenrücken zum großen Steilaufschwung links unter den markanten Felsbogen (Standhaken). Durch eine kleine Verschneidung aufwärts bis unter den Überhang, schräg links um den Überhang herum und nach 10 m wieder in den Riß. Weiter im Riß zu Stand (V). Vom rechten Ende des Bandes gerade über die Platte in eine Steilrinne. In der Steilrinne bis unter den Überhang und Spreizschritt nach rechts (schwierigste Stelle) im Riß in die Höhle (V, Stand). Von der Höhle auf einem Kriechband nach rechts bis zur grauen Platte (V). Stand am rechten, oberen Ende der leicht geneigten Platte. Hier setzt eine große Rampe an, die den Weiterweg ermöglicht. Über die Rampe 3½ SL in herrlichem Fels (IV) aufwärts. 1. Standplatz links an der Kante (Blocksicherung), 2. Standplatz in einer Nische (SH), 3. Standplatz wieder links an der Kante auf dem kleinen Turm. Nach ½ SL endet die Rampe; nun rechts über den kleinen Überhang (V), zum letzten Stand, weiter über den letzten Aufschwung (III) zum Pfeilergipfel.

● 1581 **Nordgipfel, Westwand**
H. Schied, H. Viehauser, 1947.
V—, 350 m, 3—4 Std. Foto Seite 431.

Von der Peter-Wiechenthaler-Hütte auf R 1442 ins Wilde Tal. Nach dem ersten Graben auf Steigspuren über Schutthalden zum Gipfelaufbau, dessen Felsen zuerst gerade empor, dann nach links querend und wieder gerade empor erklettert werden. E ist 1 SL unterhalb der übereinander liegenden Löcher, bis zum E II, von der Hütte 1 Std.

Führe: Zum 1. Loch gerade empor, griffiger Fels. Vom Loch rechts hinaus und wieder nach links zurück und gerade empor zum 2. Loch (Wandbuch). Durch eine Verschneidung rechts empor in leichteres Gelände. Nun über ein steiles Band links aufwärts auf die Ostseite des Pfeilers. Ostseitig oder auf der Kante gerade empor zu einer steilen Platte, die von links nach rechts griff- und trittarm überklettert wird. Weiter gerade empor über einen Überhang (Schlüsselstelle), dann links aufwärts (sehr luftig) und einige Meter gerade hinauf zum Ausstieg. Über leichtes Gelände zum Westgipfel.

● **1582** **Nordgipfel, Direkte Westwand**
A. u. S. Pfeffer, 1975.
V+, A1, 250 m ohne Vorbau, 3—5 Std.
Foto Seite 431.

Zustieg auf R 1572 bis zu den letzten Latschen. Hier verläßt man R 1572 und quert die NW-Seite über den Gasrücken leicht ansteigend zu einem Schuttband; über dieses schräg abwärts, in einer kleinen Rinne aufwärts zu einem fixen Stahlseil, das zur Überwindung der Steilstufe angebracht wurde. Vom Ende des Stahlseils gerade in den Kessel, 1 Std. ab Wiechenthalerhütte.

Führe: Rechts von der schwarzen Platte auf den nächsten Absatz (IV, Stand). Nun im Bogen nach links und gerade weiter zum Grasband (V—, A1). 25 m schräg links aufwärts und an einer Hangelleiste waagrecht nach links zu Stand (IV+). Vom Beginn der Hangelleiste gerade hinauf, dann schräg rechts und über eine Platte nach links zu Stand (V, A1). In der Steilrinne gerade hinauf bis unter den gelben Überhang und Querung nach links zu Stand (V+, schwierigste Stelle). Weiter in eine kleine Nische und über zwei kleine Überhänge zur großen Nische (V+, Stand). 5 m nach links und im Riß hinauf zum letzten Absatz (V, A1). Weiter über leichtes Gelände zum Pfeilergipfel.

● **1583—1585** frei für Ergänzungen

● **1586** **Die Drei Docke,** 2458 m

Felstürme zwischen Breithorn und Mitterhorn. Erste Besteigung durch H. Hess und L. Purtscheller, 1886. Siehe auch R 1566.

● **1587** **Südost-Nordwest-Überschreitung**
F. Rigele, V. Seerainer, 1920.
III, 1 Std.

Persailhorn von Norden

R 1567 Übergang vom Mitterhorn
R 1572 Normalweg von Westen
R 1579 Nordkamine
R 1580 Nordwand
R 1581 Westwand
R 1582 Direkte Westwand

Zum Aufstieg auf den SO-Gipfel benützt man die Südseite; über eine Felsschuppe auf ein schmales Band, nach rechts auf die Kante und gerade weiter zum SO-Gipfel. Kurzer Abstieg über eine schmale Schneide in die Scharte und über eine steile Platte (schwierigste Stelle), zum Mittelgipfel. Von dort wieder kurzer Abstieg über die Felsbrücke in die nächste Scharte. Durch die auf der Südseite hinabziehende Steilrinne kann man auch R 1566 erreichen (III). Über eine Felsrippe weiter zum Nordwestgipfel. Kurz vor dem Ende des Nordwestgipfels zieht eine Verschneidung, die den Abstieg ermöglicht, auf der Südseite bis zum Fuß des Nordwestgipfels in der Nähe des Weges R 1566.

● **1588** **Ostgipfel-Nordostwand, „Holzkeilführe"**
S. Hörl, H. Schied, J. Wörgötter, 1946.
IV+, A1, ½ Std.

● **1588** **Mittelgipfel-Nordostwand, „Verschneidung"**
V—, A1. 1 Std.

E am Fuß der Verschneidung, die von der Scharte zwischen O- und Mittelgipfel herabzieht. In der Verschneidung bis unter den Überhang, nach links über diesen und weiter über die Scharte zum Gipfel.

● **1590** **Nordostwand, „Variante"**
S. Hörl, H. Unterrainer, 1946.
IV—, ½ Std.

Über den Turm direkt unter die Felsbrücke zwischen Mittel- und Westgipfel und über eine Platte zur Felsbrücke und Gipfel.

● **1591** **Westgipfel-Nordostwand, „S"**
M. Schmuck, H. Schied, H. Wörgötter, 1948.
V+, A1, 1½ Std.

E etwa 20 m rechts vom kl. Turm der „Variante"; im leichten Bogen nach rechts über die Platte und gerade auf ein Band. Einige Meter nach links und über die nächste Platte zum Westgipfel.

● **1592** **Direkte Nordostwand**
A. u. S. Pfeffer, 1971.
VI, A3. 110 m, 2—3 Std.

An der rechten Seite der breiten NO-Wand zieht eine Schlucht in das Kar herab. In dieser Schlucht auf das erste Band und auf diesem 10 m nach links unter den auffälligen gelben Überhang, der durch einen Riß überwunden wird. Nach dem Überhang rechts aufwärts und Quergang wieder nach links. Der folgende senkrechte Wandteil wird mittels eines Bohrhakens und einiger unzuverlässiger Spezialhaken überwunden (schwierigste Stelle). Vom breiten Band über dieser Platte gerade über den nächsten Überhang (1 BH), kurze Querung nach links in einen breiten Riß und gerade zum Gipfel.

● **1593—1594** frei für Ergänzungen

● **1595** **Breithorn,** 2504 m

Erste Besteigung nicht bekannt.

● **1596** **Normalweg vom Riemannhaus**
Guter, bez. Weg. 1 Std.

An der O- und NO-Seite über die sanften Schichthänge, dann im Zickzack über Stufen zum Gipfel empor.

● **1597** **Südanstieg**
Mayerhofer, Hilzensauer, 1894.
III (drei kurze Stellen), sonst leichter. 600 m, 3—5 Std.
Markierungen nur im Aufstieg gut sichtbar.

Zugang: Vom Weg zum Riemannhaus (R 1418—19) knapp vor der Talstation der Materialseilbahn (Wegtafel) auf bez. Steig über die Sanden. Man verläßt diese nach Überqueren des westl. der drei Gräben, welche von der Südwand herabziehen, ins Latschengebiet. Nun in westl. Richtung leicht abfallend, bis man oberhalb der Baumgrenze den letzten Latschenrücken vor dem Auslauf der Schneegrube erreicht, über den der Steig direkt zum E hinaufführt. 1½ Std.

Führe: Von hier in und neben der Rinne aufwärts, mehrere Möglichkeiten, bis auf die markante Felspyramide. Auf einem Felsband nach rechts aufwärts (etwa 60 m) bis man das Band auf einer leicht geneigten Platte nach links auf den Grat verlassen kann. Man bleibt nun direkt auf dem Grat, der über mehrere Absätze zum Vorgipfel (auch **Kalthorn** genannt) führt. Beim kurzen Abstieg vom Vorgipfel in die Scharte hat man zwei Möglichkeiten:

a) nach rechts in die Südwand (Abseilstelle etwa 20 m) und in einem engen Spalt in die Scharte oder

b) nach links von der westlichsten Ecke der Platte ausgesetzt über eine kurze Steilstufe zur Scharte.

Die nun folgenden Grattürme werden an der Westseite umgangen. Weiter über den breiten Gratrücken zum Gipfel.

● **1598** **Südgrat**
III, II, 1½ Std.

Von der Rinne am Beginn von R 1597 quert man leicht ansteigend nach rechts zum Südgrat, der oberhalb des ersten Steilaufschwunges betreten wird. Über etwas splittrigen Fels 1 SL zur schmalen, flachen Gratschneide (III). Von deren Ende in eine schluchtartige Rinne und gerade hinauf zum Grat. Diesen verfolgt man (II) solange, bis von links wieder der markierte Südanstieg heraufkommt. (Lapuch)

● 1599 Südgipfel-Südkante
A. u. S. Pfeffer, 1972.
V (2 SL), IV und III. 450 m, 3—5 Std.

Zugang wie R 1597. Kurz unter dem S-Gipfel des Breithorns teilt sich der Grat und bricht als Kante in drei Stufen in den westl. Teil der Sanden ab. Als Zustieg benützt man vorteilhaft den westl. der drei Gräben, die von der S-Wand herabziehen. In ihm bis zum Beginn der Schlucht, die zum S-Grat hinaufzieht. Am rechten Schluchtrand neben einem auffälligen roten Abbruch in einer Verschneidung (einige H) auf leichteres Gelände und weiter bis zum Fuß einer Wand mit angelehntem Turm. Auf der linken Seite auf den Turm zu gutem Stand. In der Verschneidung weiter unter ein Dach und unter diesem Quergang nach rechts in eine Rinne, die auf den ersten Absatz führt. Nun 3 SL über den leichten Grat zum nächsten Absatz. Dieser wird von rechts nach links von einer Schlucht durchzogen. In ihr 1 SL empor zu Stand. Der angelehnte Turm auf der rechten Seite der Schlucht wird durch eine Spalte umgangen; auf der anderen Seite ist ein breiter Absatz, von dem ein breiter Riß wieder auf den Grat zum dritten Absatz führt. Dieser wird ebenfalls von einer Schlucht durchzogen, die man in gutgriffigem, rauhem Fels bis auf den Grat verfolgt. Weiter zum Südgipfel und von dort in 30 Min. zum Hauptgipfel.

● 1600 Südwestflanke
I (?), 5 Std. von Saalfelden. Siehe 12. Aufl. 1969.

● 1601 Südwand
F. Rigele, V. Seerainer, 1920.
V— (Stelle), IV+ und IV. 800 m, 4—6 Std.

E in der Nische auf der linken Seite des roten Verschneidungswinkels am Wandfuß. Auf einer kurzen Rampe nach links in die Steilrinne (III), in ihr aufwärts und auf einem schmalen Band nach rechts (III). Vom Band gerade über die Platte, bis unter den kleinen Überhang (IV), gerade über den Überhang auf ein breites Band (IV+). Leicht nach rechts und über den Absatz in einem Bogen nach links (III) auf leichteres Gelände, die sogenannte „Gfrier“. Etwa 350 m über den leichten Mittelteil gerade bis zum Fuß des markanten Kamins, der die Gipfelwand durchzieht. Man benützt nun die Verschneidung links vom Kamin bis auf ein Band (IV). Vom Band gerade über die Platte und nach rechts auf das nächste Band unter den Überhängen (IV+). Über den Überhang schräg rechts aufwärts, in eine Verschneidung (V—) und in ihr zum Gipfel (IV).

● **1602** **Ostwand**
W. Auer, F. Hueber, F. Rigele, 1919.
III+. Siehe 12. Aufl. 1969.

● **1603** **Südostgrat**
Spitzl, Uitz, 1946.
III (Stellen), II und I. 850 m, 4—6 Std.
Als Südostgrat wird die östliche Begrenzungsrippe der Südwand bezeichnet.

Von der Talstation Riemannhaus-Materialseilbahn im Lahngraben empor, bis eine nach links oben führende Rampe erreicht ist. Auf der Rampe 3—4 SL hinauf bis zu dem brüchigen Band und auf diesem (II, III) zum kleinen Latschenfleck. Auf einem Band zum Grat; anschließend wird der folgende Aufschwung mit etwa 1½ SL links umgangen und auf den Grat zurückgekehrt. Man benützt nun weiter den Grat bis zur Gratscharte (I, II). Vom Gratschartl leicht links aufwärts in eine kleine Nische zu Stand (II). Weitere 2 SL gerade unter die Überhänge (III, schwierigste Stelle) und Querung nach rechts um die Kante in leichteres Gelände. Nun über leichtes Gelände zum Gipfel.

● **1604** **Ostpfeiler-Verschneidung**
V und IV, einige Stellen **A1**.

Nach Verlassen der Steiganlage des Riemannhaus-Weges quert man in nordwestl. Richtung in eine auffallende Verschneidung, deren Grund man über ein breites Grasband erreicht. Beim E Standhaken direkt in der Verschneidung. Zuerst einige Meter hinauf, dann etwas nach links, über einen Überhang hinweg (H) und eine rauhe Platte nach rechts zu Stand (H). Der Verschneidung folgend über ein Dach (H) und nach einigen Metern zu Stand. In der Verschneidung empor, bis ein Dach den Weiterweg versperrt. Nun einer Hangelleiste folgend nach rechts zu Stand. Weiter 1 SL in der Verschneidung. Diese verläßt man nun und steigt etwas rechts haltend über Platten empor bis zu einem Riß, der bis an sein Ende verfolgt wird (Stand). Weiter etwas links haltend über Schrofen unter ein auffallendes Dach, das man rechts zu Stand umgeht. Über den nun folgenden Grat auf den Gipfel.

● **1605** **Westwand**
F. Rigele, V. Seerainer, 1920.
III. Siehe 12. Aufl. 1969.

● **1606** **Überschreitung der SW-Randgipfel vom Breithorn zum Schindlkopf**

Die Wanderung über den SW-Rand des Steinernen Meeres vom Riemann-Haus zum Ingolstädter Haus über den Kamm vom Breithorn zum Schindlkopf, ist landschaftlich sehr schön, jedoch etwas eintönig und ermüdend. Sie bietet keine besondere Schwierigkeiten, erfordert aber durch ihre Länge und Weglosigkeit einen ausdauernden, erfahrenen Bergsteiger. Zwischen Breithorn und Mitterhorn hat man die gute rote Bez. des Saalfeldener Höhenweges. Zwischen Mitterhorn und Weißbachlscharte, wo man den Weg R 1442 kreuzt, sind von einer früher einmal vorhandenen Bez. nur noch ganz selten verblaßte Farbtupfen zu sehen; dieses Stück erfordert eine gewisse Orientierungsfähigkeit. Von der Ramseider- zur Diesbachscharte etwa 7 Std.

Wesentlich länger und schwieriger wird die Wanderung bei Überschreitung der sonst jeweils in der Flanke umgangenen Gipfel und Grattürme. Außer den Drei Docken und zahlreichen Grattürmen kommen für diese Überschreitung die drei **Eggstättenköpfe** zwischen Hollermaishorn und Schindlkopf in Betracht. Der übliche Kammweg umfaßt R 1596, R 1566, weiter zum Alhorn (I, 45 Min.), auf Schuttbändern in der Westflanke (Gratköpfe links umgehend) auf das Achselhorn und in die Weißbachlscharte, R 1557, am Grat weiter zum Schindlkopf, R 1541.

● **1607—1609** frei für Ergänzungen

● **1610** **Sommerstein,** 2308 m

Der klotzige Torwächter der Ramseider Scharte.

● **1611** **Vom Riemannhaus**
30 Min., bez. Steig, für Geübte.

Auf der Nordseite zum Gipfel.

● **1612** **Südpfeiler**
H. Göllner, S. Jeblinger, 1964.
VI—, A2. 250 m, 6—8 Std. Ein Schlingenstand.
Foto Seite 437.

Sommerstein von Südwesten

R 1612 Südpfeiler
R 1613 Südwand
R 1615 Südwestwand
R 1616 Westwand

1616
1615
1612
1613

E wie bei R 1613 auf dem grauen Sockel. Schräg nach links bis in den Verschneidungswinkel (Nische). In der Verschneidung 15 m empor und äußerst schwieriger Quergang nach links zu Schlingenstand. Weiter in senkrechtem Riß an unzuverlässigen H 30 m hinauf, dann kurze Querung nach links zu luftigem Stand. Einige Meter nach rechts, dann links haltend zum Fuße der gelben Wandplatte. Über die gelbe Platte (einige Bohrhaken) auf ein Band und die Haken verfolgend noch 3 SL zum Gipfel.

● **1613** **Südwand**
H. Göllner, H. Lehnes, 1967.
V+, A3 und A2. 250 m, 5—7 Std.
Foto Seite 437.

E beim markanten grauen Sockel am Wandfuß. Man quert am Fuße des S-Pfeilers über Schrofen in eine Rinne und verfolgt diese auf ein Grasband. Der nächste Wandgürtel wird rechts umgangen. Auf das obere Band und in der Mitte auf den grauen Sockel (H). Von hier gerade bis unter die ersten Dächer und Querung nach rechts in eine kleine Verschneidung, die man bis zur Staude verfolgt, Stand. Gerade hinauf bis unter das Dach und über dieses äußerst schwierig (Schlüsselstelle) auf eine Platte. Nach der Platte wieder rechts haltend zu schlechtem Stand, sehr brüchig. Nun verfolgt man die Verschneidung, die links hinaufzieht, bis zur Hälfte, quert links um die Kante und im nächsten Riß auf das breite Band. Auf dem nächsten Band, das nach rechts führt, bis zu dessen Ende. Weiter in einen feinen Riß links bis in eine Rinne, die in der Fallinie vom Gipfel herabzieht. Vom Stand am Anfang der Rinne benützt man den linken Riß, der nach 1 SL in leichteres Gelände führt. Zuletzt mehrere Möglichkeiten zum Gipfel.

● **1614** **Neue Südwand**
H. Krabb, K. Wagenbichler, E. Keuschnigg, A. Kruch, 11.10.1980.
VI (in 1 SL), **A2** (in 1 SL), sonst leichter. Klemmkeilsortiment empfehlenswert. Erste Route der Südwand ohne BH.

Vom E der Südwand (R 1613) zuerst absteigen, dann ansteigen über Schrofen unter der Verschneidung. **1. SL:** Über einen Überhang in eine kurze Verschneidung und über eine glatte Wandstelle in die nächste Verschneidung; weiter bis auf eine kleine Rampe (Latsche). Einige Meter nach links in eine Rinne (III, IV) und durch eine Gufel auf ein Band; nach rechts zu Stand (IV, V). **2. SL:** Gerade empor (rechts eine kl. Höhle) und dem Rißsystem links ansteigend folgen. Durch einen Riß über einen Überhang in eine Verschneidung zu Stand (VI—). **3. SL:**

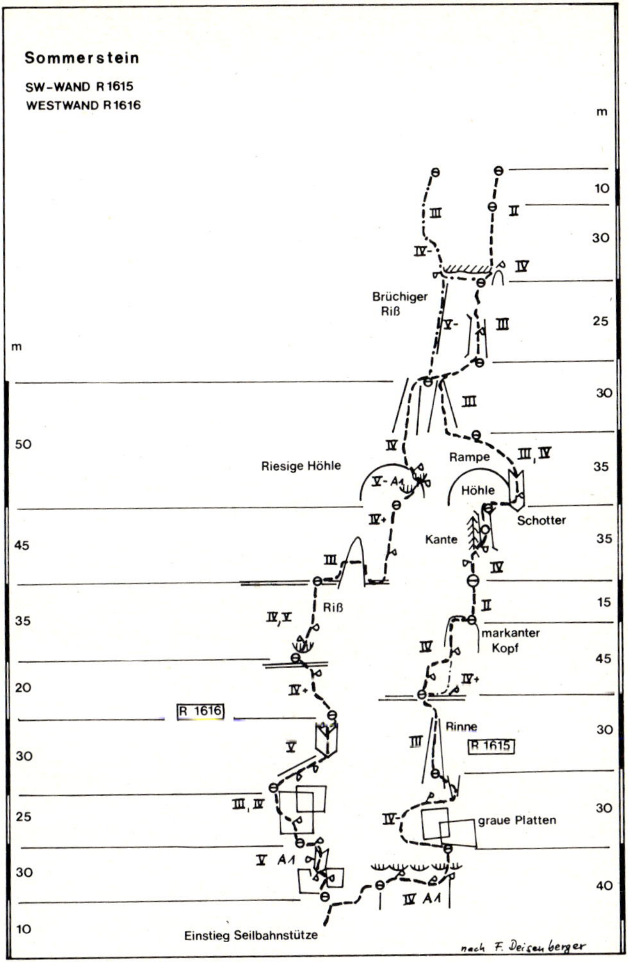
Sommerstein
SW-WAND R 1615
WESTWAND R 1616
m
10
30
25
30
35
35
15
45
30
30
40
m
50
45
35
20
30
25
30
10
Brüchiger
Riß
Riesige Höhle
Rampe
Höhle
Schotter
Kante
Riß
markanter
Kopf
R 1616
Rinne
R 1615
graue Platten
Einstieg Seilbahnstütze
nach F. Deisenberger

Links über den Überhang empor in eine graue Verschneidung bis zu ihrem Ende. **4. SL:** Direkt empor und dann den H folgend unter den Überhängen nach rechts auf Band zu Stand (V+, A2). **5. SL:** Links schräg aufwärts über leichtes Gelände zu Stand in der Verschneidung (III+). **6. SL:** In der Rißverschneidung bis in eine Nische, aus ihr heraus nach links und über einen Überhang in einen Kamin, durch diesen in leichtes Gelände bis zum Ausstieg. (Erstbegeher)

● **1615 Südwestwand**

F. Rigele, H. Zangerle, L. Schifferer, 1921.
IV, A1 (eine Stelle). 250 m, 2—3 Std. Eine der schönsten Klettereien im Steinernen Meer. Betonierte SH.
Skizze Seite 439.

E beim Masten der Materialseilbahn. Zuerst über leichtes Gelände leicht rechts haltend zu SH. 2 m gerade aufwärts, dann den H folgend waagrechter Quergang nach rechts (10 m) und direkt über den folgenden Überhang zu Stand. 3 m nach links, weiter durch einen nach rechts geneigten Riß bis in eine Steilrinne. In ihr gerade empor und nach einigen Metern links heraus auf einen großen Absatz (H, Stand). Nun über gut gestuften Fels leicht links haltend 40 m hinauf zu Stand. Über längsgeschichteten Fels gerade empor, bis man den vom Stand aus sichtbaren Rißkamin erreicht. Durch diesen auf den Kopf des senkrechten Pfeilers, der, von unten gut sichtbar, unterhalb der rechten Höhle endet. Vom Pfeilerkopf gerade über leicht überhängende Schrofen, zuletzt rechts, ziemlich ausgesetzt empor und wieder gerade hinauf zur großen Höhle. Auf schmalem Band rechts aus der Höhle und sogleich durch einen kurzen Riß gerade hinauf; oben links haltend (etwas brüchig) zu Stand. Durch die folgende Steilrinne zuerst rechts haltend, dann gerade 2 SL empor zum Gipfel.

● **1616 Westwand**

H. Schied, H. Viehauser, 1947.
V, A1. 250 m, 3—5 Std. Skizze Seite 439.

E etwas links vom Frölich-Einstieg zu R 1615. Über eine 5 m hohe, glatte Platte und eine kleine Überdachung, dann nach links zu senkr. Riß. Durch diesen Riß hinauf zu einem Standplatz, ein kurzes Kriechband nach links und über eine etwas zurückgeneigte Platte nach links zu einem tiefen Riß. Im Riß schräg rechts empor über einen Überhang. In Fallinie über die Felskanzel zu einem auffallenden Pfeiler, an dessen rechter Seite gerade hinauf zu großem Standplatz. Einige Meter gerade hinauf dann waagrecht 10 m nach rechts. 3 m absteigend, weiter über eine steile, kleingriffige Wandeinbuchtung gerade hinauf zur großen

Höhle. Vom Höhlengrund rechts hinauf über einen Überhang (V) und in leichterem Gelände, zuletzt auf R 1615 zum Gipfel.

● 1617 Westwand, Alois-Heugenhauser-Gedächtnisführe
L. Lackner, H. Krabb, K. Wagenbichler, 1974.
V, A2. 250 m, 5—7 Std.

E in Fallinie des Kamins, der etwa 10 m links des Westwandeinstieges, R 1616, herabzieht. Über den kleinen Vorbau in den Kamin und durch diesen, oben den linken Ast benützend, zu Stand (V—, A1). Eine weitere SL zum Fuß der gelben Wand (III). Den H folgend in die gelbe Verschneidung (Stand), rechts um die Kante auf ein schmales Band (A 2), nun durch den rechten, brüchigen Kamin auf das breite Schotterband (IV). Schräg links aufwärts (V) auf den kleinen Gendarm. Querung an der Hakenreihe nach rechts (A1) und vom letzten H nach links aufwärts zu der Kante (V, schwierigste Stelle). In leichterem Gelände nach rechts in die Verschneidung, in ihr empor und weiter in der Rinne zu Stand. Über schwarzen Fels gerade, links von der Nische, zum Gipfel (V—).

● 1618 Nordwand
H. Göllner, A. u. S. Pfeffer, 1971.
VI—, A1. 150 m, 3—4 Std. Foto Seite 443.

Als Zustieg benützt man das gleiche Band wie beim Nordpfeiler (R 1619) bis zum Fuße des kleinen Turms. Nun auf der linken Turmseite zu Stand, von hier 2 m nach links und den überhängenden Riß bis zu seinem Ende verfolgend zu äußerst schwierigem Quergang nach rechts. Am Ende der Querung über eine Schuppe (1 BH), dann gerade nach rechts in die Höhle. Man verläßt sie nach rechts in eine seichte Rinne, den H folgend etwa 20 m gerade, zuletzt noch eine Schleife nach rechts, auf das Band. Der nun folgende überhängende Wandteil mit fast ausschließlich unzuverlässigen H ist die Schlüsselstelle. Ausweichmöglichkeit nach rechts auf dem Band zur Westwand. Der überhängende Wandteil wird von einem seichten Riß nach links durchzogen, der den Durchstieg vermittelt. Am Ende des Risses Stand. Von hier einige Meter nach links, dann wieder rechts in die Fallinie und in der seichten Rinne auf das Schotterband. Vom Band aus noch 2 SL in leichterem Gelände zum Gipfel.

● **1619** **Nordpfeiler-Nordwestkante**
H. Göllner, S. Pfeffer, 1965.
V+, A3 und A2. Die Hauptschwierigkeiten sind in der 1. und 3. SL, die übrigen SL sind V. 150 m, 4—6 Std.
Foto Seite 443.

Man quert auf dem breiten Band von N bis unter eine kleine Höhle am Ende des Bandes.

Den H folgend in die kleine Höhle, von dort am Wulst des Überhanges eine Schleife nach rechts und wieder zurück in den senkrechten Riß. Nun gerade auf ein Band, einige Meter nach rechts zu gutem Stand. Das Band wird noch weiter bis fast an die Kante benützt, dann über Platten in herrlicher Freikletterei unter einen kleinen Überhang und über diesen zum Westwandband. (Auf diesem Band kann man auch zur Westwand ausweichen.) Die 15 m hohe Kante wird direkt zu einem kleinen Stand erklettert. 3 BH ermöglichen die Begehung der nun folgenden Platte, die zu einem Riß führt. An diesem 35 m hohen Riß äußerst schwierig hinauf, zuletzt kurze Querung nach links um die Kante zu Stand. Etwa 10 m nach links und im Bogen wieder zurück zur Kante. Diese wird, nur einen kleinen Absatz links umgehend, bis zum Gipfel verfolgt.

● **1620—1623** frei für Ergänzungen

● **1624**

Schöneck, 2389 m
Streichenbeil, 2412 m
Wurmkopf, 2451 m

Gipfel zwischen Sommerstein und Schönfeldspitze.

● **1625** **Überschreitung von West nach Ost**
I, 2—2½ Std.
Eine landschaftlich sehr lohnende Bergwanderung.

Vom Sommerstein erreicht man das Schöneck meist links knapp unter dem Grat sich haltend, gelegentlich auch stärker in die Flanke ausweichend. Auf der Kammhöhe weitergehend, kann man in wenigen Minuten das etwas nach rechts hinausgeschobene Streichenbeil ersteigen. In steilerem Anstieg kommt man auf den Hauptgipfel dieses Kammes, den Wurmkopf. Jenseits hinab in die Wurmscharte, 2372 m, und etwas links hinab auf den bez. Weg zur Schönfeldspitze.

Sommerstein von Norden

R 1618 Nordwand
R 1619 Nordpfeiler-Nordwestkante

Sommerstein
1618
1619

● 1626 **Schöneck, Neue Westwand**
H. Viehauser, M. Schmuck.
IV, 300 m, 3—4 Std.

● 1627 **Schöneck, Westwand**
S. Huber, F. Rigele, V. Seerainer, 1920.
IV. 4 Std. Siehe 12. Aufl. 1969.

● 1628 **Wurmkopf, Nordwestkante**
S. Fröhlich, B. Hagn, 1930.
IV (Stellen), III und II. 200 m, 1½ Std.

Auf dem Weg R 1633 zur Schönfeldspitze bis unter die NW-Kante. Nun über Schrofen und Geröll zu der Längsrippe, die von der Kante herabzieht. Diese wird auf der linken Seite bis zum großen Absatz unter der Plattenflucht erklettert (III). Rechts von der auffälligen Verschneidung über die Platte aufwärts bis zu Stand an der rechten Kante (IV). Vom Stand über einen Absatz und weiter über den Grat zum Gipfel (II, III).

● 1629 **Wurmkopf — Nordostrampe**
R. Hösch, E. Ramisch, 1932.
II, ½ Std. Siehe 12. Aufl. 1969.

● **1630—1631** frei für Ergänzungen

● 1632 **Schönfeldspitze,** 2653 m

Als kühn geschwungenes Felshorn eines der Wahrzeichen des Berchtesgadener Landes, zweithöchster Gipfel des Steinernen Meeres. Erste Besteigung durch Schwarzenberg, C. Thurwieser, J. Saugegger, A. Klingler, C. Moser, 1830.

● 1633 **Normalweg von Westen**
Kranawetter, 1875.
I, 2½ Std. vom Riemannhaus. Ausgesetzt. Bez. Weg. Am Gipfel mit Eisenstiften versichert.

Unter den vom Sommerstein nach O streichenden Kamm, dann auf Schutt etwas unterhalb der Scharte zwischen Wurmkopf und dem Gipfel zum Klettersteig, der im oberen Drittel auf die S-Seite der Pyramide übertritt. Auf eigenartigem, ausgesetztem und erdigem Band (Vorsicht bei Nässe!) diese Seite querend, steigt man an seinem Ende über Platten an und erreicht kurz unter dem Gipfel, nachdem man eine ausgesetzte plattige Stelle (Eisenklammern) überwunden hat, die schrofige O-Flanke und in wenigen Minuten den Gipfel mit der Madonnengestalt anstelle eines herkömmlichen Gipfelkreuzes.

● **1634** **Von Südosten**
Weg der Erstbesteiger.
I, ausgesetzt. Schwindelfreiheit erforderlich.

Von der Buchauer Scharte den zur Schönfeldspitze ziehenden Grat verfolgend zur Scharte kurz vor dem Gipfelaufbau. Hier hinab auf Bändern, gutgriffige Felsen zur Rechten, hinunter zum schrofigen SO-Hang, über den man den Gipfel erreicht. Etwas näher ist der Anstieg, wenn man die Schönfeldgrube rechts umgeht und schon vor der Buchauer Scharte über plattige Felsen und Bänder gerade zum Verbindungsgrat hinaufsteigt.

● **1635** **Nordgrat**
Stüdl, Runz, J. Grill, 1872.
II, 3 Std. vom Funtensee. Kürzester Weg von Norden.

Aus der Schönfeldgrube führt die Kletterei ohne besondere Kennzeichen über Fels und Geröll immer dem Gratverlauf folgend zum Vorgipfel, den man etwas unterhalb östl. umgeht und dann von O zum Hauptgipfel.

● **1636** **Ostwand**
F. Rigele, V. Seerainer, 1921.
IV (Stellen), sonst leichter. 350 m.

Die sehr plattige O-Wand liegt zwischen dem N-Grat und dem SO-Rücken. — Einstieg in der Mitte der Grundlinie der Wand, in der Falllinie unter dem N-Gipfel. Durch eine Rinne gerade empor, dann Quergang nach links, wieder gerade und nochmals nach links, schließlich nach rechts bis zu dem steilen, nischenartigen Wandteil, der den Weiterweg zu sperren scheint. Links von ihm sehr schwierig (Überhang) auf das zu dieser Wand führende glatte, steile und abschüssige Gesimse und zur Wandnische selbst. Sehr steil über sie empor, dann Quergang, welcher durch zu überkletternde Steilstufen und Risse unterbrochen wird, nach links (südl.); am Schluß dieses stark ansteigenden Quergangs folgt noch eine ungemein glatte Wand, die etwas absteigend gequert wird (H). Man erreicht so die etwa 50 m unter dem SO-Grat von links nach rechts zum N-Gipfel emporziehende Rampe und über sie, stets knapp über den Abstürzen zur Rechten, den N-Gipfel.

● **1637** **Westgrat**
II, lohnend. Beginn in der Scharte zwischen Schönfeldspitze und Wurmkopf.

● **1638** **Südwand**
F. u. Olga Rigele, V. Seerainer, 1920.
III, 3 Std. vom E. Siehe 12. Aufl. 1969.

● 1639 **Neue Südwand**
H. Schied, H. Viehauser.
V+, 500 m, 8 Std. Siehe 14. Aufl. 1977.

● 1640 **Nordgipfel, Unmittelbare Nordwestwand**
P. Holl, 21. 8. 1959.
III+ (2 Stellen), III und II. 400 m, 1½ Std. Lohnend, vorwiegend Plattenkletterei.

Die Nordwestwand fußt in ihrer linken Hälfte mit zwei schwach ausgeprägten Spornen im Kar. E einige Meter links des rechten Spornes, bei dem Nordwestwand und Westwand zusammenstoßen.

● 1641—1642 frei für Ergänzungen

● 1643 **Manndlköpfe**, 2456 m, 2482 m, 2505 m

● 1644 **Überschreitung**
I, 1 Std.

Von der Buchauer Scharte über Schutt und Schrofen, die Zacken nordöstl. umgehend.

● 1645 **Westlicher Manndlkopf, Südwestwand**
K. Moldan, 1930.
IV, 200 m, 2 Std. Siehe 12. Aufl. 1969.

● 1646 frei für Ergänzungen

● 1647 **Selbhorn**, 2654 m

Das Selbhorn erscheint von S als steiler Felsdom; es entsendet einen langen N-Grat zur Hochbrunnsulzenscharte. Erstbesteigung A. Kaindl, 1860.

● 1648 **Normalweg von Norden**
I, ¾ Std. von der Luegscharte.

Von der Luegscharte erreicht man den Hauptgipfel (2654 m), indem man einer Bezeichnung folgend erst nach links (nördl.) auf den Bändern zu einem Schuttabsatz, dann etwas rechts (südl.) über unschwierige Felsen emporsteigt. Die Gipfelzeichen stehen auf dem südl. Eckpfeiler, 2643 m, der bis zur Neuvermessung als Hauptgipfel galt.

● 1649 **Von der Wasserfallscharte**
I, 1 Std.

Man steigt schon nördlich der Scharte oberhalb derselben an und er-

Selbhorn von Südwesten (Pragstein)

R 1452 Alm – Luegscharte
R 1650 Südwestwand-Klettersteig

reicht die steilen Schrofen und Schuttströme, welche oberhalb der gestuften Abbrüche zur Wasserfallscharte nach links oben südl. auf den breiten Kamm führen, über den bald der Gipfel erreicht wird.

● **1650** **Südwestwand-Klettersteig**
III (Stellen), II. 500 m, 2—3 Std.
Keine Markierung, nur Steinmänner und Steigspuren.
Foto Seite 447.

Auf bez. Steig (R 1455) über den Pragstein bis zur Weggabelung unter der Südkante des Selbhorns. Man benützt nun den Steig zur Luegscharte und quert auf der SW-Seite bis zum Gratrücken, der von der SW-Wand herabzieht; ½ Std. ab Weggabelung. Hier verläßt man den Steig und steigt über den Rücken bis zur großen Nische auf (Bankerl). Nun rechts um die Ecke und gleich links etwa 50 m empor, dann am rechten Band bis zur steilen, plattigen Rampe hinauf und links empor zur „Keilpromenade". Am Drahtseil Quergang nach rechts und durch den „Herzogkamin" (schwierigste Stelle) auf das nächste Band. Wieder nach rechts auf die nächste Rampe, auf ihr aufwärts, bis man rechts zum Gratschartl queren kann. Auf und neben dem Grat (die kleinen Türme werden rechts umgangen) zum Gipfel.

● 1651 A Abstieg über den Nordgrat
II, 1½ Std.

Man geht bis zum N-Gipfel zurück, verfolgt den langen Grat, seine brüchigen Zacken umgehend oder überkletternd, und steigt an seinem Ende über ein breites, griesbedecktes Band der W-Seite nach Hochbrunnsulzen hinab.

● 1652 Alte Südkante
K. v. Kraus, O. Reisch, 1924.
V+ (Stelle) V und IV. 300 m, 4 Std. vom E. Fester Fels.
Foto Seite 414, Skizze Seite 449.

Wie bei R 1650 über den Pragstein zum S-Fuß des Selbhorns, das hier in schmaler Steilwand aufragt. E 15 m rechts der westl. Begrenzungskante (leicht absteigend). 1 SL (kleingriffig) zuerst gerade, dann rechts haltend auf einen Absatz. Waagrechter Quergang nach rechts, etwas absteigend um einen Vorsprung herum, in eine Steilrinne, die man bis zu einer kulissenartigen Wand verfolgt (Stand). Die Wand wird von zwei Rißkaminen durchzogen. Zuerst im linken Riß einige Meter hinauf, dann Quergang auf schmalem Band, bis man den rechten Riß erreicht. Durch ihn (einige große Klemmblöcke, mehrere H) auf einen breiten Absatz (Stand). Von hier 10 m leicht links haltend auf ein Band, dann 10-m-Quergang nach links bis unter einen Überhang. Dieser wird direkt erklettert (2 H) und der oberhalb ansetzende Riß, zuerst leicht rechts, dann gerade aufwärts, bis auf eine breite Rampe verfolgt (H, Stand). Von hier ein Band bis zu seinem Ende nach rechts queren (15 m), dann über Sekundärrillen in herrlicher Kletterei zu einer kaminartigen Höhle (Stand). Aus der Höhle rechts heraus, über eine glatte Platte gerade aufwärts, oberhalb der Höhle Quergang nach links (6—7 m) und gerade aufwärts zum sogenannten „Kraftriß". Durch ihn

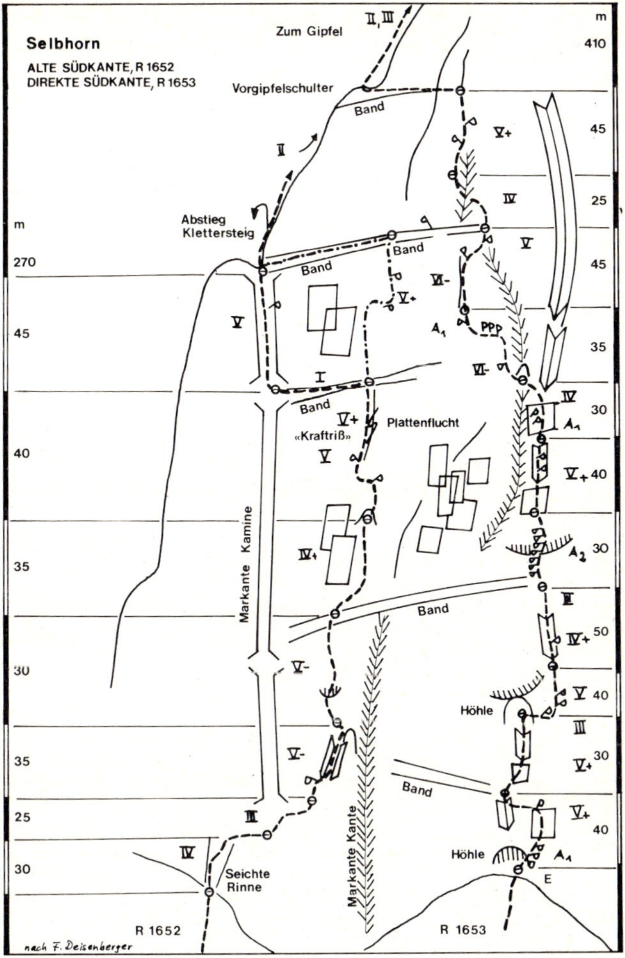

Selbhorn
ALTE SÜDKANTE, R 1652
DIREKTE SÜDKANTE, R 1653
Zum Gipfel
Vorgipfelschulter
Band
Abstieg
Klettersteig
Band
Band
Band
Plattenflucht
«Kraftriß»
Markante Kamine
Band
Band
Höhle
Höhle
Markante Kante
Seichte
Rinne
R 1652
R 1653
nach F. Deisenberger

15 m (schwierigste Stelle, V+) gerade hinauf, bis man ihn nach links auf ein waagrechtes Schuttband verlassen kann. Auf dem Band 40-m-Quergang bis zum Beginn eines 60 m hohen Rißkamines der durchklettert wird, in der Mitte Stand. Zum Ausstieg auf ein breites Schotterband (einige H). Das breite Band links verfolgend, trifft man auf R 1650. Auf ihm in 1½ Std. zum Gipfel. (R. Naisser)

● 1653 Direkte Südkante
H. u. H. Göllner, S. Jeblinger, S. Pfeffer, 1970.
VI—, A2. 350 m, 6—8 Std. Foto Seite 414, Skizze Seite 449.

Den Grasrücken, der zur Kante hinaufzieht, verläßt man bei den ersten Felsen nach rechts (östl.) in den Graben und in diesem aufwärts bis in die große Höhle (Einstieg).
Am rechten Höhlenrand überhängend auf eine rauhe Platte, schräg links aufwärts in den Riß und am Riß auf das Band. Nun nicht das Band verfolgend, sondern über eine kurze Wandstelle in die zweite Höhle. Von der Höhle kurzer Quergang nach rechts in eine Rinne und in dieser 2 SL auf ein breites Band. Es wird von einem 20 m hohen Überhang überdacht, der in der Mitte erklettert wird. Über dem Überhang schlechter Stand. In der Verschneidung bis in eine kleine Schlucht, von wo aus man über eine Platte an die Kante kommt (Stand). Links der Kante an einem seichten Riß etwa 20 m aufwärts und Quergang nach links in den zweiten Riß (schlechter Stand). Weiter im Riß auf einen Absatz und den H folgend zu gutem Stand. An der rechten Seite der Kante in der Verschneidung einige Meter hinauf, wieder an die Kante und in leichterem Fels zu Stand. Die letzte SL führt direkt auf der Kante in herrlicher Kletterei auf den Vorgipfel, von hier über den Grat oder Klettersteig in 30 Min. zum Gipfel.

● 1654 Ostwand, Gerinweg
Gerin u. Gef., 1908.
III, 650 m, 4 Std.

In der Ostwand ist eine auffallende Schlucht eingebettet, welche in Zwei-Drittel-Höhe der Wand an senkr. roter Wand endet. Durch diese führt der Anstieg. Wie R 1455 bis unter die Wasserfallscharte. Der bez. Weg wird nun da verlassen, wo er das zweite Mal schwach an Höhe verloren hat. Man steigt über grasige Plattenhänge und eine Rinne zu jener Plattenwand empor, mit der die große Schlucht abbricht. Vor ihr durch die rote Schuttrinne rechts aufwärts und leicht nach links zurück zu einem Grasfleck (Steinmann). Über die oberste Stufe des Abbruchs in einer Schleife nach rechts in die breite Schlucht. Am rechten Rand empor, von rechts her über eine Steilstufe und stets längs des (rechts in den immer steiler werdenden Platten eingeschnittenen) Risses aufwärts. Im obersten Winkel nach links und über rotes, brüchiges Gestein zum Beginn des höchsten Bandes; es wird nach links verfolgt (zwei sehr ausgesetzte Stellen!). Um eine brüchige Rippe links herum und wenige Meter zu einem schmalen Schartel empor (Steinmann, freier Ausblick auf den S-Grat). Nun ein Stück auf der Rippe gerade aufwärts, auf bequemem Band nach rechts und durch die Einrisse der steilen Plattenwand (rechts halten!) auf weniger schwierigen Fels zum Schartel des Südgrates („Orgei-Schnackel"), der gleich darauf am Gipfel endet.

● **1655** **Ostwand, Mayrweg**
W. Mayr, 1945.
Anstieg aus dem mittl. Wasserfallkar durch den nördl. Teil der Wand.

● **1656** **Südostwand**
F. Palaoro, H. Reischl, 1943.
Nähere Angaben nicht bekannt.

● **1657** **Westwand, Rigeleweg**
F. u. Olga Rigele, 1918.
III+, 3 Std. vom Pragstein.

Von der Jagdhütte am Pragstein (R 1455) auf bez. Weg zum S-Fuß des Selbhorns und westl. abzweigend gegen die Luegscharte bis zum Ausgang der aus der Mitte der W-Wand des Selbhorn-S-Gipfels herabziehenden Rinne. Hier Einstieg. Diese Rinne ist von fast waagrechten Schichten durchzogen. Die Überwindung der einzelnen Schichten geschieht zumeist südl. der Rinne über Wandstufen mit darauffolgenden Quergängen zurück gegen die Rinne, bis der Fuß des knapp südl. des S-Gipfels herabziehenden fast senkr. Kamins erreicht wird. Rechts von diesem Kamin mittels Quergängen bis zu der Kante; sodann in schwieriger Kletterei mit darauffolgendem Quergang nach links und nach kurzem Aufstieg wieder nach rechts zum Fuß der scheinbar glatten Plattenwand mit abschließendem Überhang; über sie wird der Gipfelgrat in sehr schwieriger Kletterei 5 Min. südl. des S-Gipfels erreicht. Die erwähnte Plattenwand bietet kleine, aber feste Haltepunkte und ist in der Mitte von einem feinen, den Anstieg zum Teil vermittelnden Spalt durchzogen.

● **1658** **Westwand, Höschweg**
R. Hösch, 1929.
III. Siehe 12. Aufl. 1969.

● 1659 Westwand, Reischl/Palaoro-Weg
Reischl, Palaoro, 1943.
V, 3 Std.

Einstieg wie bei R 1658. Der Weg führt in der Fallinie, ohne den beiden Graten nahezukommen, zum Gipfel.

● 1660—1662 frei für Ergänzungen

● 1663 Hochstreif, 2542 m
Poneck, 2559 m

Die Hochfläche nur wenig überragende Erhebungen zunächst der Wasserfallscharte in dem zum Wildalmkirchl ziehenden Gratzug. Der Hochstreif ist nur ein Eckpfeiler in dem Grat zwischen Wasserfallscharte und Poneck, wenige Minuten unterhalb des Poneckgipfels. Man erreicht beide Gipfel in 20—30 Min. von der Wasserfallscharte über den schrofigen Rücken. Sehr beliebte Skiziele.

● 1664 Poneck — Südgrat
J. Pruscha, A. Baumgartner, 1947.
II, 450 m, 1½ Std. Foto Seite 415.

Das Poneck ist mit dem **Ameiskopf** (von den Einheimischen „Kreuzstecken" genannt) durch den scharf ausgeprägten Südgrat verbunden, der den natürlichen Aufstieg vermittelt. Einstieg auf dem obersten Punkt eines aus dem Kar zum Südgrat emporreichenden begrünten Kammes, links vom untersten, mit glatten Wänden absinkenden Gratturm. Zuerst in einer tiefen Rinne westl. vom Grat bis auf einen Absatz empor, von wo es unschwierig möglich ist, den Grat zu betreten. Dieser wird in seinem gesamten weiteren Verlaufe bis unmittelbar auf den Gipfel verfolgt.

● 1665 Hochstreif — Südgrat
F. u. Olga Rigele, 1919.
III (?). 4½ Std. von Hintertal. Siehe 12. Aufl. 1969.

● 1666 Hochstreif — Südwestwand
T. Wimmer, S. Pfeffer, 1974.
V, A1. 350 m, 3—4 Std. Beschr. Alp. 6/1975.
Foto Seite 415.

● 1667 frei für Ergänzungen

● 1668 **Hochponeck,** 2567 m
Scheereck, 2536 m

Das Hochponeck (Scharegg) entsendet einen Gratast nach N, dessen Endpunkt in der AV-Karte von 1969 den Namen Mitterhörnl, 2536 m, erhielt. In anderen Karten heißt es unverändert Scheereck.

● 1669 **Scheereck-Nordgrat**
R. Hösch u. Gef., 1939.
II (erste SL), I. 2 Std. bis zum Hochponeck. Teilweise brüchig.

Der Fuß des Grates wird am besten erreicht, wenn man den rot bez. Weg Hochbrunnsulzenscharte — Brandhorn, der das Scheereck nördl. umgeht, genau an der Stelle verläßt, wo er den in Fortsetzung des Grates nach N verlaufenden niederen Kamm überschreitet. Über schwach geneigten Fels und Geröll zum Fuß des N-Grats hinauf und unter dem untersten Abbruch einige Schritte nach rechts in eine in rötliche Felsen gewölbte seichte Wandnische. Aus ihr zur Linken über eine sehr steile, aber schön gegliederte Platte gerade empor auf ein ebenes Bändchen, das nach links zu einer Rinne bringt. In dieser nach rechts aufwärts in ihre geröllerfüllte obere Fortsetzung (rechts Steinmann) und auf dem sich rasch verbreiternden Grat nach links in eine ganz schwache Einsattelung oberhalb des untersten Abbruches hinauf (Steinmann). Nun weiter über den breiten Gratrücken über schöne Platten aufwärts, später durch eine Rinne von links her auf einen höheren Grataufbau hinauf und über ihn zum Vermessungszeichen. Weiter über den mehrfach gescharteten Grat zum höchsten Punkt und in längerer Kletterei, nach und nach absteigend, zum breiten Sattel zwischen Scheereck und Hochponeck.

● 1670 frei für Ergänzungen

● 1671 **Wildalmkirchl,** 2573 m

Erstbesteigung M. und R. v. Frey, R. v. Lonsky, 1875.
Ein markanter Randgipfel des Steinernen Meeres, der sich mit einem Dach und einem Turmgipfel aufbaut. Den Fuß des Wildalmkirchls erreicht man vom Funtensee über R 1463.

● 1672 **Ostgrat, „Kirchdachgrat"**
K. Zorn, J. Maier, 1891.
II, ½ Std. vom E. Kürzester Anstieg.

Man geht an den östl. Steilabfall des Daches und klettert neben seiner Kante, den untersten plattigen Absturz rechts umgehend, durch eine

Schuttrinne auf das Geschröf und den waagrechten Dachgrat hinauf. Diesen überschreitet man ausgesetzt auf der Kante bis zum Turmansatz. Dann etwas rechts von dessen südl. Absturz über eine Geröllrinne und plattige Felsen zum Gipfel (mit großem Kreuz).

Varianten: Ein anderer Anstieg führt durch eine hübsche Felsrinne mit kleinen Kaminabsätzen, die sich unter dem Kirchdachgrat von links unten nach rechts oben emporzieht, mäßig schwierig auf den Dachgrat nahe seinem westl. Ende hinauf. — Oder (nicht empfehlenswert): Man geht von W her über ein schräg hinaufführendes breites, ausgesetztes Band, das sich an der nach N abfallenden, dachartigen Gipfelfläche von links nach rechts an den Felskörper anlegt, dann über den Grat zum Gipfel.

● **1673** **Westkamine**
Gerin, K. Wieder, 1905.
III, ½ Std. Siehe 14. Aufl. 1977.

● **1674** **Südwand**
F. Hueber, F. und Olga Rigele, V. Seerainer, 1919.
V, 3—4 Std.

Dem senkr. S-Absturz des Kirchturms selbst ist ein turmartiger Stützpfeiler südl. vorgelagert, hier kurz „Turm“ genannt. Der Anstieg geht vom S-Fuß dieses Turms in seiner SW-Seite in der zwischen Turm und eigentlichem Gipfelkörper eingeschnittenen Kaminreihe bis zur Höhe des Turms und führt dann von ihr über die glatte Gipfelwand gerade zur Spitze.

● **1675** **Südverschneidung**
M. Schmuck, H. Pollack, 1948.
V, 150 m, 3 Std.

Einstieg etwa 40 m südl. des Einstiegs der Turm-S-Wand. Der Anstieg benützt die z.T. überhängende Verschneidung, bis das Dach am Turm endet.

● **1676** **Südwestwand**
H. und H. Göllner, 1969.
VI—, A3 und A2. 180 m, 4—6 Std.

Einstieg etwa 50 m östlich der Verschneidung zwischen Turm und Dach. Zustieg wie bei R 1674 oder direkt im Graben, welcher auf dem Weg zur Torscharte (R 1461) überquert wird und von der S-Kante des Daches herabzieht. In der Wandmitte befindet sich ein auffälliger Überhang. Mittels mehrerer breiter Risse äußerst schwierig bis unter den Überhang. Mittels mehrerer breiter Risse äußerst schwierig bis unter den Überhang. Dieser wird links umgangen und oberhalb weiter in der Fallinie auf das „Kirchdach“ angestiegen. Weiter wie bei R 1672 zum Gipfel.

● **1677—1678** frei für Ergänzungen

● **1679** **Brandhorn,** 2609 m

Erstbesteigung M. und R. v. Frey, R. v. Lonsky, 1875. Überschreitung siehe R 1463.

● **1680** **Südwand**
Schied, Viehauser, 1947.
V, 300 m, 5 Std.

Zugang durch die Scharte östl. des Gipfels; über den SO-Hang hinab unter die S-Wand und dort nach W zu kleinen Felszacken. Der Einstieg erfolgt durch einen schwierigen Kamin. Nach einem Stück, in dem sich die Wand stark zurückneigt, folgen einige übereinander stehende Pfeiler, über die man zu auffallend an die Wand gelehnten Platten kommt. Ein kurzes, glattes Wandstück leitet zur Gipfelverschneidung über.

● **1681** **Kohlhaufen,** 2573 m

Unbedeutende Erhebung im Kohlhaufental, das vom Beginn des Tauchertales zum Brandhorn hinaufzieht. Der Gipfel fällt nach O und S mit plattiger Wand ab.

● **1682** **Südwand**
K. Lapuch, T. Laserer, 1975.
III, 120 m. Der kompakte und rauhe Fels regt zu einem genußvollen Durchstieg an und lohnt besonders in Verbindung mit einer Skitour auf das Brandhorn.

Der Anstieg verläuft im linken, südl. Wandteil und führt an einem auffallenden Felsloch vorbei.

● **1683** **Südostwand**
K. Lapuch, H. Jesacher, 1976.
IV und III, 150 m. Eisenfester Fels.

Einstieg knapp rechts eines auffallenden verkehrten U. Der Anstieg bewegt sich fast in Fallinie des Gipfels. (Lapuch)

● **1684** **Marterlkopf,** 2443 m

Überschreitung siehe R 1463.

• 1685 Von Norden durch das Tauchertal

Vom Jagdhaus Häuslalm nach links auf der Leitungsbaustraße durch den Hahnenbalzboden und auf Steigspuren oder pfadlos in das enge Tauchertal und von N her auf den Marterlkopf.

• 1686 **Reißhorn,** 2411 m

Ein vom Marterlkopf nach N ziehender, Tauchertal und „Seichen" trennender Zug trägt den selten besuchten Gipfel. Kann gelegentlich eines Abstiegs ins Taucher- und Blühnbachtal bestiegen werden, indem man an der O-Seite des Marterlkopfes vorüberquert und über den S-Grat in 1½ Std. den Gipfel erreicht. Den ersten Abstieg über die NW-Wand (1893) beschrieb L. Patera in der ÖAZ 1899, S. 138.

• 1687 **Großer Hundsschädel,** 2394 m

Gipfel an der Westseite des Tauchertales. Von Westen ohne Schwierigkeiten zu erreichen.

• 1688 Ostverschneidung
K. Lapuch, M. Oberegger, F. Pölzleitner, M. Berger, 1976.
IV+ (Stelle), IV und III. 2½ Std. vom E.

Der Gr. Hundsschädel fällt nach Osten mit einer prallen Wand ab, die von einer auffallenden Verschneidung von links nach rechts oben durchzogen wird. Den Einstieg erreicht man vom Hahnfalzboden am Ende des Blühnbachtales in ¾ Std.

Von rechts her zu einer glatten, fast horizontalen Platte direkt unterhalb des Verschneidungsbeginnes. Man spreizt nach rechts und klettert gerade hinauf zum schluchtartigen Verschneidungsbeginn (IV). Überraschend leicht geht es die rampenähnliche Verschneidung einige SL weiter. Das Mittelstück wird in gutem Fels an der rechten Kante erklettert (II und III). Leicht auf der Rampe weiter bis zu einer Kanzel. Unter Überhängen heikle Querung 20 m nach rechts (1 H, IV+) zum trichterförmigen Ausstieg und über Schrofen zum Gipfel.

• 1689 frei für Ergänzungen

• 1690 **Langeck,** 2593 m
Alpriedelhorn, 2351 m

• 1691 Überschreitung von Norden
2 Std. von der Mauerscharte zum Brandhorn.

Von der Mauerscharte über den breiten Nordwestrücken auf das Alpriedelhorn.

Dann über die breiten, mehr oder minder steilen Hochflächen ober dem Toten Hund auf das Langeck, über dessen sich zum Schluß verengenden Grat ohne jede Schwierigkeit der breite Buckel des Brandhorns gewonnen wird.

● **1692—1699** frei für Ergänzungen

9. Hochkönigstock

9.1 Allgemeines

Der Hochkönigstock hängt mit dem Steinernen Meer durch den Kammeinschnitt der Torscharte zusammen. Nach O strahlt er einzelne Kämme aus, deren südlichster, die Manndlwand, an die Dolomitentürme Südtirols erinnert.

Die **Übergossene Alm** ist der einzige Plateaugletscher der Ostalpen. Das Firnfeld erstreckt sich 4 km von O nach W, ist aber nur mehr 500—1000 m breit. Seit 1888 ging die Gletscherfläche von 550 ha auf 149 ha zurück. Bei Messungen wurde festgestellt, daß der Ostgletscher im Gebiet des „Verschwundenen Gletschersees“ von 1872 bis 1934 um 30 m, seitdem bis 1968 erneut um 25 m abgesunken ist. Bei einer jährlichen Abschmelzung von fast 1 m und einer durchschnittlichen Tiefe von 20 m im östl., von 30—40 m im zentralen Teil sind die Jahre der „Übergossenen“ Alm vermutlich gezählt. Das von N ansteigende Plateau wird am Südrand von Felskronen umkränzt, die sich etwa in der Mitte zum höchsten Punkt der Berchtesgadener Alpen, dem Hochkönig (2941 m) aufschwingen; er gehört zu den sieben höchsten Gipfeln der Nördl. Kalkalpen. Nach N schweift das Auge über die nahe, großartige Bewegtheit der Bergwelt Berchtesgadens, nach S auf die tief unten liegenden, begrünten Schiefergebirge, hinter denen sich der eisbedeckte Urgebirgskamm der Zentralalpen aufbaut. Der Hochkönig selbst entsendet nach S drei Grate: Östl. einen kurzen, vom Gr. Bratschenkopf absinkenden, in der Mitte den Grat des Kummetsteins und der Taghaube, welche die westl. Begrenzung des Birgkars bilden, endlich am weitesten westl. den vom Lammkopf nach SW streichenden Grat, der sich später in zwei mächtige Äste gabelt. Der östl. Ast ist der Lammkopfgrat. Er bildet die westl. Begrenzung des Weißkars; der westl. Grat der Lausköpfe, der weitaus länger ist, trennt das Bichl- oder Bockkar vom Schneekar.

Im NW erhebt sich am Hochflächenrand der Hochseiler (2793 m). Er entsendet nach SO einen Grat, von welchem mehrere parallele Seitenäste auslaufen. In diesem Kamm, der in seiner Fortsetzung zum Lammkopf auch Hinterthaler Wetterwand heißt, befinden sich die Teufelslöcher, zwei Felstore in einem kühnen Bogen, die von der Pinzgauer Seite aus schon von weitem sichtbar sind.

Am Mitterberg wurden Spuren des prähistorischen **Kupferbergbaus** und Steinwerkzeuge gefunden. Die Kupfer- und Eisenlager am Hochkönig ermöglichten in vorchristlicher Zeit die kulturelle Blüte im Bereich des Dürrnberger und Hallstätter Salzbergbaus. Der Kupferbergbau in Mühlbach wurde 1976 wegen Unrentabilität geschlossen. In den Jahren danach wurde der Schneeberg, 1918 m (westl. von Mühlbach) großzügig mit Liftanlagen erschlossen, um für den ausgefallenen Bergbau Arbeitsplätze zu beschaffen.

Die Eisenerzvorkommen am Hochkönig haben im Gebiet von Salzburg für das Umlernen von Kupfer- auf Eisenverarbeitung großen Einfluß ausgeübt. Die Anfänge gehen auf die Hallstattzeit (800—500 v. Chr.) zurück. Das Erzvorkommen ist seit 1960 erschöpft. Der Bergbau wurde eingestellt.

Blühnbach-, Imlau- und Höllental sind Privatbesitz. Das Betreten ist nur auf markierten Wegen und Steigen gestattet. Für die Privatstraßen in diesen Tälern besteht behördliches Fahrverbot.

Die **Höhenangaben** früherer Auflagen wurden nach der 1972 erschienenen AV-Karte Hochkönig — Hagengebirge 1 : 25 000 korrigiert. Die teilweise sehr willkürliche neue Namensgebung dieser Karte wird von den Herausgebern anderer weit verbreiteter Karten nicht übernommen. Bei erheblichen Abweichungen ist der betreffende Name der AV-Karte in Klammern neben die bisher gebräuchliche Bezeichnung gesetzt.

9.2 Hütten und Hüttenwege

Die hier angeführten Unterkünfte am Hochkönig liegen im Gegensatz zu den von der Grenze durchzogenen anderen Gebirgsstöcken der Berchtesgadener Alpen **alle auf österreichischem Boden.** Tel.-Vorwahl aus Deutschland 00 43, anschließend österr. Vorwahl ohne die Null.

● 1700 **Ostpreußenhütte,** 1625 m

Auf der Rettenbachalm. AVS Königsberg, von 1. 11. — 15. 12. geschlossen, 24 B., 50 M., Tel. 0 64 68 / 71 46.

★ 1701 Werfen — Ostpreußenhütte

3—3½ Std., bez. Weg. Bis Alpengasthof Dielalm, 1026 m, 1¼ Std. von Werfen, mit Kfz. befahrbar.

Von Werfen (vom Hauptplatz zwischen Kirche und Post) bald steil durch Wald bergan und dann längs des Rückens, der Imlau- und Blühnbachtal trennt, über die Blühnteck- und Wegalm zur Hütte auf dem Rettenbachriedel.

★ 1702 **Dorfwerfen — Ostpreußenhütte**
3—3½ Std., bez. Weg.

Nördlich des Imlaubaches auf Weg westwärts über Wiesen und durch Wald zum Sonneckhaus. Über den Rücken aufwärts, wo man R 1701 trifft.

● 1703 **Arthurhaus,** 1502 m

Auf dem Mitterberg, Endpunkt der Manndlwandstraße (Postautoverkehr von Bischofshofen — Mühlbach), Alpengasthof, 60 B., teils mit Bad und WC, Sauna, 4 Skilifte, Skilehrer, Tel. 06467-202. Ausgangspunkt für den Hochkönig und für Kletterfahrten auf Manndlwand und Wetterwand.

Übergang: Von der Erichhütte, R 1731.

● 1704 **Bischofshofen — Arthurhaus**
3 Std.

Auf Straße bis Gainfeld, weiter auf Weg über die Stegalm zum Arthurhaus.

● 1705 **Dorfwerfen — Arthurhaus**
3 Std.

Über das Whs. Oberschwabegg und Whs. Haid in den Hannseeboden.

● 1706 **Mühlbach — Arthurhaus**
1½ Std.

Per Kfz oder zu Fuß auf der Manndlwandstraße zu erreichen.

● 1707 **Mitterfeldalm,** 1670 m

Am Ostfuß der Manndlwand. Privat, ganzj. bew., 10 B., 82 M. ½ Std. vom Arthurhaus.

● 1708 **Kopphütte,** 1309 m

Auf der Wiedersbergalm, 40 B. Tel. 06467/264, privat, ganz. bew. 1½ Std. von Mühlbach.

● 1709 **Bergsteigerheim Mühlbach,** 853 m

40 B., Zentralheizung, Bad, Tel. 06467/347, privat.

Von Bischofshofen 2 Std. (Autobus 30 Min.); von St. Johann im Pongau (Bhf.) 3 Std., rot bez. über die Mühlbacher Höhe; von St. Veit 4 Std., über den Sattel von Althaus, 1170 m.

Die Erichhütte an der Südseite des Hochkönigs

● 1710 **Erichhütte,** 1545 m

AVS Lend-Dienten, am SW-Abhang der Taghaube, nahe der Schönbergalpe. Im Sommer bew., 10 M., 10 L. Vom Birgkarhaus in ½ Std. zu erreichen.

Übergang: Zur Bertgenhütte, R 1730; zum Arthurhaus, R 1731.

● 1711 **Birgkarhaus,** 1375 m

Nördl. des Dientner Sattels, an der Straße Mühlbach — Dienten (Postautobus bis Birgkarhaus). 40 B., 8 M., Tel. 06467/287.
Von Mühlbach 2 Std., von Dienten 1 Std.

● 1712 **Bertgenhütte,** 1843 m

ÖTK, unbew., Selbstversorgerhütte, unter Hochseiler und Lammkopf im Schneekar.

Übergang: Von der Erichhütte, R 1730.

● 1713 **Hinterthal — Bertgenhütte**
2 Std., bez. Weg.

Von Hinterthal in Richtung Poschalm. In der Höhe dieser Alm zweigt der Steig links ab ins Schneekar zur Hütte.

● 1714 **Matrashaus,** 2941 m
Franz-Eduard-Matras-Haus, Hochkönighaus

Auf dem Gipfel des Hochkönigs. Anfang Mai 1982 abgebrannt. Neubaufertigstellung 1985. Kapazität: 20 B., 112 M.

Übergang: Von der Torscharte, R 1732.

★ 1715 **Arthurhaus — Matrashaus**
4—5 Std. Einfach, auch für weniger Geübte (bez. Weg).

Vom Arthurhaus nordöstl. am Jägerhaus und zwei Almhütten vorbei, dann rechts abbiegend, zuerst dem Zaun entlang, dann ÖTK-Weg weiter zur Mitterfeldalm, 1670 m, ½ Std. Von der Bergstation Werfen führt ein bez. Weg nach Mitterberg. Diesen kann man bis zum Jagdhaus im Höllental benützen und von hier auf bez. Weg die Mitterfeldalm erreichen. Ziemlich waagrecht unter der Manndlwand (im Winter oft Schneebrettgefahr!) herum zu einem Felsvorsprung (Kl. Gaisnase), weiter über Schutt, dann durch Krummholz in das **Ochsenkar,** welches die Fortsetzung des von Markt Werfen heraufziehenden **Höllentals** bildet. Der ÖTK-Weg führt, nun den Schutt verlassend, zum Anfang des Ochsenriedels, spärlicher Lärchenbestand (¾ Std. von Mitterfeld). Von hier stärker ansteigend zum Fuß der Torsäule (1 Std.), an deren S-Seite herum über Blockwerk (teilweise Schneereste) zu einer Quelle (½ Std.; 2380 m). Empor über Schutt am NO-Fuß des Kl. Bratschenkopfs und zum gut angelegten Schartensteig, welcher in ein kleines Schneefeld mündet (½ Std.). Von hier entweder über den linken Grat wo ein Felsensteiglein sichtbar ist, oder über das Schneefeld weiter (¼ Std.) zur Wegtafel und zum Firnfeld; über den Firn (hohe Stangen) zu dem kleinen Vorfelsen des Gipfels (1 Std.); steil aufwärts durch ein gesichertes Klamml auf den Kamm und in 5 Min. zum Schutzhaus.

★ 1716 **Ostpreußenhütte — Matrashaus**
5 Std.

Auf deutlichem Steig zu einem Latschenhang, über den man die wilde Steingrube (Steinkar, 1¼ Std.) erreicht; durch diese am rechten Hang aufwärts und an der westl. Flanke über den aussichtsreichen **Floßkogel** (2437 m; 2½ Std., Biwakhöhle mit Akja) zu dem noch durch eine Senkung getrennten Firnfeld der Übergossenen Alm. Von hier südl. auf den Hochkönig.

● **1717** **Bertgenhütte — Matrashaus**
II und I, 3½—4½ Std. Steig gut gesichert und rot markiert, Trittsicherheit erforderlich.

Auf Schutthang neben dem kleinen steilen Schneefeld des Schneekars aufwärts. Von der Randkluft kurz in einer Rinne links aufwärts, dann über Felsrippen und Gräben nach rechts queren, nun über einen Plattenhang und ein Geröllfeld, anschließend durch ein Rinnensystem empor, zuletzt über einen Grat zu den Felstoren der **Teufelslöcher** (2½—3 Std.). Durch das rechte Tor erreicht man das Firnfeld. Auf ihm in östl. Richtung zum Gipfel.

★ **1718** **Erichhütte — Matrashaus**
4—5 Std. Gesicherter Klettersteig. Nur für gute Skibergsteiger, 35° Neigung.

Von der Erichhütte durch Alpenrosen zu einer Scharte nördl. der Taghaube, dann durch eine steile Rinne ins Birgkar hinab (hierher vom Birgkarhaus unmittelbar über die Stegmoosalm). Nun über Platten und Schrofen unter dem **Kummetstein** vorbei (hier meistens ein steiles Schneefeld) über ein gut im Schutt sichtbares Steiglein mit stellenweisen Sicherungen zum Fensterl, hernach am Gletscherrand empor. Weiter in östl. Richtung an der großen Schneewächte entlang, an ihrem Ende auf den Gipfelfelsen und am Kamm entlang zum Schutzhaus.

● **1719** **Blühnbachtal — Wasserkar — Matrashaus**
5—6 Std. Nicht bez.

Von der Haltestelle Tenneck geht man auf der am Blühnbach hinziehenden Straße (bez. Weg zur Eckberthütte) in das Blühnbachtal. Das Wasserkar befindet sich dort, wo die Straße am weitesten nach S ausgebogen ist, etwa 500 m nach der Abzweigung der Straße zur Blühnteckalm (2½ Std. von Tenneck; 1½ Std. von der Eckberthütte). Es ist eine tief eingerissene, zwischen **Eibleck** (2364 m) und **Hohem Tenneck** (2437 m) steil hinabziehende, wilde, weite Felsschlucht. Der Steig bleibt an der rechten (östl.) Seite des Baches und überwindet die steilen Abbrüche der Schlucht in Windungen. Nun ohne Weg immer in der Tiefe der Schlucht bleibend, über Grasabsätze, Schuttlager und Felsstufen bis etwa 200 m unter der Scharte zwischen Floßkogel und Hohem Tenneck empor. Nun möglichst nach links auf die Übergossene Alm, über die man südl. aufwärts das Matrashaus erreicht.

● **1720** **Mühlbach — Schrammbachscharte, 2529 m — Matrashaus II.** 7 Std.

Auf der Bergwerksstraße bis zu den ersten Ruperti-Berghäusern (1 Std.), nun links abbiegend über Almboden zur Riedingalm (1½ Std.). Hier wird der Höhenweg Mitterberg — Erichhütte (R 1731) gequert. Dann führt ein von weitem sichtbares Steiglein durch Krummholz empor zu den Felsen; kleine Wasserfälle links lassend, steigt man über Schrofen hinauf bis zu einem grünen Rücken. Über rauhes Blockwerk zur großen Scharte zwischen Gr. und Kl. Bratschenkopf (1¼ Std.). Die erste Steilstufe überwindet man an der linken Seite (dieses Stück erfordert einige Vorsicht!). Den zweiten Absatz nimmt man ebenfalls von links in Angriff, benützt aber dann gleich ein nach rechts in ein Schuttkar führendes Band. Von hier ist dann noch ein kleiner Absatz zu überwinden und man gelangt durch ein Schuttkar ohne Schwierigkeit zum Schartensteig (1¾ Std.); weiter s. R 1715 zum Schutzhaus, 1½ Std.

● **1721—1729** frei für Ergänzungen

9.3 Übergänge und Höhenwege

● **1730** **Erichhütte — Bertgenhütte**
5 Std., bez. Weg.

Westlich hinab und steil nach Norden zum Bacheinschnitt. Westlich über einen zweiten Bachlauf und hinauf zur Pichlalm. Über die Almwiesen auf einen flachen Sattel und, mehrere Gräben und Täler querend, zur Poschalm. Kurz darauf erreicht man R 1713.

● **1731** **Erichhütte — Arthurhaus**
3 Std., schön angelegter Höhenweg.

In meist gleichbleibender Höhe, mehrere Gräben und Kare querend, im allg. in östl. Richtung über die Wiedersbergalm zum Arthurhaus.

● **1732** **Torscharte — Matrashaus (Herzogsteig)**
2 Std. Nur für Schwindelfreie. Gesicherter Steig mit Drahtseilen und Eisenklammern.

Von der Niederen Torscharte (R 1460) an den nordöstl. Abstürzen des Hochseilers entlang, über den gesicherten Steig zu einer Felsenecke (Steinmann) empor; etwas absteigend an einer kleinen Höhle vorbei und in 1½ Std. über das Firnfeld südöstl. aufsteigend auf den Gipfel des Hochkönigs. (Im Spätsommer unter Umständen Steigeisen oder Stufenschlagen erforderlich. In diesem Fall ist der Weg über den Hochseiler, R 1742, vorzuziehen.)

● **1733—1739** frei für Ergänzungen

9.4 Gipfel und Gipfelwege

● 1740 **Hochseiler,** 2793 m

Zieht von der Übergossenen Alm als mächtiger Bergrücken nach NW gegen die Torscharte; neben dem Hochkönig die stattlichste Felszinne des Gebirgsstocks. Erstbesteigung R. v. Frey, R. v. Lonski, 1873.

● 1741 Nordostseite
II, 1¼ Std. vom E.
Schöne Kletterei, wenn die Felsen nicht vereist sind.

Der Anstieg über die steilen Felsen erfolgt etwas rechts der Fallinie des Gipfels über Einrisse und Felsabsätze ziemlich gerade empor; zuletzt betritt man von N her den Gipfel.

● 1742 Von Nordwesten
II, 2½ Std., bez. Steig.

Von der Scharte über die Grashänge gerade empor zum Einstieg; zunächst in einer plattigen Mulde ansteigend, dann auf Steigspuren über den gut gestuften Fels und zuletzt auf dem breiten Rücken südl. zum höchsten Punkt.

● 1743 Von Südosten
1 Std. Nur für Geübte. Vom ÖTK 1903 errichteter, gesicherter Steig; Tafel bei den Teufelslöchern (2720 m).

Von den Teufelslöchern stets unter dem Grat auf dem Firnfeld bis zum Steilaufschwung des Berges. Erst längs roter Marken über Wandstufen und durch Rinnen auf die Grathöhe empor und (Beginn der eisernen Sicherungen) in einigen kurzen Wegschleifen in einen Kamin zur Linken hinauf; durch ihn ebenfalls gesichert auf den Grat oberhalb des Abbruches empor und über ihn zum nahen Gipfel.

● 1744 Südgrat
Awerzger, Gerin, Szalay, 1932.
IV, 6 Std.

Knapp östl. vom zu den Teufelslöchern führenden Grat senkt sich ein turmbesetzter Grat ins Schneekar ab. Von der Bertgenhütte auf R 1717 im Schneekar aufwärts bis zur zweiten Rinne nach dem ersten auffallend roten Gestein in der W-Begrenzung des Kars und südl. unter dem Abbruch des ersten auffallenden Turms mit gelbrotem Abbruch; östl. des Turms zieht eine rote Rinne herab. Westl. (links) davon über Schneefelder, dann über einen kleinen Abbruch und zu Schrofen, die links aufwärts genommen werden (Steinmann).

Führe: Über plattige Rinnen bis knapp rechts vom Abbruch, dann nach links in die Wand, sehr schwierig gerade aufwärts und auf dem Grat zum Vorturm. Mit Spreizschritt auf den ersten Turm. Über den zweiten Turm in die Scharte vor dem dritten Turm. Über ein plattiges Band links aufwärts zu einer Nische (H), durch den folgenden Kamin zum Scheitel. Der vierte Turm wird knapp rechts durch eine Kaminreihe erreicht; ein gratartiger Rücken führt zu einer Schulter; um brüchige rote Felsen links herum zum Fuß des fünften Turms. Erst etwas rechts haltend, dann über die plattige Kante auf den Turm und weiter zum Gratturm.

● **1745** **Westgrat**
Gerin, Plaichinger, Riebe, 1908.
IV (Stelle), III und II. 6 Std. vom E.

Der Hochseiler entsendet nach W einen langen, 1200 m hohen Grat; er zeigt im Doppelgipfel des **Klammecks (Zink),** 2664 m, eine auffällige Rückfallkuppe und in seinem weiteren Verlauf mehrere wilde Türme, deren S-Abstürze besonders schön sind. Der terrassenförmige Unterbau setzt sich aus mehreren sekundären Gratrippen zusammen.

Zugang: Von Hintertal wie R 1491 bis dorthin, wo der Weg in den linken Teil des Kars umbiegt (1 Std.). Rechts neben Abstürzen empor, bis hoch oben im letzten Winkel sich eine Rinne öffnet, durch die man unschwierig zur Abdachung gelangt. Auf ihr steil aufwärts, später zur linken Kante.

Führe: Die erste auffallende Gratstrecke bleibt rechts; über plattigen Fels auf einen höheren Absatz und in ein Schartel vor dem nächsten Grataufbau (2 Std.). Nach links zu Schutt (III) und rechts zum Grat. Aus einer Nische mit rotem Gestein einige Meter durch einen engen Riß empor (III) und dann links herum auf eine Plattenkanzel (IV) und zu einer Gratscharte. Links um den nächsten Turm herum. Oberhalb eines Felstunnels über die nächste Steilstufe. Von rechts her durch eine rote Rinne zur Grathöhe sowie auf einen brüchig-roten Turm und über ein ebenes Gratstück auf ein Band, auf dem mehrere Zacken umgangen werden. Dann durch eine Einbuchtung von links nach rechts empor auf eine Schulter und über sie westl. auf die östl. Spitze des Klemmecks (3 Std.). Hierher auch von der Torscharte. Nun zuerst das unterste Stück der Felskante links umgehend, dann längs der Schneide auf Platten mehrere Absätze erkletternd zum Hochseiler-Gipfel (1 Std.).

● **1746** **Südwestwand**
Gößeringer, Viehauser, 1948.
VI (Stellen), **A 1** (?). 600 m, Zeit der Erstbegeher 12 Std.

Von der Bertgenhütte 200 m nach N in den Graben und an den Fuß der Wand. Der Einstieg ist links der Höhle. Man hält sich etwas nach links bis unter die glatte Wandplatte. Unter dieser einen Riß nach rechts zur Kanzel unter Überdachung. Über diese hinweg, dann über eine völlig glatte, senkr. Wandplatte. Nun in herrlicher, abwechselnder Kletterei zum Gipfel.

● **1747—1749** frei für Ergänzungen

● **1750** **Lammkopf,** 2849 m

Flacher Gipfel zwischen Hochseiler und Hochkönig, von Norden ohne Schwierigkeiten über die Übergossene Alm zu erreichen.

● **1751** **Südwestgrat**
L. Patera, 1900. Zur Schneekarscharte F. Huber, F. Rigele, 1919.
III, 3 Std. Häufig brüchig.

Von der Bertgenhütte auf R 1717 hinauf; dann rechts abzweigend über das steile Firnfeld des Schneekars zum Fußpunkt der zwischen den Lausköpfen und dem Lammkopf hinabziehenden Rinne. Ihr unterster, vollkommen glatter Abbruch ist meist wasserüberronnen und infolge starker Randkluftbildung unmittelbar nicht zu überwinden. Es ist daher in einer nach rechts ausbiegenden Schleife und kurzem Abstieg in die Rinne einzusteigen (1¼ Std.). Nun meist in und neben dem Wasserlauf der Rinne empor, bis sie zunehmend steiler, plattiger und schwieriger wird. Dann durch die rechte (westl.) Begrenzungswand der Rinne und durch einen in sie eingeschnittenen steilen Riß auf den oberhalb und rechts der Rinne befindlichen Schrofenabsatz empor. Über ihn nach links mäßig ansteigend, erreicht man die rötlichen Wandabbrüche, die den oberen, fast senkr. und ungangbaren Teil der Rinne südwestl. begrenzen. Über diese roten Wände, sehr schwierig und wegen der Brüchigkeit gefährlich, in die hier zur schrofigen Mulde erweiterte Rinne und über einen in ihr emporziehenden steilen Schrofenrücken zur Schneekarscharte, 2¼ Std.). Von hier wird der SW-Grat des Lammkopfes verfolgt: Über steile Firnfelder links (nordwestl.) vom steilen Aufbau des SW-Grats empor, bis sich in diesem ein enger Kamin zeigt; durch ihn gelangt man auf die O-Seite des Grates und in ihr über sehr brüchige, steile Felsen wieder auf den Grat selbst. Zunächst auf dem Grat bleibend, dann in die knapp links (nordwestl.) vom Lammkopfgipfel emporziehende steile Rinne und durch sie in schöner Kletterei auf die Hochfläche westl. vom Gipfel.

● **1752** **Südsüdwestgrat**
Gerin, Hartwig, 1908.
III. Häufig brüchig. Siehe 14. Aufl. 1977.

● **1753** **Südsüdwestwand**
Gerin, Reischmann, 1936.
IV, 4½ Std. vom E.

Das Weißkar ist umschlossen von Lauskopfgrat, Schneekarscharte, SSW-Wand und SSW-Grat des Lammkopfes. Östl. unter dem Gipfel ist ein Hochkar in die Wand eingebettet, das mit einer wilden Schlucht ins oberste Weißkar absinkt. 120—150 m unterhalb, ungefähr in gleicher Höhe mit dem SSW-Grat-Einstieg, zieht eine Schneezunge in die Wand, es folgen eine Rinne und steile Grasschrofen. Hier Einstieg.

Führe: Ein breites Plattenband zieht schräg links aufwärts. Beliebig hinauf und gegen das Ende zu sich links haltend, bei einem auffallenden roten Felsfleck unterhalb vorbei zum anschließenden breiten Schuttband (brüchig) immer links haltend, zur Kante. Es folgt ein Schuttband, das in W-O-Richtung zu einem Sattel führt. Rosa gefärbte Felsen wechseln mit gelblichem Gestein ab, die im rechten Winkel nach rechts genommen werden. Unter einem kleinen Gratstück nach links ausweichend zu einer Schuttrinne; in ihr hinauf, dann weiter auf dem folgenden Plattenband und über Schuttplätze in das Hochkar östl. des Gipfels bis zum Fuß eines großen, rotgrauen Turms. Unter diesem sehr heikle Quergänge durch das Hochkar schräg links aufwärts zum Beginn der Gipfelrinne. Durch sie zur letzten Scharte im SW-Grat von der Schneekarspitze und gleich darauf auf den Gipfel.

● **1754** **Südgrat**
Schneider, Vogel, 1926.
V (Stellen), IV, häufig auch leichter. 800 m, 4 Std.

Vom Lammkopf streicht nach S ein Grat, der das Weißkar vom Wasserkar scheidet. Ganz unten ein grasbewachsener Pfeiler, schwingt er sich in zwei Grattürmen auf und verläuft schließlich weniger ausgeprägt im Gipfelabsturz. — Von der Erichhütte auf R 1718 kurze Zeit aufwärts, bis man das Wasserkar ansteigend nach W queren kann. Richtungspunkt ist eine Höhle in der O-Flanke des Grats. Von dieser quert man nach links und gewinnt den untersten Pfeiler da, wo er sich zum ersten Gratturm aufschwingt. Einstieg 2000 m. Über den Turm in die Scharte hinter ihm (I). Der nun folgende Aufschwung, der zweite

Turm, wird an der Kante erklettert; aus einer kleinen Scharte erhebt sich ein doppelter Überhang. Über den ersten Überhang hinauf, 2 m nach links und durch einen Riß auf den zweiten Überhang (V). Vom Kopf des Gratturms einige Meter in der O-Flanke querend, durch eine Verschneidung 10 m hinab, 4 m nach links auf die Gratkante und in die Scharte hinter dem Turm (IV). Im folgenden Teil meist unschwierig durch Rinnen und Rippen im allgemeinen gerade aufwärts bis zu einem brüchigen gelben Turm, der an der O-Seite knapp unter dem Grat durch eine 30 m lange Querung (V) umgangen wird. Nach links zur Grathöhe und über Schutt und Schnee auf den Gipfel.

● **1755** **Direkte Südwand**
H. Viehauser, 1950.
Nähere Angaben nicht bekannt.

● **1756** **Westwand**
H. Viehauser, 1948.
V, 300 m.

Zugang wie R 1751. Einstieg in die Rinne. Über dieser etwas nach links, durch Kamine, Risse und Überhänge zum Gipfel.

● **1757—1759** frei für Ergänzungen

● **1760** **Schneekarkopf,** 2779 m

Bedeutend durch seinen mächtigen, turmbesetzten SW-Grat und die pralle W-Wand. Zwischen den SW-Graten des Schneekarkopfes und des Lammkopfes liegt das obere Schneekar, während das Schneekar selbst vom Lauskopfgrat, vom Lammkopf-SW-Grat und vom Verbindungsgrat Hochseiler — Klammeck begrenzt wird.

● **1761** **Südwestgrat**
Awerzger, Gerin, Szalay, 1932.
IV +. Schöne, ausgesetzte Kletterei in festem Gestein.

Von der Bertgenhütte auf R 1717 in den obersten Winkel des Schneekars, knapp links vom Abbruch der von der Schneekarscharte herabkommenden Rinne, zu einem Vorbau unterhalb der senkr. Wände des SW-Grates. Über diesen Vorbau ganz an die senkr. Wand. Unter roten Felsen führt ein Band nach links hoch; dieses wird immer steiler und schmäler und leitet in die Schlucht nördl. des SW-Grates. Man steigt unter den überhängenden Wänden empor, bis sich die Möglichkeit bietet, über einen kleinen Überhang, der einfacher ist als er aussieht, eine senkr. hochziehende rote Rinne zu erreichen. In dieser 2 SL (IV) auf eine Platte unterhalb roter Felsen. Man quert die Platte, steigt über ein senkr. Wandl gerade in die Höhe, 1 SL nach rechts und abermals gerade aufwärts zu einem nach links führenden Schrofenband, das 1½ SL verfolgt wird, bis man auf einem schrofigen Band nach rechts auf den westl. Ast des SW-Grates kommt (Steinmann). Nun auf den Hauptgrat und an der Gratschneide hoch zu einem Steilaufschwung. Nach rechts und durch eine Rinne gerade hinauf zur Scharte hinter dem nächsten Turm. Nach links auf ein Band (H); dieses verfolgt man ein Stück, steigt dann schräg links aufwärts und in einer Verschneidung (H) zu einer Platte. Ganz unter die senkr. Wand und nach rechts auf den ebenen Grat. Der nächste Turmabbruch wird direkt erklettert (III, brüchig). Nach einem ebenen Stück erreicht man in einer Schleife von rechts nach links eine Rinne, die zur Scharte hinter einem plattigen Turm führt. Man steigt von der Scharte noch einige Meter hoch, jenseits etwas ab, quert waagrecht und klettert zu einer Höhle hoch. Durch diese und auf einem Band nach rechts (hierher von dem Quergang auch direkt, schwieriger) und durch eine Rinne zur letzten Gratscharte. Etwas rechts dieser Scharte 6 m gerade aufwärts und rechts querend zu einer steilen Rinne, die direkt auf den Gipfel leitet.

● **1762** **Westwand**
M. Pointinger, H. Viehauser, 1948.
VI—, 150 m.

Einstieg dort, wo der Steig R 1717 direkt links unter die Wand führt; 70 m nach rechts zu vorstehenden Felszacken. Über eine Verschneidung nach rechts hoch, dann dem senkrechten Riß folgend, über die freie Wand zum Gipfel.

● **1763** **Lausköpfe,** 2501 m

Im langen Südwestgrat des Lammkopfes.

● **1764** **Nordwestwand**
Gerin, Reischmann, 1936.
IV, 2½ Std. vom E.

Vom Schneekar erblickt man im nördl. Teil der NW-Flanke eine große, rote Schlucht, die zu einer Gratscharte hinaufzieht; sie endet unter der Scharte mit einem gewaltigen Überhang. Einstieg 20 m links vom Beginn der Schlucht.

Führe: Links über eine kurze Rinne zu einer großen Nische und in der Rinne weiter zu Standplatz. Gerade zu schwarzen Felsen. Über einen Überhang wieder zu Stand. Durch die steile, plattige Rinne zu einem kleinen Schuttkessel (links davon eine schwarze Höhle), gerade zum nächsten Überhang, der links überklettert wird, und die folgende Steilrinne hinauf zu plattigen Felsen. Der nächste Schuttüberhang wird links über Schrofen umgangen und ein Absatz in der Schlucht erreicht (von hier leiten Bänder nach rechts zum Grat). Über eine Wandstufe hinauf zur nächsten Terrasse und über Platten zur dritten. Nun nach links über ein steiles, breites Schuttband in ein Schartel. In gleicher Richtung zu einem Felsrücken, der schräg aufwärts auf die vorletzte Erhebung im Lauskopfgrat vor der Schneekarscharte leitet.

● **1765—1766** frei für Ergänzungen

● **1767** **Kummetstein,** 2772 m
(Kematstein)

Von der Übergossenen Alm zieht nach S zur Taghaube ein Grat, der den Kranalkogel (2800 m) und den Kummetstein aufwirft. Über die Scharte zwischen letzterem und Taghaube führt der Weg von der Erichhütte ins Birgkar (R 1718).

● **1768** **Südgrat**
E. Schneider.
IV, 1 Std.

Aus der Scharte über Schrofen auf den ersten Kopf und etwas absteigend zum nächsten Aufschwung. Die nun folgenden Grattürme werden überschritten (dabei zweimal abseilen). Aus der letzten Scharte über unschwierigen Fels zum Gipfel.

● **1769 A** **Abstieg über den Nordgrat**
E. Schneider
IV, 1 Std.

Man hält sich ständig auf der Gratschneide. Der letzte Teil vor der Scharte unter dem Kranalkogel ist eine scharfe Schneide, die hangelnd und reitend überwunden wird. Zuletzt über einen Überhang in die Scharte und leicht nach rechts. Über Platten auf den bez. Hochkönigweg (R 1718).

● **1770** **Westlicher Hohenkopf,** 2875 m

Gipfel westl. vom Hochkönig nach der Birgkarscharte. Er fällt mit einem turmreichen Grat über den Kranalkogel und den Kummetstein zur Taghaube ab. Ins Weißkar sinkt der Hohenkopf mit 800—1000 m hohen Abstürzen nieder.

● 1771 **Südwestwand**
J. Pruschka, L. Sperlich, 1947.
III—, 900 m, 5 Std.

Von der Erichhütte ins Weißkar. Über steilen Schnee und auf einem Schuttrücken so hoch hinauf, bis rechts (nordöstl.) in der Fallrichtung des Kummetsteins ein von roten, wasserüberronnenen Wänden umsäumter, düsterer Winkel sichtbar wird. Dort Einstieg. Aus dem innersten Winkel nach rechts, auf einer Rippe hoch und in einer rißartigen Rinne nach links zu einem Loch. 50 m gerade hoch auf eine Gratrippe. Auf dieser nach links und, wo es unschwierig möglich ist, nach rechts auf einen benachbarten markanten Grat. Auf diesem bis zu einem überhängenden Turm empor. In einem senkr., engen Riß 30 m hoch auf den wieder gut gangbaren Grat. Von dessen Ende über schrofiges Gelände bis unter die glatten Wände des Kummetsteins. Unter diesen nach links gegen eine rote, höhlenartige Nische. Vor dieser halbrechts über Rippen und Rinnen aufwärts und schließlich auf einem plattigen Grat nach links oben unter die senkr. Wände. Über prächtige Platten nach links aufwärts und geradewegs in die höchste Scharte vor dem Westl. Hohenkopf, der unmittelbar auf der steilen Gratkante erklettert wird.

● 1772 **Weißkarturm,** etwa 2300 m

● 1773 **Südwestkante und Nordgrat**
Peterka, Fritsch, 1931.
III, 1½ Std. vom Weg.

Von der Erichhütte auf R 1718, bis der Weg sich in kurzem Steilanstieg nach rechts hinauf zur Scharte wendet. In der bisherigen Richtung unter den steilen Wänden über Bänder und Stufen zum Fuß des Turms. Nach links um den Ansatz der SW-Kante (an ihrem Fuß eine große Höhle) herum und in der folgenden Rinne nach rechts aufwärts. Über brüchige Schrofen zum Beginn des kurzen, schneidigen N-Grats; über ihn sehr ausgesetzt zur luftigen Spitze.

● 1774 **Taghaube,** 2159 m

Hüttenberg der Erichhütte. Hervorragender Aussichtsberg. Erstbesteiger L. Purtscheller, 1882.

● 1775 **Von Westen**
I, rot bez., 1½ Std.

Der Weg zweigt ¾ Std. oberhalb der Hütte vom Weg R 1718 ab. Zu-

Die Südwand des Hochkönigs aus dem Birgkar

R 1786	Südverschneidung
R 1786 b	Direkter Ausstieg zu R 1786
R 1787	Südverschneidung, Dientener Weg
R 1788	Südverschneidung
R 1789	Südwandtrichter
R 1790	Südwand-Diagonale
R 1791	Bischofshofener Weg
R 1792	Kesselpfeiler
R 1793	Ostwand des Ostkessels
R 1794	Südwestwand des Ostkessels
R 1795	Kesselkante

erst über Almböden, dann etwa 100 m durch eine ausgehauene Latschengasse zum Fels.

● 1776 **Überschreitung**
Gerin, Hecht, 1927.
III (Stellen), überwiegend leichter. 2½ Std.

Der südl. Vorgipfel des Taghaubengrats bricht nach S mit einer Steilwand ab. Rechts davon zieht eine sich allmählich verschmälernde Schlucht zum Grat hinan. — Man verläßt den Weg R 1731 nach etwa 30 Min. und steigt über Gras und durch Latschen zur Schlucht; in ihr unschwierig zur Grathöhe. Über zwei Köpfe in eine Scharte und unschwierig auf die Südl. Taghaube (1 Std. E). Westl. hinab und auf schmalen Grasbändern querend in die große Scharte vor der Nördl. Taghaube; aus ihr über Gras und Schrofen von O her auf diesen Gipfel

(¾ Std.). Nördl. vom Steinmann durch die Rinne und über ein Felsköpfl in die Scharte vor einem zweitürmigen Felszahn. Ein Kamin zieht hinan; durch ihn oder rechts davon in die Scharte zwischen diesen Türmen. Jenseits durch den Kamin schwierig hinab auf den bez. Steig.

● **1777** **Nordgipfel-Nordostwand**
Awerzger, Höll, 1933.
III, 2 Std., teilweise brüchig. Siehe 12. Aufl. 1969.

● **1778** **Ostwand**
Awerzger, 1925.
Stellenweise **II.**

● **1779—1782** frei für Ergänzungen

● **1783** **Hochkönig,** 2941 m

Der Hauptgipfel der Gruppe und zugleich der höchste Berg der Berchtesgadener Alpen ist von der Übergossenen Alm aus ohne Schwierigkeit zu ersteigen. Am Gipfel das Matrashaus (im Mai 1982 abgebrannt).

Es waren Älpler der Mitterbergalm, die zuerst die Hochfläche von der am unschwierigsten zugänglichen O-Seite her erstiegen. Als erster Tourist gilt wieder Thurwieser, der 1826 mit zwei Offizieren und zehn Trägern auf dem jetzt noch am meisten begangenen Weg über die Gaisnase (an der Torsäule vorbei) den Hochkönig erreichte, nachdem er zuvor schon von einem Nachbargipfel aus ein trigonometrisches Zeichen bemerkt hatte. 1830 folgte die erste Überschreitung mit Abstieg ins Blühnbachtal durch den Fürsten Fr. Schwarzenberg und den Genieoffizier J.M. Bauer mit dem Träger Moser. Anfangs der sechziger Jahre wurde das Gebirge aus dem Birgkar durch J. Pirchl, C. Kendelbacher und L. v. Lürzen erklommen. Den ersten Übergang vom Firnplateau zur Torscharte mit der ersten Ersteigung des Floßkogels unternahm A. Kaindl 1870 mit Kederbacher und dem Jäger R. v. Lonski. 1872 führte G. Hofmann mit Preiß den Übergang von der Torscharte zum Hochkönig aus, den direkten Übergang (über das Langeck) vollführte G. Merzbacher mit Kederbacher 1877, den Übergang von Hinterthal ins Blühnbachtal über die Torscharte G. und H. v. Sommaruga mit dem Führer

Hochkönig-Südwand, zentraler westlicher Teil

R 1788 Südverschneidung
R 1789 Südwandtrichter
R 1790 Südwand-Diagonale

Hochkönig
1789
1790
1788

J. Plenk. (Hirten und Jägern soll derselbe schon längst bekannt gewesen sein.) H. v. Barth erreichte 1873 den Hochkönig von der Dientener Alpe aus durch das Birgkar.
Die erste Winterbesteigung des Hochkönigs hatte schon Neujahr 1881 Dr. Wagner mit Kederbacher durchgeführt — für die damalige Zeit eine hervorragende Winterleistung. Mit Ski wurde der Berg zuerst 1898 von Dr. H. Pfannl bestiegen.

● **1784** **Normalwege von Norden**
Siehe R 1715—19, 1732.

● **1785** **Südwestwand**
Dumböck, Primas, Schlager, 1931.
IV (durchgehend). 450 m, 3½ Std.
Sehr gefährlich, da unmittelbar in der Fallinie des Matrashauses (Flaschenscherben, Steinschlag!) und kaum mehr begangen. Siehe 12. Aufl. 1969.

● **1786** **Direkte Südwand**
W. Prax, S. Seidl, R. Franzl, 1972.
VI+ / A3 (Stellen), häufig A2, VI und V, kaum leichter. 700 m, 7—10 Std. Eine der schwierigsten Klettereien in den Berchtesgadener Alpen. Foto Seite 474.

Zugang wie R 1787. Etwa 50 m links des roten Abbruches vermittelt ein kleiner Vorbau den E. 20 m gerade hoch über kleinen Überhang (H, A2) und Quergang (VI) nach rechts zu Stand in einer kleinen Verschneidung. Diese sehr kleingriffig empor (40 m, H, A2), und über einen Überhang zu kleinem Stand. (Hier Beginn der Variante R 1786 a.) Nun ein Dachl etwas rechts umgehend und darüber den H folgend (VI, A2) zu gutem Stand (Höhle). Gerade hoch, äußerst schwierig (VI+, A3) über brüchigen Schluchtüberhang zu gutem Stand. 4 m Fixseil wurde hier zur Erleichterung für Wiederholer von den Erstbegehern belassen. Von hier über einen Überhang (VI+, A3) bis zum kleinen Trichter, guter Stand. 1 SL im Berginnern hoch und durch ein Fensterloch wieder an die Außenwand. An dieser stark überhängend (H, A3) empor und in den großen Trichter. 3 SL im Berginnern hinauf und über ein schmales Felsband wieder an die Außenwand, guter Stand. Am obersten Trichterrand rechts entlang und an der schmalsten Stelle mit großem Spreizschritt über den Trichter in leichteres Gelände, Stand. 3 SL leichte Linksschleife bis zu einem kleinen Kaminüberhang (3 HK) zu gutem Stand. (Ab hier direkter Ausstieg, R 1786 b.) Nach einem Felsband 40 m nach rechts bis in Fallinie des großen Trichters. Einige SL gerade hoch zu gutem Stand. Ein senkrechter Riß (V, A1) vermittelt den Ausstieg. Noch 2 SL in leichtem Gelände zum Gipfel.

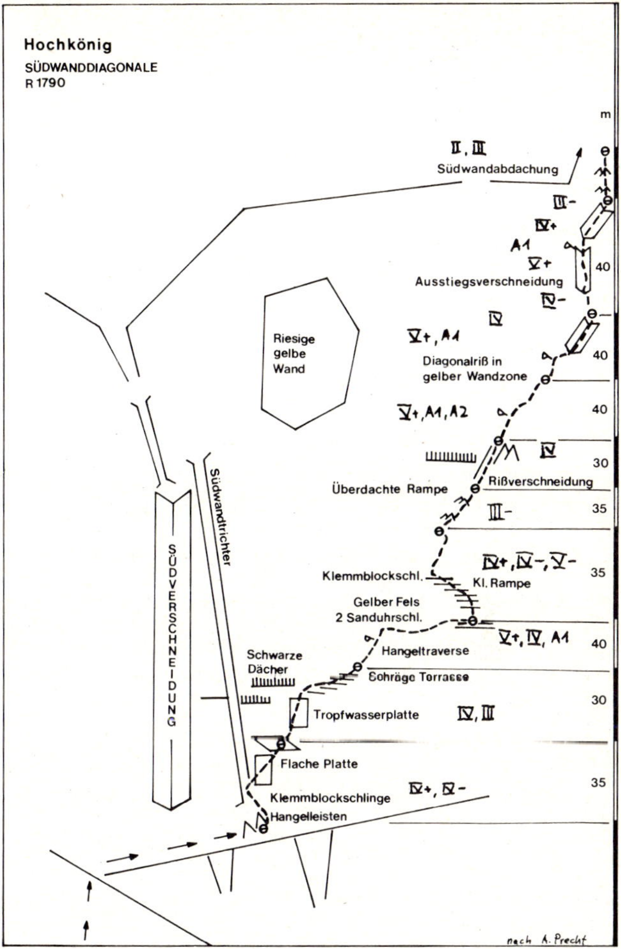

Hochkönig
SÜDWANDDIAGONALE
R 1790
m
II, III
Südwandabdachung
III-
IV+
A1
V+
40
Ausstiegsverschneidung
IV-
IV
V+, A1
Riesige gelbe Wand
Diagonalriß in gelber Wandzone
40
40
V+, A1, A2
IV
30
Überdachte Rampe
Rißverschneidung
III-
35
Südwandtrichter
SÜDVERSCHNEIDUNG
IV+, IV-, V-
Klemmblockschl.
Kl. Rampe
35
Gelber Fels
2 Sanduhrschl.
V+, IV, A1
40
Hangeltraverse
Schwarze Dächer
Schräge Terrasse
30
Tropfwasserplatte
IV, III
Flache Platte
35
IV+, IV-
Klemmblockschlinge
Hangelleisten
nach A. Precht

● **1786 a Variante zu R 1786**
A. Precht, 1972, bei der 2. Begehung.
V+ und V. Man umgeht somit einen teilweise überhängenden Riß, in dem etwa 30 H stecken.

Unterhalb des ersten Daches, welches die Erstbegeher rechts umgingen, nach links über Platten (7 m) und eine Verschneidung in freier Kletterei hoch (V+). Nun wiederum links haltend zu einer weniger steilen Felskante (Stand), die zu einem gelben Felsabbruch führt. Diesen über Felsblöcke teilweise überhängend empor (1 H, V) zu Stand bei der Originalführe.

● **1786 b Direkter Ausstieg zu R 1786**
A. Precht, 1972.
V (Stellen). 120 m. Foto Seite 474.

Nach dem Holzkeilriß und einem nach rechts ziehenden Kamin erreicht man einen etwas abstehenden Block. Hier nicht den langen Quergang nach rechts, sondern im gerade emporziehenden Riß weiter (1 H, nach 8 m) und bei überhängender Platte leicht rechts haltend über feingriffigen Fels zum Gipfel.

● **1787 Südverschneidung, „Dientener Weg"**
S. Portenkirchner, R. Franzl, 1972.
V, A1 (Stellen), überwiegend IV+. 600 m, 3—5 Std.
Fester Fels. Eine der schönsten Freiklettereien in den Berchtesgadener Alpen. Foto Seite 474.

Zugang: Über den Steig R 1731 zum sog. Trockenbach am Eingang zum Birgkar. Im Bachbett aufwärts bis unter die steilen, felsigen Ausläufer der Südwand. Links an den Felsausläufern vorbei, dann rechts und über Schrofen unter den auffallend roten Wandabbruch. E etwa 10 m rechts von R 1786. Die Riesenverschneidung durchzieht den gesamten Wandabbruch.

Führe: 1 SL rechts querend (IV+) führt in die Verschneidung. Guter Stand. Gerade hoch zu kleinem Stand (V, A1). Nun immer der Ver-

Hochkönig-Südwand, zentraler östlicher Teil

R 1790 Südwand-Diagonale
R 1791 Bischofshofener Weg

Hochkönig
1790
1791

schneidung folgend (IV +). Die letzten 300 m zum Grat sind leicht und können beliebig begangen werden.

● **1788** **Südverschneidung**
A. Precht, G. Wenger, 1972.
V (50 m), IV (120 m), mehrere Stellen **A 1,** sonst III und II. 650 m, 5—6 Std. Großartige Kletterei in bestem Fels.
Foto Seite 474, 477.

Östl. des großen, roten Felsabbruches der Hochkönig-S-Wand befindet sich eine markante, graue plattige Verschneidung, die den Durchstieg vermittelt. Zugang wie R 1787. Die Verschneidung entsendet nach unten hin einen Riß. E etwa 20 m links davon.

Führe: Über glatte Platten empor, dann 12 m nach rechts querend zu Haken (IV) und dort, wo der lange Querwulst am wenigsten ausgeprägt ist, über diesen hinweg (1 H, V). Etwas nach rechts und über graue Platten zu Stand (1 H, IV +). In leichter Kletterei in den Verschneidungsgrund und darin hochstemmend (3 SL, IV + und V, A 1) in herrlicher Kletterei zu großer Kanzel empor. Ab hier weniger schwierige, jedoch immer noch großartige Kaminkletterei (IV—, III +). Zum Gipfeldach und dieses beliebig empor zum Gletscher 10 Min. östl. des Gipfels.

● **1789** **Südwandtrichter**
A. Precht, G. Bachler, 1978.
V + (15 m), sonst V— und IV +. 4—5 Std.
Foto Seite 474, 477.

E in Fallinie des markanten schwarzen Trichters knapp östl. der Südverschneidung (R 1788). Die Kletterei vollzieht sich vorwiegend im Grund des Trichters (Schlüsselstelle in der 3. SL). Durch ein Felsfenster gelangt man in die Ausstiegsschlucht der Südverschneidung. (Precht)

● **1790** **Südwand-Diagonale**
A. Precht, Sieglinde Walzl, 1979. Bgst. 8 / 1981.
V + und **A 2** (Stellen), V, A 1 und IV. Gipfeldach II. 10 H verwendet; 5 H sowie Sanduhr- und Klemmblockschlingen belassen. 300 m. Interessante Kletterei, kurze Stellen brüchig. Eine der kompliziertesten Routen der Südwand.
Foto Seite 474, 477, 481; Skizze Seite 479.

Hochkönig-Südwand, westliche Begrenzung des Ostkessels
R 1792 Kesselpfeiler

Hochkönig
1792

Die 1. SL ist mit dem Südwandtrichter (R 1789) identisch. Weiter geht der Diagonalweg durch den gut erkennbaren Riß, der die gelbe Wand schräg nach rechts durchzieht. (Precht)

● 1791 Bischofshofener Weg

A. Precht, L. Delago, 1973.

IV (unterer Teil), II (Gipfeldach). 2 H. Interessante Wegführung. 600 m. Foto Seite 475, 481.

Übersicht: Der östl. Teil der Hochkönig-Südwand ist äußerst steil, jedoch nicht mehr so hoch wie das Wandzentrum. Eine relativ gute Durchstiegsmöglichkeit bietet die auffallende Kaminreihe, welche im obersten Teil von einem unüberwindbaren Überhang abgeschlossen wird; durch einen Schacht im Berginneren überlistet man diesen.

Zustieg: Zuerst wie R 1787. Bevor man die felsigen Schrofen des Südwandbandes links aufsteigt, nach rechts in ein meist ausgetrocknetes Bachbett; dieses rechts in Richtung Gr. Bratschenkopf-Westschlucht weiter verfolgen und unter der steilen Wand nach links zum E.

Führe: E rechts einer gelben, markanten Kante. Durch einen schrofigen Kamin 60 m aufwärts und über leichtes Gelände 20 m links in einen immer steiler werdenden Kamin (IV—, Standplatz in einem ausgewaschenen Kessel). An der rechten Kesselwand einige Meter aufwärts und Quergang nach links aus dem Kessel. Gerade empor in die nach links ziehende Verschneidung (2 SL), die bei erster Gelegenheit nach rechts verlassen wird. Über eine steile, gelbe Wandstufe zum Schachteingang. Ab hier sehr schöne Kletterei in bestem Fels im Berginnern (3 SL, IV): 1. SL: Über feste Platten 30 m zu einem Podest im riesigen Schacht. 2. SL: Eine markante Felsrippe empor zu steiler, kurzer Verschneidung (IV, 1 H) und sehr schwierig weiter zu Standplatz auf Klemmblock („Talblick“). 3. SL: 40 m kaminartig hinauf zur Südwandabdachung (Ende der Schwierigkeiten). Über die flachen Platten zur vergletscherten Hochfläche.

● 1792 Kesselpfeiler

A. Precht, W. Sucher, W. Bogensberger, 1977.

IV +, 3—4 Std. Einer der schönsten und empfehlenswertesten Anstiege am Hochkönig. Foto Seite 475, 483.

Zugang wie R 1787, dann jedoch rechts an den Felsausläufern vorbei und weiter in Richtung Bratschenkopf-Westschlucht. Am besten im ausgetrockneten Bachbett und unterhalb der Kesselkante durch eine steile Schneerinne links in Richtung Ostkessel.

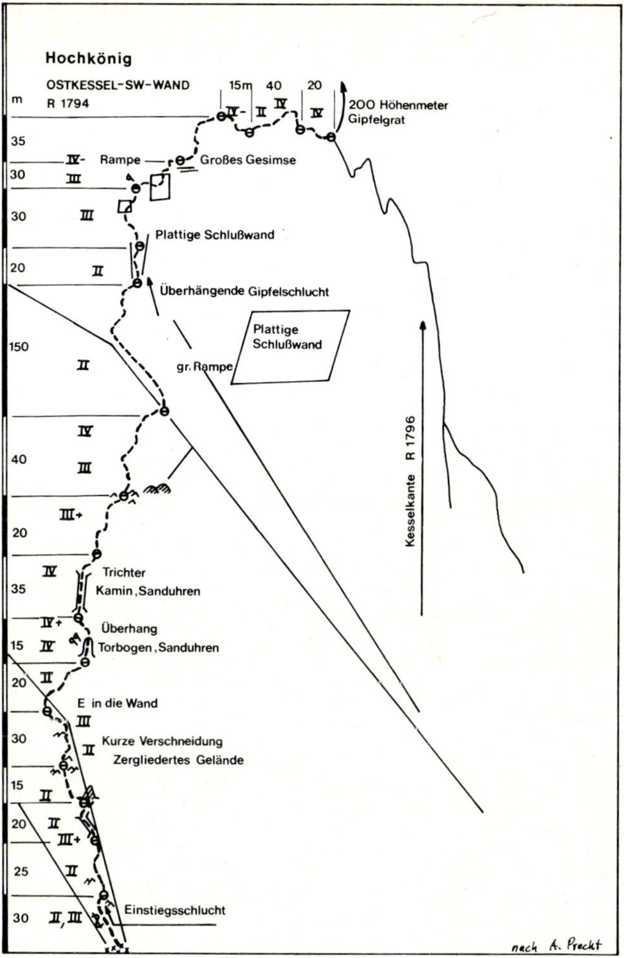
Hochkönig
OSTKESSEL-SW-WAND
R 1794
m
15m
40
20
IV-
II
IV
IV
200 Höhenmeter
Gipfelgrat
35
IV-
Rampe
Großes Gesimse
30
III
30
III
Plattige Schlußwand
20
II
Überhängende Gipfelschlucht
Plattige
Schlußwand
150
II
gr. Rampe
IV
40
III
Kesselkante R 1796
III+
20
IV
Trichter
35
Kamin, Sanduhren
IV+
Überhang
15
IV
Torbogen, Sanduhren
20
II
E in die Wand
III
30
II
Kurze Verschneidung
Zergliedertes Gelände
15
II
20
II
III+
25
II
Einstiegsschlucht
30
II, III
nach A. Precht

E im Kamin westl. des runden Pfeilers. In 7 SL zum kleinen Pfeilerabsatz und über den plattigen Pfeiler in 4 SL zum Pfeilerkopf. Ende der Schwierigkeiten. Nun noch die etwa 300 m hohe Südwandabdachung (schöne Kletterei) über mittelsteile Platten (II, III) zum Hochplateau. (Precht)

● 1793 **Ostwand des Ostkessels**
Awerzger, Gerin, Schaffer, 1932.
IV, 4—5 Std. Siehe 12. Aufl. 1969.
Foto Seite 475.

Der mauerglatte O-Teil der S-Wand verdeckt die O-Wand kulissenartig; ihr unterer Teil ist nur vom Wetterriffelgrat des Gr. Bratschenkopfs aus, ihr oberer Teil vom westl. Vorgipfel des Gr. Bratschenkopfs aus zu sehen.

● 1794 **Südwestwand des Ostkessels**
A. Precht, H. Neumayer, 3.2.1977.
IV+, 4 Std. Sehr guter Fels, bis 1981 noch nicht wiederholt.
Foto Seite 475, Skizze Seite 485.

Zum E wie R 1792 und dann R 1793 im Verschneidungswinkel in der Mitte des Kessels. Es ist die einzige logische Möglichkeit, in den Zentralteil des Kessels zu gelangen (4 SL, III u. III+).

Im Kesselgrund verläßt man R 1793 nach rechts und klettert in Richtung eines markanten Torbogens. Dessen Überhang überspreizt man (2 H) und klettert in einem Verschneidungs- und Höhlensystem gerade empor (4 SL, IV, 1 Stelle IV+) zu einer von rechts nach links aufwärts ziehenden Steilrampe. Diese verfolgt man zu einer gelblichen Schlucht, die nach obenhin von Überhängen abgeschlossen ist. Eine SL in der Schlucht, dann nach rechts über Platten zu einer markanten Hangelleiste, die waagrecht nach rechts zum Grat leitet. Über den Grat 200 Höhenmeter zum Gletscherplateau. (Precht)

● 1795 **Kesselkante**
A. Precht, G. Bachler, H. Schreder, E. Lindenthaler, 1975.
IV+ und IV, eine Stelle **A0.** Oberer Teil III— und II. 3 H. 500 m, 3—4 Std. Sehr schöne Kletterei in bestem Fels.
Foto Seite 475, Skizze Seite 487.

Übersicht: Der Ostkessel befindet sich im östl. Rand der Hochkönig-Südwand und wird links und rechts von zwei Pfeilern begrenzt. Der rechte Pfeiler hebt sich markant zwischen Ostkessel und Gr. Bratschenkopf-Westschlucht ab und wird als Kesselkante bezeichnet.

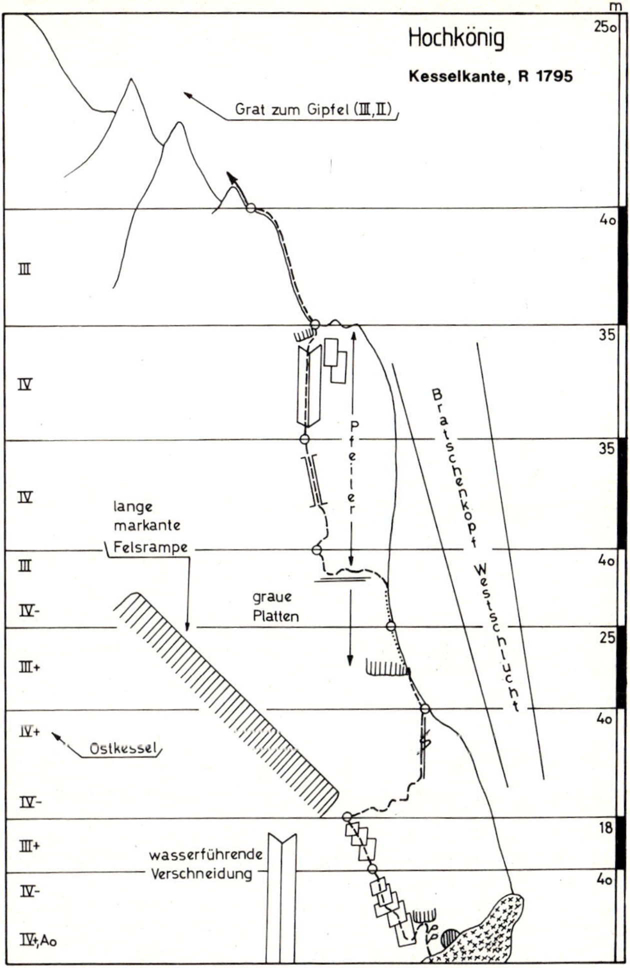

m
Hochkönig
Kesselkante, R 1795
Grat zum Gipfel (III, II)
250
40
35
35
40
25
40
18
40
III
IV
IV
III
IV-
III+
IV+
IV-
III+
IV-
IV+, Ao
Pfeiler
Bratschenkopf Westschlucht
lange markante Felsrampe
graue Platten
Ostkessel
wasserführende Verschneidung

Zugang wie R 1787.

Führe: E etwa 50 m rechts von einer markanten, wasserführenden Verschneidung bei einem kleinen, grasigen Plätzchen, bei gelbem Fels. Am linken Rand einen feinen Riß hoch (IV +, A0, 2 H) und die wasserüberronnenen Felsen leicht rechts unter einem Kaminüberhang empor, der links hinaus auf ein steil ansteigendes Felsband führt (IV +, Seilschlinge bei Klemmblock). Dieses plattige Band (IV, 1 H) hinauf zu kleinem Stand. Weiter über das Felsband, welches immer breiter wird und nach links in die Felsen des Ostkessels leitet. Nach 20 m Stand. Über Hangelleisten nach rechts, um einen auffallenden Faustriß zu erreichen. Den Riß 25 m in freier, herrlicher Kletterei empor (IV +) zu Standplatz bei kleinem Pfeilerköpfl. Etwas rechts der Kante über gestufte Felsen empor. Wo die Kante senkrecht wird, links herum zu einem Band, welches in einen Kamin leitet (Standplatz). Den zu Beginn sehr glatten Kamin 2 SL empor zum Beginn eines Grates, welcher sich eindrucksvoll zum Hochkönigplateau hinzieht.

● 1796 Westgipfel-Südwand
A. Precht, G. Wenger, 1972.
IV +, 3 Std.

In Fallinie des Westgipfels beginnt im unteren Wandbereich eine schräge, plattige Felsrampe, die nach rechts zur SW-Wand (R 1785) steil abfällt.

E im Winkel, wo die Wände des Westgipfels und Hauptgipfels zusammenstoßen. Der Felsrampe folgend (IV) bis zum Rampengiebel. Von dort über eine steile Wandstelle (1 H, Schlüsselstelle) empor über Platten und Verschneidungen 4 SL zum Gipfel. (Precht)

● 1797 Südwand des Ostkessels, „Maria"
Maria Holzmann, A. Precht, 10. 7. 81. Skizze Bgst. 2/1982.
IV + und leichter. 400 m, 1 H. Skizze Seite 489.

Übersicht: E in den Kesselgrund über die Gerinroute (R 1793; ca. 100 m, einige Kamine III, eine Stelle IV, 3 H). Die Südwand des Ostkessels wird links von einer wasserführenden Verschneidung begrenzt. Der Plattenschuß rechts davon wird an seiner rechten Seite von kurzen Verschneidungen, Kaminen und kleinen Felsrampen zergliedert. Diese Möglichkeiten erlauben den Durchstieg bis zur Steilrampe, welche die Wand von rechts, diagonal nach links oben in zwei Hälften teilt. Die große Rampe überqueren zu einer sehr zergliederten, steilen Rampe,

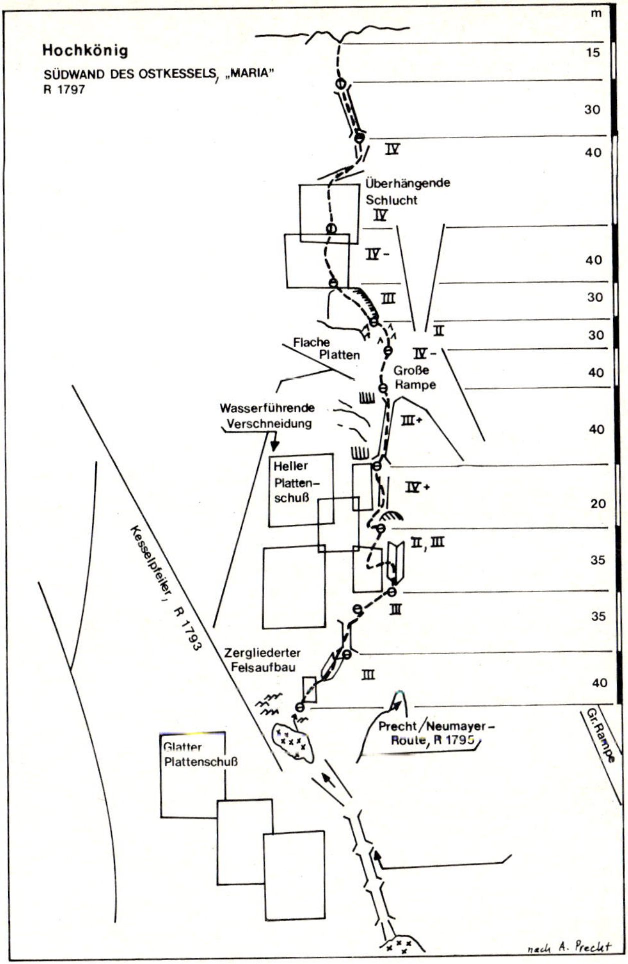

m
Hochkönig
SÜDWAND DES OSTKESSELS, „MARIA"
R 1797
15
30
40
IV
Überhängende
Schlucht
IV
IV-
40
III
30
II
30
Flache
Platten
IV-
Große
Rampe
40
Wasserführende
Verschneidung
III+
40
Heller
Platten-
schuß
IV+
20
II, III
35
Kesselpfeiler, R 1793
III
35
Zergliederter
Felsaufbau
III
40
Precht/Neumayer-
Route, R 1795
Gr. Rampe
Glatter
Plattenschuß
nach A. Precht

weit links einer markant überhängenden Schlucht. Über den anschließenden Plattenschuß zum Gletscherplateau.

Führe: Ungefähr in Wandmitte, über abgestuften Fels rechts aufwärtshaltend zu einer markanten, kurzen Verschneidung (IV+, 1 H, 1 Sanduhrschlinge). Vom H kurze Linksquerung über kleingriffige Platte und gerade hinauf zu Terrasse mit Nische und Sanduhren. Links von Stand über flache Platten zum Kamin, welcher zur „Großen Rampe" führt. Über die Rampe unschwierig zu abgestufter kurzer Rampe, die links an einem kleinen Grat ausläuft. So gelangt man zu einem mittelsteilen Plattenschuß. Diesen vorerst 30 m (IV) gerade empor, anschliessend leichter Linksbogen und lange Rechtsquerung in einer Nische mit anschließendem Kamin (40 m, IV). Den Rißkamin aufwärts (30 m, IV) und den engen Abschlußriß oder knapp links an der plattigen Wand in flaches Gelände (15 m IV+). Von hier über ein steiles Schneefeld gerade empor oder nach rechts zu einem Grat (II), welcher schneefrei zum südlichen Gletscherrand führt. (Precht)

● **1798—1802** frei für Ergänzungen

● **1803** **Großer Bratschenkopf,** 2856 m

Der östl. Nachbar des Hochkönigs, mit prächtigem Blick auf die S-Wand des Hochkönig-Gipfels und auf die Manndlwand. Die Schrambachscharte (R 1720) trennt den Großen Bratschenkopf von dem schon zur Manndlwand zählenden Kleinen Bratschenkopf. Die nach S abstürzende Steilwand ist die Wetterwand; vorgelagert ist die **Wetterriffel.**

Erste tour. Besteigung L. Purtscheller, 1882.

● **1804** **Von der Übergossenen Alm**
¾ Std.

Vom Matrashaus auf den Gletscher und dann zuerst am Rand der Hochfläche nach O, zuletzt nach S auf den Gipfel.

Großer Bratschenkopf von OSO

R 1806	Direkte Südwand (Schneider/Vogl)
R 1806 a	Schmitt/Rehm-Variante zu R 1806
R 1807 A	Abstieg über das Süd-wanddach
R 1808	Südpfeiler
R 1809	Südpfeilerwand
R 1810	Südostwandgrat
R 1811	Südostwand
R 1812	Südostwand, Y-Führe
R 1813	Direkte Südostwand
R 1814	Südostgrat

Großer Bratschenkopf
Hochkönig
Wetterriffel
1806a
1806
1807A
1808
1809
1811
1812
1810
1813
1814
1806,
1807A

● **1805 Von Nordosten**

Wie R 1715 bis zum oberen Rand des großen Abfalls der eigentlichen Übergossenen Alm, dort nach SW und, einen aus dem Firnfeld herausragenden Felsen rechts lassend, über kleinere Felsköpfel und Mulden zum Gipfel.

● **1806 Direkte Südwand, Schneider / Vogel-Weg**

E. Schneider, F. Vogel, 1926.

IV + (Stellen), IV und III. 850 m, 4—5 Std. Prächtige Felsfahrt. Foto Seite 491, 493, 495.

Von den Wiedersbergalmen über Grashänge in das Ridingkar hineinquerend zum Fuß der Wand (1900 m, Lawinenreste). Hernach über Firn und glattgewaschene Platten bis unter den riesigen, 200 m hohen, überhängenden Abbruch, der in einer Schleife nach links umgangen wird. Man kommt so in die Schluchten, die aus der Scharte zwischen Wetterriffel und Gr. Bratschenkopf einerseits und von der SO-Abdachung andererseits herunterziehen und sich im unteren Wanddrittel vereinigen. Ein kurzes Stück in der Schlucht aufwärts, nach rechts auf den großen Plattenschuß und durch Rinnen und Einrisse bis in die Höhe der Vereinigung der beiden Schluchten. In der rechtsseitigen Schlucht über einige überhängende Kaminstufen, bis man nach links ansteigend in eine links von einer auffallenden Rippe begrenzte Mulde queren kann. (Höhle, Steinmann.)

Über ein ansteigendes Band nach links auf die Rippe und empor bis an ihr Ende in einer Folge von Rinnen, die von links unten nach rechts oben ziehen und sich dann zu einer Plattenrampe umbilden. Meist an der rechten Begrenzungskante hinauf und auf schmalem Band um eine auffallende senkr. Rippe in eine Mulde rechts der Fallinie des Gipfels. Aus ihr setzt eine Kaminreihe an. In dieser empor, bis sie schluchtartig wird. Der erste Überhang in der Schlucht wird an der linken Seiten-

Großer Bratschenkopf und Wetterriffel von OSO
(Detailaufnahme von Foto Seite 491)

Großer Bratschenkopf

R 1806 Direkte Südwand (Schneider/Vogl)
R 1806a Schmitt/Rehm-Variante zu R 1806
R 1807A Abstieg über das Südwanddach

Wetterriffel

R 1830 Direkte Ostwand
R 1831 Diagonale

Hochkönig
Wetterriffel
1806a
1806
1807A
1831
1830
1806
1807A

wand überaus schwierig (naß) erklettert. Über Platten nach links über die vorhin erwähnte Rippe, die sich zurücklegt und auf ihr zum Ausstieg 10 m östl. des Gipfelsteinmanns.

● **1806 a** **Schmitt / Rehm-Variante zu R 1806**
C. Rehm, F. Schmitt, 1927.
IV. Siehe 12. Aufl. 1969. Foto Seite 491, 493.

● **1806 b** **Peterka / Proksch-Variante zu R 1806**
H. Peterka, F. Proksch, 1947.
IV. Fester Fels. Siehe 12. Aufl. 1969.

● **1807 A** **Abstieg über das Südwanddach**
H. Peterka, W. End, 1948.
III (Stellen), sonst leichter. 1 Std. Prachtvoller Abstieg durch die Wetterwand; auch als Anstieg zu empfehlen. Foto Seite 491, 493, 495.

Von der waagrechten Kammlinie des NO-Grats beliebig Einstieg in die schrofigen und weniger geneigten Felsstufen, die neben einer gelbgestreiften Wand abfallen. Diese Felsstufen sind durchwegs unschwierig begehbar und enden bei einer karrenartigen Riesenplatte, die dachartig abstreicht und in ihrem untersten Teil als schmaler Pfeiler die Schlucht einfaßt, in der der Schneider / Vogel-Weg (R 1806) emporzieht. Über die Dachplatte meist senkr. absteigend zu einem gut sichtbaren Rasenband, das sich am Ende des Daches befindet. Über dieses Band nach rechts und über die immer steiler werdenden Plattenschüsse, meist kurze Einrisse benützend, im geraden Abstieg bis auf die weißgewaschenen Platten am Ende des Abstiegspfeilers. Damit ist der Vereinigungswinkel des Schneider / Vogel-Weges mit den beiden Varianten erreicht. Nun die flachen Platten der Direkten Südwand hinab zur Randkluft und in das Kar.

Großer Bratschenkopf und Wetterriffel von Süden

Großer Bratschenkopf

R 1806	Direkte Südwand (Schneider/Vogl)
R 1807 A	Abstieg über das Südwanddach
R 1808	Südpfeiler
R 1810	Südostwandgrat
R 1811	Südostwand
R 1812	Südostwand, Y-Führe

Wetterriffel

R 1829	Südgrat

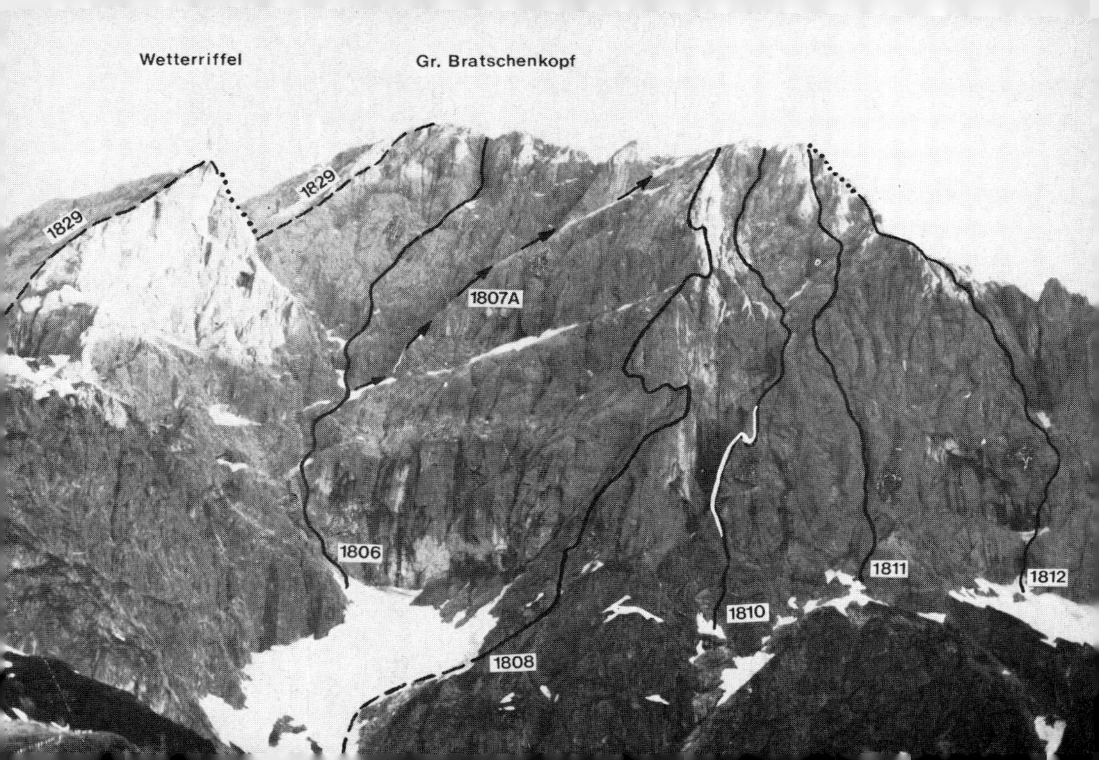
Wetterriffel
Gr. Bratschenkopf
1829
1829
1807A
1806
1808
1810
1811
1812

● 1808 Südpfeiler

H. Peterka, W. End, 1948. ÖAZ 1951, S. 134. Bgst. 7/1981, S. 23.

IV+ (Stellen), IV und III. 850 m, 4—5 Std.

Die Erstbegehung wurde ohne Verwendung von Haken durchgeführt. Die in der Routenbeschreibung angegebenen Steinmänner fehlen zum größten Teil bzw. sind bis zur Unkenntlichkeit verfallen. Foto Seite 491, 495.

Übersicht: Die gewaltige S-Wand des Gr. Bratschenkopfes, die Wetterwand, wird in ihrem mittleren Wandbereich von einem auffallenden, senkr. abstürzenden Pfeiler in zwei Hälften geteilt. Dieser S-Pfeiler besitzt drei markante Aufschwünge, wovon der unterste hornartig gipfelt und rechts von einem gelbroten Riesen-Wanddreieck (Ausbruchstelle) umschlossen wird. Unterhalb des S-Pfeilers befinden sich grasige Steilschrofen und Gamsgärten, die direkt im obersten Schneekar enden.

Führe: Einstieg etwas links der Fallinie des S-Pfeilers. Über begrünte Schrofen auf ihren höchsten Punkt. An brüchiger Platte Querung nach links aufwärts. In der folgenden Steilplatte durch eine kurze Verschneidung an kleinen Haltepunkten empor zu einem abstehenden Felsköpfel (40 m, schwierigste Stelle, IV+). In dem flachliegenden Kamin etwa 12 m empor und sofort Querung nach rechts auf die gestufte Rippe innerhalb des vorher erwähnten dreieckigen Pfeileraufbaues. Gerade aufwärts zu einem Überhang (Steinmann) und darunter auf schmalem Grasbande Quergang nach rechts und durch eine kaminartige Steilrinne und zuletzt über Schrofen auf die Höhe des hornartigen ersten Pfeileraufbaues (Steinmann). Unter dem lotrechten zweiten Pfeileraufschwung auf breitem Bande nach links aufwärts zu einem Sattel und darauf auf ansteigendem Bande nach links. Über einige plattige Unterbrechungsstellen nach links auf ein markantes Köpfel. Von diesem links um eine Ecke herum zu einem verborgenen Kamin (Steinmann). Durch diesen gerade aufwärts und die rinnenartige Fortsetzung weiter empor bis zu einem engen Gratschartel. Halblinks über unschwierigen Fels ansteigend zur Höhe des zweiten Pfeileraufschwunges. Vor dem dritten Pfeileraufschwung ausgesetzter Quergang nach rechts in eine Rinne. In dieser aufwärts, immer an der rechten Pfeilerwand entlang, bis die Rinne von einem großen, gut sichtbaren Felsblock abgeschlossen wird. Unter diesem kurzer Plattenquergang nach links zum Beginn eines Bandes (Steinmann), das schwach ansteigend nach links (mit einer Unterbrechungsstelle, III) an die Pfeilerkante hinausführt. An dieser Pfeilerkante in prächtiger Kletterei mehrere SL gerade aufwärts, bis die Kante, sich gratartig verschmälernd, einen Absatz bildet (Steinmann mit Karte). Um den Aufschwung links herum und abermals unmittelbar an der Pfeilerkante aufwärts und zuletzt über zurückgelegte Platten zum Ausstieg am NO-Grat (Steinmann).

● 1808 a Variante zu R 1808

H. Schmoltner, P. Fiktorovits, 1950, bei der Zweitbegehung.

IV +. Gerader, aber insgesamt etwas schwieriger als die Originalführe.

Beim zweiten Pfeilerabbruch zu dem ansteigenden Band nach links. Dieses nur einige Meter verfolgen (die Erstbegeher haben dieses Band weitergequert) bis zu einem engen und steilen Kamin (guter Standplatz). Unmittelbar den Kamin sehr anstrengend empor. Nach 35 m gelangt man auf die Begrenzungsrampe jener nach rechts führenden Schlucht des Weges Peterka-End. Nach 2 SL kommt man in die kaminartige Rinne und somit auf den Weg der Erstbegeher.

● 1809 Südpfeilerwand

A. Precht, W. Bogensberger, 1973.

IV + und IV. Lohnender als R 1808. Foto Seite 491.

Übersicht: Die steile, plattige Wand westl. des Südpfeilers wird von Kaminen und Verschneidungen zergliedert. Diese ermöglichen eine sehr schöne und interessante Durchstiegsmöglichkeit. Im untersten Teil ist die Wandflucht glatt und überhängend. Dort wird R 1808 benützt.

Führe: Vom E von R 1808 3 SL (einige H) aufwärts zu einem riesigen Block im Verschneidungsgrund. Von hier quert man in die Wand hinaus (etwa 40 m). Eine steil ansetzende Hangelleiste (IV +), die um eine Kante zu einem brüchigen Band führt, ermöglicht dies. Durch einen seichten Kamin und über flache Platten erreicht man ein Verschneidungssystem, welches zu herrlichen, vom Wasser gerillten Platten führt (Querband). Von hier leitet ein sehr steiler Kamin durch die sich aufbauende Wandstufe. Nach 3 SL gelangt man auf einem versteckten Band an die rechte Kaminwand (Rippe), über diese zur Gipfelabdachung und in leichterer Kletterei zum Gipfel.

● 1810 Südostwandgrat

A. Precht, J. Brugger, 1972.

III, 850 m, 3 Std. Foto Seite 491, 495.

Eine riesige Schlucht unmittelbar rechts des Südpfeilers (R 1808) gliedert die SO-Wand. Der rechte Grat, den diese Schlucht bildet, wird als Südostwandgrat bezeichnet.

Der erste, senkrechte Aufschwung wird links in der Schlucht umgangen (3 SL). Anschließend immer dem Grate folgend, bis er sich in halber

Wandhöhe in ihr verläuft. Hier hält man sich links und steigt parallel rechts zum S-Pfeiler in einer Kaminreihe zum SO-Gipfel empor.

● 1811 Südostwand
W. Breitfuß, W. Grutschnig, 1951.
IV, 800 m, 4 Std. Foto Seite 491, 495, 499.

Der E wird vom Weg R 1731 durch das Riedingkar und von diesem über Schrofen und die rechte Rinne, welche direkt bis zum E führt, in 1½ Std. erreicht. Der E liegt in gleicher Höhe mit dem des Südpfeilers (R 1808). In Mitte der Wand, zwischen der tiefen Schlucht, die sich rechts des S-Pfeilers bis in halbe Wandhöhe hinaufzieht und der großen Höhle links des O-Grates ist ein plattiger, zum Teil mit Gras bewachsener, kegelartiger Pfeiler eingelagert, den links und rechts ein tiefer Kamin bis an die Pfeilerspitze begrenzt. Der rechte dieser beiden Kamine vermittelt den E (Steinmann).

Führe: Durch den Kamin, der zuerst glatt ausgewaschen ist und nach 30 m sich verengt, aber nach wenigen Metern wieder breit und tief wird, empor bis zum Pfeilerkopf (Steinmann). Von hier zieht ein überhängender Kamin senkrecht herab, den man aber nicht betritt, sondern hinter einer Kulisse in einem schräg nach rechts ziehenden Kamin umgeht. Nach etwa 80 m endet der Kamin. Hier zieht ein Riß über eine Platte nach links aufwärts in einen tiefen Kamin, der in seinem Grunde rechts einen engen und links einen breiten Kamin aufweist. Am besten den engen Kamin, der sich nach etwa 30 m wieder erweitert, hinauf und über den linken Rand des Kamins zu Standplatz. Die Fortsetzung des Kamins bildet ein Riß, der sich nach etwa 30 m verengt und ein wenig überhängend wird. Hier verläßt man den Riß nach links und steigt über die Wandstelle (H) 15 m hinauf auf den Pfeilerkopf, zu dem von links der umgangene Kamin heraufzieht. Nun das Band, das sich schräg nach links aufwärts zieht, bis an sein Ende verfolgen und einen kurzen Kamin hinauf. Von hier den nach rechts aufwärts ziehenden Kamin hinauf, bis er an einer Rippe endet. (Die Rippe begrenzt einen Schuttkessel, in dem die von unten heraufziehende Schlucht mündet.) Von dieser Rippe leitet ein ansteigender Quergang über zum Teil brüchigen

Großer Bratschenkopf von OSO

R 1811 Südostwand
R 1812 Südostwand, Y-Führe
R 1813 Direkte Südostwand
R 1814 Südostgrat

Großer Bratschenkopf

Fels, aber ganz leicht, bis auf eine große Plattform. Von dieser nach links in eine Schlucht und in dieser einige Meter empor bis zu einem Schuttkessel (Steinmann). Von dieser links gerade hinauf bis zu einer kleinen Höhle (Steinmann) und wieder nach rechts in Steilrinnen und auf Rippen, immer in Richtung eines sich links der Scharte befindlichen tiefen, schwarzen Kamins. Vom Fuße des Kamins zieht sich ein grasbesetztes Band nach links, das man so lange verfolgt, bis es zu einem großen Platz abbricht. Nicht auf den Platz hinunter, sondern über eine Wandstelle hinauf zum Fuße zweier Kamine. Nun den linken Ast des Kamins verfolgen bis zum Ausstieg, wenige Meter links des Gipfels, auf den S-Pfeiler. Die wenigen Meter leicht über Schrofen zum Gipfel.

● 1812 Südostwand, „Y-Führe"

G. Bachler, A. Precht, 1971.

V (20 m), IV + und IV. 850 m, 4—6 Std. 5 H. Herrliche Freikletterei in festem Fels. Foto Seite 491, 495, 499.

Der Durchstieg verläuft weit östlich vom S-Pfeiler. Der E wird von zwei übereinander liegenden, großen Höhlen markiert.

Führe: Gleich rechts der auffallenden Höhle 2 SL (III, IV) empor zu schönem Platz rechts unterhalb der zweiten großen Höhle. Einige SL eine Rißreihe rechts aufwärts bis zu Haken, rechts davon einen engen glatten Kamin (IV +) empor und über pfeilerartige Rippe zu dürftigem Stand, Quergang nach links an Hangelgriffen über Platten links aufwärts (IV +) zu kleinem Felsköpfl. Die anschließende Hangelleiste nach links und etwas abwärts in den Kamin, der die Schlüsselstelle im unteren Wandteil bildet. Man erreicht den riesigen Felskessel; hier hält man sich an die linke Wandflucht und erreicht auf einer gut begehbaren Rampe den schrägen Riß. Dieser ist teilweise überhängend, endet als Verschneidung und wird in gewagter, doch herrlicher Kletterei bezwungen (3 SL IV und V, 4 H). Die weiteren 200 m steigt man etwas linkshaltend (II, III) empor, bis man über einen Grasrücken den SO-Gipfel erreicht.

● 1813 Direkte Südostwand

A. Precht, G. Bachler, 1975.

V + und V (60 m), **A1** (eine Stelle), sonst IV + und III. 800 m, davon 300 m einfacher Grat. Rißkletterei in bestem Fels. Foto Seite 491, 499.

Übersicht: Die SO-Wand des Großen Bratschenkopf fällt im unteren Teil fast senkrecht ab, und wird westl. vom Südpfeiler und östl. vom Ostgrat begrenzt. Die Route führt durch die Verschneidung links der glatten, grauen Platten, die unterhalb der Wandmitte von gelben

Dächern abgeschlossen wird. Darüber führt eine Rißreihe durch die graue, steile Wand.

Führe: E in Fallinie der gelben Dächer. Über schrofiges Gelände nach links aufwärts in den Verschneidungsgrund. Dort einige SL (III und IV—) empor. Wo der Fels abweisend wird, einen Riß nach rechts empor zu kleinem Pfeilerabsatz. In einem großen Rechtsbogen umgeht man einen steilen, glatten Riß. Knapp unter den gelben Dächern quert man nach links auf einem Felsband, welches durch die steile Hauptverschneidung unterbrochen wird. Etwas abwärts kletternd erreicht man einen engen, schwierigen Kamin, der wieder zum Band aufwärts führt (sehr guter Standplatz). Das Band weiter nach links zu einem markanten, nach rechts ziehenden Riß (die ersten 15 m sehr schwierig, IV+), den man ohne H 40 m erklettert. In herrlicher Kletterei im Riß weiter. Dieser wird immer steiler und schwieriger (4 SL IV+, V und V+, eine Stelle A1, 6 H). Nach der anstrengenden Rißkletterei nach links in einen Kamin und in ihm zum Stand in einer schönen Nische. Im Kamin hoch (IV—) und im großen Rechtsbogen (5 SL, III) zum Gipfelgrat.

● **1814** **Südostgrat**
H. Peham, P. Schintlmeister, 1931.
IV, 3½ Std. Foto Seite 491, 499.

Er erhebt sich senkr. aus der von der Schrammbachscharte herabziehenden Schlucht; der mittlere Teil weist einige Türme auf, die überklettert werden; im obersten Teil wird er breiter und flacher.

Zustieg: Von der Wiedersbergalm (oder vom Arthurhaus) kommend, auf dem Schrammbachschartensteig (R 1720) zum Beginn der Schrammbachschlucht, dann von S her über Gras und Schrofen zum ersten Turm (1 Std.)

Führe: In einem nach rechts ziehenden Riß (IV) auf den ersten Turm, ständig auf dem Grat bleibend, einmal durch einen 40 m hohen Kamin, zum Teil brüchig empor, bis sich der Grat auflöst; anstelle der folgenden Schuttmulden kann man auch den Grat selbst in schöner Kletterei (II) bis zum Gipfel beibehalten.

● **1815** **Nordostwand**
Awerzger, Gerin, Szalay, 1931.
III (unterer Teil), sonst leichter.

Von der Ridingalm auf dem Weg zur Schrammbachscharte bis zum Fuß des zweiten Absatzes. Westl. durch die große Schlucht, bis Einstieg in die Wand zur Linken möglich ist. Durch einen Kamin mit Klemmblock, der in einer Schleife von rechts nach links erklettert wird, zu seiner Schuttfortsetzung. Dann zum O-Grat und über ihn zum Gipfel.

● 1816 Nordwestwand
A. Precht, 1973.
V— (Stellen), IV und III. 300 m, keine H.

Übersicht: Die NW-Wand des Gr. Bratschenkopf fällt gegen die Westschlucht fast senkrecht ab. Zwei schräge Querbänder zergliedern die Wand.

Führe: Unterhalb der Abschlußfelsen der Westschlucht führt ein Kamin hinauf zum ersten Band. Das Band einige Meter entlang, den nächsten breiten Riß in der Wand gerade empor und etwas rechts zu einer Hangelleiste an der rechten Wandseite (V—) zum zweiten Band. Auf kleinen schrägen Terrassen nach links zu einem überhängenden, schmalen Kamin, welcher im oberen Teil äußerst brüchig ist. Stand auf einem schmalen Band; dieses verfolgt man etwas nach links zu einem schrägen Riß und durch diesen hinauf zur westl. Gipfelschulter.

● 1817 Westschlucht
Krippner, F. Schmid, 1934.
III. 4—5 Std. je nach Schneeverhältnissen. Landschaftlich hervorragend schöne Fahrt.

Auf R 1731 bis zur schluchtartigen Schuttrinne vor den vorspringenden Wänden des Gr. Bratschenkopf (Wetterriffel) P. 2617 m, und an deren rechter Seite aufwärts, dann über Schnee zuerst etwas links haltend, dann rechts zum Beginn der von der W-Schlucht herabziehenden Schneerinne. Ungefähr 6—8 SL in steilem Schnee aufwärts, bis sich die Schlucht zu einem von einem kleinen Wasserfall überronnenen Überhang verengt. Hier Querung nach rechts in die Felsen zu einem kurzen Riß, dann überaus steile Schrofen zu einem zweiten kurzen Riß und in einen kleinen Kessel; nach links Querung in die Hauptschlucht, aus ihr über Platten nach links Querung in die Hauptschlucht, aus ihr über Platten nach links zu einem Kamin mit weit überhängendem Abschlußblock. Darüber hinaus in einen kleinen Kessel und links aufwärts ungefähr 2 SL in unschwierigen Fels. Über von Wasser überronnene Platten nun einige SL schwierig rechts aufwärts bis man in die hier stark verbreiterte Schlucht zurückqueren kann. Nun die Schlucht verfolgend, die nach oben steiler wird, und über Felsen in die Scharte. Von hier 20 Min. auf den Gipfel des Gr. Bratschenkopfs oder ½ Std. auf den Gipfel des Hochkönigs.

● 1817 A Abstieg durch die Westschlucht
Krippner, F. Schmid, 1933.
III, 4 Std.

Die Westschlucht mündet in drei steilen Ästen in die Scharte zwischen Hochkönig und Gr. Bratschenkopf. Man benützt den im Sinne des Abstiegs ganz links befindlichen und klettert durch einen sich zur Rinne erweiternden Kamin ab. Dann Querung über Schutt und gerade hinunter durch die enger werdende Schlucht. Rechts haltend über steile Schrofen und Schutt zu einem 10 m hohen Absatz. Abseilen, dann nach einigen SL zu einem 30 m hohen, nassen Kamin, durch den auch abgeseilt wird. Ein Band rechts hinunter; von seinem Ende wieder 30 m abseilend. Dann durch einen kurzen Kamin und nochmals 30 m Abseilstelle. Nun Querung eines Schneefelds nach rechts, ein Stück in der Randkluft weiter, nun entweder über das Schneefeld oder in den Schrofen rechts zum Ende der Schlucht.

● 1818 Westkante
Krippner, F. Schmid, 1933.
VI—, 600 m, 6 Std. Festes Gestein.

Wie bei R 1731 bis zur letzten, schluchtartigen Schuttrinne vor den vorspringenden Wänden des Gr. Bratschenkopfes; an deren rechter Seite aufwärts, dann zuerst etwas links haltend, dann wieder gerade über steile Schrofen und zuletzt nach rechts querend in die zwischen Hochkönig und Gr. Bratschenkopf herabziehende, steile W-Schlucht. In ihr kurz hinauf bis zu einer großen, mit rotem Schutt erfüllten Höhle an der rechten Wandseite. Einstieg links neben der Höhle. Ein Band führt links hinauf, wendet sich nach rechts, dann durch eine brüchige Rinne auf einen Sattel; nun einige Meter nach rechts abwärts zum Beginn eines äußerst schwierigen, feinen Risses (3 H); vor seinem Ende kurze Querung nach rechts und empor auf ein Köpfl; von dort Querung nach links auf ein Grätchen. Weniger schwierig auf die Spitze des hier ansetzenden Schrofenkegels. Weiter über den Grat an die Wand. Durch eine nach links schief ansteigende Rinne einige SL empor zu einem durch einen angelehnten Block gebildeten Fensterl und wieder in einer Rinne in 2 SL zu einem kleinen Schuttkessel.

An seinem Ende setzt ein Kamin an. Durch ihn und über eine Platte links hinauf auf schrofiges Gelände. Nun gegen die Mitte des aus Richtung des Gipfels herabstreichenden Plattenkegels. 1 SL durch eine Verschneidung und nach ihrer Teilung im linken Ast weiter. 4 m vor der Stelle, wo sie um die Kante verläuft, nach rechts über Platten hinauf und nach 1 SL in den rechten Ast der Verschneidung zurück. Durch sie hinauf bis zu einer schwarzen, dachartigen Nische und nach links in den Platten (VI—) empor auf ein Schartl an der Kante. Ziemlich an der Kante einige SL gerade hinauf bis unter den Gipfelaufbau. Über einen Überhang in eine kleine Höhle (Biwak der Erstbegeher). Durch einen etwas überhängenden Riß und eine kaminartige Verschneidung, bis sie sich ganz verengt und mit einem Überhang abschließt. 5 m unterhalb ein 10 m langer Quergang (VI—) in den glatten Platten nach links (H) bis zu einem feinen Riß (H). Durch ihn und über den abschließenden Überhang empor in die Gipfelscharte (schwierigste Stelle). Hinaus in die S-Flanke und über ein Wandl auf den Grat, der zum Gipfel führt.

● **1819** **Südwestwand, Schneider / Vogel-Weg**
Schneider, Vogel, 1926.
IV, 800 m, 4 Std.

Die SW-Wand setzt an einer nach W ziehenden Gratrippe an und fällt in das Birgkar in immer steiler werdenden Plattenschüssen ab. Links werden sie von einer Schlucht begrenzt, die von der Firnhochfläche nach SW hinunterzieht. Rechts begrenzt sie die Schlucht, die aus der Scharte zwischen Wetterriffel (P. 2617 m) und dem Gr. Bratschenkopf herabzieht.

Führe: Durch steile Rinnen bis unter den senkrechten, teilweise überhängenden Wandgürtel 50 m links der Schlucht, welche die Wand rechts begrenzt (rechts eine glatte Rippe unter einem Überhang). Über ein Gesimse 1 SL waagrecht nach links. Über einen Überhang in die kaminartige Verschneidung zwischen Rippe und Wand 20 m hinauf, ein Stück in der rinnenartigen Fortsetzung weiter und nach links auf Schrofen. 1 SL gerade aufwärts, dann nach links um eine Rippe in eine kaminartige Schlucht, die nach links umbiegend den Durchstieg durch den nächsten Wandteil vermittelt. Oben nach rechts heraus und in einer Schleife zum nächsten Plattengürtel, den ein auffallender Riß durchsetzt. Einige Meter waagrecht nach links zu einem Stand und besonders schwierig durch den Riß auf unschwierigeres Gelände. Man hält sich links bis an eine Wandkante, über die man, weiter oben links haltend, die Gratrippe erreicht, die vom Gipfel nach W streicht. Über sie, zuletzt auf Schutt, zum höchsten Punkt.

● **1820** **Südwestwand, Reifschneider / Krippner-Weg**
Krippner, Reifschneider, 1934.
IV, 800 m, 5 Std. Großzügige Kletterfahrt in festem Fels. Siehe 12. Aufl. 1969.

● **1821—1827** frei für Ergänzungen

● 1828 Wetterriffel, 2617 m

Dem Gr. Bratschenkopf im Süden vorgelagerter Gipfel.

● 1829 Südgrat

R. Gerin, K. Wieder, 1909.

III +, 5 Std. Großartige Felsfahrt. Foto Seite 495.

Von den Wiedersbergalmen nördl. über Grashänge und Latschen steil bis zu den Felsen. Nun auf einem Schafsteiglein nach links bis zu einer von dem Vorgebirge herabziehenden Schlucht, meist Schnee; links durch Rinnen und über unschwierige Felsen zu einem Grasabsatz. Diesen schräg links aufwärts querend zum Fuß zweier Gratrippen. Quergang nach links an die östl. Flanke der linken Rippe und aufwärts zur Vereinigung der beiden Rippen des zur Wetterriffel ziehenden Grats. Fast immer auf der Schneide bleibend (schöne Kletterei) zu einem senkr., etwa 15 m hohen, in der Mitte schwach überhängenden Aufschwung. Sehr schwierig und gefährlich (brüchiges Gestein) darüber hinauf und auf der Schneide weiter zur Wetterriffel, 2617 m (in der AV-Karte 1972 nur Geländepunkt). Blick auf Hochkönig und Wetterwand. Abstieg nördl. in die Scharte und durch unschwierige Rinnen in halber Wandhöhe gerade aufwärts. Nun kurzer Quergang nach links und in prächtiger Kletterei zum Gipfel des Gr. Bratschenkopfs; dann westl. weiter unschwierig zum Hochkönig (1 Std.).

● 1830 Direkte Ostwand

W. Breitfuß, W. Grutschnig, 1951.

V + (Stelle), **A 0** (Stelle, frei VI—), IV und V. 5 Std. Sehr guter Fels, abwechslungsreiche Kletterei, ausgesprochen lohnend. Foto Seite 493, 507.

Zustieg zur Wand etwa 1½ Std. wie zu R 1829. Bei den steilen Felsplatten nun nicht nach links zum Grat, sondern nach rechts eine kurze, steile Felszone aufwärts (III) zu einer steil abfallenden Terrasse. E in einen flachen Kamin in Fallinie einer Doppelverschneidung.

Führe: Der Kamin geht in eine stumpfe, gelbliche Verschneidung über. Diese umgeht man jedoch nach links (1 H), durch einen steilen Riß und eine griffige Platte zu weiteren H, von dort Rechtsquerung in einen riesigen, gelben Felsschlitz (großer Klemmkeil zur Standplatzsicherung nötig; 30 m, V +, Schlüsselstelle). Vom Stand über kleingriffige Platte nach rechts in eine ansetzende Rißreihe. Dieser folgend (meistens IV + und V—, eine kurze Stelle A 1) rechts der vorhin beschriebenen Doppelverschneidung (sie wird nicht betreten) vorbei zu einem Querband (Ausweichmöglichkeit). Über das Band zu flacher, glatter Platte mit gr.

Sandurh. Hier setzt erneut eine Rißverschneidung an, die ausgezeichnete Kletterei bietet. Vom Band 5 SL V, überwiegend IV und IV+ zum Gipfelgrat. (Precht)

● **1831** **Diagonale**
A. Precht, H. Gufler.
V+ (Stelle), IV+ und IV. 3 Std. bis zum Band.
Foto Seite 493, 507.

Vom linken unteren Wandaufbau bis zu einer markanten Doppelverschneidung, welche vom Band herabführt, ziehen diagonale Felsleisten und Bänder durch die Wand. Die Führe benutzt diese Möglichkeiten.

● **1832—1834** frei für Ergänzungen

● **1835** **Torsäule,** 2586 m

Erstbesteiger A. Posselt-Czorich, J. Aigner, 1882.

● **1836** **Normalweg von Südosten**
I, ½ Std. vom E.

Zuerst über kurze, steile, mit Gras durchsetzte Schrofenabsätze auf den Vorrücken und weiter in unschwieriger Kletterei zum Gipfel (½ Std.). Der Vorrücken ist noch einfacher von S durch einen rinnenartigen Einschnitt erreichbar (25 Min.).

● **1837** **Südwestschlucht**
Amanshauser, Feichtner, 1919.
III und II. Sehr abwechslungsreiche und schöne Kletterei. 1 Std. Foto Seite 509, 513.

Unter der Südwand bis zu der großen Schlucht, die etwas östl. des Gipfels die Wand durchzieht und unten in schiefen, von links nach rechts emporziehenden Rissen endet. Durch die Risse (etwa 50 m) stellenweise schwierig empor; später unschwierig immer in der Schlucht weiter bis zu einem 40 m langen, etwa 4—5 m hohen und breiten Tunnel, durch welchen man auf die Schrofen der N-Seite des Berges, 30 m östl. unterhalb des Gipfels gelangt.

Wetterriffel

R 1830 Direkte Ostwand
R 1831 Diagonale
Zugangsmöglichkeit aus dem Gamskarl über R 1806

Wetterriffel
1831
1830

● 1837 a Direkter Ausstieg zu R 1837
III+. Foto Seite 509.

Oberhalb der Wandmitte, wo die senkrechte, gelbschwarze Gipfelwand fußt, leitet eine Rampe nach links in die Wand (einige große Blöcke). Die ersten Meter über eine senkrechte Wandstelle, wonach die steile Rampe erreicht wird, zuletzt III+. Die Rampe verfolgt man zu einem Band und dieses nach links; dann über Platten zum Gipfeldach.

● 1838 Südwestriß
R. Franzl und Gef., 1974.
IV+ (einige Stellen), IV. 200 m, 2 Std. 5 H.
Foto Seite 509.

Gleich links beim E der SW-Schlucht (R 1837) leitet ein markanter Riß lotrecht durch die Wand; dieser dient als Durchstiegsmöglichkeit. Im oberen Wandteil, wo der Riß endet, in einer Rechtsschleife über Platten (IV) auf ein Band zum direkten Ausstieg der SW-Schlucht.

● 1839 Schinderriß
A. Precht, W. Bogensberger, 1975.
V— (20 m), IV+ und III. 200 m.
Der Name „Schinderriß" bezieht sich nur auf etwa 3 m. Ansonsten bietet der Anstieg genußvolle Kletterei in bestem Fels. Die Erstbegeher benötigten 2 HK und 1 H (alles belassen), zur Sicherung wurden Klemmkeile gelegt. Nach jeder SL guter Standplatz. Foto Seite 509.

Die SW-Wand der Torsäule wird am westl. Rand von einem plattigen, runden Pfeiler begrenzt, der nach rechts zur glatten Wand mit einer auffallenden Verschneidung abschließt. Die Verschneidung ist im unteren Teil noch wenig ausgeprägt. Vom schrofigen Vorbau führen Kamine und Risse, die immer wieder durch grasige Querbänder unterbrochen werden, in die Höhe. Die abschließende Rißverschneidung fordert schwierigste Freikletterei, ein Ausweichen nach links oder rechts ist nicht möglich.

● 1840 Südwand
Dumböck, Schlager, 1931.
V+. Foto Seite 509, 511.

Im oberen Teil der Südwand zieht ein sich teilender Riß empor; im unteren Teil verliert er sich. In der Fallinie dieses Doppelrisses Einstieg bei einem von unten gut sichtbaren dreieckigen Felsloch. Einige SL kleingriffig und brüchig gerade empor zum Rißbeginn. Im rechten Ast 1 SL

Torsäule von Süden

R 1837	Südwestschlucht	R 1839	Schinderriß
R 1837 a	Direkter Ausstieg zu R 1837	R 1840	Südwand
R 1838	Südwestriß mit Ausstiegsvariante	R 1841	Südverschneidung
		R 1842	Südpfeiler
		R 1843	Direkte Südwestwand

überhängend empor und links zu Stand (H); weiter 1 SL im überhängenden Riß zu H; dann etwas links querend und wieder in den Riß und über seine Überhänge unter eine Überdachung. 1 SL links querend und durch eine kaminartige Rinne auf den Grat und zum Gipfel.

● **1841** **Südverschneidung**
E. Rainer, H. Lindner, 1946.
V (Stelle), IV+. Hervorragende Freikletterei in schönem Fels. Foto Seite 509, 511.

Die ersten SL führen leicht rechts der Verschneidung über Platten aufwärts und leiten dann links zur Verschneidung zurück auf einen kleinen Pfeilerkopf (guter Stand). Ein handbreiter Riß bildet nun den Weiterweg. Diese 15 m sind die Schlüsselstelle. (Diese Schlüsselstelle läßt sich links in der Verschneidung umgehen, 30 m, **A1**.) Aus einer überhängenden Höhle geht es nun in der Verschneidung weiter bis kurz unter den Ausstieg, der etwas links liegt.

● **1842** **Südpfeiler**
A. Precht, I. Seidl, 1968.
VI, A2, häufig auch V+, A1, V. 230 m, 7 Std. Schlingenstand. Foto Seite 509, 511.

Unter der senkrechten S-Wand durch, bis etwa 30 m links der schon von weitem sichtbaren Pfeilerkante, die links der markanten S-Verschneidung emporragt. Hier E. Kleingriffige Wandstellen empor zu gelber Platte, über 3 BH nach rechts und in der Verschneidung bis zum Dach, das die Verschneidung abschließt. (Bis hierher frühere Versuche, die nach links weiterleiten.) Die Route führt nach rechts an einer Hangelleiste zu 2 H und leicht links zu Stand (A2, Achtung auf Seilreibung). Nun gerade aufwärts, dann etwas nach links zu kleinem Wulst, über ihn (VI) zu Schlingenstand (V, A2, 7 H). Den etwas nach rechts aufwärtsziehenden Riß bis zu seinem Ende verfolgen (V, A1 und A2, 35 H). Spreizschritt nach rechts, an 2 H aufwärts zum Anfang des 20-m-Querganges. An schlechten Haken 7 m nach rechts, dann abwärts über glatte Platte nach rechts zu Haken und frei weiter zu Stand am Anfang des breiten Risses (VI, A2, 7 H, schwierigste Stelle). Den Riß (40 m, V+, 4 H) meist in freier Kletterei empor zu Stand und 20 m weiter zu Pfeilerabsatz (Biwakmöglichkeit).

Einige Meter zurück, äußerst schwierig nach links und in großartiger, aber sehr ausgesetzter Kletterei zu Stand (V, 1 Stelle A1, 5 H). Nach weiteren 15 m (III+) erreicht man den Pfeilerkopf, der 50 m südl. des Gipfels liegt.

Torsäule-Südwand

R 1840 Südwand
R 1841 Südverschneidung
R 1842 Südpfeiler
R 1843 Direkte Südwestwand

Torsäule
1840
1841
1842
843

● **1843** **Direkte Südwestwand**
F. Hawelka, S. Riess, 1969.
A2 und A1, **V+**. 200 m, 4—5 Std. Sehr schöne technische Kletterei. Foto Seite 509, 511.

E etwa 30 m links des S-Pfeilers. Deutlich erkennbare Risse vermitteln den Durchstieg. Die Tour ist fast durchwegs technisch und die vielen H zeigen eine deutliche Wegführung.

● **1844** **Westpfeiler**
Schneider, Stangl, 1926.
IV (Stellen), III. ½ Std. Foto Seite 513.

Auf dem Hochkönigweg im Ochsenkar bis ins Kar hinter der Torsäule (Quelle). Nun nach rechts auf den Sattel zwischen Torsäule und Schoberkopf. Über den gratartig ansetzenden Pfeiler bis zu einem auffallenden, durch einen Riß gegliederten plattigen Kopf (links in der Wand eine steile, rißartige Rinne). Durch den Riß (20 m, IV) oder rechts über die Platten (IV) auf den nun schon flachen Teil des Pfeilers und gleich zum Gipfel.

● **1845** **Nordwestpfeiler**
Breitfuß, Schwaighofer, 1948.
V (einige Stellen), IV. 180 m, 3 Std.

Der gut gegliederte, plattige Pfeiler fällt von der Hochwies aus auf. Von unten nach oben durchziehen zwei seichte Verschneidungen seine Wandflucht. Die untere dieser beiden Verschneidungen vermittelt den Anstieg. Man begeht sie von ihrem Beginn bis zu ihrem Ende in einer kleinen Höhle (H). Von der Höhle kleiner Quergang in den schon vom Kar aus sichtbaren Riß (H); der untere Teil des Risses ist brüchig. Im Riß empor auf eine Schutterrasse (H). In dem hier ansetzenden Kamin empor und weiter auf den Pfeilerkopf. Über Platten in wenigen Minuten auf den Gipfel.

● **1846** **Nordwand**
E. Edelmayer, H. Lapuch, P. Radàcher, K. Wieder, 1919.
IV und III, 1—2 Std. Sehr schöne Felsfahrt in herrlicher Umgebung.

Auf dem Hochkönigweg ins Eiskarl, zwischen Torsäule und Imlaugebirge (Schöberl, 2712 m) eingelagert, empor. Die aus gewaltigen Plat-

Torsäule von Westen

R 1837 Südwestschlucht
R 1844 Westpfeiler

Torsäule
1844
1837

tenschüssen bestehende N-Wand durchziehen zwei Kaminreihen, wovon die östl. weniger ausgeprägt, die westl. hingegen ununterbrochen zum Gipfel zieht; letztere dient als Aufstieg. Vom Eiskarl, oder besser südwestl. um die Torsäule (vom Hochkönigweg abzweigend), zum Einstieg. Über gutgriffigen Fels zur Höhe eines an der Wand lehnenden Pfeilers, dann kurzer Quergang zum Beginn des Kamins. Nun bis zu seiner schwach überhängenden Verengung. Anstrengend weiter zu einem guten Sicherungsplatz. Zu einer weiteren Einschnürung des Kamins, nach deren Überwindung bald in tiefer Felsmulde sein Ende erreicht wird. Rechts (südl.) durch einen gutgriffigen, 30 m hohen Kamin in prächtiger Kletterei zum Gipfelgrat.

● **1847** **Gerade Nordwand**
E. Schneider, 1926.
V und IV. 300 m, 2 Std. Siehe 12. Aufl. 1969.

Wie bei R 1846 ins Eiskarl. In der Gipfelfallinie zieht eine plattige Einbuchtung herab, die überhängend zu einem schiefen, von links nach rechts ziehenden Spalt abbricht.

● **1848** **Neue Nordwand**
Reiter, Mischitz, 1946.
V.

Von dem tiefsten Punkt der N-Wand leitet ein Band schräg rechts hinauf zu einem sandigen Platz. Von diesem nach rechts aufwärts und dann gerade hinauf zu einem überhängenden Kamin. Nach diesem wieder rechts haltend zu einem weiteren Kamin, durch diesen hinauf auf eine breite Terrasse. Nun zu den rechten, gelben Türmen queren und über diese aufwärts zum Ausstieg knapp links unterhalb des Gipfels.

● **1849** **Nordwand, „Nordwandmanndl“**
A. Precht, Gufler, 1979. Bgst. 6/1980.
V+ (Stelle), mehrmals **A1,** sonst V und IV. Bis auf einige SH das gesamte Material belassen (insgesamt 11 H). Einige Klemmkeile verschiedener Größen gut brauchbar.
Skizze Seite 515.

Übersicht: Die zergliederte 200—300 m hohe Nordwand der Torsäule ist im rechten (westlichen) Teil am abweisendsten. Ein sich über die ganze Wandhöhe erstreckender Plattenschluß ist dort eingebettet; an diesem haftet die Schuppe, die bei einiger Phantasie das Bildnis eines Mandls mit Rucksack darstellt. Über die Hinterseite des Mandls, also über den Popo, Rucksack und Hinterkopf, geht der Anstieg.

Zugang: Auf dem Hochkönigsteig südlich an der Torsäule vorbei und rechts ansteigend zum Sattel zwischen Westlichem Schoberkopf und Torsäule. Hier zum äußersten östlichen Ende des Sattels.

Führe: Einstieg knapp rechts in der Fallinie der Schuppe, über schmale Leisten nach links zu einem feinen Riß und über eine geschlossene Platte zu einer weiteren Querleiste. Quergang nach rechts in den Riß zwischen Wand und Schuppe. Über das Gesäß, den Rucksack (Schlüsselstelle) und Hinterkopf des Mandls zu einer senkrechten, griffigen Wandstelle und im Rechtsbogen zu einer schrägen Terrasse. Nach rechts zu einem Diagonalriß. Der obere Aufschwung ist abdrängend und brüchig. Über Platten (von Schuttbändern unterbrochen) gerade hinauf zum Gipfel.

● **1850—1854** frei für Ergänzungen

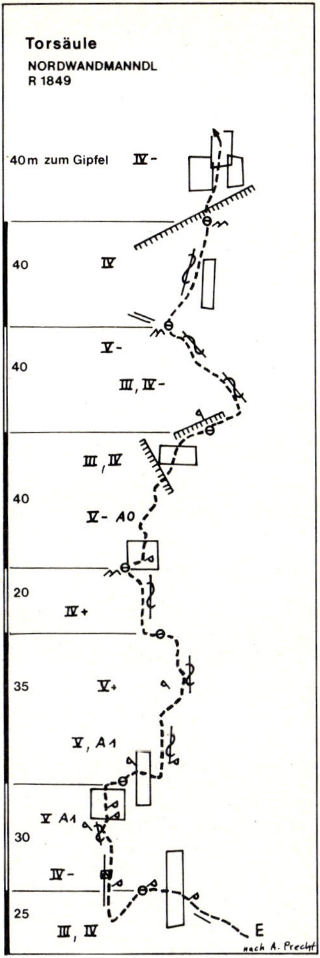

● 1855 Schoberköpfe

Südwestlicher (SW) 2704 m, Südöstlicher (SO) 2706 m, Östlicher (O) 2638 m, Nördlicher (N) 2692 m

Erstbesteiger L. Purtscheller, 1882.

★ 1856 Vom Schoberschartl
¼—½ Std.

Entweder von der Übergossenen Alm aus oder über R 1715 bis zur Quelle und von dort nach W über Blockwerk und Schnee ansteigen. Im Winter wird dieser Weg als Skianstieg und Abfahrt vom Hochkönig benützt. Nun nördlich zu den Schoberköpfen.

● 1857 Aus dem Eiskar
I, ½—1 Std.

Vom Weg abzweigend, in unschwieriger Kletterei zur Eiskarscharte; aus ihr über unschwierigen Fels in 40 Min. zum Südwestl. Kopf. Der Übergang über die Gipfel ist unschwierig.

● 1858 Ostrippe (SW)
A. Awerzger, R. Szalay, 1933, im Abstieg.
II, 1 Std. Siehe 12. Aufl. 1969.

● 1859 Mittlerer Südwandkamin (SO)
Gerin, Reischmann, 1936.
III und II, 1¾ Std.

Die mittl. und die westl. Kaminreihe beginnen in einem Hochkar in der S-Wand, das aus dem Eiskar zwischen Torsäule und Schoberkopf zu erreichen ist. Die Führe bewegt sich ununterbrochen in der Schlucht und endet knapp westl. des Gipfels. Die Unterbrechungen werden direkt erklettert; eine von ihnen wird links umgangen.

● 1860 Westlicher Südwandkamin (SO)
Awerzger, Szalay, 1933. ÖAZ, Folge 1157.
III—, 3 Std. Der untere Abbruch wurde umgangen.

● 1860 A Westl. Südwandkamin im Abstieg (SO)
III und II. ÖAZ 1937, S. 174. Siehe 12. Aufl. 1969.

● 1861 Direkte Südwand (SO)
A. Sattelberger, F. Weber, 1978.
V—, überwiegend IV+ und IV. 3 Std.

Westl. des Zustiegsbandes zum Teufelskirchl (Band mit 2 Höhlen) leitet das Schuttkar zu einer markanten Schlucht, die in den darüberliegenden Plattenschuß rechtsseitig am steilen Grat endet. Über die linksseitige Schluchtwand in den Kamingrund und in diesem aufwärts. Der Ausstieg aus der Schlucht bildet die Schlüsselstelle des unteren Teiles.

Im oberen Teil der Wand fällt ein dreieckiger Felspfeiler auf, über den der weitere Aufstieg erfolgt. Eine imposante Rißverschneidung leitet zum steilen Grat. Vom Gratabsatz über einen fast senkrechten Aufschwung auf den Felsturm und über die gerillte Abschlußplatte zum breiten Rücken des Schoberkopfes.

• 1862 Ostwand (O)
F. Schmitt, M. Hümmer, 1931.
V und IV.

Der Gipfel bricht nach SO mit einem auffallenden Kantenpfeiler (Teufelskirchl) ab, der nach rechts mit einer Plattenwand einen Winkel bildet. Vom Hochkönigweg (R 1715) quert man etwa ¾ Std. unterhalb der Torsäule die untere Mulde des Eiskars gegen den erwähnten Winkel; rotgelber, höhlenartiger Wandausbruch! Rechts davon über einen schrofigen Vorbau in eine Schnee- und Geröllrinne; in ihr aufwärts bis etwa 50 m unter ihr Ende. Über sehr steilen, grasdurchsetzten Fels an der rechten Wand empor bis zu einem bandartigen Absatz. Nun an einer links emporziehenden Steilrampe 2 SL zu einem Grasband in der Plattenwand, das 25 m nach links zu einem Riß leitet. In ihm über einen rötlichen Überhang und weiter teilweise links neben dem Spalt 60 m zu einem Absatz. Ein seichter Kamin zieht weiter. Entweder durch ihn oder leichter: Querung nach links zu einer Steilrinne und in ihr 50 m zu einer Verschneidung, welche die obere Kaminfortsetzung bildet. — Großer Block! — In der Verschneidung mit Benützung der rechten Seitenwand, einen grauen Überhang (H), später einen roten Überhang überwindend, zum Grat. Über schräge Platten, später am zerhackten Grat zum Gipfel.

• 1863 Wasserrillenweg (O)
III+, 2 Std. Lohnend, fester Fels.

Dieser Weg stellt eine Kombination des unteren Teiles der Teufelskirchl-Nordschlucht und der SO-Wand des Östl. Schoberkopfes dar. Über die Platten im Linksbogen (65 m, III) zum Fuß der SO-Kante und um diese in NO-Seite zum eigentlichen Einstieg.

Eine andere Möglichkeit bietet die schrofige Rampe, die von NO her zum Teufelskirchl leitet.

Vom Einstiegsgrasband über eine steile Wand in den Kamin zwischen Teufelskirchl und Schoberkopf in Richtung Scharte. 4 SL im Kamin in eine schottrige Schlucht und über die rechtsliegende Wandseite zu einem Band, das nach rechts abwärts leitet. Diesem folgend zu wassergerillten Platten. Über die Wasserrillen in herrlicher, anfangs schwieriger Kletterei etwa 80 m zum Ausstieg am runden Gratrücken, der zum Gipfel leitet. (Precht)

● **1864** **Südostpfeiler (O)**
A. Precht, H. Neumaier, 1979.
V (20 m), **A1** (eine Stelle), IV+ und III. 300 m, 3 Std.

Die gerillten Platten nördl. vom Teufelskirchl haben rechts einen pfeilerartigen Abschluß. Über diesen leicht gegliederten Pfeiler führt der Anstieg. Durch einen Rechtsquergang erreicht man die rechts aufwärts ziehende Rißverschneidung. Durch diese (40 m, IV+) zu einem kl. Absatz. Von hier über die plattige Unterbrechung (3 H, V, A1, Schlüsselstelle) zu einer steilen, brüchigen Rampe. Über den Pfeiler (Wasserrunsen) gerade empor sich links haltend in die SO-Wand. Den darüber liegenden Querwulst umgeht man links, über ihm in leichterem Gelände zum Gipfel.

● **1865—1869** frei für Ergänzungen

● **1870** **Teufelskirchl,** etwa 2523 m

Erstbesteiger E. Schneider, A. Stangl, 15.8.1926, auf R 1871. Den Schoberköpfen östlich vorgebauter Turm. Abstieg durch die Schlucht zwischen Teufelskirchl und Schoberköpfen nach Südwesten.

● **1871** **Normalweg durch die Südschlucht**
E. Schneider, A. Stangl, 15.8.1926.
IV (Stelle), III; 250 m, 1½ Std.

Im Ochsenkar bis zum Fuß der Torsäule und scharf nach rechts das Eiskar querend zu den Abstürzen der Schoberköpfe, vor denen sich das Teufelskirchl erhebt. Auf einem schönen breiten Grasband, an kleinen Höhlen (Richtungspunkt) vorbei nach rechts auf grasige Felsen und über den rückenartigen Wandteil schwach links aufwärts bis zur Mündung einer auffallenden, scharf eingeschnittenen Rinne links der steil abstürzenden Wand des Teufelskirchls. Durch die Rinne in eine Mulde, von der aus eine teilweise kaminartige Rinne nach rechts zur Scharte zwischen Teufelskirchl und Schoberköpfen emporführt. Aus der Scharte nach rechts unschwierig hinauf, bis sich die Wand steil aufschwingt. In der Fallinie eines Spalts einige Meter empor, 2 m nach rechts, dann gerade hinauf an die Kante und an ihr zum schmalen Gipfel.

● 1872 **Südwand**
A. Mair, S. Scheuringer, A. Sollaberger, 1950.
Siehe Jahresbericht HG „Bergland“, Wien, 1950/51/5.
Foto Seite 521.

● 1873 **Südostkante**
IV+, 250 m, 2 Std. Foto Seite 521.

Die Platten rechts aufwärts (50 m, III) zur ausgeprägten Kante. Über diese führt eine Verschneidung empor (1 H), die nach 60 m links in einen engen Kamin leitet. Nach 3 SL Kaminkletterei erreicht man einen auffallenden Turm. Von hier direkt an der Kante weiter (meist III und IV) bis zum Gipfel.

● 1874 **Direkte Südwand**
A. Precht, J. Brugger, 1972.
A2 (überwiegend), **V+** und V. 200 m, 3—4 Std.
Foto Seite 521.

Den Durchstieg vermittelt von drei Rissen der rechte, ganz feine Riß, welcher im oberen Teil durch eine gelbe Felszone führt. Zuerst 30 m nach rechts queren und 10 m gerade hoch zu Felsköpfl (Steinmann). Hier gerade empor zu H, Quergang in eine Verschneidung (1 H), gleich rechts weiter (kleingriffig) und gerade empor zu Stand (V). Die nächste SL beginnt mit einem langen Quergang nach rechts (15 m, V, 2 H). Nun in einem breiten Riß hoch, bis er sich in Platten verliert. Diese 6 m hohe Wand (Anbringen von H kaum möglich) dürfte die Schlüsselstelle sein. Die weiteren SL sind durchwegs technisch. Fast alle H vorhanden.

● 1875 **Südwestpfeiler**
A. Precht, J. Seidl, 1970.
V+ (häufig), **A2** (Stelle), sonst V und IV. 2—3 Std. Fester, plattiger Fels. Foto Seite 521.

Die SW-Wand des Teufelskirchl wird von 3 Rissen durchzogen, von denen der linke etwas westl. von einem glatten runden Pfeiler emporführt und den Durchstieg vermittelt.

In der Fallinie des Risses in einem Kamin 40 m empor, weiter in einer senkrechten Verschneidung, später etwas rechts davon, bis zu einer Hangelleiste, die unter einem Überhang nach links führt (IV). Über einige H (A2), dann in freier Kletterei den Riß empor zu Hakenstand. Im Riß frei weiter (V, nach 20 m 2 H) und äußerst schwierig nach links zu schönem Hangelgriff (ausgesetzter Standplatz). Eine senkrechte Hangelleiste hoch; nun ohne Hakenmöglichkeit nach links (V+), 10 m gerade aufwärts zu gutem Quergangshaken. Von hier über glatte Platten 8 m nach links und die folgende Verschneidung empor zum Gipfel.

● 1876 **Südverschneidung, „Lois-Ennemoser-Gedenkweg"**
A. Precht, F. Grünwald, 1975.
IV+, A1 (eine Stelle). 200 m. Foto Seite 521.

Übersicht: Die S-Wand des Teufelskirchl wird rechts der glatten Wand von einer Verschneidung durchzogen, die von der SO-Kante herabzieht und im unteren Teil in der glatten Wand verläuft.

Führe: Der E ist gleich wie R 1874. Schon nach einigen Metern verläßt man diese nach rechts. Fallender Quergang zu einer großen Felsschuppe (Standplatz). Von hier über die Felsschuppe hinweg und einen Handriß empor zu kleiner Leiste. Über die glatte Platte mit kleinem KK (A1), an einer brüchigen Stelle rechts vorbei zu Standplatz in einem breiten Riß (1 H). Hier Beginn der Verschneidung. 2 m über die Platte zum linken Riß und immer der Verschneidung folgend zur SO-Kante. Über diese 2 SL zum Gipfel.

● 1877 **Nordwand**
A. Precht, R. Jölli, 1978.
IV+.

Der kompakte Plattenschuß der Teufelskirchl-Nordwand spaltet sich im linken Wandteil vom Gratabsatz der SO-Kante bis in den unteren Wandteil ab. E rechts der Fallinie dieses Spaltes in einem Riß empor, von dem ein Gesimse nach links in den Spalt leitet. Nun in diesem zum Gratabsatz und über SO-Kante zum Gipfel.

● 1878 **Nordschlucht**
W. Bogensberger und Gef.
V+ im oberen, meist nassen, unfreundlichen Wandteil. Nicht empfehlenswert.

Der Zustieg sowie der untere Teil der Route ist in R 1863 beschrieben. Der weitere Anstieg verläuft knapp linksseitig der Schlucht.

● **1879—1882** frei für Ergänzungen

Teufelskirchl von Süden

R 1872 Südwand
R 1873 Südostkante
R 1874 Direkte Südwand
R 1875 Südwestpfeiler
R 1876 Südverschneidung, „Lois-Ennemoser-Gedächtnisweg"
Linke Route ohne Beschreibung

Teufelskirchl
1875
1874
1876
1872
1873

● 1883 **Nixriedel** (Flachwand), 2472 m

Wichtiger Hinweis: Bei dem hier beschriebenen Berg handelt es sich um den sowohl in der AV-Karte Hochkönig-Hagengebirge als auch in der Karte „Berchtesgadener Alpen“ des Bayer. Landesvermessungsamtes eingezeichneten, unbenannten Bergrücken westsüdwestl. der Scheibwies und nicht um den als Nixriedel bezeichneten Kamm P. 2698 bis P. 2557 der AV- bzw. P. 2703 bis P. 2561 der amtl. Karte zwischen Floßkogel und Schoberköpfen.
Zugang zur Südwand: Siehe R 1885.

● 1884 **Plattenweg**
A. Precht, G. Stiedl, 1970.
V / A1 (eine Stelle), IV und III. 270 m, 3 Std.
Foto Seite 523.

Führt durch die glatte Plattenwand links der Parallelkamine. E in der Wandmitte. Zuerst etwas rechts, dann nach links über brüchigen Fels aufwärts. Der schon von unten sichtbare Querwulst wird in der Wandmitte überklettert; eine versteckte Rißverschneidung bildet die schwierigste Stelle in der unteren Wandhälfte. Man erreicht eine schöne, grasbewachsene Nische. An der rechten Nischenwand, später an steilen Felsleisten rechts aufwärts zu Stand und eine schmale Felsrampe nach links hoch zu weiterem Standplatz (IV). Nun 10-m-Quergang nach links in eine kleine Nische (1 H, V) und rechts davon empor zu RH. Von hier über eine glatte Platte links aufwärts (V) zu besser gangbarem Gelände, worauf bald der Gipfel erreicht wird.

● 1885 **Östlicher Parallelkamin**
W. Hubka, A. Koppenwallner, 1946.
V. 250 m, 3½ Std. Foto Seite 523.

Die Südwand wird von zwei gleichlaufenden Kaminen zerrissen. Durch den rechten führt R 1885, durch den linken R 1886.

Zugang: Am Weg R 1715 bis zu einem kleinen Sattel am Ochsenriedel. Hier rechts abzweigen und weglos abwärts in die Gasse zwischen Schoberköpfen und Ochsenriedel. Steile Felswände werden links umgangen. Unterhalb des östlichsten Felssporns der Schoberköpfe rechts vorbei zur Nixriedel-Südwand.

Führe: Vom Einstieg über eine schräge Platte zu einem Riß. Durch diesen empor auf einen kleinen Absatz. Nun folgen zwei Überhänge und man erreicht einen kleinen Standplatz unter einer Überdachung. Diese wird rechts über eine senkr., glatte Platte überwunden (äußerst schwierig). Die nächsten 2 SL führen zu einer Verengung, die mit einem was-

Nixriedel von Süden

R 1884 Plattenweg
R 1885 Östlicher Parallelkamin
R 1886 Westlicher Parallelkamin
R 1889 Christlweg
R 1890 Alpingendarmerieweg
R 1891 Bügeleisen
R 1893 Südostpfeiler

serüberronnenen Überhang abschließt. Oberhalb setzt eine flache, 12 m hohe Verschneidung an. Durch diese hindurch und über den glatten Überhang zu schönem Stand. In herrlicher Stemmarbeit (mehrere Klemmblöcke) gelangt man nach 3 SL in einen kleinen Kessel und rechts davon durch einen kaminartigen Riß zum Gipfel.

● **1886** **Westlicher Parallelkamin**
A. Almberger,
A. Morokutti, 1946.
V. 250 m, 3½ Std.
Foto Seite 523.

Der Kamin zieht etwa 20 m westl. des O-Kamins empor. Die ersten 2 SL bieten schöne, schwierige Kletterei. Man gelangt so auf einen Standplatz unterhalb eines Überhanges. Dieser wird links über eine glatte, kleingriffige Platte umgangen. Man kommt nun unter einen auffallenden, gelbbrüchigen Überhang, der rechts durch einen Riß (IV) erklettert wird. Nach 2 SL verengt sich der Kamin und endet mit einem glatten Überhang. Ausgesetzt über eine ihn links begrenzende Platte (IV) und in schöner Stemmarbeit (Überhang) unter eine höhlenartige Überdachung. Aus dieser herausspreizend (menschlicher Steigbaum) erreicht man guten Stand. Über etwas leichteres Gelände zu einer 10 m hohen überhängenden Stelle (äußerst schwierig). Nun durch einen engen Stemmkamin auf ein Köpfl. In sehr schwieriger, ausgesetzter Kletterei an der linken Begrenzung der Gipfelwand empor und zum Gipfelsteinmann.

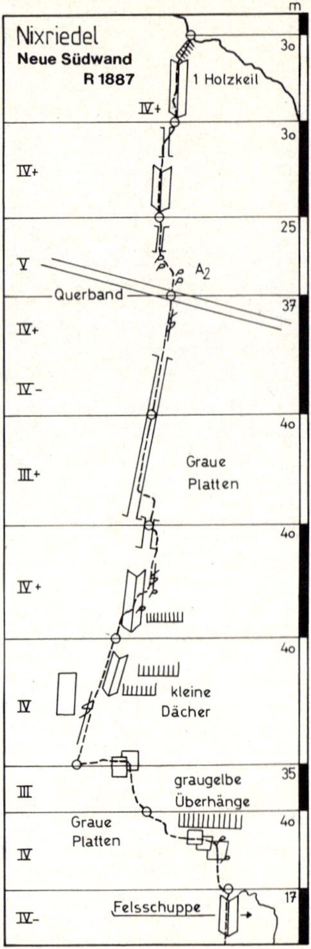

● 1887 Neue Südwand

A. Precht, W. Bogensberger, 1970.

V / A0 (30 m in der Gipfelwand, frei erklettert VI+), IV+ und IV. 300 m, 3—5 Std. Fester Fels. Skizze Seite 524.

Die Südwand wird etwas rechts der Wandmitte von einem senkrechten Riß durchzogen. Dieser vermittelt den Durchstieg. Zustieg sowie Führe sind von der Mitterfeldalm gut zu sehen. Rechts der Fallinie des Risses, am linken Rand einer riesigen Felsschuppe empor, auf dieser guter Standplatz. Nun Spreizschritt nach links und in herrlicher Kletterei gerade empor (IV, 2 H). Unterhalb des Querwulstes 40-m-Quergang nach links (IV) und einen nach rechts aufwärts ziehenden Riß 40 m empor zu Stand. Eine überhängende Verschneidung hinauf (IV+, 2 H) und den rechten Riß weiter bis zu gutem Stand. Quergang in den linken Riß und diesen bis zum Gipfel verfolgend.

● 1888 Direkte Südwand

A. Precht, G. Bachler, 1971.

V+ (Stelle), mehrmals **A1**, 25 m V, sonst IV und III. 300 m, 4 Std.

Der feine Riß zwischen östl. Parallelkamin und der Südwandroute bildet den naturgegebenen Durchstieg. Den Einstieg bildet ein Riß, etwa 40 m rechts vom östl. Parallelkamin, der die untere Plattenflucht durchzieht (IV, 1 H). Dann etwas nach rechts, einen plattigen Überhang frei empor und gerade weiter zu großer Sanduhr. Von hier links haltend über etwas brüchigen Fels hoch (III) und über einige H nach rechts zu einer Schuppe links des Hauptrisses. Hier über Platten empor (V). Wo der Riß zum Kamin wird, steigt man darin weiter bis zu seinem Ende am Querband (IV). Nun 70-m-Quergang nach links (30 m IV, eine Stelle V+, 3 H, Schlüsselstelle). Nächste SL III, dann eine Verschneidung rechts aufwärts zum Gipfel.

● 1889 Christlweg

Christl Walko, A. Precht, 1974.

IV+ und IV, einige Meter **A0.** 280 m, 3 Std. Schöne Kletterei in bestem Fels. Foto Seite 523.

Übersicht: Die Parallelkamine werden westl. von einem Pfeiler begrenzt. Links von diesem leitet ein Verschneidungssystem durch die Wand. Dieses dient als Richtlinie.

Führe: In Fallinie der erwähnten Verschneidung quert man ein schrofiges Band nach links, bis sich eine Möglichkeit ergibt, in die graue, griffige Plattenwand rechts aufwärts zu klettern. Man erreicht eine kurze, schwach ausgeprägte Verschneidung (1 H, IV+). Weiter über eine steile Wandstelle (IV+, 2 H, Legschlinge) zu Stand. Über leichtes Gelände etwas links zum nächsten Standplatz, wo sich die Wand erneut steil aufbaut. Ein Handriß leitet über 40 m in einen Kessel (Stand). Die senkrechten Wandstellen gerade empor (IV+, 2 H, 25 m). Ein schräges, nach links ziehendes Felsband 15 m zu einer Möglichkeit, über steile Platten zu klettern (IV+, 1 H). Die hier ansetzende Hangelleiste führt in den Kamingrund. In diesem hochstemmend zur schuttbedeckten Ausstiegsrampe.

● **1890** **Alpingendarmerieweg**
H. Neumayer, A. Precht, 1974.
III, selten II. 280 m, 1—2 Std. Herrlicher, fester Fels. Alle SH vorhanden. Foto Seite 523.

Übersicht: Durch den ganz linken Wandteil zieht ein markantes Verschneidungssystem, in welchem die Route verläuft. Rechts davon befindet sich der Plattenweg (R 1884) und der „Christlweg", R 1889.

Führe: E etwa 30 m rechts der Fallinie der Verschneidung. Beim E befindet sich eine Firnzunge, die nur ganz selten ausapert. Über plattigen Fels, auf dem etwas Schutt liegt, in leichter Kletterei gerade aufwärts und nach links zum Beginn der Verschneidung. Diese 50 m in herrlicher Kletterei empor (in der Mitte guter Standplatz, H), bis plattige Überhänge nach rechts abdrängen. Über eine rauhe, feste Platte, unter einem kleinen Dachl rechts aufwärts und in gleicher Richtung zu Standplatz (SH, Wandbuch). Von hier direkt über einen kleinen, griffigen Überhang und über eine Platte nach links zu einer kleinen, aber gut ausgeprägten Verschneidung. In phantastischer Kletterei zu Stand am kleinen Pfeilerkopf. Nun gerade hoch zu den Ausstiegskaminen, wobei der ganz rechte erklettert wird.

● **1891** **Bügeleisen**
A. Precht, H. Gufler, 1980.
V+, A1 (10 m), häufig IV. 3 Std. 7 H.
Foto Seite 523.

Als „Bügeleisen" ist der Pfeiler links des westl. Parallelkamins benannt. Im unteren Teil leitet ein etwas brüchiger Riß empor. Dieser beginnt knapp links des Kamins und zieht leicht nach links empor unter den Pfeilerüberhang. Darunter quert man ein Band nach links, wo das Gelände nach obenhin gangbar wird (40 m gerade empor, 2 H). Nun quert man den Plattenschuß nach rechts (Schlüsselstelle, V+ / A1). Vom schrofigen Band über den plattigen Pfeiler etwas leichter werdend zum Ausstiegsband. (Precht)

● 1892 **Bügeleisenkamin**
Maria Holzmann, A. Precht, September 1981.
IV+ (durchgehend), keine H.

Westlich wird das Bügeleisen durch einen tiefen Spalt von der Wand begrenzt, dieser vermittelt den Durchstieg.

Führe: Die 1. SL über die schwach ausgeprägte Steilrampe mit anschließender Unterbrechungsstelle (H) des „Christlwegs" (R 1889) empor zum Beginn des Kamins. Dieser Kamin wird nun verfolgt bis zur obersten Abdachung des „Bügeleisens". Auf dieser schrägen Rampe fußt ein rötlicher Pfeiler; über diesen in schöner Kletterei in 1 SL zum Gipfelgrat.

● 1893 **Südostpfeiler**
S. Reiter, J. Bruger, H. Lechner, 1980.
Laut Erstbegeher **VI+ / A3.** Foto Seite 523.

Der Südostpfeiler ist die westl. Begrenzung der Südwand und ist am E durch Risse, die ein X bilden, gekennzeichnet. Im unteren Abschnitt ist ein höhlenartiger Überhang (Wassertümpel), der technisch bewältigt wird. Der Mittelteil ist schrofig. Als letzter Abschnitt folgt eine 30 m hohe Platte, die schöne Kletterstellen aufweist. E im linken Ast des X in den Wassertümpel und überhängend (A3) aus ihm heraus in einen Kamin und über die anschließende Schrofenzone zur Abschlußplatte (V—, einige H) und zum Pfeilerkopf.

● **1894—1899** frei für Ergänzungen

● 1900 **Nixriedel,** 2557 m

Wichtiger Hinweis: Bei dem hier beschriebenen Berg handelt es sich um den als „Nixriedel" bezeichneten Berg der AV-Karte und der amtl. Karte. Siehe auch R 1883.

Erstbesteigung L. Purtscheller, 1880.

● 1901 **Von Süden**

Vom Westl. Schoberkopf, 2712 m, über den nördl. ziehenden Felsrücken in 25 Min.

● 1902 **Von Nordwesten**

Auf dem Weg Ostpreußenhütte — Matrashaus (R 1716) bis zu dem zwischen Floßkogel und Nixriedel eingebetteten Schuttkar. Nun wendet man sich vom Schuttkar links den abgestuften N-Abbrüchen des Nixriedels zu und erreicht den Gipfel (4 Std. von der Ostpreußenhütte) über den südl. verlaufenden Felsgrat.

● **1903** **Nordwand**
H. Kaser, L. Muchar, 1927.
III +, 800 m, 6 Std. Schwieriges Zurechtfinden.
Siehe 12. Aufl. 1969.

● **1904—1905** frei für Ergänzungen

● **1906** **Eibleck,** 2364 m

Erstbesteigung L. Purtscheller, Schieder, 1880.

● **1907** **Normalweg**
2½ Std. von der Ostpreußenhütte

Auf dem Weg Ostpreußenhütte — Matrashaus (R 1716) bis nach der Steingrube und über den Südrücken zum Gipfel.

● **1910** **Westwand**
K. Lapuch, F. Wintersteller, 1951.
IV. 1000 m, 6 Std. Ausgesetzt. Die Wand erfordert Ausdauer und alpine Erfahrung.

Von der Blühnbachstraße auf Steiglein ins untere Wasserkar. Nach links in die schutterfüllte Schlucht zum Fuße des Plattenkegels. Einstieg 1 Std.

Über den Plattenkegel (III—) bis zum Beginn der auffallenden Verschneidung. Eisenstift, 1 Std. 3 SL in der Verschneidung hinauf, dann nach rechts um die Ecke auf ein Plattenband. Dieses führt nach rechts aufwärts und wird bis zu seinem Ende verfolgt (Steinmann, Felsabsatz). Nach rechts querend erreicht man einen zweiten Absatz (Steinmann).

Von hier über einen kleinen Rasenflecken 30 m senkr. hinauf zu H. Mit Seilzug 3 m nach links über eine glatte Platte und gerade hinauf zu Stand. Links haltend etwas leichter wieder zur Verschneidung. Vom Beginn der vollkommen glatten, senkr. Verschneidung über rötlichen Fels nach links um die Ecke und hinauf zum oberen Ende der glatten Verschneidung. Einige SL weiter in der nun schwächer ausgeprägten Verschneidung schräg rechts hinauf zu einem latschenbewachsenen Köpfl. Hier erreicht man die große Terrasse, die in Richtung einer steil nach links emporführenden Verschneidung gequert wird. Diese etwa 80 m emporführende Verschneidung (IV) vermittelt den Weiterweg direkt hinauf zum Gipfel.

● **1911** **Floßkogel,** 2437 m

● **1912** **Normalweg**

Vom Weg R 1716 in wenigen Min. zum höchsten Punkt.

● **1913** **Westwand**
Kaser, Graf, 1928.
III +, 700 m, 6 Std. Siehe 12. Aufl. 1969.

● **1914—1916** frei für Ergänzungen

● **1917** **Hohes Tenneck,** 2437 m

Das Tenneck ist der Hauptgipfel des von der Mitte der Übergossenen Alm nach N zum Blühnbachtal vorstoßenden Gebirgszuges, der die „Seichen" im W vom einsamen Wasserkar im O trennt.

● **1918** Normalweg

Von Süden ohne Schwierigkeiten zum Gipfel.

● **1919** **Aus den Seichen**
II. 3 Std.

Wie R 1424 zur Schönblickbrücke. Am rechten Bachufer durch Wald bis an sein Ende (30 Min.). Nun über eine Sandreiße, die zu einer Felsschlucht führt (15 Min.). Von dieser nach rechts schief aufwärts über ein Band, das bis zur NW-Einsenkung des Tenneck-Gipfels zieht. Unschwierig von NW auf den Gipfel.

● **1920 A** **Abstieg über den Nordgrat**
K. Lapuch, G. Hager, 1947.
III (Stellen). 3½ Std. Sehr brüchig. Siehe 12. Aufl. 1969.

● **1921 A** **Abstieg über die Südostflanke**
K. Lapuch, G. Hager, 1949.
II, 1½ Std.

Vom Gipfel nach S in die Scharte vor dem Fliegerköpfl absteigen und dann nach O über steile Schrofen und Bänder in mäßig schwieriger Kletterei am Fuß der senkr. Felsen des Fliegerköpfls hinunter ins obere Wasserkar.

● **1922** **Ostwandverschneidung**
K. Lapuch, G. Hager, 1949.
IV +, 4 Std.

In der etwa 600 m hohen und ebenso breiten Wand befindet sich im linken Teil in halber Höhe eine auffallende Höhle und im rechten Teil ein gelblicher, mauerglatter Wandteil. Knapp links davon vermittelt eine von links nach rechts emporführende Verschneidung den Durchstieg. Der Einstieg befindet sich am höchsten Punkt der Schutterrasse ungefähr 50 m rechts der von der Höhle herunterziehenden schwarzen Wasserstreifen.

Gerade hinauf etwa 100 m, bis man etwas nach rechts gedrängt wird und dann noch einmal 1 SL hinauf zur Schlüsselstelle, einer 20 m hohen, senkr. Wand (IV +, H). Über sie gewinnt man die von unten sichtbare Verschneidung. In dieser steil nach rechts (IV) so lange weiter, bis man den oberen Teil der gelblichen Wand erreicht. In einer Schleife nach links und in etwas leichterem Fels, etwas links haltend, direkt zum Gipfel.

● **1923—1929** frei für Ergänzungen

● 1930 Die Manndlwand

Unter diesem Namen faßt man jene Gipfel aus Dachsteinkalk zusammen, welche mit wohl 30 Spitzen, Türmen, Zinnen, Zacken und Nadeln in einem durch die Schrammbachscharte von der Übergossenen Alm getrennten Felskamm nach O ziehen; die N-Wände fußen im Ochsenkar, die S-Flanken in den grünen Matten von Riding und Mitterberg. Aus der Schrammbachscharte erhebt sich der Kl. Bratschenkopf. Ihm folgen Königsköpfl, Hochstell- und Stangenkopf. Jenseits der Stangenkopfscharte steigt der Kamm wieder an über die Kl. Sattelköpfe zum Gr. Sattelkopf. Wieder folgt eine tiefe Senke, die mit einem scharfen Zacken versehene Sattelkopfscharte. Über die drei Gipfel der Kl. Gamsleitenköpfe führt der Kamm zum Gr. Gamsleitenkopf, der zur Gamsleitenscharte absinkt. Östl. von ihr erhebt sich die Gruppe der Schneeklammköpfe. Sie gliedern sich in den Westl. (Teufelsturm), Mittleren, Östl. und Östlichsten Kl. Schneeklammkopf, den durchlöcherten Melkerlochkopf und den Gr. Schneeklammkopf. Nach der Schneeklammkopfscharte folgen der vieltürmige Gr. Törlwieskopf, die Törlwiesscharte und der Kl. Törlwieskopf und jenseits der schmalen Westl. Rinnenscharte die siebentürmige Krone des Westlichsten, Westl., Mittleren, Östl. und Östlichsten Vierrinnenkopfs. Zur eingehenden Unterrichtung sei auf die glänzende Abhandlung Kaspar Wieders in der ZAV 1931 verwiesen, die auch einzelnen der nachfolgenden Beschreibungen zugrundeliegt.

Das Panorama auf der Rückseite der Wanderkarte zeigt die gesamte Manndlwand von Süden.

● 1931 Zugang zur Manndlwand

Vom S-Fuß der Wetterwand führt ein Jägersteig unter der Schrammbachscharte vorbei, über das Halsriedl und oberhalb der Latschenzone des S-Abhangs der Manndlwand entlang bis zum Fuß des Östlichsten Vierrinnenkopfs und von hier über Almboden gerade zur Mitterfeldalm hinab. Von ihm aus lassen sich alle S-Anstiege der ganzen Manndlwand durchführen.

● 1932 Anstiege zu den Scharten

Ins **Klamml** (Einschnitt zw. Königsköpfl und Hochstellkopf) benützt man den unter R 1720 angegebenen Anstieg bis etwa 100 m vor Anfang der Schrammbachscharte. Von hier begeht man den nach O führenden Jägersteig bis vor den ersten Rücken des Halsriedls. Nun gerade aufwärts über steile Grasschrofen zum Eingang der tiefen Schlucht und in ihr zum Klamml empor. Großartige Felswildnis. Von Mitterberg 3 Std.

Alle anderen Scharten — zw. Gr. Sattelkopf und Kl. Gamsleitenkopf (schwierig), zwischen Gr. Gamsleitenkopf und Teufelsturm, zwischen Schneeklammkopf und Gr. Törlwieskopf, zwischen Gr. Törlwieskopf und Kl. Törlwieskopf sowie die Scharten zwischen den Vierrinnenköpfen sind durch die nach S abstürzenden Schluchten vom Jägersteig aus zu erreichen (3½ Std. von Mitterberg). Etwas leichter gelangt man von N zu den Scharten westl. des Teufelsturms, indem man den Hochkönigweg (R 1715, etwa 1¼ Std.) verfolgt und sich vor Anfang des Ochsenriedls links in das Ochsenkar wendet. Durch dieses hinauf bis zu der hinter den Gamsleiten- und Sattelköpfen gelegenen Gamsleiten. Über steile Schrofen und Schutthänge kann man ohne weitere Schwierigkeiten alle Scharten westl. des Teufelsturms gerade ansteigen (3 Std. von Mitterberg).

● **1933** **Überschreitung des ganzen Manndlwandgrats von West nach Ost**

E. Schneider, 1926, von O nach W. H. Peterka, 1930, von W nach O. Erste Gesamtüberschreitung im Winter vom Östlichsten Vierrinnenkopf bis zum Hochkönig am 4./5.1.1964 durch W. Schertle und F. Rasp.
Häufig **IV**, sonst III und leichter, 10—12 Std.

Die Überschreitung setzt sich aus nachstehenden Routen zusammen: R 1936, 1937, 1976, 1996, 2015, 2024 A, 2031, 2041, 2060, 2076, 2089 A, 2099, 2114, 2115, 2137, 2138 A, 2165, 2180 A.

● **1934** frei für Ergänzungen

● **1935** **Kleiner Bratschenkopf,** 2685 m

Erste Besteigung L. Purtscheller, 1885.

● **1936** **Normalweg von Westen**
I.

Auf dem Hochkönigweg (R 1715) bis zum Beginn des Schartensteiges (hierher auch wie R 1720). Hier biegt man links ab und steigt auf der Westseite des Berges über schuttbedeckte Bänder und kleine Wandln zum Gipfel.

● **1937** **Übergang zum Königsköpfl**
II, 20 Min.

Über den breiten Kamm östl. in eine kleine Scharte; dann durch ein kaminartiges Stück etwa 15 m gerade aufwärts und gleich auf dem kurzen, aber scharfen Grat zum Doppelgipfel des Königsköpfls.

● **1938** **Südwand, Slezakweg**
Slezak, Schmidt, 1926.
III—, 4 Std.

Die Wand wird im unteren Teil durch eine tiefe Schlucht durchrissen. Rechts (östl.) wird sie von einem kulissenartigen Vorbau begleitet. — Auf dem Schrammbachschartensteig (R 1720) ins Kar und nach rechts zum Fuß des Vorbaus. Über Schrofen gerade hinan, dann nach rechts und über steile Felsen auf den Vorbau; auf der Schneide bleibend bis zu einem Aufschwung; er wird rechts in Platten umgangen, dann sofort nach links und weiter bis zum Ende des Vorbaus. Nach links etwas absteigend in eine seichte Scharte am Fuß der Plattenwand des Gipfels. 1 SL gerade empor, dann nach links in die glatten Platten zu gutem Stand. In einer Schleife von rechts nach links zu einem Riß und an festen Griffen zu einem zweiten Riß. In ihm so weit hinauf, bis man links auf dem Grat ansteigen kann. Der Gipfel wird in der Nähe des Steinmanns erreicht.

● **1939** **Direkte Südwand**
Schmitt, Grünwald, 1927.
V (oberer Teil), sonst IV und leichter. 450 m.
Foto Seite 535.

Die S-Wand wird von rechts nach links aufwärts von einer breiten Rinne durchzogen, die von unten als schräges Band erscheint. Wie bei R 1720 zur Schrammbachscharte und über den ersten Abbruch von links her in ein kleines Schuttkar. Rechts in einer seichten Rinne 40 m aufwärts und über einen Überhang in die erwähnte Rinne. In ihr empor, bis sie sich kaminartig verengt und etwa 10 m sehr schwierig weiter; dann wieder unschwieriger, bis Abbrüche sperren. Rechts heraus und über grasdurchsetzten Fels zu einem Riß, der die Plattenwand durchreißt. Links zum Riß und an ihm (H) zu Stand. In einer Verschneidung weiter und über einige Überhänge (H) zu einer Rinne und etwas leichter zum Grat etwas links des Gipfels.

● **1940** **Südpfeiler**
A. Precht, 1972.
V (15 m), A1 (eine Stelle), IV. 500 m, 4 Std.
Foto Seite 535.

Auffallender Felspfeiler zwischen R 1939 und R 1941. Im unteren Teil wird der noch wenig ausgeprägte Pfeiler an der rechten Seite von einem Kamin begrenzt, welcher den Anstieg vermittelt. Einstieg gleich rechts am Anfang des 2. Wandabbruches der Schrammbachscharte, wo der schon vorher erwähnte Kamin emporleitet (200 m, meist IV). Wo riesige Überhänge einen geraden Weiteranstieg verhindern, leitet der Kamin in eine höhlenartige Eiskanzel. Von dieser führt ein Schacht 40 m senkrecht empor (IV, letzten 10 m V, 1 Stelle A1). Durch einen ganz engen Spalt erreicht man wieder die freie Wand oberhalb des ersten Überhanges. Mittels Quergang nach links wird der zweite darüberliegende Überhang umgangen. Nach dem Quergang einen Kamin empor und Quergang zu Felsfenster. Dieses leitet zum linken Pfeilerrand. Von hier bei der ersten Gelegenheit wieder rechts aussteigen und direkt am runden, plattigen Pfeiler empor, zu dessen Gipfel (IV, 5 m V). Über einen scharfen Grat wird die 40 m hohe Ausstiegsschlucht (III) von R 1941 erreicht.

● **1941 Südwestwand**
H. Peterka, A. Baumgartner, 1946.
IV. 450 m, 2½ Std. Foto Seite 535, 537.

Vom Gipfel zieht ein teilweise gescharteter Grat nach W und bricht gegen das mittlere Schrammbachkar mit einer senkr. Kantenbildung ab. Diesem Abbruch nach S vorgebaut, befindet sich ein massiger Felspfeiler, der unterhalb der W-Grathöhe (unter dem auffallenden runden Felsturm im Grat) gipfelt. Dazwischen ist die schmale, kamindurchrissene SW-Wand. Sie wird ab ihrem tiefsten Punkt, bis in die Scharte hinter dem runden W-Gratturm fast in gerader Linie durchstiegen. Der Einstieg liegt ober dem zweiten Wandabsatz des Schrammbachkars.

Von der Wiedersbergalm über den Schafsteig ins Schrammbachkar und empor zum Einstieg der Direkten S-Wand. Der zweite Felsabsatz des Kares wird direkt durch eine kaminartige Wasserrinne erstiegen. Etwas rechts oberhalb E (2 Std. von der Alm; Randkluft). Ungefähr 25 m höher befindet sich eine gelbe Doppelhöhle, schon im Bereiche des W-Gratabbruches gelegen. Diese wird nicht betreten. Den richtigen Einstieg ergibt ein enger, wasserzernagter Riß. Nach 15 m verbreitert sich dieser zu einem schrägen Kamin. In schöner Kletterei empor und nach links auf eine Stufe (Steinmann), in der Nähe der eingangs erwähnten gelben Doppelhöhle. Schwach links durch prächtige Kamine weiter und über einige Absätze in einen kleinen Kessel, der links von den Türmen des W-Grats überragt ist. Unmittelbar den Kessel empor (Steinmann) und durch eine neuerliche Kaminreihe, oder besser und etwas leichter in der rechten Wand daneben in freier, steiler Kletterei auf einen schartenartigen Absatz (Steinmann). Durch eine breite Schlucht nach links, in die Ausstiegsscharte am W-Grat (Steinmann). Über den breiten Gratrücken unschwierig zum Gipfel.

Kleiner Bratschenkopf von Süden

R 1939 Direkte Südwand
R 1940 Südpfeiler
R 1941 Südwestwand
R 1942 Südwand

● 1941 a Einstiegsvariante zu R 1941
A. Precht, 1978.
IV +, 100 m. Foto Seite 537.

Als Richtpunkt dient der gelbrötliche Kamin. Dieser wird über die rampenartige Wand links umgangen. Über eine senkrechte Wandstelle wird der obere Teil des Kamins und ein Felsturm erreicht. Über das anschließende Kamin- u. Schluchtsystem zu R 1941.

● 1942 Südwand
A. Precht, R. Klausner, 1979.
V + (eine Stelle), **A 1** (3 m), IV und III.

Östl. des Südpfeilers führt ein zergliederter Kamin über mittelsteiles Gelände zu einer teilweise überhängenden Felsstufe in der Wandmitte. Eine gelbe Platte und ein ansetzender Handriß (Schlüsselstelle) erlauben den Durchstieg. Man gelangt in eine eigenartige Verschneidung („Bananenverschneidung"). Über diese in eine flache Felsrunse, die man etwa 150 m verfolgt, bis die erneut aufsteilende Gipfelwand erreicht wird. (Precht)

● 1943 Westpfeiler
A. Precht, Sieglinde Walzl, A. Grugger, 1979.
V + (eine Stelle), **A 0** (Seilquergang), IV + und IV. 3 ZH. 370 m. Foto Seite 537.

Vom oberen Teil der Schrammbachscharte erhebt sich der Westpfeiler der an der westl. Gipfelabdachung endet. Als Markierung dient die glatte Felsplatte („Dachlplatte") zwischen zwei Überhängen im unteren Wandbereich. In Fallinie dieses Daches liegt die Einstiegsverschneidung. Die „Dachlplatte" quert man von rechts nach links zur Riesenverschneidung. Über ein sehr steiles Wandl oberhalb der Verschneidung wird zur Kante nach rechts aufwärts gequert (Schlüsselstelle). Am Pfeilerabsatz setzt eine „Bilderbuchverschneidung" an. Über diese auf einen abgespaltenen Felsturm („Kartenhausstand") und die darüberliegende Verschneidung zum Ausstieg. **1. SL:** Knapp rechts vom Verschneidungsgrund über kleingriffige Platte etwa 15 m zu H. Aus der Verschneidung 10 m Querung nach rechts. **2. SL:** Über die anschließende Platte gerade aufwärts und leicht rechts zur Kante, über diese

Kleiner Bratschenkopf von Südwesten

R 1941 Südwestwand
R 1941 a Einstiegsvariante zu R 1941
R 1943 Westpfeiler

Kl. Bratschenkopf
1941
1941 a
1943

etwas brüchig zum Anfang des Quergangs (40 m, IV—). **3. SL:** Querung über die „Dachlplatte", von H Seilquergang über glatte Platte zu einer Felsrunse; diese empor zu Standplatz (40 m, IV). **4. SL:** Ein Band führt in die „Riesenverschneidung" und weiter links hinaus zum Plattenriß (40 m, IV u. IV+). **5. SL:** Den Riß empor unter eine Rißverschneidung (20 m, IV+). **6. SL:** Die Rißverschneidung (1 Klemmblockschlinge) zu größerem Absatz (25 m, IV). **7. SL:** Waagrecht nach rechts, über die senkrechte Platte (1 H), vor der Steilkante die erste Möglichkeit nutzend gerade aufwärts (20 m, V, Schlüsselstelle). **8. SL:** - Über Steilrampe zur Kante und über diese zu Pfeilerabsatz (40 m, IV). **9. SL:** Über ein schottriges Band in die „Bilderbuchverschneidung" (30 m, II u. IV). **10. SL:** Die Verschneidung weiter zu riesigem, freistehendem Felsturm („Kartenhausstand", 20 m, IV). **11. / 12. SL:** Spreizschritt in die Wand, über diese in die Ausstiegsverschneidung. Zwischenstand in abschüssiger Verschneidungsnische (H). Insgesamt 70 m, IV u. IV+. (Precht)

● **1944—1947** frei für Ergänzungen

● **1948** **Königsköpfl**, 2634 m

Das Königsköpfl entsteigt mit steilen Schrofen und plattiger Gipfelwand dem Ochsenkar, in das es einen rückenartigen Vorbau nach NO vorschiebt.

● **1949** **Normalweg von Nordosten**
I, 1 Std.

Vom Vorbau über die Schrofen der Nordostflanke zur Gipfelwand und durch einen seichten Kamin zum höchsten Punkt.

● **1950** **Südwand**
K. Rehm, F. Schmitt, 1927.
IV, 400 m.

Wie R 1932 zum Klamml. In der Schlucht empor bis man nach links auf ein rotes Schartl queren kann. Gerade hinan zu einer kurzen Platte (H). Weiter über einen kleinen Überhang in eine grasbesetzte Rinne. 15 m hoch, dann 6 m Quergang nach links zu einer weiteren Rinne. Links haltend auf eine Rippe und 3 SL aufwärts zu begrüntem Absatz. Links über sie zu einer schrägen, kaminartigen Rinne. An der plattigen rechten Begrenzungsrippe 3 SL gerade empor, und rechts über eine Wandstufe zu einem Riß. An ihm 8 m hinauf, links neben dem Kamin hoch und dort zu einem kleinen Kessel unter glatten Überhängen. Querung rechts aufwärts, zuletzt an glatter Platte zu Stand. Gerade weiter und durch eine grasige Rinne auf einen zweiten Absatz. Schräg nach links zu einer breiten Rinne, die von der Scharte östl. des Gipfels herabzieht. Rechts von ihr empor, bis sie sich kaminartig verengt. Unter dem Überhang (H) rechts heraus und an kleingriffiger Rippe weiter. In der folgenden Rinne gerade aufwärts über einige Absätze in ein Schartl und links zum Gipfel.

● 1951 Südwestwand
H. u. P. Peterka, 1934.
IV. 600 m, 3½ Std.

Unterhalb des Schrammbachkar-Abbruchs über grasdurchsetzte Platten schief nach rechts empor, teilweise den alten Jagdsteig (Eisenstifte) berührend, in den Verschneidungswinkel der Schlucht zwischen Königsköpfl und einem Felsbau neben dem Kl. Bratschenkopf. In den schiefen Verschneidungen oder links daneben in den Grasschrofen solange empor, bis man den tief eingeschnittenen Kamin in der SW-Wand des Königsköpfls erreichen kann. Von einem Absatz (Steinmann) mit kurzer Querung in den Kamingrund und über einige äußerst ausgewaschene Stellen 40 m senkr. empor zu einer kleinen Stufe, von der der Kamin als Rißreihe weiterzieht. Halb rechts 30 m empor zu einer Schrofenrippe; auf ihr 2 SL weiter. In Höhe eines rechts befindlichen freistehenden Turms nach rechts querend und durch einen kurzen Stemmkamin zu einer flachgeneigten Kaminreihe. Sie endet nach 100 m. Von einem kleinen Kessel rechts querend zur SW-Kante; über sie bis zum Gipfelblock. Von der rechten Scharte zieht ein Doppelriß herunter, dessen rechter Ast durchstiegen wird. Über zwei Überhänge stemmend empor, zuletzt über prächtigen Fels unmittelbar in die Scharte und schnell zum höchsten Punkt.

● 1952 Westwand
W. End, L. Markl, H. Peterka, 1951.
IV, 700 m, 3½ Std. Siehe 12. Aufl. 1969.

● 1953—1954 frei für Ergänzungen

● 1955 **Klammlkopf,** etwa 2450 m

Die breitausgedehnten W-Abstürze des Hochstellkopfes reichen von dessen SW-Grat bis zur Schneeschlucht des Klammls; sie werfen vier Gipfeltürme auf, die mit kamindurchrissenen Steilwänden zum obersten Halsriedl absinken. Besonders von der Riding- und Wiedersbergalm aus erscheinen diese vier Gratgipfel als selbständige Türme zwischen Königsköpfl und Hochstellkopf; vom eigentlichen Kammverlauf zwischen diesen beiden Gipfeln sind sie durch kleine Scharten bzw. Felsschneiden oder Kämme getrennt. Der linke dieser vier Türme, der mit einem wilden Grat die Klammlschlucht überragt, ist der **Klammlturm** (Westl. Klammlkopf), sein rechter Nachbar der **Klammlkopf** (Mittl. Klammlkopf); es folgen **Mittelturm** (Östl. Klammlkopf) und **Hochstellturm.** Erstbesteiger des Klammlturmes und -kopfes war vermutlich L. Purtscheller mit Jäger Linschinger, 1888, anläßlich der ersten Begehung der Klammlschlucht (im Abstieg). Erste touristische Besteigungen von Mittelturm (2520 m) und Hochstellturm (2540 m) am 5. 9. 1951 durch W. End, L. Markl und H. Peterka (ÖAZ. 1952, S. 83). Die Ersteigung des Mittelturms ist einfach; der Hochstellturm, der durch einen zackigen Grat auffällt, wird über eine Scharte hinweg und über Blockstufen erstiegen, wobei man den höchsten Punkt über eine scharfe Felsschneide erreicht.

● **1956** **Klammlturm-Westwand**
Peterka, Proksch, 1947.
IV. 400 m, 1½ Std. Foto Seite 541.

Von der Wiedersbergalm auf Steig gegen das Schrammbachkar und darunter nach rechts, Spuren folgend, zu den Schafweideplätzen an den Halsriedln. Man bleibt auf dem Hauptsteig, bis man in eine Schrofenrinne Einblick gewinnt, die unmittelbar zu einer Einbuchtung emporzieht, aus welcher sich die gesamte W-Wandfront von Klammlturm-SW-Grat bis Hochstellkopf-SW-Grat erhebt. Durch diese Rinne zum Einstieg empor. Dieser befindet sich in der Fallinie der Scharte zwischen Klammlturm und Klammlkopf. Über weißgewaschene Platten hoch und schräg nach links zu einer Kaminreihe, die zuletzt durch einen 4 m hohen Plattenriß erklettert wird. In der hier beginnenden Schlucht unmittelbar hinauf, über zwei enge Stellen hinweg auf die Höhe eines Gratsattels (Steinmann). Unschwierig weiter zu einer sichtbaren Höhle. Diese wird in der rechten Wand erstiegen und durch ein Höhlenfenster die oberhalb befindliche Rinne erreicht. Etwas höher verbreitert sich diese zu einem Kessel, aus dem durch ein Blockfenster die Gratscharte zwischen Klammlturm und Klammlkopf erreicht wird. Nun rechts über ansteigende Bänder schief empor oder aussteigend zum Grat und über ihn zum Gipfel.

● **1957** **Klammlkopfverschneidung** (Klammlturm)
A. Precht, T. Bubendorfer, 1979.
V+. 350 m, 5½ Std. 3 H. Sehr lohnende Kletterei, meist fester Fels. Foto Seite 541.

Übersicht: Der Klammlturm ist an seiner SW-Seite von einer markan-

Blick von der Wiedersbergalm nach Nordosten

Klammlkopf

R 1956 Klammlturm-Westwand
R 1957 Klammlkopfverschneidung
R 1958 Westwandrisse
R 1959 Mittelturm, Südwand
R 1960 Mittelturm, Klamml-U

Hochstellkopf

R 1971 Westwandschlucht

ten, von der Wiedersbergalm gut sichtbaren Verschneidung durchzogen. Die untere Hälfte ist mehr nach W gerichtet, der obere Abschnitt ist äußerst steil und imposant.

Zustieg: Am besten über die Wiedersbergalm am Höhenweg unter die schrofigen Ausläufer der Klammköpfe.

Führe: Wie bei R 1956 durch die Rißverschneidung 15 m zum Beginn einer Schlucht, in der R 1956 weiterführt. Von hier rechts aufwärts zu einer gelben, kurzen Wandstelle (V, 1 H). Die darauffolgende Kaminreihe mit einigen kleinen Absätzen, die sich als Standplätze anbieten, empor zur Scharte in der Wandmitte (4 SL, IV). Querung in die Gipfelverschneidung, die zu Beginn flach ist und immer steiler werdend als teilweise überhängender Kamin am Klammlturm endet (5 SL, IV+, 2 Stellen V+, 2 H). (Precht)

● 1958 **Klammlkopf, Westwandrisse**
A. Precht, 1978.
IV+, überwiegend IV. 350 m, 1 H. Foto Seite 541.

Die Westwand des Mittleren Turms ist von einigen Rissen und Kaminen durchzogen. In diesen verläuft der Anstieg und bietet sehr schöne Kletterei mit interessanten Kletterstellen.

● 1959 **Mittelturm, Südwand**
A. Precht, August 1981.
IV+, teilweise brüchig. 400 m, davon 200 m in der Westwandschlucht (R 1971) und 200 m neu. Foto Seite 541.

● 1960 **Mittelturm, „Klamml-U"**
A. Precht, Sept. 1981.
IV+ und IV, 350 m. Sehr guter, ausgewaschener Fels. Foto Seite 541.

Die von Schluchten und Pfeilern zergliederte Wand wird in der Mitte durch ein Querband abgestuft. Der Anstieg führt durch den schluchtartigen Wandverlauf zwischen Mittlerem und Östlichen Klammlkopf. Im unteren Wandteil bildet eine senkrechte, stumpfe Rißverschneidung die Schlüsselstelle, der Fels ist jedoch sehr kletterfreundlich. Die Gipfelwand beginnt als U-förmiger Eingang in eine Schlucht. Im rechten Ast des „U" einen Riß empor zu einem überhängenden, verblockten, sehr engen Kamin. Dieser und anschließend der abdrängende Riß bilden die Schlüsselstellen im oberen Wandteil.

● **1961—1967** frei für Ergänzungen

● **1968** **Hochstellkopf,** 2480 m

Erstbesteiger H. Heß, Linschinger, 1888. Siehe auch R 1955.

● **1969** **Von Norden**

Aus dem hintersten Winkel des Ochsenkars über Schutthänge und Felswandln zum Gipfel.

● 1970 **Von Süden**
L. Purtscheller, Linschinger, 1888.
I. 2¾ Std.

Man steigt vom Jägersteig (R 1931) zwischen Halsriedl, 1879 m, und der Manndlwand empor, läßt einen riesigen Felsturm rechts und einen kleineren, etwas tiefer gelegenen links und klettert beim großen Felsturm an der westl. Rinne aufwärts bis zu einer kleinen Felswand. Nun quert man zwei Rinnen und steigt über eine dritte hinan, dann folgt ein Plattenstück, das zu einem breiten Rasenband führt. Von dort erreicht man ein grünes Eck mit einem Steinmann, wo eine Pfadspur gerade unterhalb des Gipfelmassivs emporzieht. Dann wendet man sich rechts gegen den Einschnitt zwischen Hochstellkopf und Stangenkopf (hier eine steile Stelle) und betritt durch einen Kamin (an dessen linker Seite kletternd) die Scharte; der weitere Weg ist unschwierig.

● **1971** **Westwandschlucht**
H. Peterka, F. Proksch, 1947.
IV, 400 m, 2 Std. Siehe 12. Aufl. 1969.
Foto Seite 541.

● **1972** **Südwestgrat**
H. Peham, S. Rehrl, A. Sardelic, 1932. Teilweise schon von Awerzger und Wieder begangen.
V (Stellen), IV und III, auch leichter. 2½ Std.

Vom Arthurhaus in 1 Std. zum E westl. eines auffallenden Turms; durch eine schrofige Rinne in ein kleines Schuttkar. In einer glattgewaschenen, 70 m hohen kaminartigen Rinne durch die das Kar umschließende Steilmauer zu unschwierigen Schrofen. Nun scharf nach rechts in eine kleine Scharte des Grats; aus ihr über eine steile Platte, die von einem Riß durchzogen ist. Nun gerade an der Gratkante empor, bis sie sich zurücklegt. Über weniger schwieriges Gelände und in einer Schleife von links her auf einen brüchigen Gratturm. Über Schrofen zum senkr. Gipfelaufschwung des Grates. Einige Meter Quergang nach rechts, dann in seichtem, mehrmals unterbrochenem Riß an der Kante in 4 SL zum Gipfel.

● **1973** **Südwand**
A. Awerzger, S. Watzinger, H. Zinober, 1933.
IV+.

Die mächtige Wand, die im oberen Drittel einen fast senkr. Plattenschuß zeigt, wird von dem kantenartigen S-Grat und dem weit vortretenden SW-Grat begrenzt. Letzterer flankiert eine Schlucht, in die die S-Wand senkr. abbricht.

Vom Arthurhaus über den Brandholzriedel zum Fuß der SO-Wand und links hinauf in einen Sattel, aus dem sich die S-Kante aufschwingt; links weiter zu einem zweiten Sattel; einige Meter absteigend in eine

Rinne, diese querend und links aufwärts kommt man auf jenen Grat, der die große Schlucht östl. begrenzt, in die die S-Wand senkr. abbricht. Nun rechts (östl.) aufwärts in eine schlecht ausgeprägte Rinne und weiter, bis links (westl.) ein flacher Kamin beginnt. Durch ihn zu einem Sättelchen. Über kleingriffige Wand gerade aufwärts zu schrofigem Fels am Fuß der großen Platte und gerade aufwärts über eine kleine Platte zum Riß westl. des großen Plattenschusses. Durch den griffarmen Riß sehr ausgesetzt über den Plattenschuß und auf ein steiles, links aufwärts ziehendes Band; man verläßt es nach einer ½ SL nach rechts und gelangt gerade zum Gipfelsteinmann.

● **1974** **Südkante**
Landegger, Peterka, 1929.
IV+, 2½ Std. Foto Seite 545.

Von Mitterberg zum Wandansatz der S-, richtiger SO-Wand. Über steilen, rasendurchsetzten Fels nach links, zuletzt durch einen kurzen Kamin auf einen Absatz, von dem sich lotrecht die S-Kante erhebt. Nach links um die Ecke und durch einen hohen, spiralförmig gewundenen Kamin zu gutem Stand unter überhängendem Riß. Nach rechts auf die scharfe Kante und zu ihrem Ende empor. Schräg rechts durch eine ansteigende Rißquerung zu einem überhängenden Riß. Durch ihn in einen kleinen Kessel. An die linke Begrenzungswand und durch einen Riß zur gratähnlichen Kante zurück. Gut gestuft gerade empor zum nächsten Kantenaufschwung. Links von ihm ist ein hoher Kamin eingeschnitten, den man durchklettert. Ausstieg einige Meter rechts vom Gipfel.

● **1975** **Direkte Südostwand**
IV+ und IV, **A0** (Seilquergang), 450 m, 3½ Std.
Foto Seite 545.

Zugang wie R 1974. Am Anfang des steilen Grasbandes, das nach links zum S-Kanteneinstieg führt, leitet eine steile Rampe nach rechts. Die

Die westliche Mannlwand von OSO
Hochstellkopf

R 1974 Südkante
R 1975 Direkte Südostwand
R 1986 Östlicher Parallelkamin
R 1987 Westlicher Parallelkamin

Stangenkopf

R 1983 Südwand
R 1984 Südschlucht
R 1985 Direkte Südwand

Kleine Sattelköpfe

R 2004 Zweiter Kopf, Südwandkamin
R 2005 Zweiter Kopf, Südwand

Hochstellkopf
Stangenkopf
Kleine Sattelköpfe
Königsköpfl
Stangenkopfscharte
Kl. Bratschenkopf
Schrammbachscharte
1987
1986
2004
2005
1983
1985
1984
1974
1975

Rampe empor (1 H) zu einer 40 m hohen, senkrechten Rißverschneidung.

Diese spreizt man in herrlicher, ausgesetzter Kletterei empor (IV, im oberen Teil überhängend). Man folgt dann einer Hangelleiste, die einigemale durch senkrechte Kamine (III, IV) unterbrochen wird, nach rechts zu einem Felsköpfl. Mittels Seilquergang nach rechts (2 H) erreicht man eine überhängende Verschneidung. Diese 30 m empor (IV+, 2 H), schwierigste Stelle. Nun in Kaminen gerade aufwärts, ein Schrofenband, das die SO-Wand waagrecht durchzieht, überquerend, zur S-Kante und auf dieser nach 100 m zum Gipfel.

● **1976** **Vom Königsköpfl**
III, ¾ Std.

Vom Königsköpfl aus der kleinen Mulde zwischen dem Doppelgipfel nach O, zuerst einige Meter über Felswandln und Schuttbänder zum Klamml. In 10 Min. unschwierig zum Hochstellkopf.

● **1977—1981** frei für Ergänzungen

● **1982** **Stangenkopf,** 2459 m

Überschreitung siehe R 1996.

● **1983** **Südwand**
A. Precht, J. Brugger, 1972.
V (20 m), **A1** (einige Stellen, Seilquergang), IV und IV+. 220 m, 4—5 Std. KK und Schlingen empfehlenswert.
Foto Seite 545.

Über die steile, grasdurchsetzte SO-Wand des Hochstellkopfes empor, bis sich rechts die steile S-Wand des Stangenkopfes aufbaut. Den E bildet eine doppelte Verschneidung gleich links vom mittleren, glatten Wandteil. In dieser Verschneidung 30 m empor zu einem Felsköpfl, Spreizschritt 2 m nach links und einen Riß 10 m gerade empor zu Sanduhr (IV+, 1 H). Quergang 6 m über steile Platte nach links, einen Überhang mittels Legeschlingen gerade hoch (IV+) und im Linksbogen hinauf zu Sicherungsköpfl. Nun rechts um die Kante in eine auffallende Verschneidung, in dieser einige Meter aufwärts zu Sanduhr mit Schlinge. Über eine glatte Platte Seilquergang 10 m nach rechts zu einem Kamin, diesen empor (V), an gelber „Haifischflosse" links vorbei (IV+, 1 H) und einen weiteren Kamin sehr ausgesetzt einigen Haken folgend aufwärts (V). Unter Überhang eine Hangelleiste nach links und einen Riß (IV+) senkrecht empor zu großem Standplatz. Nun durch den senkrechten Ausstiegskamin (IV, 1 H) zum Gipfel.

● **1984** **Südschlucht**
Gerin, Hecht, Szalay, 1927.
III. 2½—3 Std. Foto Seite 545.

Von der Scharte zwischen Stangenkopf und den Kl. Sattelköpfen zieht eine fast durchwegs von zwei Kaminen durchzogene Schlucht südwärts, die den Durchstieg vermittelt. Man steigt in der Schlucht so lange über Schrofen an der linken Seite aufwärts, bis die große, vom Hochstellkopf kommende Schlucht einmündet. Nun rechts aufwärts zu einem kleinen Grassattel links des großen, auffallenden schwarzen Turms. Gerade hinan durch eine rechtwinklige Verschneidung, dann zum ersten, sanft ansteigenden, schuttbedeckten Schluchtabsatz. Von seinem Ende durch den rechten Kamin (in der Mitte ein rechtwinkliger Absatz) und auf schönem Band wieder in die Schlucht; abermals rechts durch den kurzen, durch einen Überhang geschlossenen Kamin auf den zweiten großen Schluchtabsatz. In schöner Kletterei zur Scharte und in wenigen Minuten auf den Gipfel.

● **1985** **Direkte Südwand**
A. Precht, A. Sattelberger, 1975.
V+ (20 m), **A1** (eine Stelle), 15 m V, sonst IV+, IV und leichter. 250 m, 4—5 Std. Foto Seite 545.

Übersicht: Die senkrechte Stangenkopf-Südwand wird von mehreren, markanten Verschneidungen, Kaminen und Rissen gegliedert. Im ganz linken Wandteil erkennt man die Parallelkamine. Östl. durch die Verschneidungsreihe verläuft R 1983. Rechts davon, wo die Wand am höchsten ist und oft gelben, plattigen Fels aufweist, verläuft die direkte Südwandroute.

Zugang: Vom Manndlwandsteig steigt man die breite Schlucht unterhalb der Kleinen Sattelköpfe auf (II). Man befindet sich noch östl. der Einstiegsplatten. Um diese zu erreichen, steigt man bei einer markanten Graterhebung nach links ab. So erreicht man das breite, schrofige Band der Hochstellkopf-SO-Wand und die verschiedenen Einstiege der Stangenkopf-Südwand-Routen.

Führe: Über einen steilen Kamin im Schluchtgrund oder über Platten von links her erreicht man einen kurzen, überhängenden Riß, der den eigentlichen E bildet. Den Riß 5 m empor (IV+, 1 HK) und nach rechts in leichteres Gelände; weiter über eine nach rechts ziehende Rißverschneidung zu gutem Stand auf kleinem Gipfel. Nach rechts in den markanten Kamin. Zuerst an der rechten Kaminwand empor (IV, 3 H) dann Quergang in den Kamin (IV+). Diesen sehr engen Kamin verfolgt man bis zum Anfang eines schrofigen Absatzes. Von hier etwas zurück (absteigen) und ausgesetzter Quergang nach links, womit man den Beginn eines feinen, überhängenden Risses erreicht. Zuerst in freier Kletterei (V+) über kleine, feste Griffe aufwärts und über einige H weiter zur Klemmkeilschlinge. Hier Quergang über rauhe Platte links aufwärts in einen Kamin. Die nächste SL führt im Kamin empor zu gutem Stand in überdachter Nische. Den nun überhängenden Kamin hochspreizend zu einer nach rechts führenden, steilen Platte mit Handriß (V). Beim nächsten breiten Riß gerade empor zum Ausstiegskamin und durch diesen 50 m (III) zum Gipfel.

● **1986** **Östlicher Parallelkamin**
A. Precht, S. Offensberger, 1973.
III+. Foto Seite 545.

● **1987** **Westlicher Parallelkamin**
A. Precht, S. Offensberger, 1973.
IV— und III, 180 m. Foto Seite 545.

● **1988** **Südostpfeiler**
A. Mayer, S. Scheuringer.
IV+, meist III und IV. 250 m.

E knapp oberhalb des tiefsten Punktes, wo der SO-Pfeiler im steilen, schrofigen Kar fußt. Eine Kaminreihe in 3 SL empor in die rechts aufwärtsziehende plattige Steilrampe zum Ausstieg östl. des Gipfels.

● **1989—1994** frei für Ergänzungen

● **1995** **Kleine Sattelköpfe,** 2391 m

Der Zug der Kl. Sattelköpfe zählt von der Stangenkopfscharte bis zum Gr. Sattelkopf neun Gipfel.

● **1996** **Überschreitung vom Hochstellkopf**
III (Stellen), häufig I und Gehgelände. ¾ Std.

Vom Hochstellkopf in 5 Min. zum Stangenkopf. Nun nach O in die Stangenkopfscharte. Von hier werden die Kl. Sattelköpfe bald auf schmalen, gerölligen Bändern der N-Abstürze, bald auf dem luftigen Grat überklettert bis zum O-Gipfel der Kl. Sattelköpfe.

● **1997** **Neunter Kopf, Nordkamin**
A. Awerzger, J. Miller, 1932.
I. 2 Std. vom Ochsenkar.

Von der Scharte westl. des Gr. Sattelkopfs zieht eine Rinne nördlich herunter auf das Schuttdach unter dem Gipfel. Aus dieser Rinne führen eine kleinere Rinne und eine Kaminreihe auf die östl. Kl. Sattelköpfe. Ausstieg etwas nördl. des Gipfels.

● 1998 Neunter Kopf, Direkte Südwand
A. Precht, A. Sattelberger, A. Wicker, 1971.
V— (10 m), kurze Stellen IV+, meist IV. Bei Umgehung der „Schwierigen Verschneidung" insgesamt nur **IV+**.
340 m, 4 Std. Foto Seite 551, 556.

Übersicht: Unmittelbar westl. des Großen Sattelkopfes grenzt der 9. Kleine Sattelkopf an, der nach S mit einer großartigen, plattigen Wand über 300 m steil abbricht.

Zustieg: Von der Mitterfeldalm dem Wildzaun folgend bis hinauf zum First. Unterhalb der ersten Felsen auf einem kleinen Steig über das begraste, steile Kar der Manndlwand nach W bis in die ausgeprägte, felsige Schlucht, welche vom Großen Sattelkopf orogr. nach rechts abwärts leitet. Diese aufwärtssteigen (200 Höhenmeter, II) bis zur Gipfelfallinie des 9. Kleinen Sattelkopfes. Dort verläßt man das breite Band über eine kurze Wandstelle zum Beginn einer markanten Kaminreihe.

Führe: Einstieg bei dunklem Kamin. Links eines Felsdachls 35 m aufwärts zu Sicherungsblock. In dem etwas nach rechts ziehenden Kamin (H mit Schlinge) aufwärts zu einer Plattform, über die anschließende Platte schräg rechts in eine Rißverschneidung. Diese gerade empor zu winzigem Giebel. Von hier noch einige Meter aufwärts, dann Quergang nach rechts um die Kante (H) in eine kleine, rechtwinkelige Verschneidung. Weiter an die rechte Kante und in leichter Kletterei gerade hinauf. Darüber liegt ein großer Plattwulst, welchen man nach rechts umgeht, indem man eine Felsrampe etwa 6 m absteigt und die erstbeste Möglichkeit wahrnimmt, über den Wulst nach rechts aufwärts zu klettern (1 H). So erreicht man einen Kamin, der zu einer doppelten Rißverschneidung führt, die am Ende von einem riesigen Klemmblock abgeschlossen ist. Ein Spalt im Verschneidungsgrund ermöglicht das Durchklettern hinter dem Klemmblock. Einen rißartigen Kamin aufwärts. Darüber werden einige Platten nach rechts gequert bis zu einem guten Standplatz. Hier beginnt die „Schwierige Verschneidung". Es ist möglich, diese zu umgehen (indem man ein auffallendes Felsband nach links verfolgt und durch einen sehr engen Kamin aufwärtsklettert). So erreicht man einen Grat, der nach rechts wieder zum Originalweg führt.

Die „Schwierige Verschneidung": Zuerst durch einen nach rechts gebogenen Riß 40 m empor zu einer sehr steilen Nische (SH). Etwas nach links steigen und die ungemein glatte Verschneidung aufwärts (Schlüsselstelle) zu gutem Standplatz. Von hier nach links zu einem Riß und später durch einen kurzen, steilen Kamin in schrofiges Gelände. Hier etwas nach links zum Fuße eines Felsgendarms. Nach rechts führt eine sehr steile Verschneidung empor zur Gipfelscharte.

● 1998 a Bergrettungsriß, Variante zu R 1998
Bergrettungsdienst, Ortsstelle Werfen.
IV+, 200 m. Foto Seite 551, 556.

Zum E und 1. SL wie R 1998. Am Beginn der 2. SL nicht aus dem Kamin rechts hinaus, sondern in den verdeckten Kamin schachtartig gerade aufwärts. Der Kamin verengt sich rißartig und ist nach oben hin überdacht. Dort quert man die Platte zu einer steilen, plattigen Rampe, die zu einem Grat führt. Über diesen in leichterer Kletterei in den oberen Teil der Südwandroute.

● 1999 A Abstieg vom Neunten Kopf
I, ¾ Std.

Nach N durch die Schlucht über schrofiges Gelände abwärts, bis zu einem schmalen Steig, welcher unterhalb der Gipfelfelsen nach rechts leitet, um die darunterliegenden Felsen zu umgehen. So erreicht man die lange Schutthalde, welche zum Hochkönigsteig führt.

● 2000 Siebter Kopf, Südwand
Gerin, Hecht, Szalay, 1927.
V und IV, 4 Std. Foto Seite 551, 556.

Durch einen feinen Riß in den glatten Platten des unteren Teils der Sattelköpfe in der Fallinie des Mittelgipfels 45 m nach rechts schräg empor zu einer Schlucht. Nach 2 SL in dem rechten, senkr. Kaminast auf das breite, steile Band, das in die Scharte zwischen der eigentlichen Wand und dem südl. vorgelagerten Turm führt (Steinmann). Nun 2 SL über den grasigen Schrofenkamm in die Schlucht; ihr Ende bildet ein torähnlicher Überhang. Gleich nach ihrem Betreten in die linke Rinne, die nach 20 m in einen Riß übergeht. Durch ihn hinauf und weiter bis an die senkr. Wand, dann Querung links um die Kante in die nächste Schlucht, vor deren Ende eine senkr. Kaminreihe hinanzieht. Wenige Meter nach Betreten der sandigen Schlucht links durch eine seichte, durch einen Überhang abgesperrte Rinne zu einem schmalen, plattigen Band (20 m), nun 6 m lange Querung links in eine kleine, von einem Überhang abgeschlossene Nische (H). Rechts davon hinauf in eine Rinne, die wenige Meter unter dem Gipfel auf einer Plattform fußt. Nun von rechts her auf den Mittelgipfel.

● 2001 Siebter Kopf, Südgrat
H. Peterka, 1930.
IV+, 3 Std.

Einstieg wie R 2000; halblinks über Schrofen empor. Um eine Ecke einige Meter absteigend und jenseits eines überhängenden Risses über

Kleine Sattelköpfe von OSO

R 1998	Neunter Kopf, Direkte Südwand
R 1998 a	Bergrettungsriß, Variante zu R 1998
R 2000	Siebter Kopf, Südwand
R 2004	Zweiter Kopf, Südwandkamin
R 2005	Zweiter Kopf, Südwand

eine steile Platte im Zickzackanstieg hinweg. Zuletzt wenige Meter nach links zum Ansatz des Grats. Etwas links daneben empor, später am Grat weiter zu einer steil abfallenden Platte. Nach links in die kleine Schlucht absteigend, diese verlassend und durch überhängende Risse auf einfachere Felsen. Nun wieder weiter auf den gut ausgeprägten Grat. Etwas besser knapp rechts daneben über kleine Überhänge und plattige Stellen hinweg in der bisherigen Richtung weiter; zuletzt links haltend in die Ausstiegsscharte am langen Gipfelgrat.

● 2002 **Vierter Kopf, Südwand**
Awerzger, Gerin, Szalay, 1933.
V (Stellen), meist III. 4—5 Std.

Der vierte Kopf tritt mit einer schönen S-Kante und glatten Gipfelwänden hervor. Gleichlaufend zur Kante zieht eine Kaminreihe bis in ein kleines Schuttkar, das zuoberst des Brandholzriedls liegt. Der Ausstiegskamin ist vom Arthurhaus aus gut sichtbar.

Im Kar zu den Kaminen, die bei einer großen, roten Höhle beginnen. An einer gelben Höhle vorbei zu einer weiteren Höhle mit schwärzlichem Gestein. Im engen, glatten Kamin aufwärts. Der erste Überhang wird rechts umgangen; nach ½ SL wieder in den Kamin zurück; neuerdings zu einem großen Überhang; nun Quergang nach rechts und 1 SL gerade aufwärts in eine steile Schlucht, aus der die Gipfelschlußwand (SSO) senkr. aufstrebt. Durch einen mehrfach blockgesperrten Kamin (V) zum Gipfel.

● 2003 **Zweiter Kopf, Südwand**
Reiter, Mischitz, 1946.
IV, 400 m, 4 Std.

Vom Arthurhaus über Rasenhänge zu den S-Wänden der Kl. Sattelköpfe. Der Einstieg ist durch eine keilförmige Schlucht gekennzeichnet. Die Spitze des Keiles wird über ein steiles Wandstück erreicht. Nun nach links aufwärts in Richtung auf einen auffallenden Plattenring. Durch teilweise enge, glatte Risse und Kamine kommt man rechts am Plattenring vorbei auf den Gipfel.

● 2004 **Zweiter Kopf, Südwandkamin**
Gerin, Szalay, 1938.
VI (Stellen). 4 Std. Foto Seite 545, 551.

Der erste (westlichste) Sattelkopf, von der Stangenkopfscharte unmittelbar östl. aufstrebend, ist ein auffallender, graugelber Turm, nach S senkr. abfallend, ohne jede Gliederung, ein wahrhaft drohendes Felsungetüm, und vom eigentlichen Bergkörper losgelöst. Von seiner östl.

davon gelegenen Scharte zieht eine Kaminreihe hinab zwischen den senkr., beinahe überhängenden Wänden, links vom westlichsten und rechts vom westl. (zweiten) Sattelkopf. Vom Arthurhaus bis unterhalb des Wandvorbaues. Der Einstieg liegt genau unterhalb der gelbgefärbten Felsen der Gipfelwand des „Gelben Turmes". Schräg links aufwärts kletternd erreicht man das erste Grasband. Man erreicht gerade emporkletternd die „Wiese" und weiter das zweite Grasband und hierauf die mittlere Terrasse. Von dieser in der Höhe des S-Grates des ersten (westlichsten) Turmes durch eine Verschneidung mit Überhang (V) auf die obere Terrasse. Bis hierher ist der Fels vielfach von Rasen durchsetzt, das Gestein ist jedoch fest und zuverlässig. Eine von S verborgene Kaminreihe führt von links nach rechts in schöner Kletterei in festem Gestein zum Beginn der auffallenden Schlußkaminreihe, die bei der Scharte zwischen Erstem und Zweitem Kl. Sattelkopf endigt. Eine Rampe, stark nach außen drängend, bringt von rechts nach links in den Kamin und über zwei eingeklemmte Blöcke in den Kamingrund. Es folgt die schwierigste Stelle. An mauerglatten Begrenzungswänden hinaufstemmend, unter eingeklemmten Blöcken nach außen spreizend, zur Kaminfortsetzung (VI). Von der nächsten Kaminstufe an der rechten Begrenzungswand fast grifflos hinauf in eine Höhle. Aus dieser durch ein oberhalb gelegenes Fenster äußerst ausgesetzt in die Kaminfortsetzung und unschwieriger werdend, nochmals durch ein aus Blöcken gebildetes Fenster zur Scharte zwischen Erstem und Zweitem Kl. Sattelkopf. Von der Scharte jenseits östl. und über eine abgesprengte Felsplatte zu einem Schartel knapp westl. des Gipfels.

● **2005** **Zweiter Kopf, Südwand**
A. Precht, R. Jölli, 1979.
IV. Kurze Kletterei mit langem Zustieg.
Foto Seite 545, 551.

Zugang wie R 2004. Von hier ist die Anstiegsmöglichkeit durch die kurze, steile Wand gut erkennbar. Östl. einer abweisenden Verschneidung leitet ein Rißsystem leicht nach rechts ziehend empor, das den Durchstieg ermöglicht. (Precht)

● **2006—2013** frei für Ergänzungen

● **2014** **Großer Sattelkopf,** 2528 m

Siebenzackiger Gipfel. Erstbesteiger L. Purtscheller, H. Heß, 1893.

● 2015 **Westgrat**
H. Pfannl, T. Maischberger, 1900.
I, ½ Std.

Von den kleinen Sattelköpfen unschwierig in die nächste Scharte und auf Bändern in die N-Seite des Gr. Sattelkopfs querend. Man trachte, baldmöglichst den mit losen Blöcken besetzten W-Grat zu erreichen und über ihn zur Spitze.

● 2016 **Südostkamin**
Amanshauser, Feichtner, 1919.
V, 3—4 Std. Eindrucksvolle Kaminkletterei.
Foto Seite 556.

Von Mitterberg westl. zur Gr. Schuttrinne, die zwischen Gr. Sattelkopf und den Kl. Gamsleitenköpfen herabzieht; in dieser Rinne oder längs derselben an den Fuß der Wand. In der Rinne, die am nächsten der SO-Wand emporzieht, hinauf (anfangs ein roter Kamin). Später biegt die Rinne als große, stellenweise sehr glatte Schichtplatte nach rechts. Auf ihr bis auf eine schrofige Schulter. Scharf links auf ein Köpfl, rechts von einem Kamin in dessen spaltartige Fortsetzung und durch sie auf ein Felsband. Es führt nach wenigen Metern an den Fuß des großen Kamins, der die senkr. SO-Wand in ihrer Gänze durchzieht. Anfangs an seiner linken Begrenzung, später in ihm (20 m, IV) auf einen kleinen Absatz. Weiter 30 m (H, IV) unter einen großen Überhang. Über diesen auf einen kleinen Absatz und durch einen etwa 10 m hohen, an der rechten Flanke brüchigen Kamin zu einer zweiten, sehr überhängenden Stelle, an der sich der Kamin teilt. Im rechten Ast etwa 5 m empor, dann um die trennende Rippe in den linken Ast, der als flache Plattenverschneidung hochzieht. Wo die Verschneidung durch eine senkr. Wand gesperrt wird, über flache Platten noch 30 m nach links auf den Grat und über ihn in wenigen Minuten zum Gipfel.

● 2017 **Südostwand**
A. Precht, W. Aschauer, 22. 9. 1980.
V+, A0 (2 Stellen), meist V und IV. 7 H. 250 m, 4½ Std.
Foto Seite 556.

Als Durchstieg dient rechts von R 2016 ein z. T. überdachtes Verschneidungssystem, welches nach unten in der plattigen Wand endet. Diese Platten bilden die Schlüsselstelle. Vom E von R 2016 durch den schluchtartigen Kamin (IV—) eine kurze SL zu Sicherungszacken bei abgesprengter Schuppe. Im linken Schuppenriß zu deren Spitze (25 m, IV). Querung über Platte (1 H, A0) nach links in einen kurzen Riß, diesen in freier Kletterei (1 H) zum Plattenwulst (2 H), leicht rechts haltend zu kleinem Standplatz (40 m, V+ u. V, A0). Über eine kleingriffige Platte (1 H) in die hier ansetzende Verschneidung, zuerst IV+, später immer leichter werdend, etwa 100 m zum Gipfel. (Precht)

● **2018** **Südkante**

A. Precht, W. Bogensberger, 1969.

VI / A2, V. 240 m, 5—6 Std. Foto Seite 556.

Zustieg wie bei R 2016 bis direkt vor die Kante. In einer Kaminreihe und später über senkrechte, aber sehr griffige Wandstellen (IV+ und V) 2 SL empor zu schönem Standplatz am Anfang der überhängenden Verschneidung, die direkt an der Kante emporführt. Diese Verschneidung 2 SL empor (VI, A2, 15 H). In dem nun ansetzenden Kamin 50 m (III und IV) zu gutem Stand (Wandbuch). Weiter im Kamin, der später zur überhängenden Verschneidung wird, 40 m gerade aufwärts (V+). Nach einer weiteren SL Ausstieg direkt am Gipfel.

● **2019** **Südwestwand**

Haidacher, Szalay, 1939.

V und IV. 300 m. Foto Seite 556.

Die schräge Platte am Fuß der eigentlichen SW-Wand erreicht man über sehr steile Schrofen. Der Einstieg zur Wand liegt im rechten Teil und wird durch einen Riß gekennzeichnet. Durch diesen und anschließend links weiter zu geringer Wandgliederung, die den Weiterweg ermöglicht. Nach Erreichen einer Nische unter einem Überhang Quergang nach links zu einem Riß und durch diesen hinauf zum Grat.

● **2020** **Direkte Südwestwand**

Sieglinde Walzl, A. Precht, Sept. 1981.

VI (kurze Stellen), VI— bis V—, 300 m 5½ Std.

Großartiger Anstieg, einige brüchige Stellen. Bis Ende 1981 ca. fünf Wiederholungen. Von den Erstbegehern mit IV—V bewertet.

Durch die plattige Südwestwand führt in Fallinie des Gipfels ein markanter, an einigen Stellen überhängender Riß. Schon 1937 erkannten hier Haidacher und Gef. diese Möglichkeit, wichen jedoch diesem Riß bald nach links aus.

Führe: Wie R 2019 durch den Riß bis dahin, wo R 2019 nach links führt. Nun im Riß weiter (20 m). Durch abdrängenden Riß zu Hangelleiste, über diese zu kleiner Verschneidung (2 H). Querung über Platte zu gegliederter Wand (schlechter Stand). Abdrängenden Rissen folgend, nach 20 m nach links zu einer kleingriffigen Platte (40 m, 3 H). Linksquergang zu Platten, darüber Stand (17 m, 1 H). Bei Schuppe nach rechts in die Ausstiegsverschneidung (40 m, KK). (Precht)

● **2021** **Nordwand**
L. Edelmayer, P. Radacher, 1920.
III. ¼ Std. Siehe 12. Aufl. 1969.

● **2022** **Nordkante**
Awerzger, Radacher, 1930.
II, 1¼ Std. Siehe 12. Aufl. 1969.

Der mittlere Teil der Manndlwand von Südosten

Kleine Sattelköpfe

R 1998 Neunter Kopf, Direkte Südwand
R 1998 a Bergrettungsriß, Variante zu R 1998
R 2000 Siebter Kopf, Südwand

Großer Sattelkopf

R 2016 Südostkamin
R 2017 Südostwand
R 2018 Südkante
R 2019 Südwestwand

Kleiner Gamsleitenkopf

R 2032 Mittelgipfel, Südostwand
R 2034 Westgipfel, Südwestschlucht

Großer Gamsleitenkopf

R 2043 Direkte Südostwand
R 2043 a Schluchtvariante zu R 2043
R 2046 Südkante

● **2023** **Nordwestpfeiler**
Awerzger, Gerin, 1933.
II.

Die NNW-Wand wird von N-Kante und NW-Pfeiler begrenzt. Letzterer beginnt mit einem Vorbau und der folgende Sattel wird von rechts her unschwierig erreicht. Nun setzt der vorerst wandartige Pfeiler an. Steil gerade hinauf zu einem Schrofenband. An der folgenden Kante ebenfalls gerade empor zu einem kleinen Absatz. Nun knapp neben den N-Abstürzen in SO-Richtung, bis man unterhalb des Gipfels den W-Anstieg erreicht.

● **2024 A** **Abstieg über die Ostwand**
L. Purtscheller, H. Heß, 1893, im Aufstieg.
III, ½ Std.

Über hohe, steile Plattenwände hinab in die Sattelkopfscharte.

● **2025—2029** frei für Ergänzungen

● **2030** **Kleiner Gamsleitenkopf,** etwa 2390 m

● **2031** **Überschreitung von W nach O**
III (Stellen), ½ Std.

Von der engen Sattelkopfscharte gleich über die W-Seite (Einstieg schwierig) auf den Westgipfel, sodann über die zwei weiteren Gipfel (der östl. ist der höchste) in schöner Kletterei (ungefähr ¼ Std.). Nun weiter zu einer seichten Scharte.

● **2032** **Mittelgipfel, Südostwand**
H. Peterka, 1928.
IV. 2½—3 Std. Foto Seite 556.

Um den weit herabziehenden S-Grat der Gamsleitenköpfe links herum und daneben aufwärts, bis eine glattgescheuerte, kaminähnliche Steilrinne erreicht wird. Durch sie hinauf zu Schrofen. Schwach rechts ansteigend zu einer Steilrinne, die sich später zu einem senkr. Kamin aufschwingt; sein oberes Ende wird von einem Überhang überwölbt, der von einem Spalt durchrissen wird. Durch diesen Kamin auf einen vorspringenden Kopf. Dann in stets schwieriger werdendem Fels die brüchigen Überhänge nach rechts aufwärts, später waagrechte Querung um einen schiefen Felswulst nach links und gerade hinauf zum Beginn der schrägen Kaminreihe. Sie wird zur Rechten von einer gleichlaufenden plattigen Steilrampe begrenzt und führt nach rechts aufwärts bis zu einer sehr auffallenden Kanzel unter gewaltigen Überhängen. Ein schmales Band führt dann nach rechts zu einem kurzen Kamin, der auf einen schmalen Absatz leitet. Weiter waagrechte Querung in plattiger Wand nach rechts um eine Kante. Man erreicht eine Steilrinne, die in einen breiten Kamin führt; er wird oben von einem natürlichen Felstor überwölbt (Steinmann). Schräg rechts zu einer Ecke empor, dann waagrecht über ein Grasband nach rechts und gerade hinan in die tiefe Gratscharte. Nun entlang der Gratschneide nach rechts aufwärts zum Gr. Gamsleitenkopf oder links daneben aufwärts und später über aufgelösten Fels zum Gipfelgrat der Kl. Gamsleitenköpfe.

● **2033** **Mittelgipfel, Nordgrat**
Awerzger, Gerin, 1935.
III, 1½ Std.

Aus dem Ochsenkar über die Schutthänge der Gamsleiten zum Fuß des N-Grats. Einstieg knapp rechts der Kante durch eine Kaminreihe auf die Höhe des ersten Turms. Der Steilaufschwung des zweiten Turms wird von rechts erstiegen, die folgenden zwei Zacken werden überklettert, der Gipfelbau an der Kante erstiegen.

● **2034** **Westgipfel, Südwestschlucht**
Awerzger, Gerin, Szalay, 1933.
II, 2½ Std. Vermutlich die Route der Erstbesteiger des Gr. Sattelkopfes. Foto Seite 556.

Vom Arthurhaus über den Brandholzriedl in die Schlucht, in der die SW-Wand des Gr. Gamsleitenkopfs fußt und die in einer großen schwarzen Höhle (Wasser) endet. Von ihr über die Plattenwand rechts aufwärts zu einem Sattel (hierher durch eine Schlucht auch von rechts her). Schräg rechts aufwärts in eine zweite Schlucht, die in die Scharte links (westl.) vom Westl. Kl. Gamsleitenkopf führt. Weiter auf den W-Grat.

● **2035—2039** frei für Ergänzungen

● **2040** **Großer Gamsleitenkopf**, 2537 m

● **2041** **Überschreitung von W nach O**
II, ½ Std.

Von der Scharte zwischen Kl. und Gr. Gamsleitenkopf auf kurzem, schmalem Grat über die W-Flanke zum Gipfel. Über den O-Kamm weiter in eine tiefe Scharte vor dem Teufelsturm.

● **2042** **Südostwand**
P. Rodacher, L. Edelmayer, 1919. ÖAZ 1920, S. 194.

● 2043 Direkte Südostwand
H. Amanshauser, H. Feichtner, 1919. Wegänderung R. Schwarzgruber, 1920.
IV+, 3—4 Std. Foto Seite 556 / 557.

In der Fallinie des Gipfels zieht aus der Wand eine Schlucht, die sich ins Tal als breiter Graben fortsetzt. Vom Arthurhaus über die Weide links (westl.) ansteigend auf den Riedl, der den Graben links begrenzt, und über ihn zum Ausgang der Schlucht. Anfangs in dieser, später durch eine steile, flache Rasenmulde auf eine Schulter. (Bis hierher gemeinsam mit dem SW-Wand-Weg.) Nun auf breitem Band (anfangs Grasrinne) nach rechts in die große, nach rechts gekrümmte Schlucht, die als Fortsetzung der unteren die SO-Wand quer durchzieht. In ihr mit Ausnahme eines schwierigen Kamins verhältnismäßig unschwierig empor bis an ihr Ende, ein kleines Gratköpfl an einer gelben Wand. Etwa 5 m tiefer beginnt ein überhängender, schwach ausgeprägter Riß; links von ihm in einer Verschneidung ein zweiter Riß. Über den Überhang oder die untere Fortsetzung des zweiten Risses zu einem losgespaltenen Zacken am Fuße des letzteren. Sofort um die Rippe in den rechten Riß und sehr schwierig 6 m in diesem empor (vor seinem Ende rechts oben H), sodann etwas nach links zu einem kleinen Sicherungszacken in der Fortsetzung des heraufführenden Risses. (Die Erkletterung dieser Stelle wird gesichert durch einen H, der von den Erstersteigern sehr hoch rechts in der gelben Wand eingeschlagen wurde.) Vom Zacken einige Meter weiter und über einen sehr schwierigen Überhang in ein lochartiges kurzes Kaminstück, welches fast rechtwinklig nach links umbiegt (2 H). Sehr schwierig nach links auf eine äußerst steile und glatte Platte. Sehr schwierig etwa 10 m an ihrer rechten Begrenzung empor (nach 10 m H) in einen schwach ausgeprägten Winkel (H). Nun in einem kleinen Riß einige Meter abwärts an den unteren Rand der Platte und sofort wieder, halb links ansteigend, über die besser gegliederte Fortsetzung der Platte bis nahe an ihr Ende. Über die steile, plattige Wand schwach rechts haltend etwa 30 m in ein Schartl, das ein vorspringender Pfeiler bildet; jenseits in eine anfangs schrofige, später schotterige Rinne, die auf eine Schulter leitet. (Hier wird der SW-Wandweg wieder getroffen.) Durch einen kurzen Kamin mit eingeklemmtem Block und über Schrofen zum Gipfel.

● 2043 a Schluchtvariante zu R 2043
A. Precht.
IV+, häufig IV und III. Etwas brüchig.
Foto Seite 556 / 557.

Am Fuße der Südostwand öffnet sich eine große, nach rechts ziehende

Schlucht; durch diese empor. Bevor sie zum SO-Grat leitet, über schuppigen Fels empor, rechts eines runden Pfeilers in einem breiten Riß weiter zu R 2043.

● **2044** **Südostgrat**
Fritsch, Peterka, 1931.
III, 2½ Std.

Gleichlaufend mit der vom Teufelsturm herabziehenden Schlucht zieht zur Linken der SO-Grat empor. Einstieg am tiefsten Punkt des Grats. Über eine Steilstufe auf den ersten Absatz und weiter über gut kletterbaren Fels zu einer schmalen Scharte. Über einen kleinen Turm hinweg und gerade hinan zu dem großen, glattwandigen Turm. An seiner rechten Seite knapp neben der Gratkante durch einen 30 m langen Kamin und in kleinen Rissen empor zu einem schmalen, kurzen Band, das nach links zur Gratkante führt. Über diese hinauf zum Turmgipfel (Steinmann). Über den gebogenen Gratverlauf und einige Türmchen weiter in eine Scharte. Auf dem folgenden Turm 20 m hoch, absteigender Quergang nach links um eine kleine Kante in die dahinter liegende Scharte. In einer Schleife von rechts her über steile, grasdurchsetzte Platten auf den nächsten Turm. Unter dem äußerst plattigen Gipfelturm schwach rechts zu einem Zacken und wieder links durch einen Kamin unmittelbar zum Gipfelsteinmann.

● **2045** **Südwestwand**
Neumayr, Wieder, 1919.
III, 350 m, 3—4 Std. Prächtiger Felsgang in festem Gestein.

Vom Arthurhaus zum Einstieg am SO-Fuße der formenschönen Felspyramide. Durch eine Schlucht und über sehr steile Schrofen westl. zur Höhe des aus der S-Kante abstreichenden kurzen Gratrückens (Steinmann). Mit kurzem Quergang zur Mündung des linksseitigen Risses. In sehr schöner Kletterei durch eine fortgesetzte Reihe von Rissen und Kaminen in die halbe Wandhöhe. In seichter Einbuchtung rechts ab zu senkr. aufstrebenden Felsen. An schwach überhängendem Gestein (schwierigste Stelle) in eine Vertiefung der oberhalb wieder ansetzenden Kaminreihe empor (gute Sicherung). Im Kamin weiter; bei seiner Gabelung in den linken Ast, welcher auf eine aufgelöste niedere Wand führt. Über diese, unter dem scheinbar jeden Weiterweg abschnürenden Vorgipfel rechts durch in die vom Hauptgipfel herabziehende Schlucht. Unter dem sperrenden Block durchkletternd in wenigen Minuten zum Gipfel.

● 2046 Südkante
P. Radacher, L. Edelmayer, 1919.
IV +, teilweise identisch mit R 2045. Foto Seite 556 / 557.

Bis zum Einstiegsgrat wie zur SW-Wand, R 2045. E direkt an der Kante, nach 2 SL trifft man wieder auf die SW-Route (Variante an der Kante möglich, V—). Nach der großen Linksschleife mit Schlüsselstelle bei verblocktem Riß hält man sich bei der ersten Möglichkeit wieder nach rechts zur Kante. In Kantennähe zum Vorgipfel und durch die Schlußwand wie R 2045 oder die Rißverschneidung rechts davon zum Gipfel. (Precht)

● 2047 Südwestl. Gratgipfel, Südwand
A. Precht, J. Hippolt, 1976.
V, eine Stelle **A0**, häufig IV+ und IV. 300 m. Mehrere H und 2 BH stammen von einem Bergrettungseinsatz.

E in einer Kaminreihe unterhalb der Kante, an welcher die Südwand westl. endet. Durch diese Kamine und später an der linken Seite der Kante zu kleinem Absatz. Eine überdachte Hangelleiste führt nun waagrecht nach rechts zu einem steil aufwärtsziehenden Riß. Durch diesen (einige H) zu einem Band, das nach rechts zu einer Ausstiegsschlucht mit riesigem Klemmblock leitet. In 3 SL (III u. IV) zur südwestl. Graterhebung. In leichter Kletterei zuerst die schrofige Westflanke zum Westgrat queren und über diesen zum Gipfel. (Precht)

● 2048 Südwestschlucht
R. Häupl, F. Valkanova, 1930.
IV, 2 Std.

Vom Arthurhaus über den Kälberriedl zum Fußpunkt der S-Kante (1½ Std.) und westl. absteigend zu einem auffallend gelben Kamin. Durch ihn über Klemmblöcke zu Standplatz. Nun Quergang über eine Platte (Seilzug) nach links zu Schrofen und über diese rechts zu einer Nebenrinne. Diese knapp vor ihrem Ende links verlassend in eine weitere Rinne, die zu einem überhängenden Spalt führt (H). Durch den Spalt hinauf und wieder zur Hauptschlucht zurück, durch die man zu einer großen, überdachten Nische gelangt. Rechts absteigend und auf einer Schulter weiter. Von dieser über eine Stufe (H) empor, durch eine Rinne in eine Scharte und aus dieser unschwierig zur Spitze.

● 2049 Von Norden
I, ¾ Std. vom Ochsenkar.

Vom Ochsenkar über die Gamsleiten zum Gipfel.

● 2050 **Nordwand**
A. Awerzger, P.T. Christie, B. Moore, W.P. Ware, 1932.
III, 3—4 Std.

Die Nordwand bildet zu unterst eine mächtige, etwa 300 m hohe Steilwand; über ihr liegt das begrünte Schuttfeld der „Gamsleiten“, aus dem sich der schrofige Gipfel erhebt. Man geht von der Kaserstatt nach W in einer Mulde zu einem Steilstück am Fuß der Wand, dem „Kleinen Kniebeiß“. Man ersteigt ihn über die Schneezunge; dann links zu einer schwach ausgeprägten Rinne (Einstieg); durch sie auf ein Schuttband; unschwierig links aufwärts über Wandln in einen großen Kessel. Nun über schwierigeren Fels zu der glatten Wand links oberhalb und durch einen sehr schwierigen Riß links von ihr (H) auf die Gamsleiten; unschwierig auf den Gipfel.

● 2051 **Nordkante**
A. Precht, 1970.
IV. 300 m, 3 Std.

Von der Mitterfeldalm ½ Std. dem Hochkönigweg (R 1715) folgend, dann links empor bis vor das Steilstück des kleinen „Kniebeiß“. E bei einer nach rechts ziehenden Rampe, die von gelben Überhängen überdacht ist. Die erste Kaminreihe rechts der gelben Wand empor, bei einer schrägen Platte Quergang 4 m nach rechts und die folgende Verschneidung aufwärts zu großem Felsblock. Nun 1 SL bis unter einen großen Überhang; man entdeckt einen versteckten Kamin (Schacht). Diesen empor und in leichter Kletterei nach links zur Kante. Dieser folgend bis zum Felszacken, den ein schmaler Spalt von einem großen glatten Pfeiler trennt. Unter diesem Pfeiler 40 m nach rechts, dann 60 m in herrlicher Kletterei gerade empor zur Kante (1 H). Ein kleiner Überhang wird direkt erklettert. Nach 30 m erreicht man einen grasigen Vorbau. Von hier 10 Min. unschwierig zum Gipfel.

● **2052—2057** frei für Ergänzungen

● **2058** **Teufelsturm,** 2512 m
Westl. Kleiner Schneeklammkopf

Gipfel östl. des Großen Gamsleitenkopfes.
Erstbesteiger L. Teufel, Geib, 1895.

● 2059 **Normalweg von Süden**
III.

Die Gamsleiten-S-Schlucht aufwärts (II) und kurz unter dem Grat durch einen Kamin in der Westwand 40 m empor (III). Dann über die nach N gerichtete, kurze Gipfelwand (III) auf die schöne Spitze.

● 2060 Von Norden
III, 20 Min.

Von der Scharte zwischen Gr. Gamsleitenkopf und Teufelsturm durch einen schönen, tiefen Riß auf die N-Seite und über dieselbe nach kurzer Kletterei auf den Teufelsturm.

● 2061 Nordkante
Ch. Walko, A. Precht, 1974.
IV+ (einige Stellen), eine Stelle **A0** (frei V+), IV und III.
500 m. Schöne Kletterei in gutem Fels.
Foto Seite 567, Skizze Seite 566.

Übersicht: Die Weißturm- und Teufelsturm-Nordwand trennt eine Schlucht, die am Wandfuß als überhängender Kamin beginnt. Gleich rechts der Schlucht erkennt man eine Kante, welche im unteren Teil nur schwach ausgeprägt ist. Nach diesem Wandvorbau folgt ein 80 m breites, steiles Grasband, danach baut sich die Kante fast senkrecht und markant auf und leitet dann gratartig zur Gipfelabdachung.

Führe: E unmittelbar rechts der Schlucht über eine plattige Wand gerade aufwärts und links zu Standplatz. Über eine schräge Platte rechts empor und das nach rechts aufwärtsziehende Band weiter verfolgen zu Stand. Über leichte Felsstellen weiter, bei der ersten Möglichkeit über eine Kante nach links zu einem kleinen Pfeiler (Stand). Hier gerade empor zu einer Verschneidungsreihe, die leicht nach links leitet (2 SL). Vom Stand über eine schwierige Unterbrechung rechts hinweg und eine Verschneidung hinauf zum „80-m-Band“. Über dieses (I und II) leicht links zur Steilkante. Standplatz bei großen Felsblöcken. Nun zuerst etwas rechts der Kante über steilen, gut gestuften Fels (nach 20 m H) zu kurzen, engen Kamin; durch ihn zu Standplatz bei schönem Absatz. Die nächsten 20 m bilden die Schlüsselstelle. Zuerst sehr schwierig nach links (1 H) zu einem Riß und durch diesen (1 H, IV+) empor zu schrägem Absatz. Weiter über den plattigen Pfeiler und über den weniger steilen Grat. Nach einigen SL baut sich erneut der Grat steil auf. Man quert hier nach rechts in die Nordwand und erreicht über steile, schwierige Platten (IV+, 2 H) wieder den Grat. Wieder einige leichte SL am Grat zum nächsten Steilaufschwung. Hier erneut in die Nordwand queren (Unterbrechungsstelle, V, A1, 1 H). Bei kleiner Terrasse wieder gerade empor zum Grat und über diesen (III+, später II) zum Gipfel.

● 2062 Nordwand, rechter Gabelriß

K. Niederbruckner, K. Stockhammer, 1946.
V, A1 (Ausstieg), IV und III. 300 m, 3 H.
Foto Seite 567, Skizze Seite 566.

E im auffallenden Kaminast, der von links nach rechts abwärts leitet. Man steigt hinter eine riesige Felskulisse (1 H) und über ein anschließendes Band weiter (meist III+). So erreicht man einen markanten Felsgiebel, wo man auf R 2063 trifft. Auf dieser Route einige Meter nach rechts weiter (IV+, A1, 1 H). Man verläßt sie jedoch gleich wieder nach links zu einer markanten, gelben Schuppe, die zum linken Kamin führt. Dieser leitet zur schrofigen Gipfelabdachung.

● 2063 Nordwand, linker Gabelriß

A. Precht, 1970.
V / A2 (Stelle), V—, IV+ und IV, selten leichter. 300 m, 3 Std. Foto Seite 567, Skizze Seite 566.

Der Teufelsturm entsendet nach N einen gewaltigen Vorbau, dessen N-Wand 300 m hohe, senkrechte Abstürze aufweist. Als Durchstieg wird der die Wand von links nach rechts durchziehende, auffallende Riß benützt.

Zugang: Von der Mitterfeldalm den Hochkönigsteig (R 1715) entlang, bis man die Wand vor sich hat, dann über Schutt empor zum E, 1 Std.

Führe: Über Platten in leichter Kletterei hinauf, dann nach links in den Riß und in diesem einige SL empor (IV). Bevor der Riß sich senkrecht aufbaut, Quergang nach rechts, und in einer Verschneidung 60 m empor zu schönem Standplatz (IV, 2 H). Hier entdeckt man einen versteckten Kamin. In diesem hoch. Nach einer weiteren SL erreicht man den Verschneidungs-Giebel (IV). Eine gelbe Wandstelle empor, einen Hakenriß in überhängendem Fels nach rechts zum „Dreckband", dieses 10 m zu SH (V, 10 H). Am Band weiter um eine gelbe Felskante nach rechts (IV) und ohne Schwierigkeiten in 20 Min. zum Gipfel.

● 2064 Direkte Nordwand

A. Precht, 1975.
V (zwei Stellen), IV. 350 m. 1 H (belassen).
Foto Seite 567, Skizze Seite 566.

E etwas rechts von R 2063. Über sehr brüchigen Fels nach links in den Gabelriß (Kamin). Diesen verläßt man nach etwa 20 m nach links und steigt über glatte, feste Platten aufwärts zu einem kleinen Band. Über dieses nach rechts in einen senkrechten Riß (25 m, Schlüsselstelle, V, darüber 1 H). In einem gebogenen Riß weiter zu ausgesetzten Hangel-

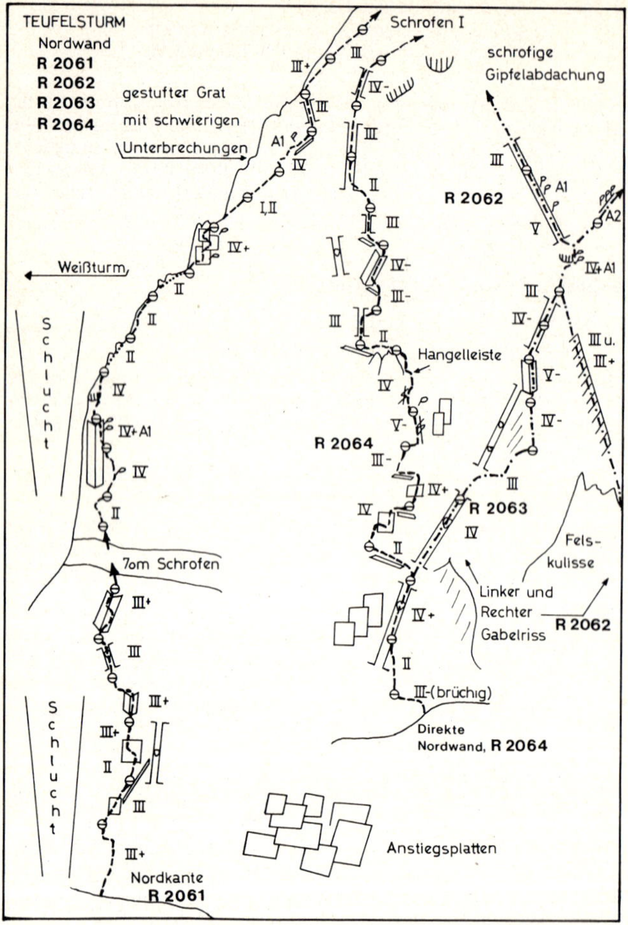
TEUFELSTURM
Nordwand
R 2061
R 2062
R 2063
R 2064
gestufter Grat
mit schwierigen
Unterbrechungen
Schrofen I
schrofige
Gipfelabdachung
Weißturm
Schlucht
Hangelleiste
R 2062
R 2064
R 2063
70m Schrofen
Felskulisse
Linker und
Rechter
Gabelriss
R 2062
III-(brüchig)
Direkte
Nordwand, R 2064
Anstiegsplatten
Nordkante
R 2061

Teufelsturm und Erniturm von Norden

Teufelsturm

R 2061 Nordkante
R 2062 Nordwand, Rechter Gabelriß
R 2063 Nordwand, Linker Gabelriß
R 2064 Direkte Nordwand

Erniturm

R 2071 Nordostkante
R 2072 Nordwestgrat

leisten, die nach links zu einem Absatz führen. Hier etwas absteigen und durch einen Kamin aufwärts. Ein Felsband nach rechts zu einer steil abfallenden Rampe; über diese erreicht man einen weiteren Felsabsatz. In leichter Kletterei aufwärts in eine senkrechte Rißverschneidung und die anschließende, plattige Rampe zum Gipfeldach. Über dieses etwa 100 m rechts aufwärts zum Gipfel.

● **2065—2069** frei für Ergänzungen

● **2070** **Erniturm**

Eine der Nordwand des Teufelsturms vorgelagerte Graterhebung. Auf der kleinen Spitze steht ein Kreuz, welches zum Gedenken der verunglückten Bergsteigerin Erni Ofner erstellt wurde, welche diese Spitze erstmals erstieg.

● **2071** **Nordostkante**
Erni Ofner, S. Hippold, A. Precht, 1969.
V— (Stelle), IV. 120 m, 2 H. Foto Seite 567.

● **2072** **Nordwestgrat**
A. Precht.
IV und III, 1 H. 250 m. Foto Seite 567.

E am Beginn der Schlucht, die zwischen den Gamsleitenköpfenliegt. Am linken Schluchtrand etwas rechts der steilen Kante über gutgriffigen Fels 80 m empor zum Gratturm (III+). Direkt über die glatte Platte hinauf (1 H, IV) und 100 m über Platten und durch Kamine aufwärts zu steilem Band. Über den Grat, der sich hier senkrecht aufbaut, gerade empor und östl. zur Spitze des Erniturmes.

● **2073—2074** frei für Ergänzungen

● **2075** **Kleine Schneeklammköpfe,** etwa 2500 m

● **2076** **Überschreitung von Westen zum Melkerlochkopf**
III (Stellen), ½ Std.

Vom Teufelsturm in nordöstl. Richtung hinab und über die schuttbedeckten Kl. Schneeklammköpfe bis zu dem ganz nahe am Melkerlochkopf abbrechenden Turm. Hier steil und brüchig hinab in die enge Scharte. Dann auf schmalem Band nach rechts und empor zu einem festen Block. In schöner Wandkletterei gerade hinauf auf den Melkerlochkopf.

• 2077 A Direkte Schneeklamm im Abstieg
A. Awerzger, R. Szalay, 1930.
Firnrinne etwa 50°, 250 m.

Vom Gipfel des Kl. Schneeklammkopfs über den nordwestl. Schutthang hinunter bis zum Anfang der Klamm. Sie bildet oben eine etwa 80 m hohe Felsstufe.

• 2078 Östl. Kopf, Vorgipfel, Südschlucht
H. Peterka, 1930.
IV, 2 Std. Sehr steinschlaggefährdet.

Einstieg in Gipfelfallinie, rechts neben der tief herabziehenden S-Kante, durch einen steilen Kamin zur langen Schlucht. In ihr empor zu einer 20 m hohen, sperrenden Wandstelle. Durch den rechten der beiden in sie eingeschnittenen Kamine in die obere Schluchthälfte. In ihrem Grunde oder rechts daneben durch viele kleine Kamine bis fast zur oberen Ausmündung. Hier links haltend durch einen engen Kamin mit zwei Klemmblöcken und seine rinnenartige Fortsetzung unmittelbar zum Gipfel.

• 2079 Östl. Kopf, Vorgipfel, Südwestkamin
H. Kout, A. Sardelic, 1930.
V und IV. 250 m.

Zwei gleichlaufende Kamine. Die Führe geht durch den linken. In der Gamsleitenschlucht, die vom Teufelsturm herabzieht, empor bis zur Gabelung. Von hier scharf rechts zum Einstieg. Durch brüchige Rinnen und Risse, zuletzt über kleingriffigen Fels empor zum Überhang mit H, der den Kamin unten abschließt (links und rechts auffallend gelbe Stellen). Über den Überhang (schwierigste Stelle) in den Kamin (nach 6 m rechts Buch). Im Kamin, bis er in einer Platte verläuft. Von hier vermittelt rechts ein Riß den Durchstieg durch die mächtigen Überhänge des Gipfelbaus. In 2 SL zum Gipfel.

• 2080 Östl. Kopf, Vorgipfel, Südostkante
R. Gerin, G. Hecht, R. Szalay.
Einzelheiten unbekannt.

• 2081 Östl. Kopf, Südwestwand
K. Lukan, Hilde Döberl, H. Hausner, 1947.
V und IV, 3 Std. Sehr schöne Kletterei.

Einstieg in der zwischen Teufelsturm und Kl. Schneeklammkopf herabziehenden Schlucht bei einer auffallenden, rechts an die Kante zu einem Rasenplätzchen führenden Felsleiste, etwa 150 m unter der Scharte.

Aus der Schlucht über rasendurchsetzte Schrofen 15 m nach rechts empor zum Beginn der Felsleiste. Auf dieser 30 m nach rechts direkt an die Kante zu einem Rasenplatz. Von hier 2 m nach rechts und 15 m gerade aufwärts zu Stand unter einem Doppelriß. Den Riß 25 m empor zu schlechtem Stand. Weitere 6 m bis zum Ende des Risses, dann 15 m nach links in einen Felswinkel unter einem Spiralriß. Den Spiralriß gerade empor und auf einer geneigten Felsrampe zu Stand. Hier setzt eine etwa 10 m hohe Verschneidung an, welche bis zu H verfolgt wird, dann Quergang über eine steile, glatte Platte nach rechts in einen Kamin und in unschwieriger Kletterei durch diesen in die Gipfelscharte.

● **2082** **Östl. Kopf, Südgrat**
Awerzger, Gerin, 1939.
IV und III, 2—3 Std.

Von diesem unmittelbar neben dem Melkerlochkopf stehenden Grat zieht der turmbesetzte S-Grat herab, der im unteren Teil abbricht und sich in ein Wand- und Rinnensystem auflöst. Vom Arthurhaus über den Astenriedl auf Schafsteiglein zu den Felsen. Einstieg etwa in Gipfelfallinie in einer plattigen Rinne. Erst leicht aufwärts bis zu einem nassen Kamin, der durch einen riesigen Block gesperrt ist. Von ihr (erster Quergang) über feuchte Platten nach links auf einen sekundären Grat, der in einem weiteren Rinnensystem endet. Weiter über die wandartige Flanke schwierig bis unter den abschließenden Überhang. Ein zweiter Quergang, ziemlich ausgesetzt, führt nach links über plattigen Fels zum eigentlichen S-Grat. Über ihn weiter bis zu einem schroffen Turm. Er wird auf steil abfallendem Band östl. umgangen, hinter ihm die Scharte erreicht. Dann unschwierig zum Gipfel.

● **2083** **Östl. Kopf, Westwand**
S. Falkensteiner, H. Rauchenschwandtner, 1921.
Weitere Angaben nicht bekannt.

● **2084—2087** frei für Ergänzungen

● **2088** **Melkerlochkopf,** 2510 m

Von Westen siehe R 2076. Erstbesteiger wie R 2089 A.

● **2089 A** **Abstieg nach Osten**
H. Pfannl, T. Keidel, 1897.
III oder II. 20 Min.

Vom Gipfel am Fensterl vorbei, die Rippe, die den vom Fensterl nach S herabziehenden Riß östl. begrenzt, ein kurzes Stück hinab, dann in ihrer sehr steilen O-Flanke durch einen flachen, schwierigen Riß oder durch einen weniger schwierigen Kamin (mit eingeklemmten Blöcken) knapp daneben zur Scharte gegen den Gr. Schneeklammkopf.

● **2090** **Ostwand, neuer Weg**
H. Pfannl, T. Maischberger, 1901, im Abstieg. ÖAZ 1901, S. 237.

● **2091** **Westflanke**
H. Pfannl, T. Maischberger, 1901.
Siehe R 2076. ÖAZ 1901, S. 237.

● **2092** **Südwand**
H. Pfannl, T. Maischberger, H. Biendl, 1896.
II, 3 Std.

Über steilen Rasen mit kurzen Wandstufen zu einem Kamin, der schräg nach rechts zum unteren Ende des vom Melkerloch herabkommenden Risses ansteigt; durch diesen Kamin, dann auf einem Band nach rechts und durch den Riß in schöner Kletterei zum Melkerloch und wenige Meter zur Spitze.

● **2093** **Nordwand**
Awerzger, Szalay, 1930.
III—, 3½ Std. Siehe 12. Aufl. 1969.

● **2094—2097** frei für Ergänzungen

● **2098** **Großer Schneeklammkopf,** 2518 m

● **2099** **Überschreitung von W nach O**
III. 1 Std. Fünf Abseilstellen à 20 m.

Von der Scharte zwischen Melkerlochkopf und Gr. Schneeklammkopf auf ausgesetztem Band in die S Wand hinaus und empor zu gutem Stand. Weiter über fast senkr. Wandstufen, seichte Kamine und zuletzt durch einen etwa 15 m hohen, plattigen Riß zur Spitze. Vom Gipfel der Südkante folgend 20 m absteigen bis zum ersten AH. Nun etwa fünfmal abseilen, dabei immer den AH folgen. Als letzte Abseilstelle benützt man einen Zacken und seilt sich 20 m bis zu einem Band ab. Über dieses erreicht man nach 40 m die Schlucht der westl. Scharte des Gr. Törlwieskopfs.

● **2100** **Ostwand**
Edelmayer, Radacher, 1919.
III, 1½ Std. Sehr schöne und ausgesetzte Kletterei.

Etwa 10 m unter der Scharte zwischen Gr. Törlwieskopf und Gr.

Schneeklammkopf links an die O-Wand. Das ansteigende Band bis zur Kante verfolgend, gelangt man zum Einstieg. Von zwei seichten Rissen, die sich oben vereinigen, am besten durch den rechten zu einem kleinen Stand. Nun die sehr steile Wand etwa 1 SL rechts schief aufwärts, von wo man in der O-Wand einen schwarzen, oben ein wenig heraustretenden Spalt bemerkt. In ausgesetzter Kletterei in diesen Spalt hinein. Von hier etwa 15 m (abwärts geschichtetes Gestein) in sehr anstrengender und schwieriger Kletterei über die Kante auf ein Felsband in der S-Wand, hier guter Sicherungsblock. Von hier etwa 1 SL unschwierig zum Gipfel.

● **2101** **Westkante**
H. Peterka, 1930.
IV+.

Von der schmalen Scharte zwischen Melkerloch und Gr. Schneeklammkopf zum Ansatz der steilen W-Kante (die Scharte erreicht man entweder vom Melkerloch oder durch die lange Kaminreihe der Schneeklammkopf-S-Wand). Über lotrechten, plattigen Fels bis unterhalb eines von einem freistehenden Türmchen gebildeten Überhangs. Über diesen hinweg und durch eine kurze Verschneidung auf einen Schuttfleck. Durch einen etwa 20 m langen Riß mit plattigen Stellen weiter; oben besser nach rechts hinaus auf die steile Kante und gerade empor zum vorstehenden Turmzacken. Nach links in die kleine Scharte und gerade zum Gipfel.

● **2102** **Südwand**
Biendl, Maischberger, Pfannl, 1896.
II.

Der Weg führt durch die Kaminreihe der S-Wand, deren Einstieg man von der Mündung der Schneeklammkopf-Rinne westl. querend erreicht.

● **2103** **Südpfeiler**
H. Peterka, 1931.
IV+, 1½ Std. Foto Seite 573.

Durch die lange Zustiegsrinne des S-Wandanstiegs zum eigentlichen Anstieg der S-Wand. Die letztere wird ganz rechts von einem runden, plattigen Pfeiler begrenzt, der S- und O-Wand scheidet. Dieser vermittelt den Anstieg. Links neben den tiefsten Felsen über Schrofen empor, später gerade in eine flache Scharte bei einem Türmchen am Pfeiler. Über immer steiler werdende Gratfelsen weiter bis zu einer sperrenden, glatten Platte. Links daneben über den Überhang und halbrechts hoch zu einer schiefen Verschneidung. Durch sie auf eine Platte; nun rechts

Schneeklammköpfe von Südosten

R 2103 Großer Schneeklammkopf, Südpfeiler

über kleine Überhänge auf die oberste Pfeilerkante und an ihr zum Gipfel.

● **2104** **Nordwand**
A. Awerzger, R. Gerin, 1937.
IV. 350 m. Siehe 12. Aufl. 1969.

● **2105—2109** frei für Ergänzungen

● **2110** **Westl. Törlwiesturm**

Es ist dies der westlichste der beiden zwischen Gr. Schneeklammkopf und Gr. Törlwieskopf stehenden Türme. Er entsendet einen S-Grat, während sein Nachbar wandartig abbricht.

● **2111** **Südgrat**
Awerzger, Gerin, 1939.
III (Ausstieg), II. 1—2 Std.

Vom Arthurhaus über das Kaserfeld zum Viehunterstand auf der Sonnenseite und auf verborgenem Steiglein durch den Latschengürtel bis in die große Schlucht, die in die Scharte östl. des Gr. Schneeklammkopfs führt. Durch diese Schlucht etwa 3 SL aufwärts und dann von W her auf den Grat. Über ihn bis zum Gipfelaufschwung. Dann knapp östl. des Grats zum Gipfel.

● **2112** frei für Ergänzungen

● **2113** **Großer Törlwieskopf,** 2486 m

Erstbesteiger wie R 2115.

● **2114** **Westgrat**
H. Pfannl, T. Maischberger, 1899.
IV und III, ½ Std.

Von der Scharte einige Meter gerade hinauf, dann unter einem Überhang nach rechts auf ein Band. Diesem folgend zur Kante rechts und über den Grat zum Gipfel.

● **2115** **Ostwand**
L. Purtscheller, H. Heß, 1886.
II und I, 1 Std.

Von der Törlwiesscharte schräg rechts über eine plattige Stufe zu einer kleinen Höhle. Aus ihr links heraus, wenige Meter aufwärts und Quergang nördl. über etwas plattigen Fels. Über Rinnen, Platten und Schrofen weiter. Nicht gegen die N-Flanke des Gipfels, sondern, sobald man die südl. des Gipfels befindliche Scharte erblickt, über plattigen und begrünten Fels zu ihr. Auf dem S-Weg über die Kante zum Gipfel.

● 2115 A Abstieg über die Ostwand
II und I, 1 Std.

Vom Gipfel erst nach S auf einen kurzen, schmalen Grat, dann nach O über steilen, rasendurchsetzten Fels und auf abschüssigen, schmalen Bändern über eine steile Felswand vorsichtig abwärts kletternd zur Schlucht zwischen Gr. und Kl. Törlwieskopf, die Törlwiesscharte.

● 2116 A Abstieg durch die Nordschlucht
K. Dumböck, E. Rainer, W. Marx, 1930.
IV und III. Abseilstelle 20 m.

Die N-Schlucht fällt von der Scharte zwischen Gr. und Kl. Törlwieskopf ins Ochsenkar ab.

● 2117 Südwestschlucht
T. Maischberger, 1898. ÖAZ 1899, S. 168.

● 2118 Von Süden durch die Schlucht
I, 1½—2 Std. Günstigster Abstieg. Foto Seite 579.

Über das Kaserfeld zum Fuß der Felsen (1 Std. von Mitterberg). Nicht in die aus der Schneeklammkopfscharte herabziehende Schlucht, sondern empor zu der am SW-Sockel unter den Türmen des SO-Grats liegenden Rampe. Über sie zu einem mit Graspolstern bekleideten Sattel. Nun nicht durch einen der vielen Kamine, die zum SO-Grat emporziehen, sondern vom Sattel auf bequemem Band unschwierig aufwärts und um eine Ecke in die S-Schlucht. Sie führt in der Mitte in zwei Ästen zur obersten Scharte im S-Grat. Man benützt die rechtsseitige Hälfte. Aus der Scharte über die gut gestufte stumpfwinklige Kante zum Gipfel.

● 2119 Direkte Südwand
H. Peterka, 1928.
IV +, 2½ Std. Foto Seite 579.

Die Wand ist von einer langen Kaminreihe durchrissen, die in der Gipfelfallinie beginnt und schräg rechts aufwärts ziehend in die Scharte rechts des Gipfels mündet.
Zugang wie R 2118. Man kommt so zu einem plattigen Turm, der von einem mächtigen Kamin durchzogen wird. Links von ihm ist eine große Steilschlucht sichtbar; einige Meter schräg links von ihr Einstieg.

Über ein kurzes Wandstück in einen kurzen, offenen Kamin, der in einen langen, gleichlaufenden Kamin leitet. Durch diesen bis zu einem gewaltigen Steilaufschwung, den ein überhängender Riß durchzieht. Schwierig durch diesen bis zu einem Überhang und um denselben nach rechts herum in einen kaminartigen Riß, der auf einen Absatz leitet. Gerade weiter durch eine Rinne zu einem engen Stemmriß mit Klemmblock. Durch ihn zu einem schiefen Kamin. Unter einer Felsbrücke durch und in der von einem verästelten Riß durchzogenen plattigen Wand gerade empor auf einen hervortretenden Turm. Einige Meter abwärts, dann nach rechts aufwärts zu schlechtem Stand in der glatten Turmwand. Quergang nach links und gerade über glatten Fels auf die Turmspitze. Nun auf den Gratschrofen in die Scharte vor dem Gipfelbau und bald auf ihn selbst.

● **2120** **Linker Südpfeiler**
Erstbegeher unbekannt.
IV+ und III, etwas brüchig. 350 m. Foto Seite 579.

● **2121** **Mittlerer Südpfeiler**
Erstbegeher unbekannt.
IV+ und IV, sehr schöne Kletterei. Foto Seite 579.

● **2122** **Rechter Südpfeiler**
A. Precht, 1975.
III, 250 m. Etwas brüchig. 20-m-Abseilstelle vom Abseilturm. Weiter wie R 2123. Foto Seite 579.

● **2123** **Südostgrat**
Gerin, Hecht, 1927.
V— (Stellen), IV. 5 Std. Foto Seite 579.

Der Große Törlwieskopf setzt mit einem von auffallenden Türmen besetzten Grat gegen SO ab. Der unterste angelehnte Zacken wird linksseitig umgangen und durch eine Schrofenrinne zur Scharte hinter dem Gratzacken angestiegen.

Nach links den Grat hinauf, über eine kurze Platte, dann in grasigen Felsen rechts vom Grat bis zu einer kleinen Scharte mit Klemmblock. 4 m gerade hinauf zu H, 2 m nach rechts über die Platte und 20 m hinauf auf den Grat (IV). 35 m hinauf zu einem Gratzacken, 5 m hinunter in die Scharte und weiter am Grat 40 m bis zum ersten großen Turm („Abseilturm"). 20 m Abseilen in die dahinter liegende Scharte. (AH, einige Meter unter der Turmspitze.) Von der Scharte ist ein Ausweichen in die leichtere Ostwand möglich.

Der große Turm wird nun direkt erklettert (V—): Von der Scharte 3 m nach links, dann gerade aufwärts zu einer Schuppe und weiter zu kleiner Nische mit RH (30 m). Weitere 60 m immer an der Kante aufwärts

(IV+), dann etwas leichter am Grat weiter zum höchsten Punkt des Turmes. In die folgende Scharte absteigend und den Vorgipfel überschreitend erreicht man den Gipfelaufbau des Gr. Törlwieskopfes, der in leichter Kletterei erstiegen wird.

● 2124 Südverschneidung
A. Precht, R. Jölli, 1977.
IV+, 200 m bis zum Pfeilerköpfl. Foto Seite 579.

Als Durchstieg dient der Verschneidungswinkel, der von der Südwand und dem Mittleren Südpfeiler (R 2121) gebildet wird. Zustieg wie bei R 2118.

● 2125 Südgrat
A. Awerzger, R. Gerin, R. Szalay, 1933. ÖAZ 1936, S. 101.

Er bildet die westl. Begrenzung der S-Schlucht; man quert von ihr gleich nach links und überschreitet die ersten drei Türme. (Hierher auch aus der W-Schlucht: man verfolgt sie, bis der linke westl. Ast zur Scharte Großer Schneeklammkopf — Melkerlochkopf zustrebt, und erreicht die Scharte nördl. des dritten Gratturms.) Der folgende überhängende Zacken wird rechts umgangen zur folgenden Scharte. Nun rechts des Grats hinauf zu einem Schartel und über den Grat weiter, bis er sich in der Gipfelwand verliert; über Schrofen zum Gipfel.

● 2126 Nordnordostwand
T. Hillinger, V. Raitmayr, 1926.
IV+, 4—5 Std.

Von Mitterberg auf dem bez. Hochkönigweg (R 1715) bis zum großen Schuttkegel unter dem Fuß der Wand und über ihn zum Einstieg (1 Std.). Man gewinnt zunächst durch eine seichte Rinne von rechts nach links eine von unten schon gut sichtbare Höhle; sodann 60 m in der Rinne empor, 30 m Quergang nach rechts und 2 SL gerade hinan in einen Riß; er wird verfolgt, bis er sich steil aufschwingt; sodann scharf links um zwei Ecken in eine Plattenwand (Standplatz). 40 m gerade empor (kleingriffig) zum Beginn eines geschwungenen Risses; in ihm 60 m empor, bis eine senkr. Wandstelle den Weg versperrt. Auf breitem Band 60 m nach rechts zu einem großen Schuttkegel, hier gerade hinauf in eine Kaminreihe, die etwa 60 m verfolgt wird; dann links über eine schiefe Platte bis zu ihrem Ende bei einem Kamin; durch diesen weiter schräg aufwärts zu einem steilen Schuttabsatz, den man ebenfalls schräg aufwärts quert; man steht unter der Gipfelwand, die man am besten durch drei Kaminreihen mit Ausstieg beim Gipfelblock durchklettert.

• 2127 Nordwand
Dumböck, Rainer, 1930.
V (Stellen), IV.

Der Anstieg benützt die N-Flanke des türmereichen W-Grates. Von der Schutthalde der Schneeklamm in die Firnschlucht. Gleich an deren Beginn links hinauf in einen großen, von schwarzgelben Wänden umgebenen Winkel. An dessen rechter Seite durch einen schon von unten sichtbaren, überhängenden Riß zu einem Felsvorsprung (30 m, V). Einige Meter nach rechts; 20 m hoch, dann kleingriffiger Quergang nach rechts zu einer Rippe. Nun über diese, sich stets links haltend, zum obersten Turm im W-Grat. Man umgeht diesen auf der S-Seite und erreicht bald den Gipfel.

• 2128 Nordwand, „Hexenkuchl"
A. Precht, P. Holzmann, 1980.
V+, A1. 450 m. KK empfehlenswert.

Übersicht: Hinter dem Weiss-Turm ganz versteckt faltet sich der Nordabsturz kesselartig auf. Über die rechtsseitige Kesselwand verläuft R 2086. Die Mitte des Kessels durchzieht ein gelb-schwarzer, brüchiger Kamin, der im unteren Bereich überhängt und vollkommen abweisend ist. Dort führt der Anstieg über die links gelegenen schwarzen Platten in ausgezeichneter Kletterei in festem Fels empor.

Zugang: Der Einstieg führt über die Schneeklammschlucht und links abzweigend in den Wandkessel (wie R 2127) empor. Der Eingang zum Kessel ist kaminartig und meistens naß. Am Grunde des Kessels links der Schlucht durch die zergliederte Kesselseite zum Fuße der steilen Wand (überdachte Terrasse, bis hierher 150 m, II u. III, kurze Stellen IV—, brüchig).

Führe: Über die rechte Schuppe und eine überhängende Wand empor (30 m, 1 H, V+, A1, einige Klemmkeile). Stand auf schrägem Felsband. An einer senkrechten Platte links aufwärts und über einen griffigen Überhang zu einem nach rechts emporziehenden Felsband (35 m, V). Über das Hangelband nach rechts zum Hauptkamin (25 m, IV+).

Großer und Kleiner Törlwieskopf von SSO
Großer Törlwieskopf

R 2118 Von Süden durch die Schlucht
R 2119 Direkte Südwand
R 2120 Linker Südpfeiler
R 2121 Mittlerer Südpfeiler
R 2122 Rechter Südpfeiler
R 2123 Südostgrat
R 2124 Südverschneidung

Kleiner Törlwieskopf

R 2147 Direkte Südwand

Großer Törlwieskopf
Törlwiesturm
westl.
östl.
Kleiner Törlwieskopf
2119
2124
2118
2120
2121
2119
2122
2147
2118
2123

Den Kamin überqueren und an der rechtsseitigen Wand über verschneidungsartige Stellen und einen kleinen Überhang nach links in den Kamin zu Standplatz zurückqueren (35 m, IV—, V—, III+). In dem gelben, brüchigen Kamin mit zwei Überhängen zu sehr schlechtem Stand (40 m, meist IV+). Nach rechts zur Kante, über diese und wieder links in einem Riß zu zergliederter Terrasse. Über diese zu einer Platte (H), die nach links zu einem Riß gequert wird (3 SL, IV u. IV+, Abschlußplatte V—). Von hier durch einen Kamin mit Klemmblöcken etwa 80 m zum Gipfel. (Precht)

● **2129—2135** frei für Ergänzungen

● **2136** **Kleiner Törlwieskopf,** 2364 m

● **2137** **Von Westen**
II und I. 1¼ Std.

Von der Törlwiesscharte steigt man die Schlucht abwärts, bis es möglich ist, in die S-Seite des Kl. Törlwieskopfs hinauszukommen. Nun zuerst über sehr steile Rasen und weiter durch eine Rinne zum Gipfel.

● **2138** **Ostwand**
Maischberger, Pfannl, 1899.
III, meist leichter. ½ Std.

Aus der Westl. Vierrinnenscharte zunächst durch einen etwa 50 m hohen Riß (III). An seiner obersten Verengung heraus und über rasendurchsetzten Fels zu einer Schulter knapp unter dem steil abbrechenden Gipfelblock (Einstieg in die S-Wand-Rinne). Rechts aufwärts über sehr steile Schrofen zum Gipfel.

● **2138 A** **Abstieg durch die Ostwand**
III, meist leichter. ½ Std.

Östl. über steile, grasdurchsetzte Felsen bis zu dem steil abbrechenden Riß in der O-Wand (hier Steinmann). Durch diesen etwa 50 m hinab und weiter in die Scharte vor dem **Westlichsten Vierrinnenkopf** (Westl. Rinnenscharte).

● **2139** **Ostwandplatten**
P. Holl, 17. 8. 1959.
IV— und III, 1 Std. Bei Nässe oder Vereisung von R 2138 vorzuziehen.

Von der Westl. Rinnenscharte 2 m nach links zu Riß. Diesen empor auf ein Grasplätzchen, dem man rechts aufwärts zum Beginn eines Risses folgt. Noch vor dem Rißbeginn 3 m nach rechts um eine Rippe in eine

Rinne queren, 2—3 m empor, dann schräg links über eine Platte zu einer links ansteigenden Grasleiste. An ihr links an die Kante und über sie auf einen Sattel. Südlich etwa 8 m eine Rinne absteigen zum Beginn eines links ziehenden Systems von Leisten. Auf dem Band nach links zur Unterbrechungsstelle (H) und 1½ m schräg links abwärts auf Leisten. Auf diesen nach links, an einem tiefen Riß vorbei (Kreuzungsstelle mit R 2138), bis die von oben hereindrängende Wand einen Überhang bildet (H). Nun schräg links über die glatte Platte auf Schrofen und das Gipfeldach. (Holl)

● 2140 Westgrat
K. v. Kraus, E. v. Siemens, 1926.
V—, ¾ Std.

Der W-Grat bricht mit einer von Überhängen durchzogenen Wand zur Törlwiesscharte ab. 6 m südl. der Scharte über steilen, grasdurchsetzten Fels zu einer angelehnten Platte (10 m). Links durch einen weiten Spalt mit zwei eingeklemmten kleinen Blöcken und in der in seiner Fortsetzung emporziehenden grasdurchsetzten Rampe bis zu ihrem Ende. Nun rechts über einen Überhang (V) zu einigen Blöcken empor (in einem Spalt guter Sicherungsplatz) und über eine durch einen Riß von der Wand getrennte Rampe zu einem Schuttfleck hinab, der sich gerade über dem Einstieg befindet. Schräg nach rechts aufwärts zu einer von der Wand abgesprengten Platte und mit Spreizschritt über den die Platte trennenden Spalt unmittelbar in die SW-Wand. In ihr 15 m gerade aufwärts, dann in einer nach rechts emporziehenden grasigen Rinne und ihrer rißartigen Fortsetzung auf schrofigen Fels. Links haltend unter die Gipfelplatte und mittels eines Risses in ihrem östlichen Teil zum Gipfel.

● 2141 Nordwand
Henning, Hillinger, Raitmayr, Mia Schaffranek, 1928.
IV, 300 m, 3 Std.

Am Hochkönigweg bis zum großen, vom Fuß des Gr. Törlwieskopfs herabziehenden Schuttstrom; über ihn zum Fuß der Wand. Einstieg etwas östl. der Gipfelfallinie. Über gut gestuften Fels 1 SL gerade aufwärts; dann kurzer Quergang zu einer seichten Rinne nach links und in ihr 50 m empor zu einem waagrechten Band (Steinmann). Auf ihm 10 m nach links, bis man über sich eine äußerst steile, oben überhängende Verschneidung erblickt. Durch sie 35 m empor zu einem Schuttabsatz, von dem man den Weiterweg deutlich sieht. Über gut gangbaren Plattenfels immer schräg rechts aufwärts in etwa 10 Seillängen zu einem Schuttabsatz am Fuß der gelben Gipfelwand. Nun 30 m durch einen feinen Riß (IV) empor zu einem Schartl. Nun Quergang in die O-Flanke und über gut gestuften Fels, zuletzt Schrofen, zum Gipfel.

● **2142** **Nordwand, neuer Weg.**
A. Awerzger, 1930.
III (Stelle), II. 2 Std. Siehe 12. Aufl. 1969.

● **2143** **Nordwand, Heini-Holzer-Gedächtnisweg**
A. Precht, Ch. Thaler, R. Klausner, 1977.
V+ und V, IV+. KK empfehlenswert. 3 H. Wandbuch.
Ein riesiger Holzkeil in der letzten SL steckt seit 1947 von einer Entdeckungsreise durch Abseilen vom Gipfel.
Foto Seite 583.

Als Anstiegsweg dient der westl. der Risse. Die Durchsteigung ist naturgegeben und klar vorgezeichnet. E knapp rechts vom Hauptriß, man quert nach etwa 10 m in diesen. Schlüsselstelle in der letzten SL, der „Holzerriß". (Precht)

● **2144** **Nordwand, Jubiläumsriß**
A. Precht, H. Neumayer, 1978.
VI— (zwei Stellen), mehrmals **A2** und A1 (laut Erstbegeher). Wandbuch.
Ausgefeilte Piaz-Technik und 3 größere Klemmkeile zur Standsicherung sind für eine Durchsteigung unerläßlich. Die Erstbegeher benötigten 13 H und öfters Klemmkeile zur Standplatz- bzw. Zwischensicherung. Das Material wurde belassen. Ein Anstieg mit den schwierigsten Freikletterstellen in der Umgebung, mindestens vergleichbar den „Pumprissen" im Wilden Kaiser (laut Erstbegeher).. Bereits vor 30 Jahren wurde diese Möglichkeit entdeckt und versucht, einige H in der 1. SL zeugen davon. Foto Seite 583.

Der Jubiläumsriß zieht auffallend durch die Mitte der Wand und ist mit keinem anderen Riß vergleichbar. Es beginnt mit einem schwarzen geschlossenen Wandstreifen, welcher in einen Handriß übergeht, der bis zum Gipfel leitet. Die 1. SL „Schwarzer Streifen" ist A2. Hier fußt der markante Riß, der vollständig erklettert wird. (Precht)

Kleiner Törlwieskopf von Norden

R 2143 Heini-Holzer-Gedächtnisweg
R 2144 Jubiläumsriß
R 2145 Diagonale

Kl. Törlwieskopf
2145
2144
2143

● **2145** **Nordwand, Diagonale**
A. Precht, H. Gufler, 1978.
V— (drei Stellen), IV + und IV. Die Erstbegeher benötigten 3 H (sie wurden belassen) u. einige Klemmkeile zur Sicherung. Die Route sieht furchterregender aus als eine Begehung in Wirklichkeit ist. Foto Seite 583.

Der überhängende Riß entwickelt sich als eine versteckte Rampe, die schräg durch die Wand zieht.

E bei der ersten Möglichkeit im östl. Wandteil. Der Einstiegsriß ist etwas brüchig und abdrängend. Die Klettermöglichkeiten sind klar vorgezeichnet (Risse, Kamine und Rampen). Man gelangt in die Dreiecknische im oberen Wandteil. Von hier einige Meter nach links und gerade empor (1 H) in den oberen, nach links ziehenden Riß und in diesem zum Gipfel.

● **2146** **Südwand**
H. Peterka, 1929.
IV + (Stelle), III. 1½ Std.

Der Gipfel bricht nach S mit plattiger Steilwand ab. Unter ihr befindet sich ein mächtiger Vorbau, der durch eine Scharte von der Wand getrennt ist.

Man benützt die Rinne, die zur Scharte zwischen Gr. und Kl. Törlwieskopf emporführt, bis man unschwierig über Schrofen nach rechts in die Scharte zwischen Vorbau und Wand queren kann. Gerade empor, später schräg links aufwärts, erreicht man in zunehmender Schwierigkeit die glatte, senkr. Platte, die durch eine rißartige Verschneidung überwunden wird. Dann durch eine kurze Steilrinne auf unschwierigen Fels. Wenige Meter nach rechts und über Schrofen zum Gipfel.

● **2147** **Direkte Südwand**
A. Precht, A. Sattelberger, 1973.
10 m **V**, eine Stelle **A1**, 15 m IV, Rest III + und III. 250 m. Foto Seite 579.

Übersicht: Die Südwand wird ganz unten von einem Querwulst abgeschlossen. Westl. der Wandmitte dieses kleinplattigen Überhanges ermöglichen feine Risse und winzige Unebenheiten den Durchstieg.

Führe: Gleich zu Beginn der Überhänge teils in freier Kletterei empor zu einer überhängenden Hangelleiste (V, 1 H, A1). Später etwas links in leichteres Gelände (IV). Von hier über leichte Platten zu einem Kamin und wieder über Platten und Bänder zum Gipfel (III + und III).

● **2148—2154** frei für Ergänzungen

● 2155 Weißturm

Der Teufelsturm entsendet nach N einen auffallenden Grat, dessen nördlichste Erhebung der Weißturm ist. Er wurde nach dem in der Eiger-Nordwand verunglückten Bergsteiger Martin Weiß benannt.

● 2156 Normalweg von Norden

Durch die Schneeklamm (Schlucht zwischen Schneeklammkopf und Weiß-Turm) auf den Gipfel.

● 2157 Nordkante

A. Precht, G. Bachler, 1970.
V und IV, 1 Stelle **A1 (frei V+).** 200 m, 3 Std.
Skizze Seite 587.

Von der Mitterfeldalm dem Hochkönigweg ½ Std. folgend, dann über Schutt, später über steile Schrofen zur Kante empor. Eine Verschneidung aufwärts, dann links einen Riß empor zu schönem Stand (IV). Etwas nach links über 2 H und rechts aufwärts zur Kante. An ihr empor (2 H, V, A1) zu Stand. Über eine Platte in herrlicher Kletterei zu SH, Quergang über glatte Platten nach links, dann wieder nach rechts in die Verschneidung und in dieser 30 m aufwärts. Über den anschließenden Grat in leichter Kletterei zum Gipfel.

● 2158 Nordwand

A. Precht, G. Bachler, M. Hasenschwandtner, 1971.
IV, 350 m, 3 Std. Schöne Felsfahrt.
Skizze Seite 587.

E in der Wandmitte, links des markanten Pfeilers, der am weitesten ins Kar hinabreicht. Meist an der linken Wandseite des Pfeilers empor (IV), zuletzt im Spalt zwischen Wand und Pfeiler zum Pfeilerköpfl hinauf. Spreizschritt über den Spalt zur Wand und dort 2 SL unschwierig über den „grünen Garten" zum steilen Gipfelaufbau. Etwa in der Wandmitte von links nach rechts 2 SL empor zu Rissen, die links aufwärts zur Wandmitte leiten. Hier über Risse, Platten und Verschneidungen (2 H) empor und Ausstieg etwas links des Gipfels.

● 2159—2163 frei für Ergänzungen

• 2164 **Westl. Vierrinnenkopf,** 2285 m

• 2165 **Überschreitung von W zum Östlichsten Vierrinnenkopf**
IV und leichter, 1 Std.

Von der Westl. Rinnenscharte besteigt man den schlanken Turm **(Westlichster Vierrinnenkopf),** der eine kurze, genußreiche Kletterei bietet. Nun über Schrofen auf den **Westl. Vierrinnenkopf,** der durch einen tiefen Riß der Länge nach gespalten ist. Um auf die gegenüberliegende Seite des Gipfels zu gelangen, kann man zwei in den Riß verklemmte Blöcke (Vorsicht!) benützen. Über Schrofen weiter auf den **Mittleren Vierrinnenkopf** (10 Min.). Abstieg in eine tiefere Scharte vor dem fast senkr. Felsen des **Östl. Vierrinnenkopfs.** Von der Scharte zuerst über rasendurchsetzte Felsen und weiter gerade zum Gipfel (IV). Von hier in die nächste Scharte und weiter Abstieg in die Scharte zwischen den beiden Gipfeltürmen und zu dem Doppelgipfel des **Östlichsten Vierrinnenkopfs.**

• 2166 **Nordkante**
Hennig, Hillinger, Raitmayr, 1927.
V und IV. 400 m, 3—4 Std.

Von der Mitterfeldalm auf R 1931 bis zum großen Schuttstrom unter dem Gr. Törlwieskopf. Über Schutt und Schrofen zum Fuß des rechten Kantenpfeilers (45 Min.). Hier E. 10 m schräg links aufwärts, dann 2 m absteigend und 10 m Quergang auf plattigem Fels zu Standplatz. Nun gerade empor zu einem Überhang und auf ein Band. Weiter über herrlichen Plattenfels 60 m gerade aufwärts zu einem Überhang; er wird auf einem Pfeiler von rechts nach links umgangen; sodann 2 SL gerade empor auf den ersten Absatz. — In einer Schuttrinne 30 m absteigend nach links auf einen Schuttfleck (Steinmann). 5 m gerade empor zu einem Kamin mit großem Klemmblock; durchstemmend auf eine Leiste, dann Quergang nach links auf die linke Begrenzungskante. Auf ihr 60 m aufwärts zu Standplatz. Durch den hier ansetzenden Riß 30 m empor, 10 m Quergang nach rechts zu einer lose an der Wand lehnenden Platte und gutgriffig 60 m gerade hinauf zum zweiten Absatz. — Auf einem Schuttband weiter, rechts den letzten Aufschwung hinauf; 50 m aufwärts zu einem überhängenden Kamin. Durch diesen 40 m empor, sodann 5 m Quergang nach rechts in einen Seitenast des Kamins und durch ihn spreizend auf einen Absatz; weiter 10 m durch eine Verschneidung, dann 5 m Quergang über Platten zu Standplatz. Über eine griffarme Platte waagrecht nach rechts in eine Steilrinne und auf brüchigem Fels zu einer Scharte, sodann in wenigen Minuten zum Gipfel.

• 2167—2170 frei für Ergänzungen

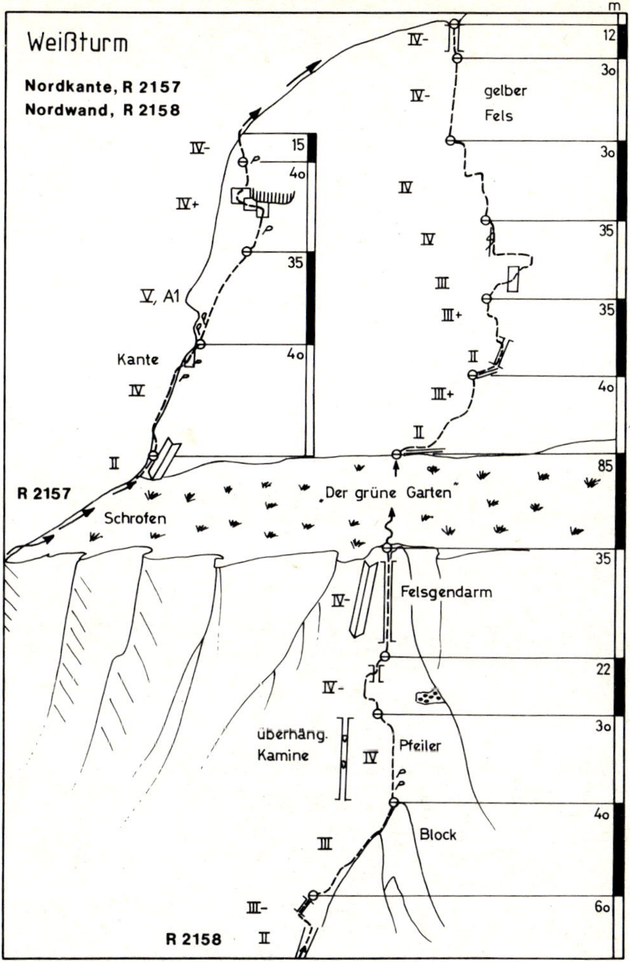
Weißturm
Nordkante, R 2157
Nordwand, R 2158
m
12
3o
15
4o
35
4o
3o
35
35
4o
85
35
22
3o
4o
6o
IV-
IV-
gelber
Fels
IV-
IV+
IV
IV
III
III+
V, A1
II
Kante
IV
III+
II
II
R 2157
Schrofen
„Der grüne Garten"
IV-
Felsgendarm
IV-
überhäng.
Kamine
IV
Pfeiler
Block
III
III-
R 2158
II

● 2171 **Östl. Vierrinnenkopf**

Überschreitung siehe R 2165.

● 2172 **Südgrat**
E. Schneider, H. Wenger, 1926.
V und III. Jb. AAV Berlin, 1926/27, S. 34.

● 2173 **Nordkante**
E. Rainer, W. Schaufler, 1930.
V+, V. 3 Std.

E in Fallinie der Kante. 1 SL gerade empor, dann etwa 20 m links zu einem Schrofengürtel. Er wird von links nach rechts gequert zum ersten Absatz. Nun stets an der Kante zum zweiten Absatz. Ein Riß durchzieht die folgende 50 m hohe, schmale Plattenwand. Vom Absatz nach links und zum Einstieg in den Riß. Durch ihn (V+) zu Standplatz und 1 SL zu einem Überhang empor. Über ihn hinauf (IV) und wieder an der Kante zum dritten Absatz. Die senkr. 40 m hohe Gipfelwand wird über griffigen, aber brüchigen Fels gerade erklettert.

● 2174 **Nordostwand**
A. Precht, S. Offensberger, L. Delago, 1973.
V und IV, 550 m. Unterer Teil äußerst brüchig. Einige H erforderlich.

Das Kar zwischen **Kleiner** und **Großer Gaißnase** hinauf zu senkrechtem Wandeinstieg zwischen zwei gelben Wandabbrüchen. Zuerst etwas links über sehr brüchigen Fels. Als Richtpunkt gilt eine schwach ausgeprägte Rampe in einer kompakten, riesigen Platte im oberen Wandteil. So erreicht man einen riesigen Wandkessel, den man über eine Verschneidung links aufwärts zu gutem Stand an einem markanten Grat verläßt („Mitterfeldalmblick"). Etwas links vom Pfeiler weiter zum Gipfel.

● 2175—2177 frei für Ergänzungen

● 2178 **Östlichster Vierrinnenkopf,** etwa 2300 m

Vom Mittl. Vierrinnenkopf siehe R 2165.

● 2179 **Südostkamin**
Gerin, Wieder, 1907.
III, 2½ Std.

Von Mitterberg über steile Almböden zum Beginn der auffallenden Rinne, die östl. vom Gipfel herabzieht, und durch diese unschwierig auf eine Scharte in dem Grat, der zur Mitterfeldalm hinabzieht. Westl.

über steiles Gras und Schrofen zur Wandeinbuchtung, die vom S-Grat und dem Abfall des Östl. Gipfelturms begrenzt wird (hierher auch direkt von der Mitterfeldalm). Die Kaminreihe, die in ihrer Höhe durch einen großen Block gesperrt ist und in der Scharte zwischen beiden Gipfeltürmen endet, vermittelt den Aufstieg. Einige Meter im Kamin, dann nach rechts über die plattige Wand und über die Rippe, welche die rechte Begrenzung des Kamins bildet, schwierig und ausgesetzt in sehr brüchigem Gestein aufwärts, bis man wieder in den Kamin hinein kann. In dessen Fortsetzung in die Scharte und über einige plattige Stufen auf den Gipfel.

● 2180 A Abstieg nach Südosten
Drei Abseilstellen. Foto Seite 591.

Anfangs gerade etwa 15 m in den Kamin hinab. Nachher, im Sinn des Abstiegs, rechts auf einem Band schief abwärts. Nun trachte man wieder in die Fallinie der Gipfelscharte zu gelangen und weiter über sehr steile Schrofen und Gras zu einer ausgeprägten Scharte in dem Grat, der zur Mitterfeldalm herabzieht (20 Min.). Nun nach rechts in eine Schlucht, die gerade auf die Almböden herabzieht. (Sollte dieser Weg als Aufstieg benützt werden, so diene die rechts von der unten erwähnten Kaserstatt zu den Felsen hinaufsteigende Steinmauer als Richtung zum Einsteigen in die obengenannte Schlucht.) Sodann gelangt man über eine Sandreiße und Almboden (sogen. Kaserstatt) zu dem vom Hochkönig nach Mitterberg führenden AV-Weg (¼ Std.).

● 2181 Südgrat
Gerin, Hecht, Szalay, 1927.
III, 1½ Std. Herrliche Plattenkletterei. Foto Seite 591.

Vom S-Grat ziehen zwei gleichlaufende Kamine herunter, die beide gangbar sind. Am besten zuerst im linken 15 m hinan, dann unter dem kleinen Turm in den rechten hinüber, dem man bis zum Beginn des S-Grats folgt. Nun immer auf der Grathöhe zu einer senkr., grifflosen Platte. Durch den flachen Riß links hinauf und nach kurzer Querung in derselben Richtung wieder auf den Grat. Über weniger schwierigen Fels und eine Grasschulter zum zweiten senkr. Aufschwung. An der rechten Kante 10 m hinan, dann schief rechts über eine Rippe und ein 6 m langes Band zu einem an die Kante ziehenden Riß. Durch ihn auf ein Band 3 m unter der Kante, auf diesem rechts hinan, bis man 20 m vor dem Gipfel den Grat erreichen kann. Von hier unschwierig auf den W-Gipfel.

● 2182—2185 frei für Ergänzungen

● 2186 Mühlbacher Turm

Der Mühlbacher Turm erhebt sich am östl. Rand der Manndlwand.

● 2187 Ostgrat
A. Awerzger, P. Radacher, 1931. ÖAZ 1934, S. 53.

● 2188 Südverschneidung
A. Precht, R. Kratzer, 1972.
IV und III, 2 Std. 180 m.

Die steile S-Wand, die von zwei Verschneidungen durchzogen wird, ist von der Mitterfeldalm gut einzusehen. Die linke Verschneidung vermittelt den Durchstieg.

● 2189—2199 frei für Ergänzungen

Die östlichen Ausläufer der Manndlwand von Süden
Östlicher Vierrinnenkopf

R 2180 A Abstieg nach Südosten
R 2181 Südgrat

Vierrinnenköpfe
Westl. Rinnenscharte
Westlichster
Westlicher
Mittlerer
Östlicher
Östlichster
2180A
2181

Anhang

Dieser Führer ist ein Sommerführer, der lediglich Hinweise auf Skitourenmöglichkeiten (★ vor der Randzahl) gibt. Als Ausnahme werden hier zwei der beliebtesten Skitouren beschrieben, nämlich die Kleine und die Große Reibn (der Begriff Reibn bedeutet in der Berchtesgadener Mundart soviel wie Runde).

★ **2200** **Kleine Reibn**

Beliebte Skitour, mit Benützung der Jennerbahn insgesamt 2—3 Std. Aufstieg, bis Königssee 1400 Höhenmeter Abfahrt. Meist gespurt, doch alpines Gelände. Für Nicht-Ortskundige abzuraten, wenn keine Spur vorhanden, zu meiden auch bei Lawinen- und Schneebrettgefahr: Bereits einige tödliche Lawinenunfälle bei der Querung zu den Hohen Roßfeldern. Gesamtzeitaufwand bei Benützung der Jennerbahn 5—6 Std.

Von der Bergstation der Jennerbahn Abfahrt nach Osten zum Mitterkaserjoch, von dort Querung zum Torrenerjoch (1728 m), siehe R 1071. Hierher auch von Hinterbrand über Jennerfelder — Mitterkaseralm oder von Königssee über Hochbahn — Königsbachalm. Vom Torrenerjoch im wesentlichen dem Sommerweg (R 1299) folgend auf den Schneibstein (2278 m). Abfahrt vom Gipfel nach Südwesten in Richtung Windschartenkopf zur Windscharte (2164 m), dabei einige kurze Anstiege, Stangenmarkierung. Von der Windscharte nach rechts queren und Abfahrt in die Mulde zwischen Fagstein (rechts) und Windschartenkopf-Hochseeleinkopf (links). In dieser Mulde nicht bis zum tiefsten Punkt Seelein abfahren, sondern noch vor der Bergwachthütte nach rechts abbiegen und der Stangenmarkierung folgend an den Westhängen des Fagsteins abfahren bis zu markanten Felsblöcken bei 1800 m. Hier setzt die Querung zu den Hohen Roßfeldern an, wobei der erste Hang sehr steil ist. Man quert etwa 20 Min. mit 100 m Höhenunterschied Aufstieg bis nahe des nordöstlichen Randes der Hohen Roßfelder hinüber. Die Querung darf nicht zu früh abgebrochen werden, da man sonst in Lawinengräben gerät. Über die Roßfelder hinunter zur Priesbergalm (1460 m), von dort über das Priesbergmoos zur Königsbachalm (1200 m). Die Abfahrt nach Königssee folgt von dort erst der Forststraße, bis diese aufwärts geht, dann links abbiegend über den Ziehweg der Hochbahn zur Jennerabfahrt und zum Parkplatz Königssee. Nach Hinterbrand bleibt man auf der Forststraße, die direkt in Hinterbrand endet, von Königsbach 4 km. (Rasp)

★ 2201 **Große Reibn**

Großzügiges Skiunternehmen, das nicht zu unterschätzen ist. Gesamtlänge etwa 40 km, bei Benützung der Jennerbahn etwa 2600 Höhenmeter Aufstieg, sonst 3700 m. Zeit- und Kraftaufwand sowie Orientierung sind sehr stark von den Schnee- und Witterungsverhältnissen abhängig. Nur bei sicherem Wetter angehen, da von der Röth kein Notabstieg möglich. Selbständige Planung und Skitourenkarte unbedingt erforderlich, ebenso Hochtourenausrüstung und Biwakzeug.

Vom Zeitablauf her gesehen wird meist die erste Übernachtung im Stahlhaus / Schneibsteinhaus gewählt, die zweite im Kärlingerhaus am Funtensee (Winterraum offen). Übernachtungsmöglichkeit besteht auch in der Selbstversorgerhütte Wasseralm in der Röth. Zur Tourenplanung einige Richtpunkte: Torrenerjoch — Schneibstein — Abfahrt Kleine Reibn bis Windscharte — Schlunghorn — Abfahrt zum Fuß des Kahlersbergs — Überquerung der Schlum nach Süden über Lengtalschneid bis zum Jägerbrunntrog — Abfahrt durch den Eisgraben (Einfahrt sehr steil) bis zum Lehlingkopf, nicht bis zur Wasseralm — Querung nach Westen und Aufstieg über Blaue Lacke — Lange Gasse — Niederbrunnsulzen (von der Langen Gasse kann bei genügend Zeit auch der Funtenseetauern über die Steinergrube mitgenommen werden) — Abfahrt zum Funtensee / Kärlingerhaus — Aufstieg Richtung Ingolstädter Haus zur Hundstodscharte — Querung nach Norden zum Diesbacheck — Abfahrt in den Hochwieskessel — Aufstieg zur Kematenschneid / Seehorn — Abfahrt Wimbachscharte — Loferer Seilergraben — Wimbachgries — Wimbachbrücke. Man lasse sich nicht davon täuschen, daß die Große Reibn manchmal vom Tal aus an einem Tag gemacht wird, das sind Ausnahmeleistungen von Gebietskennern bei optimalen Verhältnissen (siehe Längenangaben!). (Rasp)

Stichwortverzeichnis

Das Verzeichnis verweist auf die Randzahlen, nicht auf die Seiten. Bezeichnungen wie Groß, Klein, Mittl., St. usw. sind nachgestellt. Zur Unterscheidung der Gebirgsgruppen werden bei mehrfach vorkommenden Namen folgende Abkürzungen verwendet: G = Göllstock, Hg = Hagengebirge, Hk = Hochkaltergebirge, L = Lattengebirge, R = Reiteralpe, SM = Steinernes Meer, U = Untersberg, W = Watzmann.

Nach Redaktionsschluß eingegangen:

Hinteres Feuerhörndl

● 381 Nordwestwand
C. Barbier, H. Weidlich, 15. 6. 1969.
V (in mehreren SL), häufig IV. 300 mH, 3 Std.
Foto Seite 165.

Zugang: Wie R 330 und weiter direkt unter die Seile der Militärbahn. Einstieg bei kleiner Nische rechts der Gipfelfallinie unter den Seilen der Bahn.

Führe: Einige Meter links aufwärts über schrofiges, brüchiges Gelände, dann wieder leicht rechts haltend zur Verlängerung der oben erwähnten Nische, in Kamin zu Stand (IV). 3 m hoch und über grasige Schrofen zu Stand (III). Die scheinbar abdrängende Leiste links aufwärts (30 m), 7 m Quergang nach links zu kleiner Fichte (Stand). 2 m nach links, nun der Rißspur folgend zu Stand (IV). Weiter dem sich nun ausbreitenden Rißkamin folgen zu schönem Standplatz (IV+). Hier beginnt der von unten gut sichtbare schwarze Kamin. In ihm leicht abdrängend 20 m hoch (V), im Kamin Stand. 2 m nach links aus dem Kamin heraus zu dem sich links hochziehenden Riß, in ihm 30 m hinauf (IV+). Schräg rechts aufwärts über splittriges Wandstück in Gufel (35 m, IV). 20 m schräg rechts aufwärts auf die breite, sehr steile Rampe, die sich vom rechten Wandfuß emporzieht. 2 m Linksquergang zu H und über glatte Platte zu kleiner Nische, nun über schräge Platte 20 m zu Stand (V). 30 m über sehr kleingriffiges Wandstück zu Stand. 2 SL über einfaches Gelände zum Gipfel.

Rückseite beachten

Berichtigung

(bitte im Umschlag einsenden an Bergverlag
Rudolf Rother GmbH, 8000 München 19, Postfach 67)

Die Randzahl .... des Alpenvereinsführers Berchtesgadener Alpen, Auflage 1982, bedarf folgender Verbesserung bzw. Neufassung:

....

....

....

....

....

bitte wenden!

....

....

Absender:...

Postleitzahl, Ort:...

Straße:...

Die Bergverlag Rudolf Rother GmbH ist berechtigt, diese Berichtigung dem Verfasser zur Bearbeitung der neuen Auflage zuzustellen. Der Verlag wird bei Erscheinen dieser neuen Auflage dem Einsender ein Exemplar zum Vorzugspreis mit 50 % Nachlaß anbieten.

Rückseite beachten

✂ ....

Berichtigung

(bitte im Umschlag einsenden an Bergverlag Rudolf Rother GmbH, 8000 München 19, Postfach 67)

Die Randzahl .... des Alpenvereinsführers Berchtesgadener Alpen, Auflage 1982, bedarf folgender Verbesserung bzw. Neufassung:

....

....

....

....

....

bitte wenden!

....

....

Absender: ....

Postleitzahl, Ort: ....

Straße: ....

Die Bergverlag Rudolf Rother GmbH ist berechtigt, diese Berichtigung dem Verfasser zur Bearbeitung der neuen Auflage zuzustellen. Der Verlag wird bei Erscheinen dieser neuen Auflage dem Einsender ein Exemplar zum Vorzugspreis mit 50 % Nachlaß anbieten.